JN441468

제3판

선하증권론

법과 실무

鄭暎錫 지음

TEXT BOOKS
텍스트북스

저자 소개

정영석 | 鄭暎錫

한국해양대학교 해사법학과 및 同대학원 졸업(법학박사)
국정교과서 편찬심의위원
해기관리사 축제위원(한국해양수산연구원)
도선수습생 선발 국가시험위원(국토해양부)
5급 공무원 선발 및 승진 시험위원(행정자치부)
사법시험출제위원(법무부)
한국해상교통정책연구원 연구위원(역임)
한국컨테이너 부두공단 조사분석부장, 경영연구부장, 기획팀장(역임)
보험연수원 외래교수
한국해운조합 공제강사
한국해사법학회 총무이사
부산MBC 부산문화상 심사위원
University of British Columbia 교환교수
금융감독원 분쟁조정위원회 전문위원(현)
해양경찰청 방재자문위원(현)
한국해양대학교 법학부 교수(현)

• 선하증권(제3판)

2008년 11월 12일 1쇄 인쇄
2008년 11월 15일 발행

저 자 | 정영석
발행인 | 이한성
발행처 | 텍스트북스
주 소 | 서울시 마포구 서교동 461-3
전 화 | 02-333-5725
팩 스 | 02-333-5724
웹사이트 | www.textbooks.co.kr

등록번호 | 제313-2004-00146호
ISBN | 978-89-93543-00-1 93360

정가 28,000원

제3판을 내면서

2003년에 처음 발간한 선하증권론을 2004년부터 2005년 사이에 캐나다 UBC에서의 교환교수로 연구 중에 전자선하증권에 관한 내용을 추가하는 등의 준비를 거쳐 2007년에 개정판을 발간하였다. 그러나 2008년 8월부터 상법 제5편 해상편이 개정되어 시행됨에 따라 해상화물운송장과 전자 선하증권에 관한 규정이 신설되는 등 관련 법령이 전면 개정됨에 따라 부득이 새로운 교재를 발간하지 않을 수 없게 되었다.

이번 개정에서는 개정된 상법의 규정을 모두 반영하고, 해상화물운송장과 전자 선하증권에 관하여도 개정 상법에 따른 해석론을 위주로 재구성하였다.

개정판이 완전 소진되지 않은 상태에서 새로운 출판을 결심해 주신 텍스트북스 관계자 여러분과 제3판의 출판을 서두르도록 독려해주신 한국해양대학교의 정대 교수님, 찾아보기 작업을 도와준 우보연 박사에게 감사한 마음을 전한다.

2008년 9월
푸른 바다 한 가운데 캠퍼스에서
정영석 씀

개정판을 내면서

지난 2003년 선하증권론을 발행한 지 만 3년이 지났다. 선하증권은 국제무역에 있어서 필수적인 서류로서 운송증권 중 가장 중요한 기능을 하고 있다. 선하증권은 크게 두 가지 기능을 가지고 있는데, 첫째는 운송물에 대한 인도청구권을 나타내는 유가증권으로서 해상매매와 무역대금결제의 담보기능을 들 수 있다. 이는 선하증권의 유통성에 기인한 것이다. 둘째는 일반적으로 별도의 계약을 체결하지 않는 정기선 운송에서 선하증권의 뒷면 약관이 계약서에 대체하는 증거증권의 기능을 한다는 점이다. 이 중 당연히 선하증권의 본질적 기능은 전자에 해당한다. 그러나 기존의 선하증권 교재들은 주로 후자의 측면에 초점을 맞추어 왔던 것이 사실이다. 이 책은 이들 두 가지 기능을 모두 검토하되, 주로 전자의 기능에 초점을 맞추었다고 볼 수 있다. 그리고 부제를 「법과 실무」라고 한 것은 선하증권의 유통성과 관련된 기능은 물론 뒷면 약관의 내용이 모두 궁극적으로는 법률적 분쟁의 해결에 초점이 모아지기 때문이다.

이번 개정에서는 전자선하증권에 대한 부분을 추가하였다. 전자선하증권의 사용 필요성이 제기되고 있고 막연히 확산될 것으로 예상하고 있지만, 실무에서는 전혀 그렇지 못하다. 이는 기존의 전자선하증권에 대한 접근이 잘못되었을 수도 있다는 것을 반증하는 것이다. 필자의 견해로는 현재의 종이 선하증권은 운송의 주체와 증권의 발행 주체가 동일하기 때문에 법적 책임의 주체가 명확하여 사용에 문제가 없다. 그러나 전자선하증권은 운송의 주체가 운송인임에는 명확하지만, 증권의 발행이나 유통 과정에서 관리 주체가 운송의 주체와 별개로 되어 있기 때문에 이를 운송인이 모두 책임지게 되어 있는 현행의 법제로는 사용이 어려울 것으로 보인다. 또한 전자식 운송증권을 전자문서 증권으로 정의한다면 오히려 해상화물운송장의 전자 전송 방식으로 간단히 해결할 수 있으나 전자 등록 문서 형식을 취한다면 이는 이론상으로는 매우 정교하게는 보이지만, 선하증권의 유통 과정에서 필요한 기본적인 시간 소요와 함께 매우 다양하고 복잡한 과정을 통한 유통이 이루어지기 때문에 전 세계를 하나로 묶을 수 있는 등록기관이 설립 운영되지 않는 한은 그리 간단하게 현실화되기는 어려울 것으로 생각한다. 이번 개정에서는 필자의 이러한 생각을 약간 언급하였다.

2005년에 이미 초판 발간된 교재가 소진되어 재판을 요청받고 있었다. 이 기회에 전자선하증권에 대한 이론을 전개할 필요성을 느껴서 개정판을 준비하게 되었다. 그러나 2005년 2학기부터 캐나다 브리티시컬럼비아 대학(U.B.C.)의 교환교수로 나오게 되어 출판을 잠시 중단하였다가 이제야 출판하게 되었다. 부족한 점은 앞으로도 계속 보완해 나가기로 약속드린다. 그동안 초판을 출판 해주신 해인출판사의 강정욱 사장님과 이번 개정판을 준비해 주신 텍스트북스 관계자분들께 깊이 감사드린다.

그리고 이 책의 교정 작업등에 상당한 시간을 할애해 준 한국해양대학교 해사법학과 대학원생 김상중 군에게 고맙게 생각한다. 김상중 군은 해상법을 전문적으로 다루는 법무법인에서 몇 년간 근무한 이후 뜻한 바가 있어 대학원에 진학하여 연구에 진력을 하고 훌륭한 석사학위 논문을 제출하여 그간의 노력을 평가 받은 인재로서 앞날에 큰 성취가 기대된다.

아울러 지면을 빌어서나마 UBC 대학에서의 연구 기회를 주신 UBC 로스쿨의 백태웅 교수님과 아시아법연구센터의 타운젠트 골드 교수님께도 감사의 말씀을 전한다.

2006년 8월
University of British Columbia에서

초판머리말

수출입 물동량의 98%이상을 해상운송이 담당하고 있는 현실에 비추어, 선하증권을 이용한 해상운송은 국제운송에 있어서 절대적 역할을 하고 있다. 특히 선하증권은 오늘날 신용장에 의한 수출입 무역 결제 제도 하에서는 화환어음의 담보로서 선하증권의 역할을 부인할 수 없을 것이다. 또 선하증권은 화환어음의 결제 수단으로서의 기능 외에도 해상운송계약의 증거증권으로서의 기능 및 일종의 운송계약서의 역할 또한 동시에 수행하는 중요한 운송 서류이다.

따라서 선하증권을 연구함에 있어서는 첫째, 선하증권의 유통성과 관련된 법률 및 실무, 둘째, 선하증권의 무역 결제 수단으로서의 기능과 관련된 법률, 각종 규칙 및 실무, 선하증권의 뒷면 약관에 의한 운송계약의 내용을 중요한 내용으로 하여야 할 것이다. 실제로 영미의 선하증권 관련 연구서는 판례에 입각한 법률 문헌의 성격을 띠고 있는 것도 이러한 관점에서 출발한 것이라고 생각한다. 그러나 우리나라나 일본의 경우에는 무역 실무적 관점에서 다루기 때문에 개념의 정립이나 내용의 전개에 있어서 약간의 차이가 있다고 생각한다. 또 법학자의 입장에서는 선하증권의 유통성과 관련된 법적 효과, 즉 채권적 효력과 물권적 효력 및 보증도에 한하여 연구가 진행되었고, 실무에서 문제되는 신용장과의 관계에 대하여는 상당히 등한시 한 경향도 있다.

생각하고 있는 선하증권 관련 교재의 체계를 생각하면 필자의 실력 부족으로 인하여 많이 미흡하지만, 한국해양대학교에서 계절학기 강의에 선하증권론을 몇 학기 개설해 본 결과 학과를 불문하고 많은 학생들이 관심을 가지고 있다는 점을 생각하니 우선 자료를 정리하여 수강생들에게 조금이나마 편의를 제공할 필요가 있다고 생각하게 되었다. 이점 양해 바라며 앞으로 더 깊은 연구를 통하여 제대로 된 교재로 거듭날 수 있도록 보완해 나가도록 하겠다.

마지막으로 본서를 집필하기 위한 자료를 정리하는 과정에서 가장 최근에 출판된 선하증권 관련 교재인 임석민 교수님과 엄윤대 박사님의 저서를 많은 참고하였다. 물론 선하증권에 대하여는 조예가 깊은 두 분의 교재를 그간의 강의 시간에 주 교재로 사용하다 보니 많은 참고가 되었다. 본서를 사용하는 분들도 위 두 분의 교재를 참고하시면 좋은 동반자가 될 수 있을 것으로 생각한다.

또한 어려운 여건 속에서도 판로가 확실하지 않은 본서를 기꺼이 맡아서 출판해 주신 해인출판사 강정욱 사장님, 연이은 집필 작업으로 인한 자료 수집 · 정리 등에 많은 시간을 빼앗기고 있는 연구실의 조교들, 가족과 함께 할 시간을 빼앗겨 버린 아내와 주연 · 호연 두 아들 모두에게 고마움을 전합니다.

2003년 6월
지은이

참고문헌

I. 韓國文獻

1. 單行本

Hill, Christopher, Robertson, Bill & Hazelwood, Steven J., 尹玟鉉 譯, *피 앤드 아이 概論*, 韓國海事問題硏究所, 1994.

UNCTAD, 金萬石 譯, *함부르크規則과 國際複合運送協約의 發效가 世界 經濟 및 貿易에 미치는 影響*, 海運産業硏究院, 1993.

강원진, 신용장론, 제3판 증보판, 박영사, 2002.

姜渭斗, *商法要論*, 螢雪出版社, 1992.

郭潤直, *物權法*, 再全訂版, 博英社, 1985.

郭潤直, *物權法*, 全訂增補版, 博英社, 1982.

郭潤直, *民法總則*, 再全訂版, 博英社, 1987.

郭潤直, *債權各論*, 再全訂版, 博英社, 1984.

郭潤直, *債權各論*, 全訂版, 博英社, 1983.

郭潤直, *債權總論*, 再全訂版, 博英社, 1984.

郭潤直, *債權總論*, 全訂版, 博英社, 1981.

金萬石, 複合運送에 관한 規則 및 協約의 條文別 解說, 海運産業硏究院, 1994

金政秀, *海上保險論*, 改訂版, 博英社, 1992.

金亨培, *債權總論*, 博英社, 1992.

김교창, 선하증권에 관한 최신 판례연구, 법률신문사, 1990.

盧全九, *海上保險*, 韓國貿易協會 綜合貿易硏修院, 1992.

朴大衛, *船荷證券*, 法文社, 1981.

朴容燮, *國際複合運送(船荷)證券의 解說*, 螢雪出版社, 1992.

朴容燮, *定期傭船契約法論*, 曉星文化社, 1993.

朴容燮, *海商法論*, 螢雪出版社, 1994.

裵炳泰, *註釋 海商法*, 韓國司法行政學會, 1983.

汎韓火災海上保險株式會社, 海上保險, 汎韓火災海上保險株式會社, 1982.

법률용어사전, 개정초판, 청림출판, 2002.

徐燉珏, *商法講義(上)*, 第三訂版, 法文社, 1993.
徐燉珏, *商法講義(下)*, 法文社, 1988.
孫珠瓚, *商法(下)*, 第5訂增補版, 博英社, 1993.
宋相現 · 金炫, *海商法原論*, 博英社, 1993.
申允富, *英美海上再保險*, 서울, 三和出版社, 1980.
梁承圭, *保險法*, 第2版, 三知院, 1993.
梁承圭, 判例敎材, 保險法 · 海商法, 法文社, 1982
嚴潤大, 船荷證券論, 신대종, 2002.
吳時學, *海上保險論*, 大學書林, 1990.
玉璿鍾, *海運論*, 法文社, 1982.
운송신문사, 물류용어사전, 제12증보판, 2004.
尹珉鉉, *P & I 保險과 實務*, 여울, 1988.
李均成, *國際海上運送法硏究*, 三英社, 1984.
李均成, *新體係 海商法講論*, 韓國海運技術院, 1988.
李均成, *積荷의 損害에 관한 海上運送人의 責任과 保險補償 (商事仲裁硏究叢書 X)*, 大韓商事仲裁協會, 1977.
이균성, 해상법판례연구, 해운산업연구원, 1989.
李基泰, *海上保險*, 法文社, 1990.
李範燦, *改訂 商法講義*, 國民書館, 1988.
李範燦 · 崔埈璿, *商法槪論*, 第2版, 三英社, 1993.
李相先, *新船舶保險約款(ITC,Hulls)解說*, 서울, 韓國保險公社保險硏修院, 1983.
李榮郁, 海商法, 同和文化社, 1973
李英濬 譯, *P & I 保險 解說*, 財團法人 韓國海事問題硏究所, 1990.
李銀榮, *約款規制論*, 博英社, 1984.
李銀榮, *債權各論*, 改訂版, 博英社, 1992.
李銀榮, *債權總論*, 博英社, 1992.
이재득 · 노현수, 인터넷 시대의 무역학원론, 법문사, 2001.
李鐘仁, 國際海上運送論, 효성출판사, 2001
李鍾仁, *海運實務*, 韓國海洋大學海事圖書出版部, 1991.
李鴻旭, *保險契約法*, 國家資格證專門株式會社, 1993.
林東喆, *海商法 · 國際運送法硏究*, 眞成社, 1990.
林東喆 · 鄭暎錫, 海事法規講義, 제3개정판, 海印出版社, 2003.
林錫珉, 船荷證券論, 두남, 2000.
林泓根 譯, *輸出貿易契約의 法理*, 三英社, 1978.
정영석, 국제해상운송법, 범한서적주식회사, 2004
鄭暎錫, 선하증권론, 개정판, 텍스트북스, 2007

鄭暎錫, 海商法講義要論, 海印出版社, 2003
정영석, 해운 실무, 해인출판사, 2004.
정영석, 해사법규강의, 제5판, 해인출판사, 2007.
鄭燦亨, 商法講義(하), 제10판, 博英社, 2008.
鄭熙喆, *商法學原論(上)*, 全訂版, 博英社, 1984.
鄭熙喆, *商法學原論(下)*, 博英社, 1983.
조현정, 무역 결제론, 박영사, 2001.
蔡利植, *商法講義(上)*, 博英社, 1991.
蔡利植, *商法講義(下)*, 博英社, 1992.
崔基元, *商法學新論(上)*, 新訂版, 博英社, 1992.
崔基元, 商法學新論(下), 博英社, 1989.
崔基元, *商法學新論(下)*, 新訂增補版, 博英社, 1992.
崔基元, *海商法*, 博英社, 1993.
코리아쉬핑가제트, 最新 海運 · 物流用語大辭典, 제9개정증보판, 2002.
韓國商事法學會 編, *商法改正의 論点*, 三英社, 1981.
韓國海事問題硏究所 編, 裵炳泰 監修, *傭船契約과 海上物件運送契約*, 韓國海事問題硏究所,1986.
핵심 법률용어사전, 청림출판, 2005.

2. 論文 기타

姜渭斗, "免責約款", *考試界*, 통권373호, (1988. 3).
姜渭斗, "定期傭船者의 船荷證券所持人에 대한 責任", *商事判例硏究*, 第5輯, 1992.
慶益秀, "運送物 固有의 瑕疵", 韓國海法會誌, 第14卷 第1號, 1992, 12.
高光夏, "歐洲同盟統一 CONTAINER B/L 아래서의 運送人의 損害賠償責任".
金鏡水, "國際複合運送人에 관한 硏究", *碩士學位論文, 檀國大學校 經營大學院*, 1981年.
金箕斗 외, *最新콘사이스法學辭典*, 法通社, 1966.
奇世勳 외, *法律用語辭典*, 法典出版社, 1982.
朴命圭 鄭暎錫 "甲板積 木材運搬船의 貨物損傷에 대한 責任制度와 船體 復原性에 관한 硏究 ①-②", *海洋韓國*, 通卷 第230號-第231號, 1992年 11月號-12月號.
박석재, "전통적 선화증권의 위기와 그 해결방안에 관한 연구", 한국해법학회지, 제20권 제1호, 1998. 3.
박훤일, "화물선취보증장을 둘러싼 법률문제", 금융, 제521호, 전국은행연합회, 1997. 8
배병태, Sea Waybill에 관한 CMI 통일규칙과 1990년대의 해상운송법 통일에 관한 문제논점, 한국해법학회지 제12권 제1호, 1991
法務部, 保險 · 海商關係 資料集, 外國法과 國際協約, 法務資料 第58輯, 1985.
서영화, "개정 상법상 해상화물운송장에 대한 법적 검토," 국제운송물류법의 법적 과제, 국제거래법학회/한국해법학회/동아대학교 법학연구소, 2007. 9, 29.

석광현, "海上積荷保險契約에 있어 英國法 準據約款과 關聯한 法的인 問題點", 損害保險, 通卷 제302호, (1993. 12).

孫珠瓚, "船舶所有者責任制限에서의 限度額의 表示單位에 관한 問題", 韓國海法會誌, 第4卷 第1號.

송계의, "선하증권의 기능과 그 정보시스템화", 중재, 제269호, 대한상사중재원, 1994. 7.

송상현, "전자식 선하증권에 관한 국제적 동향", 서울대학교 법학, 제32권, 제1호, 제2호, 1991

沈載斗, "英國 海上物件運送法 ⑥", 海洋韓國, 通卷 第237號.

梁承圭, "英國法準據約款과 保險法의 適用", 損害保險, (1991. 12).

嚴潤大, SEA WAYBILL의 활용을 위한 立法方向, 韓國海法學會誌 제23권 제2호, 2001.11.

오원석, "해상운송장(Sea Waybill)의 문제점에 관한 소고", 중재 제265호, 대한상사중재원, 1994.3,

運送新聞社, 物流用語辭典, 增補版, 1992.

유중원, 해상화물운송장에 관한 고찰, 대한변호사협회지 인권과 정의 1993년 11월호.

李均成, "保證渡와 船舶代理店의 責任", 韓國海法會誌.

李均成, "海商法의 改正과 海上運送人의 損害賠償責任", *韓國海法會誌*, 第14卷 第1號, 1992.

李均成, "海商法中의 船荷證券條項에 관한 改正意見", *韓國海法會誌*, 第8卷, 第1號, 1986.

李基秀, "船荷證券에 의한 運送", *韓國海法會誌*, 第10卷, 第1號, 1988.

李新雨, 海運實務用語事典, 1985.

李鍾德, "海上運送人의 免責事由에 관한 考察", *司法論集, 商法 2 (保險 · 海商)*, 法院行政處.

李宙興, "運送人의 契約責任과 不法行爲責任과의 關係", *碩士學位論文*, 漢陽大學校 大學院, 1983年 6月.

李鴻旭 · 鄭暎錫, "英美普通法上 海上物件運送人의 責任과 船荷證券의 免責約款에 관한 沿革的 研究", *曉星女子大學校 研究論文集*, 第46輯, 1993. 2.

林東喆, "國際物件運送人의 責任에 관한 研究", *博士學位論文*, 建國大學校 大學院.

林東喆, "함부르크規則의 發效에 즈음하여", *韓國海法會誌*, 第14卷 第1號, 1992, 12

林忠熙, "自動車保險者의 免責事由", 商事法의 *基本問題(海巖 李範燦教授華甲紀念)*, 海巖 李範燦 教授 華甲 紀念論文集刊行委員會, 三英社, 1993.

張熙穆, "海上運送人의 損害賠償責任", 司法論集, 商法 2 (保險 · 海商), 法院行政處.

全三鉉, "獨逸法上 銀行의 免責에 관한 研究", *崇實大學校 法學論叢*, 第7輯, 1994.

鄭暎錫, "甲板積貨物의 損傷에 대한 責任制度에 관한 研究", *韓國海事法學會 法學研究*, 第3號, 1991. 10., 韓國海事法學會.

鄭暎錫, "美國法에서 甲板積 貨物의 損傷에 대한 責任法理와 甲板積 許容條項의 效力에 관한 研究", *韓國海事法學會 法學研究*, 第4號, 1992. 12., 韓國海事法學會.

鄭暎錫, "美國法에서 甲板積 貨物의 責任法理 ①-②", *海洋韓國*, 通卷 第233號, 第235號, 1993年 2月號, 5月號.

鄭暎錫, "船舶所有者 責任制限制度에 관한 研究 - 國際協約의 比較를 중심으로-", *韓國海洋大*

學 大學院 碩士學位論文, 1988. 8.

鄭暎錫, "船舶所有者의 責任制限에 있어서 準據法의 決定", *韓國海法會誌*, 第15卷 第1號, 1993. 12., 韓國海法會.

鄭暎錫, "英美 普通法上 海上物件運送人의 責任과 免責事由의 法的 構造, (上)-(下)", *海洋韓國*, 通卷 第241號-第242號, 1993年 10月號-11月號.

鄭暎錫, "責任制限阻却事由에 관한 硏究", *韓國海事法學會 法學硏究*, 第1號, 1989. 2., 韓國海事法學會.

鄭暎錫, "海上物件運送契約 當事者의 基本的 義務에 관한 硏究", *海洋韓國*, 通卷 第245號, 第246號, 第247號, 第248號, 第249號, 1994年 2月號, 3月號, 4月號, 5月, 6月號號.

鄭暎錫, "海上物件運送契約에 있어서 荷主의 基本的 義務에 관한 硏究", *船員船舶*, 通卷 第14號, 1993年 가을호.

鄭暎錫, "海上物件運送人의 基本的 義務에 관한 硏究", *韓國海事法學會 法學硏究*, 第5號, 1993.12., 韓國海事法學會.

정완용, 해상화물운송장의 입법방안에 관한 고찰, 한국해법학회지, 제26권 제2호, 2004. 11.

차진찬, "개정상법상 해상화물운송장에 관한 연구", 한국해양대학교대학원 법학박사학위논문, 2007.2.

蔡利植, "保險契約上 免責事由에 관한 硏究", 企業環境의 變化와 商事法(椿江 孫珠瓚 敎授 古稀記念論文集), 椿江 孫珠瓚 敎授 古稀記念論文集 編纂委員會, 1993.

코리아 쉬퍼스 저널, 荷主用語辭典, 1988.

韓國海事問題硏究所, *海商法 改正에 관한 硏究*, 재단법인 韓國海事問題硏究所, 1986.12.

韓昌熙, "海上積荷保險契約에 있어서 英國法 準據條項의 效力, 告知義務, 立證責任", 判例月報, 第258號, (1992. 3).

II. 日本文獻

1. 單行本

(社)日本荷主協會 · (社)日本船主協會編, Sea Waybillご利用のすすめ, 1996

Leslie J. Buglass, 東京海上火災保險(株) 譯, *海上保險論*, 東京, 成山堂, 1985.

R. H. Brown, 東京海上火災保險株式會社 船舶業務部 · 船舶海損部 譯, *新英文船舶保險約款の解說*, 東京, 成山堂, 1985.

R. H. Brown, 東京海上火災保險海損部 譯, *新英文海上貨物保險約款の解說*, 東京, 成山堂, 1983.

加藤勝郎, ?崎榮治, 新山雄三 編集, *商法學における爭點と省察(服部榮三先生古稀記念)*, 東京, 商事法務硏究會, 1990.

加藤正治, *海法硏究*, 第二卷, 1916.

葛城照三, *海上保險講義要綱*, 早稻田大學出版部, 1982.

江頭憲治郎, 海上運送狀と電子式船荷證券, 海法會誌 復刊, 第32號, 1988

谷川久・高田四郎・櫻井玲二, *改訂コンテナB/L: 國際コンテナ複合運送人の責任*, 東京, 勁草書房, 1974.

龜井利明, *マリン・リスクマネジメントと保險制度*, 東京, 千倉書房, 1986.

今井 薫 外5人, *現代商法IV: 保險・海商法*, 東京, 三省堂, 1989.

吉本英雄, *傭船契約解釋の基礎理論*, 東京, 日本海運集會所, 1986.

落合誠一, *運送責任の基礎理論*, 東京, 弘文堂, 1979.

大岐正瑠, *船荷證券の研究*, 東京, 白桃書房, 1989.

大山俊彦, 花房一彦 編, 商法の課題とその展開(野津 務先生追悼論文集), 東京, 成文堂, 1991.

大森忠夫, 保險法, 補訂版, 東京, 有斐閣, 1987.

大隅健一郎, *商事法研究(上)*, 東京, 有斐閣, 1992.

稻葉威雄・寺田逸郎, *船舶の所有者等の責任の制限に關する法律の解說*, 東京, 法曹會, 1989.

東京海上火災保險株式會社 編集, *損害保險實務講座 1-8*, 東京, 有斐閣, 1983-1992.

藤代和雄, *貿易運送の實務*, 東京, 東文館, 1985.

木村治郎, *海上保險實務の基本問題*, 東京, 保險研究所, 1978.

飯田秀雄, *海陸複合輸送の研究*, 東京, 成山堂, 1980.

白水修 外7人 譯, *海上貨物クレーム*, 東京, 日本海運集會所, 1983.

保險每日新聞社, *船舶保險の查定實務*, 東京, 保險每日新聞社, 1986.

保險每日新聞社, *貨物保險の查定實務*, 東京, 保險每日新聞社, 1986.

四宮和夫, 請求權競合論, 東京, 一粒社, 1978.

山田源次, *シッピング實務總覽*, 東京, 海文堂, 1979.

山戸嘉市, *碇泊期間と滯船料*, 京都, 啓文社, 1985.

山戸嘉一, *國際海上物品運送法*, 東京, 海文堂, 1958.

三倉八市, 貿易取引とSWB利用の現況, (財)日本貿易關係手續簡素化協會, 平成9年度EDI制度手續簡素化特別委員會報告書-流通性書類に關する調査・研究[II], 1998年 3月刊.

石本雅男, *無過失損害賠償責任原因論(第1卷)*, 京都, 法律文化社, 1983.

石田喜久夫, *自然債務論序說*, 民法研究 第二卷, 東京, 成文堂, 1981.

小町谷操三, *保險法の諸問題*, 東京, 有斐閣, 1974.

小町谷操三, *統一船荷證券法論*, 東京, 勁草書房, 1958.

小町谷操三, *海商法研究*, *第五卷*, 東京, 有斐閣, 1984.

小町谷操三, *海商法要義*, *中卷二*, 東京, 岩波書店, 1938.

小川武 譯, *傭船と運航の實務*, 東京, 岩崎學術出版社, 1967.

松島 惠, *貨物海上保險概說*, 東京, 成文堂, 1991.

松本丞治, *私法論文集*, 二卷.

松竹秀雄, *輸送責任と運賃*, 東京, 成山堂, 1987.

勝呂 弘, *損害保險論選集*, 東京, 千倉書房, 1985.

時岡泰・谷川久・相良朋紀, *逐條 船主責任制限法・油濁損害賠償保障法*, 東京, 商事法務研究會, 1979.

新堀 聰, 實踐貿易取引-最新基礎理論と實務のポイント, 日本經濟新聞社, 1998.

遠藤浩・林良平・水本浩 監修, *現代契約法大系*, 第1巻- 第9巻, 東京, 有斐閣, 1983-1985.

原茂太一, *堪航能力擔保義務論*, 東京, 千倉書房, 1983.

日本海運集會所 譯, 海上貨物クレーム: 貨物損害と運送人の責任, 東京, 日本海運集會所, 1983.

日本海運集會所 譯, レイタイム: 實務と法理の徹底解說, 東京, 日本海運集會所, 1985.

日本海運集會所 編纂, 對譯定期傭船契約書式集, 東京, 近藤記念海事財團, 1987.

林田 桂, 海上保險論, 東京, 海文堂, 1987.

長谷川雄一, 基本商法講義(保險法), 東京, 成文堂, 1989.

長谷川雄一, 基本商法講義(商行爲法), 補正版, 東京, 成文堂, 1991.

長谷川雄一, 基本商法講義(海商法), 東京, 成文堂, 1988.

田邊康平, 保險契約の基本構造, 東京, 有斐閣, 1979.

田邊康平, 現代保險法, 東京, 文眞堂, 1987.

前田達明, 不法行爲歸責論, 東京, 創文社, 1978.

田中誠二, 船荷證券免責條款論, 東京, 有斐閣, 1939.

田中誠二, 海商法詳論, 東京, 勁草書房, 1970.

田中誠二, 海商法詳論, 增補第三版, 東京, 勁草書房, 1985.

田中誠二・吉田昴, コメンタ-ル國際海上物品運送法, 東京, 勁草書房, 1964.

田中千東, 共同海損の研究, 東京, 成山堂書店, 1980.

佐藤篤士・西村降譽志・谷口貴都 共譯, GY・ディオズディ ロ-マ所有權法の理論, 東京, 學陽書房, 1983.

重田晴生, アメリカ船主責任制限制度の研究, 東京, 成文堂, 1991.

中村眞澄 外3人譯, 傭船契約の法理, 東京, 成山堂, 1986.

中村眞澄, 海上物品運送人責任論, 東京, 成山堂, 1974.

志水巖, 船舶と債權者, 英米日法の比較, 東京, 日本海運集會所, 1988.

倉澤康一郎, 保險契約法の現代的課題, 東京, 成文堂, 1978.

倉澤康一郎, 保險法通論, 東京, 三嶺書房, 1991.

淸河雅孝, 海上物品運送法の基礎理論, 東京, 中央經濟社, 1991.

村田治美, 航海商法・漁海商法の研究, 東京, 成山堂, 1987.

村田治美, 海商法テキスト, 東京, 成山堂, 1984.

萩原正彦, 傭船契約論, 東京, 海文堂, 1980.

萩原正彦, 定期傭船, 東京, 海文堂, 1984.

八尾 晃, "EDIと運送證券電子化の意味するもの(上)", 銀行法務21, 第506號, 1999.

平井宜雄, 損害賠償法の理論, 東京, 東京大學出版會, 1971.

戸田修三, 商法の理論と演習, 改訂增補版, 東京, 文久書林, 1970.

戸田修三, 海商法, 東京, 文眞堂, 1982.

鴻常夫 外, 海事判例百選(增補版), 別册ジュリスト, 第42號, 東京, 有斐閣.

2. 論文 기타

加藤 修, "國際複合運送の動向と保險問題", 損害保險研究, 第53巻 第2號, (財團法人)損害保險事業總合研究所, 1991. 8.

加藤 修, "貨物海上保險契約における準據法條項の問題", 損害保險研究, 第51巻 第1號, (財團法人)損害保險事業總合研究所, (1989. 6).

谷川 久, "船荷證券條約及び"海難救助條約の改正", 海法會誌, 復刊 第13號, 東京, 勁草書房, 1968.

谷川 久, "海上の損害と保險", *現代損害賠償法講座 8*, 東京, 日本評論社, 1980.

廣瀬久和, "免責約款に關する基礎的考察", *私法*, 第40號, 日本私法學會, 1978.

大塚 龍兒, "約款の解釋方法", 民法の爭點 II, *ジュリスト增刊 法律學のシリ-ズ3-II*, 東京, 有斐閣, 1985.

藤田和孝, 海上運送狀の現狀と法的諸課題(上), 海事法研究會誌, No. 155, 2000.4

浜谷源藏, 貿易賣買研究, 同文館, 1964.

山本豊, "免責條項の內容的規制のための基準について", 私法, 第49號, 日本私法學會, 1987.

山田 晟, *ドイツ法律用語辭典*, 東京, 大學書林, 1989

石井照久, "船荷證券の改正", *海法會誌*, 復刊 第11號, 東京, 勁草書房, 1965.

損害保險事業研究所, *損害保險研究*, 第50巻 第1號 -第54巻 第1號, 東京, (財團法人)損害保險事業研究所, 1988年 7月 - 1992年 5月.

柴田光藏, *法律ラティン語辭典*, 東京, 日本評論社, 1985

新堀 聰, 貿易取引の理論と實踐 -最近の貿易取人における舊來のメカニズムの破綻とその解決策に關する研究-, 三嶺書房, 1993

日本貿易關係手續簡素化協會(JASTPRO), SEA WAYBILLのてびき

日本私法學會, 私法, 第35號 - 第49號, 東京, 有斐閣, 1973 - 1987.

III. 英美文獻

1. 單行本

Alexander, Eric V. C., *The Principles of Marine Insurance*, 7th ed., London, Stone & Cox Limited, 1986.

Astle, W. E., *Hague Rules Law Digest*, London, Fairplay Publications, 1981.

Astle, W. E., *Limitation of Liability*, London, Fairplay Publications, 1985.

Astle, W. E., *Shipowner' s Cargo Liabilities and Immunities*. London, H. F. & G. Witherby, 1954.

Benard Abrahamsson, International Ocean Shipping : Current Concepts and Principles, Boulder, Westview Press, 1980.

Benedict on Admiralty, 7th ed.

Braekhus, Sjur & Rein, Alex, *Handbook of P & I Insurance*, 2nd ed., Gjensiding Arendal, Assuranceforeningen Gard, 1979.

Brown, R. H. and Novitt, J. J., *Marine Insurance: Vol. 2. - Cargo Practice*, 4th ed., London, Witherby, 1985.

Brown, *R. H., Marine Insurance, Vol. 1. - The Principles*, 5th ed., London, Witherby, 1986.

Brown, R. H., *Marine Insurance: Vol. 3. - Hull Practices*, 2nd ed., London, Witherby, 1993.

Clarke, M. A., *Aspects of the Hague Rules: A Comparative Study in English and French Law*, Hague, Martinus Nijhoff, 1976.

Clarke, M. A., *International Carriage of Goods by Road: CMR*, London, Stevens and Sons, 1982.

Cole, The Hague Rules, 1921 explained, 1922

Colinvaux, Raoul, *Carver' s Carriage by Sea*. Vol. I. 13th ed. London, Stevens & Sons, 1982.

Colinvaux, Raoul, *Carver' s Carriage by Sea*. Vol. II. 13th ed. London, Stevens & Sons, 1982.

Corley, N. Robert & Robert, William J., *Dillavou and Howard' s Principles of Business Law*, 9th ed., Englewood Cliffs, Prentice-hall, 1971.

David M. Sasson, CIF. and FOB Contracts, 4th ed., London, Sweet & Maxwell, 1995.

Debattista, Charles, *Sale of Goods Carried by Sea*, London, Butterworths, 1990.

E. P. Ellinger, Documentary Letter of credit, University of Singapore Press, 1970.

Ellen, E. and Campbell, D., *International Maritime Fraud*, London, Sweet & Maxwell, 1983.

Epstein, Richard A., Gregory, Charles O. & Kalven Jr., Harry., *Cases and Materials on Torts*, 4th ed., Boston, Little, Brown and Company, 1984.

F. M. Ventries, Bankers Documentary Credits, 2nd ed., London, LLP, 1983

G.H. Treitel, The Law of Contract, 10th ed., Sweet & Maxwell, 1999

Ganado, Max and Kindred, H. M., *Marine Cargo Delays: The Law of Delay in the Carriage of General Cargoes by Sea*, London, Lloyd' s of London Press, 1990.

Gilmore & Black Jr., *The Law of Admiralty*, New York, The Foundation Press, 1975.

Goodacre, J. Kenneth, *Collected Papers on Maritime Claims*, London, Witherby & Co., 1980.

Griggs, Patrich and Williams, Richard., *Limitation of Liability for Maritime Claims*, London, Lloyd' s of London Press, 1986.

Grime, Robert P., *Shipping Law*, London, Sweet & Maxwell, 1978.

H. C. Gutteridge and Maurice, Megrah, The Law of Bankers Commercial Credits, Europa Publications Ltd., London, 1984.

H.B. Thomsen & B. Wheble, Trade Facilitation and Legal Problems of Trade Data Interchange, International Business Law July/Aug. 1985.

Hazelwood, Steven J., *P & I Clubs Law and Practice*, London, Lloyd' s of London Press, 1989.

Hill, Christopher, *Maritime Law*, 2nd ed., London, Lloyd' s of London Press, 1985.

Hill, Christopher, Robertson, Bill. and Hazelwood, Steven J., *An Introduction to P & I*, London, Lloyd' s of London Press, 1988.

Hoeber, Ralph C., Reitzel, J. David, Lyden, Donald P., Roberts, Nathan J. & Severance,

Gordon B., *Contemporary Business Law: Principles and Cases*, 2nd ed., New York, McGraw-Hill Book Company, 1982.

Huebner, Solomon S., *Marine Insurance*, London, D. Appleton and Company, 1920.

ICC Document No. 470-37/37, June 11, 1991

ICC Document No. 470-37/37, June 11, 1991.

ICC, Guide to INCOTERMS 1990, Publication No. 461/90, 1991.

Ivamy, E. R. Hardy, *Casebook on Carriage by Sea*, 6th ed., London, Lloyd' s of London Press, 1985.

Ivamy, E. R. Hardy, *Casebook on Shipping Law*, 4th ed., London, Lloyd' s of London Press, 1987.

Ivamy, E. R. Hardy, *Chalmers' Marine Insurance Act 1906*, 9th ed., London, Butterworths, 1983.

Ivamy, E. R. Hardy, *Marine Insurance*, 4th ed., London, Butterworths, 1985.

Ivamy, E. R. Hardy, *Payne and Ivamy' s Carriage of Goods by Sea*, 13th ed., London and Edinburgh, Butterworths, 1989.

J. Beatson, Ansons Law of Contract, 27th ed., Oxford, 1998

Jan Ramberg, Guide to INCOTERMS 1990, International Chamber of Commerce(ICC), ICC Publication No.461/90, 1991.

Jean Guedon, Bart Van De Veire, "INCOTERMS and Documents," edited by Charles Debattista, INCOTERMS in Practice, ICC Publication No. 505, 1995

John F. Wilson, Carriage of Goods by Sea, 4th ed., London, Longman.

Julian Cooke, etc., *Voyage Charters*, London, Lloyd' s of London Press, 1993.

K. Godier, "Electronic Trading : New Systems Emerge", Documentary Credits Insight, Vol. 6, No. 2, Spring 2000

Kindred, H. M., McDorman, Ted L., Brooks, Mary R., Letalik, Norman G., Tetley, William and Gold, Edgar, *The Future of Canadian Carriage of Goods by Water Law (A Study of the Hague Rules, the Hague/Visby Rules, and the Hamburg Rules on the Carriage of Goods by Sea.)*, Canada, Dalhousie Ocean Studies Programme, March 1982.

Kingsley, Jeremy, *Handbook on P & I Insurance*, 3rd ed., Italy, Assuranceforeningen Gard, 1988.

Knauth, A. W., *The American Law of Ocean Bills of Lading*, 4th ed., Bilmore, American Marine Cases Inc., 1953.

Kurkela, Matti, Letters of Credit under International Trade Law, Oceana Publications, Inc., 1950.

Lars Gorton, Rolf Ihre ans Arne Sandevärn, *Shipbroking and Chartering Practice*, 3rd ed., London, Lloyd' s of London Press, 1990.

L?ddeke, Christof F., Marine Claims, London, Lloyd' s of London Press, 1993.

Maraist, Frank L., *Admiralty in a Nutshell*, St. Paul, West Publishing, 1983.

Michael D. Bools, The Bill of Lading, London, LLP, 1997.

Mitchelhill, Alan, *Bills of Lading: Law and Practice*, London, Chapman and Hall, 1982.

Mocatta, Alan Abraham, Mustill, Michael J. & Boyd, Stewart C., *Scrutton on Charterparties and Bills of Lading*, 19th ed., London, Sweet & Maxwell, 1984.

NJJ Gaskell, C Debattista, RJ Swatton, Shipping Law, 8th ed., 1988.

P. Todd, "Dematerialization of Shipping Documents", Cross-Border Electronic Banking, ed. by Criss Reed, Ian Walden & Laura Edgar, 2nd ed., LLP, 2000.

Paul Todd, Cases and Materials on Bills of Lading, BSP Professional Books, 1987.

R. M. Goode, Commercial Law, Penguin Books, 1982

Clive Schmitthoff, Schmitthoff's Export Trade, 7th ed., London, Stevens & Sons, 1980, pp. 357-358.

Schmitthoff, Clive M. & Sarre, David A. G., *Charlesworth' s Mercantile Law*, 14th ed., London, Stevens & Sons, 1984.

Schwampe, Dieter, *Charterers' Liability Insurance*, London, Lloyd' s of London Press, 1988.

Shoenbaum, Thomas J. and Yiannopoulos, A. N., *Admiralty and Maritime Law*, Charlottesville, The Michie Company Law Publishers, 1984.

Smith, J. C., *Liability in Negligence*, London, Sweet & Maxwell, 1984.

Sorkin, Saul, *Goods in Transit*, Vol. 1, New York, Mattew Bender, 1991.

Sorkin, Saul, *Goods in Transit*, Vol. 2, New York, Mattew Bender, 1991.

Sorkin, Saul, *Goods in Transit*, Vol. 3, New York, Mattew Bender, 1991.

Stephen Mills, Bill of Lading, A guide to Good Practice, Anchorage Press, 1998.

Tetley, William, *Marine Cargo Claims*, 2nd ed., Toronto, Butterworths, 1978.

Tetley, William, *Marine Cargo Claims*, 3rd ed., Montreal, International Shipping Publications, 1988.

Tetley, William, *Maritime Liens and Claims*, London, Business Law Communications LTD., 1985.

Thomas, M. & Steel, D., *The Merchant Shipping* Acts, 7th ed., London, Stevens & Sons, 1976.

Tiberg, Hugo, *The Law of Demurrage*, 3rd ed., London, Stevens & Sons, 1983.

Tillotson, John, *Contract Law in Perspective*, London, Butterworths, 1981.

Todd, Paul, *Cases and Materials on Bills of Lading*, Oxford, BSP Professional Books,1987.

Todd, Paul, *Modern Bills of Lading*, London, Collins, 1986.

Trade Documentation Information, Simplified Transport Documentation, Trade/WP.4/INF.31, Dated Nov. 8, 1974

Twiss, *Black Book of the Admiralty*, Vol. I.

Walden, Ian, *EDI and the Law*, London, BlenheimOnline, 1989.

Wilford, Michael, Coghlin, Terence, and Kimball, John D., Time Charters, 3rd ed., London, Lloyd' s of London Press, 1989.

Wilson, John F., *Carriage of Goods by Sea*, London, Pitman, 1991.

Witherby & Co., *Reference Book of Marine Insurance Clauses*, 57th & Revised ed., London, Witherby & Co., 1985.

Yardley, D. C. M. & Geldart, William, *Introduction to English Law*, Oxford, Oxford University Press, 1984.

2. 論文 기타

Alasdair Finnie, Short Form Shipping Documents, Journal of Maritime Law & Commerce, Vol. 7, 1976.

Bauer, R. Glenn, "Deck Cargo: Pitfalls to Avoid Under American Law in Clausing Your Bills of Lading," *Journal of Maritime Law and Commerce*, Vol. 22, No. 2, April, 1991.

Black, Henry Campbell, *Black' s Law Dictionary*, 5th ed., St. Paul Minn., West, 1979.

Chandler III, George F., "A Comparison of "COGSA", the Hague/Visby Rules, and the Hamburg Rules," *Jouranl of Maritime Law and Commerce*, Vol. 15, N0. 2, April, 1984.

Cleton, Robert, "The Special Features arising from the Hamburg Diplomatic Conference," *The Hamburg Rules, A One-day Seminar Organized by Lloyd' s of London Press Ltd.*, Sep. 28, 1978.

Diamond, Anthony, "The Hague-Visby Rules," *The Hague-Visby Rules and The Carriage of Goods by Sea Act, 1971*, A One-day Seminar Organized by Lloyd' s of London Press Ltd., Dec. 8, 1977.

Driscoll, William J., "The Convention on International Multimodal Transport: A Status Report," *Jouranl of Maritime Law and Commerce*, Vol. 9, N0. 4, July, 1978.

George F. Chandler, III, "Maritime Electronic Commerce for the Twenty-First Century", in CMI Yearbook, 1997

Howard, Tim and Davenport, Brian, "English Maritime Law Update 1992," *Jouranl of Maritime Law and Commerce*, Vol. 24, N0. 3, July, 1993.

Katz, S. R., "New Momentum towards Entry Into Force of The Hamburg Rules," *European Transport Law*, Vol. X X IX, No. 3 (1989).

Kirkham, D. Barry , "The Common Law Liability of a Public Carrier by Sea," [1976] 3 LMCLQ.

M. Clarke, "A Black Letter Lawyer Looks at Bolero", International Trade Law Quarterly, 1999. 5

McGovern, Nail, "Practical and Economic Effects from the point of view of a Shipowner," *CMI Colloquium on the Hamburg Rules*, Vienna, 1978.

Mills, C. P. , "The Future of Deviation in the Law of the Carriage of Goods," *Lloyd's Maritime and Commercial Law.*

R. Caplehorn, "Bolero.net-The Global Electronic Commercial Solution for International Trade", Butterworths Journal of International Banking and Financial Law, 1999. 11.

R. Caplehorn, "The Bolero System", Cross-Border Electronic Banking, ed. by Chris Reed, Ian Walden & Laura Edgar, 2nd ed., LLP, 2000.

Report on Bills of Lading, published by UNCTAD, Dec., 1970.

Samir Mankabady, "Comments on the Hamburg Rules," *The Hamburg Rules on the Carriage of Goods by Sea*, Sijthoff-Leyden/ Boston, 1978.

Schilling, Robert, "The Effect on International Trade of the Implementation of the Hamburg Rules from the point of view of the Shipper," *CMI Colloqium on the Hamburg Rules*, Vienna, Jan. 1979.

Shah, M. J. "The Revision of the Hague Rules on Bills of Lading within the UN System-Key Issues," Samir Mankabady, *The Hamburg Rules on the Carriage of Goods by Sea*, A.W. Sijthoff-Leyden/Boston, 1978.

Sweeney, J. C., "Review of the Hamburg Conference," The Speaker's Papers for the B/L Conventions Conference, New York, 29/30, 1978.

Tetley, William, "The Hamburg Rules- A Commentary," *LMCLQ*, 1979.

The Norweigian Shipping Academy, Selected Document Forms Used in Shipping, Revised ed., Oslo, 1982.

Tulane Law Review , "*Admiralty Law Institute Symposium: Products Liability in Admiralty*", Vol. 62, No. 2 & 3, February 1988.

Tulane Law Review , "*Admiralty Law Institute Symposium: Terminal Operations and Multimodalism*", Vol. 64, No. 2 & 3, December 1989.

Tulane Law Review, Vol. 53, No. 4, June 1979.

Tulane Law Review, Vol. 65, No.6, June 1991.

Werth, D. A., "The Hamburg Rules Revisited-A Look at U.S. Options," *Journal of Maritime Law † Commerce*, Vol. 22, No. 1, Jan. 1991.

William Tetley, "Waybills : The Modern Contract of Carriage of Goods by Sea", Journal of Maritime Law and Commerce, vol.14, no.4, October, 1983.

William Tetley, Waybills: The Modern Contract of Carriage of Goods by Sea, Part 1, Journal of Maritime Law & Commerce, Vol. 14, 1983.

Wooder, B. James, "Deck Cargo: Old Vices and New Law," *Journal of Maritime Law and Commerce*, Vol. 22, No. 1, January, 1991.

I. 영미 판례 인용에 사용된 약어

약어	원어	설명
A.M.C.	American Maritime Cases	미국 비공식 해사판례집
AC	Law Reports Appeal Cases Series(1891 on)	
aff'd as modified aff'd in part, rev'd in part		原審判決 一部修正, 確認 原審判決 一部確認 나머지 破棄自判
aff'd per curiam sub nom.		다른 事件名에 의해 全員一致原審判決確認
aff'd per curiam aff'd sub nom.		全員一致原審判決確認 다른 事件名에 의해 原審判決確認
aff'd All ER	affirmed All England Law Reports(1936 on, and reprint 1558–1935)	原審判決確認
App Cas	Law Reports Appeal Cases(1875–1890)	
appeal dismissed CB	Common Bench Reports(1845–1856)	抗訴破棄
CB(NS)	Common Bench New Series(1856–1865)	
cert. denied cert. dismissed cert. granted cf.	dertiorari denied	上告(移送請求)却下 上告(移送請求)棄却 上告(移送請求)受理 · 承認 비교하라
Ch D	confer, compare Law Reports Chancery Division(1875–1890)	
Ch	Law Reports Chancery Series(1891 on)	
Cl & F	Clark and Finelly (House of Lords, 1831–1846)	

III. 判決 · 決定 略語

약어	설명
大判	大法院判決
大決	大法院決定
○○高判	○○高等法院判決
○○(民)地判	○○(民事)地方法院判決
朝高判	朝鮮高等法院判決
日最高判	日本最高裁判所判決
日大判	日本大審院判決
日○○高判	○○
日○○地判	○○
大判 1978.11.6, 78 다 216	宣告年月日, 事件番號

IV. 判決集 引用例

引用例	설명
集 15 ① 民 30	大法院判決集 제15권 제1호 民事編, 30쪽
高集 1965 民 200	高等法院判決集 1965년 民事編, 200쪽
카드 3000	판례카드 No. 3000
公報 300, 7000	法院公報 제300호, 7000쪽
判例公報 1996년, 300쪽	公報 1996, 300 (法院公報는 1996년부터 판례공보로 명칭이 변경되었으며, 1996년 이후의 앞의 숫자는 언제나 年度를 의미한다)
新聞 3508, 10	法律新聞 제3508호, 10쪽

목 차

Chapter 01

운송증권 총론

제 1 절 해상물건운송의 종류와 법원

제 1 관 해상물건운송의 종류

해상물건운송은 선박의 운항 형태에 따라 정기선 운송과 부정기선 운송으로 구분할 수 있고, 운송계약의 형태에 따라서는 개품운송계약과 용선계약으로 구분할 수 있다.

1. 운항 형태에 따른 분류

1] 정기선 운송

정기선 운송은 항로, 기항지, 발착 일시, 취항 척수 및 항해 수가 미리 정해져 있다. 대상 운송물은 잡화가 주류를 이루고 있으며, 정기선이 취항하는 항로에는 대부분 해운동맹[1)]이 결성되어 운임요율표(tariff)[2)]에 의해 운임이 품목별로 정해져 공표된다.

2] 부정기선 운송

부정기선 운송은 운항의 기일, 항로가 일정하지 않고 운송물에 따라 가장 유리하도

1) 해운동맹(shipping conference)이라 함은 특정 항로에 정기선을 투입, 배선하고 있는 다수의 해운회사들이 서로간의 과당 경쟁을 지양하고 상호이익의 유지 및 증진을 위해 운임 · 영업 형태 등을 협정한 일종의 카르텔이다. 1875년 영국/캘커타 동맹(UK/Calcutta Conference)이 결성된 것을 효시로 하여 현재 전 세계 정기항로에는 약 360개의 동맹이 존재하고 있고 우리나라와 관계가 되는 극동기점의 해운동맹은 35개이다. 해운동맹에서 가장 중요한 요소가 운임이기 때문에 일반적으로 운임동맹(freight conference) 혹은 운임협정(freight agreement)으로 불리운다. 또한 동맹 내의 협정은 운임협정과 적취협정이 근간을 이루고 있는데 협정운임율은 운임표(tariff)에 표시되며 Berth term으로 품목에 따라 운임율(rate basis)이 정해진다(최신 해운 · 물류 용어대사전, 제9개정증보판, 코리아쉬핑가제트, 2002, 503쪽); 해운동맹에 대한 자세한 내용은 拙著, 해운실무, 해인출판사, 2004, 107-143 참조.

2) 해운동맹의 회원선사는 운임요율표에 따라 품목별 운임을 받아야 한다. 동맹에 따라 특정운송물의 운임을 운임요율표에서 제외하여 자유화물(open cargo)로서 가입선사의 자유결정에 맡기는 경우도 있으나 운임요율표는 동맹의 내부 규약으로서 기본적인 것이다(최신 해운 · 물류 용어대사전, 제9 개정증보판, 코리아쉬핑가제트, 2002, 538쪽).

록 배선되어 해상운송하는 것이다. 대상 운송물은 주로 광석, 석탄, 곡류, 목재 등 대량 운송물로서 비교적 가격이 낮은 것이 보통이다. 운임은 그때그때 시황에 따라 당사자 간에 합의되는 것이 특징이다.

2. 운송계약의 형태에 따른 분류

송하인이 운송물을 해상운송하는 경우 운송인과 운송계약을 체결하여야 하는데, 운송계약은 個品運送契約과 傭船契約으로 구분할 수 있다. 송하인은 운송물의 수량이나 항로 사정 등을 감안하여 그 물건의 운송에 적당한 운송계약을 체결하는 것이다.

대개 정기선 운송의 경우에는 개품운송계약을 체결하고 별도의 운송계약 없이 운송물의 수령을 증명하는 선하증권을 운송계약의 증거로 사용하게 된다. 또 용선계약의 경우에는 운송인과 송하인 사이에 합의된 용선계약의 내용에 따르게 되는데, 용선 시장에 널리 사용되는 표준계약서식을 사용하게 된다.

1] 개품운송계약

개품운송계약(affreightment in a general ship)은 다수 하주의 개개의 운송물에 대한 운송을 운송인이 인수하는 계약이다. 이 운송계약에 의한 운송 형태는 보통 운송인이 불특정 다수의 하주로부터 운송의 위탁을 받아 이들 운송물을 혼재(consolidate)하여 운송하는 것으로, 정기선이 일반적으로 이용되고 별도의 운송계약의 체결 없이 선하증권으로 운송계약이 입증된다.

송하인은 개품운송계약에 의한 운송을 이용하는 경우 운송인 또는 대리점 등이 발행하는 선적 스케줄(shipping schedule)[3]을 잘 검토하여 적절한 선박을 선택해서 선적 신청(shipping application)을 하게 된다.

2] 용선계약

용선계약(contract by charterparty)에 의한 운송은 특정의 하주에 대하여 운송인이 船腹(space)을 제공하여 대량 운송물의 운송을 인수하는 계약이다. 이를 위해서는 부정기선이 이용되며, 주로 석유 · 광석 · 곡물 등이 운송된다.

하주가 용선계약에 의한 운송을 이용하는 경우는 운송인과 직접 또는 용선중개

3) 선적 스케줄(shipping schedule)은 배선표 또는 출하예정표라고도 번역한다.

인(chartering broker)[4]을 통하여 계약을 체결하고 용선계약서를 작성하게 된다.

제2관 해상물건운송계약의 법원

해상물건운송계약의 경우, 상법 제46조 제13호(선체용선의 경우 상법 제46조 제2호)에 의하여 상행위로 규정되어 있으므로 제1차적인 법원은 상법이다. 그리고 상법에 규정이 없을 경우에는 상관습법, 상관습법에 규정이 없을 경우에는 민법의 규정이 적용된다. 따라서 해상물건운송에 관하여는 상법, 상관습법 및 민법이 그 법원이라고 할 수 있다.

그러나 해상물건운송계약의 전형인 용선계약과 선하증권에 의하여 증명된 운송계약의 경우에는 계약 자유의 원칙이 인정되는 것이 원칙이다. 다만, 선하증권에 의한 개품운송계약의 경우 부합계약[5]이므로 상법상의 강행법규에 위반하지 않아야 한다. 또한 뒤에 언급하는 바와 같이 일반적으로 英國法準據約款을 계약의 내용으로 하고 있고, 이에 대하여는 우리나라 대법원에서도 그 효력을 인정하고 있다.[6] 또한 용선계약의 경우에는 국제적으로 통일된 표준계약서식[7]을 사용하고 있는 것이 해운계의 일반적인 입장이다. 따라서 계약의 해석상 적용 법률의 우선순위는 특별한 경

4) 운송물을 구하는 선박소유자와 선복을 구하는 용선자 사이에서 그 수급의 중개인으로 활동하는 자를 말한다. 이들 중에는 선박소유자의 입장에서 일하는 선박소유자 측 중개인(owner broker)과 용선자 측 중개인(charterer broker)이 있다. 그들은 자기들의 고객을 위하여 용선계약의 상담에 임한다. 이 같은 전문가를 일반적으로 용선중개인이라 한다(코리아쉬핑가제트, 最新 海運 · 物流用語大辭典, 제9개정증보판, 2002, 153쪽).

5) 소비자에게 상품 또는 용역을 제공함에 있어 청약을 수락하거나 아니면 거부할 선택권만 있을 뿐 계약의 내용에 대하여 실질적인 선택의 여지가 없는 표준계약서 형태를 말한다(법률용어사전, 개정초판, 청림출판, 2002, 17쪽).

6) ① 대판 1991. 1. 11. 선고 71 다 2116 판결: 살피건대 원심(및 제1심)이 판단하고 있는 바와 같이 본건 보험증권 하에서 야기되는 일체의 책임 문제는 영국의 법률 및 관습에 의거하여야 한다는 영국법준거약관이 원, 피고 사이에 유효한 것이고….
② 대판 1991. 5. 25, 선고 90 다카 25314 판결: 보험증권 아래에서 야기되는 일체의 책임 문제는 외국의 법률 및 관습에 의하여야 한다는 외국법준거약관에 의하여 외국법이 적용되는 결과 우리 상법 보험편의 통칙의 규정보다 보험계약자에게 불리하게 된다고 하여 상법 제663조에 따라 곧 무효로 되는 것이 아니고 동 약관이 보험자의 면책을 기도하여 본래 적용되어야 할 공서법의 적용을 면하는 것을 목적으로 하거나 합리적인 범위를 초과하여 보험계약자에게 불리하게 된다고 판단되는 것에 한하여 무효로 된다고 할 것인데, 해상보험증권 아래에서 야기되는 일체의 책임 문제는 영국의 법률 및 관습에 의하여야한다는 영국법준거약관은 오랜 기간 동안에 걸쳐 해상보험업계의 중심이되어 온 영국의 법률과 관습에 따라 당사자 간의 거래 관계를 명확하게 하려는 것으로서 우리나라의 공익 규정 또는 공서양속에 반하는 것이라거나 보험계약자의 이익을 부당하게 침해하는 것이라고 볼 수 없으므로 유효하다.

7) 표준용선계약서식(standard charterparty)은 용선계약에 사용하기 위해 마련된 표준서식을 말한다. 영국해운집회소(British Chamber of Shipping)나 볼틱해운동맹(Baltic International Maritime Conference)은 일찍부터 용선계약 당사자들에게 계약의 편의를 제공하기 위하여, 많은 표준용선계약서식을 공인하여 왔다. 이에 부가하여 영국 해운집회소에서 공인하지 않은 다른 용선계약서도 이용되는 예가 있다. 예컨대 미국 및 캐나다 동해안에서 반출(搬出)되는 곡물에 사용되는 '볼티모어 선석곡물용선계약서(Baltimore Berth Grain Charter Party)'를 비롯하여 '태평양 연안곡물용선계약서

우가 아닌 한 영국법준거약관에 의하여 영국 법이 적용된다. 그 밖에 우리나라의 경우에는 미국과의 교역이 많으므로 미국 법의 적용도 염두에 두지 않을 수 없다. 다만 미국 법의 경우에는 영국 법을 모법으로 하고 있으므로 영국 법과 차이가 있는 점만을 별도로 다루면 될 것으로 생각한다.

해상물건운송계약에 관하여 영국 법을 중심으로 그 法源을 보면 다음과 같다. 첫째, 용선계약에는 커먼 로(common law)만이 적용된다. 둘째, 선하증권의 유통성에 관하여는 1855년 선하증권법(Bill of Lading Act, 1855)의 개정 법률인 1992년 해상물건운송법(Carriage of Goods by Sea Act, 1992)이 적용된다. 셋째, 선하증권의 뒷면 약관의 내용인 운송인의 책임에 대하여는 1968년 헤이그-비스비 규칙을 받아들인 1971년 해상물건운송법(Carriage of Goods by Sea Act, 1971)이라는 성문법이 적용된다.

이 중 1855년 선하증권법은 선하증권의 법적 성질과 운송물의 멸실 · 훼손의 경우에 운송계약의 당사자가 아닌 선하증권의 소지인이 운송인을 상대로 운송계약에 기하여 손해배상 청구소송을 제기할 수 있도록 규정한 것이 그 주된 내용이었다. 그러나 이 법은 최근 판례에서 선하증권의 성질과 관련하여 많은 문제점이 제기되어 1992년 해상물건운송법이라는 이름으로 전면 개정되었다. 또 선하증권의 뒷면 약관의 내용을 이루고 있는 해상물건운송인의 책임에 관하여는 1971년 해상물건운송법이 적용되는데, 이는 선하증권의 통일에 관한 국제협약인 헤이그-비스비 규칙(Hague-Visby Rules, 1968)을 그대로 받아들인 것이다.

미국 법의 경우에도 용선계약의 법원으로는 원칙적으로 커먼 로를 준거법으로 한다. 그리고 선하증권의 유통성과 관련하여서는 1916/1994년 포메린법(Fomerene

(Pacific Coast Grain Charter Party)', '미국판 웰쉬석탄용선계약서(Americanized Welch Coal Charter Party)', '쿠바사탕용선계약서(Cuba Sugar Charter Party)', '모리셔스사탕용선계약서(Mauritius Sugar Charter Party)', '버마쌀용선계약서(Burma Rice Charter Party)' 및 '뉴욕농산물거래소 제정 정기용선계약서(Time Charter Party approved by the New York Produce Exchange)' 등이 있다. 이러한 표준용선계약서식이 채용된 결과 분쟁이 눈에 뜨일 정도로 감소되었다. 이밖에 사적(私的)인 용선계약서의 서식이 여러 가지 특수한 거래 때문에 사용되고 있는데, 표준외 (non-standard) 용선계약서를 사용하는 경우에는 처음부터 모호한 조항을 정확하게 해석하여 의견의 차이가 없도록 그 용어를 신중하게 검토해야 한다.

표 1-1 • 표준용선계약서식의 종류

원 명칭	번역
East Coast Coal Charter	영국 동해안 석탄 용선계약서
Medcon River Plate Charter Party 1914	리버플레이트 용선계약서
Controcon Australian Grain Charter Party	오스트레일리아 곡물 용선계약서
Austwheat Uniform Time Charter	오스트위트 표준 정기용선계약서
Baltime Uniform General Charter	볼타임 표준 일반 용선계약서

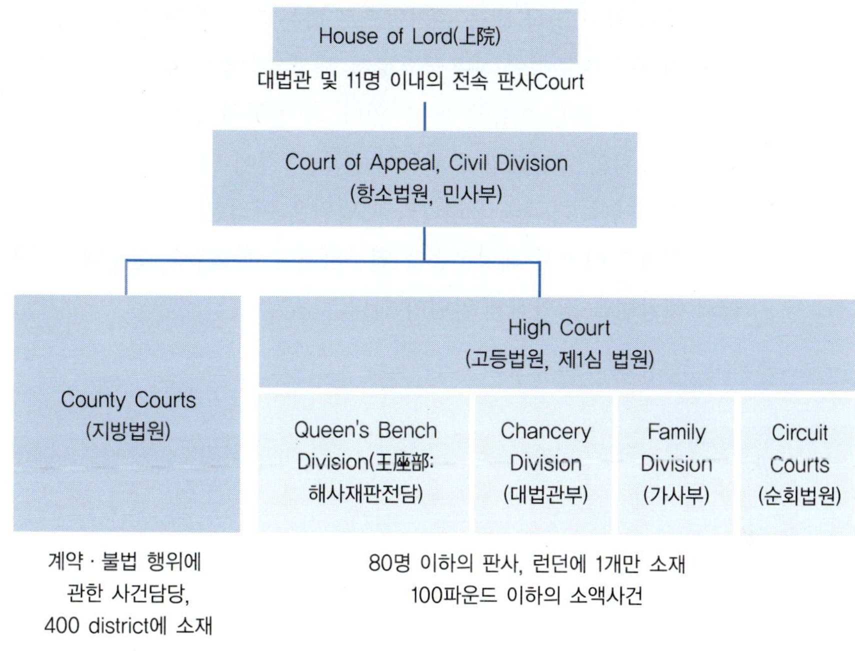

그림 1-1 ● 영국의 민사법원 조직

Act, 1916/1994 = Federal Bills of Lading Act, 1916/1994 : 이하 연방선하증권법이라고도 한다)이 적용되고, 선하증권 뒷면 약관의 내용인 운송인의 책임에 대하여는 ① 1893년 하터법(An Act Relating to Navigation of Vessel, 1893 : The Harter Act, 1893)과 1924년 헤이그 규칙(Hague Rules, 1924)의 국내 입법인 ② 1936년 해상물건운송법(The United States Carriage of Goods by Sea Act, 1936)을 준거법으로 하고 있다.

제3관 준거법약관의 효력

해상물건운송계약을 둘러싸고 각종 분쟁이 발생할 때 이러한 분쟁을 규율하는 법규범을 소위 해상물건운송법이라고 한다. 해상물건운송법은 그 연혁으로 볼 때 크게 영미법계, 독일법계, 프랑스법계로 나누어진다. 우리나라 상법은 기본적으로 독일법계에 속하지만, 해상운송인의 책임에 대하여는 영국 법에 근거한 헤이그 규칙 또는 헤이그-비스비 규칙의 내용을 주로 따르고 있다.

실무적으로는 거의 모든 해상물건운송 관련 계약서에 영국 법(English Law)을 준거법으로 한다는 내용의 준거법약관이 들어가 있다. 이처럼 해상물건운송 관련 약관에서 예외 없이 영국 법을 준거법으로 하는 것은 무엇보다도 영국이 오랜 세월 동안 세계 최강의 전통적인 해운국으로서 해상운송법의 형성에 결정적으로 중요한 역할을 해 왔다는 점을 이유로 들 수 있다. 즉 영국의 경우에는 거의 모든 해상운송 관련 사건에 법원의 판결례가 존재하여 분쟁 해결에 대한 지침이 된다는 점이 영국 해상법의 장점이다. 더구나 우리나라 대법원은 이러한 영국법준거약관을 유효한 것으로 보고 있다.[8)] 따라서 해상운송을 연구하거나 해상운송 실무에 종사하는 경우에는 영국의 해상법을 정확하게 알아야 한다.

8) 대판 1977. 1. 11. 선고 71다 2116 판결 : 살피건대 원심(및 제1심)이 판단하고 있는 바와 같이 본건 보험증권 하에서 야기되는 일체의 책임 문제는 영국의 법률 및 관습에 의거하여야 한다는 영국법준거약관이 원, 피고 사이에 유효한 것이고 따라서 본건 해상 사고로 인한 손해에 대한 보상책임의 유무 및 지급 방법에 관하여는 영국의 법률 및 관습에 의하여 결정한다고 하더라도 ….

제2절 무역 거래조건과 무역 결제 제도

제1관 무역 거래조건

1. 의의

무역업자는 시장조사, 거래 상대방의 선정, 상품의 특정, 상품의 수량 · 가격 · 품질 등의 특정, 출하 · 선적 시기의 특정, 포장 · 운송 방법 · 운송 경로 등의 특정, 가격, 위험부담, 책임부담 등 각종 무역 거래조건을 결정하고, 상품을 선적하고, 적하보험(cargo insurance)에 가입함으로써 무역 실무상의 일반적인 수출입 절차를 마치는 것이 된다.

이 중 무역 거래조건에 대하여는 국제적으로 공인된 정형거래조건이 몇 가지 있는데, 그 중에서 가장 일반적으로 사용되는 것이 국제상업회의소(International Chamber of Commerce : ICC)에 의해 제정된 인코텀즈(International Rules for the Interpretation of Trade Terms: INCOTERMS)[9]이다.

정형거래조건(trade terms)은 물건이 매도인으로부터 매수인에게 이르기까지 운송과 수출입 통관을 비롯한 모든 비용과 위험부담의 당사자를 구분해 주는 국제매매계약의 주된 요소를 말한다.[10] 그런데 이러한 정형거래조건도 당사자의 국가나 지역별로 상관습과 법체계가 달라 그 해석상 분쟁이 발생하는 경우가 많았다. 이에 국제상업회의소는 그러한 불확실성을 해결하기 위하여 1920년대부터 추진한 무역 거래의 해석에 관한 국제표준규칙을 제정하여 이를 인코텀즈라고 부르고 있다. 인코텀즈

9) 무역 거래 시 사용되는 무역 가격 또는 무역 관습에 관한 국제상업회의소가 제정한 국제규칙을 말한다.

10) ICC, Guide to INCOTERMS 1990, Publication No. 461/90, 1991, p. 9.

는 1936년에 제정된 후 무역 환경의 변화에 따라 1953년, 1967년, 1976년, 1980년, 1990년, 2000년에 각각 개정 보완되어 왔다. 최근 개정된 인코텀즈 2000[11]은 관세자유지역의 확대, 무역 거래에서 전자통신문의 사용 증가, 운송 관습의 변화 등을 반영한 것으로, 인코텀즈 1990의 내용을 단순 · 명료하게 개정하여 1999년 6월 21일 공표하고 2000년 1월 1일부터 시행하고 있다.

인코텀즈 이외에도 무역 거래 관한 각종 법령과 규칙에는 개정 미국 대외무역정의(Revised American Foreign Trade Definitions, 1990), 미국 통일상법전(Uniform Commercial Code; UCC), CIF 계약에 관한 바르샤바-옥스퍼드 규칙(Warsaw-Oxford Rules for CIF Contract, 1932) 등이 있다.[12]

2. FOB, CIF, C&F 조건

무역 거래 중 가장 많이 활용되는 것이 FOB, CIF 및 C&F조건이다. 무역 거래 중 위험부담과 비용 부담을 어떻게 하는가 하는 것이 무역업자에게 매우 중요한 것이다. 이 세 가지 무역 거래는 위험부담(risk : R)과 상품 대금(cost : C), 적하보험료(insurance : I) 및 해상 운임(freight : F)의 비용 부담자를 매도인(seller)과 매수인(buyer) 중 누구로 할 것인가를 다음과 같이 정하고 있다.

첫째, 위험부담은 어느 경우이든 선적항에서 물건이 본선에 선적되고 나면, 그 이후 매도인으로부터 매수인에게 이전된다. 둘째, 운임 부담의 경우에는 CIF와 C&F가 매도인(seller) 부담, FOB의 경우에는 매수인(buyer) 부담이다. 이들 세 종류의 무역 거래 전통적인 운송 단계의 구분 방법에 충실한, 즉 출하지에서 선적지까지의 운송, 해상운송, 양륙항에서부터 최종 목적지까지의 운송을 명확히 구분하는 것을 전제로 한 조건에 적합한 것이다.

3. 복합운송의 발달과 FRC, DCP, CIP 조건

컨테이너화의 진전과 함께 국제복합운송이 발달함에 따라, 출하지에서 선적지까지

11) 무역 거래상의 기초 조건에 대한 통일적 해석을 위한 규칙이다. 국제상업회의소(ICC)에 의하여 작성된 국제무역에서 사용되는 여러 가지 조건을 해설하여 놓은 규정을 말한다. FOB, CIF 등, 각각의 거래조건에 대하여 매도인과 매수인의 의무를 나열하고 있다. 이 규정은 합의에 의하여 거래 계약을 성립시킨다.

12) 이재득 · 노현수, 인터넷 시대의 무역학원론, 법문사, 2001, 417쪽 참조.

표 1-2 ● INCOTERMS 1980의 정형거래조건

ICC CODE	조건의 명칭	내 용
EXW	EX WORKS, EX MINW, EX WAREHOUSE	공장, 광산, 창고 등에서 인도.
FOR	FREE ON RAIL FREE ON TRUCK(FOT)	철도역, 貨車 등에서 인도.
FAS	FREE ALONGSIDE SHIPS	수출항에 정박한 본선 선측에서 인도.
FOB	FREE ON BOARD	수출항에 정박한 본선 선상에서 인도. 위험은 매수인에게 이전되지만 운임은 매도인이 부담.
CIF	COST, INSURANCE AND FREIGHT	수출항에 정박한 본선 선상에서 인도. 위험은 매수인에게 이전되지만 운임과 보험료를 매도인이 부담.
EXS	EX SHIPS	수입항에 정박한 본선 선상에서 인도.
EXQ	EX QUAY	수입항의 부두에서 인도.
DAF	DELIVERED AT FRONTIER	국경에 있는 지정된 장소에서 인도(과거 동유럽과 서유럽 간의 거래의 필요에서 발생).
DDP	DELIVERED DUTY PAID	목적지의 지정된 장소에서 인도.
FOA	FOB AIRPORT	항공운송인의 관리 장소(공항에서만 한정한 것은 아니다)에서 인도.
FRC	FREE CARRIER	최초의 운송인에게 인도.
DCP	FREIGHT/CARRIAGE PAID TO	최초의 운송인에게 인도. 다만 위험은 매수인에게 이전되나 운임은 매도인이 부담.
CIPF	REIGHT/CARRIAGE AND INSURANCE PAID TO	최초의 운송인에게 인도. 다만 보험료는 매도인이 추가로 부담.

의 운송, 해상운송, 양륙항에서부터 최종 목적지까지의 운송이라는 전통적인 3단계의 운송 국면을 구별할 필요가 없이 출하지로부터 목적지까지 일관운송(through transport)하는 방법을 생각해 내게 되었다. 이러한 운송 체계의 변화를 반영한 것이 인코텀즈 1980(INCOTERMS 1980)에 신설된 무역 거래다. 즉, FRC, DCP 및 CIP 조건은 최초의 운송인에게 운송물이 인도된 시점에 위험이 이전되도록 규정하여 나름대로 FOB, CIF 및 C&F의 위험부담 및 비용 부담 조건을 선적 전과 양륙 후로 확장하여 문전운송 서비스(door to door service)에 대응할 수 있도록 한 것이다.

표 1-3 ● INCOTERMS 1990의 정형거래조건

기본 유형의 명칭	ICC CODE	조건의 명칭	내 용
GROUP E DEPARTUREa	EXW	EX WORKS	공장, 광산, 창고 등에서 인도.
GROUP F MAIN CARRIAGE UNPAID	FCA	FREE CARRIER	매수인이 지정한 운송인의 창고 등에서 인도.
	FAS	FREE ALONG SIDE SHIPS	매수인이 지정한 선적항에 정박한 본선 선측에서 인도.
	FOB	FREE ON BOARD	매수인이 지정한 항만의 본선 선상에서 인도.
GROUP C MAIN CARRIAGE PAID	C&F	COST AND FREIGHT	매수인이 지정한 항만의 본선 선상에서 인도.
	CIF	COST, INSURANCE AND FREIGHT	매수인이 지정한 항만의 본선 선상에서 인도.
	CPT	CARRIAGE PAID TO	매수인이 지정한 목적지까지 운송할 운송인의 보관 장소에서 인도.
	CIP	CARRIAGE AND INSURANCE PAID TO	매수인이 지정한 목적지까지 운송할 운송인의 보관 장소에서 인도.
GROUP D ARRIVAL	DAF	DELIVERED AT FRONTIER	국경에 있는 매수인이 지정한 장소에서 인도.
	DES	DELIVERED EX SHIP	매수인이 지정한 양륙항에 정박한 본선 선상에서 인도.
	DEQ	DELIVERED EX QUAY	양륙항의 부두에서 인도.
	DDU	DELIVERED DUTY	목적지의 지정장소에서 인도.
	DDP	UNPAID DELIVERED DUTY PAID	목적지의 지정장소에서 인도.

4. 국제복합운송의 발달과 인코텀즈 1990

전자자료교환체계(electronic data interchange system : EDI system)의 이용과 다양화된 운송 방법에 대한 대응을 주목적으로 한 인코텀즈 1990이 제정되어 1990년 7월부터 이용할 수 있게 되었다. 여기서는 정형거래조건을 4개 그룹 13개 종류로 재편성하여 그 분류를 매우 간명하게 하였다.

5. 무역 환경의 변화와 인코텀즈 2000

1] 의의

최근 개정된 인코텀즈 2000[13]은 관세자유지역의 확대, 무역 거래에서 전자통신문의 사용 증가, 운송 관습의 변화 등을 반영하여 인코텀즈 1990의 내용을 단순 · 명료하게 개정하였다. 외형적으로는 인코텀즈 1990에 비하여 큰 변화가 없는 것으로 보이나, 인코텀즈가 전 세계적인 인정을 바탕으로 이를 더욱 공고히 하고 인코텀즈 사용자에 대한 철저한 조사와 동의를 거쳐, 첫째, FAS와 DEQ 조건에서 통관 및 관세 지급 의무, 둘째, FCA 조건에서 적재 및 양륙 의무 등에 대한 실질적인 변경, 셋째, 운송 형태에 대한 제한의 현실화, 넷째, DDU 및 DDP 조건의 개정이 있었다.

또 인코텀즈 2000은 1990년 개정과 마찬가지로 모두 13개의 거래조건으로 구성되어 있다. 이들 거래조건은 선적지인도조건(E 조건 그룹, F 조건 그룹, C 조건 그룹)과 양륙지인도조건(D 조건 그룹)으로 분류하고, 각 거래조건별로 당사자의 의무를 10개의 제목으로 상호 대칭되게 기술하였다.

2] 주요 개정 내용

1 FAS 조건

인코텀즈 1990에서는 수출 허가의 취득, 수출 통관절차의 이행, 수출통관비용 및 수출세 지급 의무를 매수인이 부담하였다. 그러나 인코텀즈 2000에서는 거주자 통관주의 원칙과 실무 관행을 존중해 매도인이 부담하도록 변경하였다.

2 DEQ 조건

인코텀즈 1990의 DEQ 조건은 Delivered Ex Quay(Duty Paid)로서 매도인의 관세 지급(Duty Paid) 의무가 부과되어 있었으나, 인코텀즈 2000에서는 거주자 통관 주의 원칙과 실무 관행을 존중하여 관세 지급이 삭제되이 수입 허가의 취득, 수입 통관절차 이행, 수입 통관 비용 및 수입세 지급 의무가 매도인에서 매수인으로 변경되었다.

3 FCA 조건의 적재 및 양륙 의무의 명확화

인코텀즈 1990에서는 철도운송, 도로운송, 내수로 운송, 해상운송, 복합운송 등에 있

13) 무역 거래상의 기초 조건에 대한 통일적 해석을 위한 규칙이다. 국제상업회의소(ICC)에 의하여 작성된 국제 무역에서 사용되는 여러 가지 조건을 해설하여 놓은 규정을 말한다. FOB, CIF 등, 각각의 거래조건에 대하여 매도인과 매수인의 의무를 나열하고 있다. 이 규정은 합의에 의하여 거래 계약을 성립시킨다.

표 1-4 ● INCOTERMS 2000의 정형거래조건

그룹		ICC Code	조건의 명칭	내 용	물건의 인수 · 인도에 관한 당사자의 의무	
					매도인의 의무(A4)	매수인의 의무(B4)
선적 지인도 조건	E 조건 그룹 (출발지 인도)	EXW	Ex Works(…named place) Ex Minw Ex Warehouse	지정 장소 공장 인도	지정 장소에서 매수인의 임의 처분상태로 둠	수령
	F 조건 그룹 (주운임 미지급 인도)	FCA	Free Carrier (…named place)	지정 장소 운송인 인도	운송인에게 인도	수령
		FAS	Free Alongside Ships(…named port of shipment)	지정 선적항 선측 인도	선측에서 매수인 임의 처분 상태로 놓아 둠	수령
		FOB	Free On Board (…named port of shipment)	지정 선적항 본선 인도	본선에서 인도	수령
	C 조건 그룹 (주운임 지급 인도)	CFR	Cost And Freight (…named port of destination)	지정 목적항 운임 포함 인도	본선에서 인도	인도하고 목적항에서 운송인으로부터 수령
		CIF	Cost, Insurance And Freight(…named port of destination)	지정 목적항 운임 · 보험료 포함 인도	본선에서 인도	인도를 받고 목적항에서 운송인으로부터 수령
		CPT	Carriage Paid To (…named place of destination)	지정 목적지 운임 지급 인도	계약된 운송인 또는 최초 운송인에게 인도	인도를 받고 목적지에서 운송인으로부터 수령
		CIP	Freight/Carriage And Insurance Paid To (…named place of destination)	지정 목적지 운임 · 보험료 지급 인도	계약된 운송인 또는 최초 운송인에게 인도	인도를 받고 목적지에서 운송인으로부터 수령
양륙 지인도 조건	D 조건 그룹 (도착지 인도)	DAF	Delivered At Frontier (…named place)	지정 장소 국경 인도	국경에서 매수인의 임의 처분 상태로 놓아 둠	수령
		DES	Delivered Ex Ship (…named port of destination)	지정 목적항 착선 인도	본선에서 매수인의 임의 처분 상태로 놓아 둠	수령
		DEQ	Delivered Ex Quay (…named port of destination)	지정 목적항 부두 인도	부두에서 매수인의 임의 처분 상태로 놓아 둠	수령
		DDUD	elivered Duty Unpaid(…named place of destination)	지정 목적지 관세 미지급 인도	목적지에서 매수인의 임의 처분 상태로 놓아 둠	수령
		DDP	Delivered Duty Paid (…named place of destination)	지정 목적지 관세 지급 인도	목적지에서 매수인의 임의 처분 상태로놓아 둠	

※ 자료 : 대한상공회의소 · ICC한국위원회, 인코텀즈(INCOTERMS) 2000, 1999, 36쪽 및 이재득, 노현수, 인터넷 시대의 무역학원론, 법문사, 2001 420쪽 [표 23.1] 참조.

어서 물건의 인도방법을 규정하였다. 그러나 인코텀즈 2000에서는 운송인에 대한 인도 장소를 단순화하여 매도인의 영업장 구내에서 인도가 이루어질 경우에는 매도인이 차량 적재의 책임을 부담하고 기타 모든 장소에서 이루어질 경우에는 매도인이 운송인에게 양륙 및 인도할 책임을 부담하지 않는다고 규정하였다.

4 운송 형태에 대한 제한의 현실화

인코텀즈 1990에서는 13가지 정형거래조건 중에서 FAS, FOB, CFR, CIF, DES, DEQ 조건에 대해서 해상운송이나 내수로 운송에 한하여 사용하도록 하고 있다. 그러나 인코텀즈 2000에서는 DEQ와 DES 조건에서는 해상운송, 내수로 운송 또는 복합운송에 의하여 목적항의 본선 또는 부두에서 물건이 인도되는 때에 한하여 사용될 수 있다.

5 DDU 및 DDP 조건

인코텀즈 2000의 DDU 및 DDP 조건에서는 지정된 목적지에서 도착된 운송 수단으로부터 양륙되지 않은 상태로 매수인에게 물건이 인도되므로 도착된 운송 수단으로부터의 양륙의 비용과 위험은 매수인이 부담한다.

3] 정형거래조건

1 지정장소공장인도조건(EXW)

출발지 인도조건으로서, 매도인이 물건을 자신의 공장이나 작업장의 영업장 구내에서 매수인이 임의 처분할 수 있도록 인도하는 거래조건이다. 그러므로 매도인은 매수인이 제공한 운송 용구에 물건을 적재하거나 수출 통관하여야 할 책임은 없고, 물건이 인도된 후의 모든 절차는 매수인의 위험과 비용 부담으로 행하여야 한다. 인코텀즈의 13가지 정형거래조건 중 매도인에 대하여는 최소의 의무를 지우고 매수인에게는 최대의 의무를 지우는 조건이다.

2 지정장소운송인인도조건(FCA)

주운임미지급 조건의 일종으로, 매도인이 지정된 장소에서 지정된 운송인의 관리 하에 물건을 수출 통관하여 인도하는 거래조건을 말한다. 그러므로 매수인은 운송인에게 물건을 인도할 지점을 정확히 지정하여야 한다.

만약 매수인이 이러한 인도 지점을 정확하게 지정하지 않으면, 매도인은 약정된 구역 내에서 운송인이 물건을 인수할 지점을 선택할 권리가 있으며 인도가 매도인의 구내에서 이루어지는 경우에는 매도인이 적재에 대한 책임을 부담한다. 반면 그 밖의 장소에서 적재가 이루어지는 경우에는 매도인은 양륙의 책임을 지지 아니한다.

이 조건은 복합운송뿐만 아니라 철도, 도로, 해상, 항공, 내수로 운송 등 어떠한 운송 방식에도 사용할 수 있다.

3 지정선적항선측인도조건(FAS)

주운임미지급 조건의 일종으로 매도인이 물건을 지정된 선적항의 부두나 부선 내에서 본선의 선측으로 인도되는 순간부터 물건에 대한 모든 비용과 멸실 또는 훼손의 위험을 매수인이 부담하게 된다. 선측인도조건은 매도인이 물건의 수출 통관을 이행할 것을 요구하고 있는데, 이는 매수인이 수출 통관을 이행할 것을 요구하였던 인코텀즈 1990과는 반대되는 것이다.

그러나 당사자들 간에 매수인이 물건의 수출 통관을 이행할 것을 원하는 경우에는 매매 계약상 이러한 취지의 명시적인 문언을 추가함으로써 이를 명확하게 하여야 한다. 이 조건은 해상운송 또는 내수로 운송에만 사용할 수 있는데, 일반 운송물의 수출입보다는 본선에 적재하는데 비용이 많이 드는 원목, 원면, 곡물 등의 대량 운송물의 거래에 주로 이용된다.

4 지정선적항본선인도조건(FOB)

주운임미지급 조건의 일종으로 매도인이 물건을 지정된 선적항의 본선의 난간을 통과하여 인도하는 거래조건을 말한다. 물건이 본선의 난간을 통과한 때로부터 물건에 대한 모든 비용 · 멸실 · 훼손의 위험을 매수인이 부담하여야 한다. 본선인도조건은 매도인이 물건의 수출 통관을 이행할 것을 요구하고 있다.

그리고 이 조건은 단지 해상운송이나 내수로 운송에만 사용될 수 있고, Ro/Ro 운송[14)]이나 컨테이너 운송에서와 같이 본선의 난간이 전혀 의미가 없는 경우에는 부적절한 조건이다. 이러한 경우에는 FCA조건을 이용하는 것이 타당하다.

FOB 조건은 CIF 조건과 함께 대표적인 선적지인도조건이다.

5 지정목적항운임포함조건(CFR)

주운임지급 조건의 일종으로, 매도인이 지정된 목적항까지 물건을 운송하는 데 필요한 비용 및 운임을 지급하지만, 물건에 대한 모든 위험과 추가적인 비용은 물건이 선적항에서 본선의 난간을 통과할 때 매도인으로부터 매수인에게 이전하는 거래조건이다. 운임 포함 인도조건이므로 매도인이 물건의 수출 통관을 이행하여야 한다. 해

14) Roll-on Roll-off system을 말하는데, 이러한 운송 방식은 운송물이 컨테이너 샤시 채로 또는 육상운송용 트레일러를 트랙터로 선미 또는 선박의 측면에 설치한 문을 통해 선내로 적입 또는 적출하는 시스템을 말한다(코리아쉬핑가제트, 最新海運 · 物流用語大辭典, 제9개정증보판, 2002, 480쪽).

상운송이나 내수로 운송에만 이용될 수 있으며, Ro/Ro 운송이나 컨테이너 운송에서와 같이 본선의 난간이 아무런 의미가 없는 경우에는 부적절한 조건이다.

6 지정목적항운임 · 보험료포함조건(CIF)

주운임지급 조건의 일종으로, 매도인이 지정된 목적항까지 물건을 운송하는데 필요한 운임과 매수인을 위한 보험료를 지급하고, 물건에 대한 모든 위험과 추가 비용은 물건이 선적항에서 본선의 난간을 통과한 때 매수인에게 이전하는 거래조건을 말한다. 그러나 운임 · 보험료포함인도조건에서는 매도인은 운송 중 매수인이 부담할 물건의 멸실 · 훼손의 위험에 대한 적하보험도 주선하여야 한다. 결과적으로 매도인은 보험계약을 체결하고 보험료를 지급하지만, 매수인은 운임 · 보험료 포함인도조건 하에서 매도인이 최소의 담보 조건으로 보험에 들 것을 요구하고 있다는 사실에 유의하여야 한다.

매수인이 보다 더 큰 담보 조건으로 보호받고자 하는 경우에는 매수인은 매도인과 이에 상당하는 명시적인 합의를 하거나 스스로 별도의 보험 약정을 체결하여야 할 필요가 있다. 해상운송이나 내수로 운송에만 이용될 수 있으며, Ro/Ro 운송이나 컨테이너 운송에서와 같이 본선의 난간이 전혀 의미가 없는 경우에는 부적절한 조건이다.

7 지정목적항운임지급 조건(CPT)

주운임지급 조건의 일종으로, 매도인이 스스로 지정한 운송인에게 물건을 인도하되, 다만 지정된 목적지까지 물건을 운송하는데 필요한 운임을 추가로 지급하여야 한다는 것을 의미한다. 이는 물건이 인도된 이후에 발생하는 모든 위험과 기타 모든 비용은 매수인이 부담한다는 것을 의미한다.

합의된 목적지까지의 운송을 위하여 후속되는 운송인이 사용되는 경우에는 위험은 물건이 최초의 운송인에게 인도되었을 때에 이전된다. 운임지급인도조건은 매도인이 물건의 수출 통관을 이행할 것을 요구하고 있다. 이 조건은 복합운송을 포함하여 운송 방식에 상관없이 사용될 수 있다.

8 지정목적지운임 · 보험료지급 조건(CIP)

매도인이 지정된 목적지까지 물건의 운임과 매수인을 위한 보험료를 지급하되, 물건에 대한 모든 위험과 추가 비용은 물건이 선적지에서 운송인의 관리 하에 인도된 때 매도인으로부터 매수인에게 이전하는 거래조건을 말한다.

운임 · 보험료지급인도조건에서는 매도인은 운송 중 매수인이 부담할 물건의 멸실 · 훼손의 위험에 대한 보험계약도 체결하여야 한다. 그러나 매도인이 보험계약을 체결하고 보험료를 지급하지만, 매수인은 이 조건하에서 매도인이 오직 최소의 담보 조건으로 보험에 들 것을 요구하고 있다는 사실에 유의하여야 한다.

9 지정장소국경인도조건(DAF)

도착지인도조건의 일종으로, 매도인이 물건을 수출 통관하여 인접 국가의 관세 라인을 넘기 직전의 국경의 지정된 지점과 장소에서 매수인의 임의 처분으로 인도하였을 때 그 인도의 의무를 다하는 거래조건을 말한다.

이 조건은 물건이 육상의 국경에서 인도되어야 할 때에는 운송 방식에 관계없이 사용될 수 있다. 인도가 목적항의 선박의 갑판이나 부두에서 이루어져야 할 때에는 착선인도조건 또는 부두인도조건을 사용하여야 한다.

10 지정목적항착선인도조건(DES)

도착지인도조건의 일종으로서, 매도인이 지정된 목적항까지 자신의 비용과 위험부담으로 물건을 운송하여 본선의 갑판에서 수입 통관하지 않은 상태로 매수인의 임의 처분으로 인도하는 거래조건을 말한다. 매도인은 지정된 목적항까지 물건을 운송하여 양륙하기 전까지의 수반되는 모든 위험과 비용을 부담하여야 한다. 해상운송이나 내수로 운송에만 사용된다.

11 지정목적항(관세필)부두인도조건(DEQ)

도착지인도조건의 일종으로서, 매도인이 지정목적항의 부두에서 물건을 수입 통관하지 않고 매수인의 임의 처분으로 인도하는 거래조건을 말한다. 매도인은 지정된 목적항까지 물건을 운송하고 부두에서 그 물건을 양륙하는데 수반되는 비용과 위험을 부담하여야 한다.

부두인도조건은 매수인이 물건의 수입 통관을 이행하고 수입 시의 모든 절차 · 관세 · 조세 및 기타 부과금을 지급할 것을 요구하고 있다. 이는 매도인이 수입 통관을 이행할 것을 요구하던 인코텀즈 1990과는 반대되는 것이다. 이 조건은 해상운송, 내수로 운송 또는 목적항의 선박에서 부두로 양륙하여 복합운송으로 인도되어야 할 때에만 사용될 수 있다.

12 지정목적지관세미지급인도조건(DDU)

매도인이 물건을 수입 통관하지 않고, 지정된 목적지에 도착하는 모든 운송 수단으로부터 양륙하지 아니한 상태로 매수인에게 인도하는 것을 의미한다. 매도인은 적용 가능한 경우 목적지의 국가에서의 수입을 위한 모든 관세를 제외하고 목적지까지 물건을 운송하는데 수반되는 비용과 위험을 부담하여야 한다. 이러한 관세는 매수인이 적기에 물건을 수입 통관하지 아니함으로써 발생하는 모든 비용과 위험까지 포함하여 매수인이 부담하여야 한다. 이 조건은 운송 방식과 관계없이 사용될 수 있다.

13 지정목적항관세지급인도조건(DDP)

매도인이 물건의 수입 통관 비용을 지급하고 물건을 수입 국가의 지정된 장소까지 반입하여 매수인의 임의 처분 하에 인도하는 거래조건을 말한다. 매도인이 수입 허가를 취득하고 수입 통관의 절차와 이에 따른 관세, 조세 및 공적인 경비를 부담하고 물건을 수입 국가의 지정된 장소까지 반입하여 매수인에게 인도하여야 한다. 그러므로 지정장소공장인도조건(EXW)이 매도인에 대한 최소의 의무를 나타내는 반면, 지정목적항관세지급인도조건(DDP)은 그 최대의 의무를 나타낸다.

그러나 이 조건은 매도인이 수입지에서 직접 또는 간접적으로 수입 허가를 취득할 수 없는 경우에는 사용할 수 없으며, 수입지에 매도인의 지점이나 대리점이 있을 경우에는 사용할 수 있다.

표 1-5 ● 인코텀즈 2000에서 물건에 대한 위험과 비용의 이전시기

거래조건	위험 및 비용의 이전시기
EXW	매도인의 영업소에서 매수인의 임의처분 상태로 놓아둔 때
FCA	운송인에게 물건을 인도한 때
FAS	본선의 선측에 놓여진 때
FOB	본선의 난간을 통과한 때
CFR	본선의 난간을 통과한 때 운임을 매도인이 추가부담
CIF	본선의 난간을 통과한 때 운임과 보험료를 매도인이 추가부담
CPT	운송인에게 물건을 인도한 때 운임은 매도인이 추가부담
CIP	운송인에게 물건을 인도한 때 운임과 보험료는 매도인이 추가부담
DAF	국경에서 매수인의 임의처분 상태로 놓여진 때
DES	본선에서 매수인의 임의처분 상태로 놓여진 때
DEQ	부두에서 매수인의 임의처분 상태로 놓여진 때
DDU DDP	목적지에서 매수인 또는 매수인이 지정한 제3자의 임의처분 상태로 놓여진 때

※ 자료 : 이재득, 노현수, 인터넷 시대의 무역학원론, 법문사, 2001, 428쪽 [표 23.4].

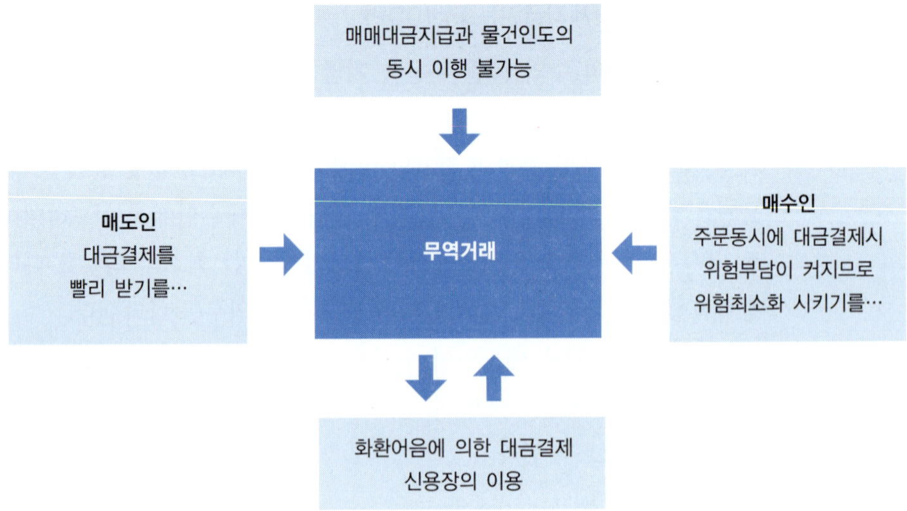

그림 1-2 ● 무역거래의 대금결제제도

제2관 무역 거래의 대금 결제 제도

1. 의의

내국자 간의 거래이건 국제 거래이건 상거래에 있어서 가장 중요한 것은 대금 결제이다. 특히 무역 거래의 경우에는 외국의 매도인(seller)과 매수인(buyer) 간에 거래가 이루어지기 때문에 대금 결제가 더욱 문제가 된다.

무역 거래에서는 상점에서 물건을 살 때와 같이 매매 대금 지급과 물건의 인도를 동시 이행하는 것은 불가능하다. 매도인의 입장에서는 대금 결제를 빨리 받을 수 있는 방법을 찾으려고 할 것이고, 매수인의 입장에서는 주문과 동시에 대금을 결제하게 되면 위험부담이 너무 커지므로 위험을 최소화할 수 있는 방법이 필요하다.

이러한 양자의 입장을 충족시키는 방법으로서 국제 거래에서 나타난 대금 결제 방식이 화환어음(documentary draft, bill of exchange)[15]에 의한 대금 결제와 신용장의 이용이다.

15) 화환어음이라 함은 운송물을 담보로 하여 발행하는 어음을 말한다. 다시 말하면, 운송물부 환어음을 말한다. 이 어음은 그 발행인이 담보 물건(담보물을 표시한 관용 서류)을 붙여 은행에 양도하고 할인을 받는 것이기 때문에, 그 성질상으로는 擔保附 他所給 割引어음이라고 할 수 있다(코리아쉬핑가제트, 最新 海運 · 物流用語大辭典, 제9개정증보판, 2002, 226쪽).

2. 화환어음에 의한 결제

무역 결제 방식 중 가장 많이 이용되는 것이 화환어음에 의한 결제 방식인 바, 화환어음과 선하증권 등의 운송증권, 보험증권을 이용한 결제 방법이다. 대체로 다음과 같은 순서로 결제가 이루어진다.

① 매도인과 매수인 간에 매매계약이 성립되면 매수인이 상품을 주문한다.

② 매도인은 주문받은 상품을 운송인에게 인도한다.

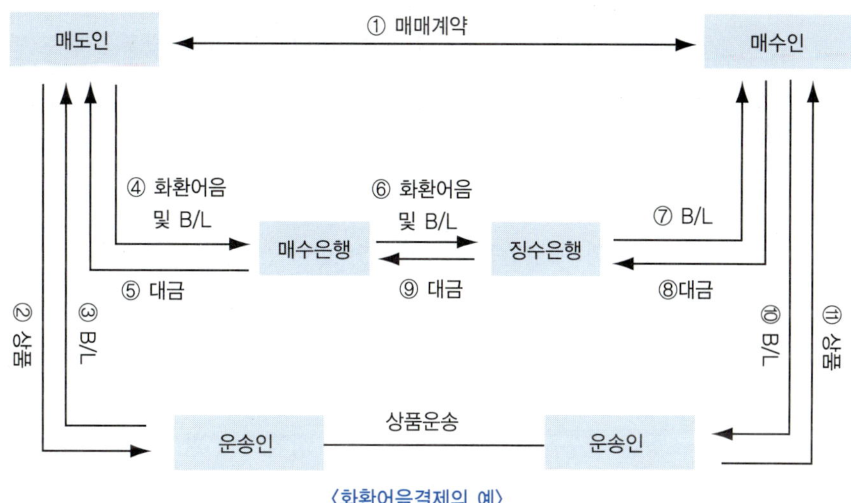

〈화환어음결제의 예〉

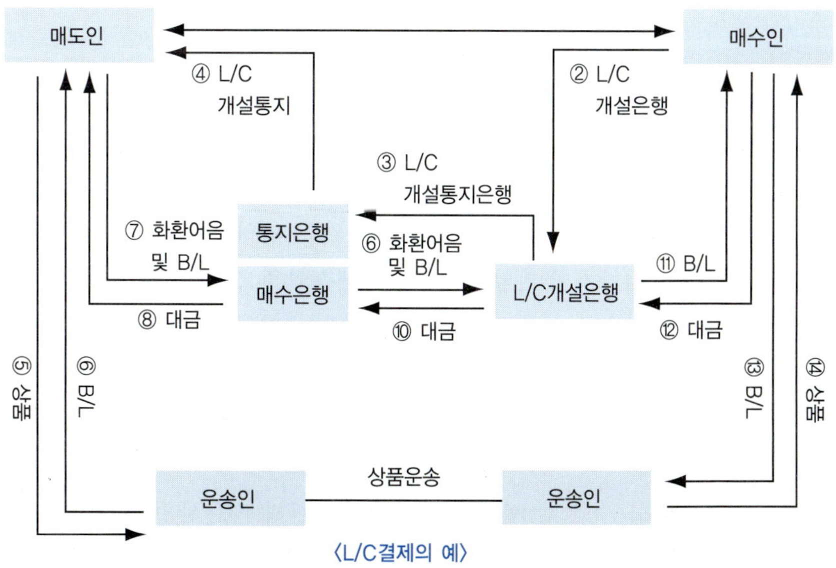

〈L/C결제의 예〉

그림 1-3 ● 매매대금의 결제방법

③ 운송인은 선하증권을 작성하여 매도인에게 교부한다.

④ 매도인은 선하증권을 받고 나서 적하보험에 가입하고 환어음을 작성하여 매입 은행으로 가지고 간다. 은행은 매도인과 매수인의 신용도를 조사한 후 선하증권 및 보험증권과 함께 환어음을 매입한다.

⑤ 이 시점에서 매도인에게 대금이 입금된다.

⑥ 매입 대금은 양륙지의 거래 은행에 이 어음과 서류를 보내 대금의 추심을 의뢰한다.

⑦~⑧ 매수인은 대금을 지급하고, 그 선하증권과 보험증권을 매입한다.

⑨ 그 대금은 상품 수입지의 은행(징수 은행)으로부터 매수 은행으로 보내어 진다.

⑩~⑪ 매수인은 선하증권을 운송인에게 제시하고 상품을 인도 받는다.

이상 ①로부터 ⑪까지가 화환어음에 의한 결제의 경우 서류와 대금의 기본적인 흐름이다. 이 방식에 의하여 매도인은 매수인에게 물건이 도착하기 전에 대금을 회수할 수 있게 된다.

한편 은행과 매수인은 유가증권인 선하증권을 보유함으로써 상품에 대한 지배권을 확보할 수 있을 뿐만 아니라 필요한 경우 그 선하증권을 다른 사람에게 전매(轉賣)할 수 있다. 매수인이 환어음의 매입에 응하지 않는 경우 은행은 선하증권의 담보 기능을 이용하여 운송인에게 운송물의 인도를 청구할 수 있다. 때로는 은행과 매도인의 계약 조항을 발동하여 매도인은 대금과 상환으로 환어음과 선하증권 등을 반환받아 운송인에게 운송물의 인도를 직접 청구하거나 다른 곳에서 다시 매수인을 찾을 수도 있다.

3. 신용장에 의한 결제

신용장(信用狀)[16]에 의한 결제는 화환어음 결제의 일종인데, 매수인이 개설한 상업신용장(commercial letter of credit : L/C)에 의하여 매매 대금 지급에 대한 신용을 확인하는 절차가 추가된다. 이 경우 매수인은 신용장 개설은행에 대해 신용장에 기재된 조건대로라면 환어음과 선하증권을 매입할 것을 약속하고, 그 보증으로서 자신의 예금 등을 담보로 설정하는 방법을 이용한다. 최악의 경우에도 은행은 선하증권의

16) 신용장(letter of credit)이라 함은 수입업자의 의뢰에 의해 은행이 발행하는 일정한 서식으로 서식에 기재되어 있는 대로 수출지에서 어음과 같은 증거서류나 선적서류를 지시할 경우 신용장 발행 은행이 그에 상당하는 금액을 지급하겠다는 것을 약속한 것이다. 신용장에 의해 수출업자는 수업업자의 지급불능 사태를 피할 수 있고, 수출업자의 관계 은행도 안심하고 수입업자의 어음을 사들일 수 있다(코리아쉬핑가제트, 最新 海運 · 物流用語大辭典, 제9개정증보판, 2002, 354쪽).

담보적 기능을 이용할 수 있다. 이와 같이 선하증권은 무역 거래에서 대금 결제의 담보 수단으로 매우 중요한 역할을 한다.

4. 보증장에 의한 운송물의 인도

대금의 결제 및 운송물의 인도와 관련하여 흔히 발생되는 문제로는, 운송물의 인도 시에 保證狀(letter of guarantee : L/G)[17)]에 의한 인도[18)]를 한 운송물에 대하여 선적지 측의 매도인이 선하증권을 제시하고 운송물의 인도를 청구하는 경우가 있다. 이러한 상황은 보증장으로 운송물을 인수한 매수인이 도산하여 화환어음의 매입에 응하지 아니하였기 때문에 선하증권이 매도인에게 되돌아오는 경우에 발생한다. 그 운송물이 이미 인도되어 버린 이상, 운송인은 매도인의 손해배상 청구에 응할 수밖에 없다.

한편 보증장이 매수인 단독 보증장(buyer single L/G)일 경우에는 구상의 기회도 갖지 못한다. 이와 비슷한 경우로는 매도인이 선적해 온 상품의 품질을 신용할 수 없어 화환어음의 매수 전에 상품의 품질을 체크하기 위해 선하증권이 도착되지 않았음을 이유로 보증장에 의해 인도 받는 경우가 있다. 매수인이 계약된 바로 그 상품이 아닌 것을 발견하고, 어음의 매입을 거부하거나 가격의 인하를 주장하여 매매 쌍방 간의 문제로 발전할 경우, 선하증권의 매도인이 운송인에게 운송물을 다시 되돌려 줄 수는 있으나 상품이 냉동 운송물 등 특수 운송물인 경우 그에 대한 대처가 곤란해지는 경우가 있다. 어느 경우에도 소송비용 등의 제 비용과 시간을 낭비하게 되므로 운송인이 보증장에 의해 인도하게 될 경우에는 반드시 송하인의 사전 동의를 받는 것이 실무상 유리하다.

5. 무역 결제서류

무역 결제서류라 함은 물선에 대한 매매 대금 청구서인 상업송장(commercial

17) 화물선취보증장이라고도 하는데, 수입 운송물이 이미 도착했음에도 불구하고 선하증권이 도착하지 않았을 경우, 수하인이 관계 은행의 보증을 받아서 선박 회사에 제출하여 운송물을 미리 찾을 수 있도록 꾸미는 서류를 말한다. 이 경우 관계 은행은 선박 회사에 대해서는 보증채무를 지게 되고 수하인에 대해서는 운송물에 대한 담보권을 갖게 된다. 수하인은 선하증권이 도착하면 선박 회사에서 보증장을 되찾아 은행에 제출하여 보증을 해제하게 된다(코리아쉬핑가제트, 最新 海運 · 物流用語大辭典, 제9개정증보판, 2002, 354쪽).

18) 선하증권의 미도착, 분실 등을 이유로 하여 선하증권과 상환하지 않고, 수하인이 제출하는 보증장(L/G)과 운송물을 상환하는 방식을 保證渡에 의한 운송물의 인도라고 한다.

invoice)[19]과 환어음, 물건 인도의 증거증권인 운송증권(transport documents) 및 보험증권(insurance documents) 등 무역 대금 결제와 관련하여 사용되는 모든 문서를 총칭하는 말이다.[20] 특히 신용장에 의한 무역 대금 결제는 물건 거래가 아닌 서류 거래에 의하여 이루어지고 있기 때문에, 대부분의 무역 거래는 물건이 아닌 서류(document)라는 상징(symbol)에 의하여 매매 대금의 결제가 이루어지고 있다. 또 신용장 방식과 추심 방식인 어음지급서류인도조건(D/P)[21] · 어음인수서류인도조건(D/A)[22] 거래에서는 무역 서류에 매도인이 발행한 환어음(bill of exchange)이 추가된다.

이와 같은 무역 결제서류는 기본 서류와 임의 서류로 구분할 수 있는데, 기본 서류로는 상업송장, 운송증권, 보험증권이 있다. 또 상황에 따라 추가로 요구되는 임의 서류로는 포장명세서(packing list),[23] 중량 및 용적증명서(certificate of weight and measurement),[24] 원산지증명서(certificate of origin: C/O)[25], 영사송장(consular

19) 상업송장이란 매도인이 매수인에게 발행하여 물건에 대한 매매 대금 청구서, 물건명세서, 견적서 및 선적 안내서로 사용되는 문서를 말한다. 또 상업송장은 매매 대금 청구서의 기능 외에도 매매 계약상 매도인의 의무 이행 사실을 입증하는 중요한 서류이다. 인코텀즈 2000(INCOTERMS 2000)은 각 거래조건별 매도인의 의무 조항(A.1)으로 매도인은 매매계약 조건에 일치하는 물건과 상업송장을 제공하여야 한다고 규정하고 있다. 이는 상업송장이 일치 증명(evidence of conformity)으로서 주요한 기능을 수행하는 기본적인 서류임을 알 수 있게 한다. 신용장통일규칙에서도 상업송장 상의 물건명세는 신용장 상의 물건명세와 일치하여야 한다(UCP 600, 제18조 제4항)고 규정하고 있는 것처럼 상업송장은 신용장과 서류의 엄밀일치성의 판단의 근거가 된다.
상업송장은 매도인 측의 입장에서는 무역 대금 결제의 주요 서류일 뿐 아니라 과세 증빙 자료, 통관절차 상 세관에 제공하는 서류이므로 매수인 측에서도 수입 통관절차에 필수적인 서류가 되기 때문에 정확하게 작성되어야 한다(강원진, 신용장론, 제3판 증보판, 박영사, 2002, 303-304쪽).

20) 선적서류(shipping documents)라고도 하나, 신용장에서는 "Documents" 또는 "Documents required" 등으로 표기하고 있다. 여기서는 무역 대금 결제와 관련된 포괄적인 서류의 개념으로 보고 무역 결재 서류의 개념으로 부르기로 한다.

21) 무신용장 거래방식 중의 하나인 어음지급서류인도조건(Documents against Payment: D/P)은 매도인이 매수인과의 매매계약에 따라 물건을 선적하고 구비된 서류에 일람출금환어음(sight bill of exchange)을 발행 첨부하여 자기거래 은행(추심 의뢰 은행)을 통하여 매수인 거래 은행인 수입국의 은행 앞으로 그 어음 대금을 추심 의뢰 하면, 추심 의뢰를 받은 수입국 측 은행(추심 은행)은 수입상에게 어음을 제시하여 그 어음금액의 일람 지급을 받고 서류를 인도하는 거래 방식을 말한다.

22) D/P와 함께 대표적인 무신용장 거래방식 중의 하나인 어음인수서류인도조건(Documents against Acceptance : D/A)은 D/P거래와 대금을 추심하는 경로는 같으나 매도인이 일람 후기 또는 확정일출급환어음을 발행하고 매수인 거래 은행인 추심 은행은 수입상에게 이를 제시하여 그 제시된 어음을 일람 지급함이 없이 인수만 함으로써 서류를 인도받은 후 만기일에 대금을 지급하는 거래 방식이다.
추심 결제 방식 또는 선수출계약서에 의한 거래라고 불리는 D/P 거래와 D/A 거래는 매도인에게는 매매 대금 결제에 대한 보장이 없으므로 결제 상의 위험이 따르는 거래이지만, 수입상의 입장에서는 자기 담보력이 부족한 경우에 매우 편리한 제도이다.

23) 포장명세서란 선적 물건의 포장 및 포장 단위별 명세, 순중량(net weight), 총 중량(gross weight), 용적(measurement), 荷印(shipping marks), 포장 개수(number of packages) 등을 기재한 상업송장의 보조 서류로서 매도인이 매수인 앞으로 작성하는 서류이다. 특히 포장명세서의 총 중량과 용적은 선하증권의 그것과 각각 일치되어야 한다.

24) 중량 및 용적증명서란 매도 물건을 선적하기 전에 공인검량인(public weighter; sworn measurer)에 의하여 운송물의 순중량 · 총 중량 · 용적을 계량하여 발행해 주는 서류로 선박 회사 측은 총 중량과 용적을 자료로 하여 선하증권을 발행하게 된다. 특히 중량과 용적은 운송물에 대한 해상 운임 등을 산출하는 기초가 되기 때문에 정확히 작성되어야 한다.

25) 원산지증명서란 수출 물건의 원산지를 증명하는 서류이다. 원산지증명서는 매수인이 물건을 수입할 때 관세협약 등에 의하여 협정관세율을 적용받거나 덤핑 방지 등 무역정책 상 또는 무역통계를 목적으로 요청하게 된다.

invoice),[26] 세관송장(customs invoice),[27] 검사증서, 위생증명서(health certificate), 검역증명서(quarantine certificate) 등이 있다.

26) 영사송장은 수입국에 주재하는 수입국 영사에 의해 조사된 送狀(invoice)을 말한다. 이 송장은 관세 부담을 경감시키기 위해 부정한 송장을 작성하는 것을 방지하기 위해 발행하는 것이다(코리아쉬핑가제트, 最新 海運 · 物流用語大辭典, 제9개정증보판, 2002, 180쪽).

27) 세관송장은 수출업자가 수출품에 대한 진실성을 수입국 세관에 서약하기 위해 작성하는 공용의 송장을 말한다(코리아쉬핑가제트, 最新 海運 · 物流用語大辭典, 제9개정증보판, 2002, 202쪽).

제3절 운송증권의 의의와 종류

제1관 의의

운송증권(transport documents)이란 특정 장소에서 특정 장소까지 일정한 물건을 운송하는 증거로 수령(receive), 적재(loading board), 운송(carriage), 관리(taking in charge), 인도(redelivery) 등을 표시하는 서류를 말한다. 운송증권에 공통적인 기능은 운송인에 의한 운송물의 수령 사실을 증명하는 기능 및 운송계약의 내용을 증명하는 기능이다.

신용장통일규칙(Uniform Customs and Practice for Documentary credits)[28)]에서는 무역 결재 서류의 일종으로서 환어음의 담보력을 인정하는 운송증권으로 선하증권, 해상화물운송장, 복합운송증권, 항공화물운송장, 도로운송장, 철도운송장, 내수로운송장, 택배수령증, 우편수령증을 들고 있다.

제2관 종류

1. 선하증권

선하증권(Bill of Lading: bill of lading)이란 운송물의 수령 또는 선적을 증명하고, 양륙항에서 이것과 상환으로 운송물을 인도할 의무를 부담하는 운송물 인도청구권을

28) 국제상업회의소가 1933년에 제정하여 1951년에 개정, 1962년에 재개정한 화환신용장에 관한 통일규칙 및 관례를 말한다. 그 내용은 총칙과 정의를 전문으로 하고 신용장의 형식과 통지 · 의무와 책임 · 서류 · 제 규칙 · 양도 등 5개장을 46개 조문으로 규정한 것이며 1963년 7월 1일부터 시행하고 있다. 이것은 원래 은행의 수신약정서에 지나지 않는 신용장을 국제적으로 이용할 수 있도록 통일적인 의의와 해석을 한 것으로서 무역 수행에 있어서 그 공적이 매우 큰 규칙으로 평가받고 있다(코리아쉬핑가제트, 最新 海運 · 物流用語大辭典, 제9개정증보판, 2002, 567-568쪽).

나타내는 유가증권(有價證券)[29]이다.

물건을 운송하기 위해서는 송하인(shipper)이 운송인(선박 회사 등)이나 그 대리인과 운송계약을 체결한 후[30], 물건을 운송인에게 인도하고 선하증권을 운송인으로부터 발행받아 수하인(consignee)에게 전달하는 절차를 취하게 된다.

선하증권의 주요한 기능은 증권의 정당한 소지인이 운송물의 인도청구권을 가지는 권원증권(權原證券 : document of title)이며, 운송물의 인도 및 운송계약 내용에 대한 증거증권이다. 또한 이러한 기능으로 인하여 화환어음 결제의 중요한 담보로서 기능하므로 증권의 발행인인 운송인의 지배 아래에 있는 운송물에 대해 은행이나 하주 등의 증권 소지인의 권리가 침해되지 않도록 여러 가지 제도를 마련하고 있다.

2. 해상화물운송장

해상화물운송장(sea waybill : SWB)이라 함은 해상운송계약에 기해서 운송인이 운송물을 수령 또는 선적하였음을 확인하고 그 증권에 기명된 수하인에게 그 운송물을 인도할 것을 약정하는 해상운송계약의 비유통 증거증권이다.[31] 이와 같이 운송물의 수령을 나타내는 수령증권에 불과하여 권원증권[32]은 아니다.[33] 운송인이 운송물을 선박으로 운송할 때에 발행하는 화물수령증이고, 유가증권이 아닌 유통성 없는 기명식 운송장으로써, 운송물인수조건기재서(運送引受條件記載書)를 겸하여 갖춘 것을 말한다.

해상화물운송장을 이용하는 경우에는 항공화물운송장과 같이 운송물의 인도에 해상화물운송장의 제시가 필요한 것은 아니고, 운송인이 해상화물운송장에 기재되어 있는 수하인을 어떤 방법으로든 확인하고 그 사람에게 운송물을 인도하면 된다. 이와 같이 서류의 흐름과는 관계없이 운송물의 인도가 가능하므로 개인 소지물의 운송이나, 모회사와 해외 현지 법인 간의 거래에 따른 운송의 경우와 같이 운송증권의

29) 유가증권이란 私法 상의 재산권인 채권 또는 물권을 나타내는 증권으로서 권리의 발생 · 행사 · 이전의 전부(어음 · 수표) 또는 일부(株券 · 운송증권 · 창고증권)를 위하여 사용되는 것이다(崔基元, 商法學新論(下), 博英社, 1989, 6쪽 및 627쪽).

30) CFR · CIF · CIP 매매계약 조건에서는 매도인이 운송계약을 체결하는 반면, FCA · FOB 매매 계약 조건에서는 매수인이 운송계약을 체결한다. 실무적으로는 선복 예약은 물건 선적 시기에 맞추어 매수인과 협의하여 수출지에서 매도인이 수행하게 된다.

31) 嚴潤大, SEA WAYBILL의 활용을 위한 立法方向, 韓國海法學會誌 제23권 제2호, 2001.11, 161쪽 참조.

32) 權原(title)이라 함은 어떤 법률상 또는 사실상의 행위를 법률적으로 정당화하는 근거를 말한다. 그러므로 권원증권이라 함은 증권이 나타내는 법률상의 행위의 정당성을 증권 자체에서 찾을 수 있는 그러한 증권으로서, 유가증권 등이 이에 해당한다.

33) ICC Document No. 470-37/37, June 11, 1991, Article 25, Comments.

유통성이나 담보력을 필요로 하지 않는 운송에서 많이 이용된다. 유통 상의 문제가 개재될 염려가 없으므로 전자문서교환방식(Electronic Data Interchange : EDI)에 의하여 서류에 의한 운송 서류를 전자적 방식으로 대체하기에 가장 유리한 운송 서류

표 1-6 ● 무역결제서류의 종류

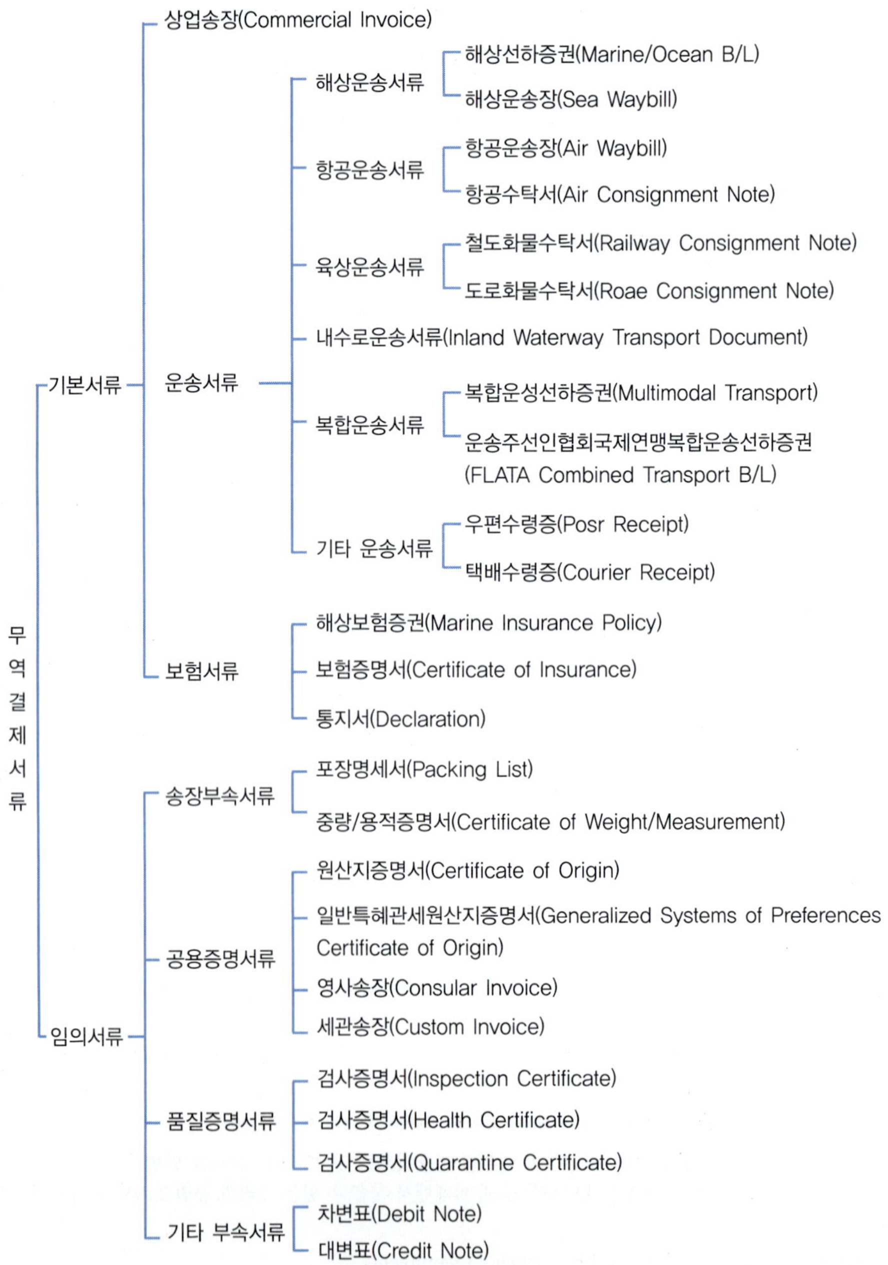

이므로 그 이용 폭이 넓어질 것으로 예상된다.[34]

최근 이용이 확대됨에 따라 국제해법회(Committe Maritime International : CMI)[35]에서도 국제적 통일규칙을 채택하였다.

3. 복합운송증권

복합운송증권(Combined Transport Documents)[36]이란 선박 · 철도 · 항공기 · 자동차에 의한 운송 방식 중 적어도 두 종류 이상의 다른 운송 방식에 의하여 이루어지는 일관운송(through transport), 즉 복합운송계약을 증명하기 위하여 복합운송인이 발행하는 운송증권을 말한다. 실무적으로는 국제상업회의소(International Chamber of Commerce: ICC)[37]가 정한 신용장통일규칙 및 복합운송통일규칙에 의하여 사용이 인정되고 있어서 선하증권과 다름없이 처리되고 있다. 예를 들어 단순히 선하증권(Bill of Lading)이라고 하든지 또는 복합운송증권(combined transport bill of lading)이라고 표기를 하든 관계없이 유통증권으로 사용하는 데는 아무런 차이가 없다.

1980년 국제연합국제물건복합운송협약(United Nations Convention on International Multimodal Transport of Goods, 1980)에서는, 복합운송증권(multimodal transport document)이란 복합운송 계약에 따라 복합운송인(multimodal transport operator: MTO)이 자기의 관리 하에 운송물을 수령하였다는 사실과 그 계약의 조건에 따라 운송인이 운송물을 인도할 의무를 부담하는 것을 증명하는 증권이라고 규정하고 있다(동 협약 제1-4조).

또한 국제연합무역개발회의/국제상업회의소의 1991년 복합운송증권에 관한 규칙(UNCTAD/ICC Rules for Multimodal Transport Documents, 1991)에서는 복합운송증권이란 ① 유통가능한 형식(negotiable form) 또는 ② 기명수하인이 지정된 비

34) 강원진, 신용장론, 제3판 증보판, 박영사, 2002, 310쪽 참조.

35) 앤트워프에 본부를 둔 海事私法의 조사입법기관으로 국제해사위원회라고도 불린다. 각 국의 해법회와 연락을 취하여 각종의 통일협약을 작성 · 성립하도록 하고 있다. 이에 따라 국제해법회는 선박충돌협약, 선하증권통일협약, 선주책임제한협약 등 여러 종류의 해사국제협약을 성립시켰다.

36) 복합운송증권이란 명칭의 영문 표기는 "1980년 국제연합국제물건복합운송협약", "1991년 UNCTAD/ICC 복합운송증권규칙" 및 "1993년 화환신용장통일규칙"에 모두 "multimodal transport document"라고 하고 있다. 그러나 실무적으로는 선하증권과 같이 유통증권으로서의 기능을 가지고 있고, 주로 국제복합운송에서는 해상운송을 주된 운송 구간으로 한 계약에서 발행되므로 "multimodal transport bill of lading"이라는 용어도 널리 사용되고 있다.

37) 국제무역의 개선, 거래 관습과 법제의 국제적 통일, 상거래에 관한 국제분쟁의 조정 및 각 국 사업 단체와 실업가의 연락제휴 등을 목적으로 한 국제단체로 1920년에 설립되었다. 본부는 파리에 두고 창설 이후 세계 통상의 장해 제거에 노력해 왔으며 각 국에 그 나라의 회원이 조직한 국내 위원회를 두고 있다(코리아쉬핑가제트, 最新 海運 · 物流用語大辭典, 제9개정증보판, 2002, 337쪽).

유통형식(non-negotiable form)으로 발행된 복합운송계약을 증명하는 증권을 의미하며, 이는 관련 법률이 허용하는 경우 전자문서교환통신문(EDI message)으로 갈음할 수 있다고 규정하고 있다(동 규칙 제2-6조).

4. 항공화물운송장(Air WayBill: AWB)

항공화물운송장 또는 항공화물운송증권(air transport documents)이란 항공물건운송계약에서 운송인이 송하인으로부터 운송물을 수령하였음을 나타내는 수령증을 말한다. 이는 선하증권과 같이 운송물의 인도청구권을 나타내는 권리를 유가증권화한 권원증권은 아니고 단순한 수령증에 불과하다. 통상 송하인이 작성하여 운송인이 송하인으로부터 운송물을 수령할 때 운송인과 송하인이 서명한다. 미국에서는 항공화물운송장(air way bill : AWB)으로 부르고, 유럽에서는 항공화물수탁서(air consignment note)로 부르고 있다. 내용상의 차이는 없으므로 이 책에서는 특별히 양자를 구분할 필요가 없는 경우에는 항공화물운송장으로 부르기로 한다.

항공화물운송장은 국제항공운송협회(International Air Transport Association : IATA)[38]의 표준 양식과 발행 방식에 따라 전 세계의 항공운송인이 동일한 운송장을 사용하도록 의무화하고 있는데, 협회의 표준 양식은 유통이 금지된 비유통증서로만 발행된다.

항공운송에 관한 바르샤바 협약[39]에 따르면, 항공화물운송장은 송하인이 원본 3통을 작성하여 운송물과 함께 교부하여야 한다고 규정하고 있다. 이때 제1 원본은 운송인용(녹색)이라고 기재하고 송하인이 서명하여 운송계약의 증거로 사용된다. 제2 원본은 수하인용(붉은색)이라 기재하고 송하인 및 운송인이 서명하고, 이 원본을 운송물과 함께 송부한다. 그리고 제3 원본(푸른색)은 운송인이 서명하고 운송인이 운

38) 국제민간항공기구(ICAO)의 가입국의 항공회사들이 1945년에 제2차 세계대전이 끝남에 따라 예상되는 항공산업의 발전에 따른 제반문제를 논의하기 위해 회의를 열고 설립에 합의한 민간항공회사 간 협력기구를 말한다. 항공운송의 표준화, 안전의 확보, 과당경쟁의 배제, 운임의 합리화 등을 목표로 활동하고 있고 창립 당시 본부는 캐나다 몬트리얼에 있었으나 현재는 몬트리얼과 제네바의 두 곳에 두고 있다(코리아쉬핑가제트, 最新 海運 · 物流用語大辭典, 제9개정증보판, 2002, 316쪽).

39) 1929년 국제사법회의에서 제정된 "국제항공운송에 관한 약간의 규칙의 통일에 관한 협약"(Convention for the Unification of Certain Rules Relating to International Carriage by Air)과 동 협약의 1955년 헤이그 의정서(Hague Protocol)를 합하여 바르샤바 협약(Warsaw Convention)이라 한다. 바르샤바 협약에 의하면 항공운송인의 책임은 해상운송의 헤이그 규칙이나 함부르크 규칙과 같이 과실책임주의를 취하고 있다. 즉 항공운송인은 항공운송 중 손해를 방지하기 위하여 모든 조치를 취했거나 취할 수 없었다는 것을 증명하지 않는 한 면책되지 않는다(제20조 제1항). 항공운송인이 운송물의 손해에 대해 책임을 지는 것은 항공운송 중(during the transportation by air), 즉 운송물이 운송인의 관리하에(in charge of) 있는 동안이다(제18조 제1항 및 제2항)라고 규정하고 있다.

송물을 수령한 후 송하인에게 교부하도록 되어 있다. 항공화물운송장은 원본 3장과 寫本 6장의 발행을 원칙으로 하고, 운송인에 따라 5장까지 추가 발행할 수 있다.[40)] 사본 6장 중 1장은 운송인의 운송물 인도증명서 및 운송계약 이행의 증거서류로 운송물 인도 시 수하인이 서명하고 운송인에게 반환하는 것(황색)이며, 나머지 5장은 모두 백색으로 도착지 공항의 세관통관업무용, 도착지 공항의 항공회사 간 운임청산용, 발행대리점 보관용 등으로 이용된다.

항공화물운송장은 선하증권과는 달리 유통증권이 아니므로 송하인의 지시에 따라 그 증권에 기재된 수하인을 확인하고 그 사람에게 운송물을 인도하면 된다. 비유통 서류이므로 운송물 인도청구권을 갖고 있는 것은 아니지만 항공화물운송장도 화환어음의 결제에 이용되고 있다. 그 방법은 매수은행을 수하인으로 지정하고 진정한 수하인에 의해 어음이 결제되고 나면 매수은행의 운송인으로 하여금 수하인에게 운송물을 인도하는 것이다. 이 방법은 운송증권의 담보력에 의한 것이 아니라 매도인과 매수인 간 또는 매도인 · 은행 · 매수인 간의 신용에 의한 결제이다.

5. 도로운송장과 철도운송장

육상에서는 도로운송과 철도운송을 통하여 물건운송이 이루어진다. 이때 도로운송장(road transport documents)과 철도운송장(rail transport documents)이 사용되는데, 이때 이들 운송장은 운송인이 운송물을 수령한 것을 확인하는 증거증권이면서, 목적지에서 운송물 인도청구권을 나타내는 유가증권을 말한다.

이들 운송장에는 운송인이 송하인과 운송계약에 의하여 운송물의 수령을 증명하고 목적지에서 운송장과 상환하여 운송물 인도의무를 부담한다는 취지가 표시되어 있다. 또한 운송물의 매매나 운송물을 담보에 제공하는 등 금융에 이용될 뿐만 아니라, 운송의 중지, 운송물의 반환 및 그 밖의 처분을 청구할 수 있다. 법적 성질이나 경제적 기능도 선하증권과 동일하다.

도로운송장은 1956년 제정된 국제도로운송계약에 관한 국제협약(Convention Relative au Contrat de Transport Internationale de Marchandise par Route : CMR)이, 철도운송장에는 1970년에 제정된 국제철도운송에 관한 협약(Convention Internationale Concernant le Transport de Marchandise par Chemin de Fer : CIM)이 각각 유럽을 중심으로 한 협약 체약국에서 국제적인 준거법으로 존재한다.

40) 강원진, 신용장론, 제3판 증보판, 박영사, 2002, 317쪽 참조.

41) 조현정, 무역 결제론, 박영사, 2001, 194쪽 참조.

6. 내수로 운송장

내수로 운송장(inland waterway transport documents)은 내수로화물수령증(inland waterway consignment note)과 내수로선하증권(inland waterway bill of lading)이 있다. 이들 운송장은 운송인이 송하인과 운송계약에 따라 운송물을 수령하였음을 증명하는 수령증거증권임과 동시에 운송물의 인도청구권을 표시하는 권원증권이다. 그러므로 운송인은 이들 서류가 제시될 경우에는 운송물을 인도해야 할 의무가 있으므로 법적 성질이나 기능은 선하증권과 동일하다.[41)]

7. 택배수령증

택배수령증(courier receipts)이란 서류 및 소형의 경량 물건을 항공기를 이용하여 문전에서 문전까지(door to door) 수령 · 배달하여 주는 택배배달업자의 수령증이다.

택배수령증도 신용장에서 요구하거나 또는 허용될 때 은행이 수리한다. 수리될 때에는 택배/속달업자의 명칭 및 스탬프, 서명 또는 그 밖의 방법으로 인증된 것으로 문면에 나타나고 수령일자를 명시하여야 하고, 기타 모든 사항에서 신용장 수리 조건을 충족하여야 한다(UCP 600, 제25조 제a항). 제5차 개정 신용장통일규칙에서 택배수령증을 운송증권으로 규정하게 된 것은 최근의 택배배달업자에 의한 폭넓은 물건배달이나 적재 관행에 적용 범위를 확장하여야 할 필요성이 대두되었기 때문이다.[42)]

8. 우편수령증

우편수령증(post receipts)이란 소화물을 소포우편으로 외국에 발송하는 경우, 우체국에서 발행하는 것으로 우송증명서(certificate of posting) 또는 소포우편수령증(parcel post receipt)이라고도 한다. 이는 항공화물운송장과 같은 성질을 갖는 단순한 수령증이다.

우편수령증도 신용장에서 요구하거나 또는 허용될 때 은행이 수리한다. 수리될 경우의 그 적격성 요건으로는 ① 그 앞면에 스탬프나 그 밖의 방법으로 인증되고, ② 그 일자가 수령증에 나타나 있어야 하며, ③ 기타 모든 사항에서 신용장의 수리 조건을 충족하여야 한다(UCP 600, 제25조 제c항).

Chapter 02

선하증권의 의의와 기능

제 1 절 개념과 연혁

제 1 관 선하증권의 개념

1. 선하증권의 개념

선하증권(Bill of Lading)이라 함은 운송인이 운송물을 수령(receive) 또는 선적(ship)하였음을 확인하고 이를 운송하여 양륙항에서 증권의 정당한 소지인에게 그 운송물을 인도할 것을 약속하는 것을 내용으로 하는 유가증권(有價證券)이다.

즉, 선하증권(bill of lading)이라 함은 해상운송인에 대한 운송물의 인도청구권을 나타내는 유가증권이라고 정의할 수 있다. 운송인이 그 증권에 기재된 운송물을 수령한 사실을 확인하고, 또한 그 운송물을 지정된 목적지까지 운송하고 그 곳에서 해당 운송물을 선하증권의 소지인(통상은 수하인)에게 인도해야 한다는 것을 약속하는 유가증권이다.

가장 단순한 형태의 매매계약에서는 상품과 그 매매 대금을 매도인과 매수인이 동시에 교환하지만, 국제간의 거래에서는 매매의 양 당사자는 서로 원격지에 떨어져 있고, 그 사이에 무역운송의 기간과 구간 사이라는 간격이 존재하지 않을 수 없다.

송하인과 운송인 간에 체결된 운송계약에는 원격지의 매수인 · 수하인은 참가할 수 없고, 심시어 상품을 검사할 기회도 가지지 못한다. 이러한 시간적 · 공간적 장애를 극복하고 매수인이 무역계약상에 약정된 상품을 확실하게 입수할 것을 계획하고 무역업자와 이해관계인 등이 여러 해에 걸친 경험과 지혜를 결집한 결과, 제도적으로 확립된 것이 선하증권 제도이다.

또 현재의 선하증권이 기본적인 골격을 이루게 된 것은 영국의 1855년 선하증권법(Bill of Lading Act, 1855)에서 확립된 것이다. 최근 영국 법원에서 1855년 선하증권법의 적용에서 많은 문제점이 지적됨에 따라 이를 폐지하고, 1992년 해상물건운송법(Carriage of Goods by Sea Act, 1992)으로 대체하였다.

유가증권이라는 것은 재산권(물권 · 채권 및 유체재산권)을 나타내는 증권이고,

그 권리의 이용(권리의 발생 · 권리의 이전 · 행사의 전부 또는 일부)이 증권을 가지고 이루어질 것을 요건으로 하는 것으로 정의할 수 있다. 또 이는 영미법계에서는 유통증권(negotiable document)이라고 부르는 것처럼, 권리를 증권화해서 이것을 일정한 방식하에서 유통시켜서 그 실현을 도모하는 것이다.

유가증권이라고 부르는 것으로는 ① 주식 · 사채와 같은 대량의 자금 조달의 수단으로 이용되는 것, ② 어음 · 수표와 같은 대금 결제, 송금, 신용 수수에 이용되는 것이 있다. 선하증권은 육상운송의 화물상환증이나 창고증권과 같은 종류의 유가증권에 속하고, 어느 것이든 재화에 관한 시간적 · 공간적 장애를 극복해서 대금의 빠른 회수를 목적으로 하는 법적 기술로서 이용되는 것이다. 이 중 어음 · 수표는 권리의 발생 · 이전 · 행사의 모든 것에 관하여 증권이 필요한 완전 유가증권이고, 그 특성은 엄격한 법 규제에 따른다는 점이다. 이와는 달리 선하증권은 운송계약에 의해서 이미 발생해 있는 운송물 인도청구권을 나타내는 것이고, 그의 이전 · 행사에 증권을 필요로 한다. 불완전 유가증권이고, 법정기재사항을 모두 기재하지 않더라도 선하증권의 실체를 인정할 수 있는 정도이면 유효한 증권으로 취급되고 있다.

2. 선하증권과 구별해야 할 개념

해상운송을 위하여 운송물을 수령하였음을 나타내는 운송증권으로는 선하증권과 해상화물운송장을 들 수 있으나, 본선수령증, 부두수령증 또는 스테이징 수령증 등도 운송물을 수령하였음을 확인하는 중요한 증거서류에 속한다. 다만, 이들 서류는 운송물을 수령한 사실에 대한 증거서류는 될 수 있지만, 운송계약의 증거서류가 되지는 못한다는 점에서 본질적으로 다르다.

1] 본선수령증

원래 선하증권은 운송물의 선적이 완료된 시점에 선장이 발행하였다. 그러나 오늘날에는 운송물이 본선에 반입되면 선장을 대리하여 일등항해사(chief mate)가 선박 회사의 선적지시서(shipping order)와 대조하면서 이를 수령하고 선창 내에 적부한다. 이때 운송물을 수령한 증거로서 일등항해사가 송하인에게 발행하는 수령 서류를 본선수령증(mates receipt : M/R)이라 한다. 송하인은 선하증권을 발행받기 위하여 본선수령증을 선박 회사에 제출하면 선하증권을 발행하는 자는 운송물의 선적 및 이상 여부를 확인한 후 그에 따라 선하증권을 발행한다.

그러나 하역작업의 속도가 매우 빠른 오늘날의 컨테이너선에 의한 정기선 운송에서는 일등항해사가 컨테이너에 내장된 운송물의 종류 · 수량 · 상태 등을 송하인이 제공한 명세서와 일일이 대조한 후 운송물의 이상 유무를 점검하고 선박에서 본선수령증을 발행하는 것은 사실상 불가능하다. 그러므로 컨테이너선에 의한 운송에서는, 본선수령증은 송하인이 서면으로 제공한 운송물 명세(상법 제853조 제1항 제2호의 규정에 의한 운송물의 종류 · 중량 · 용적 · 포장의 종별 · 개수 중)에 기재된 물건이 송하인에 의하여 적입되어 있다고 추정되는 컨테이너를 본선에서 수령하였다는 의미로 풀이하는 것이 정확할 것이다.[1)]

본선수령증도 운송물의 선적을 확인하는 증거증권이라는 점에서는 선하증권과 그 성질이 같다. 그러나 선하증권은 운송물 인도청구권을 나타내는 권원증권이기 때문에 선하증권의 양도는 곧 운송물의 양도와 유사한 효과를 가지고 있는 반면, 본선수령증은 이러한 기능은 가지고 있지 않다는 점에서 본질적으로 다르다. 다만, 본선수령증을 소지하고 있다는 것은 선적 선하증권의 발행을 청구할 수 있는 권리가 있다고 본다.[2)]

2] 부두수령증

부두수령증(埠頭受領證 : dock receipt : D/R)은 컨테이너선에 의한 운송에서 부두운영자(terminal operator)가 컨테이너 부두(container terminal)에서 운송물의 수령을 확인하는 수령증으로 발행하는 서류로서, 재래선[3)]의 본선수령증에 해당하는 것이다. 재래선 운송과는 달리 컨테이너선에 의한 운송은 특수한 경우가 아니면, 운송인의 책임기간은 컨테이너 부두(CY[4)] 또는 CFS[5)])에서 컨테이너 부두(CY 또는 CFS)까지이다. 그러므로 컨테이너 부두운영자가 작성하여 발행하는 부두수령증은 운송인의 대리인의 자격으로 컨테이너 야드(CY)나 컨테이너 플레이트 스테이션(CFS)에서 운송물을 수령하였음을 확인하는 서류로서 기능하고, 이것에 근거하여 선적 선하증권이 발행된다.

1) 嚴潤大, 船荷證券論, 신대종, 2002, 15쪽 참조.

2) Raoul Colinvaux, Carvers Carriage by Sea, Vol. Ⅰ. 12 ed., London, Stevens & Sons, 1971, p. 54.

3) 컨테이너 운송을 고려하지 않고 설계된 정기선을 말하며, 이는 풀 컨테이너 선 및 세미 컨테이너선에 대비된다(운송신문사, 물류용어사전, 제12증보판, 2004, 330쪽)

4) 컨테이너 장치장(container yard)이라 함은 컨테이너를 보관 · 집적하고 인수도를 행하는 장소를 말한다. 넓은 의미로는 컨테이너 플레이트 스테이션(CFS)을 비롯하여 마샬링 야드, 에이프런 등을 포함한 컨테이너 터미널이라는 의미도 가지고 있다. 그러나 컨테이너 전용 터미널의 경우에는 마샬링 야드와의 구별은 어렵기 때문에 본선과의 사이에 적 · 양하를 행하는 장소를 에이프런이라고 하고 그 밖의 컨테이너 장치(藏置) · 인수도를 행하는 장소를 컨테이너 야드라고 부르기도 한다(코리아쉬핑가제트, 最新 海運 · 物流用語大辭典, 제9개정증보판, 2002, 202쪽).

5) 컨테이너 플레이트 스테이션(container freight station)이라 함은 운송의 주체가 운송물 터미널에서 직접 하주로부터 LCL 화물을 인수하여 FCL을 만드는 보세구역의 창고를 말한다. Shed 내부의 바닥 높이는 터미널 대지와 같은 높이의 것, 트럭 또는 트레일러의 화대(貨臺) 높이까지 높인 것, 플랫폼을 만들어 터미널 대지의 높이와 같을 경우에도 포크 리프트가 플랫폼을 지나 트레일러의 화대에 들어갈 수 있도록 고안된 높이의 것 등이 있다. 이 CFS에서 소량화물에 대한 컨테이너에의 적입 · 적출이 행하여진다. 컨테이너에 운송물을 채우는 작업을 vanning 또는 stuffing이라 하며 컨테이너에서 운송물을 꺼내는 작업을 devanning, destuffing 또는 stripping이라 한다(코리아쉬핑가제트, 最新 海運 · 物流用語大辭典, 제9개정증보판, 2002, 149쪽).

3] 스테이징 수령증

미국의 해운실무에서는 송하인이 운송물을 컨테이너에 적입 · 봉인하여 바로 컨테이너 야드(CY)로 반입하는 경우, 컨테이너 부두 입구(gate)에서 만재 컨테이너(full container)를 수령한 후, 부두운영자가 스테이징 수령증(staging receipt)을 작성하여 송하인에게 교부한다. 스테이징 수령증은 이와 같이 컨테이너가 운송을 위하여 컨테이너 부두에서 수령되었음을 확인하는 것이고, 선하증권은 송하인이 운송인에게 별도로 제출한 송하인의 수출신고서(export declaration)[6]의 내용과 대조하여 작성된다.

제2관 연혁

유럽에서 선하증권의 전신이라고 할 수 있는 것이 11세기경 지중해에서 발생하였다. 최초의 형태는 선박서기(scriba escriva; scriptor; scribanus)에 의해서 작성된 선박장부(船舶帳簿 : cartularium; cartolario quaternus; quaderno catasto capibrevium) 또는 등록장부(register book)이다.[7] 이것은 14세기에 이르러서는 지중해 지역의 전역에 전파되었다.

선박서기는 선장에의 판매 위탁, 선장에 의한 채권의 회수가 행하도록 됨으로 인하여, 선박의 공증인으로서 기능하기 위하여 필요하게 된 것이다.[8]

이후에 등장한 것으로는 적하목록 사본(積荷目錄寫本)이다. 이것은 송하인과 수하인이 병존하는 경우에 선박장부에 있어서 적하목록의 해당 운송물에 관한 기록의 사본이다. 이것은 14세기 말에 일반화되어 16세기 중엽까지 계속되었다.

16세기 후반이 되면서 선박서기의 임무가 선장의 임무에 차차 합병되고 적하목록 사본에 선박서기가 아닌 선장 자신이 서명하는 관습이 생겼다. 이것이 발전하여 선하증권(bill of lading)이 되었다.

이탈리아에서는 당초 polizza del carricamento, lettere di porto, lettere di caric 등의 용어가 사용되어 왔지만 polizza di carico로 통일되었다. 또 스페인에서도 conocimiento와 conoscimiento 중 conocimiento로 통일되었다. 프랑스의 북대서양 연안에서는 cognoissement 또는 지중해 연안에서는 police de cargaison, police de

6) Export Declaration(E/D)은 세관에 운송물의 반입을 신고할 때에 출발지 세관의 발송 승인을 받은 수출신고서를 말한다(코리아쉬핑가제트, 最新 海運 · 物流用語大辭典, 제9개정증보판, 2002, 250쪽).

7) Enrico Bensa, The Early History of Bills of Lading, Genoa Etabilimento darti Grafiche Camio, 1925, p. 6.

8) 1063년의 The Ordonnance Maritime of Trani(이탈리아의 한 마을)에는 선장은 선박서기를 승선시키지 않으면 안 된다고 기록되어 있다.

chargement가 사용되어 왔지만, 오늘날에는 cognoissement로 통일되었다. 독일과 네덜란드에서는 그 용어가 프랑스어로부터 유래하였다.

현존하는 가장 오래된 선하증권은 이탈리아어로 1397년에 발행된 것이고, 영국에서 현존하는 가장 오래된 선하증권은 1538년에 발행된 것이다. 1546년의 The Brandaries 사건에서는 선하증권이 권원증권으로 최초로 인정되어서 여러 통이 발행되었다. 1554년에 발행된 네덜란드의 선하증권은 해상위험(peril of the sea)의 면책을 기재한 최초의 선하증권으로 유명하다.

16세기 후반의 선하증권은 여러 통(3통)이 발행되어서, 오늘날의 선하증권과 거의 같은 역할을 해 왔다. 그러나 배서의 관행은 18세기경에 이르러서 화환어음(bill of exchange)의 배서에 의해서 선하증권의 배서가 시작되었다.

그때까지 유럽에서는 송하인으로부터 수하인에게 물건의 권원(the title to the goods)을 이전시키기 위하여, 선하증권을 이전시켜도 운송계약(contract of affreightment)에서 정해진 권리와 의무는 이전하지 않는 것으로 되었다. 그렇지만 몇 가지 판례[9]의 영향을 받아서 선하증권이 수하인에게 이전된 경우에는 선하증권에 기재된 권리와 의무는 그대로 인계가 되도록 변했다. 이러한 뜻을 담은 법률이 1855년 선하증권법(Bill of Lading Act 1855)이다. 이 당시의 선하증권은 모두 용선계약에 기한 것이었고, 선하증권이 독자적으로 발달하기 시작한 것은 정기항로가 확립되기 시작한 19세기 초반 이후이다.

표 2-1 ● 선하증권에 관한 각국의 명칭

국가	명칭
한국어	선하증권(Bill of Lading)
일본어	船荷證券(Bill of Lading)
중국어	船單, 提單
영어	Bill of Lading
프랑스어	connaissement
독일어	Konnossement
네덜란드어	cognoscement
이탈리아어	polizza di carico
스페인어	conocimiento de embarque

9) Snee v. Prescott(1793); Lickbarrow v. Mason(1794) 5 TR 683; Grant v. Norway(1851) 10 CB 665.

제2절 선하증권의 법적 성질

선하증권은 법률상 요인증권성, 요식증권성, 문언증권성, 제시증권성, 상환증권성, 인도증권성, 처분증권성, 지시증권성, 채권증권성, 유통증권성, 면책증권성 등의 각종의 성질을 가지고 있다. 그러나 전통적인 이론을 그대로 받아들이면서 거래의 안정이라는 면에서 문제가 있다는 점이 알려지면서 현재는 이러한 문제가 있는 법적 성질에 대하여는 그 내용을 완화하여 해석하고 있다.

제1관 권리의 발생 및 내용을 기준으로 본 법적 성질

선하증권의 법적 성질을 증권상의 권리의 발생을 기준으로 설명할 때는 요인증권성을 들 수 있고, 증권상의 권리의 내용을 기준으로 할 때는 요식증권성과 문언증권성을 들 수 있다.

1. 요인증권성

이는 권리의 발생이라는 관점에서 선하증권의 성질을 설명하는 것이다. 증권이 나타내는 권리의 발생이 증권발행의 기초가 되는 법률관계가 유효하다고 하는 것을 전제요건으로 하는 증권을 요인증권이라 한다. 어음 · 수표 이외의 거의 모든 유가증권이 요인증권으로 풀이되어 왔다.

선하증권은 해상운송계약에 의거하여 운송인이 송하인으로부터 운송물을 수령(receive)하고 나서 선하증권의 교부청구가 있을 때 발행하므로 요인증권이다(상법 제852조, 헤이그 규칙 및 헤이그-비스비 규칙 제3조 본문, 함부르크 규칙 제15조 제1항). 그러므로 선하증권이 사전에 발행된 후에 운송물을 선측에 인도하지 못하여 선적(shipped)이 되지 아니하였다면 운송계약은 해제되어 계약이 유효하게 성립되지 못하게 된다(상법 제836조). 따라서 선하증권에 명시된 권리, 즉 운송물의 인도청구권도 당연히 무효이다. 선하증권의 이러한 성질을 고전적 의미에서의 요인증권성이라 하는데, 이처럼 무효가 된 선하증권을 소지한 사람은 목적지에서 선하증권을 제시하여도 운송물을 인도받을 수 없다. 이 경우에 수하인은 운송인에 대하여 불법행위를 이유로 하여 손해배상 청구소송을 제기할 수 있으나 신속하고 안전한 해상 거래는 이루어질 수 없다고 보아야 한다.

이러한 문제점을 해결하기 위하여 위의 고전적인 요인증권설 대신에 선하증권의 요인증권성은 증권 발행의 원인인 법률관계, 즉 운송계약이 증권에 명기되어 있으면 충분하다고 해석한다. 즉 원인관계와 실질적 관련이 불필요하다는 설이 우세하다. 그래서 선하증권이 앞면 약관의 첫머리에 수령(receive) 또는 선적(shipped)으로 인쇄하여 두고 운송인은 현실적으로 운송물을 수령하여 선적하지 아니하였다고 하여도 그 선하증권은 유효한 것으로 해석한다. 이와 같은 견해를 법률관계설이라 한다.

2. 요식 증권성

선하증권은 증권에 기재하여야 할 사항이 법정되어 있는 유가증권이다(상법 제853조). 선하증권은 유통되는 것을 전제로 하여 작성 · 발행되는 증권이므로 이것을 양수하는 제3자가 증권상의 기재만으로 그 운송물을 특정하고, 운송계약의 주내용을 살펴서 알 수 있는 정도로 일정한 사항이 증권 자체에 기재되어 있지 않으면 안 된다. 이와 같은 법정기재사항은 어음 · 수표와 같이 엄격한 것은 아니므로 이 중 어느 것이 빠져 있어도 선하증권의 효력에는 영향을 주지 아니한다. 헤이그 규칙과 헤이

1. 선박의 명칭, 국적과 톤수
2. 송하인이 서면으로 통지한 운송물의 종류, 중량 또는 용적, 포장의 종별, 개수와 기호
3. 운송물의 외관 상태
4. 용선자 또는 송하인의 성명 또는 상호
5. 수하인 또는 통지수령인의 성명 또는 상호
6. 선적항
7. 양륙항
8. 운임
9. 발행지와 그 발행연월일
10. 수통의 선하증권을 발행한 때에는 그 수
11. 운송인의 명칭과 주소
12. 운송인의 주된 영업소 소재지

그-비스비 규칙에서도 그 기재사항은 운송물의 표시, 수량, 무게 및 외관상 양호한 상태만을 구체적으로 명시하고 있을 뿐이므로(헤이그 규칙과 헤이그-비스비 규칙 제3조 제3항 ⓐ, ⓑ, ⓒ) 요식증권(要式證券)이지만, 어음 · 수표 등의 완전유가증권에 비하여 그 기재사항이 매우 완화되어 있음이 특징이다.

선하증권의 기재사항에 관하여 함부르크 규칙은 매우 상세하게 열거하고 있고, 그 다음이 우리 상법의 규정이고, 헤이그 규칙과 헤이그-비스비 규칙은 매우 간단하게 규정하고 있다.

3. 문언증권성

선하증권은 증권에 의해서 행사하려고 하는 권리의 내용이 증권에 기재된 문언에 의해서만 결정되는 유가증권이다. 당사자는 증권에 의하지 아니한 입증방법으로써 증권문언의 의미 · 내용을 변경하거나 보충할 수 없다(상법 제854조, 헤이그 규칙 및 헤이그-비스비 규칙 제3조 제4항, 함부르크 규칙 제16조 제3항).

상법 제854조는 "선하증권이 발행된 경우 운송인과 송하인 사이에 선하증권에 기재된 대로 개품운송계약이 체결되고 운송물을 수령(receive) 또는 선적(shipped)한 것으로 추정한다(상법 제854조 제1항). 제1항의 선하증권을 선의로 취득한 소지인에 대하여 운송인은 선하증권에 기재된 대로 운송물을 수령 혹은 선적한 것으로 보고 선하증권에 기재된 바에 따라 운송인으로서 책임을 진다(상법 제854조 제2항)"라고 규정하여 헤이그 규칙 및 헤이그-비스비 규칙 제3조 제4항의 수령(receive)의 추정과 선의의 취득자에 대한 반증의 금지를 채택하였다.

그런데 우리 상법 제131조에서는 육상의 화물상환증에 대해서는 선하증권의 추정적 수령(receive) 대신에 엄격한 문언증권성을 인정하고 있으므로 선하증권과는 다른 점에 유의하여야 한다. 즉 상법 제131조의 규정은 사실과 다른 기재가 있어도 운송인과 소지인 간에는 반증을 허용하지 않는 엄격한 문언증권성을 가지는 것으로 풀이해야 할 것이다.

제2관 권리의 행사를 기준으로 본 법적 성질

선하증권의 법적 성질을 증권상의 권리의 행사 방법을 기준으로 설명할 때는 제시증권성과 상환증권성을 들 수 있다.

1. 제시증권성

증권에 나타난 권리를 행사함에는 채무자(발행인)에게 증권을 제시할 것을 요건으로 하는 유가증권이 제시증권이다. 수하인은 무언가 다른 방법에 의해서 자기가 운송물의 정당한 취득권자임을 입증해도 선하증권을 제시(surrender)하지 않으면 운송물을 수령(receive)할 수 없다. 즉, 선하증권에 나타난 권리를 행사함에 있어서는 발행인인 채무자에게 선하증권을 제시하여야 하므로 선하증권은 제시증권이라고 보아야 한다.

다만, 해운실무에서는 운송물이 먼저 도착하고 선하증권이 도착하지 아니한 때에, 수하인은 은행(보통 자신의 거래은행)에서 발행된 운송물의 화물선취보증장(화물선취보증장 : letter of guarantee)[10]을 사용하여 보증도인 무선하증권 인도를 상관행으로 이용하고 있다. 이 보증도는 판례에 의하여 적법성을 인정받고 있으나, 나중에 선하증권의 정당한 소지인이 그 운송물의 인도를 청구할 경우에 운송인은 손해배상책임을 져야 할 경우가 생길 수도 있다. 그리고 나서 2차적으로 보증은행과 수하인에게 구상권을 행사하거나, 만약 현금공탁이 있으면 그 현금에서 손해배상액을 회수할 수 있다.

2. 상환증권성

증권과 상환하지 않으면 채무의 변제를 할 필요가 없는 증권을 상환증권이라고 한다. 상법 제129조에서는 화물상환증을 작성한 경우에는 이와 상환하지 아니하면 운송물의 인도를 청구할 수 없다고 규정하여 화물상환증과 선하증권의 상환증권성을 인정하고 있다(상법 제861조, 제129조).

선하증권이 발행된 경우에는 운송물의 인도 청구에는 선하증권의 제시가 효력발생의 요건인 것이다. 이를 인정한 이유는 운송인이 선하증권과 상환하지 않고 운송물을 수하인에게 인도할 경우에 후일 선하증권의 정당한 소지인이 다시 운송물의 인도 청구를 주장할 수 있는 위험을 방지하기 위한 것이다.

특히 선하증권의 유통성을 보호하기 위해서는 운송인이 운송물을 인도할 때에 반드시 선하증권을 회수하여야 한다. 이미 지적한 바와 같이 선하증권의 정당한 소지인은 운송인에 대하여 운송물의 인도청구권을 주장할 수 있고, 만일 인도가 불가능한 때에는 운송인은 손해배상의 책임을 져야 한다.

10) 운송물이 도착했지만 선하증권이 아직 도착하지 않았을 경우, 수하인이 나중에 선하증권을 제출하겠다고 서약하고 은행의 보증을 얻어 운송물의 인도를 요구하는 보증장을 말한다(코리아쉬핑가제트, 最新 海運 · 物流用語大辭典, 제9개정증보판, 2002, 361쪽).

선하증권의 상환증권성은 일반 유가증권의 상환증권성과 같이 운송인이 이중 변제의 위험을 막기 위한 것으로써, 그 본질을 채무이행과 관련한 동시이행의 항변권(同時履行抗辯權)[11]과 같은 일종의 항변권이라고 보아야 한다(민법 제536조).

제3관 권리의 처분을 기준으로 본 법적 성질

선하증권의 법적 성질을 증권상의 권리의 처분을 기준으로 설명할 때는 인도증권성, 처분증권성, 지시증권성을 들 수 있다.

1. 인도증권성

선하증권은 증권의 정당한 소지인에게 증권을 인도하면, 그 인도는 증권에 기재한 물건 그 자체를 인도한 것과 같은 효력을 가지게 되는 유가증권이다. 선하증권의 이러한 성질을 인도증권성이라 한다(상법 제861조, 제133조). 즉 상법은 제861조와 제133조의 규정에 의하여 창고증권, 화물상환증과 함께 선하증권을 인도증권으로 본다. 해상운송 중에 있는 운송물은 하주의 직접 점유를 떠나서 해상운송인의 이행보조자인 선장의 간접점유(間接占有)하에 있기 때문에, 운송물을 해상매매를 통하여 소유권을 이전하더라도 운송물의 점유를 이전하는 것은 쉬운 일이 아니다.

그리고 항해 중에 운송물에 질권(質權)을 설정하려고 하여도 질권설정의 요건인 운송물의 인도가 이루어질 수 없다(민법 제330조). 이러한 점유 이전의 법률문제를 해결하기 위해서는 선하증권 또는 화물상환증을 이용하여 처분하는 법률적 처리 기술, 즉 선하증권을 인도함으로써 운송물 자체의 점유의 이전을 인정한 것과 동일한 효력을 인정할 필요가 있다(물권적 효력).

운송 중인 물건은 질권설정 등과 같은 요물계약(要物契約)[12]이나 동산의 매매계약에서와 같이 목적물의 인도를 요건으로 하는 계약의 체결은 현실적으로 불가능하다. 따라서 이러한 경우에 선하증권을 인도하면 운송물 자체를 인도한 것으로 본다면 운송물의 해상매매와 질권설정이 가능하게 될 것이다.

---

11) 쌍무계약의 당사자의 일방이 상대방이 채무의 이행을 제공하기까지 자기의 채무이행을 거절할 수 있는 권리를 말한다(핵심 법률용어사전, 청림출판, 2005, 197쪽).

12) 당사자의 합의 외에 물건의 인도, 그 밖의 급부를 이행하여야만 성립하는 계약을 말하며, 천성계약 또는 실천계약이라고도 한다(핵심 법률용어사전, 청림출판, 2005, 612쪽).

영국 법에서도 선하증권을 권원증권으로 인정하며(1855년 선하증권법 제1조, 제2조), 선하증권을 소지하는 것은 법률상 운송물을 점유하는 것과 동일한 효과를 인정하고 있다. 그러므로 운송인이 운송물을 운송하고 있을 때에는 송하인 또는 매도인이 현물을 직접 인도하지 않고, 단지 선하증권만을 양도하여도 운송물을 인도한 것이 된다. 그러나 영국 법에서는 선하증권에 배서양도금지(non-negotiable instrument)를 명시한 경우에는 매도인이 송하인으로서, 그리고 매수인이 수하인으로서 양자 사이에 이와 같은 배서(endorsement) 금지된 선하증권을 사용하는 경우가 많다. 이러한 경우에는 선하증권의 권리성을 중요하게 보지 아니한 것이다. 이러한 선하증권을 일종의 비유통 기명식 선하증권(non-negotiable straight bill of lading)이라고 한다.

2. 처분증권성

증권상에 표시된 물건에 관한 처분(讓渡 · 質權設定)을 함에 있어 그 증권을 가지고 하지 않으면 안 되는 유가증권을 처분증권이라고 한다(상법 제861조, 제132조). 이것은 선하증권의 인도증권성으로부터 자동적으로 도출되는 성질이다. 인도증권성은 증권의 인도를 물건 자체의 인도로 의제하는 것이지만, 그것만으로는 충분하다고 볼 수가 없다. 만약 증권을 빼놓고 물건 자체를 인도한 경우를 생각하면 선하증권에 의해서 매매 · 질권설정에 응한 상대방은 불측의 손해를 입고, 손해배상 청구소송을 제기하지 않으면 안 되는 일이 생기고 만다. 따라서 선하증권이 발행된 이상, 거기에 표시되어 있는 물건의 법적 처분은 선하증권에 의해서 행하여 지지 않으면 안 되고 물건 자체에 의해서 행하여져서는 안 된다는 것이 처분증권성을 인정하는 취지이다.

3. 지시증권성

선하증권은 증권에 지정된 사람 또는 그 지정된 사람이 다시 증권상에 지정한 사람을 선하증권에 나타난 권리의 정당한 주체가 되도록 하는 유가증권이다. 지정의 방식은 배서(endorsement)에 의한다. 즉 지정자인 배서인(endorser)이 피지정자인 피배서인(endorsee)을 지정하고 서명함으로서 선하증권에 유통증권으로서의 효력을 부여하는 것이다.

원칙적으로 지시증권성은 증권의 지시문구에 의하여 그 효력을 발휘하는 것이나 이러한 문언에 관계없이 법률의 규정에 의하여 당연하게 지시증권으로서 법적 효력이 발생할 수도 있다(상법 제861조, 제130조). 또한 헤이그 규칙 및 헤이그-비스비 규칙에서도 선하증권이 선의로(in good faith) 제3자에게 유통된 경우에 반대의 증명을 허용하지 아니하므로 이를 간접적으로 인정하고 있다(헤이그 규칙 및 헤이그-비스비 규칙 제3조 제4항 후단, 상법 제854조 제2항).

상법은 선하증권이 기명식인 경우에도 배서에 의하여 양도할 수 있다. 그러나 선하증권에 배서를 금지하는 뜻을 기재한 때에는 그러하지 아니하다고 규정하여 선하증권의 당연한 지시증권성과 배서 양도의 원칙을 명시하고 있다(상법 제861조, 제130조).

제4관 선하증권의 효력을 기준으로 본 법적 성질

선하증권의 법적 성질을 증권의 효력을 기준으로 보면 채권증권성, 유통증권성, 면책증권성을 들 수 있다.

1. 채권증권성

유가증권으로서 선하증권이 나타내는 것은 운송물의 인도청구권이다(상법 제861조, 제129조). 이 청구권은 재산권의 하나인 채권의 내용 또는 작용으로서 생기는 것이므로 선하증권은 채권증권(債權證券)이다. 즉 기재된 목적지에 있는 선하증권의 발행인에 대해서 증권에 기재되어 있는 운송물을 인도하라고 하는 행위를 요구하는 것이다.

어음 · 수표와 같은 금전증권도 유가증권이지만 이들 완전유가증권과는 달리 선하증권은 불완전 유가증권이기 때문에 선하증권의 물권적 효력을 잘못 해석하여 선하증권이 운송물의 소유권을 나타내는 물권증권인 것처럼 오인하여서는 아니된다.

일반적인 형태로는 선하증권은 송하인으로부터 할인은행에 양도되지만, 은행이 별도로 교환할 수 있는 화환약정서(貨換約定書)에 의해서 운송물상에 질권을 설정하는 것만으로서 그 소유권은 매수인이 어음금을 신용장 개설은행에 지급하고 교환하여 선하증권을 취득한 때에 직접적으로 매수인에게 이전한다. 할인은행에 신탁 양도되는 경우도 있지만, 그것도 화환약정에 의한 효과이고 선하증권의 교부에 의한 것은 아니다.

2. 유통증권성

선하증권의 상환성과 인도성에서 본 것처럼 선적(shipped) 운송 중인 운송물은 선하증권의 소지를 이전시켜서 운송물의 양도와 같은 효과를 얻을 수 있다(물권적 효력). 따라서 선하증권은 어음 · 수표와 같이 유통성을 가진 증권으로 해석하고 있다.

대륙법계에서 선하증권의 기본적인 성질을 유가증권으로 해석하는 반면, 영미법계에서는 유통증권(negotiable instrument)[13] 또는 상업증권(商業證券 : commercial papers, effort of commerce)[14]으로 해석하고 있다. 대륙법계에서 유가증권이란 재산적 가치가 있는 증권을 칭하고 있으나 영미법계에서는 유통증권과 권원증권을 포함시킨 개념이다. 따라서 영미법계에서는 유통증권이 아니라 유통성 권원증권이라고 본다. 미국에서는 지시식 선하증권(order bill of lading), 무기명식 선하증권(beared bill of lading)은 유통성 권원증권이나 기명식 선하증권(straight bill of lading)은 비유통 권원증권으로서 동산(chattel)으로 취급된다.

3. 면책증권성

채무자가 증권의 정당한 소지인에게 변제하면 실제로는 소지인이 진실한 권리자가 아닌 경우에도 악의 또는 중대한 과실이 없는 한은 채무를 면하는 효력을 가진 증권을 면책증권이라 한다.

선하증권의 정당한 소지인이 선하증권을 제시해서 운송물의 인도를 청구하면 운송인은 증권과 교환하여 증권으로 표시된 운송물을 인도하지 않으면 안 되고, 그 청구자가 진정한 권리자인가 아닌가를 조사할 의무도 권리도 없다.

실무상 유의해야 할 것은 채무자인 운송인이 진실한 권리자가 아닌 선하증권 소지인에게 운송물을 인도했어도 면책되는 것은 그 인도에 관해서 운송인에게 악의 또는 중대한 과실이 없는 경우에 한한다는 점이다. 선하증권의 분실의 연락을 송하인 등으로부터 받은 경우에는 그 선하증권의 인도 청구를 받은 때, 운송물을 인도하면 악의로 추정되고 면책의 이익을 상실하는 경우도 있을 것이다. 최근의 경우처럼 해상사기(maritime fraud)가 세계적인 문제로 된 상황하에서는 악의 또는 중과실이 없는 한이라고 하는 한정의 또 다른 의미는 일층 중요성을 가진다고 생각한다.

13) 영미법상의 개념으로 일반적으로 증권상 나타난 권리를 배서 또는 교부에 의하여 전전유통할 수 있는 성격, 유통성을 지닌 유가증권을 말한다(코리아쉬핑가제트, 最新 海運 · 物流用語大辭典, 제9개정증보판, 2002, 404쪽).

14) 회사가 단기자금 조달을 위해 발행하는 증권을 말한다. 채권이 장기융통수단인데 반하여 C/P는 단기융통수단이다(운송신문사, 물류용어사전, 제12증보판, 2004, 303쪽).

제3절 선하증권의 기능

제1관 법적 기능

운송물을 수령하거나 선적한 후 운송인 또는 그의 대리인이 발행한 선하증권은 운송인, 송하인, 수하인 및 선하증권 소지인의 관계에서 크게 다음과 같은 세 가지의 법적 기능을 가지게 된다.

첫째, 선하증권은 운송계약서는 아니지만, 운송인과 송하인 사이에 운송계약이 체결되었음을 추정하게 하는 증거증권(evidence of contract for carriage of goods by sea)의 기능을 가지고 있다.

둘째, 운송인이 운송을 위하여 송하인으로부터 운송물을 수령하였음을 증명하는 증거증권(evidence of receipt for shipment)의 기능을 가지고 있다.

셋째, 선하증권의 정당한 소지인은 선하증권에 기재된 운송물의 인도를 청구할 수 있는 권원증권(document of title to the goods)으로서의 기능을 가지고 있다.

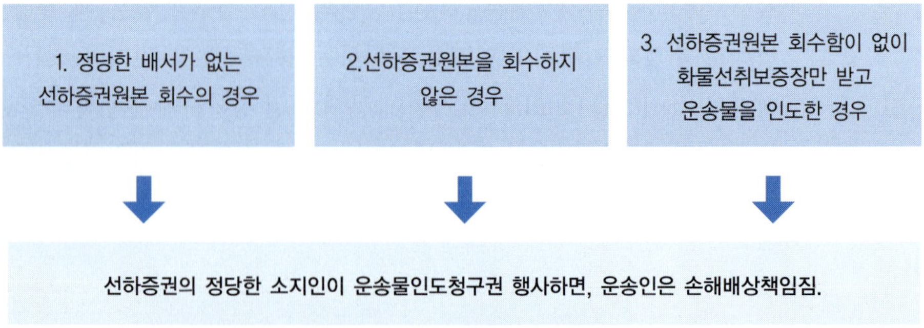

1. 정당한 배서가 없는 선하증권원본 회수의 경우

2.선하증권원본을 회수하지 않은 경우

3. 선하증권원본 회수함이 없이 화물선취보증장만 받고 운송물을 인도한 경우

선하증권의 정당한 소지인이 운송물인도청구권 행사하면, 운송인은 손해배상책임짐.

그림 2-1 ● 선하증권의 법적기능

1. 운송계약의 증거증권의 기능

해상운송계약은 원칙적으로 낙성[15] · 불요식 계약(諾成 · 不要式契約)이다. 부정기선 운송에서는 용선계약서(charterparty)가 작성되고 있지만, 정기선 운송에서는 다수의 하주를 상대로 한 운송계약이 체결되어야 하기 때문에 통상 별도의 계약서의 작성이 없이 선하증권이 발행되고 있다. 이때 선하증권은 운송인과 송하인 사이에 사실상 운송계약이 체결되어 있음을 증명하는 추정적 증거력(推定的 證據力)도 가지게 된다. 따라서 선하증권에는 운송물의 수령 사실과 함께 뒷면에 운송인과 송하인의 운송계약상의 권리 · 의무 관계에 관한 약관을 附合契約의 형태로 삽입하고 있다. 선하증권의 운송계약의 증거증권으로서의 기능은 1884년 Sewell v. Burdick 사건[16]에서 Browell 판사가 "선하증권은 운송인과 송하인 사이의 운송계약 자체는 아니지만, 운송계약의 가장 훌륭한 증거이다"라고 판시한 이래 오랫동안 인정되어 온 본질적 기능이다.

실무적으로 운송계약은 선하증권이 서명 · 교부되기 전에 이미 성립되었다고 볼 수 있으며, 선하증권은 성립된 운송계약의 내용과 조건이 구체적으로 추정되는 서류로 볼 수 있다. 따라서 선하증권의 내용과 불일치하는 구두 또는 서면의 운송계약이 선하증권 발행 이전에 이미 존재하였음을 증명한다면, 운송계약의 당사자, 즉 운송인과 송하인 사이에서는 선하증권의 내용보다 운송계약에 우선적 효력이 발생된다.[17]

또한 운송계약은 계약 당사자 쌍방이 합의하여 서명 또는 기명날인하게 되지만, 선하증권은 특별한 경우가 아니면 운송인 일방만이 서명하여 발행된 것이라도 계약의 증거증권으로서 효력이 발생된다.[18] 이와 같이 선하증권은 부합계약성을 띠고 있기 때문에 각국의 국내법은 강행규정으로 운송인과 송하인, 수하인 또는 선하증권의 소지인의 권리 · 의무를 규정하고 있다.[19]

15) 낙성계약이란 한쪽의 청약에 대하여 상대방이 승낙함으로써 성립하는 계약을 말한다. 당사자의 합의(agreement)만으로 성립하는 계약이며 물건의 인도나 소유권의 이전 자체가 계약 성립의 조건으로 되는 것은 아니다(코리아쉬핑가제트, 最新 海運 · 物流用語大辭典, 제9개정증보판, 2002, 493쪽).

16) 1884, 10 App. Cas. 74.

17) S. S. Ardennes(owner of cargo) v. Ardennes(owners) 〔1951, 1 K.B. 57〕: 선하증권은 운송계약 그 자체는 아니기 때문에, 선하증권이 발행되기 전에 존재하고 있던 운송계약은 선하증권상의 계약조건과 일치하지 않음에도 불구하고 운송계약이 그 효력을 가진다.

18) 운송계약 내용의 합의의 증거로서 발행인은 송하인에게 선하증권에 기명날인 또는 서명을 청구할 수 있으며, 그 경우 송하인은 동 청구에 응하여 선하증권에 기명날인 또는 서명하여 운송인에게 교부하여야 한다(상법 제856조). 그러나 송하인의 기명날인이 있다고 하여도 선하증권의 발행 실무절차나 상관습을 볼 때, 선하증권 발행의 부합계약성이 부인된다고 보기는 어려울 것으로 생각한다.

19) 嚴潤大, 船荷證券論, 신대종, 2002, 12-13쪽 참조.

2. 운송물 수령의 증거증권의 기능

운송인은 선하증권에 기재된 운송물을 약정된 목적지까지 운송하기 위하여 특정 선박에 선적하였거나 혹은 최소한 선적하기 위하여 자기의 관리하에 수령하였음을 확인하는 증거증권으로서의 선하증권을 발행한다. 그러므로 선하증권이 발행된 경우는 증권의 기재 내용과 동일하게 운송인이 운송물을 수령하였다고 추정된다(상법 제854조 제1항). 또 선하증권을 선의의 제3자가 취득한 경우에 운송인은 이 선의의 선하증권 소지인에 대하여는 선하증권에 기재된 대로 운송물을 수령 또는 선적하였다고 보고 선하증권에 기재된 바에 따라 운송인으로서 책임을 진다(상법 제854조 제2항).

3. 운송물 인도 청구의 권원증권의 기능

선하증권은 그 자체가 운송물을 대표하는 권원증권(document of title)이다. 따라서 송하인 또는 선하증권의 정당한 소지인이 적법한 방법으로 타인에게 선하증권을 교부한 때에는 그 교부는 운송물 위에 행사하는 권리(所有權 · 質權)의 취득에 관하여 운송물을 인도한 것과 동일한 효력을 갖는다(인도증권성)(상법 제861조, 제133조). 물권적 효력으로 인하여 선하증권이 발행된 경우에는 운송물에 관한 처분, 즉 운송물의 양도 · 입질 등은 선하증권으로 하여야 한다(처분증권성).[20] 즉 선하증권은 운송물을 상징하고 있기 때문에 선하증권의 양도는 선하증권에 기재된 물건 자체를 양도하는 것과 동일한 효력을 가지게 된다. 선하증권의 이러한 성질을 선하증권의 권원증권성이라고 한다.

그러나 선하증권은 어음과 같은 완전 유통증권(negotiable instrument)은 아니기 때문에, 절도 · 유실물 습득 등의 불법한 방법으로 선하증권을 취득한 자로부터 양도받은 선의의 증권 양수인(bona fide transferee)은 운송물의 진정한 소유자에게 대항할 수 없다. 그러므로 운송인이 선하증권의 수하인란에 표시된 수하인에게 운송물을 인도하였다고 해도 정당한 배서가 없는 선하증권 원본(original bill of lading)을 회수하였거나, 아예 선하증권 원본을 회수하지 않은 경우 등에는 이후 선하증권의 정당한 소지인이 나타나서 운송물 인도청구권을 행사하면 운송인은 손해배상책임을 면하지 못한다.[21] 또 운송인이 선하증권 원본을 회수함이 없이 화물선취보증장

20) 梁承圭, 判例教材, 保險法 · 海商法, 法文社, 1982, 655쪽; 李榮郁, 海商法, 同和文化社, 1973, 305쪽.

21) 嚴潤大, 船荷證券論, 신대종, 2002, 17-18쪽 참조.

(Letter of Guarantee: L/G)만을 받고 운송물을 인도한 경우에도 선하증권의 정당한 소지인이 운송물 인도청구권을 행사하면 이에 대하여 책임을 면할 수 없다.[22] 우리 대법원에서는 위조 화물선취보증장을 제시하고 운송물을 인도받은 사건에 대해서 선하증권의 상환증권성에 입각하여 선하증권 소지인의 권리를 절대적으로 보호하고 있다.[23]

한편 미국의 경우에는 1916/1994년 연방선하증권법 제80104조 제(b)항의 규정에서 "선하증권의 유통자가 의무를 위반하거나 또는 선하증권의 소유자가 사기 · 사고 · 실수 · 강박 · 분실 · 도난 또는 횡령에 의해 선하증권의 점유를 상실하더라도, 그 선하증권의 양수인 또는 후속 양수인이 그 선하증권을 선의 · 유상취득하고 그러한 의무 위반 · 사기 · 사고 · 실수 · 강박 · 분실 · 도난 또는 횡령 등에 대해 통지받지 않았다면, 그 선하증권의 유통은 유효하다"고 규정하고 있다. 이는 유통과정이 정당하지 못하다 하더라도 선하증권의 효력을 인정하고 있어서 선하증권의 유통성을 매우 강조하고 있다는 점에서 의의가 있다. 이는 우리나라 상법은 물론 영국의 선하증권법[24]과도 그 효과에 있어서 매우 다른 점이다.

제2관 경제적 기능

선하증권은 위의 세 가지 법적 기능 외에 국제무역 결제제도에서 물건매매 대금 결제수단의 기능, 물건 대금 담보수단의 기능, 서류에 의한 무역거래기능, 운송물 전매기능과 같은 경제적 효용을 가지고 있다.

1. 물건매매 대금 결제수단의 기능

국제무역에서 매매 대상 물건을 선적한 매도인은 물건 대금을 회수하기 위하여 화환어음(documentary draft; documentary bill of exchange)에 의한 결제방식을 주로 사

22) 대판 87라카 1791 :대법원은 운송인이 선하증권소지인이 아닌 자에게 운송물을 인도하여 선하증권소지인에게 운송물을 인도하지 못하게 된 경우에는 선하증권소지인의 권리를 침해한 고의 또는 중과실에 의한 불법행위 책임을 진다고 판시했다.

23) 대판 1992.1.21. 선고 91다14994 판결 : 운송인 또는 운송취급인이 보증도를 한다고 하여 선하증권과 상환함이 없이 운송물을 인도함으로써 선하증권 소지인의 운송물에 대한 권리를 침해하는 행위가 정당한 행위로 된다거나 운송취급인의 주의의무가 경감 또는 면제된다고 할 수 없고, 보증도로 인하여 선하증권의 정당한 소지인의 운송물에 대한 권리를 침해하였을 때에는 고의 또는 중대한 과실에 의한 불법행위의 책임을 진다.

24) The Bill of Lading Act, 1855 및 The Carriage of Goods by Sea Act, 1992.

용하고 있다. 이러한 대금결제방식에서 선적 운송물을 나타내는 선하증권은 화환어음의 취결상 가장 중심적인 위치에 있는 서류로서 물건 대금을 받는 데 필요한 필수적 서류의 역할을 하게 된다. 즉 매도인은 물건과 매매 대금 자체를 서로 교환하는 것이 아니라, 선하증권 등(신용장에서 요구하는 상업송장, 포장명세서, 보험증권 등의 서류)을 첨부하여 수하인을 지급인으로 한 화환어음을 발행하고, 이를 수출지의 은행에 매입시켜 물건 대금을 지급받으므로 선하증권은 국제무역에서 물건 대금의 결제수단의 역할을 하게 된다. 선하증권이 이러한 기능을 가지게 되는 것은, 물건의 매매계약에서 약정한 여러 가지 주요사항(물건의 종류, 수량, 수령지, 선적지 및 선적일자 등)이 증명됨은 물론, 선하증권 자체가 유가증권으로서 법적 보호를 받기 때문이다.

2. 운송물의 담보수단의 기능

선하증권을 첨부한 화환어음을 매입하고 매도인에게 물건의 매매 대금을 지급한 은행(매입은행)이 이들 서류를 신용장 개설은행에 보내면 그 개설은행은 매수인으로부터 물건의 매매 대금을 지급받아 수출지의 매입은행에 지급하여야 한다. 만약, 이때 신용장 개설 의뢰인인 매수인이 물건 대금(어음금)을 지급하지 않는다면 신용장 개설은행은 그에게 선하증권을 양도하지 않을 것이며, 신용장 개설은행이 선하증권을 소지하고 있는 한 선하증권에 기재된 운송물에 대한 담보권의 효력은 계속된다. 그러므로 신용장 개설 의뢰인이 파산하여 매매 대금을 지급하지 못할 경우 선하증권 소지인으로서 신용장 개설은행은 동 선하증권을 다른 매수인에게 매도하여 매매 대금을 전보(塡補)받거나, 운송인에 대하여 운송물 인도청구권을 직접 행사하여 운송물을 인도받을 수도 있다.

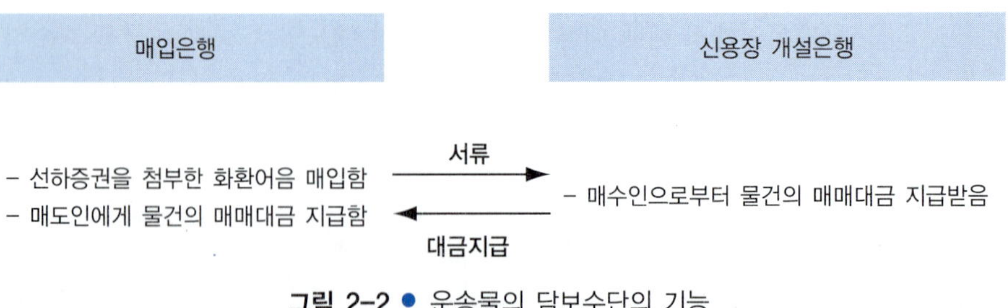

그림 2-2 • 운송물의 담보수단의 기능

3. 운송물의 전매기능

선하증권은 권원증권으로서 선하증권의 인도가 곧 증권에 기재된 운송물을 인도하는 것과 같은 효력을 가지게 되므로, 선하증권 소지인은 선하증권을 매매함으로 인하여 도착운송물을 매매할 수 있음은 물론 운송 중인 운송물에 대하여도 매매가 가능하므로 그 전매(轉賣)가 가능하게 된다. 즉 선하증권의 이러한 기능을 서류에 의한 상징적 거래(symbolic transaction)라고도 한다.[25)]

25) 林錫珉, 船荷證券論, 두남, 2000, 39쪽.

Chapter 03

선하증권의 법원

제 1 절 선하증권의 유통성과 관련된 법률

선하증권과 관련된 법원(法源)은 크게 선하증권의 효력 즉, 선하증권의 유통성, 증거력, 기능 및 법적 효력에 관한 법률과 선하증권의 뒷면 약관(裏面約款)에 나타난 운송인의 책임에 관한 국제협약과 국내법으로 나눌 수 있다. 이 밖에도 법률은 아니지만, 국제상업회의소 등의 민간경제단체들에 의하여 채택이 되어 표준약관 등의 형태로 선하증권의 효력이나 운송인의 책임의 내용을 정하고 있는 규칙은 법원은 아니지만 사실상 당사자의 합의에 의하여 계약의 내용으로 이용 되고 있다. 이들 규칙은 사실상 국제적으로 통일된 법규와 마찬가지로 사용되기 때문에 이곳에서 소개한다.

제1관 영국의 선하증권법

1. 1855년 선하증권법

1] 입법 배경

1793년 Lickbarrow v. Mason 사건[1)]에서 선하증권의 배서양도로 운송물에 대한 권리의 이전이 가능한 것으로 확인이 되었지민, 딩시 커민 로상의 직접계약관계의 법리

1) (1787) 2 T.R. 63, 69(original Kings Bench decision); (1790) 1 H.B1. 357(Exchequer Chamber); (1793) 4 Brown 57; (1793) 5 T.R. 367; (1793) 2 H. Black. 211(House of lords); (1794) 5 T.R. 683 (venire de novo) and (1794) 6 T.R. 131 (costs): 1786년 송하인 튜링(Turing & Sons)은 영국의 미들버그(Middlebourg)發 리버풀(Liverpool) 向 엔데버(Endeavour)호에 운송물을 선적하였다. 홈즈(Holmes) 선장은 "지시를 받거나 또는 양도받아 운송물을 인도하라"(unto order or assigns)는 조건으로 선하증권을 4통 서명 · 발행하였다. 2통은 송하인이 백지배서(endorsed in blank)하여 수하인(Freeman)에게 송부하고, 1통은 선장, 1통은 송하인이 보관하였다. 3일 뒤 송하인은 수하인 앞으로 기한부(usance) 환어음 4장을 발행하였고, 수하인은 이를 인수하였다. 수하인은 원고(Lickbarrow)에게 물건의 판매를 위탁하고 선하증권을 송부한 뒤 원고 앞으로 一覽拂(sight)환어음을 발행하여 원고가 이를 決濟하였다. 그런데 송하인이 소지한 환어음의 만기가 도래하기 전에 수하인이 파산하여 버렸다. 송하인이 운송물을 확보하기 위해 그의 대리인인 피고(Mason)에게 선하증권을 송부하여 피고가 운송물을 점유하게 되었다. 이에 원고가 송하인의 대리인인 피고에게 운송물반환청구소송을 제기하여 승소한 사건이다(林錫珉, 船荷證券論, 두남, 2000,79쪽 註 28) 참조).

(Privity of Contract, doctrine of Privity)[2]에 의거하여 운송계약은 송하인과 운송인 사이에 체결된 것이므로 송하인이 선하증권을 제3자에게 양도하더라도 운송인과 송하인이 약정한 운송계약상의 권리 · 의무는 제3자에게 이전될 수 없다. 따라서 직접 계약 당사자가 아닌 수하인이나 보험자에게는 운송물의 멸실 · 훼손에 대하여 운송계약에 기하여 운송인에게 손해배상을 청구하는 등 직접적으로 권리를 행사할 수 없었다.

이러한 문제를 해결하고 선하증권 기재의 증거력에 대하여 그 법적 성질을 명확히 하기 위하여 1855년 선하증권법(Bill of Lading Act, 1855)이 제정되었다. 이 법의 제정으로 선하증권은 유통증권성, 권원증권성을 가지게 되어 오늘날과 같이 운송계약의 직접 당사자가 아닌 증권의 소지인(양수인)이 운송인에 대한 선하증권상의 권리 · 의무를 직접 행사할 수 있게 되었으며, 선하증권의 기재에 대해서도 증거력을 인정하는 등 선하증권의 유통성을 보장하는 계기가 되었다.

2] 내용

1 법률 규정

상관습에 의하면 선하증권은 배서에 의하여 증권상의 권리가 양도될 수 있다는 사실에서 보면, 선하증권의 배서에 의하여 운송물의 소유권은 피배서인에게 양도될 수 있는 것이다. 그럼에도 불구하고 선하증권에 포함된 계약에 관한 모든 권리는 원래의 하주 또는 소유자에게 계속해서 남아 있다. 그러나 그러한 권리는 소유권과 함께 이전되어야 하는 것이 편리하다. 그리고 서명된 선하증권에 기재된 운송물이 선적되지 않는 경우가 빈번히 일어난다. 그리고 선의의 소지인의 수중에 있는 선하증권의 유통성을 위해서 선하증권에 서명하는 선장 또는 그 밖의 사람은 이미 언급한 바와 같이 운송물이 선적되지 않았다는 사실을 근거로 문제 삼지 않아야 한다.

(1) 선하증권에 기명된 운송물의 모든 양수인 그리고 선하증권에 기재된 운송물의 소유권이 이전되어야 할 선하증권의 모든 피배서인은 그러한 양도 또는 배서의 방법에 근거하여 또는 그에 의하여 그에게 모든 소권(訴權)[3]을 이전하거나 귀속시켜야만 한다. 그리고 마치 그러한 사람 자신과 선하증권상의

2) 계약 당사자 이외의 어떠한 사람에게도 그 계약 하에서 발생하는 권리나 의무를 부과해서는 아니 된다는 영미법상의 이론.

3) 소에 의하여 법원의 심판을 구하는 것을 당사자의 권능으로 본 경우에 사용되는 말로서 판결청구권이라고도 한다(핵심법률용어사전, 청림출판, 2005, 543쪽).

계약이 체결되었던 것과 같이 그러한 운송물에 관하여 똑같은 책임을 져야 한다.

(2) 선하증권상의 어떠한 것도 운송중지(right of stoppage)에 관한 어떠한 권리 또는 원래의 하주 또는 소유자에 대하여 운임을 청구할 수 있는 어떠한 권리를 해치거나 영향을 줄 수 없다. 또한 그가 양수인 또는 피배서인이라는 사실을 이유로 또는 그러한 사실의 결과로 인한 양수인 혹은 피배서인의 책임 또는 그러한 양도 또는 배서로 인한 혹은 그러한 양도나 배서의 결과로 그의 운송물의 수령에 관한 책임을 해치거나 그에 영향을 줄 수 없다.

(3) 상당한 대가를 지급한 선하증권의 양수인 또는 피배서인의 수중에 있는 운송물이 선적되었음을 나타내는 모든 선하증권은 그러한 운송물 또는 그러한 운송물의 일부가 그렇게 선적되지 않았음에도 불구하고, 선하증권에 서명한 선장 또는 그 밖의 사람에 대하여는 그러한 선적의 확정적 증거이다. 다만 그러한 선하증권의 소지인은 선하증권을 인수할 때 실제로 운송물이 선적되지 아니하였다는 사실을 실제로 통지를 받았어야만 한다. 단, 선하증권에 서명한 선장 혹은 그 밖의 사람은 그러한 부실표시가 자기의 과실이 없이 또는 전적으로 송하인 혹은 선하증권의 소지인 또는 선하증권의 소지인이 청구권을 행사하는 사람의 과실로 인하여 발생하였음을 입증하면 책임을 면한다.

2 해설

첫째, 선하증권에 기명된 수하인과 그 증권의 양수인에게는 운송계약을 직접 체결한 당사자와 동일하게 선하증권에 포함된 계약상의 권리와 의무가 적용된다. 즉, 운송물에 대한 선하증권의 권리 · 의무가 증권의 이전과 함께 이전된다.

둘째, 이러한 조항은 運送中止權(right to stoppage in transitu),[4] 선박소유자의 原送荷人(original shipper), 하주(owner), 수하인 또는 선하증권의 양수인에 대한 운임청구권에는 영향을 미치지 아니한다.

셋째, 수하인이나 증권양수인이 소지한 선하증권은 그것에 기재된 대로 선적되었다는 결정적 증거(conclusive evidence)가 된다. 수하인 및 양수인이 정당한 대가를 지급하고 취득하는 선하증권의 경우, 증권 취득 시 운송물이 선적되지 않았음을 통지

4) 운송중지권이라 함은 물건의 운송 도중 매수인이 파산할 경우 물건 대금을 받지 않은 매도인이 선장에게 물건을 자기에게 재인도할 것을 지시할 수 있는 권리를 말한다.

받지 않았다면 선장 또는 증권의 서명자에 대하여 선적에 대한 결정적 증거가 된다. 다만, 선장 등 서명인이 송하인, 증권 소지인 또는 운송물 인도청구권자의 사기에 의해 사실과 다른 서명이 이루어졌고 자기의 과실이 없었음을 입증하면 책임을 면한다.

2. 1992년 해상물건운송법[5)]

1] 立法背景

영국의 1855년 선하증권법은 불과 3개의 본문 조항을 가지고 있지만, 오랜 기간 세계의 해상무역 거래질서를 확립하는데 지대한 영향을 미쳤다. 또 수많은 판례를 통하여 선하증권의 유통성을 확립하고 격지자 간의 매매에 있어서 화환어음에 의한 대금결제제도를 정착하는데 결정적 역할을 하게 되었다. 그러나 이 법이 발효된 지 140여년이 경과하는 동안 해상운송의 비약적 발달로 인하여 해상화물운송장 · 전자식 운송증권 등 새로운 운송증권이 등장하는 등, 이 법만으로는 해상운송증권의 유통성과 관련된 모든 문제를 효율적으로 규율하기에는 한계 상황에 부딪히게 되었다. 이에 영국은 이 법을 폐지하고 1992년 해상물건운송법(The Carriage of Goods by Sea Act, 1992)을 제정하여 1992년 9월 16일부터 발효하게 되었다.

2] 내용

1 법률 규정

선하증권과 어떤 다른 해운서류들과 관련해서 신설된 새 조항과 함께 1855년 선하증권법(Bills of Lading Act 1855)을 대체하기 위한 법[1992년 7월 16일]

이 법은 영국 여왕의 최고의 권위 그리고 동일한 권위를 가진 현재 소집된 의회에서 성직 관계의 상원의원과 성직자 아닌 상원의원 그리고 하원의 충고와 동의로 다음과 같이 제정되었다.

제1조

(1) 이 법은 다음 서류들에 적용된다. 즉

(a) 모든 선하증권

(b) 모든 해상화물운송장

(c) 모든 화물인도지시서

5) The Bill of Lading Act, 1855를 대체하는 법.

(2) 이 법에서 선하증권에 대한 언급 내용들은
   (a) 증권 소지인으로서 배서에 의하거나 배서에 의하지 않고 인도로서 양도할 수 없는 서류에 대해서는 제외된다. 그러나
   (b) 배서를 조건으로 선적 선하증권에 대한 수령 선하증권의 언급 내용들은 포함된다.
(3) 이 법에서 해상화물운송장에 대한 내용은 선하증권이 아닌 아래와 같은 모든 서류에 관한 것들이다. 즉
   (a) 해상물건운송계약을 포함하거나 증명할 수 있는 운송물에 대한 수령증과 같은 서류, 그리고
   (b) 운송인이 그 계약과 일치해서 운송물을 인도해야 할 특정인을 확인할 수 있는 그러한 서류
(4) 이 법에서 화물인도지시서에 대해 언급한 내용들은 선하증권이나 해상화물운송장이 아닌 아래와 같이 인수를 포함하는 모든 서류에 관한 것이다. 즉 -
   (a) 그 서류가 포함하는 운송물의 해상운송계약 또는 그러한 운송물을 포함하는 운송물의 해상운송계약을 목적으로 또는 그러한 목적 하에서 주어진 모든 서류. 그리고
   (b) 그 서류가 포함하고 있는 운송물을 특정인에게 인도하기 위해 서류에서 증명된 어떤 사람에 대해서 운송인이 인수한 모든 서류.
(5) 국무총리는 시행령으로 원격통신체제 또는 어떤 다른 정보기술이 아래와 유사한 유효한 거래에 사용되는 경우에 이 법의 적용을 위해서 세부 조항을 만들 수 있다. 즉
   (a) 이 법이 적용되는 어떤 서류의 발행과 유사한 것
   (b) 그러한 어떤 서류의 배서, 인도 또는 다른 형태의 양도. 또는
   (c) 그러한 어떤 서류에 관해서 그 밖의 모든 것의 이행
(6) 위의 (5)에서의 명령은
   (a) 국무총리가 그 (5)에서 언급된 사례에 대한 이 법의 적용과 관련해서 적절한 고려를 하는 것과 마찬가지로 이 법의 다음 조항들에 대해서 수정할 수 있다.
   (b) 제(5)의 명령은 보충적이며 부수(일시)적인 궁극적이면서 과도기적인 중간 형태의 조항을 포함할 수 있다. 그리고 그 항에서 명령을 발하는 권한은 의회 양원의 결의에 따라 취소를 조건으로 합법적인 증권(서류)에 의해 행사될 수 있다.

제2조

(1) 이 조의 다음의 조항에 따르면, 즉

(a)선하증권의 적법한 소지인이 되는 사람

(b) (운송계약의 원 당사자가 아니면서) 해상화물운송장이 포함하는 운송물의 인도를 그 계약에 따라서 운송인에 의해 받게 되는 사람.

(c) 화물인도지시서가 포함하는 운송물의 인도가 지시서에 기재된 인수사항과 일치해서 이루어지게 될 사람

(2) 어떤 사람이 선하증권의 적법한 소지인이 되는 경우, (운송인에 대해서) 그 증권의 소지(소유권)는 그 증권이 포함하는 운송물의 소유에 대한 권리를 주지 않는다는 점에서, 그러한 사람은 그가 그 증권의 소지인이 되지 않으면 위 (1)에 따라 그에게 어떠한 권리도 양도되지 않을 것이다. 즉,

(a) 그러한 소유권이 그 증권의 소유에 미치지 못 했을 때 그리고 그전에 체결된 모든 계약상 또는 약정에 따라 이루어진 거래에 의해서 또는, (증권소지인이 된 사람)

(b) 그러한 모든 약정에 좇아 다른 사람에게 양도된 운송물이나 서류를 특정인에 대한 양도를 거절한 결과로서(증권 소지인이 된 사람)

(3) 화물인도지시서와 관련해서 위 (1)의 적용으로 모든 사람에게 양도된 권리는

(a) 지시서의 용어에 따라 당연히 양도될 것이다. 그리고,

(b) 지시서가 포함하는 운송물은 운송계약이 포함하는 단지 일부 운송물을 구성한다는 점에서 그 지시서가 포함하는 운송물과 관련해서 그 권리가 제한될 것이다.

(4) 이 법이 적용되는 모든 서류의 경우에,

(a) 그 서류가 포함하는 운송물과 관련해서 모든 이익 또는 권리를 가진 사람이 운송계약 위반의 결과 손실이나 손상을 입는다는 점에서, 그러나

(b) 위 (1)은 그 위반과 관련해서 소송상 권리가 제3자에게 양도되도록 그 서류와 관련해서 적용된다는 점에서 양도받은 제3자는 그들이 그들의 이익을 위해 권리를 행사할 수 있는 사람에게 권리가 양도되었더라면 충분히 행사할 수 있었던 것과 같은 한도에서 손실 또는 손상을 입었던 사람의 이익을 위해 그 권리를 행사할 권한을 부여받을 수 있다.

(5) 모든 서류와 관련해서 권리가 위 (1)의 적용에 의해 양도된다는 점에서 그 항이 규정하는 양도는 그러한 권리를 발생시키는 모든 권한을 소멸시킬 것이다.

(a) 「그 유래되는 권한은」 그 서류가 선하증권이라는 점에서 운송계약에 대

한 원 당사자의 자격으로부터 나오는 권한 또는

(b) 이 법이 적용되는 모든 서류의 경우에, 그 서류와 관련해서 그 항의 이전의 작용으로부터 나오는 권한이다. 그러나 그 항의 적용이 그 계약에 대해 원 당사자 자격을 가진 사람에게서 유래되는 모든 권리를 침해하지 않고 이루어지거나, 선박의 인도지시서와 관련해서 해상화물운송장에 의해 확인될 수 있다. 그리고 그 지시서와 관련해서 그 항의 이전 시행에서와는 다르게 유래되는 모든 권리에 대한 침해 없이 적용이 이루어지거나 선박의 인도지시서와 관련한 해상화물운송장에 의해 적용이 확인될 수 있다.

제3조

(1) 이 법 제2조 (1)은 이 법이 적용되는 모든 서류와 관련해서 적용되고 그 항에 따라 권리를 양도받은 사람이

(a) 서류가 관계하는 모든 운송물의 운송인으로부터 운송물을 받거나 요구할 수 있다는 점에서,

(b) 모든 종류의 운송물과 관련해서 운송인에 대해 운송계약 하의 손해배상을 청구한다는 점에서, 또는

(c) 그 권리가 그에게 양도되기 전에 일시에 모든 운송물을 운송인으로부터 인도 받았거나, 요구했다는 점에서 그 사람은 (위 (c)호에 해당하는 경우에 권리가 그에게 양도되는 것으로서 운송물을 인도 받거나 요구하거나 손해배상 청구를 함으로써) 마치 그 계약에 당사자였던 것처럼 그 계약 하에서 동일한 책임을 져야 할 것이다.

(2) 화물인도지시서가 포함하는 운송물은 운송계약이 포함하는 운송물의 단지 일부를 구성한다는 점에서, 그 지시서와 관련해서 이 조의 적용에 따라 모든 사람이 져야 하는 책임은 그 지시서가 관계하지 않는 모든 운송물에 대해서는 책임이 제외될 것이다.

(3) 이 조는 모든 사람에 대해서 계약상 책임을 부과하는 한, 계약상 원 당사자인 모든 사람의 계약상 책임에 대해서 영향을 미치지 않을 것이다.

제4조 아래의 선하증권 즉,

(a) 선박에 선적되었던 운송물을 표시하는 선하증권이나, 선박에 선적을 위해 인도 받았던 운송물을 나타내는 선하증권 그리고

(b) 선박소유자 또는 소유자는 아니지만 그런 외형 또는 선하증권에 서명하는 운송인의 명백한 권한을 가졌거나, (암묵적으로) 나타나는 사람이 서

명한 선하증권은 그 증권의 적법한 소지인이 된 사람을 위해 선적 운송물의 운송인에 대해서 또는 경우에 따라서 선적의 화물수령증에 대해 결정적인 증거가 될 것이다.

제5조

(1) 이 법에서 선하증권, 해상화물운송장, 그리고 화물인도지시서는 앞 조(제4조)와 일치해서 해석될 것이다.

운송계약은

(a) 선하증권, 해상화물운송장과 관련해서 그 증권이나 운송장이 포함하고 증명(확인)하는 계약을 의미한다. 그리고,

(b) 화물인도지시서와 관련해서 지시서에 포함된 인수를 받을 목적으로 또는 그 목적 하에서 계약을 의미한다. 선하증권과 관련해서, 「소지인(소유자)」의 의미는 아래 (2)에 따라서 해석될 것이다. 「정보기술」의 의미는 서류의 형태로 한정되지 않고 정보나 다른 내용을 기록하거나 전달할 수 있는 수단을 가진 모든 컴퓨터나 다른 기술을 포함한다. 그리고 「원격(원거리)통신체계」는 1984년 원격통신법에서와 같은 의미를 가진다.

(2) 선하증권의 소지인에 대해 이 법에서 언급된 내용들은 다음의 모든 사람들에 대한 것들이다.

(a) 증권에서 확인된 사람이 됨으로서 그 증권이 관계하는 운송물의 인수인인 그 증권의 소유권을 가진 사람

(b) (운송)완성, 증권의 인도, 증권의 모든 배서, 무기명 증권의 경우에 증권의 제3자에 대한 양도의 결과로 그 증권의 소유권을 가진 사람

(c) (운송인에 대해서) 그 증권의 소유권이 그 증권이 관계하는 운송물의 소유에 대한 권리를 더 이상 부여하지 않았을 때 그 거래가 성립되지 않았더라도 위 (a) 또는 (b)에 해당되고 소지인이 될 수 있었을 어떤 거래의 결과로 증권의 소유권을 가진 사람, 그리고 이 법의 목적을 위해 어떤 사람은 그가 어디에서 증권 소지인이 되었더라도 증권의 적법한 소지인이 되는 것으로 간주될 것이다.

(3) 이 법에서 서류상 확인되는 어떤 사람의 권한에 대한 언급은 서류 발행 후, 그 서류의 용어와 일치해서, 그 사람이 변경되는 경우에 그 사람의 신원 확인을 고려하는 기술에 의해 확인되는 사람에 대한 내용을 포함한다. 그리고 어떤 사람을 증명하는 서류에 대한 이 법 제1조 (3) (b)에서의 언급은 적절히

해석된다.

(4) 서류 내용이 위 제2조2(2)와 제4조에 위반하지 않는다면 이 법에서 어느 조항도 어떤 서류가 관계하는 운송물이

(a) 그 서류의 발행 후에 소멸한 사례와 관련해서 혹은

(b) (특정 운송물이 다른 운송물과 섞였거나 어떠한 다른 이유 때문에) 운송물을 확인할 수 없는 사례에 관해서 그(조문)의 적용을 배제하지 않는다. 그리고 이 법에서 어떤 서류가 관계하는 운송물에 대한 언급은 적절히 해석될 것이다.

(5) 이 법의 전술 조항들은 모든 사례와 관련해서 1971년 해상물건운송법 제1조에 의해 낭분간 시행되는(헤이그-비스비 규칙) 규칙의 적용에 대한 침해 없이 효력을 가지게 될 것이다.

제6조

(1) 이 법은 1992년 해상물건운송법으로 불린다.

(2) 이 법에 의해 1855년 선하증권법은 폐지된다.

(3) 이 법은 통과되는 날로부터 2개월 후에 시행될 것이다. 그러나 이 법에서 어느 규정도 이 법이 시행되기 전에 발행된 모든 서류에 대해서는 효력이 미치지 않는다.

(4) 이 법의 효력은 북아일랜드까지 미친다.

2 해설

첫째, 이 법은 1855년 선하증권법의 대체 법으로서 "누가 운송인에 대하여 소송을 제기할 수 있는 권한이 있는 가"를 정하는 것이다.[6] 즉, 운송계약의 최초의 당사자는 아니지만 선하증권의 적법한 소지인이거나, 해상화물운송장(Sea Way Bill)상의 수하인 또는 화물인도지시서(ships D/O)상의 수하인은 최초 운송계약의 당사자와 동일하게 당해 운송계약상의 모든 소송상의 권리를 가질 수 있도록 하였다(제2조 제1항). 그러나 운송계약상의 책임이 이전되더라도 동 계약의 최초의 당사자(송하인)의 책임은 소멸되지 않는다고 규정하고 있다(제3조 제3항).

둘째, 이 법은 적용 범위에 선하증권 외에 비유통 증서인 해상화물운송장(sea waybill) 및 화물인도지시서(ships delivery order)를 포함하고 있고(제1조 제1항), 전

6) Stephen Mills, Bills of Lading, A Guide to Good Practice, Anchorage Press, 1998, p. 40.

자문서교환방식(EDI)[7]에 의한 선하증권도 별도의 규정을 통하여 이 법을 적용할 수 있도록 하였다(제1조 제5항).

제2관 미국의 1916/1994년 연방선하증권법

1. 입법 배경

미국은 1916년 8월 연안해상운송과 해상수출물건운송에 적용하기 위하여 연방선하증권법(Federal Bills of Lading Act, 1916)을 제정하여 1917년 1월 1일부터 발효시켰다. 또 1952년 이를 보완하여 그 명칭을 포메린법(Fomerene Act; Federal Bills of Lading Act, 1916 as amended to August 1952, known as the Pomerene Act)이라 하였다. 이 법은 1994년 §1(c), (d), (e)의 3개 항이 개정되어 전자식 운송증권을 인정하는 등의 변화가 있었다. 특히 이 법은 영국의 1855년 선하증권법이나 1992년 해상물건운송법과 같이 선하증권의 유통성(negotiability)에 관한 것을 주요 내용으로 규정하고 있다.

2. 내용

1 법률 규정

제80101조(정의)

본 장에서는

(1) 수하인은 운송물이 그에게 인도될 것이라고 선하증권에 기명된 사람을 의미한다.

(2) 송하인은 선적을 위해 그로부터 운송물을 수령하고 선하증권에 그렇게 기명된 사람을 의미한다.

(3) 운송물은 운송되었거나, 운송 중이거나, 운송되어질 상품 또는 개인의 용품을 의미한다.

7) Electronic Data Interchange는 기업간 또는 기업 내의 거래문서를 표준형태의 컴퓨터간 전송에 의하여 교환하는 시스템이다(코리아쉬핑가제트, 最新 海運・物流用語大辭典, 제9개정증보판, 2002, 238쪽).

(4) 소지인은 선하증권을 점유하고, 선하증권에 구현된 소유권을 보유하고 있는 사람을 의미한다.
(5) 지시(order)란 선하증권에 배서하여 지시하는 것을 의미한다.
(6) 매수(買受)에는 저당(mortgage) 또는 담보(pledge)에 의한 취득도 포함된다.
(7) 주(州)는 미합중국의 어떤 주, 컬럼비아 특별구 및 미국령 또는 점령지를 의미한다.

제80102조(적용)
본 장은 다음의 구간에서 물건운송을 위해 커먼 캐리어(common carrier)[8]가 발행한 선하증권에 적용한다.
(1) 컬럼비아 특별구 내의 특정 지점에서 다른 특정 지점;
(2) 어떤 미국령 또는 점령지의 특정 지점에서 다른 미국령 또는 점령지의 특정 지점;
(3) 어떤 주의 특정 지점에서 다른 주의 특정 지점;
(4) 어떤 주의 특정 지점에서 다른 주 또는 외국을 경유하여 그 어떤 주의 특정 지점;
(5) 어떤 주의 특정 지점에서 외국의 특정 지점.

제80103조(유통증권 및 비유통 증서)
(a) 유통증권
  (1) 다음의 선하증권은 유통증권이다.
    (A) 수하인의 지정인에게 운송물이 인도될 것이라고 기재된 선하증권; 그리고

8) 커먼 로(common law) 상 커먼 캐리어(common carrier)라 함은 그에게 운송을 위탁하는 누구에게나 운송 서비스를 제공하는 자를 말한다. 이에 반하여 프라이비트 캐리어(private carrier)라 함은 그에게 운송을 위탁하는 사람 모두에게 운송 서비스를 제공하는 것이 아니라 일정 종류의 운송만을 제공하는 자를 말한다.예컨대 일반 화물선(general cargo ship)을 사용하여 어떤 하주의 운송물이든 가리지 않고 다 운송하는 정기선의 소유자라면 당연히 커먼 캐리어에 속한다. 반면 어느 부두의 관리인이 자신이 운영하는 부두창고에 입고할 고객의 운송물에 대하여만 부선(lighter)을 이용하여 본선으로부터 자기의 창고까지 운송하였다면 이는 프라이비트 캐리어인 것이다.

그리고 특정한 해상운송인이 커먼 캐리어인가 아니면 프라이비트 캐리어인가 하는 구별은 그 해상운송인이 실제 운영하고 있는 영업 형태에 따라 결정되는 사실관계에 관한 문제이다. 다시 말해서 그 해상물건운송인이 실제 어떻게 영업을 하고 있었느냐에 따라 결정되는 문제인 것이다.

법적인 면에서 볼 때 커먼 캐리어는 자신이 운송할 수 있는 한 운송을 위탁한 자에 대하여 운송을 거절하여서는 아니될 의무를 부담하나, 프라이비트 캐리어에게는 이러한 의무가 없다는 점이 가장 큰 차이점이다. 따라서 우리나라 상법에서 말하는 운송인은 커먼 캐리어에 해당하는 것으로 본다(정영석, 국제해상운송법, 범한서적주식회사, 2004, 132-139쪽).

(B) 선하증권을 비유통으로 결정한 송하인과의 합의가 앞면에 명시되지 않는 선하증권;

(2) 유통 선하증권에 운송물의 도착을 통지할 수 있는 사람이 기명되더라도

(A) 그 유통성은 제한되지 않고;

(B) 기명된 자가 운송물의 권리자인 운송물을 매수한 매수인에 대한 통지가 아니다.

(b) 비유통 증서

(1) 운송물이 수하인에게 인도될 것이라고 명시되면 비유통 증서이다. 비유통 증서는 배서를 하더라도

(A) 유통증권이 되지 않으며;

(A) 그 양수인에게 어떠한 권리도 추가되지 않는다.

(2) 비유통 증서를 발행하는 커먼 캐리어는 그 선하증권에 non-negotiable 또는 not negotiable이라는 표시를 해야 한다. 본 항은 비공식적인 비망록 또는 인정서에는 적용되지 않는다.

제80104조(유통방법 및 요건)

(a) 일반 규칙

(1) 유통 선하증권은 배서에 의해 유통될 수 있다. 배서는 백지배서 또는 기명식 배서가 가능하다. 운송물을 특정인의 지정인에게 인도할 때는 그 지정인이 선하증권에 배서해야 한다.

(2) 그 조항에 의거하여 커먼 캐리어가 특정인의 지정인에게 운송물을 인도하기로 약속하고 그 지정인 또는 후속 피배서인이 선하증권에 백지배서한 때에는 유통 선하증권은 인도를 통해 유통될 수 있다.

(3) 그 선하증권을 점유하게 된 방법에 관계없이 다음의 경우에 유통 선하증권은 그 점유자가 유통시킬 수 있다. 만약

(A) 커먼 캐리어가 선하증권의 조항에 따라 그 점유자에게 운송물을 인도하기로 보증하거나; 또는

(B) 선하증권이 유통될 때에 그 선하증권이 인도에 의해 유통될 수 있는 형식을 취하고 있으면,

(b) 영향 받지 않는 유효성-선하증권의 유통자가 의무를 위반하거나 또는 선하증권의 소유자가 사기 · 사고 · 실수 · 강박 · 분실 · 도난 또는 횡령에 의해 선하증권의 점유를 상실하더라도, 그 선하증권의 양수인 또는 후속 양수인이 그 선하증권을 선의 · 유상취득하고 그 의무 위반 · 사기 · 사고 · 실수 · 강

박 · 분실 · 도난 또는 횡령 등에 대해 통지받지 않았다면 그 선하증권의 유통은 유효하다.

(c) 통지받지 않은 매도인 · 저당권자 · 담보권자에 의한 유통-유통 선하증권이 발행된 운송물을 커먼 캐리어가 점유하고 있고, 그 선하증권을 발행 받은 사람이 운송물 또는 선하증권을 매도 · 저당 · 담보로 제공한 뒤에 그 선하증권을 유통시킨 경우, 사전의 매도 · 저당 · 담보제공 사실을 통지 받지 않은 선의 · 유상 취득자에 의한 유통은 마치 운송물 또는 선하증권의 첫 번째 매수인이 후속 유통을 명시적으로 허용한 것과 같은 효력을 갖는다.

제80105조(유통의 영향을 받는 권원 및 권리)

(a) 권원-유통 선하증권이 유통될 때에
  (1) 다음의 경우에는 선하증권의 피유통자(매수인)가 운송물에 대한 권원을 취득한다.
    (A) 그 선하증권의 유통자가 매수인에게 선하증권을 선의 · 유상양도할 자격이 있어야 하며 ; 그리고
    (B) 송하인 및 수하인은 매수인에게 선하증권을 양도할 자격이 있어야 한다.
  (2) 선하증권을 발행한 커먼 캐리어는 마치 선하증권의 피유통자에게 선하증권을 발행한 것과 같이 선하증권의 조항에 따라 그를 위해 직접 운송물의 점유를 유지할 의무가 있다.

(b) 권리의 우위-유통 선하증권이 유통되면 그 선의 · 유상 취득자의 운송물에 대한 권리는 매도인의 유치권 또는 운송중지권 보다 우선한다. 선하증권을 발행한 커먼 캐리어가 매도인의 권리주장 통지를 받기 전이나 후에 유통되더라도 이 조는 적용된다. 물건 대금을 받지 못한 매도인이 (매매계약의) 취소를 위해 선하증권을 먼저 제시할 때에 운송인은 운송물을 인도할 수 있다.

(c) 영향 받지 않는 저당권자 및 유치권자의 권리-이 조 (b)는 제외하고, 그 소유자로부터 선의 · 유상매수한 자의 운송물을 저당 또는 유치한 저당권자 또는 유치권자가 커먼 캐리어에게 인도되기 직전에 운송물을 점유할 경우 본 장에 의해 그들의 권리는 제한되지 않는다.

제80106조(유통 없는 양도)

(a) 인도 및 합의-선하증권의 소지인은 선하증권을 유통시키지 않고 인도 및 선하증권 또는 그 운송물에 대한 권원의 이전을 합의하여 선하증권을 양도

할 수 있다. 그 합의에 의거 선하증권의 양수인은 그 양도인에 대해 운송물의 권원을 보유한다.

(b) 배서의 강요-유통 선하증권이 유통 없이 인도에 의해 유상양도 되어, 이후 유통을 위해 양도인의 배서가 필요할 때에는, 반대의 의사가 없는 한, 양수인은 양도인에게 선하증권의 배서를 강요할 수 있다. 유통은 배서가 되어야 유효하다.

(c) 통지의 효력

(1) 양수인이 이 조 (a)에 의거 비유통 증서를 양수했다고 커먼 캐리어에게 통지하면, 통지 직전까지 운송인이 양도인에게 부담했던 일체의 의무가 이전되어 운송인인 양수인에게 직접 의무를 부담한다. 그러나 운송인이 통지를 받기 전에는 운송물에 대한 양수인의 권원 및 운송인으로부터의 의무 취득권은 아래의 원인에 의해 실효될 수 있다.

(A) 양도인의 채권자가 운송물에 채권압류통지, 압류 또는 강제집행을 한 경우; 또는

(b) 양도인 또는 그 양도인으로부터 뒤에 운송물을 매수한 다음 양도인으로부터 매수한 자가 운송인에게 통지한 경우.

(1) 이 조에 의거 커먼 캐리어에의 통지는 다음의 경우에만 인정된다.

(A) 통지행위를 포함하여 실질적 또는 외관상 대리권을 부여받은 운송인의 항해사 또는 대리인에의 통지이어야 하고;

(B) 그 항해사 또는 대리인이 상당한 주의를 기울여 운송물을 점유 또는 관리하고 있는 대리인과 통신할 수 있는 시간을 가져야 한다.

제80107조(보증 및 책임)

(a) 일반규칙-반대의 의사표시가 없으면 유상으로 선하증권을 유통 또는 양도하는 사람은 다음의 사항을 보증한다.

(1) 선하증권이 진본이고 ;

(2) 그가 선하증권 및 선하증권에 기재된 운송물의 권원을 이전할 수 있는 권리를 갖고 있으며;

(3) 그는 선하증권의 유효성 또는 가치에 영향을 미칠 수 있는 사실의 존재를 알지 못하고;

(4) 만약 당사자들이 선하증권 없이 운송물을 양도하기로 약정하고, 운송물이 상품성 또는 특정 목적에 적합한 것으로 묵시되었다면, 그 운송물의 상품성 또는 적합성.

(b) 채무에 대한 담보-채무의 담보로 선하증권을 소지하고 타인으로부터 선의의 채무변제를 요구받거나 또는 상환 받는 사람은 그 요구 또는 상환에 대해 다음의 사항을 보증하지 않는다.
    (1) 선하증권의 진정성 ; 또는
    (2) 선하증권에 기재된 운송물의 수량 또는 품질.
(c) 부본(副本)-선하증권의 앞면에 부본 이라는 문구 또는 선하증권이 원본이 아니라는 또 다른 문구가 있는 선하증권을 발행한 커먼 캐리어는 그 선하증권이 적법하게 발행된 원본의 정확한 사본이라고 표시하고 보증하는 사람과 똑같이 책임을 진다. 운송인은 그 선하증권에 의해 그 밖의 다른 책임은 부담하지 않는다.
(d) 배서인의 책임-선하증권이 배서된 경우에 이전의 배서인 또는 커먼 캐리어의 의무불이행에 대해 당해 배서인은 책임지지 않는다.

제80108조(변경 및 추가)
선하증권이 발행된 후에 운송인으로부터 권한을 부여받지 않고 서면 또는 선하증권에 기재하여 선하증권을 변경 또는 추가하면 그것은 무효이다. 그러나 선하증권의 원 조항은 유효하다.

제80109조(유통증권에서의 유치권)
유통 선하증권을 발행한 커먼 캐리어는 그 선하증권의 운송물에 대한 다음의 사항에 대해 유치권을 행사할 수 있다.
(1) 보관, 운송 및 인도 비용(체선료 및 터미널 비용 포함) 그리고 선하증권 발행 이후의 운송물의 보존 또는 운송에 필요한 부대비용 ; 그리고
(2) 법률 또는 송하인 및 운송인의 합의에 의해 허용되는 그 밖의 비용은 선하증권에 명시하여 유치권을 행사할 수 있다.

제80110조(운송물의 인도의무)
(1) 일반원칙-법률에 의해 면제된 경우를 제외하고, 커먼 캐리어는 비유통 증서에 기명된 수하인 또는 유통 선하증권의 소지인이 요구하면 당해 선하증권의 운송물을 인도해야 한다. 단, 그 수하인 또는 소지인은 다음의 요건을 충족해야 한다.
    (a) 운송물에 대한 운송인의 유치권을 충족시키겠다는 선의의 청약 ;

(2) 선하증권을 점유하고 유통 선하증권이면 배서하여 운송인에게 제출하겠다는 청약;

(3) 운송인이 요구하면 운송물의 인도와 동시에 인도영수증의 서명동의.

(b) 운송물의 인수권자-본 편 제80111조에 의거 커먼 캐리어는 다음의 사람들에게 운송물을 인도할 수 있다.

(1) 운송물의 점유권자;

(2) 비유통 증서에 기명된 수하인; 또는

(3) 유통 선하증권의 점유자는-

(A) 그의 지정인에게 운송물이 인도가능하거나; 또는

(B) 선하증권이 그에게 배서되었거나 수하인 또는 또 다른 피배서인에 의해 백지배서된 경우.

(c) 권원 및 점유에 대한 커먼 캐리어의 주장-커먼 캐리어가 그의 운송물에 대한 권원 또는 점유권을 주장하고, 그 권원 또는 점유권이 다음과 같이 발생하면 운송물을 인도하지 않아도 된다.-

(1) 선적 후 송하인 또는 수하인이 양도한 경우; 또는

(2) 운송인의 유치권.

(d) 반대소송-수하인이 아닌 자 또는 선하증권을 점유하고 있는 자가 운송물에 대한 권원 및 점유권을 주장하고 운송인이 그 주장을 인지하고 있으면 운송인이 그 반대소송의 타당성 여부를 판단하거나 또는 모든 소송 제기자가 경합권리 확인(interplead) 소송을 제기할 수 있는 상당 기간 운송인은 어떠한 청구권자에게도 운송물을 인도하지 않아도 된다.

(e) 경합권리자 확인 절차-2인 이상이 운송물에 대한 권원 또는 점유권을 주장하면 커먼 캐리어는 다음의 조치를 취해야 한다. -

(1) 운송물에 대한 모든 권리주장자는 경합권리 확인을 위해 민사소송을 제기하거나;

또는

(2) 운송인의 불인도에 대해 제기된 소송의 항변으로 권리주장자들에게 경합권리 확인을 하게 한다.

(f) 항변이 못되는 제3자의 권리주장-이 조 (b), (d), (e)에서 규정된 경우를 제외하고 비유통 증서의 수하인 또는 유통 선하증권의 소지인이 커먼 캐리어에게 제기한 운송물 인도 청구불이행 소송에 대해 사법절차(司法節次)에 의해 강제된 경우가 아니면 제3자의 권원 또는 권리에 대한 항변이 되지 못한다.

제80111조(운송물의 인도책임)

(a) 일반원칙–커먼 캐리어는 다음의 경우에 운송물의 권원자 또는 점유권자에게 손해배상책임을 진다.

(1) 본 편 제80110조 (b) (2) 또는 (3)에 의거 인도권이 부여되지 않았는데 운송인이 무권리자에게 운송물을 인도했을 때;

(2) 운송인이 본 편 제80110조 (b) (2), (3)에 의거 운송물의 권원자 또는 점유권자로부터 인도하지 말라는 요청을 받고 인도했을 때, 또는

(3) 본 편 제80110조 (b) (2) 또는 (3)에 의거 인도할 때에 운송물이 무권리자에게 인도된다는 정보를 운송인이 알고 있을 경우.

(b) 요청 또는 정보의 효력–이 조 (a) (2) 또는 (3)에 의거한 요청 또는 정보는 다음을 조건으로 유효하다.

(1) 요청 또는 정보 행위를 포함한 실질적 또는 외관상 대리권을 부여받은 운송인의 항해사 또는 대리인에게 요청하거나 또는 정보를 제공했을 때; 그리고

(2) 그 항해사 또는 대리인이 상당한 주의를 기울여 운송물 인도를 중지할 수 있는 시간을 가질 때.

(c) 선하증권의 수령 및 취소의 실패–이 조 (d)의 경우가 아니면, 커먼 캐리어가 선하증권을 수령 또는 취소하지 않고 유통 선하증권이 발행된 운송물을 인도하면 그 선하증권의 취득 시점이 운송물 인도 전 · 후에 관계없이, 심지어 운송물을 그 권리자에게 이미 인도했더라도, 운송인은 선하증권의 선의 · 유상 취득자에게 운송물을 인도하지 못해 발생한 손해를 배상해야 한다. 또한 선하증권에 운송물의 일부가 인도되었다고 명백히 기재하지 않고 운송인이 점유하고 있는 운송물 또는 잔여 운송물에 대해 전반적으로 기술하지 않은 채, 선하증권의 수령 또는 취소 없이 운송물의 일부를 인도한 경우 운송인은 본 항에 의거 책임을 져야 한다.

(d) 책임의 면제–다음의 경우에는 운송인이 운송물의 수하인 또는 소유자 또는 선하증권 소지인에게 운송물을 인도하지 못하더라도 책임지지 않는다.

(1) 이 조 (c)에 규정된 인도가 법률로 강제되어 있을 경우;

(2) 운송인의 유치권 충족을 위해 법률에 의해 운송물이 매각된 경우;

(3) 운송물의 인도 청구가 없을 경우;

(4) 운송물이 부패성이거나 위험물인 경우.

제80112조(유통증권이 분할, 조 또는 부본으로 발행되었을 때의 책임)

(a) 분할(Parts) 및 조(Sets) – 미국 내 48개 인접 주 또는 컬럼비아 특별구의 특정 지점으로 운송하기 위해 어떤 주에서 발행된 유통 선하증권은 분할 또는 조로 발행하지 않아도 된다. 본 항을 위반하여 선하증권을 발행한 커먼 캐리어는 심지어 그 선하증권의 선의 · 유상 매수인의 소지인에게 운송물의 일부를 인도한 뒤에 매수했더라도 그에게 운송물을 인도하지 못해 발생한 손해에 대해서도 책임을 져야 한다.

(b) 부본 – 미국 내 48개 인접 주 또는 컬럼비아 특별구의 특정 지점으로 운송되는 동일운송물에 대해 어떤 주에서 2통의 유통 선하증권을 발행한 경우, 원본을 제외하고 각 선하증권의 앞면에 부본 또는 그 선하증권이 원본이 아니라는 사실을 표시하는 문구가 분명하게 기재되어야 한다. 본 항을 위반한 커먼 캐리어는 심지어 선하증권 원본 소지인에게 운송물을 인도한 뒤에, 매수한 선하증권 원본의 선의 · 유상 매수인에게 그 위반으로 발생한 손해에 대해서도 책임을 져야 한다.

제80113조(미수령, 오기 및 부실선적에 대한 책임)

(a) 미수령 및 오기에 대한 책임 – 본 항의 규정에 의하는 경우가 아니면, 선하증권을 발행한 커먼 캐리어는 선하증권에 기재된 일자까지 운송물 전체를 수령하지 못했거나 선하증권의 기재와 일치하지 않는 운송물을 수령하여 발생한 손해에 대해 책임을 져야 한다. 만약 그 소유자(비유통) 또는 소지인(유통)이 선하증권의 운송물 기재 또는 선하증권의 선적 일자를 믿고 선의 · 유상취득한 경우에는 운송인은(운송중지권을 조건으로) 비유통 증서에 의거 운송되는 운송물의 소유자 또는 유통 선하증권의 소지인에게 책임을 져야 한다.

(b) 운송인의 면책 – 선하증권을 발행한 커먼 캐리어는 본 항 (a)에 의거 다음의 경우 책임지지 않는다.

(1) 송하인이 운송물을 선적했을 때;

(2) 선하증권이

(A) 운송물의 명세를 하인(荷印 : marks)[9] 또는 기호(label)에 의해 또는 종류, 수량 또는 상태에 대한 신고로 운송물을 기재한 경우; 또는

---

9) 하인이라는 것은 운송물의 외장 위에 붙이는 표지를 특정한 기호, 목적지, 번호 그 밖의 표지를 총칭한다. 포장에 하인을 붙이는 목적은 운송인 및 관계자로 하여금 이러한 기호의 존재에 의하여 자기가 취급하는 화물과 다른 화물을 손쉽게 구별할 수 있도록 하는 데 있다(운송신문사, 물류용어사전, 제12증보판, 2004, 584쪽).

(B) 포장의 내용물 또는 상태 및 내용은 알 수 없음, 적입했다고 함, 송하인 계량(計量), 적입 및 계수(計數), 또는 기타 같은 의미의 문구로 제한된 경우; 그리고

(3) 운송인이 운송물 전체의 수령 여부 및 선하증권 기재와의 일치 여부를 알지 못할 경우.

(c) 부실선적에 대한 책임 - 선하증권을 발행한 커먼 캐리어는 부실선적으로 인한 손해에 대해 다음의 경우 책임지지 않는다.

(1) 송하인이 운송물을 선적했을 때;

(2) 송하인 계량, 적입 및 계수, 또는 송하인이 운송물을 선적했음을 표시하는 이와 같은 의미의 문구가 선하증권에 기재되어 있을 때;

(d) 운송물의 종류, 수량 및 개수를 확정해야 할 운송인의 의무

(1) 송하인이 벌크 화물(bulk freight)을 선적하고 커먼 캐리어에게 운송물을 계량할 수 있는 시설을 제공하면, 운송인은 송하인의 확정 요청이 있으면 적절한 기간 내에 그 종류 및 수량을 확정해야 한다. 이 경우에는 송하인 계량 또는 이와 같은 의미의 문구가 선하증권에 기재되면 그 문구는 무효이다.

(2) 커먼 캐리어가 운송물을 선적하고, 그 운송물이 포장 운송물이면 포장 개수, 벌크 화물이면 그 종류 및 수량을 운송인이 계수해야 한다. 이 경우에는 송하인 계량, 적입 및 계수, 또는 기타 송하인이 운송물의 명세를 기재하고 선적했음을 표시하는 의미의 문구가 선하증권 또는 통지서, 계약서, 규정 또는 운임요율표에 기재되어 있으면 그 문구는 무효이다. 단, 포장에 내장되어 있는 운송물은 제외된다.

제80114조(유통증권의 분실, 도난 및 훼손)

(a) 법원의 명령 또는 보증장에 의한 인도–유통 선하증권이 분실, 도난 및 훼손된 경우, 당해 법원은 커먼 캐리어에게 아직 제시되지 않은 선하증권 원본으로 인해 운송인 또는 그 인도로 인해 책임을 져야 하는 사람에게 충분히 보상이 될 수 있다고 법원이 인정하는 금액의 보증장을 제출한 인도 청구자에게 운송물의 인도를 명령할 수 있다. 또한 법원은 적정한 비용 및 변호사 비용을 운송인에게 지급하도록(하주에게) 명령할 수 있다. 법원의 명령이 없는 자발적 보증장도 보증으로서 당사자를 기속한다.

(b) 소지인에 대한 책임－이 조 (a)의 법원명령에 따라 운송물을 인도한 경우에도, 법원의 조치 또는 운송물의 인도를 통지 받지 못하고 유상으로 유통 선하증권을 양수한 사람에 대해 커먼 캐리어는 책임을 면할 수 없다.

제80115조(커먼 캐리어로부터 운송물의 점유를 양도받기 위해 취할 수 있는 사법절차의 제한)

(a) 압류 또는 집행 - 당초에 운송물 처분권이 없는 사람으로부터 운송물을 인수하여 유통 선하증권을 발행한 경우가 아니면 그 선하증권이 운송인에게 제시된 경우 또는 유통이 금지된 경우에만 커먼 캐리어가 점유하고 있는 운송물은 사법절차에 의한 압류 또는 판결의 집행에 의해 집행될 수 있다.

(b) 인도－선하증권이 운송인에게 제시된 때 또는 법원에 의해 압류된 때에만 이 조 (a)의 사법절차에 따라 커먼 캐리어에게 운송물의 인도를 강제할 수 있다.

제80116조(형벌)

다음의 행위를 한 자는 아메리카 합중국법 제18편에 의거 벌금 또는 5년 이하의 징역 또는 양벌(兩罰)을 받는다.

(1) 사기할 의도로 본 장을 위반하거나;

(2) 사기라는 사실을 알면서 또는 사기할 의도를 갖고 -

(A) 본 장의 적용을 받는 선하증권을 가짜로 작성하거나 변경 또는 복사한 경우;

(B) 본 장의 적용을 받는 선하증권을 가짜로 작성하거나 변경 또는 복사한 선하증권을 유통, 사용 또는 발행한 경우;

(C) 허위문구가 있는 선하증권을 유통 또는 양도한 경우.

2 해설

첫째, 이 법은 영국의 선하증권법이 선하증권을 불완전 유통증권으로 규정한 것과는 달리 완전 유통증권으로 규정하고 있다.

둘째, 이 법은 선하증권을 기명식(straight bill of lading)과 지시식(order bill of lading)으로 구분한 다음, 기명식 선하증권은 “비유통 증서”인 반면 지시식 선하증권은 “유통증권”이라고 규정하고 있다(제2조, 제3조 참조). 또 비유통 증서에는 증권면에 "비유통"(non-negotiable 또는 not negotiable)이라고 명시하도록 하고 있다(제6조).[10)]

셋째, ① 법적으로 운송물의 소유권이 있는 자, 또는 ② 기명식 선하증권에서는 기명 수하인, 또는 ③ 지시식 선하증권에서는 적정하게 배서된 선하증권 소지인을 운송물의 인도를 받을 수 있는 자로 규정하고 있다(제9조).

넷째, 배서 및 선하증권의 양도에 의하여 선하증권상의 권리의 양도가 가능하도록 하였다. 즉, 지시식 선하증권의 경우에는 증권 자체를 양도할 수 있고(백지 · 지명배서 불문), 운송인은 그 양수인(증권 소지인)의 운송물 인도 청구에 응하여야 한다. 지명배서에 의하여 선하증권을 양수받은 자는 그것을 다시 타인에게 양도할 수 있다고 하여 지시식 선하증권의 자유로운 유통성을 보장하고 있다(제27조 및 제28조 참조).

10) 嚴潤大, 船荷證券論, 신대종, 2002, 37쪽에서는 '지시식 선하증권에는 流通不可라는 표기는 효력이 없다고 규정하여 그 유통성을 보장하고 있다'라고 설명하고 있으나, 연방선하증권법에 그러한 규정은 어느 곳에도 그러한 규정은 없다.

제2절 운송인 책임과 관련된 국제협약

선하증권의 앞면은 선하증권의 증거증권으로서의 기능과 유통증권으로서의 기능을 보장하는 기재사항 등으로 구성되어 있다고 볼 수 있다. 이에 비하여 뒷면은 운송인과 하주의 권리 · 의무관계, 즉, 운송인의 책임의 내용을 기재한 약관으로 구성되어 있다.

그런데 선하증권의 뒷면 약관은 운송인이 일방적으로 운송인의 책임을 정하고 이 약관에 상대방인 하주가 합의하도록 사실상 강요하는 형태의 계약형식과 내용을 이루고 있기 때문에 일종의 부합계약에 해당한다. 따라서 운송인의 책임에 대하여는 각국의 법률은 최소한의 기준에 따라 운송인의 책임의 최소한도를 정하고 있다. 또 이들 국내법은 해상운송의 국제적 이동성에 기인하여 국제적 통일을 그 이념으로 하여 통일법을 지향하고 있다. 이에 따라 선하증권의 일부규정을 통일하기 위한 국제협약으로서 1924년 헤이그 규칙, 1968년 헤이그-비스비 규칙, 1978년 함부르크 규칙이 채택되어 발효하고 있다. 한편 1980년 국제연합국제물건복합운송협약은 아직 발효되지 않고 있다.

대부분의 국가는 이들 협약을 국내법으로 수용하고 있는데, 미국의 1936년 해상물건운송법은 1924년 헤이그 규칙, 영국의 1971년 해상물건운송법은 1968년 헤이그-비스비 규칙, 칠레 상법은 함부르크 규칙을 채택하고 있는 것 등이다.

제1관 1924년 헤이그 규칙

1. 입법 배경 및 경과

미국의 하터법[11] 제정은 국내법에 의하여 면책약관의 남용을 금지하고자 하였던 나

11) Harter Act는 1893년(1894년 1월 1일 발효) 미합중국에서 공포, 모든 선하증권의 과실면책 약관을 무효로 하는 동시에 해기사의 과실에 대해서는 운송인의 당연면책을 규정하고 있다(운송신문사, 물류용어사전, 제12증보판, 2004, 476쪽).

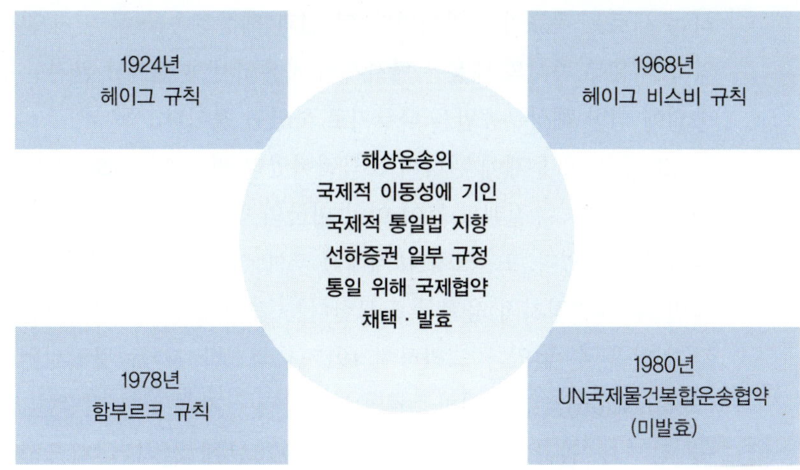

그림 3-1 ● 운송인 책임과 관련된 국제협약

라로서는 어느 정도 그 목적을 달성할 수는 있었다. 그러나 해운업은 국제적으로 이루어지는 활동이기 때문에 이와 같은 방법은 그 효과가 적고 자기 나라의 해운업이 다른 나라와의 경쟁에서 불리하게 된다. 따라서 개별 국가의 국내법에 의하여 면책약관을 제한하는 방법에 대하여 대부분의 나라는 찬성하지 않았다.[12)]

결국 국제적 협력에 의한 면책약관의 제한을 의도하게 되었는데 이러한 방법 중 한 가지가 계약 당사자에 의하여 국제적으로 사용되는 표준 선하증권 약관을 작성하는 것이었다. 이러한 노력으로 1912년의 국제법학회의 빠리 회의에서 이 문제를 연구하였으나 합의가 이루어지기 어려웠기 때문에 일정 수의 국가 간 또는 일정 항로만으로 한정한 특별한 합의가 이루어졌다.[13)] 그 밖에 국제법학회의 1905년 오슬로 회의, 1906년 베를린 회의에서 이에 대한 집중적인 토의가 있었다. 또 1913년의 함부르크 선하증권이나 1914년의 프랑스 수출 선하증권과 같이 상사과실에 대한 책임을 명시적으로 규정한 것도 있었다.[14)] 그러나 1914년 제1차 세계대전이 일어남으로써 이 문제는 일단 방치될 수밖에 없었다. 이후 제1차 세계대전이 종전되고 평화의 회복과 함께 면책약관을 제한하기 위한 국제적 규제의 필요성은 다시 높아지기 시작하였다. 이때에는 그 내용에 있어서도 선하증권의 유통증권으로서의 가치를 높이고자

12) 田中誠二 · 吉田 昻, コンメンタ-ル國際海上物品運送法, 勁草書房, 1984, 12-13쪽.

13) 예를 들어 1902년의 흑해 선하증권은 면책약관을 해기과실에 제한하였다. 그러나 이것은 프랑스 선박을 제외한 흑해에서 곡물을 운송하는 모든 선박에 의하여 채용되었다(田中誠二 · 吉田 昻, コンメンタ-ル國際海上物品運送法, 勁草書房, 1984, 12쪽). 또 동양 무역 선하증권(Eastern Trade Bill of Lading)은 하터법에서의 해기과실과 상사과실의 구별을 채택하였다[田中誠二, 船荷證券免責條款論, 東京, 有斐閣, 1939, 256쪽].

14) 林東喆, 國際運送法 · 海商法研究, 眞成社, 1990, 63쪽.

하는 새로운 목표가 추가되었다. 그 결과 해상운송을 두 가지 분야로 나누어 용선계약과 비유통 증서의 내용은 당사자의 자유의사에 맡기고 완전한 유통성을 가진 선하증권에 의한 해상운송만을 다루기로 하였던 것이다.[15)]

그 동안 이 문제에 관하여 소극적이었던 영국으로서도 그의 자치령인 캐나다, 오스트레일리아, 뉴질랜드 등이 이미 미국의 하터법을 계수하여 본국과는 다른 법률을 시행하고 있었다. 또 제1차 세계대전 후에 이들 국가의 지위도 강화되었으므로 이들 식민 제국과 정치적 융화를 도모한다는 견지에서도[16)] 면책약관 제한운동에 관심을 갖지 않을 수 없었다. 그리하여 1917년 영연방 자치령왕립위원회(Dominion Royal Commission)로부터 선하증권의 면책약관 금지에 관한 적당한 조치를 취할 것을 영국 정부가 권고 받은 바 있다. 또 1920년에 설치된 제국해운위원회(Imperial Shipping Committee)도 영국 정부에 대하여 캐나다의 1910년 수상물건운송법(The Carriage of Goods by Water Act of Canada, 1910)을 기초로 한 법안을 작성하여 1920년 6월에 자치령의 총리 회의에서 채용하였다.

그러나 영국은 이러한 법률의 제정이 자기 나라 해운업의 경쟁력을 약화시키게 되리라는 것을 알고 있었기 때문에 이를 국제적 통일운동으로 진행시키고자 노력하였다.[17)] 이러한 영국의 노력에 의하여 국제법학회가 1921년 4월에 표준 선하증권의 초안을 작성하고 1921년 8월 30일부터 9월 3일까지 네덜란드의 헤이그에서 회의를 열었다. 이 회의는 모든 해운 국의 선박소유자, 하주, 은행업자 및 보험업자의 대표를 포함하여 헨리 듀크(Henry Duke) 경을 의장으로 개최하였다.[18)] 이 회의의 결과로 확정된 것이 1921년 헤이그 규칙인데 ① 운송인 및 사용인의 상사과실면책 및 책임제한약관을 선하증권에 규정하는 것이 금지된다는 것, ② 하터법에서 이미 인정된 바와 같이 선장, 해원 및 도선사의 해기과실의 결과로부터 운송인은 당연히 면책된다는 것 및 ③ 특별히 정하여진 일정한 사유에 대하여 운송인은 당연히 면책되는 것으로 할 것을 그 내용으로 하고 있다.[19)]

1921년 헤이그 규칙의 성립은 면책약관을 줄인다는 원칙을 세웠다는 점에서 하주 측에 의하여 성공적이란 평가를 받게 되었다. 그러나 각종의 다른 형태로 사실상의 면책약관을 도입하게 되어 불만을 가지게 되었으므로 보험의 이익을 운송인에게

15) 田中誠二 · 吉田 昴, コンメンタール國際海上物品運送法, 勁草書房, 1984, 12-13쪽.

16) 山戸嘉一, 國際海上物品運送法, 東京, 海文堂, 1958, 4쪽.

17) 林東喆, 海商法 · 國際運送法研究, 眞成社, 1990, 64쪽.

18) Cole, The Hague Rules, 1921 explained, 1922 ; 田中誠二 · 吉田 昴, コンメンタール國際海上物品運送法, 勁草書房, 1984, 13쪽에서 재인용.

19) 田中誠二 · 吉田 昴, コンメンタール國際海上物品運送法, 勁草書房, 1984, 13-14쪽.

양도하는 조항 또는 그와 유사한 조항을 무효로 하는 조치와 같은 수정을 가하여 1922년 10월 9일부터 11일까지 열렸던 국제해법회(Comité Maritime International)에서 새로운 규칙을 채택하였는데 이것을 보통 1922년 헤이그 규칙(Hague Rules, 1922)이라고 부른다.[20)]

1922년 헤이그 규칙은 국제법학회와 국제해법회의 결의에 의하여 성립되었기 때문에 요크 · 앤트워프 규칙과 같이 국제적 계약 조항으로서 당사자의 임의채택에 위임할 예정이었다.[21)] 그러나 경험상 임의채택은 경쟁이 매우 심한 해운에 있어서 해상기업에 경영상의 손해를 가져올 것이 분명하기 때문에 실행되지 않을 것이 당연한 사실이었다. 그래서 1922년 10월 18일부터 22일까지 브뤼셀에서 열린 외교회의에서 선하증권 제도의 개정은 ① 국제협약의 형식을 취함으로써 이것을 비준한 체약국의 입법권에 의하여 강제적으로 실시할 것을 정하고, ② 1922년 헤이그 규칙에 약간의 내용 수정을 가하기로 결정하였다. 이러한 결정에 따라 최종 협약문을 작성하기 위한 위원회를 구성하고 산회하였다.

이 위원회는 의장으로 국제해법회 회장 프랭크(Franck)가 선임되어 1923년 10월 6일부터 10일까지 브뤼셀에서 위원회가 열렸다. 이 협약문은 지나치게 영미법적이고 실무적이어서 비법률적이었기 때문에 영국과 미국을 제외한 다른 국가의 대표들로부터 많은 불만과 수정의 요구를 받았다. 그러나 영국과 미국의 대표는 ① 협약초안은 이해관계자의 입장을 절충하여 만들어진 강화협약과 같은 성격의 것이라는 점과, ② 그 문구를 변경하는 것은 다시 분쟁을 일으킬 수 있다는 점을 들어서 수정하자는 제의를 받아들이지 않았다.[22)]

1922년 외교회의에서 구성한 위원회는 1923년에 열린 최종회의에서 위와 같은 특징을 지닌 협약 문안을 작성하고 1924년 8월25일에 브뤼셀에서 26개국이 서명하여 국제협약으로서 성립된 것이다. 그리고 1931년 6월에 발효한 이 협약은 1930년 벨기에 외 3개국에 의하여 비준된 이래 현재 90개국을 체약국으로 하고 있다.[23)]

2. 내용

헤이그 규칙은 운송인의 최소한의 의무와 책임을 규정하는 동시에 권리와 면책의 최

20) 田中誠二 · 吉田 昂, コンメンタ-ル國際海上物品運送法, 勁草書房, 1984, 14쪽.

21) 田中誠二 · 吉田 昂, コンメンタ-ル國際海上物品運送法, 勁草書房, 1984, 15쪽.

22) 田中誠二 · 吉田 昂, コンメンタ-ル國際海上物品運送法, 勁草書房, 1984, 15-16쪽.

23) UNCTAD, 金萬石 譯, 함부르크 규칙과 國際複合運送協約의 發效가 世界 經濟 및 貿易에 미치는 影響, 海運産業硏究院, 1993, 7-8쪽 : CMI Yearbook, 2005-2006, pp. 415-416.

대한을 규정하는 16개의 조문으로 구성되어 있다.[24] 그 내용은 하터법과 마찬가지로 ① 운송인 측의 과실을 상사과실과 해기과실로 나누어, ② 상사과실 및 감항능력 주의 의무에 관하여만 운송인에게 책임을 지우고, ③ 해기과실에 관하여는 운송인에게 책임을 지울 수 없도록 하고 있다(헤이그 규칙 제3조 제1항, 제3조 제2항, 제4조 제2항(a)).

여기서 상사과실이란 운송되고 있는 운송물의 선적 · 취급 · 적부 · 운송 · 보관 및 양륙에 관한 과실을 말한다(동 규칙 제3조 제2항). 그리고 해기과실이란 항행 또는 선박의 취급에 관한 선장, 해원, 도선사 또는 운송인의 사용인의 작위 · 게으름 또는 과실을 말하는 것이다(헤이그 규칙 제4조 제2항 (a)). 또 ④ 해기과실을 포함한 일정한 사유를 열거하여 이 경우에는 운송인은 원칙적으로 면책되는 것으로 하고 있다(헤이그 규칙 제4조 제2항). 그 이외의 경우에는 예를 들어 책임을 경감하는 약관을 규정하더라도 운송인은 그의 책임을 면할 수 없고, 보험의 이익을 운송인에게 양도하는 조항 또는 이와 유사한 모든 조항은 면책약관과 마찬가지로 무효로 한다(헤이그 규칙 제3조 제8항).

⑤ 운송인의 책임의 최고한도는 물론 최저한도를 정하여 이해관계의 조화를 꾀하고 있다. 그리고 운송물의 성질 및 가액이 송하인에 의하여 선적 전에 통지되고 그 통지가 선하증권에 기재되어 있는 경우를 제외하고는 운송물의 멸실 · 훼손에 관하여는 1 포장 당 또는 1 단위 당 100금 파운드 또는 이와 같은 가치를 지닌 다른 통화로 책임지고, 이 이하의 배상책임을 정할 수 없도록 하고 있다(헤이그 규칙 제4조 제5항).

⑥ 그리고 송하인이 일정한 방식에 의하여 청구한 때에는 운송인은 (a) 운송물의 식별을 위하여 필요한 주요 기호, (b) 포장 또는 개품의 수, 용적 혹은 중량, (c) 외부로부터 인식될 수 있는 상태를 기재한 선하증권을 교부하지 않으면 안 되는 것으로 한다(헤이그 규칙 제3조 제3항). 이와 같은 선하증권은 반증이 없는 한 (a)호, (b)호 및 (c)호의 규정에 따라 해당 선하증권에 기재된 운송물을 운송인이 수령한 것을 인정하는 증거가 되는 것으로 한다(헤이그 규칙 제3조 제4항).

제2관 1968년 헤이그-비스비 규칙

1. 입법 배경과 경위

헤이그 규칙이 성립한 이후에 직 · 간접적으로 세계 각국에 의하여 채택되어 해상운

24) 林東喆, 海商法 · 國際運送法硏究, 眞成社, 1990, 65쪽.

송법의 국제적 통일에 크게 기여하여 왔음은 누구도 부인할 수 없다.[25] 이와 같이 선하증권 조항의 표준화라는 바람직한 목표를 달성하였다는 긍정적인 평가를 받고는 있었지만, 한편으로는 협약의 결함[26]을 수정하지 아니하면 이 결함은 협약 자체의 이용을 저해할 것이고 나아가 시험 기간을 지나 적용의 기틀이 잡힌 다른 유용한 조항에까지도 나쁜 영향을 미칠 것이라는 주장이 대두하였다.[27]

개정 여부에 대한 이러한 논쟁에도 불구하고 40년 이상 해상운송을 위하여 헤이그 규칙이 상당히 기여하여 왔던 것은 분명하다. 그러나 해상운송의 환경변화와 기술 발달로 말미암아 헤이그 규칙은 개정의 필요성을 절감하게 되었고, 이에 따라 국제해법회의 1959년 리예카(Rijeka) 회의에서는 헤이그 규칙 제10조를 개정하여 적용범위를 확대하여야 한다는 권고를 채택하고 협약 전반에 대한 개정 문제를 검토하기 위하여 선하증권약관소위원회(Sub-Committee on Bill of Lading Clauses)를 설치하여 활동을 시작하게 되었다.[28] 이후 컨테이너화가 물건운송에서 그 역할이 점차 증대되어 감에 따라 헤이그 규칙의 개정에 대한 필요성은 더욱 가속화되었다.[29]

국제해법회의 선하증권약관소위원회는 협약의 내용에 대한 검토를 시작하여 1960년 11월 런던과 1961년 8월 빠리에서 각각 회의를 열어 여러 차례 검토한 후에 보고서를 작성하여 국제해법회에 제출하였다.[30] 이 보고서는 적극적 권고(positive

25) 林東喆, 海商法 · 國際運送法硏究, 眞成社, 1990, 96쪽.

26) 예를 들면, 헤이그 규칙이 해결해야 할 문제 중의 하나로 짐짝당(per package) 또는 단위 당(per unit) 책임한도를 들 수 있다. 이는 처음에는 100금 파운드의 순금 가액으로 결정되었는데, 1925년에 파운드화가 순금과의 태환력을 상실하게 되었기 때문에 신중한 검토를 거쳐서 성립된 헤이그 규칙의 운송인 책임 체계를 엉망으로 만들었다. 그 결과 헤이그 규칙의 각 체약국은 100금 파운드를 임의로 태환함으로써 제2차 세계 대전 후에는 완전히 상충된 한도를 나타내게 되었다 ; UNCTAD, 金萬石 譯, 함부르크 규칙과 國際複合運送協約의 發效가 世界 經濟 및 貿易에 미치는 影響, 海運産業硏究院, 1993, 8~9쪽.

27) 國際海法會의 船荷證券條項改正小委員會의 改正贊反論議에 대하여는 石井照久, "船荷證券の改正", 海法會誌, 復刊 第11號, 東京, 勁草書房, 1965 참조.

28) 石井照久, "船荷證券の改正", 海法會誌, 復刊 第11號, 東京, 勁草書房, 1965, 3~4쪽 ; 谷川 久, "船荷證券條約及び海難救助條約の改正", 海法會誌, 復刊 第13號, 東京, 勁草書房, 1968, 7~8쪽 ; 林東喆, 海商法 · 國際運送法硏究, 眞成社, 1990, 97쪽.

29) 컨테이너화의 영향은 다음과 같이 매우 다양하게 나타났다 :

첫째, 컨테이너화와 함께 정기선으로 운항하는 선박의 크기가 재화중량톤수 약 1만 내지 2만톤급에서 5만톤급 이상으로 대형화되었다 이에 따라 선박의 운송 능력이 매우 커져서 오늘날에는 대형 컨테이너 선의 경우에는 운송물의 가액이 선박의 가액을 훨씬 능가하는 경우가 보통이다.

둘째, 컨테이너화로 문전 운송(door to door)이 가능하게 되었으며 재래식 선하증권에 내재하는 많은 결점으로 인하여 현대의 컨테이너 운송에서는 선하증권의 이용이 급속히 줄어들고 문전 운송에 따라 책임원칙을 조직적으로 규정하는 복합운송증권이 이용되고 있다.

셋째, 팰리트 화(palletization), 컨테이너 화(containerization)의 일반화로 인하여 제기된 헤이그 규칙의 문제, 즉 팰리트나 컨테이너에 아무리 많은 포장 운송물이 들어 있더라도 그 전체가 하나의 짐짝 단위로 계산될 수 있다는 해석이 가능하다. 이로 인해 만약 운송인이 운송물 손상에 대하여 책임져야 할 경우에도 운송인은 컨테이너당 100 금 파운드만 책임지면 된다는 불합리한 점이 있었다 ; 이상 UNCTAD, 金萬石 譯, 함부르크 규칙과 國際複合運送協約의 發效가 世界 經濟 및 貿易에 미치는 影響, 海運産業硏究院, 1993, 9~10쪽 참조.

30) 石井照久, "船荷證券の改正", 海法會誌, 復刊 第11號, 東京, 勁草書房, 1965, 4쪽.

recommendation), 그 밖의 검토사항(other subjects examined) 및 장래의 조치(future action)의 3부로 나누어져 있다.

그 중 적극적 권고에 속하는 내용은 ① 송하인 또는 수하인의 과실로 인한 선적 · 적부 또는 양륙에 관한 운송인의 책임, ② 운송물에 관한 손해의 통지, ③ 운송물의 부당 인도로 인한 손해배상 청구권의 청구기한, ④ 운송물에 대한 손해배상책임한도, ⑤ 운송인 등의 불법행위 책임, ⑥ 원자력손해와의 관계, ⑦ 쌍방과실충돌 약관(both-to blame clause)의 7개 항목이었다.[31)]

그 후 1963년 스톡홀름에서 열린 국제해법회 제26차 총회에서는 ① 협약의 적용범위, ② 운송물의 부당인도로 인한 손해배상책임의 소멸시효와 운송인의 배상청구권의 행사기간, ③ 운송물에 관한 손해배상책임한도액, ④ 운송인의 불법행위 책임과 그 사용인의 면책이익의 향유, ⑤ 원자력손해와의 관계, ⑥ 운송인의 감항능력 주의의무 및 ⑦ 선하증권 기재사항의 증거력 등의 7개 항목의 개정안이 채택되었다.[32)]

위의 개정안은 선하증권약관소위원회의 의견에 따라 비스비 시(Visby)에서 서명되었는데 이것이 본래의 비스비 규칙이다. 이 규칙을 국제협약으로 하기 위한 제12회 해사법외교회의가 1967년에 브뤼셀에서 개최되었으나 결정을 보지 못하고 다음 해인 1968년 해사법외교회의 제2 회기 중 참가국 중 24개국의 찬성에 의하여 헤이그-비스비 규칙이 성립되었다.[33)] 그런데 의정서의 내용은 위의 비스비 규칙을 그대로 채택한 것이 아니라 해사법외교회의에서 이 규칙에 일부 내용을 수정 · 변경하여 확정한 것이다.[34)]

의정서 제13조의 규정에 따라서 1977년 6월 발효한[35)] 1968년 비스비 규칙은 개발도상국 7개국을 포함한 18개국을 체약국으로 하고 있는데,[36)] 비스비 규칙에 의하여 개정된 헤이그 규칙을 보통 헤이그-비스비 규칙(Hague-Visby Rules)이라고 한다.[37)]

비스비 규칙에 따라서 가장 선도적으로 입법 활동을 한 것은 스웨덴, 노르웨이, 덴

31) 石井照久, "船荷證券の改正", 海法會誌, 復刊 第11號, 東京, 勁草書房, 1965, 6쪽.

32) Anthony Diamond, "The Hague-Visby Rules", The Hague-Visby Rules and The Carriage of Goods by Sea Act, 1971, A One-day Seminar Organized by Lloyds of London Press Ltd., Dec. 8, 1977, pp. 3-7.

33) 谷川 久, "船荷證券條約及び海難救助條約の改正", 海法會誌, 復刊 第13號, 東京, 勁草書房, 1968, 25-26쪽.

34) 비스비 개정 의정서 각 조항의 심의 과정에 대하여는 谷川 久, "船荷證券條約及び海難救助條約の改正", 海法會誌, 復刊 第13號, 東京, 勁草書房, 1968, 25-26쪽 참조.

35) Raoul Colinvaux, Carver Carriage by Sea. Vol. I. 13th ed. London, Stevens & Sons, 1982, para. 451.

36) UNCTAD, 金萬石 譯, 함부르크 규칙과 國際複合運送協約의 發效가 世界 經濟 및 貿易에 미치는 影響, 海運産業硏究院, 1993, 10쪽.

37) Raoul Colinvaux, Carver Carriage by Sea. Vol. I. 13th ed. London, Stevens & Sons, 1982, para. 446.

마크로서 이들 국가는 1973년과 1975년 사이에 헤이그-비스비 규칙을 그들의 법전에 수용하였다. 그리고 헤이그-비스비 규칙을 수용한 영국의 1971년 해상물건운송법(Carriage of Goods by Sea Act, 1971)은 비스비 규칙이 발효한 1977년 6월에 발효하였다. 이 밖에 동독, 핀란드, 유고슬라비아[38]도 비스비 규칙에 의거하여 입법하였다.[39]

세계 각국에 의한 비스비 규칙의 채택 · 수용 현황을 보면 비준 또는 가입한 체약 당사국이 27여 개국, 체약국이 아니면서 다만 국내법에 수용한 나라가 18개국 등이다.[40] 우리나라는 개정 의정서에 찬성은 하였으나 서명은 하지 않았다.

2. 개정 내용

이와 같이 하여 헤이그 규칙의 일부가 수정되거나 새로운 내용이 추가되었는데 주요 내용은 다음과 같다.

첫째, 운송인의 책임제한에 관한 협약 제4조 제5항을 전면 개정하였다(비스비 의정서 제2조).

먼저, 헤이그-비스비 규칙은 손해배상의 책임한도액을 멸실 · 훼손된 운송물의 1 포장 당(per package) 또는 1 단위 당(per unit) 10,000금 프랑(666.67 계산단위(SDR)[41]) 또는 총 중량 킬로그램 당 30금 프랑 중 높은 가액으로 인상하였다(동 규칙 제4조 제5항 (a)). 그리고 책임제한 방식에 관하여도 헤이그 규칙은 포장(package) 또는 단위(unit)를 기준으로 하였으나 헤이그-비스비 규칙은 킬로그램 당(per kilo gram)이라는 중량 개념을 새로 추가한 병용주의를 채택하였다(헤이그-비스비 규칙 제4조 제5항 (a)). 이와 같이 병용주의를 취함으로써 실질적으로는 중량 333 킬로그램까지의 포장 또는 단위로 된 운송물에는 중량에 따른 책임제한의 적용은 없게 된

38) 유고슬라비아(유고연방)는 1992년 해체되어 현재 슬로베니아, 크로아티아, 보스니아, 마케도니아, 세르비아-몬테니그로 국가연합 등으로 나뉘어졌다.

39) Anthony Diamond, "The Hague-Visby Rules", The Hague-Visby Rules and The Carriage of Goods by Sea Act, 1971, A One-day Seminar Organized by Lloyds of London Press Ltd., Dec. 8, 1977, pp. 7-8.

40) George F. Chandler III, "A Comparison of COGSA, the Hague/Visby Rules, and the Hamburg Rules", Journal of Maritime Law & Commerce, Vol. 15 No. 2 (1984), pp. 289-291; CMI Yearbook 2005-2006, pp. 417-418.

41) 국제적인 통화 가치 기준으로서 금의 역할이 쇠퇴하여 운송 관련 협약에서 책임 단위가 푸앙 까레 프랑에서 국제통화기금의 특별인출권(SDR ; Special Drawing Right ; 이하 계산단위라고 부른다)으로 대체되자 헤이그-비스비 규칙도 1979년 12월 21일자의 개정 의정서 제2조에서 표시 단위를 SDR로 바꾸는 개정 작업을 하였다. 즉 1 포장 당 또는 1 단위 당 10,000 금 프랑을 666.67 SDR로, 킬로그램 당 30 금 프랑을 2 SDR로 바꾸었다[孫珠瓚, "船舶所有者 責任制限에서의 限度額의 表示 單位에 관한 問題", 韓國海法會誌, 第4卷 第1號, 29쪽].

42) 林東喆, 海商法 · 國際運送法硏究, 眞成社, 1990, 103쪽.

다.[42] 손해배상액의 산정 기준에 관하여는 운송물의 가액을 상품거래가격에 따라 결정하고, 상품거래가격이 없으면 현 시장 가격으로 하고 현 시장 가격도 없으면 동종 및 동질의 물건이 가진 정상 가격을 기준으로 결정하도록 하는 규정을 신설하였다(헤이그-비스비 규칙 제4조 제5항 (b)).

그리고 "컨테이너, 팰리트 또는 이와 유사한 운송용구가 운송물의 통합을 위하여 사용되는 경우에 이와 같은 운송용구에 포장되었다고 선하증권에 기재된 포장 또는 단위의 개수는 이들 포장 또는 단위에 관한 한 이 항의 해석상 포장 또는 단위의 개수로 본다. 이와 같은 경우를 제외하고는 그러한 운송용구를 포장 또는 단위로 본다"라고 하는 컨테이너 조항을 신설하였다(헤이그-비스비 규칙 제4조 제5항 (c)).

둘째, 운송인의 책임에 관한 협약 상의 면책과 책임제한 등의 이익을 불법행위를 이유로 한 소송에서도 주장할 수 있도록 하고 운송인의 대리인 또는 사용인 등 이행보조자도 이를 원용할 수 있도록 협약 제4조의2를 신설하였다(비스비 의정서 제3조).

셋째, 선하증권 기재사항의 증거력에 관한 협약 제3조 제4항의 단서를 신설하였다(동 의정서 제1조 제1항). 이에 따라 반증이 없는 한 선하증권에 기재된 운송물을 운송인이 수령한 것으로 추정한다는 규정을 두고 있다(헤이그-비스비 규칙 제3조 제4항).

넷째, 적용 범위에 관한 협약 제10조를 개정하였다(비스비 의정서 제2조).

협약의 적용 범위에 관하여 헤이그 규칙은 체약국에서 작성되는 모든 선하증권에 적용한다고 하였으나(헤이그 규칙 제10조), 헤이그-비스비 규칙은 그 적용 범위를 ⓐ 선하증권이 체약국에서 발행된 경우, ⓑ 운송이 체약국의 항으로부터의 것일 경우, ⓒ 선하증권 중에 포함된 계약 또는 선하증권에 의하여 증명된 계약은 이 협약의 규칙 또는 협약의 규칙에 효력을 주고 있는 국내 입법이 계약을 규제할 것을 정할 때에 적용되는 것으로 하였다(헤이그-비스비 규칙 제10조).

다섯째, 提訴期間에 관한 협약 제3조 제6항 4문을 개정하고 제3조 제6항의2를 신설하였다(비스비 의정서 제1조 제2항, 제3항).

운송물의 인도예정일 또는 실제인도일로부터 1년을 제소기간으로 한다(헤이그-비스비 규칙 제3조 제6항). 다만 제3자에 대한 배상청구소송은 사건이 계류된 법정지(法廷地)의 법률에 의하여 허용된 기간 안에 제기되었을 때에는 위의 1년을 도과한 후에도 제기할 수 있다. 그러나 허용된 기간은 그러한 배상청구소송(구상권 청구소송)을 제기한 자가 손해배상액을 지급한 날 또는 그 사람에 대한 소송에 있어서 소장의 송달을 받은 날로부터 3개월 이상이라야 한다(헤이그-비스비 규칙 제3조 제6항의2).

이와 같은 개정 내용은 운송인의 면책 사유와 관련하여서는 기존의 헤이그 규칙의 내용을 변경하는 아무런 규정도 포함하지 않고 있음을 알 수 있다.

3. 헤이그-비스비 규칙에 대한 1979년 브뤼셀 의정서

헤이그-비스비 규칙이 채택된 이래 10여년이 지난 1979년에 국제해법회는 동 규칙이 계산단위로 삼고 있던 푸앙까레 프랑을 국제통화기금의 특별인출권(SDR; special drawing right)[43]으로 대체하는 의정서를 채택하여 1984년 6월 14일부터 발효하게 되었다.

1968년 헤이그-비스비 규칙이 운송인 책임제한금액이 포장당 10,000 푸앙까레 프랑, 킬로그램 당 30 푸앙까레 프랑이던 것을 각각 666.67 SDR, 2 SDR로 대체하였다.

제3관 1978년 함부르크 규칙

1. 입법 배경과 경위

1968년의 비스비 개정 의정서는 헤이그 규칙을 현실에 맞도록 충분히 개정하지 못하였으며 기술적인 결함도 시정하지 못하였다고 하는 비판이 제기되고 있었다.[44] 요컨대 이들은 비스비 규칙이 제한된 항목만을 다룸으로써 헤이그 규칙을 전반적으로 재검토할 좋은 기회를 잃어 버렸기 때문에 위의 논점과 관련하여 다시 검토하자는 것이다.

국제연합무역개발회의(United Nations Conference on Trade and Development : UNCTAD)에서 1970년 12월에 발간한 선하증권에 관한 보고서[45]에 의하면, 개발도상국은 다음과 같은 이유로 헤이그-비스비 규칙에 대하여 부정적인 견해를 가지고 있었다.

첫째, 헤이그 규칙이 지나치게 운송인에게 유리하고 하주에게 불공평하다고 생각하며 해기과실의 면책에 대하여 각별히 분노하고 있다.

둘째, 헤이그 규칙의 불명확성과 변칙성(ambiguities and anomalies)을 강조하고 있다.

셋째, 헤이그 규칙이 불필요한 경비를 들이는 이른바 중복보험 체계(system of

43) SDR은 국제통화기금을 통하여 외국으로부터 외국통화를 인출할 때 사용하는 계산단위인데, 국제통화기금이 1967년 9월 최초 창출할 당시의 1 SDR은 순금 0.888671g=미화 1.00 달러였다.

44) 林東喆, 海商法 · 國際運送法硏究, 眞成社, 1990, 115쪽.

45) Report on Bills of Lading, published by UNCTAD, Dec., 1970.

overlapping insurance)를 초래하므로 비경제적이라고 보고 있다. 따라서 이 보고서는 책임을 운송물에서 선박으로 전가하고 운송계약 조건을 명확하게 함으로써 중복보험(重複保險)을 감소하거나 제거할 수 있음을 제시한 것이다.

넷째, 이와 같은 이유로 헤이그 규칙이 하주에게 부당한 경제적 부담을 주고 있으며 개발도상국을 포함한 하주국으로부터 선주국으로 소득을 이전시키고 있다고 생각한다.

헤이그-비스비 규칙의 개정 문제는 1968년 뉴델리의 국제연합무역개발회의 제2차 회의에서 처음으로 제기되었다. 그 해 12월에 국제연합무역개발회의의 국제해운입법에 관한 실무반(Working Group on International Shipping Legislation)은 그 작업 계획에 선하증권에 관한 검토를 최우선 과제로 포함시킬 것을 결정하였으며 1970년 12월에 국제연합무역개발회의 사무국은 선하증권의 기능을 분석하고 헤이그 규칙의 관계 조항을 검토한 후에 이를 개정하여야 한다는 결론을 내리고 보고서[46]를 발행하였다. 또 실무반은 이 보고서를 신중히 검토한 후에 국제연합국제무역법위원회(UNCITRAL)가 헤이그 규칙의 개정을 검토할 경우에 다음과 같은 사항을 특히 고려하여야 한다고 하였다. 이를 살펴보면 다음과 같다 :[47]

① 운송인과 하주 사이에 위험과 권리 · 의무의 공평한 배분
② 헤이그 규칙의 시행에서 나타났던 탈문(脫文 : lacunae)과 불확실성 및 불명확성 등이 가능한 한 시정될 것
③ 입증책임에 관한 적절한 조항의 기초
④ 책임기간
⑤ 면책조항의 제거 또는 수정을 포함한 헤이그-비스비 규칙의 책임원칙
⑥ 재판관할
⑦ 갑판적 운송물[48], 산 동물 및 환적에 관한 책임
⑧ 제소기간의 연장
⑨ 정의
⑩ 선하증권에서 무효조항(invalid clauses)의 배제

46) Report on Bills of Lading, published by UNCTAD, Dec., 1970.

47) M. J. Shah, "The Revision of the Hague Rules on Bills of Lading within the UN System - Key Issues"; Samir Mankabady, The Hamburg Rules on the Carriage of Goods by Sea, A.W. Sijthoff-Leyden/Boston, 1978, pp. 9-10.

48) 선박의 갑판위에 선적되거나 고착되는 화물을 말한다. 위험물, 목재 또는 hatchway에 들어가기는 너무 넓은 화물 등은 일반적으로 갑판위에 적치, 운송되며 갑판위에 적치하여 운송되는 경우 갑판선적의 위험부담은 용선자, 하주 또는 선하증권 소지인이 진다(운송신문사, 물류용어사전, 제12증보판, 2004, 355쪽).

⑪ 항로이탈, 감항능력 및 책임제한 단위 등

국제연합국제무역법위원회는 국제연합무역개발회의의 요청을 수락하고 이 문제를 다루기 위하여 22개 회원국으로 작업반을 구성하여 1975년 2월에 협약안을 완성하고 1976년 5월에 국제연합국제무역법위원회의 동의를 얻어 협약안으로 정하였다.[49] 이어 1978년 3월 6일부터 31일까지 국제연합무역개발회의의 협약초안을 심의하여 새로운 협약을 채택하기 위한 국제연합의 전권대표자회의인 국제연합해상운송회의(United Nations Conference on Carriage of Goods by Sea)가 개최되었으며 78개국의 대표가 참석하였다.[50] 이 회의에서 제1 위원회는 협약의 실질적인 주요 조문(main articles)을, 제2 위원회는 최종 조항(final clauses)을 각각 다루고 협약의 핵심적인 내용인 운송인의 책임, 책임제한 및 책임제한권의 상실 등에 관한 제5조, 제6조 및 제8조는 회의에 참가한 각 그룹의 대표로 구성된 협의 그룹(Consultative Group)에서 따로 일괄타결방식을 취하기로 하였다.[51]

국제연합무역개발회의는 국제연합국제무역법위원회의 협약안 작성을 지시 · 감독하고 개발도상국으로 구성된 이른바 77그룹, 서방 선진국을 중심으로 한 B그룹 및 사회주의 국가로 이루어진 D그룹 등 정치 · 경제적인 견해를 달리하는 3개의 집단에서 그룹 사이의 의견을 협의하는 이른바 그룹 방식(group system)의 회의를 운영한 것이다.[52] 이러한 가운데 77그룹에 속하는 국가들이 가장 단합된 세력으로 운송인의 책임을 크게 강화한 새로운 협약의 탄생에 결정적 역할을 하게 되었으며 1978년 3월 31일에 총 78개국이 참가한 표결에서 우리나라를 포함한 68개국이 찬성, 기권 3개국과 반대 없이 국제연합해상물건운송협약이 채택되어 1978년 5월 31일 성립하였다.[53]

1978년 총 78개국의 서명으로 제정된 함부르크 규칙은 20개국의 비준서 또는 수락 · 승인이나 가입에 관한 문서가 국제연합 사무국에 기탁된 날로부터 1년 후의 첫 달(초월)의 첫 날(초일)에 발효한다고 규정하고 있다(함부르크 규칙 제30조 제1항). 이 규칙은 1991년 10월 7일 잠비아의 가입으로 발효요건이 충족되었고 1992년 11월 1일에 성식으로 발효되었다.

49) Robert Cleton, "The Special Features arising from the Hamburg Diplomatic Conference", The Hamburg Rules, A One-day Seminar Organized by Lloyds of London Press Ltd., Sep. 28, 1978, p. 2.

50) 林東喆, 海商法 · 國際運送法硏究, 眞成社, 1990, 118쪽.

51) J. C. Sweeney, "Review of the Hamburg Conference", The Speakers Papers for the bill of lading Conventions Conference, New York, 29/30, 1978, pp. 11-13.

52) Robert Cleton, "The Special Features arising from the Hamburg Diplomatic Conference", The Hamburg Rules, A One-day Seminar Organized by Lloyds of London Press Ltd., Sep. 28, 1978, p. 3.

53) UNCTAD, 金萬石 譯, 함부르크 규칙과 國際複合運送協約의 發效가 世界 經濟 및 貿易에 미치는 影響, 海運産業硏究院, 1993, 18쪽.

1992년 11월 1일 현재 이 협약을 비준했거나 또는 이 협약에 가입된 국가는 31개국이다.[54] 그러나 함부르크 규칙의 체약 당사국들의 해운력이나 세계 무역에서의 교역량은 그 비중이 매우 낮기 때문에 국제 해상운송법의 분야에서 현재의 헤이그 규칙 체제와 헤이그-비스비 규칙 체제 및 함부르크 규칙 체제가 병존 · 경합하게 된 것이다.[55]

2. 내용

1968년 비스비 규칙과는 달리 함부르크 규칙은 새로운 운송인 책임법의 창출을 목표로 하였기 때문에 기존 법에 획기적인 변화를 가져왔다.

함부르크 규칙은 실질 규정과 절차 규정을 합하여 총 7개의 장과 34개의 조문으로 구성되어 있으며, 기존의 헤이그-비스비 규칙을 현저하게 변경하거나 신설한 주요 내용은 다음과 같다 :[56]

① 적용 범위의 확대(함부르크 규칙 제1조 제5호, 제2조, 제4조, 제9조 등)
② 면책조항의 폐지와 인도지연 손해에 대한 운송인의 책임의 명문화(함부르크 규칙 제5조)
③ 감항능력 주의의무 규정의 폐지
④ 책임한도액의 인상(함부르크 규칙 제6조)
⑤ 실제운송인(actual carrier)의 책임 및 일관운송(through carriage)의 특례에 관한 규정의 신설(함부르크 규칙 제10조, 제11조)
⑥ 선하증권의 기재사항 및 효력 등에 대한 상세한 규정(함부르크 규칙 제15조, 제16조)
⑦ 보증장에 관한 규정의 신설(함부르크 규칙 제17조)
⑧ 손해통지기간과 제소기간의 연장(함부르크 규칙 제19조, 제20조)
⑨ 재판관할과 중재에 관한 규정의 신설(함부르크 규칙 제21조, 제22조)
⑩ 계산단위(unit of account)를 원칙적으로 국제통화기금에서 결정하는 특별인출권(Special Drawing Right : SDR)으로 한 규정(함부르크 규칙 제26조)

54) 함부르크 규칙에 가입한 국가는 오스트리아, 바르바도스, 보츠와나, 부르키나 파소, 브룬디, 카메룬, 칠레, 체코, 이집트, 잠비아, 조지아, 기니아, 헝가리, 요르단, 케냐, 레바논, 레조토, 라이베리아, 말라위, 모로코, 나이제리아, 파라과이, 루마니아, 세인트 빈센트와 그라나다, 세네갈, 시에라 레오네, 튜니지아, 우간다, 탄자니아, 잠비아 등이다(林東喆, "함부르크 규칙의 發效에 즈음하여", 韓國海法會誌, 第14券 第1號, 1992, 12, 43쪽 주 참조; CMI, Yearbook 2005-2006, p.151).

55) 林東喆, "함부르크 규칙의 發效에 즈음하여", 韓國海法會誌, 第14券 第1號, 1992, 12, 44-45쪽.

56) 林東喆, 海商法 · 國際運送法硏究, 眞成社, 1990, 119-120쪽.

이와 같이 함부르크 규칙의 주요 개정내용은 협약의 적용 범위의 확대와 운송인의 책임 강화를 그 골격으로 하고 있다.

제4관 국제연합국제물건복합운송협약

1. 입법 배경과 비준현황

해상운송, 육상운송, 항공운송 등 단일방식운송에 관한 종래의 운송협약(unimodal convention)은 복합운송에 그대로 적용될 수 없었기 때문에 복합운송의 발전과 복합운송인의 등장으로 국제운송 분야에서는 새로운 국제적 법규범을 필요로 하게 되었다. 즉, 해상운송증권인 재래의 선하증권은 내륙운송단계에서는 그 기능을 할 수 없으므로, 복합운송의 전 운송단계를 포괄하고 증거증권, 자격증권, 유통증권으로서 국제물건운송거래를 원활하게 뒷받침할 수 있는 새로운 운송증권의 창출을 필요로 하였다.

국제복합운송협약의 채택이 지연되고 있는 동안 세계의 복합운송은 운송주선인국제협회(FIATA)[57], 볼틱국제해운동맹(BIMCO)[58] 또는 국제상업회의소(ICC) 등의 유력한 민간국제단체가 제시한 표준해운증권서식 또는 통일규칙 등을 바탕으로 하여 이루어져 왔다.

국제복합운송에 관한 법률을 마련하고자 하는 작업은 1930년대에 시작되었으며, 私法統一을 위한 國際協會(UNIDROIT : International Institute for the Unification of Private Law), 국제상업회의소(ICC) 및 국제해법회(CMI : Comit? Maritime International) 등에 의하여 계속되었다.

또 1948년에 국제상업회의소에 의하여, 그리고 1956년에는 국제도로물건운송협약(CMR)의 서명국에 의하여 복합운송에 관한 통일규칙을 마련하고자 하는 움직임이 있었지만[59], 협약 채택을 위한 보다 활발한 움직임은 1960년대에 들어와서 시작되었다.

57) International Federation of Freight Forwarders Associations는 1926년 3월 31일 Vienna에서 16개국 포워더 협회에 의해 창설되었다. 우리나라는 한국해상운송주선업협회가 77년 9월 LA에서 개최된 제15차 연례회의에서 정회원으로 가입됐다. 스위스 Zurich에 본부를 두고 있고 현재 회원수는 130개국의 35,000 포워딩업체에 이르고 있다(코리아쉬핑가제트, 最新 海運 · 物流用語大辭典, 제9개정증보판, 2002, 257쪽).

58) Baltic and International Maritime Conference는 선주의 이익과 편의를 도모하기 위하여 설립한 북유럽의 연맹이다. 이 동맹은 선박에 관한 많은 자료를 수집하여 회원국들의 편의를 돕고 있다(코리아쉬핑가제트, 最新 海運 · 物流用語大辭典, 제9개정증보판, 2002, 112쪽).

59) Samir Mankabady, The Hamburg Rules on the Carriage of Goods by Sea, A.W. Sijthoff-Leyden/Boston, 1978, p. 328.

1956년의 국제도로물건운송협약(CMR)의 체약국 사이에서 동 협약의 성립 시에 복합운송에 관한 본격적인 협약을 검토하기로 합의한 바 있다. 이 합의에 의거하여 국제연합의 경제위원회(ECE : Economic Commission for Europe)가 "사법의 통일을 위한 국제협회"에 대하여 협약안의 작성을 의뢰한 이래, 국제연합무역개발회의(UNCTAD), 국제해법회(CMI), 국제상업회의소(ICC) 등 여러 국제기구의 많은 노력의 결과 1969년 국제해법회의 도쿄 규칙(Tokyo Rules)안이 작성되었고, 1970년에는 이것이 로마(Rome) 초안으로 대체되었다. 다음 해인 1971년 정부간 해사자문기구(IMCO : Inter-Governmental Maritime Consultative Organization)가 국제물건복합운송협약안(TCM : Draft Convention on the International Combined Transport of Goods, 프랑스어문으로는 Projets de Convention Sur le Transport International Combiné de Marchandises)[60)]을 제정하였으나, 1972년 국제연합무역개발회의에서 TCM 협약안은 개발도상국관계 등 여러 가지 문제가 제기되어 다시 백지화되었다.[61)] 이때부터 국제연합무역개발회의의 무역개발위원회 내에 국제복합운송협약초안 작성을 위한 정부간 준비그룹(IPG: Inter-governmental Preparatory Group)을 설치하였다. 이 그룹에서 성안된 국제연합국제물건복합운송협약(UN Convention on International Multimodal Transport of Goods, 1980)은 최종채택회의에 86개국의 대표가 참석하고 그 중 71개국이 서명하였다. 그러나 2008년 8월 현재 브루디, 칠레, 조지아, 레바논, 리베리아, 말라위, 멕시코, 모로코, 르완다, 세네갈, 잠비아 등의 11개국이 가입을 비준한데 불과하여 발효 요건인 30개국과는 거리가 먼 실정이다.[62)]

2. 내용

1] 함부르크 규칙의 영향

복합운송협약은 전문과 제1장 총칙(general provision), 제2장 증권(documentation), 제3장 복합운송인의 책임(liability of the multimodal transport operator), 제4장 송하인의 책임(liability of the consignor), 제5장 청구 및 소송(claims and actions), 제6장 보칙(supplementary provisions), 제7장 통관문제(customs matters) 및 제8장 최종조항(final clauses) 등 8개 장 40개 조와 통관규정을 다루고 있는 부속서(Annex : provisions

60) Eugene Massey, "Prospects for a New Intermodal Legal Regime: A Critical Look at the TCM," J. Mar. L. & Comm, Vol. 3, 1972, pp. 727-728.

61) 嚴潤大, 船荷證券論, 신대종, 2002, 67쪽 참조.

62) CMI Yearbook 2005-2006, p. 516.

on customs matters relating to international multimodal transport of goods)로 구성되어 있다.

함부르크 규칙과 복합운송협약은 모두 개발도상국의 세력이 강한 국제연합무역개발회의의 주도하에 성립되었으며, 개발도상국측이 그들의 참여 없이 이루어진 기존의 제도를 부정하는데서 출발하였다. 두 협약이 모두 국제적인 물건운송계약에 적용되는 협약이며, 또 실제로 함부르크 규칙의 준비와 채택에 관여했던 많은 인사들이 복합운송협약에도 관여했기 때문에 함부르크 규칙은 사실상 국제복합운송협약의 모형(model)으로 이용되었다.[63) 64)]

특히 운송인의 책임부분에 관하여는, 책임의 기본원칙을 규정한 제16조 제1항, 다른 원인이 경합한 경우에 관한 제17조, 컨테이너 조항인 제18조 제2항, 인도지연시의 책임한도에 관한 제18조 제4항, 멸실 또는 훼손과 인도지연이 중복되는 경우의 운송인의 책임의 총액에 관한 제18조 제5항, 비계약적 책임에 관한 제20조, 책임제한권의 상실에 관한 제21조, 책임의 확보에 관한 제24조 및 제25조 등이 모두 함부르크 규칙의 관련되는 조항과 거의 같은 내용을 규정하고 있다.

그러나 복합운송은 여러 가지 운송 방식의 결합으로 이루어지므로 여기에서 생기는 특성인 책임제도(system of liability)의 문제 또는 운송인의 책임과 관련하여 복합운송협약과 다른 단일방식운송협약(unimodal transport convention)과의 충돌의 유무와 범위의 문제 등 이 협약에 특유한 문제들이 있다.

2] 책임주체

복합운송에서 책임주체는 물론 복합운송인(multimodal transport operator)인데 협약에서 "복합운송인이라 함은 스스로 혹은 그를 대리한 다른 사람을 통하여 복합운송계약을 체결하고, 송하인이나 복합운송활동에 참여하는 운송인의 대리인으로서 또는 그러한 사람에 갈음하여서가 아니라 본인(주체)으로서 행위를 하고, 또한 계약의 이행을 위한 채무를 부담하는 사람을 말한다"라고 규정하고 있다(국제연합국제물건복합운송협약 제1조 제2호).

그런데 협약상 복합운송계약(multimodal transport contract)이라 함은 운송인이

63) 이에 관한 文獻으로는 Erling Selvig, "The Background to the Convention," Papers of Seminar on UN Multimodal Transport Convention held by Southampton Universitys Faculty of Law on Sept. 12th, 1980. 및 同教授의 "The Influence of the Hamburg Rules on the Work for a Convention on International Multimodal Transport," Speakers paper on bill of lading Convention Conference, New York, 29~30. Nov., 1978. 참조.

64) Erling Selvig, "The Influence of the Hamburg Rules on the Work for a Convention on International Multimodal Transport," Speakers paper on bill of lading Convention Conference, New York, 29~30. Nov., 1978, pp. 1~2, p. 10. 筆者는 複合運送協約의 一部規則을 함부르크 규칙의 쌍둥이(twin-brother)라고 표현한다.

운임의 지급을 대가로 국제복합운송의 실행 또는 실행의 확보(to procure the performance)를 인수하는 계약을 말하므로(국제연합국제물건복합운송협약 제1조 제3호) 계약 당사자인 본인의 직접실행을 요구하는 것은 아니다.

실제상 복합운송인이 자기의 사업체 안에 복합운송 각 구간의 운송과정을 모두 직접 담당할 모든 운송 수단을 갖춘다는 것은 극히 드문 일이므로 복합운송인은 일정한 범위의 운송을 하도급계약을 맺은 운송인에게 의뢰하는 것이 보통이다.[65] 그러나 복합운송인은 이 하수운송인의 행위에 대하여도 그의 계약상대방인 송하인 등에 대하여 책임을 진다는 것이 최소한도의 요건이라고 하겠다.[66] 이는 전 운송구간을 통한 책임을 한 운송인에게 집중시킨 전 운송구간 대하주단일책임형(single through responsibility)이다.[67]

3] 책임기간

함부르크 규칙과 마찬가지로 복합운송인이 물건을 그의 관리 하에 인수한 때로부터 그 물건을 인도하는 때까지의 기간(the period from the time he takes the goods in his charge to the time of their delivery)을 의미한다(국제연합국제물건복합운송협약 제14조 제1항).

4] 책임원칙

협약 제16조 제1항에서는 "복합운송인은 물건의 멸실 · 훼손 또는 인도지연의 원인으로 된 사고가… 물건이 그의 관리 아래에 있는 동안에 생긴 때에는 그 멸실 · 훼손 또는 인도지연으로 인하여 생긴 손해에 대하여 책임을 진다.

그러나 복합운송이 자기 또는 제15조에서 말하는 그의 사용인이나 대리인 또는 그 밖의 사람이 사고 및 그 결과를 피하기 위하여 합리적으로 요구되는 모든 조치(all measures that could reasonably be required to avoid the occurrence and its consequences)를 취하였다는 것을 증명한 때에는 그러하지 아니 하다"라고 규정하고 있다.

5] 책임의 범위

1 물건이 멸실 또는 훼손된 경우

책임한도의 내용을 보면 해상운송 또는 내륙수로운송이 포함된 복합운송에서 사고

65) Jan Ramberg, "The implications of New Transport Technologies," European Transport Law. Vol. XV No. 2, 1980, p. 122.

66) Jan Ramberg, "The implications of New Transport Technologies," European Transport Law. Vol. XV No. 2, 1980 p. 122.

67) 谷川久 · 高田四郎 · 櫻井玲二, 改訂コンテナB/L: 國際コンテナ複合運送人の責任, 東京, 勁草書房, 1974, 6쪽.

발생구간을 알지 못하는 경우에 물건의 멸실 또는 훼손으로 인한 복합운송인의 책임은 1포장 또는 그 밖의 적재단위에 대한 920 계산단위(SDR)[68]와 멸실 또는 훼손된 물건의 총 중량 매 킬로그램에 대한 2.75 SDR을 초과하지 않는 금액 중 많은 금액으로 제한된다(국제연합국제물건복합운송협약 제18조 제1항).

해상운송구간이 포함되었으므로 함부르크 규칙과 같은 형식을 취하고 있지만 한도금액은 함부르크 규칙보다 10% 증액한 것이다.

2 인도지연의 경우

물건의 인도지연으로 인한 손해에 대한 복합운송인의 책임은 지연된 물건에 대하여 지급될 운임의 2.5배에 상당하는 금액으로 제한하되, 복합운송계약에 의해서 지급되는 운임총액을 초과할 수 없도록 규정하고 있다(국제연합국제물건복합운송협약 제11조 제4항).[69]

인도지연에 대한 이 한도액으로 보아 운송물의 40%에 관하여 인도지연이 발생하면 복합운송인은 운임총액을 상실하는 결과가 된다.

3 해상운송구간 등이 포함되지 않은 경우

국제복합운송이 계약에 의하여 해상물건운송 또는 내수로물건운송(carriage of goods by inland waterways)을 포함하지 않는 경우에는 책임제한방식과 책임한도가 다르다. 즉, 이때에 복합운송인의 책임은 멸실 또는 훼손된 물건의 총 중량 킬로그램 당 8.33 SDR을 초과하지 않는 금액으로 한다(국제연합국제물건복합운송협약 제18조 제3항).

이는 해상운송 이외의 운송의 경우에는 국제도로물건운송계약협약, 국제철도물건운송협약 또는 바르샤바협약 등에서 모두 중량만을 기준으로 한 책임한도가 사용되는 것을 감안한 때문이다. 그리고 이 금액은 국제도로물건운송계약협약 제23조 제3항의 한도금액과 같다. 이 조항의 취지는 복합운송협약상의 책임한도규정의 내용과 해상운송 등 이외의 경우의 단일방식운송협약상의 규정 내용을 접근시켜 그 충돌의 가능성을 줄이고자 하는데 있는 것으로 보인다.[70]

4 책임총액의 한도 및 책임가중의 허용

첫째, 물건의 멸실 또는 훼손의 경우의 책임한도액과 인도지연의 경우의 책임한도액

68) 計算單位는 함부르크 규칙의 경우와 다를 바 없으므로 다시 언급하지 않는다(複合運送契約 제31조 참조).

69) 이 條項은 함부르크 규칙 제6조 제1항 (b)를 본 딴 것이다. 그런데 국제도로물건운송계약협약 제23조 (5)와 국제철도물건운송협약 제34조 (2)도 각각 運賃을 기초로 하여 引渡遲延에 관한 責任을 규정하고 있다.
국제도로물건운송계약협약 제23조 (5)의 賠償限度는 運賃額(carriage charges)을 넘지 않는 것으로 하고 있다.

70) Samir Mankabady, "The Multimodal Transport of Goods Convention: A Challenge to Unimodal Transport Convention," International Comparative Law Quarterly, Vol. 32. Jan. 1983, p. 131.

이 각각 다르지만, 이러한 사고가 중복되는 경우라도 복합운송인의 책임의 총액은 책임발생의 대상인 물건(제18조 제1항 및 제3항에 의하여 정해짐)의 전손(total loss)[71]에 대한 책임한도를 초과하지 못한다(국제연합국제물건복합운송협약 제18조 제5항).

둘째, 복합운송인과 송하인이 합의를 하는 경우에는 물건의 멸실 · 훼손 또는 인도지연의 경우에 위에서 설정된 한도를 초과하는 책임한도를 복합운송증권에 정할 수 있으며, 복합운송인은 송하인의 동의를 얻어 이 협약상의 책임과 의무를 가중할 수 있다(국제연합국제물건복합운송협약 제18조 제6항, 제28조 제2항).

5 사고발생구간이 판명된 손해

물건의 멸실 또는 훼손(인도지연은 제외됨)이 복합운송의 어느 한 특정구간에서(during one particular stage) 발생하고, 그 구간에 관하여 적용되는 국제협약 또는 강행적 국내법에서 협약 제18조 제1항 내지 제3항(위의 2의 가 및 3의 내용)까지의 적용으로 산출되는 한도보다 높은 한도를 규정하고 있는 경우에는 그러한 멸실 또는 훼손에 대한 복합운송인의 책임한도는 그러한 협약 또는 국내법의 규정에 따라서 결정된다(국제연합국제물건복합운송협약 제19조).

복합운송인의 책임에 관하여 위에서 본 제18조는 이른바 단일책임제도(uniform liability system)[72]의 성격을 가진 내용인데 비하여 여기의 제19조는 구간이종책임제도(network liability system)[73]의 성격을 가지고 있다.[74]

이 규정에 따르면 그 구간에 적용되는 협약이나 법령 자체가 바뀌는 것이 아니고 오직 그 책임한도가 복합운송협약의 한도보다 높을 때에 그 한도만 적용된다는 취지이다. 그러므로 만약 복합운송협약의 책임한도액이 이들 특정구간에 적용되는 협약이나 법령에서의 한도액보다 높게 인상된다면 이들 협약이나 법령은 의미가 없어진다.[75]

71) total loss 라 함은 피보험이익 전부의 멸실을 말한다. 보험의 목적물이 사고에 의해 파멸적인 손해를 입는 상태를 말하나 보험계약상 협의의 전손인 절대전손과 광의의 전손인 추정전손이 있다(코리아쉬핑가제트, 最新 海運 · 物流用語大辭典, 제9개정증보판, 2002, 551쪽).

72) 국제복합운송에서 사용되는 책임원칙으로 하주에 대한 단일책임 혹은 동일책임형이라고도 한다. 사고가 어떤 운송방법에서 생겼는가 관계없이 복합운송인은 손해를 방지하기 위하여 상당한 주의를 하더라도 방지할 수 없었다는 것 또는 하주 측의 고의, 과실 등의 사유에 의해서 생겼다는 것을 입증하지 못하면, 복합운송인은 책임이 있는 것으로 단일책임을 진다(운송신문사,물류용어사전, 제12증보판, 2004, 836쪽).

73) 복합운송인의 화물손해에 대한 책임으로 대하주 단일책임, 동일책임형에 대한 것이다(운송신문사, 물류용어사전, 제12증보판, 2004, 612쪽).

74) Samir Mankabady, "The Multimodal Transport of Goods Convention: A Challenge to Unimodal Transport Convention," International Comparative Law Quarterly, Vol. 32. Jan. 1983,p. 139.

75) Samir Mankabady, "The Multimodal Transport of Goods Convention: A Challenge to Unimodal Transport Convention," International Comparative Law Quarterly, Vol. 32. Jan. 1983,p. 139; 이 條는 넓은 國土에 잘 정비된 國內運送制度를 가지고 있는 美國이 그의 國內法에 의한 責任制限制度를 존속시키고자 하여 강력하게 주장하였던 條文으로 알려지고 있다.

6 책임제한권의 상실

복합운송협약은 복합운송인 및 이행보조자가 책임제한의 권리를 잃는 경우에 관한 규정을 두고 있다.

첫째, 복합운송인은 물건의 멸실 · 훼손 또는 인도지연이, 복합운송인이 이를 일으키기 위한 의도로써 또는 무모하게(reckless) 또는 이를 알면서 한 작위 또는 부작위로 인하여 생긴 것이 증명된 때에는 책임제한의 이익을 주장할 수 없다(국제연합국제물건복합운송협약 제21조 제1항).

둘째, 복합운송인의 사용인이나 대리인 또는 복합운송계약의 이행을 위하여 그의 서비스를 이용하는 그 밖의 사람이 제21조 제1항의 경우와 같은 고의 등의 작위 또는 부작위로 인하여, 멸실 · 훼손 또는 인도지연 등이 생긴 경우에도 이들 이행보조자는 책임제한의 권리를 가지지 못한다(국제연합국제물건복합운송협약 제21조 제2항).

7 책임의 확보

1) 손해의 통지

물건의 멸실 또는 훼손의 경우의 손해통지기간은 멸실 또는 훼손이 외관상 명백하지 않은 경우 물건이 수하인에게 인도된 날로부터 6일 이내(함부르크 규칙의 경우는 15일 이내)로 되어 있는 점을 제외하고는 함부르크 규칙의 경우와 같다(국제연합국제물건복합운송협약 제24조 제1항 내지 제4항 및 제6항).

인도지연의 경우의 통지기간 60일도 함부르크 규칙의 경우와 같다(국제연합국제물건복합운송협약 제24조 제5항).

2) 제소기간

물건의 인도 후 또는 전부멸실 등으로 인도되지 아니하였을 때에는 인도되었어야 할 날 이후 6개월 이내에 청구의 종류와 주된 명세를 기재한 문서에 의한 통지가 복합운송인에게 행하여진 경우에는 소송절차 또는 중재절차의 제소기간은 인도 후 2년이나, 그러한 통지가 없는 경우의 제소기간은 인도 후 6월이다(국제연합국제물건복합운송협약 제25조 제1항).

표 3-1 ● 운송협약별 청구의 통지기간 및 통지의 법적 효력 비교

<table>
<tr><th>협약</th><th>명백한 멸실 또는 훼손</th><th>외관상 명백하지 않은 멸실 또는 훼손</th><th>인도지연의 경우</th></tr>
<tr><td>함부르크 규칙</td><td>물건이 수하인에게 인도된 날 다음의 거래일까지
추정적 효력</td><td>물건이 수하인에게 인도된 날 다음의 15연속일 이내 추정적 효력</td><td>수하인에게 물건이 인도된 날 다음의 60연속일 이내
배상청구권 상실</td></tr>
<tr><td>헤이그 규칙
헤이그-비스비 규칙</td><td>인도받을 권리있는 사람의 보관하에 인도되기 전 또는 인도당시
추정적 효력</td><td>인도후 3일 이내
추정적 효력</td><td>———
———</td></tr>
<tr><td>CMR</td><td>수하인에게 인도할 때까지
추정적 효력</td><td>수하인에게 인도후 7일 이내(일요일과 법정공휴일 제외)
추정적 효력</td><td>물건이 수하인의 처분에 맡겨진 날 다음의 21일 이내
배상청구권 상실</td></tr>
<tr><td>CIM</td><td>청구할 권리있는 사람에 의하여 물건이 수령되기 전
제소권 상실</td><td>청구할 권리있는 사람에 의하여 수령된 날로부터 7일 이내(기간이 일요일이나 법정공휴일에 끝날 때에는 다음의 거래일까지 연장됨)
제소권 상실</td><td>청구할 권리있는 사람에 의하여 물건이 수령된 날을 제외한 60일 이내

제소권 상실</td></tr>
<tr><td rowspan="2">바르샤바협약</td><td rowspan="2">인도받을 권리있는 사람에 의하여 물건이 수령된 때
추정적 효력</td><td>손상의 경우: 인도받을 자격있는 사람에 의하여 물건이 수령된 날로부터 14일 이내</td><td>운송물이 인도받을 권리있는 사람의 처분에 맡겨진 날로부터 21일 이내</td></tr>
<tr><td colspan="2">위의 기간내에 청구하지 않으면 운송인에 대한 제소권 상실</td></tr>
</table>

제3절 민간경제단체에 의한 선하증권 관련 규칙

제1관 국제상업회의소의 복합운송증권통일규칙[76)]

1. 성립배경

종래의 선박 또는 트럭 등 한 가지 운송 방식에만 따른 단일운송 방식(single mode of transportation)에 의한 운송의 경우에는 각기 그 운송구간에서 발생한 운송물의 멸실 또는 손해 등에 관하여 관련 협약 또는 국내법에 의한 운송인의 책임을 규정한 운송증권이 발행되었다.

그러나 복합운송의 경우에는 적용될 국제협약이 없기 때문에 각종 운송 방식의 결합으로 이루어진 복합운송의 전 구간을 커버할 수 있는 복합운송증권(multimodal transport document, combined transport document)의 발행을 뒷받침할 통일법률이 없었다. 이러한 상거래상의 애로를 피하기 위하여 국제적으로 여러 해 동안 노력한 끝에 1971년 TCM 협약안[77)]을 제정하였으나 발효되지 못하고 백지화되자, 국제상업회의소(ICC : International Chamber of Commerce)는 1973년에 계약조건으로서의 적용여부를 당사자의 자치에 맡긴 임의규칙으로 복합운송증권통일규칙(Uniform Rules for Combined Transport Document : ICC Publication No. 273)을 제정하고, 1975년에 일부 개정하여 ICC Publication No. 298로 1975년 국제복합운송증권통일규칙(Uniform Rules for Combined Transport Document, 1975 : ICC Publication No. 298)을 발표하였다. 이 규칙은 국제복합운송인협회의 피아타

76) 1970년 1월 로마사법통일국제기구(Institut International pour l`Unification du Droit Prive: UNIDROIT)의 주최로 개최된 국제기관의 원탁회의에서 채택된 국제복합운송을 위한 협약안을 말한다. TCM협약안은 1969년 3월 국제해법회의 도쿄총회에서 채택된 복합운송협약안(Tokyo Rules라고 통칭함)과 UNIDROIT가 1965년에 발표한 초안을 조정한 것이다(운송신문사, 물류 용어사전, 제12증보판, 2004, 801쪽).

77) [1976]2 LMCLQ, pp. 148~156. 이 국제상업회의소규칙은 결국 白紙化된 1971年의 國際物件複合運送協約案(이른바, 國際物件複合運送協約案(TCM))의 內容에 약간의 변경을 加한 것이다.

(FIATA) 표준선하증권(FBL), 볼틱국제해운동맹/국제선주협회(BIMCO/INSA)의 COMBIDOC 등 많은 표준운송증권에 채용되어 1992년 국제연합무역개발회의/국제상업회의소(UNCTAD/ICC)의 복합운송증권에 관한 국제규칙의 시행 때까지 널리 사용되어 오늘날에 이르고 있다.[78]

이 규칙은 민간기관에 의한 임의규칙이므로 규칙의 채용 여부는 계약 당사자의 자유로운 의사에 따르며, 이 규칙을 따르기로 한다면 그 뜻(예컨대, "Issued subject to Uniform Rules for Combined Transport Document, ICC Publication No. 298")을 증권에 표시하여야 된다.

2. 내용

1] 책임주체

복합운송인(CTO : Combined Transport Operator)은 계약상의 복합운송의 이행을 위한 모든 책임을 인수하고, 또 직무의 범위 안에서 행위하는 그의 대리인 또는 사용인이나 계약의 이행을 위하여 사용하는 그 밖의 사람의 작위와 부작위에 대한 책임을 인수한다(국제상업회의소규칙 제5조 (a), (b), (c)).

2] 책임기간

복합운송인은 물건을 그의 관리 하에 인수한 때로부터 인도할 때까지 물건에 생긴 멸실 또는 훼손에 대하여 책임을 지며, 규칙에서 정한 배상금(compensation)을 지급할 책임을 진다(국제상업회의소규칙 제5조 (e)). 또 인도지연에 대하여도 일정한 범위에서 책임을 진다(국제상업회의소규칙 제5조 (f)).

3. 책임원칙

국제상업회의소규칙은 운송인의 책임제도와 관련하여, 첫째 물건의 멸실 또는 훼손의 장소가 판명되지 않은 경우와, 둘째 그 장소가 판명된 경우를 구분하여 이른바 각區間異種責任制度(network liability system)를 채택하고 있다. 즉, 첫째의 경우에는 사고의 장소가 불명이므로 거기에 적용될 국제협약이나 국내법을 알 수 없으므로 복합운송인은 이 규칙에 정한 바에 따라 책임을 지는데, 책임한도는 멸실 또는 훼손된 물건의 중량 킬로그램 당 30프랑(franc)이다(국제상업회의소규칙 제11조). 그러나

78) 林錫珉, 國際運送論, 三英社, 1998, 512쪽; 嚴潤大, 船荷證券論, 신대종, 2002, 71쪽 참조.

당사자는 합의에 의하여 이보다 높은 금액을 복합운송증권에 삽입할 수 있다.

그리고 위 둘째의 경우의 복합운송인의 책임은 그 멸실 또는 훼손이 일어난 구간 또는 운송 방식에 적용될 국제협약 또는 국내법 등 강행법규에 따라서 정하여진다(국제상업회의소규칙 제13조).[79)]

제2관 1992년 국제연합무역개발회의/국제상업회의소 복합운송증권규칙

1. 성립 배경

컨테이너 운송의 발달과 함께 국제복합운송이 날로 증가하여 가는 현실에서 1975년 국제상업회의소가 제정한 국제복합운송증권통일규칙이 FIATA FBL, COMBIDOC 등 표준운송증권에 채용이 되어 널리 사용되고 있고 아직 미발효 상태이긴 하지만, 1980년 국제연합국제물건복합운송협약이 성립되었다. 이에 국제연합무역개발회의(UNCTAD) 해운위원회에서는 국제복합운송증권에 관한 규칙의 제정 필요성을 느끼고 1988년부터 제정 작업에 착수하여 기존의 헤이그-비스비 규칙, 국제상업회의소의 국제복합운송증권통일규칙을 기초로 하여 "국제연합무역개발회의/국제상업회의소 복합운송증권규칙"(UNCTAD/ICC Rules for Multimodal Transport Documents, 1992)를 제정하여 1992년 1월 1일부터 시행하고 있다.

이 규칙은 민간기관에 의한 임의규칙이므로 규칙의 채용 여부는 계약 당사자의 자유로운 의사에 따르며, 이 규칙을 따르기로 한다면 그 뜻을 증권에 표시하여야 된다.

2. 내용

1] 책임기간

운송물이 복합운송인의 보관 하에 수령된 때로부터 수하인에게 인도될 때까지의 전 기간 복합운송인이 책임진다(국제연합무역개발회의/국제상업회의소 복합운송증권규칙 제41조).

79) 국제상업회의소규칙의 자세한 內容에 관하여는 李均成, 國際海上運送法硏究, 서울, 韓國海事問題硏究所, 1976, 206-217쪽, 谷川久 · 高田四郎 · 櫻井玲二, 改訂コンテナB/L: 國際コンテナ複合運送人の責任, 東京, 勁草書房, 1974, 136-147쪽 참조.

2] 책임원칙

운송물이 복합운송인의 보관 하에 있는 동안 멸실 · 훼손 및 지연 등이 발생한 경우 복합운송인은 자신 또는 사용인 및 대리인의 과실이 아님을 입증하지 않는 한 손해배상책임이 있다.

또 송하인이 운송물의 적기인도에 관한 이익을 선언하고 복합운송인이 이를 수락한 경우가 아니면 인도지연으로 인한 손해에 대하여 책임지지 아니한다(국제연합무역개발회의/국제상업회의소 복합운송증권규칙 제5.1조). 인도지연은 당사자 간에 명시적으로 합의한 기간 내에 운송물이 인도되지 아니한 때 생기며, 이러한 합의가 없으면 당시의 사정을 고려하여 성실한 복합운송인에 대하여 기대할 수 있는 합리적인 기간 안에 운송물이 인도되지 아니하는 때에 생긴다(국제연합무역개발회의/국제상업회의소 복합운송증권규칙 제5.2조).

3. 책임제한

복합운송인은 포장 당 666.67 SDR이나 멸실 또는 훼손된 운송물 1kg당 2 SDR 중 큰 금액으로 제한된다(규칙 제6.2조). 해상운송이나 내수로 운송이 포함되지 않은 경우에는 위 원칙에도 불구하고 멸실된 운송물의 중량을 기준으로 1kg당 8.33 SDR로 제한된다(국제연합무역개발회의/국제상업회의소 복합운송증권규칙 제6.3조). 또한 특정구간에서 멸실 · 훼손된 경우에는 그 구간에 적용되는 국제협약이나 해당국의 강행법이 정한 책임한도액에 따른다(국제연합무역개발회의/국제상업회의소 복합운송증권규칙 제6.4조). 지연손해에 대하여는 복합운송계약에 의한 운임을 초과하지 않는 금액으로 책임이 제한된다(국제연합무역개발회의/국제상업회의소 복합운송증권규칙 제6.5조). 복합운송인의 총책임은 전손에 대한 책임한도를 초과하지 않는다(국제연합무역개발회의/국제상업회의소 복합운송증권규칙 제6.6조).

한편 운송물의 멸실 · 훼손이나 인도지연을 일으킬 의도로써, 또는 그러한 멸실 · 훼손이나 인도지연이 일어날 것을 알면서 무모하게(reckless) 행위 한 것이 증명된 경우에는 책임제한을 주장하지 못한다(국제연합무역개발회의/국제상업회의소 복합운송증권규칙 제7조).

4. 책임의 확보

운송물이 인도된 후 6일 이내에 운송물 손상이나 멸실에 대한 서면통지가 없으면 증권 기재 대로 양호하게 인도되었다고 추정되므로, 수하인은 인도받은 운송물에 이상이 있는 경우 동 기간 내에 운송인에게 그 이상 내역을 서면으로 통지하고 구체적인 손해배상 청구는 나중에 하여도 된다.

운송물이 인도된 날 또는 인도되어야 할 날로부터 9개월 이내에 소송의 제기가 없으면 복합운송인의 모든 책임은 소멸한다(국제연합무역개발회의/국제상업회의소 복합운송증권규칙 제10조).

5. 증권의 증거력

복합운송증권에 "Shippers Load and Count", "Shipper Packed Container" 또는 이와 유사한 문구가 있는 경우가 아니면, 복합운송인이 증권에 기재된 대로 물건을 수령하였다고 추정된다(추정적 증거력). 그러나 증권이 선의의 제3자에게 양도된 경우에는 운송인에게 반증이 허용되지 않는다(국제연합무역개발회의/국제상업회의소 복합운송증권규칙 제3조).

제3관 1993년 신용장통일규칙

1. 신용장 거래에 있어서 운송증권의 의의와 종류

1] 운송증권의 의의

오늘날의 무역거래는 신용장에 의하는 경우가 주류를 이루고 있는데, 이런 경우라면 신용장통일규칙이 정하는 규정과 서류의 종류 및 기재가 부합하여야 한다. 신용장에 의한 거래인 경우, 신용장에 일정한 서류를 첨부할 것을 요건으로 한다. 그러나 이는 서류 자체의 첨부라기보다는 신용장에 명시한 내용과 일치하는 기재가 된 서류를 첨부하여야 한다는 뜻이다. 이러한 요건을 구비하여야 은행이 이들 서류를 수리할 것이고, 매도인(수출업자)은 물건의 매매 대금을 받을 수 있기 때문이다. 그러므로 매도인(수출업자, 수익자 : beneficiary)은 운송 서류의 각종 기재사항 등 신용장의 내용을 충분히 살펴보고 그에 부합되는 선하증권을 운송인으로부터 발행 받아야 한다. 특히 신용장 거래는 물건의 매매계약과는 별개의 독립된 서류에 의한 거래(추상성)이기 때문에(UCP 600 제4조, 제5조), 은행은 사실관계가 신용장의 내용과 같다고 하더라도 서류의 종류, 그 기재 내용이 신용장에서 요구하는 내용과 다르다면 이를 수리하지 않기 때문이다.

2] 운송증권의 종류

신용장통일규칙(UCP 600)상 은행이 수리할 수 있는 운송증권의 종류는 다음과 같은 8가지로 규정하고 있다:

① 선하증권(bill of lading: 제20조)
② 비유통 해상운송장(non-negotiable sea waybill: 제21조)
③ 용선계약부 선하증권(charter party bill of lading: 제22조)
④ 항공운송증권(air transport document: 제23조)
⑤ 육로/철도/내수로 운송증권(road, rail or inland waterway transport document: 제24조)
⑥ 택배수령증 및 우편수령증(courier receipt, post receipt of certificate of posting: 제25조)
⑦ 복합운송증권(transport document covering at least two different modes of transport: 제19조)

이하에서는 첫째, 이들 운송증권 중 해상운송과 관련되는 선하증권, 해상화물운송장, 복합운송증권의 수리요건을 설명하기로 한다. 그리고 둘째, 운송 서류의 취급자간(수익자, 은행, 운송인 등)에 실무적으로 자주 논란의 대상이 되는 부지문언(不知文言 : shippers load & count 등)이 있는 운송증권, 신용장상의 수익자 명과 운송 서류상 송하인 명이 다른 경우(제26조), 무사고 운송증권(clean transport document; 제27조) 등에 관한 규정도 아울러 살펴보기로 한다.

2. 운송증권의 수리요건

1] 선하증권(bill of lading : UCP 제20조)

신용장이 선하증권(bill of lading)을 요구하는 경우는 다음의 요건이 충족되어야 수리된다.

① 운송인의 명칭(name of carrier)이 표시되어야 한다.
② 운송인 또는 운송인을 대리하는 지정대리인, 선장 또는 선장을 대리하는 지정대리인의 서명이 있어야 하며, 그 서명자가 어떤 자격(carrier, master, agent 등)으로 서명하였는지를 표시하여야 한다.

운송인 자신이 서명할 경우	Hannara Shipping Co., Ltd. carrier 서 명 ________________
운송인을 위하여 대리인이 서명할 경우	Hanbada Shipping Co. Ltd. as agent for Hannara Shipping Co.,Ltd, carrier 서 명 ________________
선장을 위하여 대리인이 서명할 경우	Hanbada Shipping Co.,Ltd. on behalf of Hong, Kil-Dong, master 서 명 ________________

③ 선적의 표시가 있어야 한다. 선박에 선적되었다는 문언이 선하증권에 인쇄되어 있는 경우는 선하증권의 발행 일자를 선적 일자로 간주하여 수리하며, 수령문언(Received…)이 있는 선하증권은 선박에 적재된 사실과 그 일자를 부기(附記)하여야 한다. 선적부기(船積附記)가 있는 선하증권은 그 부기일자가 선적 일자로 간주된다.

※ 부기의 예 Laden on board the vessel January 12, 2009.
예를 들어 선하증권을 발행한 일자가 1월 15일이고 선적부기가 없다면 1월 15일이 선적 일자가 되지만, 위와 같은 부기가 있는 경우는 1월 12일이 선적 일자로 간주된다.

④ 선하증권에 예정된 선박(intended vessel)으로 표시된 경우에는 실제로 선적된 선박명과 선적되었다는 뜻의 부기 및 선적 일자가 명시되어야 한다. 이 경우는 예정 선박(intended vessel)에 그대로 선적되었더라도 다시 그 선박 명칭, 선적부기 및 그 일자가 기재되어야 수리된다.

⑤ 선하증권에 선적항(port of loading)과 다른 수령지(place of receipt)가 표시된 경우(주로 복합운송증권에 해당), 예컨대, 운송인이 2009년 1월 10일 운송을 위하여 송하인으로부터 "서울역 CY"에서 운송물을 수령하고 동년 1월 12일 부산 항에서 출항하는 "Hannara"라는 선박에 선적한 뒤 선하증권의 수령지 란에는 "Seoul CY"로 기재하고 선적항 란에는 "Busan"이라 기재한 경우는 선박에 선적되었다는 부기 및 그 일자의 표시뿐만 아니라 신용장에 명시한 선적항구 명 및 선적된 선박의 명칭도 별도로 기재하여야 수리가 된다. 이 규정은 "선적되었음"(shipped on…)으로 선하증권에 미리 인쇄되어 있는 경우에도 적용된다.

예) "Laden on board the vessel, Hannara at Busan port on January 12, 2009"

⑥ 신용장에서 지정된 선적 항 및 양륙 항이 선하증권에 명시되었다면 다음과 같은 선하증권도 수리된다

ⓐ 선하증권에 선적항과 다른 최초 수령지 또는 양륙 항과 다른 최종 목적지가 명시되어 있더라도 신용장에 지정된 선적항 및 양륙 항이 선하증권에 명시되어 있고 ⑤에서와 같은 부기가 있으면 수리된다.

ⓑ 신용장에서 명시한 선적항 및 양륙 항이 운송 서류에 별도로 명시되어 있으면 선적항 또는 양륙 항과 관련하여 "예정된" 또는 이와 유사한 표시의 서류도 수리된다.

⑦ 신용장에 별도의 명시가 없는 한, 화환어음에 발행된 선하증권 全通(full set)을 첨부해야 한다. 즉, 선하증권에 원본을 2통 발행하였다고 기재되었으면 그 2통 모두를 첨부해야 수리가 된다.

⑧ 운송 조건(term and conditions of carriage)의 전부 또는 일부가 당해 선하증권 이외의 서류를 참조하도록 되어 있는 서류(예, 약식 선하증권 등)도 은행은 그러한 운송 조건을 심사하지 않고 수리한다.

⑨ 운송 서류에 "용선계약에 따른다"(subject to a charterparty)는 표시가 없어야 한다.

⑩ 기타 당해 신용장이 요구하는 모든 사항을 충족시켜야 한다.

⑪ 신용장에 명시된 선적항부터 양륙 항까지의 운송 도중에 운송물을 한 선박에서 다른 선박으로 옮겨 싣는 환적(transhipment)의 경우, 첫째, 신용장조건이 환적이 금지되어 있지 않는 한, 은행은 전체 운송구간을 하나의 동일한 선하증권으로 커버하는 경우, 운송물이 환적 될 것이라는 표시를 하고 있는 선하증권은 수리한다. 둘째, 비록 신용장이 환적을 금지하고 있더라도 전체 해상운송구간이 하나의 선하증권으로 커버되면서 운송물이 컨테이너, 트레일러, 래쉬(lash; lighter aboard ship)[80], 부선(barge)에 선적되면서 환적 될 것이라는 표시가 있는 운송 서류는 수리된다. 셋째, 운송인이 "환적 할 수 있다"라는 유보문구가 있는 서류도 수리한다.

2] 비유통 해상화물운송장(UCP 제21조)

신용장이 "비유통 해상화물운송장"(non-negotiable sea waybill)을 요구하는 때에는 그 명칭에 불구하고 1의 ① 내지 ⑪에 열거한 선하증권(marine/ocean bill of lading)

80) LASH System은 압항 방식에 의해 부선을 항내에서 이동시키고, 전후로 움직이는 250~500 톤급 갠트리 크레인으로 하여금 대형부선을 선미로부터 끌어올려 놓는, 쉽게 말해서 부선을 선박에 적재하여 운송하는 것이다.

과 같은 요건이 충족되어야 한다.

3] 복합운송증권(UCP 제19조)

신용장이 두 가지 이상의 다른 방식의 운송(복합운송 : Multimodal Transport)을 나타내는 운송 서류를 요구하는 경우에는 다음의 요건이 충족되면 그 명칭에 관계없이(운송 서류의 표제가 combined or Multimodal or Intermodal Transport Bill of Lading, or Combined Transport Document 등) 수리된다:

① 운송 서류 앞면에 운송인 또는 복합운송인의 명칭(name of carrier or multimodal transport operator)이 명시되어 있어야 한다.

② 운송인(또는 그의 대리인), 복합운송인(또는 그의 대리인) 또는 선장(또는 그 대리인)의 서명이 있어야 하고, 동시에 그 서명자가 어떤 자격(carrier, master, agent 등)으로 서명하였는지도 명시되어야 한다. 만약 대리인이 서명한다면 자기의 이름과 함께 본인(principal)을 명시하여야 한다.

③ 운송물이 "발송"(dispatch), "수령"(taken in charge) 또는 "선적되었음"(loaded on board)의 표시가 있어야 한다. 운송물이 발송, 수령 또는 선적되었음의 표시는 그러한 취지의 문언을 복합운송증권에 명시할 수 있다. 그리고 발송, 수령 또는 선적 일자는 별도의 표시가 없으면 복합운송증권의 발행 일자를 그러한 일자로 간주한다. 그러나 특히 증권에 스탬프나 다른 방법으로 별도의 발송, 수령 또는 선적 등의 사실과 일자를 표시하고 있으면 그것을 발송, 수령 또는 선적 일자로 간주한다.

④ 신용장에 명시된 "수령지"(place of taking in charge)와 "최종 목적지"(place of final destination)가 선하증권에 표시되어 있다면 선적 항명이 수령지와 다르거나, 양륙 항명이 최종 목적지와 다르게 표시된 운송 서류라도 수리된다.

⑤ 선박 및/또는 선적항 및/또는 양륙 항과 관련하여 "예정된" 또는 이와 유사한 문언의 서류도 수리된다.

⑥ 발행된 복합운송증권 전통(全通 : full set)이어야 한다. 예컨대, 복합운송증권에 원본 3통이 발행되었다고 기재되었으면 3통 모두를 첨부해야 수리된다.

⑦ 운송 조건(terms and condition of carriage)의 전부 또는 일부가 당해 복합운송증권 이외의 서류를 참조하도록 되어 있는 증권(약식 선하증권 등)도 수리된다.

⑧ "용선계약에 따른다"는 표시가 없어야 수리된다.

⑨ 기타 당해 신용장이 요구하는 모든 사항을 충족시켜야 한다.

⑩ 신용장에 "환적 금지"가 명시되어 있는 경우, 은행은 전체 운송이 1통의 복합

운송증권로 커버되고, "환적되거나 또는 될 수 있다"라는 표시가 있는 복합운송증권은 수리한다. 복합운송은 운송물의 수령지로부터 인도지까지 2가지 이상의 다른 운송 수단을 이용하기 때문에 환적이 불가피하다. 그러므로 신용장에서 복합운송증권을 요구하면서 환적을 금지하는 것은 모순된다.[81)]

4] 운송증권의 수리와 관련된 공통사항

1 원본(original)과 복사본(copy)

신용장에서 달리 명시하지 않는 한, 서류에 원본(original)이라고 표시되어 있고 서명되어 있으면 은행은 동 서류를 원본으로 수리한다. 서명은 육필, 스탬프, 전자식 서명 또는 기계식 천공(穿孔) 등 어떠한 방법으로도 할 수 있다(UCP 600 제3조).

신용장에서 서류 그 자체가 원본이 아니라고 표시하고 있지 아니하는 한, 명백히 서류발행인의 원본 서명, 포기, 스탬프, 또는 부전을 기재하고 있는 서류를 원본으로 취급한다(UCP 600 제17조).

2 부지문언이 있는 경우

신용장이 무사고 선하증권을 요구하는 경우, 운송증권에 "송하인이 적입 · 계량함"(Shippers Load & Count) 또는 "송하인이 통지한 내용물"(Said by Shipper to Contain) 또는 이와 유사한 문구가 있는 경우, 사고 선하증권(foul bill of lading)[82)]이 되지 않고 무사고 선하증권으로 수리된다(UCP 제26조).

3 무사고 운송증권(Clean Transport Documents ; UCP 제27조)

신용장에 "하자문구가 있는 서류도 수리한다"라고 하지 않는 한, 하자문구가 있는 운송증권은 수리하지 않는다. 즉, 상품 또는 포장에 관하여 어떤 하자상태를 명시적으로 나타내는 문구 또는 부기사항이 없는 운송증권을 무사고 운송증권이라 하는데 이러한 무사고 상태의 서류만 수리하는 것이 원칙이다.

3. 신용장의 요건을 충족하는 선하증권의 문언 사례

신용장에는 수익자가 매입은행에 제시해야 할 운송증권을 명시하고 있는데, 그 증권은 주로 해상 선하증권이다. 신용장에 기재된 문언은 은행에 제시하여야 할 선하증

81) 林錫珉, 船荷證券論, 두남, 2000, 102쪽 주 67)참조.

82) 선적 시의 운송물의 상태에 대해서 포장 등 외관상 결함이 있다는 문언이 기재되어 있는 선하증권을 말하는데 dirty bill of lading, 또는 bill of lading with remarks 라고도 한다(운송신문사, 물류 용어사전, 제12증보판, 2004, 443쪽).

권의 요건을 의미한다. 여러 가지 다양한 방식으로 표현되지만, 다음과 같은 문언이 많이 사용된다.

Full(or complete) set of Clean on Board Ocean Bill of Lading(dated not later than January 15, 2009) made out to order (of shipper or Korea First Bank[83])) and blank endorsed, and marked freight prepaid(or collect) and notify accountee(or the above mentioned applicant or Hong Kong Importing Co., P.O. Box 4453, Hong Kong 78965.

1] 선하증권 전통(Full Set of bill of lading)

발행된 선하증권 원본(정본) 전통을 제시하라는 의미이다. 선하증권은 통상 3통의 원본이 발행된다. 이들 정본에는 각각 "original", "duplicate", "triplicate"로 표시되며, 3통 모두 동일한 효력을 가진다. 그러므로 정본 각 통이 곧 운송물에 대한 인도청구권을 나타내는 유가증권으로서 정본 1통만 있어도 운송물을 처분할 수 있다. 예외가 없는 것은 아니나, 신용장 발행은행이나 매입은행은 선하증권을 담보로 화환어음을 매입하거나 화환어음금을 지급하기 때문에 한 통이라도 타인의 소지를 방지하기 위하여 全通(full set)을 첨부할 것을 요구한다.

선하증권을 3통 발행하는 이유는 오랜 관습과 우송 중 분실을 염려하여 선하증권을 2회로 나누어 우송하기 위한 것이다.[84]

2] 무사고 선하증권

무사고 선하증권(clean bill of lading)이라 함은 운송물 또는 그 포장이 외관상 하자가 없음을 나타내는 선하증권을 말하는데, 여기서는 화환어음 매입 시 무사고 선하증권을 제출하여야 한다는 뜻으로 사용된다. 선적 운송물에 하자가 있는 경우에는 사고 선하증권(foul bill of lading)이 발행되며 이는 은행에서 수리하지 않는다. 통상 선하증권에는 "Received by the carrier from the shipper in apparent good order and condition unless otherwise indicated herein."으로 인쇄되어 있으므로 선하증권에 사고 표시 문언이 기재되지 않으면 무사고 선하증권이 된다.

신용장통일규칙에서는 "사고 운송증권이란 운송물 및/또는 포장에 이상이 있음을 표시하는 문언이 없는 서류이다(UCP 600 제27조)", 그리고 "은행은 무고장 운송서류만을 수리한다(UCP 600 제27조)"라고 규정하여 사고 선하증권은 은행이 수리

83) 통상 신용장 개설은행을 말한다.

84) 林錫珉, 船荷證券論, 두남, 2000, 104쪽 참조.

하지 않음을 분명히 하고 있다.

그러나 송하인이 적입한 컨테이너 운송물의 경우, 운송인은 내용물과 수량을 확인할 수 없기 때문에, "송하인 적입 및 계량"(shippers load and count), "송하인 적입 신고"(said by shipper to contain)와 같은 부지약관(unknown clause)이 기재되거나, 신용장의 수익자가 아닌 자가 송하인으로 기재된 운송 서류는 무사고로 보고 수리하여야 한다(UCP 600 제26조).

3] 선적 선하증권

화환어음 매입 시 선적 선하증권(shipped bill of lading; on board bill of lading)을 제출하라는 것이다. 선적 선하증권이란 선하증권에 기명된 선박에 선적되었음을 나타내는 선적필(船積畢 : shipped) 표시가 있는 선하증권을 말한다. 재래선의 경우에는 대부분의 선하증권이 선적필로 발행되어 문제가 발생하는 경우는 거의 없지만, 컨테이너 선은 거의 수령 선하증권(received bill of lading)으로 발행되므로 선적 선하증권이 되려면 선적 후 수령 선하증권에 船積附記(on board notation)를 하여야 한다. 이와 같이 수령 선하증권에 선적부기를 하면 선적 선하증권이 된다.[85)]

4] Dated Not Later Than July 15, 2009

예를 들면, 선적이 2009년 7월 15일 이전에 이루어져야 한다는 것을 뜻한다. 선하증권의 선적 란에 2009년 7월 15일 이전의 날짜가 기재된 선하증권을 제시하지 않으면 화환어음의 결제가 이루어지지 않는다. 통상 신용장에 선적 일자가 명시되므로 굳이 이러한 문언을 명시하지 않더라도 2009년 7월 15일까지 선적하지 않으면 안 된다.

5] Made Out To Order Of Shipper

수하인 란에 "to order"만이 기재된 지시식 선하증권을 어음결제 시 제시하라는 말이다. 원래 의미는 선하증권상 수하인을 송하인이 지시하는 자로 하라는 말이다. 즉, 선하증권에 송하인이 배서하고 그 증권 소지인에게 운송물이 인도되도록 작성되어야 한다는 뜻이다. 이 경우 은행은 수하인 란(consignee)에 "to order of shipper"라 기재된 선하증권을 수리한다.

한편 "made out to order of Korea First Bank"인 경우에는 수하인 란에 "to order of Korea First Bank"로 기재된 선하증권을 제시하라는 말인데, 이 경우 Korea First

85) 林錫珉, 船荷證券論, 두남, 2000, 105쪽 참조.

Bank는 신용장 개설은행 또는 확인신용장일 경우 확인은행이다. 이때 선사는 동 은행이 지정한 자에게 운송물을 인도하여야 한다.

6] 백지배서

선하증권에 송하인이 백지배서(白紙背書 : Blank Endorsed)하여 은행에 제시하라는 뜻이다. 백지배서는 양도인(송하인)이 양수인 명을 기재하지 않고 선하증권 뒷면에 단지 자기의 서명만을 하여 양도하는 방법이다. 백지배서를 하면 다른 배서에 비하여 은행이 자유롭게 운송물을 지배할 수 있어 은행 측에서는 가장 선호한다. 한편 선하증권 뒷면에 "delivered to …"라고 양수인을 기재하고 서명하면 기명식 배서(full endorsement)가 되고, 만약 그 선하증권은 타인에게 양도하려면 1차 양수인의 서명을 요하기 때문에 약간의 불편이 따른다.

7] Notify Accountee

선하증권의 통지처란에 화환어음의 지급인, 즉 매수인의 상호 및 주소를 기재하라는 말이다. 즉, 통상 매매 대금을 지급하는 자(매수인)인 신용장 개설신청자(applicant)를 화환어음의 지급인으로 기재하라는 뜻이다. 위의 예에서는 수하인(consignee)을 "to order of……"로 하도록 요구하고 있으므로, 이 선하증권은 배서에 의한 유통이 가능하다. 따라서 목적지에서 운송인에게 동 선하증권을 제시할 때까지는 누가 진정한 수하인인지 알 수 없기 때문에 도착통지 등 운송물에 관련한 통지사항이 있을 경우 그 통지처(notify accountee)를 누구로 할 것인가를 신용장에서 지정하는 것이다.

"above mentioned applicant" 또는 예를 들어 "American Importing Co. Ltd." 등은 곧 "accountee"와 동일한 개념으로 단지 표현이 다를 뿐이다. 복수의 통지처가 있는 경우에는 부통지처(副通知處)를 "also notify party"라고 한다.

Chapter 04

선하증권의 발행

제 1 절 발행

선하증권은 운송인이 운송을 위하여 운송물의 수령 또는 선적 사실, 증권에 기재된 대로의 운송계약 체결을 증명하고(상법 제854조 제1항), 운송인은 정당한 소지인에게 증권에 기재된 운송물을 인도할 의무를 부담하는 유가증권이므로 증권의 발행 및 교부에 있어서 정확성의 보장에 상당한 주의가 요구된다.

한편 선하증권을 교부 받는 송하인도 운송인과의 관계에서는 증권에 기재된 내용과 조건 등에 구속되며, 매매 대금을 지급받기 위해서 운송 서류를 은행에 매입 시 증권의 기재 내용이 신용장에서 요구한 조건을 충족시키지 못할 경우에는 은행이 이를 수리하지 않으므로 정확한 요건을 갖춘 선하증권의 발행이 중요하다.

그리고 발행되었던 선하증권의 기재 내용을 변경한다는 것은 궁극적으로 운송계약의 내용을 바꾸는 것이므로 운송계약상 당사자의 권리 · 의무가 변동되는 결과를 초래하게 된다. 따라서 변경 절차 또한 매우 복잡하므로 처음부터 선하증권이 정확하게 발행되어야 한다.

제 1 관 선하증권 발행의 당사자

1. 증권의 청구권자

상법 제852조 제1항은 '운송인은 운송물을 수령한 후 송하인의 청구에 의하여 1통 또는 수통의 선하증권을 교부하여야 한다' 라고 규정하여, 선하증권의 발행을 청구할 수 있는 자를 송하인으로 한정하고 있다. 이는 선하증권을 필요로 하는 자가 운송인이 아니라 하주이기 때문이다. 운송인은 선하증권에 의하여 구속을 받기 때문에 가능하다면 선하증권과 같은 문서는 발행하지 않으려 하기 때문에 송하인의 청구가 없으면 선하증권을 발행하지 않을 것이다.

① 운송인에게 운송물을 인도한 자, ② 운송인에게 운송을 위탁한 자, ③ 선하증권에 명시된 자 중 누구를 선하증권의 발행 청구권을 가진 송하인으로 보느냐가 문제되는데, 실무적으로는 ① 본선수령증(M/R)을 제시하고 선하증권의 발행을 청구한 자와 ② 본선수령증을 제시할 때 선하증권의 수령자로 지정된 자 등을 송하인으로 본다. 본선수령증의 제시자에게 선하증권을 발행하는 것이 운송인으로서는 안전하다고 할 수 있기 때문이다.

2. 발행권자

선하증권이 유효한 것이 되기 위해서는 진정한 권한이 있는 자에 의해서 발행되어야 한다. 이는 선하증권에 서명을 할 권한이 누구에게 있느냐 하는 문제로 귀착된다. 이에 대하여 상법 제852조 제3항은 운송인, 선장 또는 운송인의 대리인을 선하증권의 발행인으로 하는 운송인 선하증권의 입장을 채용하고 있다.

운송인이라 함은 해상물건운송사업을 영위하기 위해 국토해양부장관에게 등록을 필하고(해운법 제26조), 당해 물건운송의 인수를 한 자로서(상법 제46조, 제125조 참조), 수하인 및 그 외 적법한 운송물소유자에 대하여 계약상의 운송급부의무 및 책임을 부담하는 주체를 말한다. 반드시 선박소유자이어야 할 필요는 없고 자기명의로 송하인과 물건운송계약을 체결한 자이면 된다(함부르크 규칙 제1조 제1항 참조).

또 선장이라 함은 선박소유자의 피용자로서 특정 선박의 항해를 지휘하고 그 대리인으로서 사법상 · 공법상의 직무권한을 가진 자를 말한다.[1)]

그리고 "그 밖의 대리인"이란 운송인의 포괄적 대리권을 가진 상업사용인을 말하는데 이들이 통상적으로 운송인을 대리하여 선하증권을 발행한다.[2)] 선박소유자가 운송인인 경우라도 선장이 실제로 선하증권을 발행하는 일은 거의 없으며 선박소유자의 대리점이 이를 발행하는 것이 보통이다. 또 다른 사람 소유의 선박을 이용하여 해상운송사업을 영위하는 해상기업자인 선박임차인 등도 운송인으로서 선하증권을 발행하지만, 이 경우에도 실제로 이들의 대리인이 증권을 발행하고 있다.

헤이그-비스비 규칙도 선하증권의 발행권자를 우리 상법과 같이 규정하고 있다(헤이그-비스비 규칙 제3조 제3항). 한편 함부르크 규칙은 계약운송인 또는 실제운송인을 선하증권 발행권자로 하고 있고, 다만 선장이 선하증권에 서명한 경우에는 운송

1) 정영석, 해상법강의요론, 해인출판사, 2003, 52-53쪽 참조.

2) 대판 1997. 6. 27. 선고 95 다 7215 : 운송인이 송하인에게 선하증권을 발행 · 교부함에 있어 운송인 본인만이 이를 발행할 수 있는 것이라 볼 수 없고, 그 대리인을 통해서도 발행할 수 있다.

인을 대리해서 서명한 것으로 간주하고 있다(함부르크 규칙 제14조 제2항).

또 형식적으로도 선하증권을 권한 있는 자가 서명 · 발행했다는 것이 증명될 수 있기 위해서는 선하증권에 운송인의 명칭을 표시해야 함은 물론이지만, 그것만으로는 충분하지 않고 그 발행자가 어떤 자격(운송인, 선장 또는 그 대리인의 자격 등)으로 서명했는지를 선하증권에 표시하여야 한다.[3)]

제2관 발행 시기와 통수

1. 발행 시기

선하증권은 운송인 등이 작성하여 기명날인하여 송하인에게 교부한 때에 선하증권이 발행되었다고 한다. 선하증권은 이를 교부하기 전에 미리 작성할 수 있지만, 그 교부가 유효성을 가지기 위해서는 법률적으로나 실무적으로 문제가 될 수 있기 때문에 발행 시기, 즉 적법한 교부시기를 언제로 할 것인가는 중요한 문제가 된다.

1] 운송물의 수령 · 선적과 관련한 발행 시기

선하증권을 송하인에게 교부할 수 있는 시점은 수령 선하증권의 경우와 선적 선하증권의 경우에 각각 다르다.

첫째, 선적 선하증권은 운송물이 "선적된 후"에 발행되어야 한다(상법 제852조 제2항 참조). 여기서 "선적된 후"라 함은 선적을 위하여 운송인이 수령한 운송물, 즉 선하증권[4)]에 기재되는 운송물 모두가 증권에 기재된 선박(named vessel)에 선적된 후를 의미한다. 예를 들어, 6개의 컨테이너가 선하증권의 포장의 수(Number of Package) 란에 기재된다면 6개 모두의 선적이 완료되기 전에 선적 선하증권을 발행하여서는 아니 된다.[5)]

둘째, 운송인이 운송을 위하여 운송물의 모두를 지정된 장소에서 수령하였을 때

3) 국제상업회의소는 1992년 신용장통일규칙에서 운송 서류의 서명을 누가, 어떤 자격에서 하였는지를 명시토록 하는 규정을 신설하였다(UCP 600 제20조, 제21조, 제19조, 제22조 참조).

4) 선하증권의 Description of Goods란, Number of Package란, 특히 무게단위의 거래의 경우는 중량(Weight) 란에 운송물 명세가 기재된다.

5) TWRA(Transpacific Westbound Rate Agreement) Rules Tariff no. 017, Rule No.2B15: In accordance with law, no onboard Bill of Lading may be issued until the cargo is actually onboard the vessel ; 한진해운 컨테이너 Rules Tariff no.200, Rule no. 2S3 2항; Bill of lading endorsed "onboard" shall not be dated earlier than (1) on board carriers vessel or

에는 그 수령일자를 기재한 수령 선하증권을 발행할 수 있다. 상법 제852조 제1항에서 "운송인이 운송물을 수령한 후 송하인의 청구에 의하여… 선하증권을 교부하여야 한다"라고 한 것은 수령 선하증권을 가리키는 것이다. 이는 운송인이 선적을 위하여 운송물을 수령한 후 실제로 선박에 선적되기 이전의 시점이라도 송하인의 청구에 따라 수령 선하증권을 발행하여야 한다는 뜻이다. 여기서 운송인이 "수령하였다"함은 선하증권에 기재된 운송물 전량이 운송인이 지정한 장소(CY나 CFS)에서 수령되었다는 의미이다.

컨테이너 선에 의한 운송에서는 선박이 입항할 때 수많은 컨테이너를 적 · 양하하여야 되므로 예정 선박(intended vessel)이 입항하기 전에 선적하여야 할 컨테이너를 미리 터미널에 대기시켰다가 해당 선박이 입항하면 한꺼번에 선적하게 된다. 이때 한 기항지에서 수 백 개의 컨테이너를 선적하는 경우는 선적의 개시로부터 완료시까지 소요되는 시간이 일자변경선을 넘어 서는 경우도 허다하다. 이런 경우에 어떤 컨테이너는 선적작업의 개시 후 바로 선적이 되었을 수도 있을 것이나, 선적이 진행되는 도중에 송하인이 선하증권의 교부를 청구하는 경우에는 당해 컨테이너가 실제로 선적되었는지를 일일이 확인하기는 현실적으로 불가능하다. 이때에도 전량 선적의 원칙을 따르자면 사실상으로는 선적이 완료된 컨테이너에 대한 선하증권이라 할지라도 당해 기항지에서 선적될 컨테이너 모두가 선적이 완료될 때까지는 송하인은 일자가 변경되더라도 기다려야 하는 모순이 있다. 그래서 운임요율표(Tariff) 규정에 의하여 컨테이너 운송물이 터미널에 반입되고 선박이 입항하여 선적작업이 개시되었다면 그 일자에 선적 선하증권을 발행하는 것을 허용하는 경우도 있다.[6)]

용선계약에 의한 부정기선 운송의 경우는 선하증권과는 별도로 작성되는 용선계약서에 의하여 운송계약의 내용이 결정되며 선하증권에도 용선계약이 별도로 존재한다는 뜻이 명시된다. 이러한 부정기선 운송의 경우는 보통 항구 간(port to port) 선하증권이며 운송인이 선상에서 운송물을 수령한 후 발행하므로 선적 선하증권이 된다.

2] LCL 화물 및 FCL 화물에 대한 선하증권의 발행 시기

컨테이너 선에 의한 정기선 운송의 경우는 운송계약서가 별도로 존재하지 않고 운송인이 미리 작성해 놓은 선하증권약관에 의한 부합계약 형태로 운송계약이 체결된다. 그러므로 운송인의 운송 인수구간도 항구 간, 문전에서 문전까지(door to door)등으

6) ANERA(Asia North America Eastbound Rate Agreement)Rules Tariff no.30m, FMC No. 30, Rule No. 2 08(b) : The onboard date notation in the Bill of Lading must not be earlier than the date the vessel commenced the actual loading operation.

송하인이 운송 예약시,
운송인 지정 CFS로 컨테이너화하지 않은 운송물 운송.

CFS 운영자는 운송물 수령 후, 그 수량 · 상태 등을 점검 후
송하인에게 부두수령증을 발행.

LCL 운송물 수령한 CFS 운영자는 동일 목적지의
운송물을 모아 컨테이너에 적입 후, 선적될 터미널로 운송하면,
해당 선박의 입항 시 컨테이너는 선적됨.

그림 4-1 ● LCL 운송물의 운송절차

로 다양하고, 컨테이너 체로 선적하므로 부정기선 또는 재래정기선에 의한 운송과는 실무상 증권 발행 시기 등에 차이가 있다.

첫째, LCL 화물[7]의 선하증권의 경우에는 송하인이 운송인에게 운송을 예약(Booking)할 때, 송하인이 운송인이 지정한 CFS로 컨테이너화하지 않은 운송물을 운송한다. 이때 CFS 운영자는 운송물을 수령하여 그 수량 · 상태 등을 점검한 후[8] 송하인에게 부두수령증(Dock Receipt)을 발행한다. LCL 화물을 수령한 CFS 운영자는 동일 목적지로 운송되는 운송물들을 모아 컨테이너에 적입한 후 선적될 터미널로 운송하면 해당 선박의 입항 시 컨테이너는 선적된다. 이러한 절차에 따라 운송되는 LCL 화물의 경우에 송하인은 지정된 CFS에 운송물이 반입된 시점에 운송인에게 수령 선하증권을 요청할 수 있거나 또는 선적된 후에는 선적 선하증권을 청구하여 발행받을 수 있다.

둘째, FCL 화물[9]의 경우에는 송하인이 운송인의 CY(또는 container depot)로부

7) LCL Cargo(less than container load cargo)라 함은 컨테이너 1개를 채우기에 부족한 소량화물을 말하며, FCL 화물에 대비되는 용어이다. CFS 또는 Inland Depot에 집적되고 목적지에서는 마찬가지로 CFS 또는 Depot에서 컨테이너로부터 양륙되어 분리 · 양도된다. 이 경우 LCL Service Charge 또는 CFS Receiving Charge 등의 명목으로 과징금을 받는 해운동맹이 많다. Sea Land 사에서는 육상운송용어를 사용하여 이들 소량화물을 LTL Cargo(Less than Trailer Load Cargo)라 부르고 있다(코리아쉬핑가제트, 최신 해운 · 물류용어대사전, 제9개정증보판, 2002, 359쪽).

8) CFS 운영자는 운송물의 확인을 위하여 공인검정인(Sworn Measurer)으로 하여금, 검수(Tally), 용적재기(measuring), 중량달기(weighing)등은 물론 운송물 및 포장의 이상유무도 점검하여 기록으로 남긴다.

9) 컨테이너 1개를 채우기에 충분한 양의 운송물을 말한다. 흔히 CY Cargo라 부르기도 하는데 Door to Door 서비스가 가능하다는 점에서 컨테이너 운송의 기본이 된다.

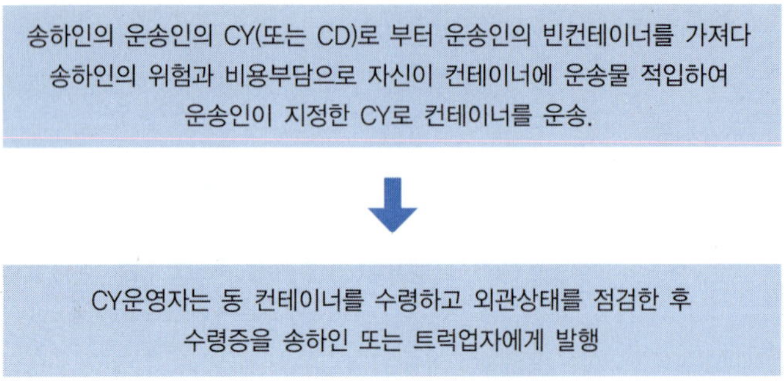

송하인의 운송인의 CY(또는 CD)로 부터 운송인의 빈컨테이너를 가져다 송하인의 위험과 비용부담으로 자신이 컨테이너에 운송물 적입하여 운송인이 지정한 CY로 컨테이너를 운송.

CY운영자는 동 컨테이너를 수령하고 외관상태를 점검한 후 수령증을 송하인 또는 트럭업자에게 발행

그림 4-2 ● FCL 운송물의 운송절차

터 운송인의 빈 컨테이너를 가져다가 송하인의 위험과 비용 부담으로 자신이 컨테이너에 운송물을 적입하여 운송인이 지정한 CY로 컨테이너를 운송한다.[10] 이때 CY 운영자는 동 컨테이너를 수령하고 외관 상태를 점검한 후 수령증을 송하인 또는 트럭업자에게 발행한다. 이 경우 송하인은 운송물을 지정 CY에 반입한 시점에 운송인에게 수령 선하증권을 청구할 수 있고, 본선에 선적된 후에는 선적 선하증권을 청구하여 발행받을 수 있다.

3] 운임조건과의 관계

운송계약상 운임지급조건이 후급조건(freight collect)인 경우에는 위의 "1. 운송물의 수령 · 선적과 관련한 발행 시기"에서 설명한 조건을 충족한 시점에, 그리고 그것이 선급조건(freight prepaid)인 경우에는 위의 조건이 충족되어도 운송인은 별도의 특별약정(credit agreement between carrier and shipper)이 없는 한,[11] 약정된 운임 전액을 수령한 후 선하증권을 교부해야 한다.

2. 발행 통수

운송인은 송하인의 청구에 의하여 1통 또는 수통의 선하증권을 교부하여야 하며(상

10) CY to CY 조건인 경우의 운송인의 책임은 CY에서 운송물을 수령한 이후부터 개시되므로, 송하인이 당연히 트럭업자를 선택하여 운송인의 CY나 container depot에서 빈 컨테이너를 수배하여 운송물을 적입한 후 Full 컨테이너를 선박 회사의 터미널까지 그의 위험과 비용부담으로 운송하여야 한다. 그런데 우리나라의 선박 회사는 대부분 지정운송업자가 있어서 별도로 송하인의 요청이 없으면 선박 회사가 트럭업자에게 빈 컨테이너를 하주의 공장에 가져가도록 주문하고(container spotting order), Full 컨테이너를 CY까지 운송해 오도록 주선해 주는 것이 일반적인 운송관례로 되어 있다.

11) 대부분의 미주 또는 유럽을 취항하는 운송인들은 그들의 운임요율표에 신용(credit)에 관한 규정을 두고, 선급운임의 경우에도 송하인과 신용약정(Credit Agreement)을 맺어 일정 기간 동안(보통 14일 또는 21일)의 신용을 부여하고 운임의 수령 전에 선하증권을 교부하기도 한다.

법 제852조 제1항), 수통의 선하증권을 발행한 때는 그 수를 선하증권에 기재하여야 한다(상법 제853조 제1항 제10호, 함부르크 규칙 제15조 제1항 (h)호).

선하증권의 발행 통수라 함은 운송인이 선하증권 원본(Original Bill of Lading)을 몇 통 작성 · 기명날인하여 송하인에게 교부하였는가를 의미한다. 또 운송인이 서명한 선하증권 원본은 통상 3통을 발행해 오고 있으며, 특별한 경우에 그 이상을 요구하는 하주도 있다. 그러나 어느 경우이건 선하증권에 그 발행 통수를 틀림없이 기재해야 한다. 만약 선하증권에는 선하증권 원본을 3통 발행했다고 기재하고 1통을 추가로 교부한다면 동일 운송물에 대해 선하증권 소지인이 2인 이상이 될 소지가 있으며 이로 인해 증권에 기재된 운송물에 대해 그 소유권 다툼 등 복잡한 문제가 야기될 수 있다.

신용장 거래에 있어서 은행수리요건 중 운송 서류와 관련된 조항을 보면 통상 "full set of …" 이라고 하여 발행된 선하증권 전통을 첨부하도록 하고 제3자에게 유통되는 것을 봉쇄하여 은행이 운송물에 대한 담보권을 확실하게 보전하도록 하고 있다.

제3관 선하증권 발행 형식

1. 선하증권의 표시 방법

선하증권은 권원증권이므로 유통증권으로 발행할 것인지 또는 비유통 증서로 발행할 것인지, 유통증권으로 발행할 경우에는 누구를 수하인으로 발행할 것인지가 중요하다.

수하인의 표시 방법으로는 기명식, 지시식, 지참인식, 기명지참인식 및 무기명식이 있다.

2. 선하증권의 구성 형태

1] 표준 양식의 제정

선하증권은 단순한 운송물의 수령증의 역할에서 점차 그 기능이 확대되어 권원증권 및 유통증권성이 인정되어 국제 무역 거래에서 무역화폐의 기능을 수행하고 있다. 그러나 초기의 선하증권은 지역의 관습 또는 운송계약에 따라 각기 다른 양식이 이

표 4-1 ● 선하증권의 종류와 표시방법

선하증권의 종류		표시방법	비고
기명식		수하인란(consignee)에 수하인의 상호 및 주소 기입	
지시식	단순지시식	'to order'	
	기명지시식	'to order of ○○○ bank' 'to order of shipper' 'to order of ○○○ Co. Ltd.	
	선택지시식	'to order or order of ○○○bank or to order of ○○○ Co., Ltd'	
지참인식	지참인식	'Bearer'	
	기명지참인식	'Bearer or ○○○ or ○○○ Co., Ltd'	선택무기명식이라고도 함
무기명식		수하인란을 공란(blank)으로 둠	白地式이라고도 함 지참인식과 같은 취급

용되어 왔기 때문에 오늘날과 같이 국제 무역화폐로 사용되기 위해서는 상관습과 국내법이 서로 다른 국제간의 무역에 내재할 수 있는 이질감의 최소화를 위해 그 내용뿐만 아니라 형식적으로도 통일된 양식이 필요하게 되었다.

이와 관련하여 해운이 발달한 유럽 각국에서는 선하증권 등의 운송 서류는 물론 모든 종류의 무역관계서식의 표준화 운동을 전개해 왔다. 이를 위해 유럽경제위원회의 무역개발위원회(Committee on the Development of Trade of the Economic Commission for Europe)는 1960년 10월에 무역관계서식의 표준화를 위한 작업반(working group)을 구성하고 무역서식의 표준화 및 무역절차의 간소화를 위한 작업을 꾸준히 전개해왔다.[12] 이 무역절차간소화 작업반은 1963년에 "ECE Layout Key"[13]라고 하는 서류작성 기준을 제정하였다. 이 기준에 의하면 무역관계 서식의 표준규격은 ISO A4 용지(210 × 297 mm; $8\frac{1}{3} \times 11\frac{2}{3}$ inch)로 하고,[14] 이를 세로로 사용하며 각종 기재사항의 위치를 정연하게 배열하였다. 이 표준서식은 국제표준화기구

12) Committee on the Development of Trade of the Economic Commission for Europe; UN Economic Commission for Europe ECE Layout Key for the Trade Documents, Genoa, 1973.

13) Recommendations adopted by the Working Party on Facilitation of International Trade Procedure, Geneva, June, 1973.

14) 미국은 A4 용지로 ISO A4 용지보다 그 폭이 $\frac{1}{6}$ inch 더 넓고 길이는 $\frac{2}{3}$ inch 더 짧은 United Commercial Size인 $8\frac{1}{2} \times 11$ inch의 용지를 사용하고 있다.

(International Standard Organization: ISO)에 의하여 채택되었고, 1978년에는 "UN Layout Key"로 개칭되었다.

한편 선하증권의 규격에 대하여는 국제해운회의소(International Chamber of Shipping; ICS)[15]가 "UN Layout Key"에 의거 A4 용지를 채택하여 각종 선하증권양식을 디자인하여 각국의 선주협회, 선박 회사에 사용을 권고[16]한데 힘입어 현재는 각국의 선박 회사가 사용하는 선하증권의 외관형식은 거의 차이가 없는 통일화된 서식을 사용하고 있다.

2] 선하증권 앞면의 구성

1 선하증권 앞면의 일반적 구성 형태

발행하는 선박 회사 마다 약간씩은 차이가 있지만 선하증권의 앞면에는 법률이 요구하는 필수적 기재사항과 법률에서 요구하는 사항은 아니지만 운송계약의 내용 또는 특약사항을 더욱 명확하게 하기 위하여 필요한 사항을 기재한 임의기재사항으로 구성되어 있다.

일반적으로 선하증권의 앞면 형식은 약간의 차이는 있지만 다음과 같은 형식과 구성요소(기재사항)로 이루어져 있다.[17]

① Shipper(송하인) : 상호를 기재하며 혼동이 예상될 때는 주소를 병기하여 명확히 하는 것이 좋다.

② Consignee(수하인) : 신용장에 명기된 대로 기재한다. 신용장 거래는 통상 지시식으로 to order 또는 to order of ○○○ Bank로 기재된다.

③ Notify Party(통지처) : 신용장에 Notify Accountee로 기재된 신용장 개설 의뢰인, 즉 수입상 또는 그 대리인을 통지처로 기재한다.

④ Vessel(선명) : 운송하는 선박 명칭을 기재한다.

⑤ Voyage No.(항차번호) : 본선의 항차번호를 선박 회사가 임의로 정한 일련번

15) 각국의 민간 선박소유자의 권익보호와 상호협회들이 자발적으로 조직한 국제 민간선주협의체로서 1921년 11월 11일 런던에서 설립되었다. 창립 당시 14개국의 선주협회를 회원으로 발족하였으나 현재의 회원은 32개국의 37개 선주협회로 늘어났으며 한국선주협회도 1979년에 정회원이 되었다.

회원의 자격은 자유기업정신에 바탕을 둔 각국의 민간 선주협회로 한정되어 있으며 선주협회가 없는 나라에서는 그 나라를 대표할 수 있는 선박회사가 회원이 될 수 있다. 최고의결기관은 매년 4월에 개최되는 총회이고 전문적, 기술적인 업무는 7개 상설위원회와 각 위원회 산하의 소위원회에서 다루고 있다.

국제해운회의소의 기능은 국제해운의 기술적 및 법적 분야에서 제기된 문제점에 대하여 국제적으로 통일된 선박소유자의 의견을 반영시켜 그들의 이익을 도모하는 것이다.

16) International Chamber of Shipping, "Recommendation for the Format of Bill of Lading," London, 1978.

17) 林錫珉, 船荷證券論, 두남. 2000, 165쪽 참조.

호가 기재된다. 1 항차는 출발항에서 목적항을 거쳐 출발항에 귀항하는 것으로 하며, 출항/귀항을 구별하기 위해 East(E), West(W), South(S), North(N) 등을 표기한다.

⑥ Flag(旗國) : 선박의 선적국(船籍國)을 기재한다.

⑦ bill of lading No.(선하증권 번호) : 선박 회사가 정한 번호를 기재한다. 통상 선적항과 양륙항의 알파벳 문자와 숫자를 이용하고 일련번호로 매긴다.

⑧ Remarks(비고) : 일반적으로 운송인의 로고, 상호, 일반 운송 조건 등이 인쇄되며 공란에는 타 항목에 표시되지 못한 기타 정보(예 ; 원산지, 송장번호, 내륙운송 관련 정보 등)를 기재한다.

⑨ Pre-Carriage By : 운송물 인수지점에서 본선 선적항까지 운송을 담당한 운송인을 기재한다.

⑩ Place of Receipt(수령지) : 운송인이 송하인으로부터 운송물을 수령한 장소, 즉 Busan CY, Busan CFS 등으로 기재한다.

⑪ Final Destination(최종 목적지) : 운송물의 최종 목적지를 표시한다. 선하증권에 운임이 기재되어 있지 않은 경우는 단지 참조사항에 불과하며, 복합운송이 아닌 경우에는 기재되지 않는 경우가 많다.

⑫ Port of Loading(선적항) : 운송물을 선적하는 항구명 및 국명이 표시된다.

⑬ Port of Discharge(양륙항) : 운송물의 양륙항 및 국명이 기재된다.

⑭ Place of Delivery(인도지) : 운송인의 책임 하에 운송물을 운송하여 수하인에게 인도하여 주는 장소를 명기한다.

⑮ Mark and No.(荷印 및 포장의 일련 번호) : 포장명세서상에 표시된 荷印 및 포장의 일련번호(예: 1～50)를 기재한다.

⑯ Container No.(컨테이너 번호) : 운송물이 적입된 컨테이너 번호를 표기한다.

⑰ Seal No.(컨테이너 봉인번호) : 컨테이너 봉인번호를 표기한다.

⑱ Number & Kinds of Pkgs or CNTRS : 운송인이 인수한 운송물의 수량을 표기하며, CY 인수조건의 운송물인 경우에는 컨테이너의 종류와 수량(예: 1 × 40 CNTR)을 표기한다.

⑲ Description of Goods(운송물 명세서) : 포장명세서 및 송장에 기재된 상품의 명세를 기재한다.

⑳ Gross Weight(총 중량) : 포장의 무게가 포함된 총 중량을 명기하며 포장명세서 및 송장과 일치되지 않을 경우 附記(remark)해야 하고, 수출입의 경우 포장명세서와 선하증권이 상이한 경우 통관이 되지 않으므로 신중히 작성해야 한다.

㉑ Measurements(용적) : 가로 × 세로 × 높이의 최대 길이의 용적을 기재한다. 포장명세서 등의 기타 서류와 일치해야 한다.

㉒ Total Number of Package or Units(In Words)(포장 또는 단위의 총수) : 상품의 수량 또는 컨테이너 개수를 숫자가 아닌 문자로 기재한다.

㉓ Freight and Charge(운임과 요금) : 운임 및 각종 요금으로 CAF, CFS Charge, 화물입항료 등을 기재하며 복합운송 선하증권에는 Inland Charge를 표기한다.

㉔ Revenue Tons : 중량톤 및 용적톤 가운데 많은 것을 기재한다. 즉 총 중량 또는 총 용적에 운임단위를 곱하여 총 중량의 운임이 총 용적의 경우보다 많을 경우 M/T를, 총 용적의 운임이 많을 경우는 CBM을 표시한다.

㉕ Rate(요율) : 운임톤 당(per revenue ton) 운임단가 및 CFS Charge, 화물입항료(Wharfage), 유류할증료(BAF), 통화할증료(CAF)의 퍼센트 등이 표시된다. 화물입항료의 경우 국내에서는 톤 이하는 무조건 올려 계산하므로 만약 7.01 CBM이라면 8 CBM으로 계산한다.

㉖ Per : 용적당 또는 중량당, 컨테이너의 경우는 개당으로 표시한다.

㉗ Prepaid(선급운임) : 선급운임의 금액을 표시한다. 운임지급조건은 적하목록(manifest)에 Freight Prepaid 또는 Freight Collect라고 표시되므로 혼동은 되지 않으나, 간혹 기재되지 않는 경우도 있으므로 구별하여 각각의 칸에 기재하는 것이 좋다. 또한 복합운송의 경우는 복합운송을 명백히 표시하기 위해 구간표시를 하고 각 구간마다 운임을 표시하는 것이 좋다.

㉘ Collect(후급운임) : 후급운임의 금액을 표기한다. 선급운임은 종종 기재되지 않는 경우도 있으나 후급운임은 반드시 기재해야 한다.

㉙ Freight Prepaid at(운임선급장소) : 선급운임이 지급된 장소를 나타낸다. 즉 운송물이 부산에서 선적되어도 운임을 서울에서 지급한 경우는 Seoul, Korea라고 기재한다.

㉚ Freight Payable at(운임후급장소) : 수하인이 지급하는 후급운임의 지급장소를 기재하며 도착지에서 약정된 운임을 지급하지 않으면 운송인 또는 그 대리점은 화물인도지시서(D/O ; delivery order)를 교부하지 않는다.

㉛ Place of Issue(선하증권 발행지) : 선하증권의 발행 장소를 기재한다.

㉜ Total Prepaid in(선급운임 및 요금 합계) : 선적지 통화기준 선급운임 및 제 요금의 합계, 즉 외화표시 운임에 환율을 곱하여 선적지 통화 운임액을 산출하고 여기에 제 요금을 합하여(부가세는 제외함) 총액을 표시한다.

㉝ NO. of Original bill of lading(선하증권 원본의 발행 통수) : 선하증권 정본의 발행 통수를 기재한다. 선하증권 정본은 통상 3통을 1조로 발행하며 통수는 제

한이 없다. 정본 선하증권에는 Original, Duplicate, Triplicate 등의 표시가 있고, 은행과의 거래를 위해 Negotiable이라는 문언도 표시된다. 정본 선하증권은 발행 통수에 관계없이 일단 한 통이 회수되면 나머지는 유가증권으로서의 효력을 상실한다(상법 제857조). 선하증권 사본에는 Copy Non-Negotiable이라 기재되므로 선하증권 복사본은 유가증권으로서의 효력이 없는 참조서류에 불과하다.

㉞ Date of Issue(발행 일자) : 원래는 선하증권의 발행 일자를 기재해야 하지만, 통상 선적 일자를 기재한다.

㉟ On Board Date(선적 일자) : 운송물의 선적 일자가 기재되며, 통상 선하증권 발행 일자와 일치되며, 발행 일자가 선적 일자보다 늦을 수는 있으나, 빠를 경우 선하증권의 선 발행이 되어 은행에서 매입을 거절한다(요인증권성에 의하여 실제 선적되지 않은 상태에서 발행하는 선 발행은 위법임). 선적 일자 하단에 선하증권 발행인이 서명해야 한다. 일단 발행인이 서명을 한 후에 선하증권을 수정할 경우에는 재발행을 하거나 또는 수정(correction) 스탬프를 날인하고 서명해야 한다. 그러나 중량 및 용적 등 상품의 가격에 영향을 미치지 않는 부분에는 스탬프만 날인해도 유효하다.

㊱ By(선박 회사) : 선박 회사의 상호 및 서명자의 이름을 기재한다. 대리점이 발행할 경우에는 ○○○ as Agent of ○○○ Carrier라고 표기한다. 은행에 따라 신용장통일규칙(UCP 600) 제20조에 의거, 선박 회사의 상호 앞에 Acting as a Carrier의 명시를 요구하는 경우도 있다.

2 법정기재사항

선하증권의 앞면에 기재되는 사항은 각 개별 법마다 요구하는 사항이 약간씩 다르고, 각 선박 회사마다 항목의 위치 및 배열이 약간씩 차이는 있지만 그 내용은 거의 같다. 이와 같이 법에 의하여 정해진 기재사항을 법정기재사항이라 한다. 선하증권은 어음 · 수표와 같은 완전 유가증권은 아니기 때문에 선하증권이라고 인식할 수 있는 정도의 요식성만 갖추고 있으면 선하증권으로 유통이 되는데 문제가 없다. 그러므로 법정기재사항을 반드시 완벽하게 갖추어야 되는 것은 아니고, 기재사항의 일부가 미비하여도 선하증권의 본질을 훼손하는 것이 아닌 한 유효하다고 본다.[18)]

우리 상법상 선하증권에는 ① 선박의 명칭 · 국적과 톤수, ② 송하인이 서면으로 통지한 운송물의 종류 · 중량 또는 용적, 포장의 종별 · 개수와 기호, ③ 운송물의 외

18) 鄭暎錫, 海商法講義要論, 海印出版社, 2003, 181-182쪽 참조.

Bill of Lading					
① Shipper ABC TRADING CO., LTD 160 BANGBAE-DONG, SEOCHO-KU, SEOUL, KOREA			⑦ B/I, NO QSM47022		
② Cosignee TO ORDER			⑧ Remarks COUNTRY OF ORIGIN ; REPUBLIC OF KOREA		
③ Notify Party XYZ TRADING INC. 64 BIAOSHAN ROAD, QINGDAO, CHINA					
④ vessel R.MARINER	⑤ Voy. No. V-2HW	⑥ Flag			
⑨ Pre-Carriage by ;	⑩ Place of Reciept BUSAN, KOREA		⑪ Final Destination		
⑫ Port of Loading BUSAN, KOREA	⑬ Port of Reciept QINGDAO		⑭ Place of Delivery QINGDAO, CHINA		
⑮ Marks and No. ⑯ CNTR No. ⑰ SEAL No.	⑱ No. & Kinds of P'kgs or CNTRs	⑲ Description of Goods	⑳ Gross Weight ㉑ Measurements		
HFCU2122594/K163256 KSCU 2 TRA-EAST NEWARK C/T NO.: 1-690 MADE IN KOREA	"FREIGHT PREPAID" "SHIPPER'S LOAD COUNT" 1×20' CNTR SAID TO CONTAIN : 690 CTNS(25,376PCS) OF PARTS FOR DOLLY & ETC AND NON SELF-PROPELLED VEHICLE COMPONENTS FOR HAND TRUCK				
㉒ Total No of P' kgs or Units(in words)	SAY ; ONE (1×20') CONTAINER ONLY.				
㉓ Freight & Charge O/FREIGHT 20' CHC 20' CTX 20' W/F @WON174/CBM DOC @WON3,700/BI	㉔ Revenue Tons	㉕ Rate	㉖ Per	㉗ Prepaid US$2,500.00 WON 30,000 WON 20,000 WON 2,958 WON 3,700	㉘ Collect
㉙ Freight Prepaid At SEOUL, KOREA	㉚ Freight Payable At		㉛ Place of Issue BUSAN, KOREA		
㉜ Total Prepaid In	㉝ No. of Original B/L THR EE(3)		㉞ Date of Issue SEP 23, 2007		
㉟ Laden On Board The Vessel Date SEP 23, 2007 By:			㊱ By: KOREA SHIPPING CO., LTD		

그림 4-3 ● 선하증권의 앞면양식

관 상태, ④ 송하인의 성명 · 상호, ⑤ 수하인 또는 통지수령인의 성명 · 상호, ⑥ 선적항, ⑦ 양륙항, ⑧ 운임, ⑨ 발행지와 그 발행년월일, ⑩ 수통의 선하증권을 작성한 때에는 그 수, ⑪ 운송인의 성명 · 상호, ⑫ 운송인의 주된 영업소 소재지를 기재하고, 운송인이 기명날인 또는 서명하여야 한다(상법 제853조 제1항).

위 ②의 기재 중 운송물의 중량, 용적, 개수 또는 기호가 운송인이 실제로 수령한 운송물을 정확하게 표시하고 있지 아니 하다고 의심할 만한 상당한 이유가 있는 때 또는 이를 확인할 적당한 방법이 없는 때에는 그 기재를 생략할 수 있다(상법 제853조 제2항). 또 송하인은 자신이 서면으로 통지한 위 ②의 기재사항이 정확함을 운송인에게 담보한 것으로 보므로(상법 제853조 제3항), 그 통지 내용의 부실로 운송인에게 손해가 생긴 때에는 이를 배상하여야 한다. 그리고 운송인이 선하증권에 기재된 통지수령인에게 운송물에 관한 통지를 한 때에는 송하인 및 선하증권 소지인 기타 수하인에게 통지한 것으로 본다(상법 제853조 제4항).

그리고 헤이그 규칙과 헤이그-비스비 규칙에서는 ① 운송물의 식별을 위하여 필요한 주요 기호로서 선적 개시 전에 송하인이 서면으로 통지한 것. 이 기호는 포장하지 않은 운송물 위에, 또는 운송물의 용기 또는 포장 위에 통상 항해의 종료 시까지 판독할 수 있도록 스탬프로 찍거나 또는 기타 방법으로 명료하게 표시하여야 한다(헤이그 규칙 및 헤이그-비스비 규칙 제3조 제3항 (a)), ② 송하인이 서면으로 통지한 포장 또는 개품의 개수, 용적 또는 중량(헤이그 규칙 및 헤이그-비스비 규칙 제3조 제3항 (b)), ③ 운송물의 외관 상태(헤이그 규칙 및 헤이그-비스비 규칙 제3조 제3항 (c)) 다만, 운송인, 선장 또는 운송인의 대리인은 위의 기호, 개수, 용적 또는 중량이 실제로 자기가 수령한 물건을 정확하게 표시하고 있지 아니하였다는 사실을 의심할 상당한 이유가 있을 경우 또는 정확하다는 것을 확인할 적당한 방법이 없는 경우에는, 이를 선하증권에 기재 또는 표시할 필요가 없다고 규정하고 있다(헤이그 규칙 및 헤이그-비스비 규칙 제3조 제3항 단서).

또 함부르크 규칙에서는 다음과 같은 사항을 기재하도록 하고 있다(함부르크 규칙 제15조 제1항 (a) 내지 (q)).

① 송하인이 제출한 물건의 일반적인 성질, 물건의 식별에 필요한 주요 기호, 위험물의 경우에는 그 위험성에 관한 명시적 기재, 짐짝 또는 개품의 수 및 물건의 중량 또는 수량, ② 물건의 외관 상태, ③ 운송인의 명칭과 주된 영업소의 소재지, ④ 송하인의 명칭, ⑤ 송하인이 수하인을 지정한 때에는 수하인의 명칭, ⑥ 해상운송계약상의 선적항 및 선적항에서 물건이 운송인에게 인도된 날, ⑦ 해상운송계약상의 양륙항, ⑧ 1통 이상의 선하증권이 발행된 때에는 그 원본의 수, ⑨ 선하증권의 발행지, ⑩ 운송인 또는 그 대리인의 서명, ⑪ 수하인이 지급할 범위의 운임 또는 수하인이

운임을 지급한다는 뜻의 표시, ⑫ 함부르크 규칙 제23조 제3항[19]과 관련된 문언, ⑬ 갑판적 운송이 가능할 경우에는 그 뜻의 문언, ⑭ 양륙항에서 물건의 인도일 또는 인도 기간이 당사자 간에 합의된 때에는 그 인도일 또는 기간, ⑮ 함부르크 규칙 제6조 제4항[20]에 따라서 고액 책임한도액이 합의된 경우에는 그 책임한도액.

3 임의기재사항

임의기재사항은 운송계약의 내용이나 특약사항을 더욱 명확하게 하기 위하여 필요한 사항을 기재하도록 하는 란을 두고 있다. 특히 수령 또는 선적확인조항, 원본 선하증권의 서명부수와 그 중 먼저 제시된 선하증권과 상환하여 운송물이 인도되면 나머지 선하증권은 실효된다고 하는 조항 등을 들 수 있다. 이들 조항은 물론 반드시 앞면에 기재하여야 하는 것은 아니지만, 보통 선하증권의 앞면에 기재하는 경우가 많다. 만약 이러한 사항이 많아서 앞면에 모두 기재하기가 어려운 경우에는 별지(rider)를 첨부하기도 한다.

3] 선하증권 뒷면의 구성

선하증권의 뒷면은 운송계약의 내용이 되는 표준약관이 인쇄되어 있다. 운송계약이 별도로 체결되지 않는 정기선 운송에서는 선하증권이 주로 운송계약의 증거증권의 역할을 하기 때문에 뒷면 약관은 운송인의 책임과 면책을 중심으로 운송계약서에 대체할 수 있는 약관을 기재하고 있는 것이다. 선박 회사와 운송구간, 운송물의 종류 등에 따라 차이는 있지만, 대개 20~30개의 조항으로 구성되어 최고약관(最高約款 : paramount clause), 손해통지기간, 제소기간, 운송인과 하주의 권리 및 의무, 운송인의 면책사유, 손해배상책임 등이 기재되어 있다.

4] 선하증권의 부합계약성

해상운송계약은 운송인과 송하인 사이에서 쌍방의 합의로 자유로이 계약의 형식과 내용을 결정할 수 있는 계약자유의 원칙이 적용되는 것이 원칙이다. 그러나 정기선 운송을 중심으로 한 해상운송계약에서는 해운경영 여건상, 예를 들면 5만 톤 급 컨테이너 선박 1척에 5,500개 이상의 컨테이너 운송물이 선적되어 운송되는 것에서 알 수 있듯이 1명의 운송인이 수많은 송하인을 상대로 일일이 계약의 조건을 협의하고

19) 함부르크 규칙 제23조 제3항 : 선하증권 또는 해상운송계약을 증명하는 기타 증권이 발행된 경우 그 증권에는 이 협약에 저촉되는 송하인 또는 수하인에게 불이익인 모든 조항을 무효로 한다는 협약의 규정에 따르고 있다는 뜻의 문언을 포함하여야 한다.

20) 함부르크 규칙 제6조 제4항 : 운송인과 송하인간의 합의에 의하여 제1항에 규정된 책임의 한도액을 초과하여 정할 수 있다.

합의하여 결정할 수는 없을 것이다. 그러므로 운송인의 입장에서 표준계약의 내용을 미리 정하여 선하증권 뒷면에 인쇄하여 놓고 누구에게나 이에 따르게 하는 부합계약 형식으로 계약을 체결하게 된다.

따라서 운송계약의 형식과 내용에 대한 결정권을 사실상 가지고 있지 못한 다수의 하주를 보호하기 위해서는 불공정 약관을 일방적으로 제정하지 못하도록 선하증권의 내용을 통일하기 위한 국제협약(헤이그 규칙, 헤이그-비스비 규칙, 함부르크 규칙)을 제정하거나 국내법을 제정하여 운송인의 책임에 대하여 일정한 강행법규를 두고 있다. 그 밖에도 약관규제법 등에 의하여 부합계약에 대한 일정한 규제를 가하고 있다.

3. 운송인의 기명날인 또는 서명

선하증권의 발행에서 마지막 단계가 서명이다. 서명 또는 기명날인에 대하여 우리 상법 제853조 제1항 본문에서는 "운송인이 기명날인 또는 서명하여야 한다" 라고 규정하고 있다.

기명날인 또는 서명은 원래 운송인이 해야 하지만, 실제로는 선박 회사의 대표가 직접 하지는 않고 선하증권의 발행업무를 담당하는 영업소의 책임자나 그의 대리인, 직접 그 업무를 담당하는 책임자에게 대리서명권을 부여한다. 일반적으로 운송인은 선하증권을 발행하는 지점장, 지점장대리, 선하증권 발행책임자인 수출운송물(outbound cargo) 영업부장까지를 범위로 하여 선하증권의 대리서명권을 부여한다. 운송인은 대리서명권을 가진 자의 성명 및 서명견본을 하주 및 취결은행 등의 관계자에게 회람 · 비치한다. 이때 취결은행은 이들 견본을 보관하고 화환어음 인수 시 첨부된 선하증권에 대하여 기명날인 또는 서명을 확인하여야 한다.

대리점에 대해서도 대리점의 장 또는 그가 추천한 자에게 대리서명권을 부여한다. 선하증권을 발행하고 기명날인 또는 서명할 영업소나 대리점이 없는 항구에서는 선장이 서명한다. 일본 상법 제769조의 "선장 또는 그를 대신한 자의 서명을 요한다" 라는 규정, 일본 국제해상물품운송법 제7조의 "운송인, 선장 또는 운송인의 대리인이 서명하고 기명날인하지 않으면 안 된다"라는 규정, 1855년 영국 선하증권법 前文의 "… 선하증권에 서명한 선장 또는 기타 서명자는 …"의 규정 및 우리 상법 제852조 제3항의 "운송인은 선장 또는 그 밖의 대리인에게 선하증권의 교부를 위임할 수 있다"라는 규정은 선하증권에 선장이 서명하는 것이 일반적이었던 옛날의 해운 관습을 반영한 것이다.

선하증권에 대한 기명날인은 선하증권에 효력을 발생하도록 하기 위한 것으로 운송인은 선하증권의 발행에 대하여 법적인 책임을 지게 된다. 선장은 선박소유자의 포괄적인 법정대리권을 가진 자이므로 그 권한의 일부로서 선하증권에 대한 기명날인의 권한이 있다고 보아 이들 법의 기명날인권자에 선장을 추가한 것이다. 이는 실무적으로는 긴급서명에 대비하여 운송실행을 원활하게 하기 위한 것이다.

우리 상법 제853조 제1항은 "운송인이 기명날인 또는 서명하여야 한다"라고 규정하고 있어서 서명이나 기명날인 어느 것이나 인정하고 있다. 반면 일본 상법 제769조는 "선장 또는 그를 대신한 자의 서명을 요한다"라고 규정하고 있고, 일본 국제해상물품운송법 제7조에서는 "운송인, 선장 또는 운송인의 대리인이 서명하고 기명날인하지 않으면 안 된다"라고 규정하고 있다.

제4관 선하증권의 작성 및 교부 절차

1. 선하증권의 작성 절차

선하증권의 작성에는 상법 기타 선하증권과 관련된 각종 법률상 요구되는 법정기재사항은 물론 당사자들이 운송계약으로 약정한 사항 등 임의기재사항을 기재하여야 한다. 또 선하증권의 기재사항은 신용장 등의 조건을 충족시키지 않으면 매매 대금의 결제를 받을 수 없기 때문에 특히 주의하여야 한다.

절차상 운송인은 최초의 예약 내용, 송하인이 운송인에게 제공한 서류, 운송물의 외관 상태, 선적 여부 등 운송물의 실제 상황을 기초로 선하증권을 작성한다.

1] 운송인의 예약

송하인이 운송인과 예약(Booking)을 하는 형태는 서면, 전자적 방식 또는 전화로 일정에 맞는 선박과 선복(ship`s space)[21]의 수배가 가능한 지를 확인하고 예약을 하게 되는데, 실무상 전화를 통한 예약(Booking)이 대부분이다. 이때 송하인은 예약에 필요한 주요 사항(mandatory items)을 운송인에게 먼저 제공하고 정확한 선하증권의 작성을 위해 자세한 명세는 사후에 서면으로 제출한다.

예약할 때 송하인이 운송인에게 제공하는 정보는 다음과 같은 사항이 포함된다. 첫째, FCL 화물인지 LCL 화물인지를 구분한 다음, ① 선명(vessel, voyage, direction),

21) 운송물을 적재할 수 있는 선박의 지정공간을 말한다(운송신문사, 물류 용어사전, 제12증보판, 2004, 749쪽).

② 송하인(shipper), ③ 품목명(commodity(長尺物,[22] 중량물,[23] 위험물 등 특수운송물인 경우는 그 내역 포함)), ④ 수량(volume)(FCL 화물의 경우는 컨테이너의 크기와 개수, LCL 화물의 경우는 부피 및 무게), ⑤ 수령 장소(place of receipt), ⑥ 선적항(port of loading), ⑦ 양륙항(port of discharge), ⑧ 인도 장소(place of delivery), ⑨ 수령 및 인도 조건(receiving & delivery term) 등이다.

이 중 "수령 및 인도 조건"(receiving & delivery term)의 표시 목적은 운송을 인수한 운송인과 의뢰한 하주의 책임한계를 명확히 하고자 하는 것이다. 즉 운송인이 운송물을 수령하고 인도하는 장소가 어디인가를 표시하는 것인데 이들을 보면 Door/Door, Door/CY, Door/CFS, CY/Door, CY/CY, CY/CFS, CFS/Door, CFS/CY, CFS/CFS, 그리고 Tackle/Door, Tackle/CY, Tackle/CFS, Tackle/Tackle 등 여러 가지 형태의 약정이 있을 수 있다. 예를 들어 "CY/Door"는 출발지의 CY에서 운송물을 수령하고 목적지의 하주의 공장까지 운송인의 책임으로 운송하여 거기서 인도한다는 것이며, "CY/CY"는 출발지 CY에서 운송물을 수령하고 운송하여 목적지의 CY에서 인도한다는 의미이다. 이때 동 약정 구간 밖의 구간, 즉 하주의 관리 하에 있는 동안 발생한 운송물의 손상 또는 멸실 등에 대해서는 하주의 책임에 속한다.

그리고 예약된 물건이 위험물인 경우는 실무상 특별 취급을 하고 있다. 위험물의 해상운송에 관하여는 국제해사기구(IMO)에서 국제해사위험물규정(International Maritime Dangerous Goods Code)을 제정하였는데, 각국에서 이를 수용하여 엄격히 적용하고 있다. 국가별로는 위험물의 등급[24]에 따라 선적 · 양륙을 금지하기도 한다. 위험물은 관련 국가의 위험물 운송법규에 부합되도록 적정한 라벨(label)[25] 및 포장을 해야 하고 선하증권에도 규정상 필요한 모든 내용을 기재해야 하며 적하목록도 일반 목록과 별도로 제출하는 등 특별취급을 하게 된다.

---

22) 대부분의 운임요율표(tariff) 규정은 운송물 한 개(piece or package)의 길이가 3.1 m를 초과하는 것을 장척(long length 또는 extra length) 운송물이라 규정하고 있다. 이런 경우는 통상의 품목별운임율(commodity rate)에 부가하여 장척요금(long length charge)을 부과한다(한진해운 컨테이너 Tariff, FMC No. 200, Rule 6 참조).

23) 운송물 한 개(piece or package)의 무게가 18,001 kg을 초과하는 것을 통상적으로 중량(heavy lift) 운송물이라 규정한다. 물론 이런 경우도 해당 품목별 운임율(commodity rate)에 부가하여 중량물요금(heavy lift charge)을 부과한다(한진해운 컨테이너 Tariff, FMC No. 032, Rule 4 참조).

24) 국제해사기구가 정한 위험물 분류를 보면 다음과 같다 ;
Class 1 : Explosive, Class 2 : Gas, compressed, liquified or organic peroxide, Class 3: Inflamable liquid, Class 4 : Inflamable solids, Class 5 : Oxidizing substances and disolved under pressure, Class 6 : Poison and infactious substance, Class 7 : Radio active substance, Class 8 : Corrosives, Class 9 : Miscellaneous dangerous substance.

25) 제품에 관한 설명 등을 인쇄하여 용기 또는 물건에 붙이는 작은 표를 말한다(코리아쉬핑가제트, 最新 海運 · 物流用語大辭典, 제9증보개정판, 2002, 354쪽 참조).

2] 송하인의 운송 서류 제출과 선하증권 작성

예약된 운송물의 선적과 선하증권이 정확히 작성될 수 있도록 송하인은 운송인에게 선적요구서(Shipping Request: S/R) 등의 서류[26]를 서면 통지(제출)하여야 한다. 송하인의 서면 통지는 기재 내용이 정확하다는 것을 담보하는 것으로 간주되므로(상법 제853조 제3항, 헤이그 규칙 및 헤이그-비스비 규칙 제3조 5항, 함부르크 규칙 제17조 제1항), 송하인은 서면통지서를 정확하게 기재하여 운송인에게 제출하여야 한다.

또 운송인은 송하인이 제출한 서면 통지의 내용과 전화 예약의 내용을 면밀히 확인하고 선하증권을 작성하여야 한다. 만약 예약 내용과 송하인이 제출한 서류가 서로 불일치하는 경우는 운송인은 송하인과 확인하여 사실에 부합되는 내용을 선하증권에 기재 · 작성하여야 한다.

3] 선하증권의 작성 및 교부 장소

일반적으로 송하인은 선적지에 소재한 운송인의 영업소에서 예약(booking)을 하고 선하증권을 교부받게 되지만, 운송인의 영업소가 여러 곳에 있는 경우는 반드시 그렇게 할 의무는 없다. 송하인은 운송인의 어느 사무소든지 선택하여 서류를 제출하고, 선하증권의 작성 및 교부를 요구할 수 있다. 이와 같이 선하증권의 작성 및 교부는 운송인의 영업소가 있는 곳이면 어디에서나 할 수 있으므로 선적지, 수령지 또는 운송계약이 이루어진 곳과 일치하지 않는 경우도 많다.

상법은 선하증권에 그 발행지를 기재하도록 법정하고 있는데(상법 제853조 제1항 제9호), 이는 작성지를 의미하기 보다는 운송인이 송하인에게 선하증권을 교부한 곳으로 보아야 할 것이다.

2. 선하증권의 교부

1] 피교부자

운송인으로부터 선하증권을 교부 받을 수 있는 자는 운송계약 체결의 당사자인 송하인, 즉 선하증권에 송하인으로 기재된 자 또는 그 대리인이다. 그러므로 운송인이 유

26) 우리나라에서는 송하인이 선적요구서(Shipping Request)를 작성하여 운송인에게 제출하면 운송인은 그에 의거 선하증권을 작성한다. 대만에서는 송하인이 선적지시서(Shipping Order)라는 양식을 사용하고 있지만 이에 포함된 내용은 우리나라의 선적요구서(S/R)와 거의 같다. 미국에서는 별도의 선적요구서 양식을 사용하지 않고 세관양식(FORM 7525)인 "Shippers Export Declaration"을 운송인에게 제출하면 운송인은 동 내용을 그대로 선하증권 자료로 활용할 뿐만 아니라, 선적운송물에 대한 세관수출신고 서류로 제출한다(嚴潤大, 船荷證券論, 신대종, 2002, 123쪽 주 7)).

가증권인 선하증권을 교부할 때는 그 수령인이 송하인 본인인지 아니면 그 대리인인지를 확인하여야 하며, 반드시 피교부 자격이 있는 자에게 교부하여야 한다.

2] 교부 방법

첫째, 가장 일반적인 방법이 송하인에게 직접 교부하는 것이다. 즉, 선하증권에 송하인으로 기재된 자 또는 그 대리인이 직접 운송인의 사무실로 선하증권을 수령하러 온 경우에는 운송인은 그가 진정한 수령자인가를 확인한 뒤, 그의 성명과 전화번호를 기재한 인수확인증 등을 받고 교부하여야 한다.

우리나라에서는 대부분 송하인의 직원이 선하증권을 수령해 가거나 근래에는 송달업체를 이용하기도 한다. 그러나 송달업체를 이용할 때는 미국의 경우처럼 송하인이 지정한 서류송달업체를 선박 회사에게 미리 통지하고 그들만이 선하증권을 배달하도록 하여야 할 것이다. 미국의 수출업자는 송달업체의 이용 외에 운송주선인을 지정하여 송하인의 운송 관련 서류를 처리하도록 하고 있어서, 그 운송주선인이 송하인을 대신하여 예약, 선적서류의 작성 및 제출, 선박 회사로부터 선하증권을 교부받아 송하인에게 전달하는 업무까지 수행하고 있다.

둘째, 송하인이 선하증권을 우편으로 송부할 것을 요구하는 경우에는 운송인은 그 근거 기록을 남기고 우송하여야 한다. 이때 송하인의 주소로 직접 우송되므로 타인에게 교부될 위험은 적으나 분실의 가능성이 있으므로 수령을 확인할 수 있는 우편 수단을 이용하는 것이 안전하다.

제2절 선하증권의 정정

제1관 의의

운송인이 운송물을 수령 또는 선적한 후에 송하인이 제출한 서류에 의거 각종 기재사항을 기재하고 선하증권을 작성하여 송하인에게 교부하였는데 나중에 기재사항 중 일부를 정정해야 하는 경우가 있을 수 있다.

선하증권의 기재는 운송인이 증권에 기재된 대로 운송물을 수령 또는 선적한 것으로 추정하는 효력을 가지고 있다(상법 제854조 제1항 참조). 특히 선하증권을 선의의 제3자가 취득한 경우라면 운송인은 그에 대해 대항할 수 없고 반증도 허용되지 않으므로, 한번 발행된 선하증권에 대하여 나중에 기재 내용을 정정한다는 것은 운송계약의 내용을 변경하는 결과를 초래하게 된다.

선하증권의 정정은 다음과 같은 두 가지 측면에서 일어날 수 있다. 첫째, 통상적 의미의 정정으로서 선하증권의 기재사항 중 일부가 처음부터 사실과 달리 잘못 기재된 것을 바르게 고치는 경우이다. 둘째, 기재가 잘못되지는 않았지만 송하인 또는 선하증권 소지인 등이 그의 권리에 기초하여 원래의 운송계약 내용의 변경을 요청하고 운송인이 이를 수락하여 그 내용을 정정하는 경우이다. 이에는 수하인이 변경되는 경우와 목적지가 변경되는 경우가 대부분이다. 후자는 전자의 경우처럼 단순히 선하증권의 오기를 정정하는 것과는 그 법적 성질을 달리하여, 운송계약 당사자 간의 청약의 유인과 청약 및 승낙의 과정이 동반되므로 원 계약을 해지하고 새로운 운송계약이 성립된다고 볼 수 있다. 이와 같이 법적 성질을 전혀 달리함에도 불구하고 해운실무에서는 "선하증권의 정정"이라는 용어로 양자 모두를 포함하여 사용하고 있다.[27)]

27) 嚴潤大, 船荷證券論, 신대종, 2002, 344쪽 참조.

제2관 잘못된 기재의 정정

1. 의의

잘못된 기재의 정정이라 함은 선하증권을 작성할 때 사무적 착오 또는 과실 등으로 증권에 운송 내역(운송물 명세, 운송 구간 등)의 실제 내용과 달리 기재된 것을 선박이 출항한 후에 인지하고 이를 바로 잡는 것을 의미한다.

문언증권[28]인 선하증권은 사실관계와 일치되게 작성되어야 하므로, 기재가 잘못된 경우에는 당연히 증권의 기재가 정정되어야 수하인도 목적지에서 통관상의 문제를 포함한 계약상의 권리를 행사함에 어려움 없이 선하증권에 기재된 운송물을 인도받을 수 있는 것이다.

이때 증권의 발행 후 정정으로 인해 추가 비용 등 어떤 손해가 발생될 경우의 책임 부담은 착오 또는 과실이 있는 쪽(선하증권을 잘못 작성한 자 또는 운송물의 명세 등을 잘못 통지한 송하인 등)에게 귀속된다.

2. 정정 방법과 사후 처리

1] 오기의 확인

예약사항, 선적요구서(S/R) 등 송하인이 제출한 서류와 선적된 운송물이 일치함에도 불구하고 선하증권의 기재가 잘못된 경우에는 당연히 사실관계에 따라 정정되어야 한다. 또 송하인이 제출한 선적요구서의 내용이 사실과 일치하지 않게 잘못 기재되어 제출되었다고 하여 선하증권의 기재의 정정을 요청한 경우에는 운송인은 그러한 사실을 입증할 수 있는 서류(예를 들면 상업송장, 포장목록, 신용장 등)를 제출하도록 하여 대조한 후 사실을 확인하고 정정해야 한다.

2] 정정 방법

정정되어야 할 기재 내용이 경미한 경우는 잘못된 부분에 줄을 긋고 발행된 선하증권 全通을 바르게 고친 후 운송인 고유의 정정인(訂正印 : correction seal)을 날인한다.

정정할 내용이 많은 경우에는 이런 방식을 취하면 선하증권이 지저분해 지기 때

28) 증권상의 권리의 내용이 증권에 기재된 문언 만에 의하여 정하여지는 유가증권을 말한다. 예컨대, 어음, 수표, 화물상환증, 창고증권, 선하증권 등이 여기에 속한다(핵심 법률용어사전, 청림출판, 2005, 273쪽)

BILL OF LADING Correction Notice

C/A No. KOR9006470 **BKG NO** KOR 97120072 **B/L NO** PUSI90346904W
T.VVD SOSE0115W **Sailed** 13Jul07
POR KRPUS **POL** KRPUS **POD** TWKEL **DEL** TWKEL
Shipper KR 1150 KOREA MARINE CO., LTD

Correction Reason M **Correction Class** R **Correction Kind**
C/AOfficeSELCSC **C/A issu staff**KIM GIL DONG **C/A date**15Jul07 14:35:39
Correction item

Item	Now reads	Should read
FRT and CHRG		Item changed

Freight & Charge(Now Read)

FRT	PT	RATED AS	CUR	RAT	P/C	PREPAID	COLLECT THIRD
OFT	D2	1.00	USD	300.00	p	300.00	.00
OTH	20	1.00	KRW	80,000.00	p	80,000.00	.00
DTH	20	1.00	TWD	4,419.00	c	.00	4,419.00
DHF	BL	1.00	TWD	3,000.00	c	.00	3,000.00
DHF	BL	1.00	KRW	9,000.00	p	9,000.00	.00
WHF	CM	26.00	KRW	153.00	p	3,993.00	.00
CTT	20	1.00	KRW	20,000.00	p	20,000.00	.00

Freight & Charge(Should Read)

FRT	PT	RATED AS	CUR	RAT	P/C	PREPAID	COLLECT THIRD
OFT	D2	1.00	USD	300.00	p	300.00	.00
OTH	20	1.00	KRW	80,000.00	p	80,000.00	.00
DTH	20	1.00	TWD	4,419.00	c	.00	4,419.00
DHF	BL	1.00	TWD	3,000.00	c	.00	3,000.00
DHF	BL	1.00	KRW	9,000.00	p	9,000.00	.00
WHF	CM	26.00	KRW	153.00	p	3,993.00	.00
CTT	20	1.00	KRW	20,000.00	p	20,000.00	.00

Freight & Charge (Difference)

FRT	PT	RATED AS	CUR	RAT	P/C	PREPAID	COLLECT THIRD
OFT	D2	1.00	USD	300.00	c	.00	3,00.00
OFT	D2	1.00	USD	300.00	p	−3,00.00	.00

Prepaid: USD −300.00 **Collect:** USD 300,00 **Third:**

Remark : FREIGHT TERM CHANGED

그림 4-4 ● 선하증권 정정통지서 양식(Correction Notice)

문에 원 선하증권을 회수하여 파기하고 올바른 기재를 한 선하증권을 재발행하여 송하인에게 교부한다.

3] 정정 후 조치 사항

1 출항지 세관에 제출한 적하목록 정정

운송인은 각국의 관세법이 정한 기간 내에 출항지 세관에 적재 물건과 일치하는 적하목록을 제출하여야 하고(관세법 제192조의2 제2항),[29] 또한 일단 제출된 적하목록에 오류가 있는 경우에도 세관이 정한 기간 내에 정정 신고를 필하여야 한다. 만약 이 기간이 경과할 때에는 당해 선박의 선장에게 관세법 소정의 벌금 내지 과태료가 부과된다.

2 목적지의 운송인 영업소에 통지

목적지의 운송인의 영업소에 정정 사실을 통지하여 사실과 부합되는 적하목록이 해당 세관에 제출되도록 하고(관세법 제45조 참조), 선하증권의 통지처에도 운송에 관한 정확한 정보를 통지하여야 한다.

3 기타

실무상, 이와 같은 정정이 있는 경우에는 대부분의 운송인은 정정통지서(correction advice, correction notice)라는 명칭의 양식을 제정해 놓고 그 양식에 맞추어 선하증권의 정정 내용을 전자적 통신 방법으로 목적지의 영업소에 통지하고 있다(그림 4-4 참조).

제3관 운송계약 내용의 사후변경

1. 의의

운송물이 선박에 선적되어 선하증권이 발행되고, 증권에 기재된 운송물의 운송 중에 사정변경이 생겨서 ① 선적지의 송하인이 선하증권 기재의 정정을 요청하는 경우와

29) 미국의 경우에는 수출 운송물에 대하여 특정품목(양주, 담배 등)을 제외하고는 적하목록을 제출하지 않고, 선박 회사가 선적한 운송물에 대해 송하인으로부터 Shippers Export Declaration을 받아 항차별로 세관에 제출한다. 제출기한은 선박 출항신고를 필한 후 4 working day 이내에 제출하여야 한다(15 CFR 30.12). 이 기간 내에 제출하지 않은 경우는 벌금이 부과된다(15 CFR 30.24.2).

② 선하증권의 소지인이 이와 같은 정정을 요청하는 경우가 있다. 이러한 상황은 운송물이 운송 중에 있거나 또는 증권에 기재된 목적지에 운송물이 이미 도착된 후에도 발생할 수 있기 때문에 이들의 요청에 따라 운송인이 선하증권의 기재 내용을 변경하는 것은 개개의 사안별로 파생되는 문제가 각각 다를 수밖에 없다. 그러므로 운송인은 운송물의 상황을 고려하고 상당한 주의를 기울여 정정의 여부를 결정하여야 한다.

2. 수하인의 변경

1] 의의

운송물이 목적지에 도착하기 이전 또는 목적지에 도착한 후에도 특별한 사유가 생겨 ① 송하인이 의도적으로 최초의 수하인에게 운송물의 인도를 원하지 않는 경우, ② 송하인과 수하인 간의 매매계약이 해지되는 경우, ③ 수하인의 지급불능 등의 사유로 그가 운송물의 수령을 거절하는 경우, ④ 중개무역에서 중개업자가 수하인으로 되어 있던 것이 중도에 타인에게 재판매되는 경우 등이 있을 수 있다. 이런 경우에는 선하증권에 기재했던 수하인에게 운송물이 인도되면 안 될 것이기 때문에 동 운송물에 관한 선하증권상의 수하인도 변경되어야 할 것이다.

다시 말하면, 수하인의 변경은 송하인 등이 선하증권상의 운송물 인도청구권자로 지정했던 자로부터 권리를 박탈하여 다른 자로 하여금 선하증권상의 권리를 갖게 하려는 것이다.

2] 수하인 변경의 청구권자와 그 시한

운송인이 선하증권을 작성하여 송하인에게 교부하지 않았거나 또는 송하인이 교부받은 선하증권을 제3자에게 양도하지 않고 그가 소지하고 있는 상태라면 송하인이 수하인의 변경을 청구할 수 있다. 그러나 송하인이 선하증권을 이미 타인에게 양도한 때는 그 양수인인 증권의 소지인이 선하증권과 관련된 모든 권리를 취득하므로 송하인은 운송인에 대하여 수하인의 변경 등 운송물의 처분 청구권이 없다. 상법도 선하증권이 발행된 경우에는 그 소지인에게, 그렇지 않은 경우는 송하인에게 운송물의 처분 청구권을 인정하고 있다(상법 제815조, 제139조).

그런데 선하증권의 소지인이라고 하더라도 발행된 전통을 소지하고 있지 않고, 그 중 일부인 1통 또는 2통을 소지한 상태에서 수하인의 변경을 청구할 경우 운송인이 그의 요청에 응하여 수하인을 변경하여 그 변경된 자에게 운송물을 인도할 수 있는가가 문제된다. 선하증권은 배서에 의해서 자유로이 유통되는 유가증권이므로 다른 한 통을 선의취득한 자도 다른 소지인과 동일하게 증권에 기재된 운송물에 대한 인도청구권이 있다. 그런데 운송인이 그 일부의 소지인의 요청에 따라 선하증권에 기재된 수하인을 변경한다면 동일한 운송물에 대하여 그 권리를 다르게 만드는 모순이 생긴다. 그러므로 발행 선하증권의 전통을 소지한 자가 아니면 선하증권 전통을 회수하여 운송인에게 반환하고[30] 새로운 수하인으로 정정한 선하증권을 재발행 받아야 할 것이다.

상법은 운송물이 목적지에 도착하여 수하인이 그 인도를 청구한 때는 수하인의 권리가 송하인의 권리에 우선하고(상법 제815조, 제140조 제2항), 또 운송물이 이미 수하인에게 인도된 때는 송하인의 운송물 처분권은 소멸된다고 규정하고 있다. 그러므로 수하인의 변경 요청은 원래 선하증권에 기재된 수하인이 목적지에서 운송물의 인도 청구를 하기 이전에 운송인에 대하여 서면 기타 운송인이 수락할 수 있는 방법에 의하여 청구되어야 한다.

3] 수하인 변경의 절차

1 요구서 접수

수하인의 변경을 청구하는 자로부터 서면에 의한 요구서를 접수한다.

2 운송물 소재의 확인

운송물이 목적지에 도착하여 이미 적법하게 인도된 후에는 운송인의 관리 하에 있지 않으므로 수하인의 변경을 요구받는다 하더라도 운송인은 증권의 기재사항을 변경할 수 없기 때문에 운송물이 운송 중에 있는지 또는 목적지에서 이미 인도되었는지의 여부 등 운송물의 소재를 파악하여야 한다.

선하증권이 발행된 경우에 수하인 변경의 요청을 하는 자는 발행된 선하증권의 전통을 소지하고 있기 때문에 다른 사람이 선하증권을 소지하고 있을 여지는 없다. 그러므로 선하증권과의 상환 없이 화물선취보증장을 받고 운송물이 인도되는 경우도 있기 때문에 수하인의 변경요청이 있을 때는 반드시 운송물의 소재, 즉 그 운송물이 그 당시 운송인의 관리 하에 있는 지를 확인하여야 한다.

3 수하인 변경 요구의 권리자 여부 확인

선하증권을 발행한 후에 수하인의 변경을 요구하는 자가 선하증권 전통을 소지한 자인가를 확인하고 동 선하증권을 회수한 후 수하인 변경을 하여야 한다.

30) Stephen Mills, Bill of Lading, A guide to Good Practice, Anchorage Press, 1998, p. 67; 嚴潤大, 船荷證券論, 신대종, 2002, 349쪽 참조.

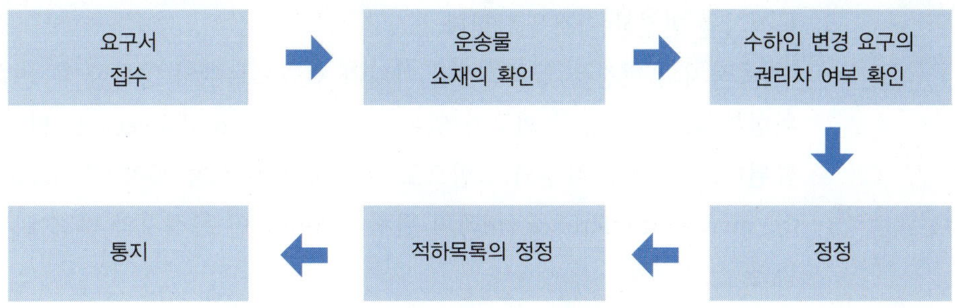

그림 4-5 ● 수하인 변경의 절차

4 정정

선하증권에 기재된 수하인 부분에 줄을 긋고 바르게 고친 후에 운송인 고유의 정정인(correction seal)을 날인하는 방법이 많이 사용된다. 그러나 수하인의 변경은 운송계약의 내용이 변경되는 것과 같은 정도의 주요 사항의 정정에 해당하므로 원 선하증권을 회수하여 파기하고 새로운 선하증권으로 재발행의 절차를 취하는 것이 바람직할 것이다.[31)]

5 적하목록의 정정

정정된 수하인이 통관을 할 수 있도록 세관이 정한 기한 내에 세관에 제출된 적하목록에 수하인 정정 절차를 취한다.

6 통지

수하인 정정이 출발지에서 이루어진 경우는 목적지 사무소에, 도착지에서 이루어진 경우는 출발지 사무소에 동 사실을 통지하여 정정된 기록을 유지하도록 한다.

3. 목적지의 변경

1] 의의

운송물은 목적지에 도착하기 이전 또는 목적지에 도착한 후라도 수하인의 인수거절, 기타 특별한 사유가 생겨 다른 지역에 소재하는 새로운 매수인에게 물건을 매도하기 위하여 목적지를 변경할 필요가 생기는 경우가 있다. 목적지의 변경(diversion)이라 함은 이러한 사정변경이 선하증권의 발행 이후 발생하여 선하증권에 기재되어 있던

31) 같은 의견, 嚴潤大, 船荷證劵論, 신대종, 2002, 351쪽.

목적지를 변경하는 것을 말한다.

목적지의 변경은 양륙항뿐만 아니라 선박으로부터 양륙한 후 운송인의 비용과 위험부담으로 운송할 의무가 있는 인도지(place of delivery)를 변경하는 것도 포함된다. 그러므로 하주의 책임으로 운송해 가는 최종 목적지(final destination for the merchant reference only)의 변경은 통상적인 목적지의 변경에는 포함되지 않는다.

2] 목적지 변경의 청구권자

선하증권이 발행되지 않은 경우라면 운송계약의 당사자인 송하인이 변경 청구권을 가지고 있겠지만, 선하증권이 발행된 경우에는 증권의 소지인(송하인 또는 제3자 불문)에게 변경 청구권이 있다. 그러므로 운송인에게 목적지의 변경을 요청하기 위해서는 발행된 선하증권 전통을 소지한 자이어야 하고, 그 증권을 운송인에게 제출하여 증권에 기재된 목적지를 새로운 목적지로 정정해야 한다.

3] 청구시한

1 양륙항 변경

선하증권에 기재되었던 양륙항을 다른 항구로 변경할 수 있기 위해서는 운송물을 선적한 선박이 증권에 기재된 양륙항에 도착하기 전이어야 한다. 해운실무에서는 하주에 의한 양륙항 변경 요청은 선박도착 2~3일 전에 운송인에 의하여 접수되어야 한다고 정하고 있다.[32]

선적항에서 하주로부터 양륙항 변경의 요청을 받은 시점이 촉박하여 변경 요청된 항구의 운송인의 영업소에서 그것을 실행할 시간적 여유가 충분하지 않든가 또는 운송물의 적부 상태를 점검한 결과 해당 운송물이 선저에 적부되어 있어서 양륙항을 변경하기 위해서는 엄청난 비용이 발생한다거나 선박운항이 지연되는 경우에는 양륙항의 변경이 불가능하기 때문에 그 승낙 여부는 운송인의 재량행위(carriers option)로 보아야 한다. 또한 운송물을 선적한 선박이 기항하지 않는 곳을 양륙항으로 하는 정정 요청은 운송인에 의해 받아들여질 수 없다고 보아야 한다.

32) 한진해운 컨테이너 Tariff-200, FMC no. 200, Rule no. 2-Z 2 참조.

2 인도지 변경

선하증권상의 양륙항은 변경되지 않고 인도지만 변경되는 선하증권의 정정을 요청할 수 있는 시한은 운송물이 양륙항에 도착하기 이전인가 이후인가를 묻지 않고 승낙할 수 있다. 그러나 양륙항과 인도지 양자 모두가 변경되는 경우는 양륙항 변경의 경우와 같은 기준으로 판단하여야 할 것이다. 또 양륙항은 변경되지 않고 인도지만 변경되는 경우라 하더라도 운송물이 양륙항에 도착하여 정당한 수하인에게 인도되지 않고 운송인의 관리 하에 있는 경우에만 인도지 변경이 가능하다.

4] 목적지 변경 절차

1 요구서 접수 등

요구서 접수, 수하인 변경 요구의 권리자 여부 확인, 요구시기 및 이행 가능성 여부 확인, 선하증권의 정정 방법, 적하목록의 정정 등은 수하인변경의 절차와 같다. 이때 하주로부터 양륙항이나 인도지의 변경 요청을 받은 운송인이 변경 여부를 신속히 결정하고 실행에 옮기기 위해서는 관련된 해외 영업소와 신속하고 긴밀한 연락을 취하여야 한다. 그렇지 않으면 시기를 놓쳐 운송지연을 초래함은 물론, 불필요한 많은 비용이 발생하기 때문이다.

2 승낙여부 통지

하주가 목적지 변경요구를 한 경우에, 운송인은 관련 영업소와 긴밀한 연락을 통하여 그 승낙 여부를 결정하고 운송인의 입장에서 하주에 대하여 결정 내용을 알려 주어야 한다. 만약 하주의 요구를 승낙 할 수 없는 경우에는 하주가 요구를 철회할 것이며, 승낙하는 경우라도 하주가 그에 따라 필요한 후속조치를 취할 수 있기 때문이다. 이와 같이 하주의 목적지 변경 요구에 대하여 운송인이 수락을 통지할 때에는 추가 비용 또는 운임의 변동에 대하여도 통지하여야 한다.

3 목적지변경 요금의 청구 및 운임의 조정

양륙항의 변경이나 인도지를 변경할 때는 관련 운임요율표(Tariff)에 미리 정해 놓은 소정의 목적지변경 요금(Diversion Charge)을 청구해야 한다. 만약 목적지변경을 하기 위해 실제 소요된 비용이 운임요율표 등으로 미리 정해 놓은 액수보다 더 높은 경우는 실제비용을 청구해야 한다.

목적지가 변경됨에 따라 운임이 변경되는 경우에는 선하증권을 정정할 때 반영하고 차액을 추가 청구하거나 또는 환급하여야 한다.

4. 운임 지급 조건 또는 지급지의 변경

1] 선급조건을 후급조건으로 정정하는 경우

선하증권상 운임지급조건이 선급이냐 후급이냐는 송·수하인 간의 매매계약조건에 의하여 결정된다.[33] 이와 같이 운임이 선급이냐 후급이냐는 매매계약 시 미리 정해지는 것이므로 선하증권의 운임 지급 조건을 정정하는 경우는 자주 일어나지 않는다.

그렇지만 선하증권 교부 시 운임이 선급조건으로 되어 있던 것을 나중에 후급조건으로 정정해 달라는 요청을 받는 경우에는 선하증권을 교부할 때 송하인이 이미 지급했거나 지급하기로 약정하였던 운임을 목적지에서 수하인이 지급하는 조건으로 정정하는 경우이므로 운송물이 운송 중이고 송하인이 선하증권 원본 전통을 소지하고 있다면 정정 자체는 별 문제가 없다. 그러나 선하증권 원본 2통을 소지한 송하인이 운임조건의 변경요청을 하는 시점에 운송물이 이미 목적지에 도착하여 1통의 증권 소지인이 운송물의 인도 청구를 한 상태라면 운송인은 운임 지급에 대해 수하인의 동의를 받은 후에 운임조건을 후급으로 정정해야 한다.

2] 후급조건을 선급조건으로 정정하는 경우

운임후급지급 조건이었던 것을 선급하면서 선하증권을 그렇게 정정해 달라는 송하인의 요청은 운송인이 거절할 이유가 없다. 그러나 후급조건으로 운송물이 운송되어 목적지에 도착하였는데 수하인이 운임을 지급하지 않고 선급조건으로 정정해 달라는 요청이 있는 경우 운송인은 당연히 송하인의 확인을 요함은 물론, 송하인으로부터 후급으로 되어 있는 운임을 징수한 후 수하인의 청구대로 운임조건을 정정하여야 할 것이다. 운임이 지급되지 않은 운송물에 대해서는 운송인이 유치권을 행사할 수 있다(상법 제807조 제2항).

3] 운임의 지급지를 정정하는 경우

선하증권에 하주가 운임을 지급하는 장소를 기재하는 것은 법정기재사항은 아니지만 운송인이 운임의 청구를 편리하게 하기 위하여 선하증권에 운임의 지급지를 기재하는 경우가 많다. 운임선급조건에서는 운송물의 출발지에서 송하인으로부터 선하증권 교부 시에 운임을 지급 받고, 운임후급조건에서는 목적지에서 운송물 인도 시

33) 매매 계약상 가격조건이 운임이 포함된 CFR 또는 CIF 조건이라면 매도인이 운임을 부담하는 조건이므로 선하증권상에는 운임선급(Freight Prepaid)으로 기재될 것이며, FOB가격조건이라면 매수인이 운임을 부담하는 조건이므로 선하증권에는 운임후급(Freight Collect)으로 기재될 것이다.

에 수하인으로부터 지급 받는다.

그런데 예외적으로는 선급조건의 경우에도 송하인과의 약정으로 제3국 또는 인도지를 운임의 지급지로 기재하기도 한다. 예를 들어 운송물의 출발지는 부산이고 목적지는 함부르크인데 "Prepaid at 함부르크" 또는 "Prepaid at HONG KONG"이라고 기재되는 경우가 있다. 이 경우는 출발지에서 운송인이 선하증권을 송하인에게 교부하기 위해서는 함부르크 또는 홍콩에서 운임이 지급된 것이 확인되어야 한다. 또한 후급조건의 경우에도 그 지급지가 목적지로 되어 있던 것을 제3국으로 정정해 달라는 청구가 있을 수 있다.

선하증권에 기재된 운임 지급지를 다른 곳으로 변경해 달라는 하주의 요구에 대해 운송인이 이를 승낙한다면 그 변경을 요청하는 자가 지정한 곳에 있는 운임을 지급할 자와 동 변경사실을 확인하고, 선급의 경우라면 정정된 선하증권을 교부하기 전, 후급의 경우라면 운송물을 인도하기 전에 해당 운임을 그 변경된 장소에서 청구하여야 한다.

제3절 선하증권의 재발행

제1관 의의

운송인이 운송물을 수령 또는 선적한 후에 송하인이 제출한 서류에 의거 각종 기재사항을 기재하고 선하증권을 작성하여 송하인에게 교부하였는데, 분실하는 등의 사유 때문에 이를 재발행해야 할 경우가 있다. 선하증권은 배서에 의하여 자유로이 유통되는 유가증권이므로 그 소지에 의해 권리자가 결정된다. 그러므로 송하인이 교부받았던 선하증권을 분실하여 운송인에게 재발행을 요청해 온 경우 운송인이 이에 응함에는 유가증권의 재발행에 따르는 법적 위험성이 뒤따른다. 즉, 유가증권을 두 번 발행한다는 것은 동일 운송물에 대하여 수하인을 여러 명으로 만드는 결과가 초래될 수 있기 때문에 선하증권의 재발행에는 매우 세심한 주의가 필요하다.

제2관 재발행 사유와 청구권자

운송인이 발행한 선하증권을 분실하는 경우는 ① 송하인이 선하증권을 은행에 취결하기 전에 분실한 경우, ② 송하인이 은행에 취결한 후 그 취결은행과 신용장 개설은행 간에 우송 중 분실한 경우 ③ 수하인이 신용장 개설은행으로부터 신용장 대금을 지급하고 선하증권을 취득한 이후 그것을 소지하고 있던 자가 분실한 경우 등이 있다.

이때는 목적지에서는 선하증권이 없으므로 운송물을 인도받을 수 없다. 그러므로 위 ①과 ②의 경우에는 대개 송하인이, ③의 경우에는 수하인이 운송인에 대하여 선하증권의 재발행을 청구하게 된다.

제3관 재발행과 하주의 권리회복절차

1. 공시최고 및 제권판결

선하증권의 분실 또는 파손 시 정당한 소지인이 그 권리를 회복하기 위한 절차는 국가마다 다른데 대륙법계에서는 유가증권의 공시최고(公示催告)와 제권판결(除權判決)의 방법에 의한다.[34] 이러한 방법에 의하면 선하증권을 분실한 자는 그의 재판관할권이 있는 지방법원에 분실 등 사실을 증명하는 서류를 제출하고 공시최고 절차를 밟아 법원으로부터 분실 선하증권의 무효 및 제권판결증권을 받아 그의 증권상의 권리를 행사할 수 있다. 그러므로 선하증권을 분실했던 자가 송하인이라면 제권판결증권을 운송인에게 제출하여 선하증권의 재발행을 받을 수 있고, 수하인인 경우는 이를 운송인에게 제출하여 운송물을 직접 인도 받을 수 있다.

그런데 공시최고 및 제권판결은 그 기간이 공고 종료일로부터 3내지 6개월[35]이라는 장기간이 소요되므로 고속컨테이너 선에 의한 정기선 운송에서는 실용성에 문제가 있다. 해운실무에서는 은행보상장을 제출하거나 보증금을 예치하고 운송물을 인도받는 방법을 주로 이용한다.

2. 은행보상장 또는 보증금의 예치

하주가 선하증권을 분실한 경우 이를 재발행 받기 위한 방법으로는 공시최고 및 제권판결을 받는 외에, 은행보상장의 차입 또는 보증금을 예치하는 방법이 있다.

이때, 재발행 청구자는 ① 선하증권을 재발행 받고자 하는 자 자신이 선하증권의 정당한 권리자라는 사실, ② 선하증권을 분실하였다는 사실의 진술과 함께, ③ 재발행을 요청하면서, ④ 재발행으로 인한 책임을 부담할 것과, ⑤ 재발행으로 인하여 운송인에게 손해가 발생할 경우에는 농 손해를 배상하겠다는 내용이 포함된 보증장을 작성하여 재발행 청구자 및 은행이 연대하여 서명날인한 후 운송인에게 제출한다. 은행보증이 요청되는 이유는 만약의 경우 송하인이 단독의 배상능력이 없어질 경우를 대비하기 위함이다.

선하증권의 재발행을 청구하는 자가 은행이 연대보증한 보상장을 제출하지 못할

34) 大岐正瑠, 船荷證券の研究, 東京, 白桃書房, 1989. 104쪽.

35) 우리나라는 공시기간을 공고 종료일부터 3월로 정하고 있으며(민사소송법 제452조), 일본은 이를 6개월로 하고 있다(일본 민사소송법 제783조).

경우에는 운송물의 송장가격(CIF Value)[36]의 130% 내지 150%에 해당하는 금액[37]을 담보로 제공하고 선하증권의 재발행을 요청한다. 여기서 보증금이 송장가격의 100%가 넘는 이유는 만약의 경우 사후에 발생하게 될 지도 모를 소송비용 등 이 건과 관련된 비용을 담보하기 위한 것이다.

3. 비유통 기명식 선하증권의 경우

비유통 기명식 선하증권은 문자 그대로 유통될 수 없고, 선하증권상의 수하인 란에 기재되어 있는 자가 운송물을 수령할 자격이 있는 자이므로 제3의 선하증권 소지인이 있을 수 없다. 그러므로 이러한 선하증권을 분실하여 재발행하는 것은 지시식의 선하증권보다는 그 위험성이 적다. 그리고 기명식 선하증권의 경우는 무환운송물이 대부분이어서 은행이 개입되어 있지 않기 때문에 은행의 보증을 받는다는 것은 사실상 어려운 일이다. 실무에서는 은행의 보증이 없는 하주의 보상장(company L/I) 또는 송장가액의 130 내지 200%에 해당하는 금액을 운송인에게 담보하고 선하증권을 재발행을 받는 경우도 있다. 그러나 목적지에서 수하인이 선하증권을 분실하여 재발행을 요청하는 경우에는 보상장 외에 송하인과 수하인 사이에 운송물에 대한 소유권에 어떤 문제가 없는 지를 확인하기 위하여 송하인의 동의를 받는 것이 실무 관행이다.

4. 선하증권 재발행 절차

운송인이 하주로부터 선하증권의 재발행 청구를 받은 경우에는 위와 같은 절차에 따라서 선하증권을 재발행 하는데, 이때 재발행 되는 증권에는 반드시 다음과 같은 문구를 삽입하여 분실된 원 선하증권은 무효이며 동일한 내용으로 재발행된 것임을 표시하여야 한다.

> 재발행 선하증권에 표시하는 문구 "This Bill of Lading is a second(or duplicated) issue replacing the original set of the same tenor and date to have been lost and which is now to stand void."

36) 제조 원산지에서의 매입가격을 기본원가로 하여 외국의 목적항까지의 운송비용 등 모든 비용을 기재한 송장을 말한다(운송신문사, 물류용어사전, 제12증보판, 2004, 565쪽).

37) 이는 운송인마다 내부규정으로 정한 것이 약간씩 다르기는 하나 보통 이 정도 수준이며, California Commercial Code 제1706조는 운송물 가액 200%로 규정하고 있다.

INDEMNITY

To : (운송회사)

Dear sirs,
Vessel Name:
Port of Shipments: Port of Discharge:
B/L No. :
No. of Package :
Description of goods :
Invoice value :

1. In consideration of your signing a duplicate set of bills of lading for the above mentioned shipment made by the above vessel, original set being lost, we hereby undertake to hold you and each of you indemnified against all claims which may be made upon you and any of you or each of you under the said B/L or any of the set of which it forms a part against all loss, costs(as between Attorney of Solicitor and Client) damages and expenses which you or any of you may suffer or be put to be and reason of signing a duplicated set of bills of lading.
2. If a claim should be raised against you as a consequence of the issuance of this duplicate set of bills of lading we further to authorize you to settle such clain directly, with the claimant, and we undertake to keep you indemnified for all your outlays to this effect.
3. If any proceprodedings should be commenced in this respect we undertake to provide you form time to time with sufficient funds to meet you outlays to such proceeding.
4. In case the vessel or any property belonging to you should be arrested for any claim as a consequence of your issuing this duplicate bill of lading, we undertake to provide bail to get the vessel or other arrested property released and to indemnify you for loss and expenses caused to you be the arrest, whether justified or not.

Yours faithfully,
For and on behalf of

Place and date:

____
(회사명, 대표자명, 날인 또는 서명)
For and on behalf

____
(보증은행, 날인 또는 서명)

그림 4-6 ● 선하증권의 재발행을 위한 보상장 양식

5. 보상장 또는 보증금의 보관기간

운송인이 하주로부터 받은 보상장과 보증금은 재발행된 선하증권과 상환으로 운송물을 인도한 후에도 최초로 발행하였던 원 선하증권을 소지하고 있는 자(이하 원 선하증권이라 한다)가 정당한 권리자라고 주장하면서 운송물의 인도를 청구할 것에 대

비하기 위하여 해당 국가의 법률에 따라 상당 기간 보관하였다가 반환하여야 한다.

우리나라 상법에 의하면, 당사자 간에 특별합의가 없는 한 운송인의 하주에 대한 채무는 운송물을 인도한 날 또는 운송물을 인도할 날로부터 1년까지 지속되므로(상법 제118조), 재발행된 선하증권으로 운송물을 인도함에 따라 원 선하증권이 그의 권리를 행사할 경우의 위험을 담보하기 위한 수단인 보상장 또는 보증금 등도 재발행된 선하증권과 상환으로 운송물을 인도한 후 최소한 1년 이상은 보관(실무적으로는 통상 18개월 보관)하여야 한다.

Chapter 05

선하증권의 앞면 기재사항과 뒷면 약관

제1절 총설

제4장에서 설명한 것처럼 선하증권에는 법률상 요구되는 법정기재사항과 당사자 간의 특약 등 임의기재사항으로 구성되는데, 이들 기재사항은 대부분 앞면에 기재된다. 선하증권의 앞면에 기재되는 사항은 운송인이 증권에 기재된 운송물을 그 기재 내용대로 목적지까지 운송하여 이를 정당한 수하인에게 인도할 채무를 부담하는 것이며, 선하증권의 유통성 및 유가증권적 성질에 의한 효력을 나타내는 것이므로 증권 기재사항의 진실성이 특히 요구되는 것이다.

또 선하증권의 뒷면에는 운송계약의 내용을 추정할 수 있는 약관으로 구성이 되어 있는데, 이러한 약관은 부합계약(contract of adhesion)으로서의 성질을 가지고 있다. 특히 뒷면 약관은 개품운송인의 책임에 관한 국제적 통일법규인 헤이그 규칙, 헤이그-비스비 규칙 또는 함부르크 규칙의 내용, 상법 등 각국의 국내법에 따라 운송인과 하주의 권리 · 의무 · 책임에 관한 사항을 규정하고 있어서 사실상 운송계약서를 대체하는 효과를 가지고 있다.

그리고 선하증권의 기재사항과 뒷면 약관의 부합계약성에 의하여 국제협약 및 각국 국내법의 규정에 의한 일정한 규제가 이루어지고 있다. 이러한 규정은 운송인에게는 반드시 지켜야 할 상대적 강행규정적 성질을 가지고 있으므로 이들 법 규정의 내용을 잘 이해하고 이들 기재사항과 약관의 내용을 해석할 수 있어야 한다.

그리고 무역거래에서는 선하증권의 기재사항을 법정하고 아울러 그 기재에 관한 법률적 효력을 강화하고 있다. 특히 신용장 거래에서는 상품의 명세는 물론 선적지, 목적지, 송하인, 수하인 등 세부적인 사항을 운송증권에 정확하게 기재토록 요구하면서 서류에 의한 거래를 할 수 있도록 그 문언성을 특히 중요시하고 있다.[1)]

1) UCP 600 제5조는 "은행은 서류를 취급하는 것이며 그 서류와 관련될 수 있는 물건, 용역 또는 이행을 취급하는 것은 아니다"라고 하여 선하증권 등 서류의 기재문언에 의해서만 판단하게 된다.

제2절 선하증권 앞면의 기재사항

제1관 법정기재사항

1. 상법의 규정

상법 제853조에서는 선하증권의 기재사항에 대하여 다음과 같이 규정하고 있다.

① 선하증권에는 다음 각 호의 사항을 기재하고 운송인이 기명날인 또는 서명하여야 한다.

1. 선박의 명칭 · 국적 및 톤수
2. 송하인이 서면으로 통지한 운송물의 종류, 중량 또는 용적, 포장의 종별, 개수와 기호
3. 운송물의 외관상태
4. 용선자 또는 송하인의 성명 · 상호
5. 수하인 또는 통지수령인의 성명 · 상호
6. 선적항
7. 양륙항
8. 운임
9. 발행지와 그 발행연월일
10. 수통의 선하증권을 발행한 때에는 그 수
11. 운송인의 성명 · 상호
12. 운송인의 주된 영업소 소재지

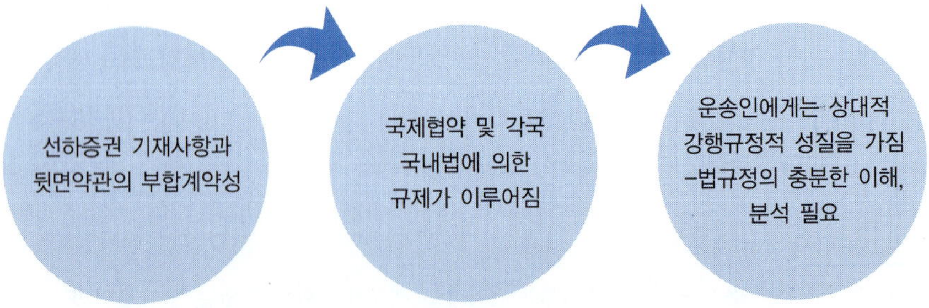

선하증권 기재사항과 뒷면약관의 부합계약성

국제협약 및 각국 국내법에 의한 규제가 이루어짐

운송인에게는 상대적 강행규정적 성질을 가짐 –법규정의 충분한 이해, 분석 필요

그림 5-1 ● 선하증권의 앞면 기재사항과 뒷면약관

② 제1항 제2호의 기재사항 중 운송물의 중량 · 용적 · 개수 또는 기호가 운송인이 실제로 수령한 운송물을 정확하게 표시하고 있지 아니하다고 의심할 만한 상당한 이유가 있는 때 또는 이를 확인할 적당한 방법이 없는 때에는 그 기재를 생략할 수 있다.

③ 송하인은 제1항 제2호의 기재사항이 정확함을 운송인에게 담보한 것으로 본다.

④ 운송인이 선하증권에 기재된 통지수령인에게 운송물에 관한 통지를 한 때에는 송하인 및 선하증권소지인과 그 밖의 수하인에게 통지한 것으로 본다.

2. 선박의 명칭 · 국적과 톤수

1] 선박의 명칭

해상운송에 있어서 운송물을 실어 나르는 운송용구는 선박이다. 여러 선박들 중에서 특히 당해 선하증권에 기재된 운송물의 운송에 사용된 선박이 어느 것인지를 특정함으로써 선적된 운송물에 대한 권리 · 의무를 특정하기 위해서 선박의 명칭(name of vessel)을 선하증권에 기재하도록 하고 있다. 해운실무에서는 선박의 명칭과 함께 항해번호 및 항해방향도 병기하여(예를 들어, M/V Ocean Pioneer V-123E 등), 동일 선명의 선박이라 하더라도 어느 항로의 몇 번째 항해 및 어떤 방향으로 항해하는 선박인지를 명확히 하고 있다.[2)]

그리고 선박 명칭을 기재하는 것도 선적 선하증권과 수령 선하증권에 따라 그 방법과 의미가 달라질 수 있다. 또 운송이 두 척 이상의 선박에 의해 이루어지는 경우 그 중 어느 선박의 명칭을 선하증권에 기재할 것인가도 문제가 된다.

첫째, 수령 선하증권은 운송인이 운송을 위하여 그의 관리 아래에 운송물을 수령 완료하였다면 동 운송물이 선박에 선적되기 이전에 발행되는 것이다. 그러므로 선하증권을 발행하는 시점에는 운송물이 어느 선박에 선적될 것인지 확정되지 않은 경우가 있을 것이다. 그리고 설령 선적하기로 예정된 선박이 이미 접안하고 있어 선적이 예정된 선박이 확정된 상태라 하더라도 수령 선하증권에 기재되는 선명은 기정사실화된 것이 아니고 단지 선적 예정된 선박 명칭(Intended vessel name)에 불과한 것이다. 그러므로 수령 선하증권에 선박 명칭을 기재할 때는 선적 예정 선박(intended vessel name)이라 명시하고 거기에 선박 명칭을 표기하는 것이 정확하다. 만약 기재한 예정 선박에 선적되지 못하는 경우에 대비하여 예정 선박 명칭에 이어 "또는 다

2) 嚴潤大, 船荷證券論, 신대종, 2002, 183쪽.

음 선박"(or subsequent vessel)이라는 문구를 삽입하여 수령 선하증권에 기재된 선박명은 문자 그대로 선적 예정 선박임을 명백히 하여야 한다. 사후에 실제의 운송선박과 운송증권상에 기재된 선박 명칭이 상이하더라도 선박 명칭과 관련한 분쟁을 방지할 수 있을 것이다.

둘째, 선적 선하증권인 경우는 운송물이 선박에 적재된 후 발행되므로 수령 선하증권에서와 같은 선박 명칭 기재의 문제점은 야기되지 않는다. 신용장통일규칙도 운송 서류의 수리요건 중 선박의 명칭에 관하여 중요성을 부여하고, 만약 선하증권에 예정 선박 명칭(Intended Vessel Name)의 표시 또는 선박과 관련하여 이와 유사한 제한조건이 포함되어있다면 비록 운송물이 선하증권에 기재된 예정 선박에 실제로 선적되었다고 하더라도, 별도의 부기로서 그 적재선박의 명칭을 기재할 것을 수리의 요건으로 하고 있을 만큼(UCP 600, 제20조) 운송선박의 명칭기재는 선하증권의 주요 기재사항 중의 하나이다.

셋째, 운송물이 첫 선적항으로부터 목적항까지 동일 선박에 의해 운송된다면 선하증권에 운송선박의 명칭을 기재함에 있어 별다른 문제가 없다. 그러나 현대의 컨테이너화된 운송물은 그것이 단일 운송계약으로 하나의 운송증권에 의해 운송되더라도 약정된 목적항까지 운송되는 동안 두 척 이상의 선박이 연계하여 운송을 완성하는 경우도 많다. 이때 어느 선박의 명칭을 선하증권에 기재할 것인가가 문제된다. UN Layout Key에서 추천한 선하증권 양식이나 현재 각 선박 회사에서 사용하는 선하증권 양식을 보면 운송에 참여한 선명을 기재할 수 있는 란으로 ① 모선에 선적되기에 앞서 사용된 선박 명을 기재하는 "Pre-Carriage By", 및 ② 주로 본선 명을 기재하는 "Name of Vessel" 란 등 두 개의 란을 마련하고 있다.

예를 들어 운송물이 부산항에서 카오슝 항, 홍콩 항을 거쳐 싱가포르 항까지 운송될 경우에, 부산항에서 카오슝항까지는 A선박으로, 카오슝항에서 홍콩항까지는 B선박으로, 홍콩항에서 싱가포르항까지는 C선박에 의하여 운송되는 경우라면, A선박의 명칭을 "Pre-Carriage By" 란에, B선박의 명칭을 "Name of Vessel"란에 기재하면 되겠지만, 마지막 운송구간을 담당한 C 선박의 명칭은 어디에 기재하는가에 대하여는 언급된 바 없다. 여기서 마지막 운송구간을 담당한 선박의 명칭이 선하증권에 나타나지 않고 A 및 B선박의 명칭만 기재되어 있다면, 수하인은 B선명을 가진 선박으로 그의 운송물이 싱가포르항에 도착할 것으로 알고 있을 것이며, 수입에 필요한 서류의 작성 또는 통관 등의 수하준비도 그에 맞추어 할 것이다. 그런데 실제로는 운송물이 선하증권에 명시된 선명(A 선 또는 B 선)이 아닌 다른 선명의 선박(C 선)으로 운송되기 때문에, 수입업자는 수입에 필요한 서류의 재작성은 물론 선박 명칭의 상이로 인한 해당 국가의 통관절차상의 문제 또는 운송물의 인수지연 등의 문제도 야기될 수 있을 것이다. 또 이로 인해 하주에게 어떤 손해가 발생했을 경우 그가 운송인에 대하여 손해배상 청구를 할 수도 있다. 그러므로 운송을 수행하는 모든 선박의 명칭의 기재가 가능하도록 선하증권에 "Pre-Carriage By", "Name of Vessel"에 추가하여, "Post Carriage By" 등의 란을 마련하는 것이 분쟁의 소지를 제거하는 방법이 될 것이다.

2] 선박의 국적[3)]

선박은 선박법에 의한 국적(國籍)을 가지며 국적은 특정선박의 기국(旗國 : 등록국)을 의미한다. 이는 국제법상 본선에 대한 준거법과 재판관할권의 판단 기준이 되는 것이다.[4)] 그러므로 어떤 국가가 특정 기국의 선박에 대해 법률 등으로 그 국가가 관할하는 항구에 입항 또는 선적하는 것을 제한하거나 금지하는 경우라면 그러한 국적을 가진 선박에 의한 운송은 불가하므로 그러한 운송계약은 성립할 수 없다. 그러므로 송하인이 그러한 국가로 물건을 수출할 경우에는 반드시 선적 전에 운송인과 당해 항로에 투입되는 운송선박의 국적을 사전에 확인해야 한다.

만약 계약 당사자가 위와 같은 제한 또는 금지 내용을 알면서 그와 같은 국가의 항구를 목적지로 정한 운송계약은 당초부터 이행불능이므로 무효로 보는 견해도 있다.[5)] 그러나 이러한 해석은 운송계약의 당사자인 송하인과 운송인 사이에서는 가능한 해석이지만, 특정기국의 선박으로의 운송을 제한하는 경우라 할지라도 그 선적물에 대해 운송인이 선하증권을 발행하였고, 이를 선의의 제3자가 취득한 경우에는 선하증권 자체는 유효하다고 보아야 한다. 그러므로 이러한 선하증권을 발행한 운송인은 그가 선의이든 악의이든 선의의 증권소지인에 대한 책임을 면할 수 없다. 그러나 선적 당시에는 그러한 조치가 없었다가 입항할 당시에 해당 국가에서 그러한 조치가 취해진 경우에는 운송인이 면책됨은 물론이다.

선하증권에 선박의 국적을 표시하는 방법은 운송선박의 명칭과 함께 그 기국을 기재하는 것이다. 그런데 실무적으로는 선박의 명칭이 기재되어 있는 한 국적을 기재하지 않는다고 해서 선하증권의 효력상 문제가 되는 경우는 거의 없기 때문에 특별한 경우가 아니면 국적을 기재하지 않는 경우가 많다.[6)]

3) 선박의 국적제도에 대하여는 鄭暎錫, 海事法規講義, 제5개정판, 海印出版社, 2007, 68-75쪽 참조.

4) 林錫珉, 船荷證券論, 두남, 2000, 171쪽.

5) 朴大衛, 船荷證券, 法文社, 1979, 51쪽.

6) 嚴潤大, 船荷證券論, 신대종, 2002, 187쪽.

3] 선박의 톤수

선하증권에 선박톤수를 기재하는 것은 선박의 명칭 · 국적과 함께 해당 운송물을 선적한 선박의 동일성(identity)을 확인하는 것 외에는 다른 큰 의미는 없다. 선박의 톤수는 선박의 크기 또는 유용능력을 나타내기 위하여 사용되는 지표로서 그 사용목적에 따라 여러 종류가 있는데 용적의 개념에 따른 용적톤수와 중량의 개념에 따른 중량톤수로 크게 나눌 수 있다.[7)] 세분화하면 톤수의 측정방법은 매우 다양한데 선하증권에 기재하여야 할 톤수의 기준도 명확하지 않고 실무상으로도 톤수는 반드시 기재하여야 할 필수적 기재사항으로는 인식하지 않고 있어서 기재하지 않아도 선하증권의 효력에는 아무런 문제가 없다. 또 헤이그 규칙, 헤이그-비스비 규칙, 함부르크 규칙 모두 이를 법정기재사항으로 하고 있지 않다. 이와 같이 선하증권에 선박의 톤수를 반드시 기재하여야 할 필요성은 찾아보기 어렵기 때문에 선박의 톤수를 법정기재사항으로 하고 있는 상법의 규정은 삭제하는 것이 타당하다고 본다.

3. 송하인이 서면으로 통지한 운송물의 종류 · 중량 또는 용적, 포장의 종별 · 개수와 기호

1] 의의

운송계약에 의하여 송하인이 통지한 운송물의 종류 · 중량, 용적, 포장의 종별 · 개수와 기호 등은 운송물의 세부적인 명세를 의미한다. 운송물의 명세(description of goods)는 선하증권이 특정물의 인도청구권을 나타내는 유가증권인 이상 기재사항 중 운송물의 동일성을 표시하는 가장 중요한 법정기재사항이다(상법 제853조 제1항

7) 1. 선박 톤수의 의의 : 선박의 톤수는 선박의 크기 또는 유용능력을 나타내기 위하여 사용되는 지표로서 그 사용 목적에 따라 여러 종류가 있는데 용적의 개념에 따른 용적톤수와 중량의 개념에 따른 중량톤수로 크게 나눌 수 있다.

또한 용적톤수로는 폐위된 장소의 합계 용적을 기초로 하여 선박 전체의 크기를 나타내는 "총톤수"와 여객 또는 운송물의 운송에 제공되는 장소의 합계 용적으로서 선박의 유용 능력을 나타내는 "순톤수"가 있다.

중량톤수로는 여객 또는 운송물을 만재한 상태에서 선박의 중량을 나타내는 "만재배수톤수", 주로 운송물의 적재 가능한 중량을 나타내는 "재화중량톤수", 선박 자체의 중량을 나타내는 "경하배수톤수" 등이 있다.

2. 선박법 상의 선박톤수(선박법 제3조) :

① 국제총톤수 : 1969년 선박의 톤수 측정에 관한 국제협약(이하 "협약"이라 한다) 및 협약의 부속서의 규정에 따라 주로 국제 항해에 종사하는 선박에 대하여 그 크기를 나타내기 위하여 사용되는 지표를 말한다.

② 총톤수 : 우리나라의 해사에 관한 법령의 적용에 있어서 선박의 크기를 나타내기 위하여 사용되는 지표를 말한다.

③ 순톤수 : 협약 및 협약의 부속서의 규정에 따라 여객이나 운송물의 운송용으로 제공되는 선박 안의 장소의 크기를 나타내기 위하여 사용되는 지표를 말한다.

④ 재화중량톤수 : 항행의 안전을 확보할 수 있는 한도 안에서 선박의 여객 및 운송물 등의 최대 최대적재량을 나타내기 위하여 사용되는 지표를 말한다(이상 鄭暎錫, 海事法規講義, 제5개정판, 海印出版社, 2007, 82-91쪽 참조).

제3호, 일본 국제해상물품운송법 제769조, 헤이그 규칙 및 헤이그-비스비 규칙 제3조 제3항 (b)호, 함부르크 규칙 제15조 제1항 a호).

2] 운송물의 종류

선하증권은 운송인에 의하여 운송물이 수령 또는 선적된 후 발행되는 것이고, 그 소지인이 선하증권을 인도하면 그 자체가 증권에 표시된 운송물을 인도하는 것과 같은 물권적 효력이 인정되는 유가증권이다. 즉, 선하증권에 운송의 목적물이 무엇인가가 기재되지 않는다는 것은 증권의 본질을 해치는 것으로써 그 효력을 상실한다고 보아야 한다.

운송물의 종류에 관한 표시의 정도는 동일물을 인식할 수 있을 정도의 정확을 기해야 한다는 것이지, 너무 자세한 것까지 포함하라는 것은 아니다. 예를 들어, 제지기계를 단순히 기계라고 표시하는 것은 충분하지 않지만 "무슨 종이를 만드는 기계인가" 라든지 "동력은 얼마인지"까지를 기재할 것을 요건으로 하는 것은 아니다.[8] 또 상관습상 물건의 동일성을 확인할 수 있는 경우에는 거래상의 일반적 개념의 명칭이 기재되고, 그것이 운송물의 개성을 확실히 알 수 있는 정도의 표시라면 충분하다고 하는 것이 오늘날 법원의 태도이다.

운송인이 일일이 운송물을 개봉하여 그 종류를 확인하는 것은 불가능한 일이기 때문에, 운송물의 종류는 송하인이 선적요구서(shipping request :S/R), 송하인의 수출명세서(shippers export declaration : SED), 선적시지서(shipping order : S/O) 등의 서면으로 운송인에게 신고한 것을 자료로 기재할 수밖에 없다.

또 오늘날의 국제무역은 신용장에 의한 거래가 주를 이루고 있으므로 송하인은 신용장에서 요구하는 대로 물건명을 기재하여 운송인에게 서면으로 통지하므로 운송인은 그것이 어떤 종류의 물건임을 알 수 있고, 운임의 적용상 해석이 불가능한 것이 아니라면 그대로 선하증권에 기재하여야 한다. 그런데 운송인에게 송하인이 통지한 내용이 정확하지 않다고 믿을 만한 상당한 이유가 있거나, 또는 확인할 수 있는 적당한 방법이 없는 경우에는 운송인은 송하인이 통지한 대로 기재하지 않아도 된다고 규정한 경우도 있지만(일본 국제해상물품운송법 제8조 제2항), 선하증권에 운송의 목적인 운송물의 종류를 기재하지 않고 발행할 수는 없으므로, 해운실무에서는 운송물의 종류가 불명확한 경우에 운송인은 송하인에게 정확한 내역의 통지를 요구하거나 상업송장(commercial invoice)이나 포장명세서(packing list)를 요구하여 운송물의 명세를 참조하여 작성하기도 한다.

8) 日本 大審院判决, 昭和 10年 8月 30日.

선하증권은 운송물의 수령 또는 선적을 증명하는 유가증권이기 때문에 운송물의 명세를 기재하지 않았다면 그 효력을 인정할 수 없다고 보아야 할 것이다. 또 선박의 입출항시 세관에 제출하는 적하목록에도 운송물의 명세가 법정기재사항으로 되어 있기 때문에 실제 운송물과 적하목록상의 기재사항이 다를 경우에는 통관이 되지 않음은 물론 관세법 위반으로 처벌된다.

3] 운송물의 중량과 용적

해상운송은 일정한 선복의 최적사용이 경영목표가 되기 때문에 운송물의 중량과 용적은 특히 최적운송 및 안전운송의 기준이 되며 또한 운임 및 손해배상액 산정의 기준이 되는 등 해상운송의 중요한 요소이다.

상법은 운송물의 "중량 또는 용적"을 선하증권의 기재사항으로 규정하고 있어서 중량이나 용적 중 어느 한 쪽만 기재하면 되는 것으로 되어 있다. 실제로 운송물의 중량 또는 용적 중 운송의 단위가 되는 것을 한 쪽만 기재하면 된다는 견해도 있다.[9)]

해운실무에서는 개품운송에 있어서 대부분 중량과 용적을 함께 기재하고 있다. 이는 운임을 산정하는 기준이 중량톤(1,000 kgs) 또는 용적톤(cubic meter) 중 큰 쪽을 택하도록 하고 있으며,[10)] 각국의 항만당국에서 부과하는 부두사용료(wharfage) 등도 이 중 큰 쪽을 택하여 부과하고 있기 때문이다.

운송물의 중량과 용적은 포장 재료를 포함한 총 중량(gross weight) 또는 총 용적(gross measurement)을 기재하며, 무게표시의 경우는 킬로 톤(kilo ton), 용적의 경우는 입방미터(cbm: cubic meter)의 소수점 이하 통상 3째 자리까지(예를 들면, 50.123 cbm ; 20.124 kt = 20,124 kg 등) 표기한다.

선하증권상 중량의 기재는 ① 손해배상책임액의 기준, ② 운송물의 취급 시 안전작업의 기준[11)] 등이 되기도 한다.

4] 포장의 종별

운송을 위해서는 취급의 용이와 손상을 방지할 수 있을 정도로 포장이 되어야 하기 때문에 운송물의 동일성과 그 수량은 포장 단위로 확인할 수 있을 것이다. 그러므로 선하증권에서는 운송물의 包裝의 종류를 기재하도록 하고 있다.

---

9) 裵炳泰, 註釋海商法, 韓國司法行政學會, 1977, 281쪽.

10) Tariff, FEFC, Section 2, pp.18-19 ; ANERA Tariff, Rule #2.

11) 부정확한 중량표시는 해당 물건을 취급하는데 있어서 안전사고를 유발시킬 수 있다. 예컨대 실제 운송물의 중량이 35톤임에도 불구하고 이를 25톤으로 기재한 경우 이를 취급하는 하역업자가 그것을 믿고 수용능력(capacity)이 30톤인 컨테이너 크레인으로 해당 컨테이너를 선적 또는 양륙하려 한다면 매우 위험한 상황이 발생할 수도 있다.

포장의 종류로는 Bag, Bale, Barrel, Box, Bundle, Can, Carton, Case, Cask, Crate, Dozen, Drum, Keg, Lift, Van, Pail, Piece, Reel, Roll, Set, Splinder, Tank 등이 있다.

대부분의 국가의 관세법에서는 Pallet이나 Skid[12]는 포장의 종류로 인정하지 않고 그 위에 쌓인 개개포장의 종류를 표시할 것을 요구하고 있다.[13]

5] 운송물의 개수와 기호

1 운송물의 개수

운송물의 개수는 운송물의 과부족이나 멸실 · 훼손 등의 운송채무불이행을 판단하는 기준이 된다. 그러므로 각국의 국내법은 물론 국제협약에서도 법정기재사항으로 하고 있다(상법 제853조 제1항 제2호, 헤이그 규칙 및 헤이그-비스비 규칙 제3조 3항 (b)호, 함부르크 규칙 제15조 1항 a호). 즉, 운송물의 멸실 · 훼손에 대하여 국제협약은 하주가 당해 운송물의 가액을 운송인에게 신고하고 선하증권에 기재한 경우를 제외하고는 운송인의 책임한도액을 보통 "Package 또는 Unit"을 기준으로 정하고 있으며,[14] 선하증권에서도 이와 같은 방법으로 규정하고 있다.

이때 운송물의 개수 판단의 단위로 인정하는 기준이 문제되는데, 일반적으로 포장을 단위로 한다. 이때 포장은 선적에서부터 인도까지 여러 단계의 취급을 위하여 운송물을 둘러싼 것(wrapper)이거나, 상자(case), 백(bag), 봉투(envelope) 등에 넣은 것이거나 또는 운송물을 어떤 받침대(platform : 예, skid, pallet 등)에 올려놓아 포장한 것을 말하지만, 운송물을 완전히 둘러싸야 할 필요는 없다고 한다.[15]

포장의 기준에 대하여 ① 당사자가 의도하는 단위(선하증권에 표기되는 단위)라고 하는 견해[16], ② 운임단위와 선적단위로 구분하여 운임계산을 위한 단위와 선적에 편리하도록 된 물리적 단위로 구분하여, 개품운송물에는 선적단위를 적용하고 벌크 운송물에는 운임단위를 기준으로 한다는 견해,[17] ③ 선적단위를 기준으로 한다는

12) 짐 받침대로 해석할 수 있는데, 중량물 또는 비교적 부피가 큰 물건의 하역 등 취급을 용이하게 하기 위하여 그 밑바닥에 덧붙이는 기반을 말한다.

13) 嚴潤大, 船荷證券論, 신대종, 2002, 169쪽.

14) 헤이그 규칙 제4조 제5항은 100 pound per package or unit, 헤이그-비스비 규칙 제2조 제9항은 10,000 Francs per package or Unit, 함부르크 규칙 제6조 1항 a호는 835 Unit of account per package or other shipping unit로 규정하고 있다.

15) INLAND YACHT INC vs. FEDERAL PACIFIC LAKE (1972), 1 Lloyds Rep., 426; William Tetley, Marine Cargo Claims, 3rd ed. Montreal, International Shipping Publications, l988, p. 880.

16) William Tetley, Marine Cargo Claims, 3rd ed. Montreal, International Shipping Publications, l988, p. 881.

17) Mocatta, Mustill & Boyd, Scrutton on Charterparties & Bill of Lading, London, Sweet & Maxwell, 1974. p. 443.

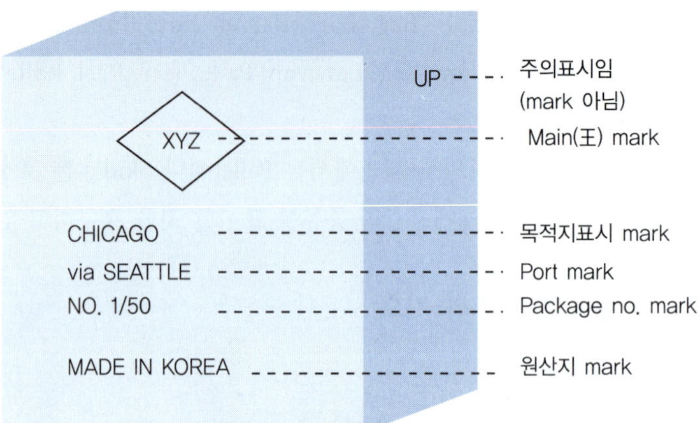

그림 5-2 ● 운송물 기호 표시

견해[18]가 있다.

미국 판례에서는 ① 나무상자, ② 컨테이너, ③ Trailer, ③ Crated machinery 등이 포장의 단위로 인정되었고, Skid, Pallet에 쌓은 운송물인 경우에 Skid나 Pallet,[19] Unboxed Car와 Unboxed Tractor,[20] Cradle에 올려놓은 Boot.[21]도 포장의 단위로 인정받지 못했다.

그리고 운송물이 컨테이너 또는 팰리트에 적입·적부된 경우에 포장단위가 문제되는데, 헤이그-비스비 규칙은 명문규정으로 해결하였다(헤이그-비스비 규칙 제4조 제5항 (c)호). 즉, 선하증권에 다른 포장단위가 명시됨이 없이 컨테이너 단위만 기재되는 경우에는 컨테이너가 포장단위로 인정되고,[22] 컨테이너에 적입된 운송물에 대

18) 자동차와 같이 포장되지 않은 대형 운송물에 대한 손해배상액 결정을 위한 단위로서 선적단위나 운임단위를 한 단위로 보는 것이다. 예컨대 자동차의 대수를 기준으로 하여 운임을 부과했다면 운송인 책임제한액은 그 자동차의 중량 또는 용적과 상관없이 대수를 기준하여 산정한다는 것이다. 이러한 경우에는 선적단위와 운임단위가 같아지기 때문에 비포장 대형 운송물의 포장기준으로는 합리적이라고 할 수 있다(嚴潤大, 船荷證券論, 신대종, 2002, 171쪽).

19) Hartford Fire Inc. vs. Pacific Far East Line CASE, 1974 AMC l475 ; Gerling-Konzem vs. Happag Lloyd A.G. CASE, 1976 AMC, 629 ; International Factory Sales vs. SS Alexander Serafimoich.

20) Studebaker Distributers v. Charlton S.S. Co. Case, 1975 AMC 1453 ; Middle East Agency v. J.B. Waterman. l949 AMC l403.

21) Breems v. Int Ierm operation Co. INC, 1973 AMC 1781.

22) 350개의 계산기를 적재한 컨테이너에 대해 선하증권에 "1 Container said to contain Calculator"라고만 표시되어 있으면 이러한 컨테이너는 1개의 Package로 인정되어 미화 500달러의 배상밖에 받지 못한다(Royal typewriter Co. v M/V Kulmerland, (l972) AMC 1975). 또 40피트 컨테이너에 이삿짐을 적입하였다가 멸실된 사건에서 선하증권에 「1 Container」라고만 명시되어 있고 그 내장물의 포장 개수를 표시하지 않아 1 container를 1 Package로 인정하여 그에 대한 배상밖에 받지 못하였다(Binladen BSB Landscaping v. M/V Rotterdam, 759 F. 2d 1006. l985; Hays-Lager Associates v. M/V Oriental Knight, 765 F. 2d 1076, l986).

하여 선하증권에 그 각각의 개수가 기재되었다면 그 운송물 각각의 개수를 단위로 한다.[23]

2 운송물의 기호

선하증권은 운송물 인도청구권을 나타내는 유가증권이기 때문에 대상 운송물이 특정되어야 하는데, 선하증권에 그 기호를 표시하는 방법으로 특정할 수 있다. 다시 말하면 운송물의 기호라고 함은 특정 운송물의 식별을 용이하기 위한 각 운송물에 고유한 하인(Marks)이라 할 수 있다.

운송물의 기호는 개개의 운송물에 직접 인쇄되거나 표시한 것을 뜻하는 것이며, 운송물에 별도로 달아매어 놓은 표찰이나 또는 비록 운송물의 외장에 인쇄하거나 수기한 것이라 할지라도 운송물의 취급상 능률을 기하기 위하거나 또는 취급상 수의를 시키기 위한 것은 여기서 말하는 운송물의 기호에 해당하지 않는다.[24]

선하증권에 운송물의 기호는 운송물의 동질성을 확인하는 중요한 기준으로 운송물의 취급은 물론, 손해배상 청구에 있어서도 판단의 기준이 된다.

운송물의 기호는 문자, 수자 및 도형으로 구성되어 있으며, 이것은 운송물의 주된 기호(main mark) 외에 품질, 목적지, 운송물번호, 원산지 등의 의미를 축약 · 내포하고 있다.

① 문자 : 생산지 및 목적지, 수하인의 상호 등을 표시한다.

② 숫자 : 운송물이 하나의 Lot를 이룰 경우 개품의 번호(piece number)를 표시한다.

③ 도형 : 상호(trade mark)나 운송물을 특정 짓기 위한 것이다.

④ 혼합 : 도형 · 문자 또는 숫자가 혼합된 기호도 있다.

4. 운송물의 외관 상태

운송물의 외관 상태라 함은 선적 당시의 포장의 상태 · 훼손 상태 등 외형적으로 나타나는 상태는 물론이고 변색, 비정상적인 냄새 · 소리 등 운송인이 상당한 주의로서

23) William Tetley, Marine Cargo Claims, 3rd ed., Montreal, International Shipping Publication, 1988, p. 640; "Sealed Container said to contain 99 bales or Leather"라고 선하증권에 기재한 경우 각 Bale을 하나의 包裝單位로 해석하였다(Leathers Best v. S.S. Mormaclynx 1971 AMC 2383). 또 "One Container said to contain 123cartons"의 경우와 "2 Containers containing 143 cartons, 174 cartons respectively"로 선하증권에 표기한 경우에도 123 cartons, 143 cartons 및 174 cartons을 각기 독립된 Package 수로 인정하고 있다(Cameo v. S.S. American Legion Case(1974) AMC 2568 및 J.A Johnson vs. the Tindefjell case(1973) F.C. 1003 ; AMC 2119).

24) This Side up, Do not Drop, Handle with Care, No Hook up, Keep out of Sun, Keep Flat, Fragile 등과 같은 표시를 말한다.

외관을 관찰할 경우에 인지할 수 있는 상태를 의미한다.

운송물의 외관 상태를 선하증권에 기재하는 것은 운송인과 하주 사이에 운송의 목적물을 어떠한 상태로 운송인이 수령하였는지에 대한 증거가 될 수 있으므로 나중에 운송물의 멸실 · 훼손이 있을 때에 책임의 소재를 밝힐 수 있고, 문언증권인 선하증권의 특성상 증권에 대한 기재사항을 신뢰하고 증권을 취득하는 선의의 소지인을 보호하여 유통을 원활하게 하고자 하는 데에 그 의미가 있다.

운송물의 외관 상태를 기재하는 방법은 "증권에 별도의 기재가 있는 것을 제외하고는 외관상 양호한 상태로 운송인이 운송물을 수령하였음"(Received in apparent good order and condition unless otherwise indicated herein)이라고 선하증권에 인쇄하는 방식으로 기재하고 있다. 만약 100 carton의 운송물 중 2 Carton Box가 외관상 파손되었다면 해당 Carton box 번호를 표시하고 그 이상(異狀) 상태를 기재하게 된다.[25)]

이와 같이 비고(remark)가 기재된 선하증권은 사고 선하증권이므로 무사고 선하증권을 요구하는 신용장 거래에서 은행이 수리하지 않는다(UCP 600 제27조). 그러므로 송하인은 이상이 있는 운송물을 이상이 없는 것으로 교체시키는 등의 조치를 취하거나, 송하인이 운송인에게 보상장을 제출하고 무사고 선하증권을 교부받는다.

선하증권에 단서 없이 외관상 양호한 상태로 운송인이 수령하였음(Received in apparent good order and condition)이라고 기재되어 있는 경우에는 운송물 인도 시에 운송물의 외관에 어떤 손상이 있다면 이는 운송 중에 생긴 것으로 추정된다.[26)] 그러므로 운송인이 선적 시에 운송물의 상태가 양호하지 못하였음을 증명하지 못하면 운송인은 운송물의 손상에 대한 책임을 져야 한다.[27)]

5. 송하인의 성명 · 상호

선하증권은 운송계약을 근거로 발행되므로 송하인은 그 계약의 당사자이기 때문에 그의 성명 · 상호를 기재하여야 한다. 이는 운송물의 발송인이 누구인가를 밝혀주는 기능을 하기 때문에 운송계약과 직접적인 관계가 없는 선하증권의 거래자에게 판단의 자료가 되기도 한다.

송하인은 운송계약의 일방 당사자이므로 그 성명 · 상호를 선하증권에 기재하는

25) 예를 들어 "carton no. 2/100 broken ; 79/100 dented"와 같이 기재한다.

26) 日高判 1974. 3.15 民輯 28. 2. 222.

27) 선적 시에 이미 상한 치즈에 대하여 무사고 선하증권을 발행한 경우, 이런 사실을 모르고 동 선하증권을 취득한 선의의 第3者에 대하여 운송인이 책임을 져야 한다(Carso (1931) A.M.C. 1497(2CCA)).

그림 5-3 ● 주된 기호(main mark)의 호칭일람표

것은 당연하며 필수적이다(상법 제853조 제1항 제4호, 일본 국제해상물품운송법, 제7조).

그런데 선하증권에 기재되는 송하인은 반드시 운송계약을 체결한 자만을 의미하는 것은 아니며, 운송인과 운송계약을 체결한 자와 실제로 운송물을 운송인에게 제공하는 자가 다른 경우에는 실제 하주의 성명 · 상호가 기재되는 경우는 물론 그 반

대의 경우에도 유효하다고 보아야 한다.[28]

해운실무상으로는 운송계약의 상대방이 운송인에게 제공하는 서면에 근거하여 선하증권에 기재를 하게 된다. 이때 송하인 란에 기재되는 자는 신용장상의 수익자(beneficiary), 운송물의 생산자, 무선박운송인(NVOCC), 수업업자의 대리인(importers agent)인 경우가 보통이며, 경우에 따라서는 제3자(third party)가 기재되기도 한다. 법적으로는 선하증권에 송하인으로 기재된 자(named Shipper on bill of lading)가 권리 · 의무의 주체가 되기 때문에 운송인으로부터 선하증권(Original Bill of Lading)을 교부 받을 권리도 가지게 된다. 그러므로 비록 선하증권의 발행인이라 하더라도 별도의 권리양도증권을 제시하지 않는 한 선하증권에 기재된 송하인이 아닌 자에게는 선하증권을 교부하여서는 아니 된다.[29]

한편 송하인은 ① 운송물 명세의 제공의무(상법 제853조 제1항 제2호), ② 부정확한 명세제공에 대한 송하인의 담보책임(상법 제853조 제3항), ③ 운송에 필요한 서류의 교부의무(상법 제793조), ④ 위험물에 대한 송하인의 의무 및 책임(상법 제801조), ⑤ 운임지급의무(상법 제791조) 등을 진다.

6. 수하인 또는 통지수령인의 성명 · 상호

1] 수하인의 성명 · 상호

수하인(consignee)은 목적지에서 자기 명의로 운송물을 인도받을 권리를 가진 자를 말한다. 수하인은 운송계약의 직접 당사자가 아니면서도 운송의 경과에 따라 운송물이 목적지에 도착한 때에는 송하인과 동일한 권리 · 의무를 지게 된다. 수하인은 목적항에서 운송물의 수령권을 가진 자이므로 이를 선하증권에 기재하는 것은 당연하며 외국의 입법례 및 선하증권 관련 국제협약에서도 이를 법정기재사항으로 하고 있다(함부르크 규칙 제15조 1항 a호, 일본 국제해상물품운송법 제7조).

선하증권에 수하인을 기명식으로 할 것인가 지시식으로 할 것인가 하는 문제는 무역거래 당사자들의 무역거래 계약내용과 신용장조건에 따라 결정될 문제이다. 즉 신용장이 요구하는 내용대로 수하인을 기재한 운송증권만 은행에서 수리되기 때문에 운송인은 송하인이 신고한대로 선하증권에 수하인을 기재하여야 할 것이다.

28) 우리나라의 무역업자 갑이 A국 소재의 생산자 을로부터 물건을 구입하여 A국에서 선적하기로 운송계약을 체결하는 경우에, 생산자 乙을 송하인으로 기재하여도 유효하고, 甲이 무역등록업자가 아니어서 무역등록업자인 병이 수수료 등을 받고 그의 명의로 운송계약을 체결하고 실제 하주 대신 병을 송하인으로 하는 경우에도 그 선하증권은 유효하다.

29) 林錫珉, 船荷證券論, 두남, 2000, 176쪽.

표 5-1 ● 선하증권의 수하인 기재방식

<table>
<tr><td rowspan="5">기명식선하증권</td><td>Hong Gil Dong</td><td>수하인의 성명</td></tr>
<tr><td>115, Jongrogu, Seoul, Korea</td><td>수하인의 주소</td></tr>
<tr><td>Korea Trading Company</td><td>수하인의 상호</td></tr>
<tr><td>115, Jongrogu, Seoul, Korea</td><td>수하인의 주소</td></tr>
<tr><td colspan="2">수하인란에 기재된 Hong Gil Dong 또는 Korea Trading Company가 운송물에 대한 인도청구권을 가지고 있다.
그리고 기명식 선하증권이 발행된 경우에는 증권에 기재된 수하인이 아니면 그 운송물을 인도받을 수 없는 것이 원칙이다.</td></tr>
<tr><td rowspan="7">지시식 선하증권</td><td></td><td>수하인의 성명</td></tr>
<tr><td rowspan="2">(공란임)</td><td>수하인의 주소</td></tr>
<tr><td>백지식 선하증권이라고도 함.
증권의 단순한 소지인(bearer)이 정당한 수하인임</td></tr>
<tr><td>To order</td><td>To order of shipper로 간주되어 送荷人이 배서·양도한 선하증권 소지인이 정당한 수하인임.</td></tr>
<tr><td>To order of shipper</td><td>송하인이 배서·양도한 선하증권 소지인이 정당한 수하인임.</td></tr>
<tr><td>To order of Korea Trading Company</td><td>송하인이 배서·양도한 선하증권 소지인인 Korea Trading Company가 배서·양도한 선하증권의 소지인이 정당한 수하인임.</td></tr>
<tr><td>To order of the Bank of Woori</td><td>Bank of Woori가 배서·양도한 선하증권 소지인이 정당한 수하인임.
동 은행이 배서하지 않은 선하증권을 제시한 자에게 운송물을 인도하면 운송인의 채무불이행이 됨.</td></tr>
</table>

선하증권의 수하인의 기재와 관련하여 상법은 제853조 제1항 제5호에서 "수하인 또는 통지수령인의 성명 · 상호"를 기재할 것을 법정하고 있다. 이는 기명식 선하증권(straight bill of lading)을 요구하는 거래에서는 문제가 없겠지만, 상법 제65조의 규정에 의하여 수하인의 성명이나 상호를 증권에 기재하지 않고 무기명식으로도 발행될 수 있다. 또 상법은 선하증권은 법률상 당연한 지시증권이므로 그것이 비록 기명식 선하증권이라고 할지라도 특히 배서가 금지되지 않는 한 배서에 의해 양도가 가능하다고 규정하고 있으므로(상법 제861조, 제130조), 지시식 선하증권에 수하인을 기명하더라도 법적으로 문제가 되지는 않는다. 그러나 다른 대부분의 국가에서는

기명식 선하증권은 비유통으로 규정하고 있기 때문에(미국 연방선하증권법 제6조, 중국 해상법 제79조), 우리 상법과 같이 수하인을 법정기재사항으로 규정한 것은 선하증권의 국제적 유통성과 관련하여서는 혼란의 여지가 있어 보인다. 그러므로 상법이 수하인 또는 통지수령인의 성명 · 상호라고 규정한 것은 대부분 신용장의 수리요건에서 수하인의 기재를 필요로 한다는 점을 고려한 것으로 비유통의 제한이 붙은 기명식 선하증권이 아닌 한은 통지수령인 정도로 해석할 수 있을 것으로 생각된다. 또 신용장의 수리요건과 별개로 본다면 수하인의 기재가 되지 않았다고 불완전 유가증권인 선하증권 발행의 효력 자체가 부정된다고 보기는 어려울 것이다.

2] 통지수령인의 성명 · 상호

통지수령인은 수입상이 되는 경우가 보통이지만, 신용장 개설은행 또는 하역업자인 경우도 있다. 개품운송인 경우에는 운송인이 선박의 도착통지를 할 의무가 없으므로 수하인이 스스로 선박의 도착 일에 필요한 조치를 취하여야 한다. 통지수령인의 기재는 신속한 운송물의 처리 및 인도를 위해 운송인이 수하인의 주소, 성명을 아는 것이 편리하기 때문에 기재하는 것일 뿐이고, 선하증권에 기재된 통지처가 반드시 수하인일 필요는 없다.[30)]

7. 선적항

선적항(port of loading, port of shipment)은 운송물이 선박에 선적되어 해상운송이 개시되는 항구로서 위법한 선적 운송물에 대한 최고운임의 결정지이기도 하다(상법 제800조 제2항). 선적 선하증권일 경우에는 운송물이 실제로 선적된 항구명, 선적 전의 수령 선하증권일 경우에는 선적 예정 항구명이 기재된다. 운송물이 실제로 선박에 선적된 항구를 의미하므로 모선에 선적되는 항구뿐만 아니라, 피더선에 선적되었다면 그 항구명이 기재될 수도 있다.

선적항의 기재는 운송물의 도착일시를 예정할 수 있는 기초가 되는 것이다. 수령선하증권의 경우에는 기재된 선적항이 아닌 다른 항구에서 선적이 이루어 질 수도 있기 때문에, 선하증권에서 선적항 기재의 흠결은 선하증권 자체의 효력에 영향을 미치지는 않는다고 본다.

선적 선하증권의 경우에는 실제로 운송물을 선적한 항구명과 선적 연월일을 기재하여야 하는데, 이때 선적일은 선하증권의 발행일로 간주하여 선적일과 발행일을

30) 林錫珉, 船荷證券論, 두남, 2000, 177쪽.

구분하지 않는다. 또 수령 선하증권의 경우에는 운송물의 수령지가 기재되는데 매매 계약서 또는 신용장에 따라서는 수령지 및 선적항의 양자를 모두 기재해야 할 경우도 있다. 수령 선하증권에서는 운송물의 수령일과 선하증권 발행일을 동일한 것으로 간주하고 선적일은 실제로 선적한 후에 선적표기(on board notation)에 의하여 추가로 기록된다.

또 여러 선적항에서 운송물을 모아 하나의 운송물로 취급하여 1 세트의 선하증권이 발행되는 경우도 있는데, 이때 선하증권에 기재된 선적항 또는 수령지는 처음의 선적항 또는 수령지가 되고, 선적일 또는 수령일은 최종의 선적항 또는 수령지의 일자가 기재된다. 그 사이에서 이루어지는 구간운송에서의 항구 및 최종선적항 사이에서는 구간 선하증권(local bill of lading)이 발행된다.

8. 양륙항

1] 의의

양륙항(port of discharge)의 개념에 대하여는 운송물이 양륙되는 해상운송의 마지막 장소라는 좁은 의미[31]로 해석하는 견해와 운송물이 양륙되어 수하인에게 인도되는 항구이지 단순히 선박의 도착항은 아니라는 넓은 의미[32]로 해석하는 견해가 나누어지고 있다. 해운실무에서는 벌크선이나 일반화물선에 의한 재래 운송의 경우에는 양륙항에서 운송물이 수하인에게 인도되기 때문에 양륙항은 운송물의 인도지가 된다.[33] 그러나 컨테이너 선에 의한 정기선 운송과 같이 복합운송(combined transport)에서는 운송물의 양륙항과 운송물의 인도 장소가 완전히 달라질 수 있으므로, 양륙항은 "운송물이 선박으로부터 양륙되는 항"이라고 좁게 해석함이 타당하다고 본다.

해운실무에서 사용되고 있는 선하증권 양식도 양륙항(port of discharge)을 운송인에 의한 운송물의 인도 장소(place of delivery by carrier)와 구분하여 기재하고 있으며, 신용장에 부합시키려는 목적으로 운송물의 최종 목적지 (final destination)도 하주의 요청에 의하여 선하증권에 별도로 표시하면서 최종 목적지가 운송인의 책임구간이 아님을 병기하는 것이 실무의 관행이다.

31) 嚴潤大, 船荷證券論, 신대종, 2002, 195쪽.

32) 林錫珉, 船荷證券論, 두남, 2000, 178쪽.

33) 李均成, 國際海上運送法硏究, 서울, 韓國海事問題硏究所, 1976, 197쪽 ; 大木一男, 船荷證券の實務的解說, 東京, 成山堂, 1983, 107쪽.

2] 선택부 양륙항

선택부 양륙항(optional port of discharge)이란 운송계약 당시 또는 선적항에서 운송물을 지정 선박에 선적할 때까지 양륙항이 결정되지 않아 운송계약서 또는 선하증권에 양륙항을 2개 이상으로 기재하고(optional bill of lading), 최종적으로 어느 항에서 운송물을 양륙할 것인가를 하주가 선택하도록 하는 운송 방식에서의 양륙항의 기재방식이다. 컨테이너 정기선에 의한 운송의 경우보다 용선계약에 의한 운송에서 자주 사용되고 있다.

선하증권에서 선택부 양륙항(optional port of discharge)은, Busan/Kwangyang option 또는 One(or Two) Port(s) Busan/Kwangyang Range 등으로 표시하며, 선하증권에 기재한 항구를 순차적으로 경유하여 최종 항까지 운송되는 것이나, 최종항 이외의 항구, 즉 중간 선택항에 양륙하기 위해서는 적재선박이 "최초"의 선택항에 도착하기 일정한 시간 전에 운송인에게 통지하여야 한다(선박 회사마다 다르나 보통 최초 선택 항구 기항 4시간 전에 통지하도록 약정한다). 만약 일정한 기한 내에 운송인이 통지 받지 못하면 운송물이 최종항에 양륙되더라도 운송인은 책임이 없다.

선택부 양륙항 조건으로 운송계약이 체결된 경우에는 하주가 선택하는 항구의 수에 따라 일정액의 할증료가 부과된다.[34)]

3] 양륙항 또는 인도 장소의 변경

양륙항 또는 인도 장소의 변경(diversion)이란 선하증권이 발행된 이후 선하증권에 기재되었던 양륙항 또는 인도 장소를 변경하는 것을 말한다.

운송물이 선적되기 이전까지는 말할 것도 없고, 실제로 선적이 완료되었더라도 그것이 목적지에 도착되지 않는 시점에는 약정된 양륙항이나 인도 장소는 계약상의 합의사항에 지나지 않는 것이고, 운송 도중에 사유가 발생하면 변경될 수 있다. 즉, 선하증권 소지인의 요청, 불가항력 또는 강행법규 등으로 인하여 일정한 사유가 발생하면 선하증권에 기재되었던 양륙항은 일정한 절차를 거쳐 이를 변경할 수 있다. 즉, 선하증권 소지인 등 권한 있는 하주가 양륙항 또는 인도지의 변경을 운송인에게 서면으로 요청하고, 운송인은 당해 운송물의 선박에의 적재위치(stowage position), 비용, 시간적 여유 등을 고려하여 동 요청에 응할 수 있다.

34) Optional charge는 보통 $ ○○ per ton 등으로 정한다(HJS Tariff 200, Rule # 2-S4).

9. 운임

운임(freight)이라 함은 운송인이 운송 서비스를 제공하는 대가로 지급하는 보수(the compensation for the carriage of goods)를 말한다.[35)]

운임은 기본운임, 특별할증운임, 요금으로 구분할 수 있는데, 기본운임(freight)은 운송인이 운송을 인수한 구간의 운송에 대한 기본보수로서 하주에게 부과하는 운임을 말한다.[36)] 또 특별할증운임(surcharge)은 기본운임요율을 산출할 당시에는 예기치 않았던 비용 상승의 효과가 있는 사정변경이 나중에 발생함에 따라 운송인의 추가 비용 부담분을 보상하기 위해서 기본운임요율에 부가되는 운임으로서, 유가할증료 (bunker fuel surcharge ; bfs ; baf), 통화할증료(currency adjustment factor; caf), 혼잡할증료(congestion surcharge), 성수기할증료(peak season surcharge), 수에즈 할증료(suez surcharge), 파업할증료(strike surcharge), 환적료(transshipment surcharge),[37)] 중량운송물할증료(heavy lift surcharge),[38)] 장척운송물할증료(long length surcharge)[39)] 등을 들 수 있다.[40)] 또 요금(charge)이라 함은 운송인이 특정 운송물에 대하여 통상의 운송 서비스와는 다른 어떤 특별한 서비스를 제공한 것(특별한 취급을 요하거나 특별한 구간의 운송)에 대하여 차별적으로 부과하는 운임을 말하는데, 차별운임(arbitrary charge),[41)] 양륙항변경비용(diversion charge),[42)] 양륙지

35) 코리아쉬핑가제트, 最新 海運 · 物流用語大事典, 제7증보 개정판, 1996, 235쪽; Mark S.W. Hoyle, The Law of International Trade (2nd ed.), CCH edition Limited, 1985, p.232 ; Saul Sorkin, GOODS IN TRANSIT: vol.3, Mattew Bender & Company, 1991, p. 20-28 ; 沈載斗, 海上運送法, 吉安社, 1997, 507쪽.

36) 嚴潤大, 船荷證券論, 신대종, 2002, 202쪽.

37) 물건운송을 계속할 목적으로 운송 중에 이루어지는 환적의 양륙 및 선적비를 말한다. 이러한 운임은 통상 일괄운임에 포함하는 것이 원칙이나 계약방식과 운송물의 특성에 따라 추가운임으로 부과되는 경우도 많다(코리아쉬핑가제트, 최신 해운 · 물류용어대사전, 제9증보개정판, 2002, 557쪽).

38) 특수한 기계류 · 기관차 · 전차 · 보트류와 같이 1개만으로 특별한 중량을 갖는 운송물은 浮起重機와 안벽중량기중기(dock heavy lift crane)로 하역하기 때문에 수출항의 크레인 설비, 본선의 적하능력, 수입항의 양륙설비 등을 미리 알지 못하면 운송 불능이 되기도 한다. 이러한 운송물에 대하여는 특별한 취급을 하여야 하기 때문에 운임도 할증하여 부과하게 되는데, 이러한 운임을 말한다(코리아쉬핑가제트, 最新 海運 · 物流用語大事典, 제7증보 개정판, 1996, 256쪽 참조).

39) 단위 운송물의 길이가 일정한 한도를 초과할 때 부과하는 추가 비용으로 하역상의 여러 가지 불편 및 비용의 초과 등의 장척할증료를 징수한다(코리아쉬핑가제트, 最新 海運 · 物流用語大事典, 제7증보 개정판, 1996, 310쪽).

40) 嚴潤大, 船荷證券論, 신대종, 2002, 202쪽.

41) 해운동맹이 지정하고 있는 주요 거점 항(main port) 외에 避地港(outport)에 대해 운임 면에서 차별을 두어 일정액의 추가운임을 부과하는 것으로 outport surcharge라고도 한다(코리아쉬핑가제트, 最新 海運 · 物流用語大事典, 제7증보 개정판, 1996, 80쪽).

42) 운송 중인 운송물의 양륙항을 당초 예정과 달리 변경하는 것을 말한다. 하주가 양륙항 변경을 신청하면 선박 회사에서는 환적이나 기타 별도의 작업을 하지 않고도 선적된 그대로의 상태를 유지할 수 있거나 본선의 출항을 지연하지 않는 경우에 한하여 받아들이게 된다. 이와 같은 양륙항 변경운송물을 diversion cargo라 하고 양륙항 변경에 따라 과징하는 비용을 양륙항 변경비용이라 한다(코리아쉬핑가제트, 最新 海運 · 物流用語大事典, 제7증보 개정판, 1996, 187쪽).

선택할증료(optional charge)[43] 등을 그 예로 들 수 있다.

선하증권의 운임 란에는 ① 운임의 합계액, ② 운임과 요금의 기초가 되는 숫자(용적, 중량, 신고가격), ③ 운임률(weight rate; freight rate; tariff rate), ④ 운임계산의 단위(cbm당, kilo ton당, feu당, teu당 등), ⑤ s/c 번호 (tariff 운임을 적용한 경우는 그 tariff item no.), ⑥ 선급(prepaid) 또는 후급(collect)의 표시, ⑦ 지급지 등을 함께 기재하는 것이 보통이다.

운임은 운송계약의 중요 사항이므로 선하증권에 이를 기재하도록 법정하고 있지만(상법 제853조 제1항 제8호), 기재가 없더라도 선하증권의 본질을 해치는 것은 아니므로 증권의 유효성을 해치는 것은 아니라고 본다.[44] 따라서 선하증권 소지인의 운송물 인도청구권에는 아무런 영향을 미치지 않는다.[45]

또 동일 선하증권에 의해 운송된 운송물에 대한 운임을 분할지급하기 위하여 운송물을 분할하여 인도 받을 수 없다. 그러므로 수하인이 운송물의 일부를 먼저 인도받기 위해서는 운송인에게 선하증권에 기재된 운임의 전액을 지급하여 하는데, 이를 선하증권 기재의 총 운임지급원칙이라 한다.

그리고 선하증권에 선급 · 후급인지를 명기하지 않은 경우에는 도급계약의 성질상 운송완료후 후급으로 지급되는 것이 원칙이다.

운임의 지급에 관해서는 해운 실무에서는 특약의 형식으로 운임 전액은 선적 완료와 동시에 완전가득한 것으로 간주(freight is earned when cargo is loaded)한다거나, 운송물의 멸실, 또는 항행의 중단을 불문하고 운임을 환급불능조건으로 징수할 권리를 갖는다고 하는 등의 조항을 두는 경우가 있다.

10. 발행지와 발행년월일

1] 선하증권의 발행지

선하증권의 발행지라 함은 운송인이 선하증권에 서명하여 송하인에게 교부하는 곳을 말한다. 그러므로 발행지가 반드시 선하증권의 작성지, 운송물의 선적지나 수령지

43) 선적할 때 양륙지가 최종적으로 결정이 되지 않아 본선이 출항한 후, 복수의 양륙지 가운데 하나의 항을 선택할 것을 조건으로 한 운송물에 대해 징수하는 할증운임을 말한다. 이 경우 하주는 본선이 최종선택항에 도착하기 전 일정한 기간 내에 최종 양륙지를 운송인에게 통지하여야 한다(코리아쉬핑가제트, 最新 海運 · 物流用語大事典, 제7증보 개정판, 1996, 349쪽).

44) 日大判 1937 (昭和 12), 12. 11 民集 16-1793(梁承圭, 判例教材, 保險法 · 海商法, 法文社, 1982, 594쪽); 李鐘仁, 國際海上運送論, 효성출판사, 2001, 61쪽. ; 李均成, 國際海上運送法研究, 서울, 韓國海事問題研究所, 1976, 198쪽.

45) 大木一男, 船荷證券の實務的解說, 東京, 成山堂, 1983, 109쪽.

와 일치하는 것은 아니다.[46] 예를 들어, 운송물의 선적은 인천에서 이루어지지만 서울에서 선하증권을 작성 · 서명하여 송하인에게 교부하는 경우를 들 수 있다. 이때는 교부 장소인 서울을 선하증권의 발행지로 기재하여야 한다.

상법은 선하증권에 그 발행지를 법정기재사항으로 규정하고 있으나(상법 제853조 제1항 제9호), 이를 기재하지 않아도 선하증권의 본질을 해치는 것은 아니므로 증권 자체가 무효가 되는 것은 아니다.

2] 선하증권의 발행년월일

선하증권과 관련된 일자는 ① 운송인이 선하증권을 작성한 일자, ② 운송을 위하여 운송인이 운송물을 수령한 일자, ③ 운송물이 선적된 일자, ④ 운송인이 선하증권을 송하인에게 교부한 일자 등의 4가지로 구분할 수 있다.

이 중 운송인이 선하증권을 작성한 일자는 운송인이 송하인에게 선하증권을 교부하기 위하여 그 이전에 미리 송하인이 제공한 운송물 명세에 근거하여 선하증권을 작성한 날짜(preparation date)이므로 대외적 의미는 갖지 않는다. 그리고 운송을 위하여 운송인이 운송물을 수령한 일자는 증권에 기재된 운송물 전체가 운송을 위하여 운송인의 관리 하에 수령된 일자(received for shipment date)이며, 운송물이 선적된 일자는 운송물 전체가 증권에 기재된 운송 선박에 선적된 일짜(onboard date)인데, 선하증권에는 그러한 날짜가 반드시 기재되어야 한다. 그리고 선하증권을 송하인에게 교부한 일자라고 함은 모든 기재 사항이 기재된 선하증권을 송하인에게 실제로 발행한 일짜(issued date) 즉 교부한 일자(released date)이다.

상법은 선하증권의 발행년월일을 증권에 기재할 것을 법정하고 있는데(상법 제853조 제1항 제9호), 수령 선하증권인 경우는 운송물을 수령한 일자, 선적 선하증권인 경우는 운송물을 선적한 일자가 기재된 선하증권을 송하인에게 교부하는 날짜(년월일)라고 보아야 할 것이다.

선하증권에 기재되는 일자의 중요성은 선하증권이 물리적으로 송하인에게 교부된 일자라기보다는, 증권에 기재된 운송물이 실제로 수령된 일자 또는 선적된 일자가 언제이냐를 말하는 것으로 그 기재가 바로 운송물의 수령 또는 선적을 입증하는 것이기 때문이다. 선하증권의 일자 기재에 관해 대법원은 증권 기재의 운송물 전량이 선적되기도 전에 미리 "선적(onboard the vessel) 표시가 된, 이른 바, 先선하증권을 발행하는 행위는 그러한 해운업계의 관행이 있다 하더라도, 이를 가리켜 정상적인 행위라거나 그 목적과 수단의 관계에서 보아 사회적 상당성이 있다고 할 수는 없

46) 林錫珉, 船荷證券論, 두남, 2000, 182쪽 참조.

기 때문에 위법이다"라고 판시하고 있다.[47] 그러므로 운송물의 수령 일자나 선적 일자를 선하증권에 기재함에는 사실과 부합되도록 하여야 한다.

선하증권에는 그것이 수령 선하증권이면 운송물의 수령 일자, 선적 선하증권의 경우는 선적 일자가 기재되어야 할 것이며 아울러 그들 증권의 발행일자가 기재되어야 하는 것은 필수적이다. 선적 선하증권임에도 선적 일자 및 발행일자를 기재하지 않은 것은 선적 선하증권으로서의 효력이 발생하지 않는다고 할 것이다. 신용장통일규칙에서는 선적서류를 수리함에 있어 선하증권에 별도로 운송물의 선적 일자가 표시되지 않고 발행일자만 기재된 것은 그 증권의 발행일자를 선적 일자로 간주한다(UCP 600, 제20조, 제21조, 제19조).

11. 수통의 선하증권을 발행한 때에는 그 수

운송인은 송하인의 청구에 의하여 운송물을 수령 또는 선적한 후 1통 또는 수통의 선하증권을 교부하여야 하며(상법 제852조 제1항), 만약 수통을 작성한 때에는 그 수를 반드시 선하증권에 기재하여야 한다(상법 제853조 제1항 제10호). 실무상 선하증권의 양식에는 원본의 발행 통수를 기재하는 별도의 란을 마련하여 그 수를 기재하고 있으며, 통상 3통의 원본에 서명하여 교부하고 있다.

동일 운송물에 대하여 여러 통의 선하증권을 발행하는 근거는 16세기까지 거슬러 올라가서 살펴봐야 한다. 즉, 선하증권을 3통 발행한 기록은 1546년 스페인에서 발행된 선하증권에서 나타난다. 여기에는 운송물의 명세, 외관 상태, 선장의 운송물 수령에 대한 확인 문언, 약정된 운임을 받고 수하인에게 운송물을 인도할 것을 약속하는 문언, 그리고 선장이 동일 내용의 선하증권 3통에 서명하여 교부하며, 그 중 한 통이 사용되면 나머지는 효력이 없다는 문언이 기재되어 있다. 이것을 보면 당시 여러 통의 선하증권을 발행하는 관행이 오늘날까지도 계승되어 오고 있는 듯하다. 이러한 관행은 운송물을 인도 받기로 되어 있는 수하인이 운송물을 인도받기 위해서는 목적지에서 선하증권을 제시하여야 하는 데 만약 우송 중에 분실되면 운송물을 수령할 수 없기 때문에 송하인은 선적지에서 선장으로부터 여러 통의 선하증권을 발행받고 우송 중에 분실될 것에 대비, 이를 나누어서 수하인에게 발송할 수 있었다. 즉, ① 분실이나 도난에 대비하고, ② 입증 자료를 확보하기 위하여 송하인과 운송인도 이를 보관하며, ③ 송하인이 증권을 수하인에게 송부할 때에 한번에 발송하지 않고 이를 분할하여 송부하는 방법을 사용함으로서, 수하인이 이를 틀림없이 수령할 수 있

47) 서울고법 1996. 10. 22. 선고96나15864 및 대판 1995. 9. 29. 선고95도 803판결 참조.

도록 하기 위해서 여러 통을 발행했다고 생각된다.[48)]

1882년 영국의 블랙번 판사(Lord Blackburn)는 여러 통의 선하증권을 발행하는 관습에 대하여 그 유용성 등에 의문을 제기하면서 권원증권으로서의 선하증권 원본은 1통만 발행할 것을 피력하기도 했다.[49)]

수통의 선하증권이 발행된 경우 각통의 효력은 독립하여 선하증권으로써 효력을 지닌다. 따라서 약정된 인도지에서는 그 중 1통을 소지한 자가 운송인에 대하여 증권 기재의 운송물의 인도를 청구할 수 있으며, 운송인은 그 인도를 거부하지 못한다(상법 제857조 제1항). 여기서 1통의 소지인이란 당해 선하증권을 부당한 방법에 의하지 않고 정당하게 취득한 소지인이어야 한다. 그리고 선하증권이 지시식인 경우에는 적법한 배서가 있어야 한다.

그런데 동일 운송물에 대하여 선하증권이 여러 통 발행된 경우라도 그 중에서 정당하게 배서된 선하증권 1통과 상환으로 목적지에서 운송물이 인도되었다면 다른 부본의 선하증권은 그 효력을 잃는다(상법 제857조 제2항).[50)] 그러므로 이 경우 운송인은 나머지 선하증권을 회수하지 않아도 사후에 어떤 부본의 선하증권 소지인에 대하여도 채무에는 책임이 없다. 이러한 효력은 선하증권의 면책증권성으로부터 발생하는 것으로 증권의 유통성을 보호하기 위한 것이다.

운송물은 선하증권에 기재된 인도 장소에서 인도되는 것이 운송계약의 이행상 당연한 것이지만, 수하인의 사정에 따라 당초에 약정한 인도 장소가 아닌 곳에서의 인도가 요구되는 경우도 있다. 이런 경우는 수통의 선하증권이 발행되었다면 각통을 모두 상환 받아야 한다(상법 제858조 본문). 그런데 최초의 선하증권에 기재되었던 인도지가 적절한 절차에 따라 정정된 때는 인도지 변경(diversion)에 해당된다. 그러므로 이 경우는 최초의 선하증권으로만 보면 약정했던 인도지가 아니지만, 현재의 선하증권(인도지가 변경된 선하증권)상의 인도지에서 인도되므로 목적지 이외라고 볼 수 없으므로 발행된 선하증권 전통을 모두 상환 받지 않아도 된다고 본다.

---

48) 裵炳泰, 註釋海商法, 韓國司法行政學會, 1980, 293쪽 ; Edward F. Stevens and CJ Butterfield, Shipping Practice, (11th ed.), Pitman, l982, p. 20 ; John F. William, Carriage of Goods by Sea, Pitman Publishing, 1988, p. 154 참조.

49) John F. Wilson, Carriage of Goods by Sea, London, Pitman Publishing, l988, p.154.

50) 실무에서의 선하증권 약관에도 이러한 취지의 문언을 포함하고 있다 ; ……(전략) has signed the number of Bill(s) of Lading stated above all of the same tenor and date, one of which being accomplished, the others to stand void.

12. 운송인의 성명 또는 상호

상법 제853조 제1항 제11호는 운송인의 명칭 또는 상호를 법정기재사항으로 규정하였다. 선하증권에 운송인의 명칭을 표시하는 것은 법적 자격 있는 운송인에 의해 운송증권이 발행되어야 한다는 데서 그 이유를 찾을 수 있다. 즉, 책임 있는 운송인에 의해 운송의 인수가 이루어졌고, 송하인, 수하인 및 운송물의 적법한 이해관계인에 대하여 운송계약상의 책임과 의무의 주체가 누구인지를 운송증권에 분명히 하는데 그 의의가 있다.[51]

각국의 선주협회에서 추천한 표준선하증권양식에서는 운송인 란(name of Carrier)을 마련하여 운송인의 명칭을 표시하도록 하고 있고,[52] 각 선박 회사의 선하증권 양식에서도 대개 고유서체의 회사 로고(logogram)와는 별도로 운송인의 명칭이 인쇄되어 있다.

종래에는 신용장통일규칙상 운송 서류의 수리 요건으로서 운송인의 명칭을 표시해야 한다는 명문 규정을 두지 않았었는데, 제5차 개정 규칙에서는 선하증권 등 모든 종류의 운송증권에 운송인의 명칭을 표시함을 그 수리의 필수 요건으로 정하고 있다. 그러므로 선하증권의 발행 행위가 운송인의 대리인 자격을 가진 자에 의해 이루어졌다면 그 대리인의 명칭도 동시에 표시토록 하여(UCP 600, 제19조, 제20조, 제21조 참조), 책임 주체를 명확히 하고 있다.

선하증권은 운송계약의 유무와 그 내용을 증명하는 증거증권이라는 점에서 계약의 당사자인 송하인과 운송인을 법정기재사항으로 하고 있다. 그래서 실무적으로는 위와 같은 여러 가지 요구에 부응하기 위하여 각국의 선박 회사는 선하증권의 권면에 운송인의 명칭을 미리 인쇄하여 사용하고 있으며, 국제해운회의소(ICS)에서 추천한 선하증권 양식에도 운송인의 명칭(name of carrier)을 기재하도록 하고 있다.

13. 운송인의 주된 영업소 소재지

상법 제853조 제1항 제12호는 운송인의 주된 영업소 소재지를 법정기재사항에 추가하였다. 운송계약상의 권리 · 의무와 책임의 주체가 누구인지를 선하증권에서 분명히 하고,[53] 특히 분쟁 발생 시 법정지 선택 등의 기준이 되는 운송인의 주된 주소지를 분명히 하는 데에 그 의의가 있다.

51) 嚴潤大, 船荷證券論, 신대종, 2002, 143-144쪽 참조.

52) 영국 GCBS 추천의 선하증권양식 참조.

53) 嚴潤大, 船荷證券論, 신대종, 2002, 143-144쪽 참조.

14. 국제협약상의 법정기재사항

1] 헤이그 규칙 및 헤이그-비스비 규칙

헤이그 규칙 및 헤이그-비스비 규칙 제3조 제3항에서는 다음과 같이 법정기재사항을 규정하고 있다.

① 운송물의 식별을 위하여 필요한 주요 기호로서 물건의 선적 개시 전에 송하인이 서면으로 통지한 것. 이 기호는 포장하지 않은 운송물 위에, 또는 운송물의 용기 또는 포장 위에 통상 항해의 종료 시까지 판독할 수 있도록 스탬프로 찍거나 또는 기타 방법으로 명료하게 표시하여야 한다(동조 (a)호).
② 송하인이 서면으로 통지한 포장 또는 개품의 개수, 용적 또는 중량(동조 (b)호)
③ 운송물의 외관 상태(동조 (c)호)

다만, 운송인, 선장 또는 운송인의 대리인은 위의 기호, 개수, 용적 또는 중량이 실제로 자기가 수령한 운송물을 정확하게 표시하고 있지 아니하였다는 사실을 의심할 상당한 이유가 있을 경우 또는 정확하다는 것을 확인할 적당한 방법이 없는 경우에는, 이를 선하증권에 기재 또는 표시할 필요가 없다.

2] 함부르크 규칙

함부르크 규칙 제15조에서는 다음과 같이 상세한 선하증권의 법정기재사항을 요구하고 있다.

① 송하인이 제출한 운송물의 일반적인 성질, 운송물의 식별에 필요한 주요 기호, 위험물의 경우에는 그 위험성에 관한 명시적 기재, 짐짝 또는 개품의 수 및 운송물의 중량 또는 수량(동조 (a)호)
② 운송물의 외관 상태(동조 (b)호)
③ 운송인의 명칭과 주된 영업소의 소재지(동조 (c)호)
④ 송하인의 명칭(동조 (d)호)
⑤ 송하인이 수하인을 지정한 때에는 수하인의 명칭(동조 (e)호)
⑥ 해상운송계약상의 선적항 및 선적항에서 운송물이 운송인에게 인도된 날(동조 (f)호)
⑦ 해상운송계약상의 양륙항(동조 (g)호)
⑧ 1통 이상의 선하증권이 발행된 때에는 그 원본의 수(동조 (h)호)
⑨ 선하증권의 발행지(동조 (i)호)

⑩ 운송인 또는 그 대리인의 서명(동조 (j)호)

⑪ 수하인이 지급할 범위의 운임 또는 수하인이 운임을 지급한다는 뜻의 표시(동조 (k)호)

⑫ 동 협약 제23조 제3항[54)]과 관련된 문언(동조 (l)호)

⑬ 갑판적 운송이 가능할 경우에는 그 뜻의 문구(동조 (m)호)

⑭ 양륙항에서 물건의 인도일 또는 인도 기간이 당사자 간에 합의된 때에는 그 인도일 또는 기간(동조 (n)호)

⑮ 동 협약 제6조 제4항에 따라서 고액 책임한도액이 합의된 경우에는 그 책임한도액(동조 (o)호)

15. 법정기재사항을 기재하지 않은 선하증권의 효력

우리 상법은 물론 외국의 입법례나 국제협약에서도 법정기재사항의 누락에 대하여 선하증권을 무효로 한다는 명시적인 규정은 없다. 또 각국의 법률이나 협약마다 법정기재사항이 각각 다르게 열거되고 있다는 점과, 선하증권이 불완전 유가증권이라는 점에서 문제가 된 법정기재사항의 누락이 증권의 본질을 해치지 않는다면 증권의 효력을 상실하게 하는 것은 아니라고 보아야 한다. 또 경우에 따라서는 유가증권으로서는 무효가 되는 경우에도 운송물의 수령과 선적 등에 대한 증거력을 가지고 있는 경우에는 증거증권으로서의 효력은 인정할 수 있을 것이다.

제2관 임의기재사항

1. 의의

임의기재사항이라 함은 선하증권의 앞면 또는 뒷면에 기재되어야 할 법정기재사항은 아니지만 선하증권의 성질상 필요한 사항 또는 운송계약의 내용을 입증할 수 있는 각종 중요 사항들을 법률에 명시할 의무가 없음에도 불구하고 당사자 또는 운송인의 필요에 의하여 기재하는 것을 말한다.

54) 함부르크 규칙 제23조 제3항 : 선하증권 또는 해상운송계약을 증명하는 기타 증권이 발행된 경우 그 증권에는 이 협약에 저촉되는 송하인 또는 수하인에게 불이익인 모든 조항을 무효로 한다는 협약의 규정에 따르고 있다는 뜻의 문언을 포함하여야 한다.

임의기재사항을 운송인의 책임에 관한 선하증권의 뒷면 약관에 한정하여 정의하는 견해가 많으나 이는 선하증권의 뒷면 약관의 일부에 한정하여 정의한 것에 불과하여 타당하지 않고, 법정기재사항을 제외한 모든 기재사항은 임의기재사항이 된다.

또 임의기재사항 중에는 법률의 규정에 의하여 반드시 기재하여야 할 사항으로는 열거되어 있지 않지만, 선하증권의 성질상 반드시 기재되어야 할 사항으로 해석되는 것도 있는데 이러한 사항은 강학상의 용어로 필수적 기재사항이라고 할 수 있을 것이다.

2. 선하증권의 표시

어음이나 수표는 본문 중에 그 증권에 사용하는 국어로 "어음"이나 "수표"라는 표시를 하도록 법정하고 있으나(어음법 제41조; 수표법 제1조), 선하증권에 대하여는 이와 같은 규정이 없기 때문에 법정기재사항은 아니지만 "선하증권"이라는 표시를 하는 것이 혼동의 우려를 피할 수 있을 것이다.

실무적으로도 선하증권 용지의 표제(heading)에 독자적인 서체로 이를 표시하고 있으며,[55] 국제해운회의소(International Chamber of Shipping : I.C.S)에서 추천한 여러 종류의 선하증권 양식도 그 모두(heading)에 선하증권(bill of lading)이라고 표시하고 있다.[56]

그러나 신용장통일규칙(Uniform Customs and Practice for Commercial Documentary Credic 1993)상으로는 복합운송의 경우 "복합선하증권"(multimodal transport bill of lading)이란 용어 대신 복합운송증권(multimodal transport document)이라는 명칭을 사용한 것도 수리될 수 있다고 규정하고 있다(UCP 600, 제19조). 또 우리나라 판례에서도 증권의 표제보다는 실질적인 내용을 중심으로 증권의 종류를 판단하고 있기 때문에 증권의 표제가 선하증권의 효력에 영향을 미친다고 볼 수는 없다. 그러나 선하증권으로 인식할 수 있는 정도의 동일성은 인식이 가능한 표제를 사용하여야 할 것이다.

3. 전문

전문에는 선하증권의 발행인(운송인)이 선하증권에 기재된 운송물을 수령 · 선적한 후 운송하여 양륙항에서 선하증권의 소지인에게 인도한다는 취지가 기재된다. 이 약

55) 大木一男, 船荷證券の實務的解說, 東京, 成山堂, 1983, 78쪽.

56) ICS, Recommendation for the FORMAT of Lading, 1978, London, p.5 - Bill of Lading ; p.9 - Combined Transport Bill of Lading 참조

관에 의거하여 운송인에게 운송물의 운송 및 인도 채무가 발생하고 수하인에게 운송물 인도청구권이 발생한다. 그러므로 전문에서는 ① 운송물을 수령 또는 선적하였다는 사실, ② 수령 또는 선적 시와 동일하게 운송물을 이상 없이 양륙항 또는 인도지에서 인도한다는 취지의 표시가 주된 내용을 이루고 있다.

일반적으로 선적 선하증권에는 shipped on board by the shipper…, 수령 선하증권에는 received from the shipper…로 시작하여 to be transported by the ship 및 to be delivered at the port of discharge로 기재되어 있다.

4. 본선 항해 번호 및 항해 방향

선박이 특정 항해를 개시할 때를 1번 항차로 정하고 그 순서에 따라 본선 항해 번호(항차번호)를 매긴다. 이는 본사의 본선 운항에 대한 참조를 위해 기재되며 E(east), W(west), S(south), N(north) 등으로 항해 방향도 함께 기재한다. 예를 들면, 4-E(동항 제4항차), 3-S(남항 제3항차) 등과 같이 기재한다.

5. 운임지급지 및 환율

운임의 선급 또는 후급 여부 및 필요한 경우 그 지급지도 선하증권에 기재할 수 있다. 운임선급조건인데 선적지에서 운임이 지급되지 않았거나, 운임후급조건에서 운송물 인도지에서 운임이 지급되지 않은 경우에는 선적지나 인도지 이외에 실제로 운임이 지급되는 장소를 선하증권에 기재한다. 운임이 외화로 지급될 때에는 선급인 경우에는 선하증권의 발행일, 후급인 경우에는 본선 도착일의 환율에 따르는 것이 일반적이다.

6. 통지처

통지처(notify party)는 운송물의 도착을 운송인이 통지하여 운송물의 인도를 원활하게 하기 위한 연락처를 말한다. 선하증권이 기명식(straight bill of lading)인 경우는 수하인 명이 기재되므로 직접 그에게 통지하면 되겠지만, 지시식 선하증권(order bill of lading)의 경우에는 선하증권상의 수하인 란에 성명이나 상호가 기재되지 않기 때문에 통지를 위한 통지처가 별도로 부기된다. 이때의 통지처는 보통 매수인(buyer) 또는 신용장 개설의뢰자이지만 때로는 그들의 통관대리인(customs broker)[57]이나 운송주선인이 기재되기도 한다. 그러므로 선하증권의 통지처(notify party)와 운송인과는 운송계약의 직접적인 당사자 관계가 성립되는 것은 아니다. 즉, 수하인 란에는 to order, to order of shipper, to order of ○○○ bank로 기재하여 송하인 또는 신용장 개설은행이 운송물의 처분권을 유지하고, 통지처란에 수입상을 기재하여 수입상의 파산 또는 지급거절 등의 만약의 사태에 대비하기 위한 것이다.

7. 예약번호

운송인은 운송계약의 관리를 위하여 예약 번호(booking no.)를 부여한다. 복합운송의 경우 선복의 관리, 공 컨테이너(empty container)의 반출, 운송물의 수령, 선적에 이르기까지 모든 과정에서 이 예약 번호로 관리하므로 선하증권에 예약 번호를 기재한다.

8. 송하인 및 운송주선인 관련 사항

송하인 및 그 대리인에 대한 참조를 위하여 export reference 및 forwarding agency 사항을 선하증권에 기재한다. 이때는 운송물과 관련된 주선인(freight forwarder)의 이름이 선하증권에 기재되고, 여기에 기재된 주선인에게만 소정의 수수료가 지급된다.

9. 참조용 최종 목적지

참조용 최종 목적지는 운송인이 수하인에게 운송물을 인도하는 장소가 아니고, 수하인이 운송물을 운송인으로부터 인도받아, 그의 비용과 위험부담으로 운송하는 운송물의 최종 목적지이다. 송하인의 요청으로 선하증권에 기재된다. 선하증권의 최종 목적지(final destination)란에 특정 지명을 아무런 부기 없이 기재할 경우에는 그곳까지를 운송인의 책임 구간으로 오인할 우려가 있으므로 for the merchant reference only라고 부기한다.

10. 컨테이너 번호, 봉인 번호 및 컨테이너 운송물의 운송 방식

컨테이너 선하증권의 경우 컨테이너 번호와 그 컨테이너에 부착된 봉인 번호(seal

57) 관세사 자격증을 득한 개인이나 관세사 3인 이상을 고용한 법인으로서, 稅番, 稅率의 분류, 과세 가격확인, 세액계산, 수출입 신고 및 보세운송신고와 이와 관련된 제반 절차 그리고 그 밖의 모든 통관 관련 업무를 행하는 일에 종사하는 사람을 말한다(운송신문사, 物流用語事典, 제12증보 개정판, 2004, 344쪽).

no.)를 기재한다. 또 컨테이너 운송인 경우 선하증권에 House to House(CY → CY), Pier to Pier(CFS → CFS), Pier to House(CFS → CY) 등을 기재하여 운송 방식을 표시한다.

11. 선하증권 번호

운송물의 처리 또는 서류 취급상의 편의를 위하여 선하증권에 번호를 기재한다. 최근 각국의 세관은 전산 관리를 통한 운송물의 원활한 유통 및 효율적 통관을 위하여 표준화된 선하증권 번호를 요구하고 있다.

12. 사고 문언

운송인이 운송물을 수령하였을 때와 동일한 외관 상태로 운송물을 수하인에게 인도할 책임이 있으므로 수령 또는 선적할 때 운송물의 외관 상태를 정확하게 선하증권에 기재하여야 한다. 그리고 송하인이 신고한 운송물의 수량과 비교하여 과부족이 있을 때, 외관상 포장이나 물건에 손상 등의 결함이 있을 때 그 사실을 선하증권에 기재하여 양륙항에서의 손해배상 청구에 대비한다.

13. 송하인의 신고 사항

송하인이 운송인의 동의를 얻어 기재하는 사항으로 ① 선창 내 적재 운송물(under deck cargo), ② 반송 운송물(returned cargo), ③ 비매 견본물(sample with no commercial value), ④ 비매 증정물(gift with no commercial value), ⑤ 별송 수하물(uncompanied baggage) 등이 있다.

14. 수령 또는 선적확인조항 등

수령 또는 선적확인조항, 상환조항, 승낙조항, 우선조항, 서명조항 등이 앞면에 포함되어 있다. 수령 선하증권에는 received by carrier from shipper, 선적 선하증권에는 shipped by carrier from shipper라고 기재된다. 수령 선하증권에서는 운송인이 운송물을 수령한 시점부터, 선적 선하증권에서는 운송물을 선적한 시점부터 운송인의 책임이 시작된다.

제3절 뒷면 약관

조문의 배열이나 조항 수는 선사별 또는 항로별로 약간씩 다를 수 있지만 약관에 포함된 내용과 종류는 대동소이하다. 이 절에서는 우리나라 국적 선사 중 한 곳의 컨테이너 선하증권 약관의 조문과 내용을 분석하였다.

제1관 전문조항

1. 원문

RECEIVED by the Carrier from the Shipper in apparent good order and condition unless otherwise indicated herein, the Goods, or the container(s) or package(s) said to contain the cargo herein mentioned, to be carried subject to all the terms and conditions provided for on the face and back of this Bill of Lading by the Vessel named herein or any substitute at the Carriers option and/or other means of transport, from the place of receipt or the port of loading to the port of discharge or the place of delivery shown herein and there to be delivered to Consignee or on-carrier on payment of all charges due thereon. IF REQUIRED by the Carrier, this Bill of Lading duly endorsed must be surrendered in exchange for the Goods or delivery order. None of the terms of this Bill of Lading can be waived by or for the Carrier except by written waiver signed by a duly authorized agent of the Carrier. IN ACCEPTING THIS BILL OF LADING the Merchant agrees to be bound by all the stipulations, exceptions, terms and conditions on the face and back hereof, whether written, typed, stamped or printed, as fully as if signed by the Merchant any local custom or privilege to the contrary notwithstanding. IN WITNESS WHEREOF, the undersigned, on behalf of ○ ○ Shipping Co., Ltd., the master and the owner of the Vessel has signed the number of Bill(s) of Lading stated above all of the same tenor and date, one of which being accomplished, the others to stand void.

2. 번역

전문(Preamble)

운송인은 이 선하증권에 기재된 운송물이 적입되었다고 신고한 물건, 컨테이너 또는 포장물을, 이 선하증권에 별도의 다른 표시가 없으면, 송하인으로부터 외관상 양호한 상태로 수령하여, 이 선하증권의 앞면 및 뒷면의 모든 조항 및 조건에 따라, 이 선하증권에 기재된 선박 또는 운송인이 선택한 대체선 및/또는 타 운송 수단에 의해, 이 선하증권에 기재된 수령지 또는 선적항에서 양륙항 또는 인도지까지 운송하여, 그 곳에서 지급해야 할 비용을 지급하는 수하인 또는 후속운송인에게 인도하기로 한다.

운송인의 요구가 있으면, 운송물 또는 화물인도지시서(D/O)와 상환하여 정당하게 배서된 선하증권을 제출해야 한다. 운송인이 정식 승인한 대리인이 서면에 서명하여 포기한 것이 아니면, 선하증권의 어떠한 조항도, 운송인에 의해 또는 운송인이 대리하여 포기되지 않는다.

하주는 이 선하증권을 수령함으로써, 그에 반하여 어떠한 지역적 관습 또는 특혜에도 불구하고, 이 선하증권이 앞면 또는 뒷면에 수기, 타이핑, 스탬프 또는 인쇄된 모든 약정, 면책, 조항 및 조건의 기속을 받는다는 사실에 대해, 마치 하주가 직접 서명한 것과 같이 전적으로 동의한다.

그에 대한 증거로, 서명자는 ○○해운, 본선 선장 및 선박소유자를 대리하여 모두 같은 趣旨 및 日字로 상기에 기재된 통수의 선하증권에 서명한다. 이 가운데 1통이 사용되면, 나머지는 무효가 된다.

3. 해설

1] 수령 또는 선적의 확인약관

컨테이너 선에 의한 물건 운송의 경우는 "Received by the Carrier…"라고 기재하여 운송인이 운송을 위하여 증권에 기재된 운송물을 수령하였다는 것을 확인하는 조항으로 시작하여 수령 선하증권이라는 것을 표시한다. 재래선[58]의 경우에는 선하증권에 통상 "Shipped…."라고 기재하여 선적 선하증권임을 표시한다. 수령 선하증권은 운송물을 수령한 시점부터, 선적 선하증권은 운송물이 선박에 적재된 시점부터 운송인의 책임이 개시된다.

신용장 거래에서 "Marine or Ocean bill of lading"을 요구하는 경우에는 수령 선하증권은 신용장에 별도의 명시가 없는 한 수리되지 않으므로 "선적되었음"(loaded onboard or shipped on a named vessel)을 확인하는 부기를 하여야 한다(UCP 600 제20조).

2] 상환약관

수하인이 운송물을 인도 받기 위해서는 정당하게 배서된 선하증권을 제시하고 그것과 상환하여야 한다는 조항이다. 이것은 선하증권이 권원증권이기 때문에 운송물을 정당한 권리자에게 인도하는 것이 증권의 목적이라는 점을 밝힌 것이다(상법 제861조, 제129조).

3] 엄격조항-약관포기불허용

운송인 또는 그가 승인한 대리인이 서명하고 서면으로 포기하는 경우가 아니면, 선하증권의 어떠한 조항도 포기할 수 없다고 하여 선하증권 약관의 적용에 엄격성을 강조하고 있다.

4] 수락약관

하주가 선하증권의 앞면 및 뒷면의 조건과 약관을 수락한다는 것을 표현한 약관이다. 선하증권은 운송계약 내지 운송 조건의 내용을 증명하는 증거증권이지만, 개품운송 실무에서는 운송계약서를 별도로 작성하여 당사자가 서명하는 방식을 채택하지 않는다. 즉, 다수의 불특정 하주를 상대로 선하증권에 미리 계약 약관을 인쇄하여 사

58) 컨테이너 운송을 고려하지 않고 설계된 정기선을 말하며, 이는 풀 컨테이너(full container) 선 및 세미 컨테이너(semi container) 선에 대비된다(운송신문사, 物流用語事典, 제12증보판, 2004, 330쪽).

용하는 부합계약(contract of adhesion)의 형태를 띠게 된다. 즉, 대부분의 선하증권에는 하주가 선하증권을 수령함에 있어, 그 내용에 反하는 지역 관습 또는 어떤 특권에도 불구하고 그 선하증권의 앞면 및 뒷면의 규정, 면책조항 기타 기재사항에 대해 하주가 서명한 것과 같이 그것에 구속된다는 것에 합의한다는 내용이다.

우리나라에서는 부합계약 조항의 법적 효력을 긍정하는 것이 통설이나 국가에 따라 이러한 수락약관을 부정하는 국가도 있다.[59)]

5] 서명권자 · 서명통수 및 상환 후 남은 선하증권의 효력 약관

선하증권의 서명자는 운송인, 선장 및 선박소유자를 위하여 동일한 문언과 날짜를 기재한(상기에 표시한 통수의) 선하증권에 서명하였다라고 하여 그가 운송인을 대리하여 서명 권한을 부여받고 서명했음을 명시하여 동 서명에 법적인 효력을 발생케 하고 있다.

그리고 여러 통(통상은 3통)의 선하증권에 서명했을 경우 그 중 한 통이 약정한 목적지에서 운송인에게 제출되어 운송물과 상환되었다면 나머지 선하증권은 효력이 없다는 상법 제857조 제2항을 확인하는 약관이다.

제2관 정의 조항

1. 원문

1. Definition

When used in this Bill of Lading

(a) "Bill of Lading" means this contract of carriage for the Goods made between Carrier and Merchant, effective for all modes of transport from place of receipt to place of delivery.

(b) "Carrier" means ○ ○ Shipping Co., Ltd., its vessel, agents and subcontractors at all stages of carriage; in context of Intermodal

59) 프랑스, 이탈리아, 필리핀 등에서는 선하증권에 송하인의 서명이 없는 경우에는 계약조건으로서의 약관은 무효가 되거나 임의적 기재조건의 효력을 부정하는 특수한 경우도 있다(錢昌源, 貿易運送實務, 일신사, 1993. 422쪽).

Transportation, "Ocean Carrier" means ○ ○ Shipping Co., Ltd., the Vessel, her owner, operator and charterers and the agents and subcontractors of each; "Inland Carrier" means any barge line vessel, trucker or railroad with custody of the Goods under this Bill of Lading, and agents and subcontractors of each.

(c) "Goods" means the cargo as described on the face of this Bill of Lading and trailers, containers and transportable tanks when delivered to the Carrier by the Merchant containing the cargo.

(d) "Intermodal Transportation" means carriage of the Goods under this Bill of Lading by the Ocean Carrier and one or more Inland Carriers for a single freight charge to the Merchant.

(e) "Laden on board" means physically laden on board the first means of transport operated in the service of the Carrier.

(f) "Merchant" means any actual or previous holder of this Bill of Lading, and shall include shipper, consignor, consignee, owner and receiver of the Goods, and their agents.

(g) "Package" means the single largest unit of Goods(e.g, container, pallet, box, bale) delivered by Merchant to Carrier for carriage pursuant to the terms of this Bill of Lading.

(h) "Particulars" is that description of the Goods provided by the Merchant to the Carrier, and shall include all manner of description, marks, numbers, weight, measure, nature and value of the items constituting the Goods.

(i) "Subcontractor" identifies all interests engaged in owning, operating or chartering the vessel, lighters, feeder line, stevedores, terminal operators, warehousemen, truckers, railroads, and the agents of each of them, and all other persons or legal entities performing services pursuant to contract with Ocean or Inland Carriers with respect to the Goods.

(j) "Vessel" means the vessel named in this Bill of Lading, and includes all assisting or substitute vessels, lighters or other conveyances.

N.B. The plural shall include the singular, and the singular shall include the plural throughout this Bill of Lading: the headings are for information purposes only. Any mention in this Bill of Lading of parties to be notified of the arrival of the Goods is solely for information, and failure to give such notification shall not involve the Carrier in any liability nor relieve the Merchant of any obligation.

2. 번역

제1조 정의

이 선하증권에서 사용되는 용어는 다음과 같다.

(a) 선하증권은 운송인과 하주 사이에 체결된 물건운송계약을 의미하며, 수령지에서 인도지까지의 모든 운송 수단에 효력이 미친다.

(b) 운송인은 ㅇㅇ해운, 그 선박, 대리점 및 모든 운송구간의 하도급업자를 말한다. 복합운송의 경우, 해상운송인은 ㅇㅇ해운, 본선, 그 선박소유자, 운항자 및 용선자 및 그 대리인 및 각각의 하도급업자를 말한다. 내륙운송인은 이 선하증권에 의거 운송물을 점유하는 일체의 바지업자, 트럭업자 또는 철도회사 및 그 대리인 및 각각의 하도급업자를 말한다.

(c) 운송물은 이 선하증권의 앞면에 기재된 운송물(cargo), 그리고 하주가 운송물을 적입하여 운송인에게 인도할 트레일러, 컨테이너 및 운송 가능한 탱크를 의미한다.

(d) 복합운송은 하주에게 단일운임을 부과하여 이 선하증권에 의거 해상운송인 및 1인 이상의 내륙운송인이 행하는 물건운송을 의미한다.

(e) 선적은 운송인이 서비스 제공을 위해 운영하는 최초의 운송 수단에 운송물을 물리적으로 적재한 것을 말한다.

(f) 하주란 이 선하증권을 현재 또는 과거에 소지했던 모든 사람을 의미한다. 그리고 송하인, 위탁인, 수하인, 운송물의 소유자 및 수령인, 그리고 그들의 대리인이 포함된다.

(g) 포장물은 선하증권의 조항에 따라 운송을 위해 하주가 운송인에게 인도한 운송물의 최대단위(예, 컨테이너, 팰리트, 상자, 뭉치)를 말한다.

(h) 명세란 하주가 운송인에게 신고한 운송물에 대한 記述을 말하고, 그 운송물을 구성하는 품목의 각종 기술, 荷印, 번호, 중량, 용적, 성질 및 가액이 포함된다.

(i) 하도급업자란 선박, 바지, 피더선, 하역회사, 터미널, 창고, 트럭, 철도 등의 소유, 운영 또는 용선에 종사하는 모든 이해관계자 및 그들의 대리인과, 해상운송인 또는 내륙운송인과 운송물취급에 대한 계약을 체결하여 그 업무를 수행하는 그 밖의 모든 자연인 또는 법인을 말한다.

(j) 본선은 이 선하증권에 기명된 선박을 의미하고, 모든 보조선 또는 대체선, 바지 또는 그 밖의 운송 수단을 포함한다.

주의 : 이 선하증권에서 복수는 단수를 포함하고, 단수는 복수를 포함한다. 각 약관의 제목(headings)은 단지 참고를 위한 것이다. 이 선하증권에서 운송물의 도착을 당사자에게 통지한다는 모든 문언은 오직 참조용에 지나지 않는다. 따라서 이러한 통지를 하지 못한다 해도, 운송인은 일체 책임을 지지 않으며, 하주의 의무도 면제되지 않는다.

제3관 최고약관(=至上約款, paramount clause)

1. 원문

2. Paramount Clause

(a) This Bill of Lading shall have effect subject to the International Convention for the Unification of Certain Rules relating to Bills of Lading, dated at Brussels 25 August 1924 (The Hague Rules) as enacted in the country of shipment, unless the protocol, dated Brussels 23 February 1968(The Hague-Visby Rules) or the United States Carriage of Goods by Sea Act, 1936 (U.S. COGSA, 46 U.S.C. Appendix 1300-1315) apply compulsorily.

(b) When no such enactments are in force in the country of shipment, the corresponding Hague Rules, Hague-Visby Rules or U.S. COGSA legislation (Hague/Visby/COGSA legislation) of the country of destination shall apply, but in respect of shipments to which no such enactments are compulsorily applicable, the terms of the Hague Rules shall apply.

(c) The applicable Hague/Visby/COGSA legislation shall govern throughout the time when the Goods are in the actual or constructive custody of the Carrier. The Carrier takes all reservation possible under the Hague/Visby/COGSA legislation relating to the period before loading and after discharging and while the Goods are in the charge of another Carrier, and to deck cargo and live animals.

2. 번역

제2조 최고약관

(a) 만약 1968년 2월 23일 브뤼셀에서 채택된 의정서(헤이그-비스비 규칙) 또는 1936년 미국 해상물건운송법(US COGSA, 미국 법 제46편 부속 1300-1315)이 강행적용 되지 않으면, 이 선하증권은 선적國에서 입법한 1924년 8월 25일 브뤼셀에서 조인된 선하증권통일협약(헤이그 규칙)의 적용을 받는다.

(b) 선적國에서 이러한 입법화가 이루어지지 않은 경우, 헤이그 규칙, 비스비 규칙 또는 미국의 해상물건운송법(Hague/Visby/US COGSA)에 상응하는 목적지 국가의 법률을 적용한다. 그러나 선적에 대해서는 이들 입법이 적용되지 않고, 헤이그 규칙의 조항을 적용한다.

(c) 운송물을 현실적 또는 추정적으로 운송인이 점유하고 있는 동안에는 헤이그 규칙/비스비 규칙/미국 해상물건운송법이 적용된다. 운송인은 선적 전 및 양륙 후의 기간 및 운송물이 타 운송인의 관리 하에 있는 동안, 그리고 갑판적 운송물 및 생동물에 대하여 헤이그 규칙/비스비 규칙/해상물건운송법에 의거 가능한 모든 留保를 한다.

3. 해설

이 약관은 당해 운송계약을 대표하는 선하증권이 어느 법에 근거하느냐를 나타내는 것이다. 오늘날 대부분의 국가들은 1924년 헤이그 규칙 또는 1968년 헤이그-비스비 규칙을 채택하고 있거나, 또는 이 협약의 내용을 수용한 자국의 해상물건운송법(Carriage of Goods by Sea Act : COGSA)을 가지고 있으므로 당해 선하증권이 그 협약 또는 선하증권 발행국의 해상물건운송법에 근거하여 효력을 갖는다는 취지를 표명한 약관이다.

최고약관과 관련하여 문제가 되는 것은 국제협약을 채택하지 않았거나 또는 그 내용을 당사국의 국내법에서 채택하고 있지 않은 경우이다. 이러한 경우에는 선하증권에 별도로 합의한 내용에 따르는 것이 일반적인데, 예를 들어 협약을 채택하고 있지 않은 이탈리아와 태국간의 손해배상 청구소송에서 선하증권에 영국의 해상물건운송법을 적용한다는 조항이 있다면 영국 해상물건운송법이 적용되고, 만일 한 선하증권에 두 개의 최고약관이 명시되어 있는 경우에는 특별히 다른 방법이 없으면 소송지법이 적용된다.[60]

제4관 소송 · 손해배상 청구 · 재판관할권

1. 원문

3. Litigation and Claim

(a) Disputes arising under the Bill of Lading shall be determined at the option of the Merchant by the courts and in accordance with the law (including choice of law) at

(i) the Carriers principal place of business, (being Seoul, Korea, except for actions under U.S. COGSA, where the Carriers principal place of business also includes Long Beach, California.); or

(ii) the place of receipt of the Goods by the Carrier, or the port of discharge.

(b) No proceedings may be brought before other tribunals by the Merchant unless Merchant and Carrier shall have agreed in advance in writing in both the choice of another tribunal and the law to be applied. Carrier may sue Merchant wherever Merchant or Goods are found.

(c) Suit shall not be deemed brought against the Carrier until jurisdiction shall have been obtained of the Carrier by service of summons.

60) 朴大衛, 船荷證券, 法文社, 205 쪽.

(d) Claims for loss of or damage to the Goods may be filed at the offices of the Carrier or their agent at the port of discharge; claims must be filed and suits commenced within the applicable Hague/Visby/COGSA periods, unless the Merchant claims these rules are inapplicable and loss or damage occurred in the custody of the Inland Carrier, when claims must be filed, and suits commenced, within the time limits provided by law or tariff applicable to the Inland Carrier.

(e) Nothing in this Bill of Lading, expressed or implied, shall operate to limit or deprive the Carrier of any statutory protection or exemption or limitation of liability authorized by any applicable laws, statutes or regulations whether the action is founded in contract, in tort, or otherwise.

2. 번역

제3조 소송 및 손해배상 청구

(a) 이 선하증권에 근거하여 발생한 분쟁은 하주의 선택에 의해 다음의 법원 및 법률(법의 선택을 포함)에 따라 해결한다.
  (i) 운송인의 주된 영업소(대한민국 서울임. 다만 운송인의 주된 영업소가 미국 캘리포니아 롱비치를 포함하면 미국 해상물건운송법에 의거한 소송은 제외함). 또는
  (ii) 운송인의 운송물 수령지 또는 양륙항

(b) 하주와 운송인이 사전에 타 법원 및 적용 법률의 선택을 서면으로 합의하지 않았다면, 하주는 타 법원에 제소할 수 없다. 운송인은 하주 또는 운송물이 발견된 곳이면 어디에서든 하주를 提訴할 수 있다.

(c) 운송인에게 법원의 소환장이 접수되지 아니하면, 운송인에게 제소된 것으로 간주하지 않는다.

(d) 운송물의 멸실 또는 손상에 대한 손해배상 청구는 양륙항의 운송인 또는 대리인의 사무소에 제기할 수 있다. 하주가 이들 규칙 및 입법의 적용을 반대하지 않고, 멸실 또는 손상이 내륙운송인의 점유 중에 발생하지 않은 경우, 손해배상 청구는 헤이그 규칙/비스비 규칙/해상물건운송법이 규정한 기간 내에 제기되어야 한다.

(e) 소송의 근거가 계약위반, 불법행위 또는 그 밖의 여부에 관계없이, 적용 가능한 법률, 규칙 또는 규정이 허용한 일체의 보호, 면책 또는 책임제한에 관한 운송인의 권리를 제한 또는 박탈하기 위해, 이 선하증권에 명시 또는 묵시된 일체의 조항을 이용해서는 안 된다.

제5관 운송인의 책임에 관한 조항

1. 원문

4. Responsibility

(a) The Carrier shall be responsible for and shall enjoy the immunities and limitation against loss or damage pursuant to the applicable Hague/Visby/COGSA legislation for all periods when the Goods are in the actual or constructive custody of the Carrier.

(b)Where it is forbidden by law to extend Hague/Visby/COGSA legislation to the inland part of the Intermodal Transportation contract, the Carrier shall not be responsible for loss or damage to the Goods while the Goods are in the custody of the Inland Carrier in excess of the scope for which the Inland Carrier would have assumed the responsibility subject to its tariff.

(c) If, despite the terms herein, no legal regime clearly applies to the period of inland carriage, the Carrier and Inland Carrier shall not, in any circumstances, be liable for that part of any claim for damages caused by acts of God, acts or restraint of authority, inherent vice of the Goods, wrongful act or neglect of the Merchant, strike or stoppage of labor of any kind or extent, insufficient or defective packaging or marking or numbering of the Goods or Packages, or any cause, event or consequence which the Carrier could not avoid or prevent by reasonable diligence; nor for any other cause excluded by tariff.

(d) In context of Intermodal Transportation, where the Merchant or Carrier cannot establish in whose custody loss or damage occurred to Goods delivered to the Carrier in actual good condition, it shall be deemed, as between the Merchant and any Carrier, that the loss or damage occurred onboard the Vessel while in the custody of the Ocean Carrier.

(e) The Carrier shall not be responsible for loss of or damage to the Goods occurring before receipt of the Goods by the Carrier at the place of receipt or after delivery by the Carrier at the place of delivery.

(f) Where damage is alleged to the contents of any Package delivered by the Carrier without notation for external damage, it shall in all circumstances be a prerequisite to Carriers liability that the Merchant shall first demonstrate its delivery of the contents of the Package in actual good condition at the Carriers place of receipt.

(g) The Carrier shall not be responsible for any loss of or damage to live animals arising or resulting from any cause whatsoever.

(h) In respect of Goods carried on deck and identified on this Bill of Lading to be so carried, all risks of loss or damage from perils inherent in or incident to the custody or carriage of such Goods on deck shall be borne exclusively by the Merchant without recourse to the Carrier.

2. 번역

제4조 운송인의 책임

(a) 운송인이 운송물을 현실적 또는 추정적으로 점유하고 있는 동안 내내, 운송물의 멸실 또는 손상에 대해 운송인은 적용 가능한 헤이그 규칙/비스비 규칙/해상물건운송법에 의거하여 책임을 지고, 또한 면책 및 책임제한 등의 편익도 누린다.

(b) 만약 법률이 복합운송계약의 내륙 부분까지 헤이그 규칙/비스비 규칙/해상물건운송법의 연장을 금하면, 내륙운송인의 점유 기간에 발생한 운송물의 멸실 또는 손상에 대한 운송인의 책임을 내륙운송인이 운임요율표에 의거 책임지는 범위를 초과하지 않는다.

(c) 본 항의 약정에도 불구하고, 내륙운송구간에 적용할 법체계가 분명하지 않을 경우, 화재, 공권력의 행사 또는 억지, 운송물고유의 하자, 하주의 부당행

위 또는 과실, 종류 또는 규모를 불문한 노동자의 파업 또는 작업 중지, 운송물 또는 포장물의 포장불비, 荷印 또는 번호의 불충분 또는 불완전, 또는 운송인의 상당한 주의로도 회피 또는 방지할 수 없는 일체의 원인, 사고 또는 그 결과로 인한 손해의 손해배상 청구에 대해 운송인 및 내륙 운송인은 어떠한 경우에도 책임지지 않는다. 그리고 운임요율표에서 면책으로 약정된 그 밖의 원인에 의한 손해에 대해서도 일체 책임지지 않는다.

(d) 복합운송 시, 양호한 상태로 운송인에게 인도된 운송물에 대한 멸실 또는 손상이 어디에서 발생했는지를 하주 또는 운송인이 확인할 수 없는 경우, 해상운송인이 점유하고 있는 동안 본선에서 멸실 또는 손상이 발생한 것으로 간주한다.

(e) 수령지에서 운송인이 운송물을 수령하기 전 또는 인도지에서 운송인이 운송물을 인도한 후에 발생한 운송물의 멸실 또는 손상에 대해 운송인은 일체 책임지지 않는다.

(f) 운송인의 책임형성에 필수적인 통지 없이, 하주가 인도받은 포장물의 내용물이 손상되었음을 주장할 경우, 하주는 먼저 수령지에서 운송인에게 포장물의 내용물을 양호한 상태로 인도했음을 입증해야 한다.

(g) 운송인은 그 원인이 어떠하든 산 동물에 발생했거나 또는 결과적인 멸실 또는 손상에 대해 일체 책임지지 않는다.

(h) 갑판적 운송물 및 이 선하증권에 갑판적하기로 기재된 운송물에 대하여, 운송물의 갑판 적부 또는 갑판적 운송에 고유한 또는 부수적 위험으로 발생한 일체의 멸실 또는 손상 위험은 하주가 단독 부담하고 운송인에게 배상청구하지 못한다.

제6관 운임요율표

1. 원문

5. Tariff

Where a public tariff has been filed by Carrier, Ocean Carrier or Inland Carrier governing all or part of the period of carriage, the terms of this Bill of Lading may, to some extent, be modified by the terms of that tariff and by documents referenced therein, such as uniform inland Bills of Lading. To the extent of any actual inconsistency between tariff and this Bill of Lading, the terms of this Bill of Lading shall control to the fullest extent permitted

2. 번역

제5조 운임요율표

운송인, 해상운송인 또는 내륙운송인이 운송 기간의 전부 또는 일부를 규제하는 공적 운임요율표를 공시한 경우, 그 운임요율표의 조항 및 통일내륙운송증권(Uniform Inland bill of lading)과 같은 운임요율표 내의 참조서류에 의해 이 선하증권 조항이 어느 정도 변경될 수 있다. 운임요율표와 이 선하증권이 상충될 경우, 법률이 허용하는 최대의 범위까지 이 선하증권의 조항이 우선한다.

제7관 하도급계약

1. 원문

6. Sub-Contraction and Additional Instructions

(a) The Carrier shall be entitled to sub-contract on any terms the whole or any part of the handling, storage or carriage of the Goods and any and all duties whatsoever undertaken by the Carrier in relation to the Goods. Every servant, agent and sub-contractor (including all interests engaged in the owning or chartering of the Vessel, stevedores, warehousemen, and other independent contractors) and the agents of each shall have the benefit of all provisions herein for the benefit of the Carrier as if the provisions were expressly for their benefit; and in entering into this contract of carriage, the Carrier does so not only on his own behalf but also as agent for all such servants, agents and sub-contractors to the fullest extent permitted by the law applicable to Himalaya Clauses.

(b) Where the Carrier arranges alternative inland transportation as agent for the Merchant, the Merchants rights and liabilities shall be governed by the law or contract applicable to the inland carriage, without further liability of the Carrier as a carrier.

2. 번역

제6조 하도급계약 및 추가지시

(a) 운송인은 운송물의 취급, 보관 또는 운송의 전부 또는 일부, 그리고 운송물에 대하여 그것이 무엇이든 운송인이 인수한 의무의 일부 또는 전부를 어떠한 조건으로도 하도급계약을 체결할 권리가 있다. 모든 사용인, 대리인 및 하도급업자(선박의 소유 또는 용선에 개입하는 모든 이해관계인, 하역업자, 창고업자 및 기타 독립계약자를 포함) 및 각각의 대리인은, 운송인의 편익을 위해 약정된 이 선하증권의 모든 조항의 便益을, 마치 그들의 편익을 위해 명시한 조항인 것처럼 원용할 수 있다. 그리고 운송인은 운송계약을 체결 함에 있어, 법이 허용하는 최대의 범위까지 히말라야 약관을 적용하여, 자기뿐만 아니라 이들 사용인, 대리인 및 하도급업자를 대리한 대리인으로서 계약을 체결한다.

(b) 운송인이 하주의 대리인으로서 별도의 내륙운송을 준비한 경우, 운송인은 운송인으로서의 책임을 추가 부담하지 않으며, 하주의 권리 및 책임은 내륙운송에 적용될 법률 또는 계약의 규제를 받는다.

제8관 운송인의 재량권

1. 원문

7. Liberties

(a) The Carrier shall make commercially reasonable efforts to carry the Goods expeditiously to the place of delivery, but the Carrier does not warrant any specific route, vessel, method of transport or delivery date, and shall have liberty to perform the carriage in any commercially reasonable manner and by any reasonable means, methods and routes including the right to transship Goods using other Carriers, conveyances or containers. The Carrier shall always have liberty to comply with directions, howsoever given, of any government national or local authority.

(b) At any stage in the carriage, the Goods may, at the Carriers absolute discretion, be carried as a single shipment or as several shipments on any means of transport, whether owned or operated by the Carrier or not.

(c) The Carrier shall make commercially reasonable efforts to complete the carriage and to deliver the Goods at the place designated for delivery, but does not guarantee such delivery and shall be excused from all consequences of nondelivery at such place, (and shall remain entitled to full freight and charges and his lien,) if such delivery is commercially unfeasible, or would delay or imperil the interests of the Carrier or the Goods, the Goods of others or the general enterprise.

(d) In particular, the Carrier is excused from full performance of the contract of carriage by the existence or apprehension of war, declared or undeclared, hostilities, warlike or belligerent acts or operations, riots, civil commotions, boycotts or other disturbances; epidemics or diseases, quarantine, sanitary or similar regulations or restrictions; shortage, absence or obstacles of labor or facilities for loading, discharge, delivery or handling of the Goods; strikes, lockouts or other labor troubles, whether partial or general, and whether or not involving employees of the Carrier, his agents or subcontractors; congestion of ports, berths, freight stations or terminals;

closure of, obstacle in or danger to any canal, waterway, land route or railroad; ice, landslide, earthquake or other natural effects creating obstacles to carriage. This list is descriptive and not exhaustive, and the existence of any of these similar conditions prior to receipt of the Goods shall not constitute waiver of the Carriers rights.

(e) If the Goods are unclaimed during a reasonable time or whenever, in the Carriers opinion, the Goods will deteriorate, decay or diminish in value, the Carrier may sell, abandon or otherwise dispose of such Goods at the risk and expense of the Merchant and Goods.

(f) If, in the Carriers option, good cause exists to fear danger, injury, loss, delay, disadvantage to the Carrier, the Goods, the Goods of others or to the general enterprise, the Carrier shall be entitled to dispose of the Goods in such way as the Carrier may deem advisable, or to cancel the contract of carriage without compensation and to require the Merchant to take prompt delivery of the Goods. Such Actions by the Carrier shall constitute complete and final delivery and full performance of this contract, and the Carrier shall thereafter be free from any responsibility for the Goods.

(g) Any action taken by the Carrier pursuant to this clause for the intended benefit of the Vessel, the Goods, the Goods of others or the general enterprise shall fall within the contractual carriage, and such action or delay resulting therefrom shall not constitute a deviation at law, and the Carrier shall be entitled to the full benefit of all privileges, rights and immunities contained in the Bill of Lading.

2. 번역

제7조 운송인의 재량권

(a) 운송인은 운송물을 인도지까지 신속하게 운송하기 위해 상사적(commercially)으로 합리적인 노력을 해야 한다. 그러나 운송인은 소정의 경로, 선박, 운송 방법 또는 인도일 등을 보장(warrant)하는 것은 아니다. 운송인은 다른 운송인, 운송 수단 또는 컨테이너를 사용하여, 운송물을 환적할 수 있는 권리를 포함하여, 상사적으로 합리적인 방식 및 모든 합리적인 수단, 방법 및

경로를 통해 운송을 수행할 자유를 갖는다. 운송인은 모든 중앙정부 또는 지방정부 기관의 지시가, 어떻게 주어지든, 언제라도 이에 따를 자유가 있다.

(b) 운송의 모든 단계에서, 운송인의 절대적인 판단 하에, 운송인의 소유 또는 운항 여부에 관계없이, 어떤 운송 수단을 이용해서라도 운송물을 통합(single shipment) 또는 분할(several shipments)하여 운송할 수 있다.

(c) 운송인은 운송의 완료를 위해 그리고 인도지로 지정된 장소에서 운송물을 인도하기 위해 상사적으로 합리적인 노력을 다 해야 한다. 그러나 이러한 인도를 보증하는 것은 아니고, 만약 그 인도를 상적으로 실행할 수 없거나, 또는 인도가 지연되거나, 또는 운송인 또는 그 운송물, 또는 타인의 운송물 또는 사업일반(general enterprise)의 이익을 위해한다면, 운송인은 지정한 장소에서 인도하지 못해 발생한 모든 결과에 대한 책임을 면한다(그리고 모든 운임 및 요금의 청구권 및 유치권에 대한 운송인의 권리는 존속한다).

(d) 특히 운송인은 전쟁, 선전포고의 유무를 불문한 적대행위, 도발행위 또는 교전행위 또는 작전, 폭동, 내란, 보이콧 또는 기타 소요; 전염병 또는 질병, 검역, 위생 또는 유사한 규제 또는 제한; 운송물의 선적, 양륙, 인도 또는 처리를 위한 노동자 또는 시설의 부족, 부재 또는 장해; 일부 또는 전부, 그리고 운송인, 그 대리인 또는 하도급업자의 사용인의 참여여부를 불문한 동맹파업, 직장폐쇄 또는 기타 노동쟁의; 항구, 부두, 컨테이너 조작장(container station) 또는 터미널의 체증, 운하, 수로, 도로 또는 철도의 폐쇄 또는 장해 또는 위험; 운송을 방해하는 결빙, 沙汰(landslip), 지진 또는 기타 천연재해(natural effects)의 존재(existence) 또는 우려(apprehension)가 있는 경우에는 운송계약의 완전이행을 면제 받는다; 그리고 이들 항목은 하나의 例示일 뿐 모두를 포함한 것이 아니다. 운송물을 수령하기 전에 이와 비슷한 조건이 존재했어도, 운송인의 권리를 포기한 것이 되지 않는다.

(e) 상당 기간 운송물의 인도 청구가 없고, 운송물의 품질저하, 부패 또는 가액이 감소될 것으로 판단되면, 운송인은 언제라도 하주 및 운송물의 위험과 비용으로 그 운송물을 매각, 폐기 또는 그 밖의 처분을 할 수 있다.

(f) 운송인의 판단에 운송인, 운송물, 타인의 운송물 또는 사업 일반에 위험, 상해, 멸실, 지연 또는 불이익을 우려할 만한 타당한 원인이 있을 경우, 운송인은 바람직하다고 생각하는 방법으로 운송물을 처분하거나, 또는 보상 없이 운송계약을 취소하거나, 하주에게 운송물을 신속하게 인도할 것을 요구할 수 있는 권리가 있다. 그리고 이러한 운송인의 조치는 완전하고 최종적인

인도 및 계약의 완전한 이행이 된다. 또한 그때부터 운송인은 운송물에 대한 모든 책임이 면제된다.

(g) 본선, 운송물, 타인의 운송물 또는 사업 일반이 의도했던 이익을 위해, 본 약관에 따라 취한 운송인의 조치는 계약된 운송행위에 속한다. 그리고 그러한 조치 또는 그로 인해 발생한 지연은 법률상의 항로이탈(deviation)이 되지 않는다. 또한 운송인은 이 선하증권에 포함된 모든 특권, 권리 및 면책의 이익을 완전히 누릴 권리가 있다.

제9관 컨테이너 조항

1. 원문

8. Container

(a) On any Vessel or other mode of transportation designed to carry containers, the Carrier has the right to carry Goods in containers in any area designed for such carriage. Such carriage of the Goods shall constitute "under deck" stowage for all purposes, including Hague/Visby/COGSA regulations and General Average.

(b) Where the Goods are already packed into containers at the time of receipt, the Carrier shall be at liberty to pack and carry them in any type of container.

(c) The Merchant shall indemnify the Carrier against any loss of or damage to the Carriers container or other equipment while in the possession or control of the Merchant, his agents or sub-contractors engaged by or on behalf of the Merchant.

(d) The Carrier shall in no event be liable for and the Merchant shall indemnify and hold the Carrier harmless from and against any loss of or damage to property of other persons or injuries to other persons caused by the Carriers container or the contents thereof during handling by, or while in the possession or control of, the Merchant, his agents or sub-contractors.

(e) If the Carriers container is delivered sealed by the Merchant to the Carrier, this Bill of Lading is evidence of the receipt only of the number of containers shown on the Bill of Lading, and the condition and any particulars of the contents are unknown to the Carrier; and the Merchant warrants that the containers and contents thereof are suitable for handling and carriage. In the event of breach of this warranty, the Carrier shall not be responsible for any loss of or damage to or in connection with the Goods and the Merchant shall be liable for loss of or damage to any other property, or for personal injury or the consequences of any other accidents or events whatsoever. If such containers are delivered by the Carrier with seals intact, such delivery shall be full and complete performance of the Carriers obligation hereunder and the Carrier shall not be liable for any loss of or damage to the contents of the containers.

(f) The Carrier does not undertake to carry the Goods in refrigerated, heated, insulated, ventilated or any other special containers, unless special arrangements for the carriage of such containers have been agreed to in writing between the Carrier and the Merchant and special freight has been paid. The Carrier does not accept responsibility for the function of special containers supplied by or on behalf of the Merchant. The Carrier does not guarantee the maintenance of any temperature inside any container.

2. 번역

제8조 컨테이너

(a) 운송인은 컨테이너 운송을 위해 설계된 일체의 선박 또는 타 운송 수단, 그리고 그러한 운송을 위해 설계된 모든 장소에 컨테이너 적입 운송물을 운송할 권리가 있다. 그러한 물건운송은 헤이그 규칙/비스비 규칙/해상물건운송법의 규정 및 공동해손을 포함한 어떤 목적을 위해서도 갑판하(under deck) 적부가 된다.

(b) 운송물 수령 시 그 운송물이 컨테이너에 적입되어 있지 않은 경우, 운송인은 그 운송물을 어떠한 형태의 컨테이너에 적입하여 운송해도 무방하다.

(c) 하주는 자기, 그의 대리인, 또는 하도급업자가 운송인의 컨테이너 또는 다른 장비를 점유 또는 관리하는 동안에 발생한 멸실 또는 손상에 대하여 운송인에게 보상해야 한다.

(d) 하주, 그의 대리인 또는 하도급업자가 취급, 점유 또는 관리하는 동안에 제3자의 재산을 멸실 또는 손상시켰거나 또는 제3자에게 상해를 입힌 경우, 운송인은 어떠한 경우에도 이에 대해 책임지지 않으며, 하주는 운송인에게 이를 보상하고 피해를 입히지 않도록 해야 한다.

(e) 만약 운송인의 컨테이너를 하주가 봉인하여 운송인에게 인도했다면, 이 선하증권은 표시된 개수의 컨테이너를 수령한 증거일 뿐이고, 내용물의 상태 및 명세에 대해 운송인은 알지 못한다. 그리고 하주는 컨테이너 및 그 내용물이 취급 및 운송에 적합하다는 것을 보장한다. 만약 하주가 이 보장을 위반하면, 운송인은 운송물의 또는 운송물과 관련된 일체의 멸실 또는 손상에 대해 일체 책임지지 않는다. 그리고 하주는 타 재산의 멸실 또는 손상 또는 제3자의 상해 또는 그것이 무엇이든 기타 일체의 사고 또는 사건의 결과에 대하여 책임을 져야 한다. 이들 컨테이너를 봉인에 이상 없이 운송인이 하주에게 인도했을 경우, 그러한 인도는 이 선하증권에 의거하여 운송인의 의무를 완전하고 충분히 이행한 것으로 본다. 그리고 운송인은 컨테이너 내용물의 멸실 또는 손상에 대해 일체 책임지지 않는다.

(f) 운송인과 하주 사이에 서면에 의해 그러한 컨테이너로 운송한다고 특별히 합의하지 않았고, 특별운임을 지급하지 않았다면, 운송인은 냉동, 보온, 단열, 통풍 또는 기타 특수컨테이너에 의한 물건운송을 인수하지 않는다. 하주에 의해 또는 하주를 대리하여 공급된 특수 컨테이너의 기능에 대하여 운송인은 책임지지 않는다. 운송인은 어떠한 컨테이너에 대해서도 일체의 내부 온도 유지를 보증하지 않는다.

제10관 운임약관

1. 원문

9. Freight

(a) Freight shall be payable at any lawful rate agreed with the Merchant, and will be calculated on the basis of the Particulars furnished by the Merchant; but the Carrier may at any time open, examine, weigh, measure and value the Goods and Packages to determine the accuracy of the Merchants Particulars. If it is determined by the Carrier that the freight or charges should be higher, the Carrier may collect the additional amount from the Merchant who shall also be liable for all expenses associated with recalculation of freight or charges.

(b) Full freight and all advance charges shall be considered completely earned on receipt of the Goods by the Carrier, whether the Vessel or the Goods be damaged, lost or not lost, or the journey frustrated or abandoned. All freight and charges shall be paid in full without any offset, counterclaim or deduction, and shall be paid in the currency named in this Bill of Lading.

(c) Each Merchant shall be severally liable to the Carrier for the payment of all freight, charges and other amounts due the Carrier.

2. 번역

제9조 운임

(a) 운임은 하주와 합의한 적법한 요율로 지급한다. 그리고 하주가 신고한 운송물의 명세를 근거로 계산한다. 그러나 운송인은 언제라도 하주가 신고한 명세의 정확여부를 점검하기 위해 운송물 및 포장을 개방하고 검사하며 중량 및 용적을 측정하며 가액을 평가할 수 있다. 만약 운송인이 운임 또는 요금을 더 높여야 한다고 결정하면, 운송인은 운임 또는 요금의 재계산과 관련하여 하주가 책임져야 할 모든 비용을 추가로 징수할 수 있다.

(b) 운송인은 본선 및 운송물의 손상 여부, 멸실 여부, 항해의 중단 또는 포기여부에 관계없이, 운송물을 수령한 때에 운임의 전액 및 모든 선수금을 완전히 취득한 것으로 본다. 운임 및 요금의 전액을 상계, 반대청구 또는 공제 없이 전액 지급해야 한다. 그리고 이 선하증권에 표시된 통화로 지급해야 한다.

(c) 각 하주는 운송인에게 지급해야 할 모든 운임, 요금 및 기타 금액의 지급에 대해 운송인에게 연대책임을 진다.

제11관 하주의 책임

1. 원문

10. Merchants Responsibility

(a) Each Merchant shall be responsible for any failure to perform any Merchants obligations under any of the terms of this Bill of Lading; and each shall indemnify the Carrier against and hold it harmless upon written demand from all liability, loss, damages and expense which the Carrier may sustain or incur arising or resulting from any such failure of performance by the Merchant or any of them. The responsibility of each Merchant shall not be diminished by the existence of any lien claim on the Goods.

(b) Any reference on the face of the Bill of Lading to any particulars of the Goods is furnished by the Merchant, and the Carrier shall not be responsible for the accuracy thereof. The Merchant warrants to the Carrier that the particulars furnished by him are correct.

(c) Each Merchant warrants that equipment, whether owned or leased by the Carrier, would be returned to the Carrier within a reasonable time stipulated in the applicable tariff and further promises and agrees to pay equipment detention charges stipulated in the applicable tariff including the costs and expenses of recovering the same in case failure to do so.

2. 번역

제10조 하주의 책임

(a) 각 하주는 이 선하증권의 모든 조항에 약정된 하주의 의무를 이행하지 못하면 책임을 져야 한다. 그리고 하주 또는 그들 중 누군가의 불이행으로 발생한 또는 그 결과로 인해 운송인이 부담하거나 또는 운송인에게 발생한 모든 배상책임, 멸실, 손상 및 비용에 대하여 각각의 하주는, 서면상의 요구가 있으면, 운송인에게 보상하고 피해를 입히지 않아야 한다. 운송물에 대해 어떠한 유치권이 행사되어 있더라도 각 하주의 책임은 소멸되지 않는다.

(b) 선하증권의 앞면에 기재된 운송물의 모든 명세는 하주가 신고한 것으로서, 운송인은 그 명세의 정확성에 대해 책임지지 않는다. 하주는 자기가 신고한 명세가 정확하다는 것을 운송인에게 보장한다.

(c) 운송인의 소유 또는 리스 여부에 상관없이, 각 하주는 당해 운임요율표에 명시된 책임기간 내에 장비를 운송인에게 반환할 것을 보장한다. 반환하지 못할 경우, 각 하주는 반환비용 및 지출을 포함하여 적용 운임요율표에 규정된 장비지연료의 지급을 동의하고 약속한다.

제12관 유치권

1. 원문

11. Lien

(a) The Carrier shall have a lien on the Goods, for all freight, dead freight, demurrage and the costs and expenses of recovering the same and any other sums whatsoever payable by the Merchant under this Bill of Lading or any other Bill of Lading between Carrier and Merchant and may enforce this lien, by all available means, including public or private sale. The net proceeds of any such sale, after first deducting all costs and expenses in executing the lien shall be applied towards the settlement of the amounts due the Carrier. If on sale of the Goods, the proceeds fail to cover the amount due and the cost and expenses incurred, the Carrier shall be entitled to recover the deficit from the Merchant.

(b) The Carrier shall have a lien on the Goods for all expenses and charges incurred in protecting or caring for the Goods, whether the Goods be damaged or not, and for any payment or liability of whatsoever nature incurred by the Carrier in connection with the Goods, including legal fees incurred through attachments or interpleader or other proceedings in respect of the Goods.

2. 번역

제11조 유치권

(a) 이 선하증권 또는 운송인 및 하주 간의 기타 다른 선하증권에 의거, 하주가 지급해야 할 모든 운임, 부적운임, 체선료 및 그러한 금액을 회수하기 위한 비용 및 지출 그리고 일체의 기타 대금에 대하여, 운송인은 경매 또는 사적 매각이 포함된 모든 가능한 수단으로 운송물에 대한 유치권을 행사할 수 있다. 이러한 순매각 잔액에서 먼저 유치권의 집행비용 및 지출을 공제하고, 그 나머지는 운송인에게 돌아갈 금액의 정산에 충당한다. 운송물을 매각했지만 매각액이 채무액과 발생된 비용 및 지출을 충당하지 못할 경우, 운송인은 하주로부터 그 부족액을 회수할 권리가 있다.

(b) 운송인은 운송물에 대한 압류 또는 경합소송 또는 기타 소송 등으로 발생한 법적 비용을 포함하여, 운송물의 보호 또는 관리를 위해 지출한 모든 비용 및 요금, 그리고 그 성질이 무엇이든 운송물과 관련하여 발생한 운송인의 지급 또는 배상책임에 대해 운송물의 손상 여부에 상관없이 운송물에 대한 유치권을 갖는다.

제13관 위험물 · 금제품

1. 원문

12. Dangerous Goods, Contraband

(a) The Carrier undertakes to carry Goods of a hazardous, injurious or dangerous nature only upon the Carriers written acceptance of a prior written application by the Merchant for the carriage of such Goods.

(b) The Merchant shall ensure that the nature of dangerous Goods is distinctly and permanently marked and manifested on the outside of the packages and containers, and shall submit all documents or certificates required by any applicable statutes or regulations.

(c) Whenever Goods are discovered to be contraband or prohibited by any applicable laws or regulations, the Carrier shall be entitled to have such Goods rendered innocuous, thrown overboard or discharged or otherwise disposed of at the Carriers discretion without compensation.

2. 번역

제12조 위험물, 금제품

(a) 하주로부터 사전에 서면에 의한 신청이 있고, 이것을 운송인이 서면으로 수락한 때에 한하여, 운송인은 유해, 위험 또는 위험성이 있는 운송물의 운송을 인수한다.

(b) 하주는 위험물의 성질을 운송물의 포장 및 용기의 외부에 뚜렷하고 지워지지 않게 표기 및 표시해야 하고, 일체의 적용법률 또는 규정이 요구하는 모든 서류 또는 증권을 제시해야 한다.

(c) 운송물이 적용법률 또는 규정에 의해 금제 또는 금지되고 있음이 발견된 때에는, 운송인은 보상 없이 운송인의 재량으로 운송물을 무해화, 투기(投棄), 양륙 또는 기타 방법으로 처분할 권리가 있다.

제14관 인도

1. 원문

13. Delivery

(a) The Carrier shall have the right to deliver the Goods at any time at any place designated by the Carrier within the geographic limits of the place of delivery.

(b) In any case the Carriers responsibility shall cease when the Goods have been delivered to the Merchant, its agent or subcontractors or otherwise according to law at the place designated by the Carrier. Delivery of the Goods to the custody of Customs or any other authorities shall always constitute final discharge of the Carriers responsibility hereunder.

(c) For Goods received by the Carrier in containers the Carrier shall only be responsible for delivery of the total number of containers shown on the face of the Bill of Lading, and shall not be required to unpack the containers.

(d) Where the Goods have been packed into containers by the Carrier, the Carrier shall unpack the containers and deliver the contents thereof and shall not be required to deliver the Goods in containers.

(e) The Carrier shall not be liable for failure to deliver in accordance with marks unless the Goods or Packages shall have been clearly, legibly and permanently marked.

2. 번역

제13조 인도

(a) 운송인은 인도지의 지리적 구역 내에서, 언제라도 그가 지정한 어떠한 장소에서도 운송물을 인도할 권리가 있다.

(b) 어떠한 경우에도, 운송인이 지정한 장소의 법률에 의거 운송물을 하주, 그 대리인 또는 하도급업자 또는 그 밖의 당사자에게 인도할 때에 운송인의 책임은 종료한다. 이 선하증권에 의거 세관 또는 기타 기관에 운송물을 인도

하면 운송인의 책임은 종료한다.

(c) 컨테이너에 적입된 운송물을 수령한 운송인은 선하증권 앞면에 기재된 개수의 컨테이너만 인도할 책임이 있고, 컨테이너를 개방할 의무는 없다.

(d) 컨테이너에 운송물을 운송인이 적입한 경우, 운송인이 컨테이너를 개방하여 그 내용물을 인도해야 하고, 운송물이 컨테이너에 적입된 채로 인도할 의무는 없다.

(e) 운송물 또는 포장물이 분명하고, 읽기 쉽고, 지워지지 않게 荷印되어 있지 않으면, 운송인은 荷印에 의거 인도하지 못한 데에 대해 책임지지 않는다.

제 15 관 손해배상의 통지와 제소기간

1. 원문

14. Notice of Claim and Time for Suit

(a) Unless notice of loss or damage and the general nature of such loss or damage be given in writing to the Carrier or his agent at the place of delivery at the time of delivery, such removal shall be evidence of the delivery by the Carrier of the Goods as described in the Bill of Lading. If the loss or damage be not apparent, the notice must be given in writing to the Carrier within three days after delivery.

(b) In any event and however founded the Carrier shall be discharged from all liability unless suit is brought within one year after the delivery of the Goods or the date when the Goods should have been delivered.

(c) Where the Merchant contests the general application of Hague/Visby/COGSA legislation, proof that damage actually occurred in the care, custody or control of the Inland Carrier, and that claim or suit were not timely made within the time limits provided by law and tariff applicable to the Inland Carrier shall create an absolute defense to the liability of the Ocean Carrier.

2. 번역

제14조 손해배상 청구의 통지 및 제소기간

(a) 운송인 또는 그 대리인에게 멸실 또는 손상의 통지 및 그 멸실 또는 손상의 개요를 운송물의 인도 장소에서 인도할 때에 서면으로 통지하지 않으면, 운송물의 제거는 이 선하증권에 명시된 대로 운송인이 운송물을 인도한 증거가 된다. 만약 멸실 또는 손상이 외관상 분명하지 않으면, 인도 후 3일 내에 운송인에게 서면으로 통지해야 한다.

(b) 어떠한 경우에도, 그리고 만약 손해가 발견되었더라도, 운송물 인도 후 또는 운송물이 인도되었어야 할 날로부터 1년 내에 소송이 제기되지 않으면, 운송인의 책임은 모두 면제된다.

(c) 하주가 헤이그 규칙/비스비 규칙/해상물건운송법의 일반적 적용에 이의를 제기하고, 손해가 실제로 내륙운송인의 관리, 점유 또는 통제기간 중에 발생했음이 입증되었을 경우, 내륙운송인에게 적용되는 법률 및 운임요율표에 규정된 시효 내에 손해배상 청구 또는 소송이 제기되지 않으면, 해상운송인에게는 배상책임에 대한 절대적 항변권이 발생된다.

제16관 손해배상

1. 원문

15. Damage

(a) In no event shall the Carrier be liable for more than the contract value to the Merchant of the damaged or lost items at the place and time they were or should have been delivered to the Merchant. Where permitted by law, the Carriers liability hereunder shall not exceed the Merchants net invoice cost, freight and insurance premiums, if paid.

(b) In no event shall the Carrier be responsible for consequential damages, for lost profits, for non-compensatory damages, for exemplary damages, or for damages of any kind arising from delay, loss of market, depreciation or damages payable by the Merchant to any third party.

2. 번역

제15조 손해배상

(a) 하주에게 운송물을 인도 또는 인도했어야 할 장소 또는 시기에 손상 또는 멸실된 품목에 대하여, 운송인은 어떠한 경우에도 계약가액 이상으로 책임지지 않는다. 법률이 허용하여 지급할 경우, 이 선하증권에서의 운송인의 책임은 하주의 순송장가액, 운임 및 보험료를 초과하지 않는다.

(b) 결과손해, 이윤상실, 비보상적 손해, 징벌적 손해, 지연에 의한 일체의 손해, 시장상실, 가격하락 또는 하주가 제3자에게 배상해야 할 손해에 대하여 운송인은 어떠한 경우에도 책임지지 않는다.

제17관 책임제한

1. 원문

16. Limitation of Damage

(a) Damages shall, in all events, be limited in accordance with the applicable Hague/Visby/COGSA legislation.

(b) Unless the nature and value of the Goods have been declared in writing by the Merchant before shipment and inserted in this Bill of Lading, and ad valorem freight regulated in the applicable tariff paid in advance;

(i) Where Hague Rules apply, the Carrier shall in no event be liable for loss or damage in an amount exceeding the minimum allowable limit per package or unit in the applicable version of the Hague Rules.

(ii) Where U.S. COGSA applies, the Carrier shall in no event be or become liable for any loss or damage to or in connection with the Goods in an amount exceeding U.S. dollars 500 per package or, in case of Goods not shipped in packages, per customary freight unit.

2. 번역

제16조 손해배상에 대한 책임제한

(a) 어떠한 경우에도, 적용 가능한 헤이그 규칙/비스비 규칙/해상물건운송법에 의거 손해배상책임은 제한된다.

(b) 하주가 운송물의 성질 및 가액을 선적 전에 서면으로 신고하여 이 선하증권에 기재하고 적용 운임요율표의 규제를 받는 선급조건의 종가운임이 아니면, 운송인의 책임은 다음과 같이 제한된다.

(i) 헤이그 규칙이 적용되면, 멸실 또는 손상에 대해 운송인은 어떠한 경우에도 헤이그 규칙이 적용하는 포장당 또는 단위 당 최소 허용한도를 초과하여 책임지지 않는다.

(ii) 미국 해상물건운송법이 적용되면, 운송인은 어떠한 경우에도 운송물 또는 운송물과 관련된 모든 멸실 또는 손상에 대해 포장 당, 또는 운송물이 포장물로 선적되지 아니한 경우에는 관습적 운임단위 당 미화 500달러를 초과하여 책임지지 않는다.

제18관 공동해손과 특별비용

1. 원문

17. General Average and Special Charge

(a) General Average to be adjusted, stated and settled at any port or place at the Carriers option, according to the York-Antwerp Rules 1974 (as amended

1990) in the currency selected by the adjuster, who shall be appointed by the Carrier.

(b) Average agreement, non-separation agreement, deposit or bond shall be furnished by the Merchant to the Carrier before delivery of Goods subject to claims for contribution in General Average.

(c) The Amended Jason Clause as approved by the Baltic and International Maritime Conference(BIMCO) is incorporated here by this reference.

(d) The Both-to-Blame Collision Clause as adopted by BIMCO is incorporated here by this reference.

(e) In case of special charges or expenditures unforeseen by the terms of this Bill of Lading, and not compensable in General Average, the Merchant shall reimburse the Carrier for all such special charges and expenditures that might be applicable to the Goods.

2. 번역

제17조 공동해손 및 특별비용

(a) 공동해손은 운송인이 지정한 손해사정사가 지정한 통화로, 1974년 요크-앤트워프 규칙(1990년 수정)에 의거, 운송인이 선택한 항구 또는 장소에서 정산하고 진술하며 해결한다.

(b) 하주는 운송물을 인도받기 전에 공동해손 분담금 청구에 따라, 공동해손협정서, 비분할약정서, 공탁금 또는 보증장을 운송인에게 제공해야 한다.

(c) 볼틱국제해운동맹(BIMCO)이 승인한 뉴 제이슨 약관을 이 조항에 의해 이 선하증권에 삽입시킨다.

(d) 볼틱국제해운동맹(BIMCO)이 채택한 쌍방과실충돌약관을 이 조항에 의해 이 선하증권에 삽입시킨다.

(e) 이 선하증권 조항에서 예상하지 못한 특별요금 또는 비용이 공동해손으로 보전되지 않을 경우, 하주는 운송물에 부과되는 모든 특별요금 및 비용을 운송인에게 상환해야 한다.

제19관 항로이탈

1. 원문

18. Deviation

No reasonable or customary action taken by the Carrier during the carriage of the Goods shall constitute a deviation, and in particular, no action taken by the Carrier pursuant to the Liberties Clause above shall constitute a deviation if it was taken for the intended benefit of the Vessel, the Goods, the Goods of others or the general enterprise. It shall be prerequisite to the Merchants claim for damages on account of deviation that the Merchants insurance shall first have been cancelled on account of the alleged deviation. No deviation shall oust the right to limit liability or damages, and the Carrier shall always be entitled to the full benefit of all privileges, rights and immunities contained in this Bill of Lading and any incorporated tariffs.

2. 번역

제18조 항로이탈

물건운송 기간 중에 운송인이 취한 합리적 또는 관습적 조치는 항로이탈이 되지 않는다. 특히 운송인이 위의 재량권약관에 따라 취한 조치가 본선, 운송물, 타 운송물 또는 사업일반이 의도했던 이익을 위해 취해진 것이면 항로이탈을 구성하지 않는다. 항로이탈에 대한 하주의 손해배상 청구는 항로이탈의 주장으로 인해 하주의 보험이 취소될 것을 조건으로 한다. 항로이탈로 책임제한 또는 손해배상 청구권이 박탈되지 않으면, 운송인은 여전히 이 선하증권 및 삽입된 운임요율표 상의 모든 특권, 권리 및 면책의 이익을 완전히 누릴 권리가 있다.

제20관 약관의 분할성

1. 원문

19. Severability of Term

(a) The terms of this Bill of Lading are severable, and if any part or term is declared invalid or unenforceable, the validity or enforceability of any other part or term shall not be affected.

(b) In particular, if any term of this Bill of Lading is held to be repugnant to the applicable Hague/Visby/COGSA legislation or to any tariff to any extent, such term shall be void to that extent but no further.

2. 번역

제19조 약관의 분할성

(a) 이 선하증권의 조항은 분할가능하다. 그리고 조항의 어느 부분이 무효 또는 집행불능이라고 선언된 경우에도, 다른 부분 또는 다른 조항의 효력에는 영향 받지 않는다.

(b) 특히 이 선하증권의 어떤 조항이 적용 가능한 헤이그 규칙/비스비 규칙/해상물건운송법 또는 특정 운임요율표와 어떤 범위 내에서 상충될 경우, 그러한 조항은 상충된 범위까지는 무효이나 그 이상은 영향을 받지 않는다.

Chapter 06 선하증권의 효력

제 1 절 총설

운송물의 인도청구권을 나타내는 유가증권인 선하증권은 운송계약의 당사자가 아닌 제3자에게 유통이 가능하도록 하는 것을 본래의 목적으로 하고 있기 때문에, 선하증권을 통한 거래에 법적 신뢰성을 보전하여 거래의 안정성을 확보하기 위해서는 강행법으로 선하증권의 효력에 대하여 규제할 필요가 있다. 화환어음에 의한 국제무역거래에 있어서 중요한 기능을 가지고 있는 선하증권은 운송계약의 당사자가 아닌 선하증권의 매수인, 은행, 보험자 등 선하증권의 선의의 소지인을 보호하고 거래의 안정성을 확보하지 못하면 선하증권의 유통성은 그 기능을 다할 수 없기 때문이다.

선하증권의 효력은 운송물의 처분에 관한 효력인 물권적 효력과 증권 기재상의 권리의 행사에 관한 효력인 채권적 효력이 주된 논의의 대상으로 전자는 선하증권을 배서 · 교부하는 당사자 간의 효력에 관한 것이고, 후자는 운송인과 선하증권 소지인 간의 운송물의 인도와 운송에 관한 채무의 이행에 관한 효력이다.[1)]

1) 嚴潤大, 船荷證券論, 신대종, 2002, 309쪽 참조.

제2절 물권적 효력과 채권적 효력

제1관 의의

운송인에 의해서 발행된 선하증권은 운송물 인도청구권을 나타내는 유가증권으로서, 그 본래의 목적은 운송계약의 당사자 이외의 제3자에게 유통하는 것에 있다. 따라서 선하증권이 유통하는 경우에는 다음과 같은 세 가지의 법률관계가 발생한다. 즉 ① 해상운송인과 송하인과의 관계, ② 송하인과 선하증권 소지인과의 관계, ③ 선하증권 소지인과 해상운송인과의 관계 등이다.

①의 관계는 운송계약의 당사자 간의 법률관계이다. 이런 양자의 관계는 운송계약의 내용에 의해서 결정되는 것이기에, 선하증권은 계약 내용의 증거에 지나지 않는다.

②의 관계는 선하증권을 주고받는 당사자의 관계이다. 이 당사자 사이의 선하증권의 교부(交付)는 선하증권에 기재된 운송물의 인도와 동일한 효력을 가지고, 운송 중의 운송물을 선하증권에 의해서 처분하는 것을 가능하게 한다. 이와 같이 선하증권의 인도가 증권에 기재된 운송물 자체의 인도와 동일한 효력을 가지는 것을 선하증권의 물권적 효력(物權的 效力)이라고 한다.

③의 관계는 ②의 관계에서 기인해 운송 중의 운송물에 대한 권리를 취득한 선하증권 소지인과 선하증권의 발행에 의해서 운송물의 인도 의무를 부담한 해상운송인과의 관계이다. ③의 관계에서는, 운송계약의 당사자가 아닌 선하증권 소지인이 운송인에 대해서 어떠한 내용의 권리를 주장할 수 있는지가 문제가 된다. 증권 소지인과 운송인 사이의 운송물의 인도청구권(引渡請求權)에 관해서는 선하증권에 기재된 문언에 의해서 결정되기 때문에, 증권 소지인은 운송인과 송하인 사이에서 체결된 운송계약의 내용을 검토하지 않더라도, 선하증권에 기재된 내용만을 검토하면 자기가 취득할 수 있는 운송물 인도청구권의 내용을 판단할 수 있다. 이와 같은 증권 소지인과 운송인과의 채권적 관계를 정하는 효력을 선하증권의 채권적 효력(債權的 效力)이라 한다.

제2관 물권적 효력

1. 의의

선하증권에 의하여 운송물을 수령할 수 있는 자(선하증권의 적법한 소지인)에게 선하증권을 교부한 때에는 그 교부는 운송물 위에 행사하는 권리(소유권 · 질권)의 취득에 관하여 운송물을 인도한 것과 동일한 효력을 갖는다(상법 제861조, 제133조 ; 인도증권성).[2] 이와 같은 물권적 효력으로 인하여, 선하증권이 발행된 경우에는 운송물에 관한 처분 즉, 운송물의 양도 · 입질 등은 선하증권으로 하여야 한다(처분증권성).[3] 선하증권에 물권적 효력이 인정되므로 송하인은 운송인의 직접점유 하에 있는 운송물을 매매나 담보의 설정에 용이하게 활용할 수 있는 것이다.

2. 물권적 효력의 법률구성

선하증권의 교부가 운송물의 인도와 동일한 효력이 인정되는 이론적 근거를 설명하기 위하여 종래에는 절대설과 상대설로 학설이 대립되어 왔고, 상대설은 다시 엄정상대설과 대표설로 나뉘어져 있다. 그러나 대표설이 타당하다고 보는데 이러한 견해는 목적물 인도청구권의 양도를 동산의 인도로 의제하는 민법 제190조에서 그 법적 근거를 찾을 수 있다.

1] 절대설

절대설(the absolute theory)은 선하증권의 인도는 운송인의 운송물에 대한 점유와는 관계없이 증권의 이전만으로 운송물의 점유를 이전시키는 효력이 있다는 견해이다. 이것은 민법의 점유이전방법,[4] 즉 민법상 점유권의 양도는 점유물의 인도로서 그 효력이 있다는 점유 이전의 규정(민법 제190조)에 대한 예외로서 상법이 인정한 독특한 점유 이전의 원인이라고 설명한다. 이 설에 의하면 선하증권의 취득을 운송물의

---

2) 운송물의 처분은 선하증권으로 해야 하며, 선하증권을 양도한 때에는 운송물을 인도한 것과 동일한 물권적 효력이 발생하므로, 운송물의 권리를 양수한 수하인 또는 그 이후의 자는 선하증권을 양수함으로써 그 채권적 효력으로 운송계약상의 권리를 취득하고 동시에 그 물권적 효력으로 운송물의 점유를 인도받은 것이 되어 운송물의 소유권을 취득한다(대판 1998.9.4, 96다 6240 및 대판 1997.7.25, 97다 19656).

3) 梁承圭, 判例敎材, 保險法 · 海商法, 法文社, 1982, 655쪽; 李榮郁, 海商法, 同和文化社, 1973, 305쪽.

4) 민법 제190조(목적물반환청구권의 양도): 제3자가 점유하고 있는 동산에 관한 물권을 양도하는 경우에는 양도인이 그 제3자에 대한 반환청구권을 양수인에게 양도함으로써 동산을 인도한 것으로 본다.

절대적 점유 취득의 원인으로 보기 때문에 증권의 취득자에게 운송물의 점유 취득을 인정한다.[5)]

이 설을 주장하는 자는 선의로 증권을 취득하려는 자가 운송인의 운송물 점유 여부를 일일이 점검하는 것은 사실상 어려울 뿐만 아니라, 만약 그렇게 된다면 운송인이 운송물을 수령 또는 선적한 후에 발행한 선하증권의 본래의 유통성 및 기능을 상실하기 때문에 운송인의 운송물 점유와 무관하게 선하증권의 인도가 곧 운송물의 간접점유의 양도로 봄이 타당하다고 한다.[6)]

절대설은 증권 소지인의 지위를 강화하고 증권의 유통성을 보호하기 위하여 주장되지만, 공권(空券)이 발행된 경우나 운송물이 멸실되거나 제3자에 의하여 선의취득(善意取得)된 경우에는 결국 증권 양수인의 물권적 구제는 불가능하게 된다. 따라서 이 경우에는 선하증권이 교부되더라도 물권적 효력은 생기지 않는다는 본질적인 문제점이 있다.

2] 엄정상대설

엄정상대설(strong relative theory)에 의하면, 운송물의 직접 점유는 운송인이 보유하고 있으므로 운송물의 간접 점유만이 증권의 인도에 의하여 이전한다고 하고, 목적 항법 제133조의 규정은 목적물반환청구권의 양도에 의한 간접점유(間接占有)의 이전을 규정한 민법 제190조와 다른 특별규정이 아니라 그것의 한 예시에 불과하다고 본다. 그러므로 간접점유를 이전하는 데는 증권의 인도 이후에 따로 지시에 의한 점유이전절차(구 민법 제184조: 현행 민법 제190조와 제450조의 결합)를 밟아야 한다고 한다.

엄정상대설에 의하면 증권에 의한 간이양도(簡易讓渡)를 부정하게 되므로 상법 제133조를 사문화(死文化)시키게 되므로 오늘날에는 이 학설을 취하는 사람은 없다.

3] 대표설

대표설(representation theory)은 상대설의 일종으로서 선하증권은 운송물을 대표하는 것이므로 증권의 인도는 곧 운송물의 간접점유를 이전하는 것이라고 한다. 이 설에 의하면 운송물의 도난 등으로 운송인이 일시적으로 운송물의 점유를 상실한 경우에는 운송인이 운송물을 현실적으로 점유하고 있지 않기 때문에 증권을 인도하여도 물권적 효력이 생기지 않는다고 볼 수 있는 문제점이 있다고 한다. 그러나 이러한 경

5) 嚴潤大, 船荷證券論, 신대종, 2002,, 314쪽.

6) 嚴潤大, 船荷證券論, 신대종, 2002, 315쪽; 裵炳泰, 註釋海商法, 韓國司法行政學會, 1980, 282쪽.

우에도 운송인에게는 점유회복청구권이 인정되는 한 증권의 소지가 운송물의 간접점유를 대표하는 물권적 효력은 인정할 수 있다고 한다. 현재 우리나라의 통설이다.[7)]

엄정상대설은 상법 제133조를 사문화시킬 뿐 아니라 선하증권의 유통성을 크게 저해하므로 타당하지 못하다. 한편 절대설에 의하면 선하증권의 유통성이 크게 조장되는 듯하지만, 空선하증권이 발행되거나 운송물이 멸실된 경우 또는 제3자에 의하여 선의취득된 경우에는 물권적 효력이 부정되므로 유통성 보호에 한계가 있다는 점에서 대표설과 큰 차이가 없다. 생각건대 운송물반환청구권을 나타내는 것이 선하증권이므로 증권 없이는 그 처분도 반환청구도 할 수 없다면 선하증권의 인도를 곧 운송물의 인도로 의제할 수 있을 것이다. 그리고 이러한 의제를 인정한다면 운송물을 대표한다고 보아도 될 것으로 생각한다.

3. 운송물의 처분과 물권적 효력의 한계

선하증권 소지인이 증권에 의하여 운송물을 처분하더라도 운송물의 매매 당사자 간에 특약 또는 관습이 없는 한 매도인의 급부 의무가 완전히 면제되는 것은 아니다. 왜냐하면 선하증권의 물권적 효력은 선하증권을 취득함으로써 운송물 위에 행사하는 권리를 취득하고 또 이것을 제3자에게 대항할 수 있다는 것뿐이지 아직 현실적으로 운송물이 인도된 것이 아니므로 종국적으로 증권 소지인이 운송물의 인도를 받게 될 지는 불확실한 것이기 때문이다.

운송물 위에 행사하는 권리는 증권 수수자 간의 계약 내용에 따라서 결정될 것이므로 소유권 이외에 질권 · 유치권 등일 수도 있다.

선하증권이 발행된 경우에는 운송물의 물권적 처분(상법 제132조)과 운송인에 대한 처분권 행사(상법 제139조)는 선하증권에 의해서만 할 수 있다. 그러나 운송물이 실제로 처분되어 양수인이 동산의 선의취득 요건을 구비하였다면 선하증권의 물권적 효력이 그 운송물 자체의 선의취득에는 영향을 미치지 못한다. 왜냐하면 증권의 유통 질서보다는 실제 물건 자체의 유통 질서가 우선적으로 보호되어야 하기 때문이다.

7) 嚴潤大, 船荷證券論, 신대종, 2002, 315쪽.

제3관 채권적 효력

1. 의의

해상운송계약이 체결되면 계약 당사자인 운송인과 송하인 사이에는 운송계약의 내용에 따라 운송채무의 이행을 청구할 수 있다. 즉 송하인은 목적지까지의 운송의 청구, 운송의 중지(stoppage in transit) 또는 반송 기타 운송물을 처분할 것을 청구할 수 있다(상법 제815조, 제139조 제1항). 선하증권이 발행된 경우에는 운송 채권의 내용이 선하증권에 문언으로 기재되고 송하인으로부터 선하증권을 취득한 자는 선하증권 문언상의 운송 채권에 대한 송하인의 권리를 양도받게 된다.[8] 그러므로 선하증권의 소지인은 선하증권을 소지한 후에는 운송계약의 이행청구권이나 손해배상 청구권을 가지게 되는데 이를 채권적 효력이라고 한다.[9]

선하증권은 유통을 목적으로 발행되기 때문에 운송계약의 당사자가 아닌 수하인 또는 제3자에게 양도된다. 이때 수하인 또는 제3자는 선하증권에 기재되지 아니한 운송계약의 내용은 알지 못하기 때문에 선하증권의 채권적 효력을 인정하는 것이다. 즉 선하증권의 유통성을 강화하기 위하여 채권적 효력을 인정하는 것이다.

그러므로 운송인은 선하증권에 다른 약정이 없는 한, 운송계약을 근거로 운송물에 대한 선하증권 소지인의 권리를 축소 · 변경시킬 수 없다.[10] 만약 운송인과 선하증권 소지인 사이에 선하증권에 명시된 대로 권리 · 의무가 형성되지 않으면 선하증권의 법적 · 경제적 지위가 상실되어 무역 결제가 현금결제방식으로 퇴보하게 될 수밖에 없을 것이다.

또한 송하인은 운송계약의 당사자이므로 선하증권의 요인성에 의하여 송하인과 운송인 사이에서는 채권적 효력이 발생하지 않는다.[11]

2. 채권적 효력의 법률구성

1] 의의

선하증권은 그 법적 성질상 요인증권성과 문언증권성이라는 서로 충돌하는 성질을

---

8) 嚴潤大, 船荷證券論, 신대종, 2002, 316쪽.

9) 林錫珉, 船荷證券論, 두남, 2000, 57쪽 참조.

10) 대판 1972.2.22. 71 다 2500 사건 : 선하증권에 기재된 운임에 관한 특약사항은 선하증권소지인에게도 효력을 미친다고 판시하여 선하증권의 문언적 효력을 인정함과 동시에 선하증권소지인과 운송인 사이의 운송관계는 선하증권의 기재에 따른다는 점을 분명히 했다.

11) 林錫珉, 船荷證券論, 두남, 2000, 62쪽 참조.

동시에 가지고 있기 때문에 선하증권의 법적 성질과 채권적 효력을 둘러싸고 이론이 대립하고 있다. 즉 선하증권은 운송계약에 의하여 운송물을 선적하고 송하인의 청구에 따라 발행하는 운송증권이기 때문에(상법 제852조 제1항, 헤이그 규칙 및 헤이그-비스비 규칙 제3조 제7항, 함부르크 규칙 제14조), 선적을 법률상의 원인관계로 한다는 요인성 이론과 거래의 안전을 위하여 요인성 보다는 문언성을 중시해야 한다는 이론이 대립하고 있다. 실무상으로는 실제로 운송물을 선적하지 않은 상태에서 발행한 공선하증권(空船荷證券)의 효력이나 실제 선적한 운송물과 선하증권에 기재된 운송물이 그 종류, 수량, 중량 등의 내용에 있어서 다를 경우의 효력과 관련하여 문제가 된다.

2] 학설

1 요인성을 중시하는 이론

이 학설에 의하면 선하증권의 문언성도 운송인이 운송계약을 이행할 수 있을 때에 비로소 인정가능하다고 본다. 그러므로 공선하증권은 무효가 되고, 수령한 운송물과 선하증권에 기재된 운송물이 다른 경우 운송인은 선적항에서 실제로 수령하여 선적한 운송물을 인도하면 된다고 해석하게 된다. 따라서 선하증권의 문언성은 운송물의 동일성이 문제되지 않는 사항에 대해서만 효력을 가진다는 주장이다.

그러므로 이 학설에는 다음과 같은 문제점이 있다.

첫째, 선하증권의 성질을 기재 내용에 따라 요인증권성과 문언증권성으로 나누어야 하기 때문에 선하증권의 진정한 법적 성질을 파악하기가 어렵다.

둘째, 선하증권의 기재 사항이 실질적으로 보호를 받지 못하기 때문에 거래의 안전을 해하게 된다.

셋째, 선하증권의 기재 잘못에 대하여 송하인이 아닌 선하증권 소지인은 계약 당사자가 아니기 때문에 불법행위 책임을 물을 수밖에 없으므로 증권의 소지인이 운송인의 고의 · 과실에 대한 입증책임을 지게 되어 선하증권의 소지인에게 매우 불리하다.

넷째, 송하인이 운송인과 공모하여 운송물을 선적하지 않고 공선하증권을 발행하여 수입상(수하인)에게 사기 행위를 하는 해상사기(maritime fraud) 시에도 운송인은 운송물의 인도를 거절할 수 있게 된다.[12)]

다섯째, 결국 요인성을 중시하는 학설은 운송인에게 지나치게 유리하여 형평의 원칙에 어긋난다.

12) 우리나라 대법원은 요인성을 근거로 운송물을 수령 또는 선적하지 않은 채 발행된 선하증권은 그 원인과 요건을 구비하지 못하여 누구에 대하여도 무효라고 판시하였다(대판 1981.7.7. 80다 1643).

영미 커먼 로에서는 선적 시 외관 상태가 나쁜데도 불구하고 운송인이 송하인의 보상장(letter of indemnity)을 받고 무사고 선하증권을 발행하는 것은 허위표시이고 공공정책(public policy)에 반하기 때문에 보상장은 위법이고 무효라고 본다.[13)]

2 문언성을 중시하는 이론

이 학설에 의하면, 선하증권이 발행되면 선하증권상의 권리는 운송계약으로부터 독립하여 존재하므로 운송인은 선하증권에 기재된 문언에 따라 책임을 져야 한다. 즉 선하증권은 유통증권으로서 외관을 존중할 필요가 있기 때문에 운송인은 선하증권의 기재 내용이 실제와 다르다고 하더라도 선하증권의 기재 내용을 그대로 이행해야 한다는 이론이다. 이는 영미법상의 금반언의 법리(estoppel)[14)]에서 출발한 것이다.

그러므로 운송인이 선적을 하지 않고 공 선하증권을 발행한 경우에는 선하증권 소지인에게 현실적으로 운송물을 인도할 수 없기 때문에 운송인은 운송채무 불이행에 의한 손해배상책임을 져야 한다.

선하증권의 문언성에 대하여는 우리 상법(제854조 제1항), 헤이그 규칙 및 헤이그-비스비 규칙(제3조 제3항), 함부르크 규칙(제6조 제3항)에서는 추정적 증거력을 인정하고 있다. 이와는 달리 영국의 1855년 선하증권법에서는 결정적 증거력을 인정하고 있다(1855년 선하증권법 제3조).

선하증권의 문언성에 대하여 영국 판례상 운송물의 수량, 기호 및 외관 상태에 대하여는 금반언의 원칙을 준수해야 한다고 보고 있지만, 품질(quality)에 대한 문언은 운송인을 기속하지 않는다.[15)]

3] 우리 상법의 해석

선하증권은 해상물건운송계약의 내용을 증명하고 운송인이 운송물 수령사실을 증명하는 증거증권이며 동시에 운송물 인도청구권을 나타내는 채권증권(債權證券)이다. 그러므로 선하증권의 소지인은 그 증권과 상환으로 운송물의 인도를 청구할 수 있다(상법 제861조, 제139조). 또 선하증권은 법률상 당연한 지시증권이기 때문에 배서금지의 문언이 없는 한 배서양도할 수 있다(상법 제861조, 제130조). 선하증권이 제3자에게 양도된 때 소지인과 운송인 사이의 법률관계는 선하증권에 기재된 바에 의한다(문언증권성).

---

13) Brown Jenkinson v. Percy Dalton, (1957).

14) 영미법상의 원칙으로서, 기록에 의한 금반언, 날인증권에 의한 금반언, 행위에 의한 금반언, 표시에 의한 금반언 등의 법리가 있다(핵심법률용어사전, 청림출판, 2005, 83쪽)

15) Cox v. Bruce, 1886.

구 상법에서는 화물상환증의 문언증권성에 관한 제131조를 선하증권에 준용하였기 때문에(구 상법 제820조), 선하증권의 요인증권성과 문언증권성의 모순에 대하여 불법행위설과 채무불이행설 및 절충설이 대립하였었다. 그런데 현행 상법에서는 선하증권의 경우에 화물상환증의 문언증권성에 관한 준용규정을 삭제하는(상법 제861조, 제131조 참조) 한편, "선하증권이 발행된 경우에는 운송인이 그 증권에 기재된 대로 운송물을 수령 또는 선적한 것으로 추정한다. 그러나 반증이 있더라도 운송인은 선하증권을 선의로 취득한 제3자에 대항하지 못한다"(상법 제854조 제1항) 라고 규정함으로써 이 문제를 입법적으로 해결하였다. 즉 선하증권이 발행된 경우에는 운송인이 그 증권에 기재된 대로 운송물을 수령 · 선적한 것으로 추정되기 때문에, 실제 운송물이 선하증권의 기재와 서로 다른 경우 또는 공권(空券)이 발행된 경우는 운송인이 반증하지 못하면 채무불이행에 대한 책임을 져야 한다(상법 제854조 제1항). 이는 헤이그-비스비 규칙 제3조 제4항을 받아들여 선하증권의 모든 기재 사항에 대하여 추정적 증거력(prima facie)을 인정한 것이다. 구 상법이 선하증권의 기재에 대하여 결정적 증거력(conclusive evidence)을 인정하던 것을 추정적 증거력(prima facie evidence)을 인정하는 것으로 법 규정을 변경하였다는 점에 그 의미가 있다.[16)]

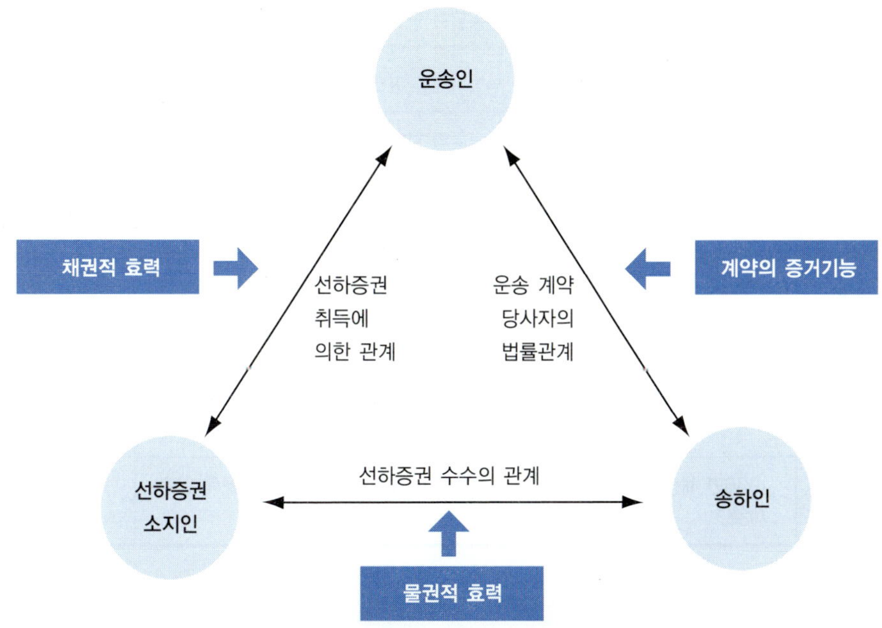

그림 6-1 ● 선하증권의 당사자와 선하증권의 효력과의 관계

16) 林錫珉, 船荷證券論, 두남, 2000, 57-58쪽 주 17) 참조.

또한 운송인은 반증이 있다고 하더라도 증권의 선의취득자에게는 대항할 수 없다(상법 제854조 제2항). 이는 선의의 증권 소지인을 보호하기 위한 영미법 상의 법리인 금반언의 법리(禁反言의 法理: estoppel)를 채용한 것이다.[17] 그러나 반대로 소

표 6-1 ● 선하증권 기재의 효력에 대한 각국 법의 비교

국가	관련 법률	효력	비고
한국	상법 제854조	추정적 증거력 선의의 증권소지인에 대항하지 못함	1993년1월 1일 발효
일본	상법 제776조, 572조	문언증권성	내항운송에 적용
	國際海上物品運送法 제9조	추정적 증거력 선의의 증권소지인에 대항하지 못함	국제운송에 적용
중국	1992년 해상법 제77조	추정적 증거력 선의의 소지인에 대한 운송인의 반증 불허	1993년 7월 1일 발효
영국	COGSA 1971	추정적 증거력 선의의 증권소지인에 대항하지 못함	헤이그 · 비스비 규칙
	COGSA 1992, 제4조	증권의 적법한 소지인에 대한 결정적 증거력 인정	1855년 선하증권법의 대체입법
미국	Harter Act 1893, 제4조	운송물의 양: 추정적 증거력 인정 운송물의 상태 : 선의의 제3자에게 부실기재를 이유로 항변 불가	
	Pomerene Act 1968 (Federal B/L Act)	운송물의 양에 대하여도 선의의 제3자에게 항변불허	
	COGSA 1936	추정적 증거력	헤이그 규칙
독일	1937년 상법 제656조	추정적 증거력(단, 内容不知約款이 있는 경우는 제외)	舊상법에서는 문언성 인정
프랑스	1936년 해상물건운송법	단순한 증거력 계약당사자 및 제3자 구별없이 선의의 제3자에 대한 반증불허	
	1966년 해상운송계약법 제36조	선하증권 기재에 일정한 문언적 효력 인정	

17) 林錫珉, 船荷證券論, 두남, 2000, 58쪽 참조.

지인이 원래의 운송계약과 운송물을 증명하여 권리를 행사하는 것은 상관없다. 현행 상법의 해석으로는 사실상 채권적 효력을 둘러싼 위와 같은 학설의 대립은 무의미하게 되었다고 생각한다.

실무에서는 대량의 운송물을 취급하는 운송인이 선하증권에 기재된 대로 책임을 지기가 곤란하기 때문에 내용 불명(contents unknown) · 송하인의 선적 및 계량(shippers load and count) · 計量않음(freight purpose only) 등과 같은 부지약관(不知約款 : unknown clause)[18)]이 많이 사용된다.

18) 부지약관(unknown clause)이라 함은 선하증권의 약관 중 운송인은 운송물의 내용을 알지 못하므로 운송물에 상이한 점이 있는 경우라도 운송인은 그에 대한 책임이 없다라고 규정한 조항을 말한다. 컨테이너 운송의 경우에는 송하인이 운송물을 컨테이너에 적입하고 봉인한 것을 운송인에게 제공하므로 운송인은 그 내용물에 대하여 알 수 없다. 그러므로 운송인은 나중에 선하증권 소지인에 대한 책임을 배제하기 위하여 선하증권에 그러한 사실, 예컨대 shippers load, count and seal, said to contain, shippers weight 등의 부지문언을 기재하고 있다(코리아쉬핑가제트, 海運 · 物流用語大辭典, 제10개정증보판, 2006, 894쪽).

제3절 운송물의 인도와 선하증권의 회수

제1관 일반

운송인과 송하인 간에 해상운송계약이 체결되면 운송인은 약정된 장소에서 운송물을 수령하여 선적한 후 선하증권을 발행하고, 목적지까지 이를 운송한 다음 선하증권의 정당한 소지인에게 약정된 장소에서 운송물을 인도하여야 한다. 이러한 일련의 운송계약의 이행과정에서 운송물의 인도는 운송인이 이행하여야 할 운송계약의 최종단계로서 하자없이 이행되어야 운송인의 운송채무가 완전하게 이행되는 것이다.

운송계약의 최종단계인 운송물 인도의 실무 절차는 다음과 같다.

첫째, 운송인은 수하인이 운송물 수령에 필요한 준비를 할 수 있도록 운송물이 목적지에 도착되기 이전에 선하증권상의 통지처에 운송물도착통지서[19]를 발송한다.

둘째, 운송물이 목적지에 도착하면 수하인은 운송인에 대하여 운송물의 인도를 청구하게 되는데 이때 운송인은 먼저 운송물 인도 청구자가 정당한 수하인인가를 확인하여야 한다.

셋째, 정당한 수하인이 확인되면, 운송인은 그로부터 적법하게 배서된 선하증권을 회수하고 미수 운임 등이 있는 경우에는 그것을 청구하여 수령한 후 화물인도지시서(delivery order : D/O)[20]를 발행한다.

19) 운송물의 내역, 도착예정일, 운송물을 찾는 곳, 무료장치기간(free time), 동 기간이 경과된 후의 지연배상금 등의 정보를 포함한다.

20) 화물인도지시서(delivery order: D/O)라 함은 해상물건운송에서 선박소유자 또는 그 대리인으로부터 본선의 선장 앞으로 발행된 화물인도지시서를 말한다. 컨테이너운송의 경우에는 선박 회사가 운송물 보관자인 CFS 또는 CY 업자에게 화물인도지시서 지참인에 한하여 운송물을 인도할 것을 지시하는 비유통서류(非流通書類)를 말한다. 원래 운송물 인도는 선하증권 원본(original bill of lading: OBL)과 상환으로 이루어지는 것이나 실무적으로 수하인으로부터 선하증권 원본을 제출받았을 때 선박 회사가 화물인도지시서를 발행하고 수하인은 이것을 CFS 또는 CY에 제시하고 운송물을 인수한다. 선박 회사의 화물인도지시서 발행절차는 수하인 또는 그 대리인이 제시한 선하증권 원본이 정당하게 유통된 것인가를 확인하기 위해서 선하증권 발행인의 서명, 배서의 연속성을 심사하고 미지급 운임이 있으면 그것을 징수한 뒤에 발행한다.

넷째, 화물인도지시서를 발행받은 수하인은 화물인도지시서를 운송물이 장치되어 있는 곳에 제출하여 운송물을 인도받는다.

제2관 정당한 수하인

1. 의의

선하증권은 자유로이 유통되는 유가증권이므로 선하증권 소지인이 운송계약서에 수하인으로 기재된 자와 동일인이 아니라고 하더라도 그가 적법하게 배서된 선하증권을 정당하게 취득하여 소지한 자라면 증권에 기재된 운송물의 소유권을 취득하였으므로(상법 제861조, 제132조 및 제133조) 증권의 소지인이 운송물에 대한 권리를 취득하게 된다. 그러므로 운송인에 대하여 운송물 인도청구권을 행사할 수 있고, 선하증권과 상환하여 운송물을 인도 받을 수 있다.[21] 만약 운송인이 선하증권과 상환하지 않고 운송물을 타인에게 인도하여 나중에 선하증권의 정당한 소지인에게 운송물을 인도하지 못하는 경우에는 손해배상책임을 부담하여야 한다.

2. 비유통 기명식 선하증권

1] 의의

비유통 기명식 선하증권이란 선하증권의 수하인 란에 수하인의 성명 · 상호가 기재되어 있고 배서로 양도가 될 수 없다는 문언이 명시된 선하증권이다. 우리나라의 경우는 기명식 선하증권 면에 별도로 비유통이라는 표시(non-negotiable 또는 not-negotiable 등의 표시)가 있는 기명식 선하증권을 말한다. 미국이나 중국 등 대부분의 국가에서는 비유통 운송증권(non-negotiability)은 당연히 기명식 선하증권으로 발행되도록 법정

만약 당해 운송물에 공동해손이 발생하였다면 공동해손분담금의 확보, 약정 목적지가 아닌 곳에서 운송물 인도 청구를 받은 경우에는 선하증권 원본 전통(全通)의 회수 또는 적정한 배서가 없는 선하증권 원본이 제시된 경우에는 적정하게 배서된 선하증권 원본이 제시될 때까지 운송물의 유치권을 행사해서 운송물 인도청구권을 발행하지 않을 수 있다. 또 화물인도지시서에는 이것과 교환으로 운송물을 인도하여야 한다는 취지를 기재하고 있으나 이는 단지 인도의 약속을 표시한 문서에 지나지 않고 유통성을 가진 것은 아니다(코리아쉬핑가제트, 海運 · 物流用語大辭典, 제10 개정증보판, 2006, 336쪽).

21) 소위 스테일 비엘(STALE bill of lading) 조건 아래 무역매매를 함에 있어 그 운송물이 양륙항에 도착할 때까지도 신용장을 개설한 바 없고 매도인이 지시식 선하증권을 매수인에게 인도하지 않고 소지하고 있다면 그 운송물의 소유권은 매도인에서 유보되어 있다고 해석함이 상당하다(대판 1982.2.23. 선고 80다2943 판결).

되어 있으므로(미국 연방선하증권법 제6조, 중국 해상법 제79조) 별도의 표시가 없더라도 기명식 선하증권은 당연히 양도가 불가능한 선하증권으로 이해되고 있다.

2] 정당한 수하인

비유통 기명식 선하증권에 의한 운송의 경우에 증권에 기재된 운송물을 인도받을 권리가 있는 자는 선하증권에 "수하인으로 기재되어 있는 자"이다. 그러므로 선하증권에 "수하인으로 기재되어 있지 않은 자"는 선하증권 원본을 소지하고 있다고 하더라도 운송인에 대하여 증권에 기재된 운송물의 인도청구권이 없다.

비유통 증서에 의한 운송에서는 증권의 수하인 란에 수하인으로 기재된 자가 아니면 누구도 합법적인 수하인이 될 수 없으므로 운송인은 증권에 기재된 수하인으로 신원이 확인된 자에게 선하증권과 상환함이 없이 운송물을 인도하여도 선하증권의 다른 소지인으로부터 운송물의 인도 청구를 받을 위험은 없다. 법적으로는 운송인은 선하증권과 상환하지 않고 운송물을 인도하더라도 아무런 문제가 없지만, 실무에서는 운송 종료의 입증과 정당한 수하인에게 운송물을 인도하였음을 입증하기 위해서 선하증권을 회수하고 운송물을 인도하고 있다.

3] 수하인의 권리 이전 문제

비유통 증서는 원래 유통될 수 없는 것이므로(non-negotiable), 기명수하인은 배서의 방법으로 증권을 양도할 수 없다. 만약 기명수하인이 운송물 및 그의 권리를 타인에게 이전하려면 선하증권을 이전하는 것만으로는 불가능하고, 선하증권의 이전과 더불어 지명채권양도방식에 의한 권리의 양도인과 양수인 사이에 별도의 합의가 있어야 한다(미국 연방선하증권법 제32조 ; United States Code title 49 §80160).

3. 지시식 선하증권

지시식 선하증권의 경우에는 배서의 연속이 있는 선하증권 소지인이 정당한 수하인이므로, 운송인은 운송물 인도 청구를 하는 자가 제시하는 선하증권에 적정한 배서가 있는지를 확인하여야 한다.

4. 무기명 선하증권

무기명 선하증권은 선하증권의 수하인 란에 특정인의 성명이나 상호 또는 지시문언(order)가 표시되지 않은 선하증권이다. 이 경우는 증권의 소지인(bearer)이 운송인에 대하여 동 증권에 기재된 운송물의 인도청구권을 행사할 수 있다.

5. 다수의 선하증권 소지인이 있는 경우

1] 첫 번째 청구자 우선

운송인은 목적지에서 선하증권 소지인이 선하증권을 제시하고 운송물의 인도를 청구하면 증권과 상환(相換)으로 운송물을 인도하여야 한다. 그런데 선하증권은 관행적으로 3통 이상을 발행하므로 이론적으로는 그 소지인이 3명 이상이 될 수도 있다. 이때 선하증권은 각기 독립하여 그 효력이 있으므로 그 중 한 통이라도 합법적으로 취득한 것이라면 그 소지인이 운송인에게 증권에 기재된 운송물의 인도 청구를 할 수 있고, 운송인은 인도 청구를 거절할 수 없다(상법 제857조 제1항). 즉, 운송물이 운송인의 점유 하에 있다면 가장 먼저 운송물 인도청구권을 행사한 선하증권이 정당한 소지인에게 인도하여야 한다.

2] 후청구자가 소지한 선하증권의 효력

가장 먼저 운송물 인도청구권을 행사한 선하증권 소지인에게 증권과 상환하여 운송물을 인도한 후에 제2 또는 제3의 선하증권 소지인이 나타나서 운송물 인도청구권을 행사하는 경우가 문제될 수 있다. 여러 통의 선하증권이 발행된 경우에는 그 중 합법적으로 배서된 선하증권 한 통을 소지한 자에게 동 증권과 상환으로 운송물이 인도되었다면 다른 선하증권은 그 효력이 없어지므로(상법 제857조 제2항), 운송인은 제2, 제3의 선하증권 소지인이 운송물 인도청구권을 행사하더라도 그에게 운송물을 인도할 의무는 없다.

또 신용장의 요구 서류로 발행된 선하증권의 전통(Full set) 대신 2/3 세트만 첨부하고 1/3set은 개설요구자(매수인)에게 직접 송부하도록 하는 조건도 있는데, 이런 경우에 "To order of Shipper"로 된 선하증권은 수입업자가 개설은행에 물건 대금을 납부하지 않고 송하인이 배서하여 송부한 1/3 set의 선하증권을 운송인에게 제시하고 운송물을 인도받아 갈 수 있다. 이러한 경우에도 운송인은 적법하게 배서된 선하증권과 상환으로 운송물을 인도하였으므로 운송물의 잘못된 인도(mis-delivery)로 인한 책임은 없다.

3] 2인 이상의 선하증권 소지인이 동시에 청구한 경우

1 운송물 공탁 및 통지

2인 이상의 선하증권 소지인이 동시에 운송물 인도청구권을 행사한 경우에는 어느 소지인이 정당한 권리를 가진 자인가에 대하여 운송인 스스로는 알 수 없는 경우가 있다. 이때는 진정한 권리자가 밝혀질 때까지 운송물의 인도를 유보하여야 한다(상법 제859조 제1항 참조).

운송인이 송하인에게 교부한 선하증권은 취결 시 전통(full set)을 은행에 제출하고, 취결은행은 다시 그것을 개설은행에 송부하기 때문에 출발지에서는 선하증권의 소지인이 별도로 있을 수 없다. 또 신용장 개설은행이 취결은행으로부터 송부 받은 선하증권을 서로 다른 사람에게 대가를 받고 양도하지는 않기 때문에 신용장 거래에서는 이러한 경우가 발생할 소지가 거의 없다.

그렇지만 운송물의 전부 또는 일부가 인도되지 않고 아직 운송인의 관리 하에 있는 시점에 2인 이상의 증권 소지인이 운송인에 대하여 운송물 인도청구권을 행사할 것에 대비하여, 상법은 운송인에게 문제의 운송물을 공탁하고 운송물 인도청구권을 행사하는 각각의 증권 소지인에게 그와 같은 사실을 통지하도록 하고 있다(상법 제859조 제1항). 또 이 규정은 1통의 선하증권 소지인에게 운송물의 전부가 인도되지 않은 시점, 즉 일부만 인도된 시점에 다른 소지인이 인도 청구를 한 경우에도 운송인은 인도가 되지 아니한 운송물에 대하여는 위와 같은 절차(공탁 및 통지 등)를 취하도록 하고 있다(상법 제859조 제2항).

2 공탁된 운송물에 대한 선하증권 소지인의 우선순위

상법은 '수인의 선하증권 소지인에게 공통되는 전 소지인으로부터 먼저 교부를 받은 증권 소지인의 권리가 다른 소지인의 권리에 우선한다' 라고 규정하고 있다(상법 제860조 제1항). 여기서 공통되는 전 소지인이라 함은 선하증권을 현재의 소지인들에게 매각처분 등 양도를 한 자(이하 前所持人이라 한다)이며, 현재의 여러 소지인들 중 선하증권상의 권리의 우선순위는 이 전 소지인으로부터 시기적으로 먼저 교부를 받은 순으로 정하여 진다는 뜻이다. 이와 같이 상법은 현 소지인 중 먼저 교부를 받은 소지인이라고 하여 교부받은 시점을 기준으로 그 우선순위를 정하고 있다.

그런데 양수인이 원거리에 소재하는 경우는 전 소지인이 동일 시점에 선하증권을 양도하는 경우라도 양수인의 손에 들어오는 시점은 각기 달라질 수 있는 것이다. 그래서 상법은 이런 경우 격지자에 대하여 발송한 선하증권은 그 발송한 때를 교부받은 때로 본다고 규정하여 양수인이 실제로 받은 시점을 불문하고 교부자가 발송한 시점이 빠른 것을 기준으로 그 우선권자를 결정하도록 하고 있다(상법 제860조 제2항).

6. 목적지 이외에서 운송물의 인도 청구가 있는 경우

운송계약상의 목적지 외에서는 전통의 선하증권과 상환하지 아니하면 운송물을 인도하지 못한다(상법 제858조). 이는 운송계약의 이행 도중 목적지의 경제 사정의 변경 · 전쟁 · 내란 등 긴급사태 · 스트라이크의 발생 등 부득이 하게 목적지를 변경하지 않으면 안 되는 경우 또는 송하인 등 발행된 선하증권의 전통을 소지한 자의 요청에 따라 목적지의 변경(diversion)에 관한 합의가 있는 경우에 발생할 수 있을 것이다.

제3관 운송물의 인도 장소

1. 의의

상법상으로는 송하인과 운송인이 운송계약으로 운송물의 인도지를 약정하면 운송인은 약정된 장소에서 수하인에게 운송물을 인도하면 채무가 이행되는 것이다. 그러나 수입 운송물에 대하여는 상법에 근거한 운송계약에서의 약정 인도 장소가 관세법의 규정에 의하여 실질적으로 변경되는 경우가 있다. 즉, 수입 컨테이너 화물은 보세구역인 컨테이너 부두에 양륙된 후의 처리는 ① 양륙항 컨테이너 야드(CY)에서 통관을 필하고 반출되는 경우, ② 양륙항 컨테이너 야드에서 운송인이 지정한 부두밖 장치장(off-dock container yard: ODCY)으로 이동하여 그 곳에서 통관 · 반출되는 경우, ③ 양륙항 컨테이너 야드에서 내륙으로 보세운송을 위해 반출되는 경우, ④ 운송인이 지정한 부두밖장치장에서 내륙으로 보세운송을 위해 반출되는 경우, ⑤ 양륙항계 내의 보세창고로 이동하여 그 곳에서 통관 · 반출되는 경우로 대별할 수 있다. 이 중 위 ①과 ②의 경우에는 약정된 인도 장소에서 운송물을 인도하는 경우이므로 다른 문제점은 없지만, 그 밖의 경우에는 관세법과의 관계에서 운송인의 책임이 문제된다.

2. 약정인도지가 양륙항 컨테이너 야드인 운송물의 보세운송

운송물 수령지가 독일의 함부르크 CY이고 인도지가 부산 CY로 계약이 된 경우에, 운송인의 책임구간은 운송물을 수령한 함부르크 CY에서부터 부산 CY까지이므로 운송인은 부산 CY에서 선하증권 소지인에게 운송물을 인도하면 그의 의무가 완성된다. 그러므로 하주가 보세운송을 위해 약정된 부산 CY로부터 운송물을 반출해 가려면 정당한 수하인임을 확인시키고 미지급 운임 등을 지급하여야 한다. 또 하주가 반출을 위해 필요한 세관 절차를 이행해야 한다. 하주가 보세운송 대신에 사전수입 신고를 필하고 운송물을 내국물건화하여 부산 CY로부터 반출해 가는 경우도 마찬가지이다. 하주가 이러한 절차를 밟아 운송물이 일단 약정된 인도지를 벗어나면 운송인은 채무를 이행한 것이 되고, 그 이후의 내륙의 목적지까지의 보세운송의 위험과 비용은 하주의 부담이다.

3. 약정인도지가 내륙 ICD로 된 운송물의 보세운송

예컨대, 운송계약에서 운송인에 의한 운송물의 인도지를 경기도 의왕 ICD로 약정한 경우에는, 부산항에서 운송물을 양륙하여 의왕 ICD(Inland Container Depot)까지 보세운송하는 것이다. 이런 경우에 운송인은 목적지를 의왕 ICD로 한 보세운송과 관련된 운송인으로서 필요한 세관절차를 필하고, 운송물을 부산 컨테이너 야드로부터 반출하여 그의 책임과 비용으로 의왕 ICD까지 운송한 다음 선하증권 소지인에게 인도하여야 그의 채무가 이행된다.

4. 약정인도지가 내륙의 하주 DOOR로 된 운송물의 보세운송

예컨대, 운송물의 양륙항이 부산이고 운송물의 인도지가 구미 코오롱의 DOOR로 약정한 경우에는, 운송인이 그의 비용과 위험부담으로 코오롱의 공장까지 운송해 주어야 한다. 운송인은 하주의 공장이 세관으로부터 허가된 자가보세장치장이어야 그 곳을 목적지로 한 보세운송이 가능하고, 코오롱이 선하증권 소지인이어야 한다.

만약 구미에 소재한 코오롱의 공장이 자가보세장치장으로 허가된 곳이 아니라면 그 곳은 보세운송의 목적지 창고로 될 수 없으므로 코오롱은 부산 컨테이너 야드에서 수입 통관절차를 필하여 내국 물건으로 변경하여야 운송인이 국내 운송을 실행할 수 있다.

5. 양륙항 컨테이너 야드를 인도지로 약정한 운송물을 하주가 지정하는 보세창고에 입고하는 경우

운송물의 인도 장소를 양륙항 컨테이너 야드로 약정하였지만 하주가 임해보세창고를 지정하면 운송물은 그곳으로 반출된다. 그러므로 이 경우에도 하주가 지정한 창고로 입고하기 위하여 운송물이 컨테이너 야드로부터 반출되는 시점에 약정된 인도지를 벗어나므로 운송인의 운송책임은 종료하게 된다.

그런데 문제가 되는 것은 우리나라로 수입되는 운송물은 선하증권 원본의 소지

여부를 불문하고 하주가 그의 자가창고를 보세운송의 목적지로 하여 보세운송해 갈 수 있도록 관세규정이 허용하고 있다는 점이다(보세운송에 관한 고시-관세청고시 1998-76(1998. 12. 11)). 이에 따라 운송물이 운송인의 점유를 벗어나 운송물에 대한 소유권이 없는 자에 의해 사실상의 점유가 될 수 있어서 운송인과의 운송물 인도 절차는 물론 세관과의 통관절차도 없이 임의로 사용하는 사례가 발생하고 있다. 다른 한편 세관과의 통관절차는 밟는다고 하더라도 세관은 통관절차를 밟는 자가 선하증권 원본의 소지인인가를 점검하지 않고 통관하여 주므로 사후에 선하증권 소지인이 따로 있는 경우는 운송인은 운송물을 인도해 줄 수 없기 때문에 손해배상책임을 져야 하는 모순이 생긴다. 우리나라 법원은 이렇게 약정된 운송 구간과 운송인의 지배를 벗어나 어떤 자의 자가장치장으로 보세운송되는 운송물에 관한 운송인의 책임의 연장에 관하여는 견해가 일치하지 않는 듯하다.[22)]

22) ① 부산고법 2003. 8. 1. 선고2002 나 9509 판결 : 부산 CY에 있던 운송물이 세관절차에 따라 K화학(선하증권상 통지처로 기재된 자이며, 선하증권 소지인이 아니므로 진정한 수하인이 아님)의 부평공장, 자가장치장까지 보세운송되었는데, K화학이 통관절차나 운송인과의 인도절차를 밟지 않고 그 자가장치장에 장치된 운송물을 무단반출 · 사용한 사건에서, 선하증권 소지인인 X은행은 운송인이 선하증권상의 통지처에 불과한 K화학의 보세운송 요청을 받아 들여 보세운송을 하고 K화학의 자가장치장에 장치함으로써 운송물을 인도한 것은 선하증권 소지인인 원고(X은행)의 권리를 침해하였다고 주장하였다.

이에 대해 서울 고등법원은 "첫째, 관세법규에 따르면 운송인은 운송물을 컨테이너 전용장치장에 장치한 날로부터 10일 이내에 다른 보세장치장으로 운송하여야 하고(관세청고시 제98-77호, 1998. 12. 11, 컨테이너 관리에 관한 고시 4-4-1조), 하주(통지처)가 자가 보세장치장을 가지는 경우에는 그 자가 보세장치장으로 보세운송 및 장치하여야 한다. 둘째, K화학이 피고(운송인)에게 자신의 자가 보세장치장으로의 보세운송 및 장치를 요구하였고 운송계약상 운송물(우피)의 목적지가 인천으로 되어 있었으므로 피고는 CY에서 운송물을 반출하여 내륙보세운송을 한 후 K화학의 자가 보세장치장에 장치하였다. 셋째, 피고의 이 같은 행위는 관세법상의 보세구역의 변경에 불과하고 수입 운송물의 통관절차가 아니다. 넷째, 만약 이를 운송물 인도라고 본다면 보세운송 시 피고가 K화학에게 선하증권의 상환을 요구해야 하는데 보세창고도(BWT) 거래방식에서는 수하인인 원고에게도 아직 선하증권이 도래하지 않았기 때문에 그 상환이 불가능하여 보세운송을 할 수 없게 된다. 그렇다면 국내 수출업체가 외국에서 수입하는 수출용 원자재를 신속히 통관하여 수출품을 제조하게 하는 자가보세장치장 제도가 효용성을 잃는다. 즉 자가보세장치장 장치만으로 피고가 K화학에서 우피를 인도한 것이 아니다. 다섯째, K화학이 우피를 무단 반출한 것은 원고나 피고에 대한 절도행위가 될 뿐이고, 피고가 고의 또는 중대한 과실로 선하증권과 상환하지 않고 운송물(우피)을 인도함으로써 원고의 권리를 침해한 것은 아니다"라고 판시하였다.

② 대판 1996. 3. 12, 선고 94 다 55057판결 : 그런데 대법원은 고등법원 판결에 대하여 "첫째, 우피가 보세운송 된 후 자가 보세장치장에 입고된 것이 K화학에 대한 인도라 볼 것인지는 우피에 대한 사실상의 지배가 피고(운송인)로부터 K화학에 이전되었는지에 의하여 판단되어야 한다. 둘째, K화학에 자가 보세장치장에의 입고가 관계법규에 의해 강제되어 있다거나, 그 단계에서 인도된 것으로 볼 경우 무역거래에 혼란이 초래되거나 자가보세장치장의 효용이 떨어지더라도 인도의 시기를 달리 볼 수는 없다. 셋째, 운송계약상 목적지에 이르기 전이라도 우피에 대한 사실상 지배가 K화학에 넘어 갔다면 그 순간에 인도로 보아야 한다"는 이유로 원심 판결을 파기하였다.

이 판결은 선하증권 소지인이 아닌 자의 자가장치장에 장치된 운송물에 대하여는 현실적으로 운송인이 이를 통제할 수 없음에도 운송인에게 불법행위 책임을 인정한 것으로 비판의 여지가 있다(嚴潤大, 船荷證券論, 신대종, 2002, 387쪽).

6. 양륙항 CFS를 인도지로 약정한 운송물을 하주가 지정하는 보세창고에 입고하는 경우

운송물의 인도 장소를 양륙항의 지정 CFS로 약정한 것이므로 운송인은 운송물을 선박으로부터 양륙한 후 일정한 세관 절차를 거쳐 지정 CFS까지 그의 책임으로 운송하고 그곳에 운송물을 적출(devan ; Destuffing)하여 놓은 후 선하증권을 소지한 하주에게 인도하는 운송계약 조건이다. 그런데 우리나라에서는 하주가 창고를 지정하고 운송계약 조건이나 운송인의 의사와 관계없이 운송물이 그곳으로 입고될 수 있다. 이러한 경우를 CFS 인도 조건과 비교하면 하주가 지정한 보세창고를 일종의 Off-Dock CFS로 간주할 수 있으므로 운송인은 그의 위험과 비용으로 동 창고까지 운송해야 한다. 그런데 운송물의 인도는 운송인의 대리인이 아닌 제3의 창고업자가 이행하게 된다. 이러한 단계에서 창고업자는 운송물의 인도를 요청하는 자가 선하증권의 정당한 소지인인지 여부를 확인하는 절차 없이 운송물을 인도하는 경우도 있으므로 선하증권 소지인과 운송인과의 관계에서 보면 큰 문제점이 내재되어 있다.

우리나라로 수입되는 운송물은 하주가 창고를 지정하여 그곳에 운송물을 장치할 수 있도록 되어 있기 때문에 정당한 수하인이 아닌 자가 통관 시 수하인을 미확인한다는 허점을 이용하여 창고업자와 짜고 그곳에서 운송인 몰래 운송물을 무단 반출하는 경우가 있다. 이렇게 무단으로 운송물을 반출해 가는 자가 선하증권을 제시하지 못하거나 또는 은행의 보증장(Letter of Guarantee)마저 제출하지 않는다는 것은 그

운송인	운송물이 목적지에 도착되기 전, 선하증권 상의 통지처에 운송물도착통지서 발송

수하인	운송물이 목적지에 도착하면 운송물의 인도를 청구
운송인	운송물 인도청구자가 정당한 수하인인가를 확인

수하인	하물인도지시서를 발행받은 수하인은 화물인도지시서를 운송물이 장치되어 있는 곳에 제출, 운송물 인도받음

그림 6-2 ● 운송물 인도의 실무절차

가 은행에 매매 대금을 지급하지 않고 운송물을 취득하는 것이다. 이때 선하증권 원본이 송하인의 수중에 있는 경우도 있겠지만 신용장에 의한 거래의 경우는 대개 은행이 선하증권을 소지하고 있다. 그러므로 운송인의 입장에서는, 선하증권 소지인인 은행이나 송하인이 그의 권리를 행사할 때 이에 응할 수 없게 되어 손해배상을 하여야 하는 아주 불합리한 문제가 발생하게 된다.

7. 선하증권의 회수와 보관

1] 운송물의 인도와 선하증권의 상환증권성

1 목적지에서의 운송물 인도

운송물에 대하여 선하증권이 작성된 경우에는 그것과 상환하지 아니하면 그 운송물의 인도를 청구할 수 없다(상법 제861조, 제129조). 그러므로 운송물을 인도 받고자 하는 자는 정당하게 배서된 선하증권을 운송인에게 제시해야 할 의무가 있고, 운송인은 선하증권 원본의 제시가 없는 자의 운송물 인도 청구를 거절할 권리가 있다.[23]

그리고 같은 운송물에 대하여 선하증권 원본이 여러 통 발행되었더라도 약정된 목적지에서는 그 중 1통을 소지한 자가 운송인에게 그 인도를 청구 할 수 있으며, 운송인은 이를 거부할 수 없다(상법 제857조 제1항). 그러므로 운송인은 목적지에서 운송물 인도 청구를 하는 자로부터 적정히 배서된 선하증권 원본 1통만이라도 회수하고 운송물을 인도하면 선하증권의 상환 의무를 이행한 것이 되고, 나머지 선하증권은 효력이 상실된다(상법 제857조 제2항).

2 발행지 또는 선적지에서의 선하증권 회수

송하인이 운송인으로부터 교부받은 선하증권 원본을 은행을 통하거나 또는 직접 우송하는 등의 방법으로 수하인에게 도달케 하여 목적지에서 수하인이 이를 운송인에게 제시하여 운송물을 인도받는 것이 일반적인 선하증권의 흐름이다. 그런데 최근에는 송하인이 선적지에서 운송인으로부터 발행받은 선하증권을 목적지로 발송하지 않고 이를 다시 선적지 또는 발행지의 운송인에게 반납하면서 목적지의 특정인에게 운송물을 인도해 달라고 요청하는 사례가 빈번히 일어나고 있다.[24]

---

23) 대판 1991.12.10. 선고 91다14123 판결 : 상법 제820조, 제129조의 규정은 운송인에게 선하증권의 제시가 없는 운송물인도 청구를 거절할 수 있는 권리와 함께 선하증권의 제시가 없는 경우 운송물의 인도를 거절하여야 할 의무가 있음을 규정하고 있다고 봄이 상당하다.

24) 실무에서는 이러한 행위를 선하증권 원본의 제출(surrender of original bill of lading)이라고 부른다.

1) 기명식 선하증권의 제출

운송물이 선적된 후 송하인의 요청에 의하여 선하증권에 특정인을 기명 수하인으로 하여 선하증권을 발행하였는데, 송하인이 선하증권 원본을 목적지의 수하인에게 송부하는 대신 선적지에 소재한 운송인에게 이를 다시 제출(surrender)하면서 목적지에서 선하증권상의 기명 수하인에게 운송물을 인도해 줄 것을 요청하는 경우가 있다.

이때 비유통 표시가 있는 기명식 선하증권의 경우는 선하증권이 배서의 방법으로 유통이 될 수 없고, 목적지에서 운송물을 인도받을 수하인이 확정되어 있으므로 목적지에서 운송인에게 선하증권 원본의 제시 없이도 운송물을 인도 받을 수 있다.

2) 지시식 또는 지참식 선하증권의 제출

송하인의 요청에 의하여 지시식 또는 지참식으로 선하증권을 발행하였는데, 그 후 송하인이 선하증권 원본을 수하인에게 송부하지 않고 선적지 또는 증권 발행지의 운송인에게 제출(surrender)하는 경우가 있다. 지시식 선하증권이나 지참식 선하증권은 자유로이 유통 될 수 있기 때문에 목적지에서 증권의 원본을 회수하지 않는다면 누가 진정한 수하인인지를 확인할 방법이 없기 때문에 목적지에서 선하증권 원본과 상환하지 않고 운송물을 인도하는 것은 선하증권의 본질을 해치는 것으로 운송인의 운송물 인도에 따른 법적 책임을 벗어나지 못하게 될 것이다. 송하인이 선적지 소재의 운송인에게 선하증권 원본 全通을 제출하면서 증권에 기재된 운송물을 목적지의 특정인에게 인도해 줄 것을 요청하는 경우에는 달리 유통될 선하증권이 없으므로 운송물을 송하인이 지정한 특정인에게 인도하여도 문제가 생기지 않는다고 볼 수도 있다. 그러나 ① 당해 선하증권 원본에 특정인이 수하인으로 기재되어 있지 않고, ② 목적지에서 송하인이 지정한 특정인이 선하증권 원본을 제시할 수 없으며, ③ 선하증권 원본 전체가 아직 선적지에 있기 때문에 "적법한 배서의 연속"이 중단된 상태이고, ④ 목적지 소재의 운송인은 적법하게 배서된 선하증권 원본의 소지인이 없어 운송물을 인도할 상대가 없다는 모순이 생긴다.

그러므로 굳이 증권의 유통이 필요하지 않은 경우라면 처음부터 해상화물운송장이나 비유통 기명식 선하증권으로 발행하는 것이 가장 좋은 방법이 될 것이다. 또 이미 발행된 선하증권의 전통을 송하인이 증권의 발행지나 운송물의 선적지에서 운송인에게 제출한다면, 비유통 기명식 선하증권이나 해상화물운송장으로 대체하여 발행하는 방법도 생각할 수 있을 것이다.

8. 보증도

1] 의의

목적지에서 운송인에 대하여 운송물 인도를 청구하는 자는 적법하게 배서된 선하증권을 제시하여야 운송물을 인도 받을 수 있다. 그러나 현실적으로 운송구간이 짧거나 선박의 고속화 등의 사유로 인해 선하증권이 운송물보다 목적지에 늦게 도착되는 경우가 많이 발생하는데,[25] 이때는 수하인은 운송물이 도착되어도 선하증권을 제시하지 못하게 된다. 이러한 경우에는 수하인의 입장에서는 상기상실(商機喪失), 운송물의 장치료 · 보관료 등 경비 발생 등의 불이익이 발생하게 된다. 또 운송인의 입장에서도 운송물 보관으로 인한 위험부담 및 추가경비발생 등의 문제점이 발생한다. 해운실무에서는 이러한 현상을 해소하기 위해 선하증권과 상환하는 대신 수하인으로부터 신용장 개설은행이 연대보증한 화물선취보증장(Letter of Guarantee : L/G)을 받거나 운송물의 가액에 해당하는 금액을 보증금으로 거치 받고 운송물을 양도하는 보증도의 관행이 오랜 기간 상관습으로 인정되고 있다.

보증장 양식은 은행에 따라 약간씩 그 문구배열이 다르긴 하지만 다음과 같이 그 내용은 거의 같다. 첫째, 운송물의 인도를 요청하는 자가 선하증권을 입수하는 대로 운송인에게 제출하겠다는 것, 둘째, 선하증권과 상환하지 않고 운송물을 인도 한 후에 발생될 수 있는 운송인 측의 손해를 배상하겠다는 내용이 포함되어 있다.

선하증권의 제시 없이 운송물을 인도 받고자 하는 자가 은행이 연대보증한 보증장을 운송인에게 제출하면 운송인은 그것과 상환하여 운송물을 인도하고, 나중에 선하증권이 회수되면 동 보증장을 발행은행에 반환하게 된다.

우리나라에서는 선하증권과의 상환보다는 보증도에 의하여 운송물이 인도되는 경우가 더 많다. 특히 일본, 중국, 동남아 등으로부터 수입되는 운송물은 그 운송 기간이 2~3일 밖에 걸리지 않기 때문에 일본으로부터의 수입 운송물의 경우는 80 내지 90%, 동남아의 경우는 70 내지 80%, 아메리카 대륙으로부터의 수입 운송물의 경우도 50 내지 60% 정도가 보증도에 의해 인도되고 있다.[26]

25) 이러한 문제를 선하증권의 위기 또는 고속선 문제라고 한다.

26) 嚴潤大, 船荷證券論, 신대종, 2002, 397쪽 참조.

2] 보증도에서 운송인의 책임에 관한 학설

보증도는 해운업계에서 국제적 상관습으로 성행되고 있으며 유효한 행위[27)]로 자리를 잡고 있다. 우리나라 대법원도 보증도 행위 그 자체를 위법행위라고는 보지 않는다.[28)] 그러나 보증도는 운송현실상 부득이하게 인정되는 상관행이기는 하지만 선하증권의 상환증권성이라는 본질을 해치는 탈법행위임에는 분명하다는 점에서 운송인의 주의의무는 매우 엄격하게 물어야 할 것이다. 또 상관습이라는 현실과 법리의 괴리로 인하여 보증도로 운송물을 인도한 후 선하증권의 정당한 소지인이 권리를 침해받았을 경우에 운송인의 책임의 근거를 두고 학설이 대립하고 있다.

1 우리나라 판례의 입장

우리나라 대법원은 운송인이 선하증권과 상환하지 아니하고 운송물을 증권 소지인이 아닌 자에게 인도함으로 인하여 선하증권의 소지인에게 운송물을 인도하지 못하게 된 경우에는 불법행위가 성립한다고 판시하고 있다.[29)] 또 보증도의 상관습은 운송인 또는 운송취급인의 정당한 선하증권 소지인에 대한 책임을 면제함을 목적으로 하는 것이 아니고 오히려 보증도로 인하여 정당한 선하증권 소지인이 손해를 입게 되는 경우 운송인 또는 운송취급인이 그 손해를 배상하는 것을 전제로 하고 있는 것이다. 그러므로 운송인 또는 운송취급인이 보증도를 한다고 하여 선하증권과 상환함이 없이 운송물을 인도함으로써 선하증권 소지인의 운송물에 대한 권리를 침해하는 행위가 정당한 행위로 된다거나 운송취급인의 주의의무가 경감 또는 면제된다고 할 수 없고, 보증도로 인하여 선하증권의 정당한 소지인의 운송물에 대한 권리를 침범하였을 때는 고의 또는 중대한 과실에 의한 불법행위 책임을 진다고 판시하고 있다.[30)]

27) Mark S.W. Hoyle, The Law of International Trade, 2nd ed., CCH, 1985, p. 198; 김교창, 선하증권에 관한 최신 판례연구, 법률신문사, 1990, 248쪽.

28) 대법원 송무심의 제20호(1990. 3. 19) "대법원판례와 관련한 건의에 대한 회신" 참조.

29) 대판 2004. 10. 15 선고 2004다 2137판결 : 해상운송에 있어서 선하증권이 발행된 경우 운송인은 수하인, 즉 선하증권의 정당한 소지인에게 운송물을 인도함으로써 그 계약상의 의무이행을 다하는 것이 되고, 그와 같은 인도의무의 이행방법 및 시기에 대하여는 당사자 간의 약정으로 이를 정할 수 있음은 물론이며, 만약 수하인이 스스로의 비용으로 하역업자를 고용한 다음 운송물을 수령하여 양륙하는 방식(이른바 선상도)에 따라 인도하기로 약정한 경우에는 수하인의 의뢰를 받은 하역업자가 운송물을 수령하는 때에 그 인도의무의 이행을 다하는 것이 되고, 이 때 운송인이 선하증권 또는 그에 갈음하는 수하인의 화물선취보증서 등(이하 선하증권 등이라고 한다)과 상환으로 인도하지 아니하고 임의로 선하증권상의 통지처에 불과한 실수입업자의 의뢰를 받은 하역업자로 하여금 양하작업을 하도록 하여 운송물을 인도하였다면 이로써 선하증권의 정당한 소지인에 대한 불법행위는 이미 성립하는 것이고, 달리 특별한 사정이 없는 한 위 하역업자가 운송인의 이행보조자 내지 피용자가 된다거나 그 이후 하역업자가 실수입업자에게 운송물을 전달함에 있어서 선하증권 등을 교부받지 아니하였다 할지라도 별도로 선하증권의 정당한 소지인에 대한 불법행위가 성립하는 것은 아니다.

30) 대판 1999. 04 .23 선고 98다 13211판결 : 해상운송인 또는 선박대리점이 선하증권과 상환하지 아니하고 운송물을 선하증권 소지인 아닌 자에게 인도하는 것은 그로 인한 손해의 배상을 전제로 하는 것이어서, 그 결과 선하증권 소지인에게 운송물을 인도하지 못하게 되어 운송물에 대한 그의 권리를 침해하였을 때에는 고의 또는 중대한 과실에 의한 불법행위가 성립된다.

2 불법행위설

이 설은 선하증권이 발행된 경우에는 증권의 정당한 소지인만이 운송물의 소유권자이므로 운송인이 운송물을 제3자에게 인도하여 증권 소지인에게 운송물을 인도하여 줄 수 없게 되었다면 운송인은 선하증권의 정당한 소지인의 권리를 침해한 것으로서 불법행위가 성립하고[31)]보증도의 상관습이 있다고 하더라도 이러한 운송인의 법적 의무를 면제 또는 경감한다고 볼 수 없다고 한다.

3 채무불이행설

보증도는 상관습법은 아니라 하더라도 이는 널리 국제적 관행으로 이루어지고 있으므로 운송인의 선하증권 소지인에 대한 책임은 운송계약 위반, 즉 선하증권 소지인에게 운송물 인도라는 채무를 이행하지 못한 것에 대한 손해배상책임이 발생하는 것이지 이를 불법행위로 볼 필요는 없다고 하는 견해이다.[32)]

운송인은 운송계약 내용에 쫓아 운송한 운송물을 목적지에서 정당한 선하증권 소지인에게 인도하여야 한다. 그러므로 운송인이 보증도로 운송물을 인도했는데 사후에 제3의 선하증권 소지인이 나타나 운송물의 인도 청구를 한다면 운송인은 보증도를 이유로 그에게 대항할 수 없음은 선하증권의 성질상 당연하다. 즉, 운송인은 운송물을 현실적으로 점유하고 있는 자로부터 회수하여 선하증권 소지인에게 인도해주거나 또는 회수가 불가능하다면 손해배상책임을 지는 것은 당연하다.[33)] 물론 이때의 운송인의 선하증권 소지인에 대한 책임은 운송계약 위반에 대한 계약불이행 책임이라고 보아야 할 것이라고 주장하는 견해이다. 또한, 보증도 행위 자체가 일종의 탈법행위이기 때문에 사실인 상관습이라고 하여 운송인의 주의의무가 경감되는 것은 아니라고 보아야 한다고 주장한다.

4 사견

소위 선하증권의 위기 또는 고속선 문제로 논의되고 있는 바와 같이 선박의 고속화와 하역 시간의 단축 등 기술 발달로 인한 운송시간의 단축으로 인하여, 오늘날의 해상운송에서 선하증권의 상환증권성을 엄격하게 적용하기는 어려운 것이 해운계의 현실이다. 그러나 보증장에서 이미 보증도에 의한 운송물 인도 후에 발생할 수 있는

31) 김교창, 선하증권에 관한 최신 판례연구, 법률신문사, 1990, 155-159쪽.

32) 이균성, 해상법판례연구, 해운산업연구원, 1989, 165-168쪽 ; 서헌제, “보증도와 해상운송인(대리인)의 책임”, 인권과 정의, 1989. 12. 86쪽.

33) 대판 1993. 10. 8, 92 다 12674: 선하증권소지인이 입은 손해금액은 운송물의 멸실 당시의 가액(운송물의 가액을 한도로 한 신용장대금) 및 이에 대한 지연손해금의 합계이다.

운송인 측의 손해를 보증장 발행은행이 배상하겠다는 것을 전제로 하고 있으며, 나중에 선하증권을 회수하면 보증장을 은행에 반환하는 절차를 정하고 있다는 것은 보증도의 탈법성과 위험성을 예견한 것으로 볼 수 있다.

이 보증도는 선하증권의 상환증권성이라는 본질을 훼손하는 탈법행위로서 선하증권과의 상환에 의하여 선하증권의 정당한 소지인에 대하여 운송물을 인도하여야 한다는 선하증권의 발행인으로서 운송계약의 위반에 의한 채무불이행이 성립한다고 볼 수 있다. 즉, 선하증권의 문언증권성에 의하여 운송계약의 당사자인 송하인이 운송물에 대하여 가지고 있는 인도청구권 등의 권리는 선하증권의 정당한 소지인에게 이전이 된다. 그러므로 선하증권 소지인은 채권자로서 운송인을 상대로 계약불이행 책임을 물을 수 있다고 본다.

반면, 청구권경합 이론에 따르면 보증도로 인하여 선하증권의 정당한 소지인에 대한 권리의 침해는 당연히 불법행위의 성립 요건도 충족한다고 보아야 할 것이다. 특히 보증도는 선하증권의 상환증권성을 훼손하는 탈법행위이므로 운송인으로서는 선하증권과의 상환에 의한 운송물 인도에 비하여 고도의 주의의무를 기울여야 할 것이다. 이에 따라 보증도로 인한 운송물 상실은 상대적으로 운송인의 과실을 입증하기에 수월할 수 있다. 또 운송계약의 당사자가 아닌 수하인이 송하인으로부터 선하증권상의 권리를 이전받았음을 법리적으로 입증할 것을 전제로 하는 계약불이행 책임 보다는 운송인을 상대로 손해배상 청구를 하기에는 불법행위 책임을 묻기가 법리적으로 편리할 수도 있을 것이므로 대법원에서도 불법행위 책임을 묻고 있는 것으로 보인다.

3] 보증장 발행인의 책임

화물선취보증장에는 수하인은 운송물 수령 후 선하증권을 취득하여 이를 운송인에게 제출할 것과 선하증권과 상환함이 없이 운송인이 운송물을 인도함에 따라 장차 선하증권을 제시하고 운송물 인도 청구를 하는 제3자에 대하여 운송인이 부담하게 되는 모든 손해를 배상하겠다는 내용이 포함되어 있다. 그러므로 보증장을 차입하고 운송인으로부터 운송물을 인도받은 자는 그가 선하증권을 소지하기 전까지는 동 운송물에 대한 소유권을 유보한 상태로 점유권만을 취득한 것으로 보아야 한다. 그러므로 사후에 선의의 선하증권 소지인이 나타나 운송인에 대해 운송물 인도 청구를 한다면 그 소지인이 진정한 수하인이므로 운송인은 보증도를 이유로 그에게 대항할 수 없고 운송물을 회수하여 진정한 수하인에게 인도하거나, 손해배상을 하여야 한다. 이때 운송물을 회수하지 못하게 되면 운송인은 보증도로 운송물을 수령한 수하인과 보증은행을 상대로 구상권을 행사하게 된다.

은행보증장은 운송물을 인도 받고자 하는 자와 은행이 연대하여 작성 · 발행한 것이므로 운송인이 선의의 선하증권 소지인에게 손해배상을 하고, 보증장을 발행한 자에 대해 구상권을 행사하는 경우 이들은 연대하여 운송인에 대해 손해배상책임을 져야 한다.

4] 위조 · 변조된 보증장에 의한 인도

운송물을 불법으로 인수받을 목적으로 은행으로부터 정당한 방법으로 보증장을 발행 받지 않고, 이를 위조 또는 변조하여 운송인에게 차입하여 운송물을 인도 받은 경우에 법적 책임이 문제가 된다.

1 보증장을 위조 또는 변조하여 운송물을 인도 받은 자의 책임

은행의 보증장 양식을 위조 또는 변조하여 운송물을 인도 받은 자는 권리 없는 자가 타인 소유의 운송물을 부정한 방법으로 취득하였으므로 불법행위 책임이 발생한다.

또 보증장의 위조 또는 변조의 형태에 따라 사문서 위조 또는 변조죄 및 동 행사죄(형법 제231조, 제234조), 사인(私印 :은행인장) 위조 및 부정 사용죄(형법 제239조), 사기죄(형법 제347조), 절도죄(형법 제329조) 등의 구성요건에 해당할 수 있다.

2 위조 · 변조된 보증장에 기하여 운송물을 인도한 운송인의 책임

운송인의 보증장에 의한 운송물 인도 행위는 보증장이 위조 또는 변조된 것은 물론, 그것이 은행이 발행한 진정한 것이라 할지라도 정당한 선하증권 소지인의 운송물 인도 청구에 대해 운송인이 응할 수 없게 되었다면 채무의 이행불능이 된 상태이므로 이에 대한 손해배상책임이 있는 것이다.

이때 운송인이 진정한 보증장을 수령하고 운송물을 인도한 경우라면 보증장 발행인과 연대보증은행을 대상으로 구상권을 행사하여 그들에게 책임을 추궁할 수 있겠지만, 은행보증장이 다른 사람에 의해 위조 또는 변조된 경우에는 운송인은 보증장에 표시된 은행에 대하여 구상권을 행사할 수 없게 된다. 대법원 판례도 "운송인 또는 운송취급인이 보증도를 하는 경우에는 그 화물선취보증장이 진정한 것인지의 여부를 확인할 책임이 있다고 보아야 할 것이고 이를 게을리 하여 화물선취보증장의 위조 사실을 제대로 발견하지 못한 체 선하증권과의 상환 없이 운송물을 인도한 경우라면 운송인 등은 보증장 없이 선하증권과 상환하지 아니하고 운송물을 인도한 결과가 되어 특별한 사정이 없는 한, 고의 또는 중과실에 따른 책임을 진다. 이때 보증장이 화물선취보증장으로서의 형식과 외관을 갖추고 있었다고 하여 확인할 책임이 없다거나 위법성이 조각된다고 할 수 없다"라고 판시하여[34] 운송인에게 보증장의 진정성에 대한 주의의무를 강하게 요구하고 있다.

5] 선하증권의 회수와 보증장의 반환

운송인이 보증도로 운송물을 인도한 경우에 나중에 선하증권 원본이 회수되면 보관하고 있던 보증장을 반환하는데, 은행은 선하증권을 운송인에게 반환하면서 해당 보증장을 돌려 달라는 요청과 함께 동 보증장은 효력이 없다는 내용이 담긴 통지서를 동봉한다.[35]

9. 선하증권의 보관 기간

운송인은 정당한 수하인에게 운송물을 인도하였음을 입증하고, 선하증권과 관련한 분쟁이나 소송 시 증거서류로 법원의 요구가 있을 경우에 제출하기 위해서 운송물을 인도할 때 상환한 선하증권을 보관한다. 또 국가에 따라 운송계약 관계법이나 세무관계법 등에서 일정 기간 선하증권을 보관하도록 한 강행규정에 따른 것이기도 하다.

운송인의 선하증권의 보관 기간은 국가마다 또는 선사마다 다르나, 실무에서는 5년 내지 10년 정도 보관하고 있다.

34) 대판 1992. 2. 25. 선고 91다 30026판결 : 나. 운송인 또는 운송취급인이 보증도를 하는 경우에는 그 화물선취보증장이 진정하게 성립된 것인지의 여부를 확인할 책임이 있다고 보아야 할 것이고, 이를 게을리 하여 화물선취보증장의 위조사실을 제대로 발견하지 못한 채 선하증권과의 상환 없이 운송물을 인도하고 그로 인하여 정당한 선하증권 소지인이 손해를 입은 것이라면 운송인 또는 운송취급인은 보증장 없이 선하증권과 상환하지 아니하고 화물을 인도한 결과가 되어 특별한 사정이 없는 한 고의 또는 중대한 과실에 따른 책임을 진다.

다. 위 "나"항의 경우 보증장이 화물선취보증장으로서의 형식과 외관을 갖추고 있었다고 하여 확인을 할 책임이 없다거나 위법성이 조각된다고 할 수 없고, 위 보증장이 신용장 개설은행 명의로 발행된 경우라고 하여도 운송인에게 그 보증장이 진정한 것인지 확인할 책임이 있음은 마찬가지로서 그 위조사실을 발견하지 못하고 운송물을 선하증권의 소지인 아닌 사람에게 인도하였다면 특별한 사정이 없는 한 중대한 과실에 따른 책임을 져야 할 것이다.

35) 嚴潤大, 船荷證券論, 신대종, 2002, 403쪽.

제4관 수하인의 운송물 수령의무 위반과 선하증권의 미회수

1. 수하인의 운송물 수령의무

운송인이 수하인에게 운송물을 인도하려고 하여도 ① 수령을 게을리 함, ② 수령 거부, ③ 수령 포기, ④ 수하인 불명의 경우에는 운송물의 처리가 문제된다. 물론 수하인은 상법상의 지체 없는 수령의무(상법 제802조 참조)를 위반한 것이 되어 운송인에 대하여 소정의 비용 등에 대한 책임을 부담하여야 한다. 그렇지만 운송인의 입장에서는 운송물의 보관 · 관리에 따른 인력소모 및 비용의 발생, 선하증권 미회수로 인한 복잡한 문제가 발생한다.

선하증권에 의한 개품운송의 경우, 운송물의 도착통지를 받은 수하인은 합의된 장소 또는 양륙항의 관습에서 정한 때와 곳에서 지체 없이 운송물을 수령하여야 할 의무가 있는데, 이를 수하인의 운송물 수령의무라 한다(상법 제802조).

그러나 운송물이 목적지에 도착하여도 수하인의 사정으로 인해 곧 바로 인수해 가지 못할 경우도 있는데, 운송인은 해당 지역의 관습과 운송물의 성질 등을 고려하여 운임율표(published tariff)에 일정한 무료장치기간(free time)을 정하여 운영하고 있다. 수하인이 운송물 수령을 지체하여 무료장치기간을 경과한 경우는 체화료(demurrage)[36]를 부담하여야 한다. 이와 같이 체화료를 부담하더라도 수하인이 운송물을 수령하면 운송계약이 종료되겠지만, 수하인 불명, 수령 거절 또는 포기의 상황이 발생하면 운송인은 미지급 운임 및 비용을 보전 받기 위하여 공탁을 하거나 세관 기타 관청으로부터 허가받은 장소에 인도할 수 있다.

2. 공탁 또는 세관 기타 관청의 허가 받은 장소에의 인도

수하인 또는 선하증권 소지인이 운송물의 수령을 게을리 한 때에는 선장은 이를 공탁하거나 세관 그 밖에 법령이 정하는 관청의 허가를 받은 곳에 인도할 수 있다. 이 때에는 지체 없이 수하인에게 통지를 발송하여야 한다(상법 제803조 제1항). 그런데 수하인 등이 운송물을 인도 받지 않는 경우에 운송인이 당해 운송의 수하인을 알 수

36) "Demurrage"는 용선계약에서는 운송물의 양륙을 위해 약정된 정박기간을 초과하여 선박을 지연시킨데 대하여 선박소유자가 용선자에게 부과하는 체선료를 말하며, 개품운송계약에서는 무료장치기간(free time)을 경과한 운송물에 대해 부과되는 지연배상금(체화료)이라고 한다.

있으면 그에게 통지하면 되겠지만, 선하증권이 제시되기 전까지는 선하증권의 진정한 소지인을 알 수 없으므로 이와 같은 통지를 할 수 없다. 상법은 이러한 경우를 감안하여 수하인을 확실히 알 수 없거나 수하인이 운송물의 수령을 거부한 때에는 선장은 이를 공탁하거나 세관 그 밖의 관청의 허가를 받은 곳에 인도하고 송하인 및 알고 있는 수하인에게 그 통지를 발송하여야 한다(상법 제803조 제2항). 운송물이 공탁되거나 세관 등 허가 받은 곳에 인도되는 경우에 선장은 그의 운임 및 비용 등 채권보전을 위해 유치권을 행사할 수 있다(상법 제807조 제2항).[37]

그러나 수하인이 운송물을 수령하지 않는 상태에서 어느 정도의 기간이 경과하여야 운송물을 공탁할 수 있는 지가 불분명하고 또한 공탁할 운송물(통관절차를 밟지 않았으므로 관세법상 외국 물건임)을 납입할 공탁물 보관 장소가 별도로 존재하는지 여부도 불명확한 까닭에 실무적으로 운송인이 공탁 절차를 밟아 당해 운송물을 공탁물 보관 장소에 납입한 예는 찾아보기 어렵다.

또 세관 그 밖에 관청의 허가 장소에의 인도 역시 형식적으로는 상법의 규정과 관세법 규정이 조화를 이루어야 함은 물론이고 그러한 장소(창고 등)를 실제적으로도 운영하여야 할 것인데 현재 우리나라에서는 이러한 창고를 운영하고 있지 않기 때문에 운송인으로서는 매우 무거운 책임을 지지 않을 수 없는 실정이다.[38]

표 6-2 ● 각국별 운송인의 선하증권 보관기간

국가	보관기간 / 근거
네덜란드	7년 / 민법
대만	5년 / 해상법 2년 / 민법 5년
독일	6년 / 상법 제346조
미국	5년 / FMC 규정, 46 CFR 514.7
스위스	10년 / 채무법
중국	6년 / 해상법상 소송유효기간 6년
한국	10년 / 상법상 운송인의 채권 채무에 대한 소송시효 1년 / 세법상은 5년 불법행위 시효가 선하증권의 보존 연한에 영향을 미칠 수 있으므로 10년간 보관함이 바람직함.

※ 자료: 嚴潤大, 선하증권론, 신대종, 2000, 404쪽.

37) NJJ Gaskell, C Debattista, RJ Swatton, Shipping Law, 8th ed., 1988, p. 308.

38) 미국의 관세규정은 General Order Storage 제도가 있어서 양륙 후 30일이 경과한 운송물에 대하여는 세관이 동 명령을 자동적으로 발하게 되고 운송물이 동 명령에 의거 지정한 곳으로 인도하면 그때부터 운송인은 선하증권 소지인 등 수하인에 대하여 인도 책임이 없다(19 CFR. Part 4.37, 122.110).

3. 운송물의 공매 · 폐기 등 세관의 처분에 따른 운송인의 책임의 종료

장치기간이 경과된 운송물에 대해 매각 · 폐기 등 세관의 처분이 있는 경우에는 선하증권의 상환성 문제가 개입될 여지가 없이 운송인이 통제할 수 없는 적법한 절차에 따라 그의 관리를 벗어났으므로 선하증권 소지인 그 밖에 수하인에게 운송물을 인도한 것으로 간주될 수밖에 없다. 따라서 운송인의 운송물 인도와 관련된 채무도 종료되는 것으로 보아야 할 것이다.

4. 운송물 인도청구권의 제척기간과 선하증권의 회수

운송인은 장치기간이 경과한 운송물에 대한 세관의 처분이 있으면 그의 채무가 종료된 것으로 간주되겠지만, 나아가 다른 한편으로 운송인의 송하인 또는 수하인에 대한 채권 및 채무는 그 청구원인의 여하에 불구하고 운송인이 수하인에게 운송물을 인도한 날 또는 인도할 날로부터 1년 이내에 재판상 청구가 없으면 소멸하게 되므로

표 6-3 ● 보세구역별 운송물 장치기간

보세구역별 장치운송물	장치기간	
	보세운송물장치기간 및 체화관리에 관한 고시 (관세청고시 99-11,99. 3. 5)	관세법
지정장치장에 반입된 물건	6월	6월 이내(법 제74조)
부산항, 인천항 부두내의 지정장 치장에 반입된 물건	3월 [위 고시 제3조 1항]	
보세장치장에 반입된 물건	상동	1년 이내(법 제91조 1항)
거대중량, 재해 등 부득이한 사유로 보세구역이 아닌 장소에 장치한 물건(관세법 제66조 제1항 단서 제1호 내지 3호 해당 물건)	6월 이내(8월 연장가) [위 고시 제3조 2항 및 보세운송물 관리에 관한 고시(관세청고시 99-27, 99. 7. 6), 제7조 5항]	1년 이내 (법 제66조 2항, 제91조)
보세 창고에 반입된 물건	2년(1년 연장 가능) [위 고시 제3조 4항]	2년(1년 연장가) (법 제95조 1항)
보세공장, 전시장, 건설장에 반입된 물건	설영 특허 기간 [위 고시 제3조 6항]	설영특허기간을 고려 세관장이 정한 기간 (법 제99조, 제105조, 제112조)

(상법 제814조 제1항 제1문), 선하증권 소지인 등이 운송물을 인도할 날로부터 1년이 경과하도록 선하증권을 제시하지 않고 있다가 운송물 인도 청구를 하는 것은 그 효력이 없다. 이러한 경우는 운송인이 선하증권을 회수하지 못하더라도 그에 대한 책임은 소멸한다.[39] 이 기간은 제척기간(除斥期間)이므로 선하증권 소지인 등으로부터 운송물 인도 청구를 받아 그 이행을 할 수 없더라도 불법행위 책임에 기하든 계약불이행 책임에 기한 것이든 그에 대한 배상책임이 없다.[40]

39) 대판 1997. 4. 11. 선고 96다 42246 판결 :운송회사(피고)가 운송물을 해상운송하여 1993년 7월초 경 홍콩에 도착한 후 양륙하였고, 피고회사의 홍콩대리점인 소외 F 익스프레스 사에 이 사건 운송물을 보관시키던 중 F 익스프레스사가 1993년 7월 10일경 이 사건 선하증권과 상환함이 없이 M사에 운송물을 인도한 건에 대하여 1995년 4월 29일 선하증권소지인인 J은행(원고)이 운송인을 상대로 운송물의 멸실 등 불법행위로 인한 손해배상을 청구하고 있는 소송사건에서, 대법원은 이 사건 운송물이 인도되어야 할 날 즉, 운송물이 목적항에 도착한 후 선하증권소지인이 증권을 제시하면 통상 운송물을 수령할 수 있었던 날인 1993년 7월 10일경부터 상법 제811조 소정의 제척기간인 1년이 경과한 후인 1995년 4월 29일에 제기되었으므로 부적법하다고 판시하여 선하증권소지인의 권리를 부인하였다.

40) 대판 1997. 9. 30. 선고96다 54850판결 : 해상운송계약에 따른 선하증권이 발행된 경우에는 그 선하증권의 정당한 소지인이 위 규정에서 말하는 수하인이므로, 선하증권 소지인의 해상운송인에 대한 채권의 경우에도 상법 제811조(현행 상법 제814조)가 적용된다. 또한 상법 제811조(현행 상법 제814조)는 선하증권 소지인의 운송인에 대한 채권에도 적용되며, 운송인의 악의나 고의 여부 등 그 청구원인을 가리지 않고 적용된다.

Chapter 07

선하증권의 종류와 법률관계

제 1 절 발행 시기를 기준으로 한 분류

제1관 수령 선하증권

1. 의의

수령 선하증권(received bill of lading ; received for shipment bill of lading)이라 함은 본선 선적을 위해 운송인의 관리 구역 내(custody)에서 운송물을 수령한 후, 그러한 수령이 있었다는 뜻을 기재한 선하증권을 수령 선하증권(受取 선하증권이라고도 한다)이라고 한다.

선하증권은 원래 운송물을 선박에 선적하였음을 증명하는 서류이었으므로 처음에는 선적 선하증권만 사용되었다. 그러나 컨테이너 운송이 발달하면서, 해운시장에서 정기선 운송의 비중이 절대적으로 높아짐에 따라 불특정 다수의 하주의 개품 운송물을 다량으로 취급하게 되었다. 이러한 운송 형태에서는 운송인이 운송물을 미리 모아 두었다가 선적항에 선박이 입항할 때에 이들 운송물을 한꺼번에 선적하는 것이 실무상 편리하고 선적에 효율성을 기할 수 있다. 이러한 운송 형태에서 송하인이 운송물을 운송인에게 인도하고 선적할 때까지 화물수령증(dock receipt; warehouse receipt) 만으로는 자기의 권리를 확실하게 보장받을 수 없기 때문에 수령 선하증권을 요구할 수 있게 하였다. 이처럼 본선 선적 전이라도 운송인이 운송물을 실제로 수령한 후에는 수령 선하증권을 발행하는 것이 관습화되었다. 또 운송물이 실제로 선적되기 이전에 선하증권을 발행받음으로써 송하인으로서는 화환어음에 의한 수출대금을 선적 전에 미리 받을 수 있는 등의 편의를 얻을 수도 있다.

수령 선하증권은 1919년부터 세계적으로 널리 사용되기 시작하였고, 판례에 나타난 것은 1921년 Diamond Alkali Export Corp. v. F L Bourgeois 사건[1]이 최초이다. 또

1) (1921) 3 KB 443.

국제협약상으로는 1924년 헤이그 규칙 제3조 제4항의 "Such a bill of lading shall be prima facie evidence of the receipt by the carrier of the goods."를 사실상 수령 선하증권을 인정하는 것으로 추정되는 최초의 규정으로 보고 있고, 함부르크 규칙 제5조 제2항의 "any previously issued document" 등의 문구를 수령 선하증권의 인정 규정으로 해석한다.[2)]

컨테이너 운송물의 경우에는 컨테이너 부두에 반입된 후(FCL 화물) 또는 컨테이너에 적입된 후(LCL 화물)에 발행된 부두수령증(dock receipt: D/R) 또는 혼재 선하증권(house bill of lading)과 교환하여 선적 전에 선하증권이 발행되기 때문에 일반적으로 수령 선하증권이 발행된다. 또 미국에서 발행하는 선하증권은 모두 "Received for shipment…"라는 문언으로 시작되는 수령 선하증권이므로 송하인이 요구하면 선적 전에도 발행되며, 선적 후에는 "on board date"를 고무인(stamp)하여 거기에 다시 서명하는 방식으로 선하증권을 발행한다.[3)]

2. 법률관계

선하증권은 영문의 명칭(bill of lading)에서도 알 수 있듯이 본선에 운송물을 선적하였음을 증명하는 증권으로 발행되는 것이므로 선적 선하증권이 원칙이라고 보아야 한다. 따라서 수령 선하증권도 증권으로서 유효성을 인정할 것이냐에 관하여는 논란이 있으나 해운실무상의 필요에 의하여 관습적으로 인정되게 되었고, 학설도 그 유효성을 인정하고 있다.[4)]

1924년 헤이그 규칙에서는 선적 전이라도 수령 선하증권을 발행할 수 있다고 규정하고 있으며(헤이그 규칙 제3조 제3항), 우리 상법도 운송물의 수령 후에 수령 선하증권을 발행할 수 있도록 규정하고 있다(상법 제852조 제1항).

본선 선적 전에 운송물을 부두장치장 등에 입고하고 발행하는 수령 선하증권은 일종의 부두수령증에 불과하다. 따라서 수령 선하증권으로 취결(就結 : negotiation)[5)]할

2) 林錫珉, 船荷證券論, 두남, 2000, 110쪽 주 2) 참조.

3) 미국의 경우에는 부두창고에서 운송물을 인도 · 인수하는 관습이 있다. 이는 각 운송인이 전용선석(berth)과 그 배후에 전용부두(dock)를 가지고 있기 때문에 부두에서 운송물을 수령하는 시점에서부터 운송이 시작된다고 보기 때문이다. 따라서 미국의 운송인은 부두수령증을 먼저 발행하고 이와 상환하여 선하증권이 발행되기 때문에 본선수령증(M/R; mates receipt)은 내부서류가 된다(林錫珉, 船荷證券論, 두남, 2000, 112쪽).

4) 裵炳泰, 註釋海商法, 韓國司法行政學會, 1980, 276쪽

5) 수출상이 운송 중인 물건을 담보로 하여, 신용장 개설은행 또는 수입상을 지급인으로 하는 화환어음을 발행하고, 운송서류를 첨부하여 자기의 거래은행에서 할인하여 어음금을 지급받는 것을 말한다. 이때 은행의 입장에서는 화환어음 및 운송서류의 매입이고 수출상의 입장에서 보면 화환어음 및 운송서류의 매도이다.

경우에는 후에 반드시 운송물이 선적된다는 보장이 없기 때문에 은행은 신용장에 이를 허용하는 규정이 없으면 이를 수리하지 않는 것이 원칙이다. 그러나 1983년 제4차 개정 신용장통일규칙(UCP 400)에서 신용장이 선적 선하증권을 특별히 요구하고 있지 않거나, 신용장의 다른 규정 또는 은행이 수리할 서류의 종류를 규정하고 있는 제26조의 규정과 모순되지 않으면, 은행은 선적을 위해 운송물을 인수하였거나 수령하였음을 표기한 운송 서류를 수리해야 한다고 규정한 이후 수령 선하증권도 수리할 수 있게 되었다. 즉, 신용장 실무에서는 무사고 선적 해상 선하증권(clean on-board ocean bill of lading)을 요구하는 것이 원칙이지만, 특별히 명문으로 수령 선하증권의 발행과 사용을 금지하지 않는다면 당해 신용장이 요구하는 다른 사항과 불일치가 없는 한 선적을 위해서 운송물을 수령했음을 표시한 수령 선하증권도 수리(受理)된다.

수령 선하증권이 필요한 경우는 ① 신용장의 만기일이 도래하여 선적 선하증권의 발행을 기다릴 수 없는 경우, ② 최종 기항지에서 정상적인 절차를 밟아서 선적을 하면 선적서류의 발송이 늦어질 경우, ③ 가능한 한 빨리 화환어음을 매도하여 자금의 고정화를 방지하려고 할 경우, ④ 운송물의 특성상 또는 적부상 어느 선박에 선적될지 알 수 없는 경우 등이다.[6]

제2관 선적 선하증권

1. 의의

선적 선하증권(shipped bill of lading ; on-board bill of lading)은 운송물이 운송계약이 이행될 선박에 선적된 후에 발행되는 선하증권으로서, 증권면에 선적표시문언("shipped" 또는 "on-board the vessel")으로 특정의 선박에 운송물이 실제로 선적되었다는 사실이 기재된 선하증권이다(UCP 600, 제20조, 제19조 참조).

그러므로 수령 선하증권도 그 증권면에 운송인 또는 그 대리인이 선적하였다는 뜻(on-board notation)과 선박의 명칭 및 일자를 별도로 기입하고 서명하면 선적 선하증권으로 그 성질이 변경된다고 보아야 한다. 컨테이너 선으로 운송할 경우 주로 이러한 형식으로 선하증권을 발행한다.

6) 林錫珉, 船荷證券論, 두남, 2000, 111쪽 주 4) 참조.

2. 법률관계

영국에서의 "선적"(shipment 또는 on-board)의 개념은 반드시 선박에 적재되는 것을 뜻한다. 반면, 미국에서 on-board나 shipment라고 할 때는 반드시 선박에 적재되는 것만을 뜻하지 않고, 다른 운송 수단 즉, 철도화차, 자동차 등에 적재되는 것도 포함된다고 해석하고 있다. 즉, 미국에서 선적(Shipment)이라고 하면, "Loading on railroad car or loading on car"로 해석되어 질 수도 있으므로,[7] 미국 개정무역정의(U.S. Revised Trade Definition, 1990)의 "FOB(named inland carrier at named inland point of departure)"라는 조건[8]도 있으므로 인코텀즈 2000의 FOB 조건과는 다르다는 점에 유의해야 한다.[9]

그리고 경우에 따라서는 선적 전이라도 보증장(保證狀 : letter of guarantee; L/G)을 받고 선적 선하증권을 발행하는 경우가 있는데, 이 경우 선하증권의 발행 행위는 위법이지만 그 선하증권을 선의의 제3자가 취득한 경우에는 선하증권의 문언증권성에 의하여 유효하다. 그러므로 선적 선하증권의 판단 기준에 대하여는 단순히 선하증권의 발행 시점을 기준으로 판단하여 선적 선하증권과 수령 선하증권을 구분하여서는 안되고, 선하증권의 기재 문언을 기준으로 판단하여야 한다고 보는 견해가 있다.[10] 즉, 시간적으로는 선적 전이라도 선적 선하증권이 발행되는 경우가 있을 수 있으며,[11] 반대로 선적 후에 발행되면서 선하증권의 양식이 수령 선하증권의 형식으로 미리 인쇄되어 있어서 별도로 선적표시문언(laden on board.(dated))을 기재해야 선적 선하증권으로 간주된다고 보는 견해이다. 이는 선하증권의 문언증권성에 의하여 증권의 기재를 기준으로 판단하는 견해이다. 한편 선적하지 않은 운송물을 선적했다고 허위로 선하증권을 발행·교부한 사건에서, 미리 선하증권을 발행하는 것이 비록 해운업계의 관행이라 하더라도 허위작성유가증권행사죄를 구성한다고 판시한 대법원 판례[12]를

---

7) 朴大衛, 貿易實務, 법문사, 1997, 176-120쪽 참조.

8) 수출업자가 지정된 내륙출발지에서 내륙운송인에게 물건을 넘겨주기까지 위험과 비용을 부담하는 조건을 말한다.

9) U.S. Revised Trade Definition, 1990에서는 FOB가 여러 가지로 세분되어 있다 : ① FOB(named inland carrier at named inland point of departure), ② FOB(named inland carrier at named inland point of departure) Freight Prepaid To (named point of exportation) ③ FOB(named inland carrier at named inland point of departure) Freight Allowed To (named point of exportation), ④ FOB(named inland carrier at named inland point of exportation), ⑤ FOB Vessel(named port of shipment), ⑥ FOB(named inland point in country of importation) 등으로 구분된다. 인코텀즈 2000의 FOB는 이 중 "FOB Vessel"에 해당한다.

10) 李鐘仁, 國際海上運送論, 효성출판사, 2001, 111-112쪽.

11) 실무적으로 L/C에서 Shipped bill of lading을 요구한 경우, Received bill of lading 대신 선적 전이라도 보증장을 차입하고서 Shipped bill of lading을 발행할 경우 발행행위 자체는 위법이지만 그 bill of lading 자체는 선의의 제3자가 취득한 경우 유효한 것이다.

근거로, 미리 발행한 선하증권의 효력을 부인하는 듯한 견해를 취하는 견해도 있다.[13] 즉, 선하증권의 발행 시점을 기준으로 판단하여야 한다는 견해로 보인다.

그러나 이들 대법원 판례는 범죄의 구성요건인 고의의 성립 요건을 설명한 것이고, 상법상의 선하증권의 효력에 대한 판단 기준을 제시한 것은 아니다. 선하증권은 문언증권성과 요인증권성이라는 서로 상반된 성질을 가지고 있다. 즉, 문언증권성을 중시할 경우에는 당연히 선하증권의 기재를 기준으로 선적 선하증권과 수령 선하증권을 판단하게 된다. 반면 요인증권성을 중시할 경우에는 실제로 운송물이 선적되지 않은 상태에서 발행한 선적 선하증권은 그 효력이 없다고 보아야 한다. 이는 곧 선하증권의 채권적 효력의 문제로 귀착하게 되는데, 선하증권을 선의의 제3자가 소지하고 있을 경우에는 선하증권 소지인에 대하여는 선하증권의 기재대로 선적 선하증권으로 인정해 주어야 선하증권의 유가증권(유통증권)으로서의 본질을 해치지 않게 된다. 반면, 선하증권을 송하인이 소지하고 있는 동안, 즉 송하인과 운송인 사이에서는 요인증권성에 의하여 선적 선하증권으로서의 효력은 발생하지 않는다고 보아야 할 것이다. 우리 상법, 헤이그 규칙, 헤이그-비스비 규칙 및 함부르크 규칙은 선하증권 기재의 추정적 증거력을 인정하기 때문에 선의의 제3 소지인에 대하여는 문언성을 기준으로 판단하게 되고, 송하인에 대하여는 운송인의 반증을 허용하게 된다(상법 제854조, 헤이그 규칙 및 헤이그-비스비 규칙 제3조 제3항, 함부르크 규칙 제6조 제3항). 또 1855년 영국 선하증권법은 선하증권의 기재 사항에 대하여 결정적 증거로 규정하여 문언성을 보장하고 있다(1855년 선하증권법 제3조).

제3관 수령 선하증권과 선적 선하증권의 선택 및 구분

수령 선하증권을 발행할 것인지 아니면 선적 선하증권을 발행할 것인지는 송하인의

12) ① 대판 1995. 9. 29. 선고95도 803판결 : 운송물을 수령하지도 않고 선적할 선편도 예약 또는 확보하지 않은 상태에서 輸出免狀만 확인하고 선적하지 않은 운송물을 선적했다고 선하증권을 발행 · 교부한 사건에서는 피고(선하증권 발행인)는 선하증권을 작성하면서 허위의 기재를 하였음이 명백할 뿐만 아니라 그 선하증권이 허위라는 사실을 인식하고 있었고, 운송물의 선적 전에 이른바 先선하증권을 발행하는 것이 해운업계의 관행이라 하더라도 이를 정상적 행위라 할 수 없으므로 허위유가증권작성죄를 면할 수 없고, 허위 작성된 유가증권을 피교부자가 유통한다는 사실을 인식하고 교부한 때에는 허위작성유가증권행사죄에 해당하며, 행사할 의사가 분명한 자에게 교부하여 이를 행사한 때에는 허위작성유가증권행사죄의 공동정범으로 인정하기에 충분하다.

13) 嚴潤大, 船荷證券論, 신대종, 2002, 131쪽 참조.

선택에 의하여 정해진다. 따라서 신용장의 조건이 수령 선하증권도 수리된다고 하는 경우에는 송하인이 수령 선하증권을 청구하겠지만, 선적 선하증권만을 요구하고 있는 경우에는 당연히 선적 선하증권을 청구할 것이다.

수령 선하증권인지 선적 선하증권인지는 다음과 같은 증권의 문언으로 구분할 수 있다.

표 7-1 ● 수령 선하증권과 선적 선하증권

수령 선하증권	문구의 내용	• 계약 운송물이 운송을 위하여 운송인이 지정한 장소(C.Y. 또는 C.F.S.)에서 전량이 수령되었다는 취지와 함께 그 일자를 기재한 경우
	예시문	Received for Shipment dated Jan. 07, 2009.
		Received by the Carrier Goods described··· on Jan. 07, 2009.
선적 선하증권	문구의 내용	• 운송물이 본선에 선적되었다는 뜻과 그 일자를 기재한 것 • 수령 선하증권이 발행된 후에 실제 운송물의 선적이 이루어진 경우에는 그 후 선적의 뜻과 그 일자를 附記(UCP 제24조 제a항 ii, 상법 제852조 제2항)
	예시문	Laden Onboard the vessel Jan. 07, 2009.
		Shipped Jan. 07, 2009.
		Loading Onboard the Hanbada Vessel at LA port on Jan. 07, 2009.

제2절 유통성을 기준으로 한 분류

제1관 유통 선하증권

1. 의의

지시식 선하증권은 문자 그대로 소지인이 자유로이 그의 권리를 양도할 수 있도록 법률이 보장한 유통 선하증권(negotiable bill of lading)을 말한다.

선하증권은 전매 · 유통의 가능을 기준으로 유통 선하증권과 비유통 증서로 분류할 수 있다. 해상운송은 육상운송이나 항공운송에 비하여 대량 운송이며 운송 기간이 길어 운송 도중에 해상매매가 가능하도록 일찍부터 선하증권의 유통성을 인정하여 왔다. 선하증권이 유통 가능(negotiable)하다는 것은 "양도 가능"(transferable), "거래 가능"(trad-able), "배서 가능"(endorserable), "판매가능"(marketable) 등의 용어로도 표현된다.

그러므로 유통 선하증권은 지시식 선하증권, 지참식 선하증권, 선택지참식 선하증권, 무기명식 선하증권, 선택무기명식 선하증권 등을 말하는데, 선하증권에 "유통가능"(negotiable)이라는 표시를 하거나 수하인 란에 지시문구(to order 또는 to bearer) 등의 표시가 있어야 한다. 또 영국 등의 일부 국가에서는 선하증권에 or his or their assign의 문언이 기재된 것을 유통 선하증권이라 한다.

2. 법률관계

선하증권은 운송물을 나타내는(embodiment) 유가증권으로서 물권적 효력을 가지기 때문에 해상운송 중인 운송물을 선하증권으로 해상매매(floating trade)하여 매매당사자가 신속하게 자금을 융통할 수 있게 한 것이다.

해상운송의 경우 보통 장기간이 소요되기 때문에 운송인으로부터 선하증권을 발행받은 매도인이 이를 거래은행에 취결(negotiation)하면, 매수인은 신용장 개설은행에 수입대금을 지급하고 수령한 선하증권을 A에게 이윤을 붙여서 팔고, A는 다시 B에게, B는 다시 C에게 매도하는 방식으로 전전 유통하는 것이다. 이때 선하증권과 선하증권상의 권리는 배서를 통하여 A, B, C 순으로 이전한다.

운송인은 선하증권을 발행할 때 보통 3매가 한 세트로 된 원본(original bill of lading)을 발행하는데, 이들 원본이라야만 그 선하증권이 대표하는 운송물과 상환될 수 있다. 또 신용장에 의해 이루어지는 무역거래에 있어서도 은행은 원본만을 정당한 선하증권으로 인정하며 대금결제가 이루어진다. 즉, 선하증권은 원본에 대한 배서에 의해서만 제3자에게 양도 · 유통된다.

유통성은 선하증권의 본질적 성질 및 기능으로서 1794년 Lickbarrow v. Mason 사건에서 쟁점이 된 이래 영국과 미국에서 법제화 되었다. 즉, 영국의 경우에는 선하증권의 유통성이 판례법으로, 미국은 연방선하증권법(USC Title 49 Chapter 801 §3) 및 통일상법전(UCC §7-104)에서 각각 법제화되었다. 그리고 우리나라 상법은 증권면에 양도할 수 없다라고 하는 명백한 표시가 없는 한 심지어는 기명식 선하증권도 배서에 의하여 양도가능하다고 규정하고 있다(상법 제861조, 제130조).

그런데 선하증권의 유통성에 대한 영국의 판례법과 미국의 성문법은 그 효력에 있어서 상당한 차이가 있다. 미국은 선하증권에 관한 법률을 유가증권에 관한 금전증권법(金錢證券法 : Law of Financial Instruments)을 모델로 제정하였기 때문에 환어음과 거의 같이 취급하여 완전 유통증권으로 취급하고 있다. 반면, 영국은 선하증권은 어디까지나 운송물의 종속물로 보고 별도의 독립된 권리성을 부여하지 않고 있기 때문에 불완전 유통증권으로 취급하고 있다.

제2관 비유통 선하증권

1. 의의

비유통 선하증권(non-negotiable bill of lading)이란 선하증권에 유통을 금지하는 내용을 기재함으로서 증권의 소지인이 증권 자체의 양도로서 그의 권리를 타인에게 양도하지 못하도록 한 선하증권을 말한다. 비유통 선하증권이라 함은 보통은 비유통 기명식 선하증권을 일컫는 것으로 보고 있다.

2. 법률관계

해상운송의 경우에 이삿짐 운송 등의 경우가 아니면 비유통 선하증권을 사용하는 경우는 드물고, 운송 기간이 2 내지 3일에 지나지 않는 항공운송에서 발행하는 항공화물운송장(air waybill)과 근거리 운송에 사용되는 해상화물운송장(sea waybill) 등이 기명식으로 발행되는 비유통 운송증권이다.

미국 연방선하증권법에 의하면 "증권에 운송물이 수하인에게 인도된다고 명시되면 비유통 증서이다. 비유통 증서는 배서를 하더라도 유통 선하증권이 되지는 않으며, 양수인에게 어떠한 권리도 추가되지 않는다. 비유통 증서를 발행하는 운송인은 그 선하증권에 "비유통"(non-negotiable 또는 not negotiable)이라는 표시를 하여야 한다"라고 규정하고 있다(49USC §80103). 또 통일상법전에서도 "…. 그리고 유통 선하증권과 달리 비유통 선하증권의 경우, 선하증권 양도인의 채권자 또는 양도인으로부터 선하증권을 취득한 매수인은 양도인의 권리를 실효시킬 수 있다"라고 규정하고 있다(UCC §7-104).

우리나라를 제외한 대부분의 국가, 특히 영미계통 국가에서는 비유통 선하증권(non-negotiable bill of lading)이라고 하면, 양도나 유통이 되지 않는 기명식 선하증권(straight bill of lading)의 의미로 사용된다. 비유통 선하증권은 개인 용품, 이삿짐, 무선박운송인(無船舶運送人 : non-vessel operating common carrier : NVOCC)[14] 간 및 본 · 지사 간의 운송 시에 사용된다.

---

14) 무선박운송인은 운송인 자신이 운송 수단을 가지고 있지 않고 선박회사와 하도급계약을 체결하여 이용하여 자기의 운임율표(tariff)로 일관운송 서비스를 하는 업자를 말한다. 이들은 국제복합운송인(international freight forwarder)인 경우가 대부분인데, 여러 나라 사이의 해륙일관운송에 있어서 상대국의 복합운송인과 제휴함으로써 전 구간의 운송을 책임지는 운송 주체가 된다.

미연방해사위원회(FMC)의 관계 규정을 보면, 무선박운송인은 첫째, 미국 해사법에 규정된 내항 및 외항 해운을 이용하여 물건운송을 하기 위하여 광고, 권유, 그 밖에 방법으로 요율의 설정 · 유지를 고시한 자, 둘째, 물건운송에 관해 책임을 맡거나 또는 법정운임을 책임지는 자, 셋째, 사용 선박의 소유 또는 점유 유무를 불문하고 선박운항업자를 하수급인으로 이용하여 자기 명의로 당해 물건운송을 하는 자들로 규정하고 있다(코리아쉬핑가제트, 最新海運 · 物流用語大辭典, 제9개정 증보판, 412쪽 참조).

제3관 선하증권의 유통성과 관련된 영국 법과 미국 법의 비교[15)]

1. 영국 법

영국에서는 권리의 이전(transfer of title) 및 운송인에 대한 소송의 원인(causes of action) 등에 대한 선하증권의 권원성에 대하여 동산법(動産法 : law of chattels)을 모델로 삼은 판례법(common law)이 적용된다.[16)] 이후 1855년 선하증권법(Bill of Lading Act, 1855)과 이를 개정한 1992년 해상물건운송법(Carriage of Goods by Sea Act, 1992)을 제정하였다.

영미법은 기본적으로는 그 근원을 같이 하지만, 선하증권과 관련하여 1794년 Lickbarrow v. Mason 사건을 기점으로 갈라지게 된다. 이때부터 미국이 선하증권을 완전 유통증권으로 보는 반면, 영국은 선하증권을 준유통증권(semi or quasi-negotiable instrument)으로 보고 있다.

영국에서는 선하증권이라 함은 해상 선하증권(ocean bill of lading) 만을 의미한다. 또 영국은 불완전 유통증권이므로 운송물과 분리하여 선하증권이라는 서류를 독립적으로 매매(trading as a document)할 수 없다고 한다. 거래의 본질은 운송물이고 선하증권은 단지 상징에 불과하다는 것이다. 영국 법은 선하증권의 보유(retention) 또는 양도(transfer)는 운송물의 보유 또는 양도에 상당하는 것으로 보기 때문에 선하증권의 행방으로 운송물의 소유권을 추정(proprietary presumption)하는 것이다.

그리고 영국에서는 선하증권의 점유만으로는 운송물의 인도를 청구하지 못한다. 판례법 상 선하증권은 운송물을 단지 대표할 뿐 선하증권 자체가 그 소지인에게 어떠한 권리도 부여하지 못한다고 한다.

2. 미국 법

미국에서는 1916년 연방선하증권법(Federal Bill of Lading Act; FBLA)에 의하여 선하증권의 권원증권성이 완전히 법제화되었다. 그리고 이 법은 어음 · 수표에 관한 금전증권법(Law of Financial Instruments)을 모델로 삼았기 때문에,[17)] 영국 법과는 달

15) 林錫珉, 船荷證券論, 두남, 2000, 40-43쪽 참조.

16) Michael D. Bools, The Bill of Lading, London, LLP, 1997, p. IV.

17) Michael D. Bools, The Bill of Lading, London, LLP, 1997, p. IV.

리 선하증권을 완전 유통증권(negotiable instrument)으로 본다. 즉, 선하증권이 증권의 양수인의 수중에 들어가면 운송물에 대한 양수인의 권리가 우선 보호받는다. 이는 권리의 안전(security of title) 보다는 거래의 안전(security of transaction)을 중시하는 것이다.

미국 법상으로는 선하증권이라 하면 해상, 철도, 도로 및 항공운송에 사용되는 운송장을 모두 포함한 개념이다. 즉, 운송 방법이나 운송 수단에 의한 선하증권의 성질에는 차이가 없음을 원칙으로 하고, 다만 州法(intrastate), 州間運送(interstate carriage) 또는 수출 운송 · 수입 운송 여부에 따라 선하증권의 법적 성질이 달라지는 경우는 있다.

통일선하증권법(Uniform Bill of Lading Act) 및 통일창고증권법(Uniform Warehouse Receipt Act)에 기초한 통일상법전(Uniform Commercial Code : UCC) 제7조는 州內運送(intrastate carriage)에만 적용함을 원칙으로 하고, 일부 수입 운송 선하증권(import bill of lading)에 동법 제7조가 적용되는 경우는 있다.

또 미국에서는 선하증권이 유통되면 운송 방법에 관계없이 유통 장소의 법이 적용된다. 예를 들어, 州間운송 선하증권(interstate bill of lading)이나 수출 운송 선하증권(export bill of lading)이 어떤 주에서 유통되면 그 선하증권에는 연방법(federal law)이 적용된다. 연방법 제49편 §80102, 즉 선하증권법(FBLA) §1 및 통일상법전 §7-103 등이 적용된다.

표 7-1 ● 수령 선하증권과 선적 선하증권

선하증권 종류	州內선하증권	州間 및 수출선하증권	수입선하증권
준거법	UCC 제7조	USC 제49편 제801장(FBLA)	船積國法(country of shipment)

※ 주) 1) USC : United States Code(미국 연방법).
2) UCC : Uniform Commercial Code(통일상법전)
3) FBLA : Federal Bill of Lading Act(미국 연방 선하증권법=UCC 제49편 제801장)

미국은 선하증권이 운송물에 종속되지 않고 독자적으로 존재할 수 있는 완전 유통증권으로 보는 것이 영국 법과의 가장 큰 차이라고 볼 수 있다. 그러므로 미국 연방법 제801장(선하증권법)에 의거하여 운송인은 선적 여부 또는 선적 시 기재된 운송물의 상태와 관계없이 선하증권에 기재된 운송물을 선하증권 소지인에게 인도하여야 한다. 즉, 선하증권의 소지만으로 운송인에게 운송물 인도 청구를 할 수 있는 것이다. 또 동 규정에 의거하여 선하증권 소지인은 운송인에게 금반언의 법칙(estoppel)을 들어 선하증권 기재의 불이행에 대해 제소할 수 있다.

제3절 수하인의 표시 방법에 의한 분류

제1관 기명식 선하증권

1. 의의

기명식 선하증권(straight bill of lading)은 선하증권의 수하인(consignee)란에 특정인(회사명 또는 개인의 성명)이 기재된 선하증권이며, 이것은 우리나라와 일본을 제외한 대부분 국가에서는 당연히 비유통 선하증권(non-negotiable)으로 취급하고 있다.[18)]

선하증권의 수하인 란에 Korea Trading Co. Ltd./ Seoul, Korea와 같은 방식으로 기재되고, 비유통(non-negotiable)라는 표시를 고무인(stamping)하는 것이 일반적인 발행 형식이다. 이 경우 선하증권을 소지하고 있다고 하여도 증권에 기재된 기명수하인이 아니면 운송물의 인도를 청구할 수 없다.[19)]

선하증권이 기명식으로 발행되는 유형은 ① 매수인 기명식(consigned to the buyer), ② 송하인 기명식(consigned to the shipper), ③ 수입지의 통관업자 기명식(consigned to a foreign custom house broker), ④ 수입지의 송하인 대리인 기명식(consigned to the shippers agent), ⑤ 취결은행 기명식(consigned to the negotiating bank), ⑥ 추심은행(consigned to the collecting bank) 기명식 등이 있다.

2. 법률관계

미국이나 중국의 경우는 비유통 증서는 유통불가라고 표기된 기명식 선하증권을 말한다고 규정하여 기명식 선하증권은 사실상 무조건 양도가 될 수 없다고 법률에 명

18) 嚴潤大, 船荷證券論, 신대종, 2002, 83쪽.

19) 林錫珉, 船荷證券論, 두남, 2000, 116쪽.

시하고 있다(미국 연방선하증권법 §6, §29 ; 중국 해상법 제79조 참조), 우리나라와 일본은 기명식인 경우에도 증권면에 특별히 배서금지의 표시가 된 것만 양도가 불가능한 것으로 규정하고 있다(상법 제861조, 제130조, 일본 국제해상물품운송법 제10조 및 상법 제574조).

우리나라 상법이나 일본법상으로는 기명식 선하증권으로 발행이 되더라도 배서금지(non-endorsable) 또는 비유통(nonnegotiable)의 문언이 없으면 배서에 의해 양도가 가능하다는 것을 원칙으로 한다는 점에서 다르다(상법 제861조, 제130조 참조).

또 미국에서는 기명식 선하증권은 반드시 비유통의 문구(non-negotiable 또는 not negotiable)가 표기되어야 한다. 미국에서도 과거에는 기명식 선하증권을 straight bill of lading, 지시식 선하증권을 order bill of lading로 불렀으나, 1952년에 연방선하증권법을 개정하면서 이를 각각 유통 선하증권(negotiable bill of lading), 비유통 선하증권(non-negotiable bill of lading)으로 명칭을 변경하였다. 그러므로 미국에서는 유통 선하증권과 비유통 증서로 구분하게 되고, 실무상 기명식 선하증권은 비유통 증서에 해당하게 된다. 그러므로 기명식 선하증권의 경우에는 선하증권과 상환하지 않고도 기명수하인의 신분을 입증하는 것만으로 운송물을 인도하는 경우도 있다. 한편 미국의 주간통상위원회(州間通商委員會: Interstate Commerce Commission; ICC)[20]는 지시식 선하증권은 황색 용지에, 기명식 선하증권은 백색 용지에 인쇄하여야 한다는 규정을 두고 있다.[21]

오늘날은 신용장 거래가 일반화되어 있어 신용장 개설은행이 화환담보(貨換擔保)를 필요로 할 경우, 운송물의 해상매매(floating trade)의 경우에는 유통이 불가능한 기명식 선하증권은 담보권 행사 및 운송물 유통에 불편을 초래하고, 선하증권을 분실하면 제권판결(除權判決)[22] 등의 법적 절차가 필요하기 때문에 오히려 번거로워 잘 사용되지 않는다.

---

20) 1887년에 설치된 것으로 미국 연방정부의 운수 감독 행정기관의 하나로서 준입법부, 준 사법부의 성격을 띠고 있을 뿐만 아니라 집행기관이기도 하다(운송신문사, 물류용어사전, 2004, 524쪽)

21) 林錫珉, 船荷證券論, 두남, 2000, 118쪽.

22) 公示催告 신청인이 법원에 신청하여 선하증권의 무효를 판결 받아 선하증권이 없어도 운송물을 인도받을 수 있는 선하증권에 대한 법원의 失權宣言이다. 제권판결은 공시최고절차가 필요해 최소한 6개월 이상의 기간이 소요된다. 공시최고절차는 당사자의 신청에 의해 불특정 또는 행방불명된 이해관계인에게 일정 기간 내에 청구 또는 권리의 신고를 최고하고, 신고가 없으면 실권한다는 뜻을 공고하는 절차이다(민사소송법 제450조, 제451조). 제권판결은 신고기간 내에 권리의 신고가 없으면 당연히 하는 것이 아니고, 공시최고신청인이 최고 중에 지정된 공시최고기일에 출두하여 제권판결을 신청해야 하고(민사소송법 제458조), 법원은 신청이 적법하고 이유 있는 경우에 제권판결을 한다. 주로 유가증권의 분실·도난·멸실 시 그 증권을 무효로 하는 경우와 등기·등록 의무자가 행방불명일 때 증기·등록의 말소를 하는 경우 등에 필요하다.

그러나 기명식 선하증권의 발행이 필요한 경우가 있는데, ① 운송의 일부를 다른 운송인에게 위탁하는 경우에 그 사실과 책임의 한계를 명확하게 할 필요가 있거나, ② 운송 기간이 짧아 선하증권의 유통이 실효가 없는 경우, ③ 그 밖에 선하증권은 유통을 필요로 하지 않는 견본품, 박람회 등의 전시품, 이삿짐, 개인 용품, 공공단체 용품 등의 운송 등과 같이 유통이 필요 없는 경우에 이용된다. 또 기명식 선하증권은 매수인 기명식이 가장 많이 사용되는데, ① 수입업자가 물건 대금을 선급한 경우, ② 청산계정(open account)으로 결제하는 경우, ③ 위탁판매 조건부로 선적한 경우, ④ 신용장에 수입업자 기명식으로 선하증권 발행을 요구한 경우, ⑤ 수입지의 법률이 지시식 선하증권을 허용하지 않는 경우 등에 발행된다.

제2관 지시식 선하증권

1. 의의

지시식 선하증권(order bill of lading)이란 선하증권의 수하인 란에 수하인의 상호 및 주소를 기재하지 않고, 지시문구(to order, to order of shipper, to order of ○○○ bank)를 기재하여 유통을 목적으로 발행한 선하증권을 말한다.

지시식 선하증권의 정당한 수하인은 수하인 란(consignee)에, ① Order of Shipper로 기재된 경우라면 송하인이 증권 뒷면에 배서(Endorsement)한 증권의 소지인이며, ② Order of Korea trading, Co. Ltd.로 기재되어 있다면 Korea Trading Co. Ltd.가 배서한 증권의 소지인이다. 그리고 ③ Order of Woori Bank라고 기재된 경우는 Woori Bank가 배서한 증권의 소지인이 그 운송물에 대한 소유권을 가진다.

2. 법률관계

지시식 선하증권은 송하인 또는 은행이 선하증권 뒷면에 백지배서(白地背書; blank endorsement)[23]를 하여 양도하면 이 선하증권의 소지인이 운송물에 대한 소유권을 가지게 되어 자유롭게 유통될 수 있다. 선하증권을 교부받은 송하인은 이 선하증권

23) 선하증권에 양도인의 서명만 하여 인도하는 배서 방법을 말한다.

에 배서 · 양도함으로써 운송물에 대한 소유권을 이전할 수 있다(상법 제65조, 민법 제513조). 신용장에서는 운임선급, 통지처는 수입상, 송하인지시식으로 작성된 무사고 선적 선하증권 전통(full set of clean on board bill of lading made out to the order of shipper, marked freight prepaid and notify accountee)을 요구하는 것이 보통이다. 운송물이 운송 중 자유롭게 전매(轉賣)될 수 있도록 선하증권을 지시식으로 발행하는 것은 은행의 개입으로 결제가 이루어지는 신용장 제도와 조화를 이루도록 하는 것이다.

지시식 선하증권은 정당한 절차대로 배서된 선하증권의 소지인이 곧 수하인이므로 목적지에서 선하증권을 제시하기까지는 누가 수하인인지 알 수 없다. 그래서 지시식 선하증권에는 운송물에 관련된 통지(운송물 도착 예정 등)를 할 수 있도록 통지처(notify party)를 기재한다. 그러나 통지처로 기재된 자라 하더라도 선하증권을 소지하고 있지 않는 한, 그는 정당한 수하인이 아니다. 그리고 지시식 선하증권에서 통지처의 기재가 선하증권의 유통성을 제한하는 것이 아님은 물론, 운송인이 반드시 통지처에 통지를 하여야 할 의무를 부담하는 것도 아니다.[24] 통지처에는 수입업자, 통관업자, 수입지의 수출업자 대리인 등이 기재된다.

그러므로 매수인이 운송인으로부터 운송물 또는 화물인도지시서(delivery order; D/O)를 수령하기 위해서는 정확하게 배서된 선하증권 원본 1통을 제시하여야 한다. 따라서 송하인지시식으로 발행되었으면 송하인은 전통에 백지배서 또는 특정의 수하인 또는 피지시인(named consignee or the ordered) 앞으로 배서해야 한다. 이때 최초의 원본 1통이 운송인에게 제시되면 나머지 2통은 무효가 된다(상법 제857조 제2항). 이를 위해 선하증권에는 "前記의 증거로서 다음의 서명자(운송인)는 선장 및 선박소유자를 대신하여 동일한 취지 및 일자의 선하증권 수통에 서명하였다. 이 중 1통이 회수되면 나머지는 무효가 된다(In witness whereof, the undersigned, on behalf of(the steamship companys name, the master and the owner of the vessel, has signed the number of Bills of Lading stated below, all of this tenor and date, one of which being accompanied, the others to stand void.)"라는 문언이 기재되어 있다.

지시식 선하증권은 다음과 같이 여러 종류가 있는데, 예를 들어 신용장이 송하인지시식 선하증권(to order of shipper bill of lading)을 요구하는 경우에 단순지시식 선하증권(to order bill of lading)을 제공하면 엄격일치의 원칙(嚴密一致의 原則 :

24) 林錫珉, 船荷證券論, 두남, 2000, 120쪽.

doctrine of strict compliance)[25]에 의하여 환어음의 지급을 거절하는 경우가 있다.[26] 이러한 예로 볼 때 신용장 거래의 경우 지시식 선하증권의 경우에도 신용장이 요구하는 조건에 완전히 일치하는 선하증권을 발행하고 유통시키는 것이 매우 중요할 것이다.

3. 종류

1] 단순지시식 선하증권

단순 지시문언(to order)으로 발행되어 있어서 누군가의 지시를 받아 운송물을 인도하여야 한다. 가장 많이 사용되는 방식으로, 운송인에게 운송물의 인도를 지시할 수 있는 당사자는 송하인, 신용장 개설은행, 취결은행, 추심은행, 송하인의 대리인, 매수인, 그 밖에 소지인 등이 모두 될 수 있다.

2] 송하인지시식 선하증권

송하인 지시문언(to order of shipper)으로 발행되어 있어서 운송인은 송하인의 지시를 받아 그가 지정한 사람에게 운송물을 인도하여야 한다. 또 누군가가 양륙 항에서 운송물을 인도받으려면 송하인이 배서한 선하증권을 제시하여야 한다. 이 경우 송하인이 일차적으로 운송물에 대한 지배권을 가지고 있으므로 은행도 송하인의 배서가 있으면 선하증권이 담보가 되기 때문에 안심하고 취결(negotiation)에 응할 수 있다.

25) 신용장거래에서 은행이 서류를 심사하고 수리 여부를 결정하는 데 있어서 논란의 대상이 될 수 있는 것은 제시된 서류에 대하여 은행이 어떤 기준에 의하며 어느 정도의 주의를 기울여 검토해야 할 것인가 하는 점에 대하여 엄밀일치의 원칙과 상당일치의 원칙을 기준으로 판단하여 왔는데, 주로 엄밀일치의 원칙을 기본으로 삼고 있다. 여기서 엄밀일치의 원칙이란 은행은 신용장의 조건에 엄밀히 일치하지 않는 서류를 거절할 수 있는 권리를 가지고 있다는 법률원칙이다. 다시 말하면, 은행은 제시된 서류가 신용장 조건의 문언에 합치된 것으로 판명된 서류에 한하여 지급 이행할 수 있다는 원칙을 말한다(Clive M. Schmithoff, Export Trade, 9th ed., Stevens & Sons, 1990, pp. 404-405). 국제 상거래의 지급도구인 신용장은 그 형식적인 엄밀일치성을 생명으로 하기 때문에 서류는 신용장 조건에 엄밀하게 일치하여야 하는 것을 기본으로 삼고 있다(Kurkela, Matti, Letters of Credit under International Trade Law, Oceana Publications, Inc., 1950, p. 298; E. P. Ellinger, Documentary Letter of credit, University of Singapore Press, 1970, p. 279; 강원진, 신용장론, 제3판 증보판, 박영사, 2002, 30-31쪽).

26) Equitable Trust Co. of New York v. Dowson Partners Ltd. 사건((1927) 27 Ll.L.R. 49에서는 "서류에 관한 한 거의 같다든가, 괜찮을 것이라는 인식은 전혀 통하지 않는다(There is no room for documents which are almost the same or which will do just as well)"라고 판시하여, 엄밀일치의 원칙을 확인하고 있다고 한다(H. C. Gutteridge and Maurice, Megrah, The Law of Bankers Commercial Credits, Europa Publications Ltd., London, 1984, p. 117).

3] 신용장개설은행지시식 선하증권

이 선하증권은 신용장 개설은행 지시문언(to order of (the L/C issuing bank))으로 발행되어 있어서 운송인은 신용장 개설은행의 지시를 받아 운송물을 인도한다. 누군가가 양륙 항에서 운송물을 인도받으려면 신용장 개설은행이 배서한 선하증권을 운송인에게 제시하여야 한다. 일단 신용장 개설은행이 운송물에 대한 지배권을 가진다.

4] 취결은행지시식 선하증권

이 선하증권은 취결은행 지시문언(to order of (the negotiating bank))으로 발행되어 있어서 운송인은 운송물을 취결은행이 지정한 사람에게 인도하여야 한다. 화환어음이 취결은행이 선하증권에 배서를 해야 운송물의 인도가 가능하므로 운송물에 대한 지배권은 일단 취결은행이 가진다.

5] 추심은행지시식 선하증권

이 선하증권은 추심은행 지시문언(to order of (the collecting bank))으로 발행된 선하증권을 말한다. 無信用狀去來(D/P 또는 D/A)시 환어음의 추심은행이 선하증권에 배서를 해야 하며, 운송물은 추심은행이 지정한 사람에게 인도된다.

6] 송하인대리인지시식 선하증권

이 선하증권은 송하인 대리인 지시문언(to order of (the agent of the shipper))으로 발행된 선하증권을 말한다. 송하인이 매수인을 결정하지 않은 상태에서 운송물을 발송하였거나, 매수인이 결정되었더라도 물건 대금 또는 그 밖의 채권이 아직 청산되지 않은 경우에 송하인이 운송물에 대한 지배권을 유지하기 위하여 발행하는 방식이다. 그러므로 운송물의 인수를 위해서는 선하증권에 송하인 대리인의 배서가 있어야 하고 운송인은 대리인이 지정한 사람에게 운송물을 인도한다.

7] 매수인지시식 선하증권

이 선하증권은 매수인 지시문언(to order of (the buyer))으로 발행되는 선하증권을 말한다. 이미 물건 대금이 결제되어 물건의 소유권이 매수인에게 완전히 이전되고 송하인이 더 이상 운송물을 지배할 필요가 없을 경우에 이용되는 방식이다. 선하증권에 매수인이 배서를 해야 하고 운송인은 매수인이 지정한 사람에게 운송물을 인도한다.

8] 선택무기명식 선하증권

선하증권 앞면에 운송물을 ○○○무역회사 또는 선하증권 소지인에게 인도할 것(○○○ trading Co. Ltd. or bearer)과 같은 문언을 명기한 선하증권을 선택무기명식 선하증권(alternative bill of lading)이라 한다. 이 선하증권은 수하인으로 지정된 ○○○무역회사 또는 그 밖의 어떠한 소지인이라도 이 선하증권을 제시하여 운송인에게 운송물의 인도를 청구할 수 있다.

제3관 무기명식 선하증권

1. 의의

수하인 란을 비워 둔 공란 형식으로 발행할 경우에는 무기명식 선하증권이라고 하고, 수하인 란에 지참인(bearer 또는 to bearer)이라고 기재한 경우는 지참식 선하증권(bearer bill of lading)이라고 한다. 이 경우에는 누구나 선하증권을 소지하고 있으면 정당한 수하인이 될 수 있다. 또 선택지참식(to ○○○ Trading Co. Ltd., or bearer)으로 발행되는 경우도 있는데, 이때는 ○○○ Trading Co. Ltd.가 직접 수하인이 되어도 무방하다. 다만, ○○○ Trading Co. Ltd.는 배서해야 유통시킬 수 있지만, 지참인은 배서 없이 교부만으로 유통시킬 수 있다. 결국 효과 면에서는 이들 모든 종류가 지참인을 정당한 수하인으로 인정하여 선하증권 소지인에게 운송물을 인도하기 때문에 무기명식 선하증권으로 분류할 수 있을 것이다.

2. 법률관계

우리나라 상법에 특별한 규정은 없으나, 선하증권의 상환증권성(상법 제861조, 제129조), 당연한 지시증권성(상법 제861조, 제130조), 처분증권성(상법 제861조, 제132조)과 같은 법적 성질과 물권적 효력(상법 제861조, 제133조)에 의하여 무기명식 선하증권의 효력을 인정할 수 있을 것이다. 또 선하증권을 완전 유통증권으로 규정한 미국에서는 통일상법전(UCC §7-104)에 관련 규정이 있다. 국가에 따라서는 무기명식 선하증권이 인정되는 곳도 있고 인정되지 않는 곳도 있으므로 무기명식으로 선하증권을 발행할 경우에는 당사국의 법률을 확인할 필요가 있다.[27)]

27) 林錫珉, 船荷證券論, 두남, 2000, 121쪽 참조.

제4절 운송물의 하자 상태 표시 유무에 의한 분류

제1관 무사고 선하증권

1. 의의

무사고 선하증권(clean bill of lading)은 운송물이 본선에 양호하게 선적되어 선하증권의 사고 표시 문언 란(remarks)에 운송물이나 포장의 상태에 관한 하자 또는 포장 불량 등의 유보사항이나 또는 선하증권 소지인에게 불리한 부가단서(附加但書) 또는 유보조항(留保條項)의 기재가 없는 선하증권을 말한다(UCP 600 제27조 참조).

운송인은 운송물을 선적할 때에 송하인이 서면으로 신고한 운송물의 수량, 포장, 하인(荷印; shipping marks) 및 외관 상태를 상당한 주의를 기울여 검사해야 한다. 이를 위해 운송인 및 송하인 쌍방에서 검수인(checker; tally man)[28]을 선임하여 적부 전에 본선 위 또는 선측의 안벽 또는 잔교 위[29]에서, 운송물의 개수, 荷印 및 외관 상태에 대해 입회검사를 한다. 그 결과 이상이 있을 경우에는 이 사실을 검수표(tally sheet)[30]에 기재하고 쌍방이 확인한다. 본선 측 검수인은 이를 일람표(一覽表; exception list)로 작성하여 일등항해사에게 제출한다. 일등항해사는 선적 후 일람표의 문언을 그대로 본선수령증(M/R)에 기재하고 이를 선하증권에 옮겨 적는다. 이때

28) 검수인은 tally man 또는 checker라고도 하는데, 선적 또는 양륙 운송물을 검수하는 사람을 말한다. 운송물을 선적하거나 내릴 때 개수를 확인하고정확한지 여부를 증명하는 역할을 담당하는 사람이다. 미국의 검수인은 적하기록(record of cargo)을 대조, 검사하는 자로서 부두운영업자에게 고용되어 있다. 우리나라의 경우에는 보통 검수업무까지 겸하는 선박대리점에 고용되어 있다.

29) 부선 위에서는 검수를 하지 않는 것이 원칙임.

30) 검수표 또는 검수서는 tally sheet로 표현되는 데, 운송물을 선적하거나 양륙할 때 운송물의 수량 및 운송물의 외형상의 이상 유무를 검사하는 것을 검수(tally)라고 말하며, 검수인을 tallyman, 검사결과의 기록을 검수장(tallysheet0이라 말한다. 본선수령증, 艀送狀(boat note) 그 밖에 운송물의 受渡에 관한 서류는 검수표에 의거하여 발행된다. 그러므로 이 검수표를 조사하면 운송물의 손상, 부족 등이 운송의 어느 단계에서 발생되었는가가 판명된다.

선하증권에 사고 문언이 기재되지 않은 선하증권을 무사고 선하증권이라 하고, 사고 문언이 기재된 선하증권을 사고 선하증권이라고 한다.

2. 법률관계

제6차 신용장통일규칙(UCP 600) 제27조 및 인코텀즈에서는 "무사고 운송 서류는 물건 또는 포장에 하자가 있는 상태를 명시적으로 표시해 주는 조항 또는 단서가 없는 운송 서류이다"라고 정의하고 있다. 또한 일반적으로 신용장에서 요구하는 선하증권은 무사고 선적 선하증권(clean bill of lading)이므로 무사고 선하증권을 은행에 제시하여야 취결(negotiation)이 가능하다.

또 컨테이너 운송의 경우에는 일반적으로 송하인이 운송물을 계량하고 컨테이너에 적입하여 그대로 운송 의뢰를 한다. 이때 운송인은 컨테이너를 개봉하여 내용물 및 포장의 상태를 일일이 점검할 수 없으므로 선하증권에 "송하인이 적입하고 계수하였음"(shippers load & count) 또는 "송하인이 …을 적입하였다고 함"(said by shipper to contain) 등과 같은 부지약관(unknown clause) 또는 컨테이너 조항(container clause)을 기재한다. 신용장통일규칙에서는 이러한 문구가 있다고 하여도 사고 선하증권으로는 보지 않고, 신용장에서 금지하지 않는 한 무사고 선하증권으로 수리하도록 하고 있다(UCP 600 제26조).[31)]

선적 이후 운송물의 훼손에 대하여는 운송계약 위반의 여부가 다투어 지는 문제이므로 선적 당시에 운송물에 이상이 없었다면, 무사고 선하증권을 발행하여야 불필요한 법률적 분쟁을 방지할 수 있다.[32)]

제2관 사고 선하증권

1. 의의

사고 선하증권(foul bill of lading ; false bill of lading ; dirty bill of lading)이란 선적

31) British Imex Industries v. Midland Bank Ltd., (1958) 2 Lloyds Rep. 591 (Case No. 14); F. M. Ventries, Bankers Documentary Credits, 2nd ed., London, LLP, 1983, pp. 177-178.

32) Golodetz (M) & Co. Inc. v. Czarnikow-Rionda Co. Inc., The Galatia (1979) 2 All ER 726, (1980) 1 WLR 495, (1979) 2 Lloyds Rep 450; affd (1980) 1 All ER 501, (1980) 1 WLR 495, 124 Sol Jo 201, (1980) 1 Lloyds Rep. 453, CA.

된 운송물 자체, 포장, 수량, 하인(荷印), 외관 상태 등에 이상이 있어서 이러한 사실이 본선수령증의 비고란(remarks)에 기재되고 그 내용이 선하증권에 그대로 기재되어 발행되는 것으로 무사고 선하증권에 대응되는 개념이다.

운송물을 본선에 선적할 때 수량 부족, 파손, 포장 불량 등의 이상이 발견되면 검수인을 통하여 운송물을 검사한 일등항해사는 이러한 사실을 본선수령증의 비고란에 기재하여 사고 본선수령증(foul M/R)을 송하인에게 발행하고, 송하인이 운송인에게 사고 본선수령증을 제출하면 운송인은 선하증권에 본선수령증의 사고 유무의 기재를 그대로 옮겨 적어 사고 선하증권을 발행한다.

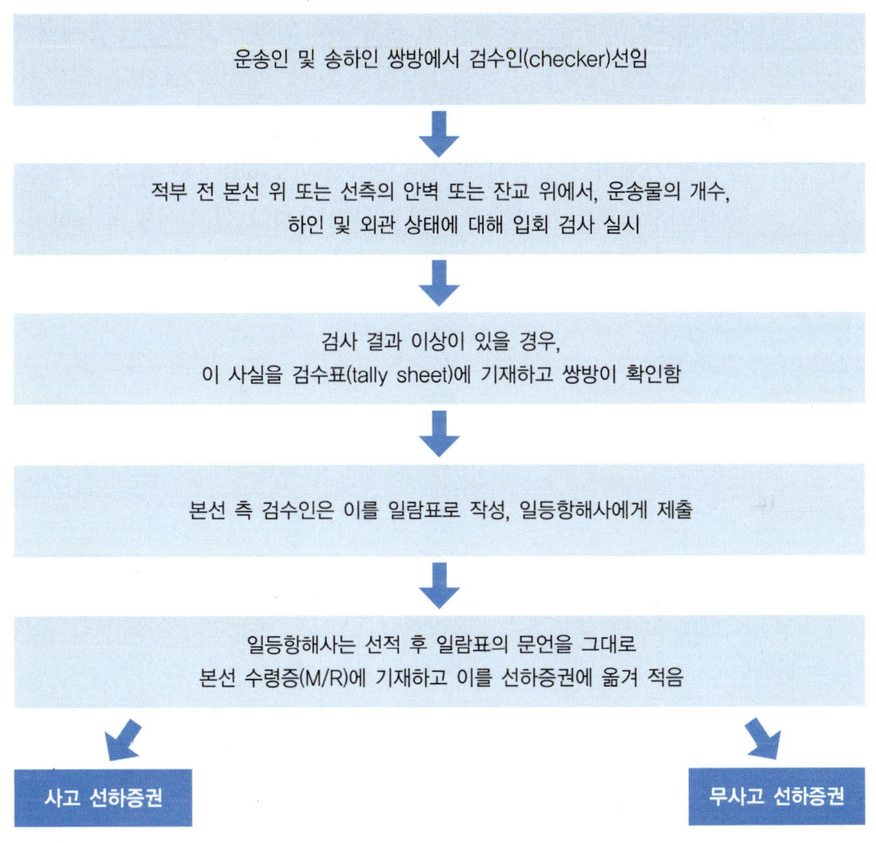

그림 7-1 ● 선하증권의 사고유무 검사 절차

2. 법률관계

운송인은 도착지에서 운송물을 인도받는 측으로부터 손해배상 청구를 당하지 않기 위해서 운송물을 수령할 때 운송물이나 포장의 상태에 이상이 있으면 그것을 선하증권에 표시하여 후에 운송인 자신의 책임이 아님을 증거로 남겨야 한다.

이때 운송물의 부족, 이상이나 포장의 잘못 등에 대하여 이를 조정하거나 수선하여 사실상 무사고 상태가 되고 이에 따라 무사고 선하증권을 발행하게 되면 아무런 문제가 없지만 시간적 제약 등으로 인하여 현실적으로는 이러한 조치가 불가능한 경우가 대부분이다. 그러나 선하증권에 운송물 사고에 대한 비고(remark)가 기재되면 사고 선하증권이 되어 화환어음 취결 시 은행에서 이를 수리하지 않는다(UCP 600 제27조). 그러므로 실무상으로는 송하인이 모든 책임을 지겠다는 내용을 적은 일종의 보상장(補償狀 : letter of indemnity : L/I)을 운송인에게 제출하고 무사고 선하증권을 교부받는 관행이 있다. 실무상으로는 사고 본선수령증이나 사고 부두수령증(foul D/R)이 발행되는 단계에서 보상장이 제출되어 무사고 선하증권이 발행되는 경우가 많다. 보상장은 문제가 된 운송물로 인하여 운송인이 손해배상을 해야 할 경우에 보상장을 작성한 송하인이 보상하겠다는 각서를 말한다. 사고 선하증권을 발행하여야 함에도 불구하고 운송인이 보상장을 받고 무사고 선하증권을 발행하는 것은 선하증권 기재의 진실성에 반하는 탈법행위(fraud)로서 법리상으로는 문제가 된다. 영국 판례상으로는 보상장의 효력을 무효로 하고 있고 이를 허용하지 않는 해운동맹도 있다.[33)]

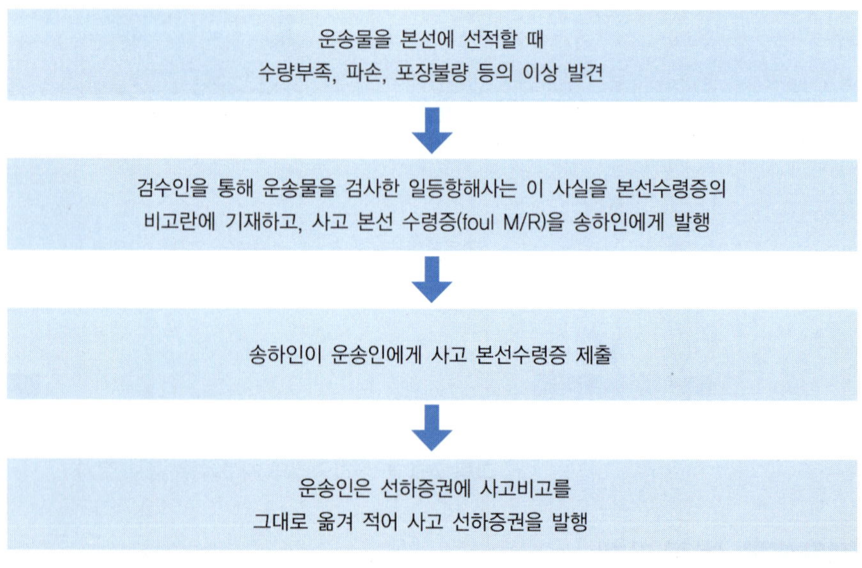

그림 7-2 ● 사고 선하증권의 발행 절차

33) 林錫珉, 船荷證券論, 두남, 2000, 124쪽; Benard Abrahamsson, International Ocean Shipping : Current Concepts and Principles, Boulder, Westview Press, 1980, p. 86.

이러한 보상장의 유무와 관계없이 운송인은 증권 소지인에 대하여는 증권 기재의 내용대로 운송채무를 이행할 책임이 있으므로 단지 제3자를 기망하기 위한 허위의 선하증권 발행 행위가 아닌 한, 보상장 발행 자체는 인정하는 것이 타당하다고 보는 견해도 있다.[34] 그러나 법적으로는 보상장을 받고 무사고 선하증권을 발행하는 것은 탈법행위에 불과하므로, 선하증권의 선의의 소지인에 대하여는 증권의 문언대로 효력이 발생하는 것은 당연한 것이다. 만약 선하증권의 소지인이 운송인에게 선하증권의 표시대로 무사고의 운송물을 인도할 것을 요구할 경우에는 운송인은 채무불이행의 책임을 져야 하고, 단지 송하인을 상대로 보상장에 따른 구상권 행사가 가능할 것이다. 결국 보상장의 발행은 무역의 편의를 위하여 오랜 기간 이용되고 있는 사실인 관습으로 보아야 할 것이다.

3. 보상장

보상상(letter of indemnity: L/I)은 사고 선하증권이 발행될 경우 은행이 이러한 선하증권을 취결하지 않기 때문에, 이를 무사고 선하증권으로 교환 발행받기 위하여 목적지에서 교환 발행된 무사고 선하증권으로 인하여 운송인이 손해배상을 해야 할 경우에는 송하인이 전적으로 책임을 지고 배상하겠다는 내용으로 송하인이 발행하는 각서를 말한다.

그러나 보상장은 선하증권의 기재 사항을 허위로 작성하도록 하는 통정허위표시(misrepresentation)로서 선하증권 소지인을 속이는 결과를 가져오게 되는 탈법행위를 위한 서류로 볼 수 있다. 또 보상장을 발행하고 사고 선하증권을 무사고 선하증권으로 대체하는 것은 영국법상 금반언의 법리(estoppel)에 위배되기 때문에 영국에서는 계획된 속임수라고 하여 무효로 하고 있다.[35] 그러므로 선하증권 소지인이 운송인을 상대로 운송물 손해에 대하여 손해배상을 청구하면 운송인은 손해배상책임을 면할 수 없게 되고, 운송인은 일단 손해배상 후에 송하인을 상대로 보상장에 근거히

34) 裵炳泰, 註釋海商法, 韓國司法行政學會, 1980, 277-278쪽.

35) Brown Jenkinson v. Percy Dalton (1957): 피고(송하인)는 런던에서 함부르크로 오렌지 주스를 운송하려고 했다. 원고(선박대리점)는 피고에게 통이 낡아서 일부 주스가 누출되고 있으므로 사고 선하증권을 발행하겠다고 통지하였다. 송하인은 보상장을 제시하고 무사고 선하증권을 발행받았다. 보상장에서 송하인은 그 운송물에 대한 모든 손해에 대해 선장과 선박소유자에게 무조건 보상하겠다고 약속하였다. 함부르크에서 선박소유자는 무사고 선하증권에 근거하여 수하인에게 손해배상을 했다. 원고가 송하인에게 구상을 청구하였으나, 송하인은 보상장은 사기적 부실표시(fraudulant misrepresentation)를 의도한 것이므로 보상계약은 불법(illegal)이라고 하여 배상을 거절하였다. 이에 대하여 항소법원(Court of Appeal)은 선박소유자가 허위인 줄 알면서 선하증권에 허위사실을 기재하였고, 이는 사기라는 불법행위를 의도한 행위이므로 송하인이 허위표시에 의해 손해를 보상하겠다는 약속은 무효라고 판시하였다.

여 구상권을 행사할 수밖에 없다. 그러나 해운실무상으로는 단기간에 많은 운송물을 선적하기 때문에 선적 과정에서 일일이 운송물을 완벽하게 대체하거나 포장을 보완하기는 어려우므로 보상장을 첨부하여 무사고 선하증권을 발행하는 관행이 상당한 실효성을 가지고 있는 것은 사실이다. 따라서 분명한 탈법행위이지만 사실인 관습으로 해석하여 보상장을 첨부하여 무사고 선하증권을 발행하는 관행은 법적으로 인정된다고 해석하는 것이 해운거래상 현실에 부합할 것이다. 다만, 무사고 선하증권의 발행에 대하여는 선하증권 소지인에 대하여 운송인은 증권의 문언대로 책임을 져야 할 것이다.

절차상으로는 보상장은 통상 여러 통 발행하며 정본은 무사고 선하증권을 발행한 선적지의 운송인이 보관하고 부본은 본선과 양륙지의 운송인 지점이 보관한다. 또 보상장을 발행한 사실은 고지사항에 속하므로 반드시 보험회사에 알려야 한다.

Letter of Indemnity

To: Date :

Dear Sirs,

Ref. : Vessel name, voy. : ____________________ B/L No. : ____________________

Description of goods & conditions : ____________________________________

Invoice value : ____________________

The above goods were shipped on the mentioned vessel by messrs.
(and consigned to xxxx). We hereby request you to issue a clean bill of lading.

In consideration of your complying with our above request we hereby agree as follows :

1. To indemnify you, your servants and agents and to hold all of you harmless in respect of any liability loss or damage or whatsoever nature which you may sustain by reason of issuing clean Bill of Lading in accordance with our request up to the sum of US$( )
2. In the event of any proceedings being commenced against you or any of your servants of agents in connection with the issuance of Bills of Lading as aforesaid to provide your or them from time to time , with sufficient funds to defend the sum.
3. If the shipper any other ship or property belonging to you should be arrested or detained or if the arrest or detention thereof should be threatened, to provide such bail or other security as may be required to prevent such arrest or detention or to secure the release of such ship or property and to indemnify you in respect of any loss, damage or expenses caused by such arrest or detention whether or not the same may be justified.
4. The liability of each and every person under this indemnity shall be joint and several and shall not be conditional upon your proceeding against any person, whether or not such person in party to or liable under this indemnity.

Yours faithfully,

For and on behalf of

________________ _____

(title/name/ signature)

그림 7-3 ● London P&I Club이 추천하는 무사고 선하증권 발행용 보상장 양식

제5절 형식에 의한 분류

제1관 약식 선하증권

1. 의의

약식 선하증권(short form bill of lading)이란 정식 선하증권(standard long form bill of lading)의 필수 사항은 모두 갖추고 있지만(주로 앞면 기재 사항), 정식 선하증권에 기재되는 운송 조건, 면책약관 등 운송계약 내용에 관한 뒷면 약관의 인쇄를 생략하면서 그 내용은 운송인의 정식 선하증권의 약관이나 별지의 약관을 참조하라는 등의 짧은 문구가 선하증권 뒷면에 인쇄되어 있는 선하증권을 말한다.

약식 선하증권은 뒷면 약관이 모두 기재된 정식 선하증권은 그 규격이 너무 길거나 커서 선하증권의 작성 및 발행에 지장이 있어 미국계 선박회사들이 이를 간소화하기 위하여 사용하기 시작한데서 비롯되었다. 그후 주로 용선계약부 선하증권을 발행할 때 많이 이용한다.

인쇄술이 발달한 오늘날에는 정식 선하증권도 약식 선하증권과 같은 크기의 용지(국제표준규격인 ISO A4 용지)를 사용하고 있으므로 과거처럼 길거나 크지 않고 선하증권 앞면에 기재되는 내용도 양자가 완전히 동일하다. 다만 그 뒷면에 약관의 전체 내용을 인쇄해 놓지 않았을 뿐이고 약식 선하증권의 뒷면에는 그림 7-4에서 보는 바와 같이 "운송 조건이나 운송인의 책임제한, 면책사항, 권리 · 의무 등 자세한 약관내용은 운송인의 정식 선하증권(standard long form bill of lading)에 의한다" 라고만 인쇄해 놓기 때문에 오히려 운송인은 이를 별도로 인쇄하여 송하인 등 고객이 언제든지 가지고 갈 수 있도록 항시 비치해 놓아야 한다. 그러므로 정식 선하증권을 발행하는 것이 약식 선하증권을 발행하는 것에 비하여 과거와 같은 불편을 초래하는 면을 찾을 수 없을 뿐만 아니라, 약식 선하증권을 발행할 경우 송하인도 약관을 별도로 확보해야 하므로 오히려 업무의 번거로움이 따르게 되어 불편하다. 따라서 운송인과 하주 등 관련자가 모두 운송약관 내용의 전부를 선하증권을 취득할 때 바로 알 수 있도록 하고, 한편 운송과 관련된 분쟁이 발생할 경우에도 당초의 운송계약 내용이 당해 선하증권에 의해 즉시 증명될 수 있도록 정식 선하증권을 사용하는 것이 바람직하다고 하겠다.[36)]

2. 법률관계

약식 선하증권이 해운계에서 자주 사용되자 1974년 국제상업회의소(ICC)에서도 이를 인정하고 신용장통일규칙 제3차 개정부터 약식 선하증권도 수리가 가능하도록 하였다(UCP 600 제21조).

사례 1

"All terms of the carrier' s regular long form Bill of Lading are incorporated herein with like force & effect as if they were written at length herein. A copy of such Bill of Lading may be obtained from carrier, its agent, or the master."

사례 2

"All the terms and conditions of the Carrier' s regular long form bill of lading, used in this service. including all clauses presently being stamped or endorsed thereon are incorporated byy reference are agreed by Shipper to be binding and to govern the relations, rights or obligations whatever they may be, between or of all who are or may become parties to this bill of lading as fully as if this bill of lading had been prepared on the Carrier' s regular long form bill of lading."

(이하 생략)

그림 7-4 ● 약식 선하증권 앞면의 인쇄문언의 사례

제2관 적색 선하증권

1. 의의

적색 선하증권(red bill of lading)이란 선하증권과 보험증권을 결합시킨 것을 말한다.

36) 같은 의견, 嚴潤大, 船荷證券論, 신대종, 2002, 88쪽; 林錫珉, 船荷證券論, 두남, 2000, 135쪽.

즉, 증권에 기재된 운송물이 항해 중에 사고가 발생하면 운송인이 그 손해를 배상해 주도록 약정한 선하증권이다.

적색 선하증권은 일반 선하증권의 기재 사항 외에 운송물의 보험금액, 보험요율 그 밖에 보험에 관한 사항이 부기되어 있고 적색 글씨로 인쇄되어 있다.

2. 법률관계

운송인은 보험회사와 모든 적색 선하증권 발행분에 대해서 일괄하여 보험 조건에 따른 보험료를 내고 보험에 들게 되므로 손해 보상은 보험회사가 하게 되지만, 보험료를 운임에 포함시키고 있으므로 결국 송하인이 보험료를 부담하는 결과를 가져오게 된다. 그러므로 하주에 대하여는 단지 적하보험에 부보하는 번거로움만 덜어 주는 결과가 된다. 또 법적으로는 통상 해상법상 해상운송인의 면책사유의 적용을 피하고 운송인의 책임을 확장하는 효과도 가져오게 된다. 그러나 보험제도가 발달한 오늘날은 적색 선하증권을 사용하는 경우는 드물고,[37] 연안해운회사에서 사용하는 선하증권 등에서 운송인의 책임을 확장하는 특약을 둘 경우에 이와 유사한 효과가 발생할 수 있을 것이다.

37) 林錫珉, 船荷證券論, 두남, 2000, 136쪽 참조.

제6절 운송책임구간에 의한 분류

제1관 일관운송 선하증권

1. 의의

넓은 의미에서 일관운송 선하증권(through bill of lading)이라 함은 운송물이 목적지까지 운송되는 동안 여러 명의 운송인이 개입하여 같은 종류 또는 2종 이상의 운송수단을 교대로 사용(선박, 항공기, 기차 또는 트럭 등의 배합)하여 단계별 운송이 이루어질 경우, 환적 할 때마다 운송계약을 별도로 체결하는 번거로움을 피하고 비용을 절약하기 위하여 최초의 운송인이 전 운송구간에 대하여 이를 통합하여 발행하는 선하증권을 말한다.

물건운송은 운송 수단(mode of transportation)을 기준으로 구분할 때 해상운송, 철도운송, 도로운송, 항공운송으로 구분할 수 있다. 이때 일관운송(through transport)[38] 이라 함은 하나의 운송에 여러 명의 운송인이 참여하여 동종의 운송 수단 또는 복수의 운송 수단을 연결하여 운송이 완성되는 것을 말한다. 여기서 전 구간의 운송이 동일한 운송 수단에 의해서 이루어지는 일관운송을 단순일관운송(unimodal through transportation)이라 하고, 여러 운송 수단에 의해서 이루어지는 일관운송을 복합운송(複合運送 : multimodal or combined transportation)이라 한다.

이와 같이 복합운송을 일관운송의 개념에 포함하는 견해와는 달리 일관운송을 완전히 별개의 개념으로 파악하여 단순일관운송 만을 일관운송으로 보는 견해도 있다.[39] 이러한 좁은 개념으로 파악하는 경우에는 일관운송은 반드시 다른 종류의 운

38) 連絡運送 또는 일관운송이라고도 한다.

39) H.G. Rōhreke, "Combined Transport and the Hague rules", European Transport Law, 10(1975), p. 621 ; 林東喆, 海商法 · 國際運送法硏究, 眞成社, 1990, 149쪽.

송 수단을 전제로 하지 않으며, 또 운송의 실행도 각 구간별로 국지적(局地的)으로 이루어지므로 운송인의 책임도 복합운송의 경우처럼 한 운송인에게 집중되는 일이 없다. 그러나 운송물의 환적(換積)이나 운송의 연결 등 운송형식 자체에 관점을 둔다면 복합일관운송도 여기서 말하는 일관운송의 일부로 보는 것도 잘못된 개념은 아니라고 본다.

그러므로 좁은 의미의 일관운송 선하증권은 위에서 말한 단순일관운송에서 발행하는 선하증권으로 정의할 수 있다. 이곳에서는 복합운송증권을 별도로 다루고 있으므로 좁은 의미의 일관운송 선하증권에 대하여 설명하도록 하겠다.

2. 법률관계

일반적으로는 이와 같이 일관운송 선하증권을 선박과 철도, 트럭 또는 항공기 등 하나 이상의 운송 수단이 연계된 운송을 담당하는 복합운송과 동일한 개념으로 인식하여 왔으나, 여러 명의 운송인이 참여하는 일관운송에 대해 발행되는 일관운송 선하증권(through bill of lading)의 유형은 사용되는 운송 수단의 종류에 따라 2가지 유형, 그리고 구간운송인의 책임 부담 범위에 따라 2가지 유형으로 각각 분류할 수 있다.

좁은 의미의 일관운송 선하증권에는 1차 운송인(원 운송인)만이 서명하지만, 2차 이후의 운송인은 각각 독립해서 자기 담당 구간의 운송을 인수하기 때문에 연대책임을 지지는 않는다. 즉, 2차 이후의 운송에 대해서 선하증권에 서명한 1차 운송인은 송하인의 운송주선인에 불과하고, 2차 이후의 운송인과의 연결(계약 체결 또는 사실상 운송물의 인도 등)로서 임무가 완성된다.[40] 즉, 원 운송인은 자기 구간만 책임을 지고, 타 구간 운송인과 하주는 원 운송인과는 별도의 독립적인 운송계약이 체결된다. 그러므로 환적을 위해 본선의 테이클(tackle)[41]로부터 운송물이 이동한 이후의 위험에 대해서는 직접 책임을 지지 않고[42] 다음 운송인에게 위험이 넘어간다. 일관운송 선하증권과 관련된 각 운송인은 운송증권에 일관운송이 둘 이상의 운송인뿐만 아니라, 둘 이상의 계약을 의미할 수 있다는 것을 나타내기 위해 당해 운송인의 책임구간에 대해서만 적용한다는 취지의 조문을 삽입할 수 있다. 그러므로 참여 운송인들 상호간 그리고 송하인 및 수하인에 대하여 부담하는 책임에 따라서 다양한 계약

40) ICS, Recommendations for the Format of Bill of Lading, London, 1978, p. 17.

41) 1개 또는 몇 개의 골차에 한 줄 또는 여러 개의 로프가 걸린 양화장치로서 일종의 양화구이다(물류용어사전, 운송신문사, 2004, 797쪽)

42) 이종인, 국제해상운송론, 효성출판사, 2001, 117쪽.

이 체결될 수 있다. 일관운송 선하증권의 경우에 당해 구간운송인은 그의 구간에 대한 운임에 접속수속비용이 포함된 이른바 일관운임(through freight)[43]을 부과하고, 일관운송 선하증권에는 환적 항, 접속 선명 및 접속 운송인명(connecting carrier) 등이 기재된다.

반면, 물건운송의 전 구간을 동일 종류의 운송 수단인 선박으로 운송하지만 원 운송인이 운송물의 수령지부터 인도지까지 운송하는 도중 다른 연계해상운송인(successive ocean carriers)을 자기가 하도급계약하여 운송을 완성할 때 최초 운송을 인수한 운송인이 전 운송 구간을 책임지는 선하증권을 발행하는데, 이러한 선하증권을 책임주체가 단일한 해상일관운송 선하증권(ocean through bill of lading)이라 한다. 선하증권의 발행인은 자기의 운송 구간은 물론 연계 운송인에 의한 운송 구간 전체에 대해서도 책임을 진다. 이 경우는 선박이라는 동일 운송 수단이 사용된다는 점에서 복합운송과 다르고 복수의 운송인이 개입되어 있긴 하지만 선하증권을 발행한 원 운송인이 모든 운송 구간에 대한 책임을 진다는 점에서 복합운송과 같다.

제2관 복합운송증권

1. 의의

복합운송증권(combined/multimodal/intermodal transport document)이란 운송물의 수령지에서 인도지까지의 운송을 단일 운송인의 책임, 단일 운임, 최소한 두 가지 이상의 다른 종류의 운송 수단(선박, 철도, 자동차, 항공기 등)을 결합하여 일관운송(through transport)할 것을 약속한 복합운송계약에 의하여 발행하는 운송증권으로서 선하증권과 마찬가지로 권원증권, 유가증권 및 증거증권으로서의 기능을 가지고 있다.

복합운송이라 하면 ① 해 · 육 운송 수단(선박+트럭, 선박+기차)의 결합, ② 해 · 공 운송 수단(선박+항공기)의 결합, ③ 육 · 공 운송 수단(트럭+항공기, 기차+항공기), ④ 해 · 육 · 공 운송 수단(트럭+선박+항공기)의 결합으로 이루어지는 운송이다.

43) 일관된 운송계약에 의하여 최초의 적출지에서부터 최후의 목적지에 이르기까지의 전 운송구간의 운임을 말한다. 그 가운데 주된 운송구간의 운임이 기본이 되고, 부차적인 구간, 가령 접속지로부터 도착지까지의 로컬운임 그 밖의 추가운임을 가산한 것이 전구간의 일관운임이 된다. 후자에는 화물이 한 운송기관으로부터 다른 운송기관으로 이적되기 위한 이적비용을 포함한다(운송신문사, 물류용어사전, 2004, 809쪽).

복합운송증권의 명칭은 통상 "Combined Transport Bill of Lading", "Multimodal Transport Bill of Lading", "Intermodal Transport Bill of Lading" 또는 "Multimodal Transport Document",[44] 또는 "Combined Transport Document" 등으로 다양하게 불리는데, 그 의미는 동일하다.

실무에서 무선박운송인으로서 운송계약을 체결하는 운송주선인(freight forwarder)이 사용하는 복합운송증권이나 선박회사가 사용하는 복합운송선하증권도 대부분 복합운송계약을 실질적으로 충족하는 양식을 구비하고 있다. 특히 국제복합운송주선인협회(FIATA)는 1992년의 국제연합무역개발회의/국제상업회의소복합운송증권규칙의 발효와 더불어 같은 해석 규칙에 기초한 국제복합운송주선인협회복합운송선하증권(FBL)의 표준약관을 제정하였고, 국제상업회의소 내의 로고의 사용을 허용하였다.[45] 국제복합운송주선인협회 정회원으로 가입된 회사는 동 협회로부터 사용허가를 받아 이를 사용하고 있다.

2. 법률관계

1] 운송인의 책임

복합운송증권은 운송 수단을 어떻게 결합하든 복합운송을 인수하고 복합운송증권을 발행한 복합운송인은 운송물의 수령지로부터 최종 인도지까지 책임을 질 것에 합의를 한 것이므로 하주는 복합운송인에게 모든 책임을 물으면 된다. 한편 복합운송인은 귀책사유가 있는 하도급 운송인에 대하여 구상권을 행사하게 된다. 그러므로 운송 수단의 일부만을 보유하고 일부 구간에 대하여만 운송을 실제로 이행하고 다른 구간에 대하여는 하도급계약을 통하여 운송을 이행하는 선박회사나 항공회사는 물론, 전혀 운송 수단을 보유하지 않고 하도급계약을 통하여 실제 운송 행위를 이행하는 무선박운송인도 복합운송계약을 체결하여 복합운송증권을 발행할 수 있다.

일관운송과 비교하여 설명하면 다음과 같다.[46]

첫째, 일관운송은 동종운송 수단 또는 異種운송 수단과의 조합이 모두 가능하나, 복합운송은 이종운송 수단과의 조합에 한한다.

---

44) Multimodal Transport Document는 국제연합국제물건복합운송협약(1980), UNCTAD/ICC복합운송증권규칙(1992) 및 제5차 신용장통일규칙(UCP 500)이 사용한 용어이다.

45) 金萬石, 複合運送에 관한 規則 및 協約의 條文別 解說, 海運産業硏究院, 1994. 머릿말.

46) 林錫珉, 船荷證券論, 두남, 2000, 133쪽 주 41) 참조.

둘째, 계약형태 면에서 일관운송은 운송구간별로 부분운송계약이 체결되지만, 복합운송은 전 구간 단일운송계약이 체결되고 2차 이후의 운송인은 하도급운송계약을 체결하게 된다.

셋째, 운송인의 책임 형태를 보면, 일관운송은 구간이종책임체계(network liability system)이고, 복합운송은 단일책임체계(uniform liability system)를 추구하고 있지만, 현실적으로는 구간별 이종책임체계가 적용되고 있다.

넷째, 일관운송에서는 1차 운송인은 하주의 단순한 운송대리인(운송주선인)에 불과하지만, 복합운송에서 1차 운송인은 원수운송인이고 2차 운송인은 하도급 운송인이 된다.

2] 신용장통일규칙

오늘날 개품운송계약은 대부분 컨테이너에 의한 복합운송으로 이루어지므로 운송증권도 선하증권에 대체하여 복합운송증권의 형태로 발행되고 있다. 그러므로 복합운송증권이 선하증권과 같이 무역거래에서 화환담보의 역할을 수행할 수 있어야 하고 은행에서도 수리될 수 있어야 한다. 국제상업회의소(ICC)는 이러한 시대적 요구에 부응하기 위하여 신용장통일규칙 제3차 개정(1974년) 시부터 복합운송증권에 관한 조문을 신설(UCP 600 제19조)하여 복합운송증권도 다른 조건이 충족될 경우 무사고 선하증권으로 인정하여 수리하도록 하였다. 그 후 제4차 개정(1983) 및 제5차 개정(1992)을 거치면서 복합운송증권은 신용장 거래에서 수리가능한 운송증권으로 확실히 인정되었다. 즉, 신용장에서 복합운송증권을 요구하고 있거나 단순히 복합운송을 허용하면서 복합운송증권의 형식이나 그 발행인을 명시하고 있지 않을 경우 은행은 복합운송증권을 수리하여야 한다(UCP 600 제19조).

제3관 구간 선하증권

1. 의의

부산에서 인천, 울산에서 포항 등과 같이 운송물의 선적항과 목적 항이 모두 같은 국가 안에서 운송이 이루어지는 국내 해상운송 시 발행되는 선하증권을 구간 선하증권(local bill of lading) 또는 국내 선하증권(domestic bill of lading)이라고 한다.

일반 무역 거래에서는 사용되지 않으나 필리핀과 같은 많은 섬으로 구성된 나라에서는 국내 선하증권에 의해 다른 섬의 항구까지 운송되고 그 곳에서 다시 다른 모선에 환적되는 구간 선하증권이 유용한 것으로 인정받고 있다.[47)]

2. 일관운송 또는 복합운송에서 구간 선하증권

일관운송 선하증권이 발행되는 경우, 연계 운송인 또는 하도급 운송인이 원 운송인에게 발행하는 선하증권도 구간 선하증권(local bill of lading)이라고 한다. 이때 구간 선하증권을 발행하는 목적은 ① 중간운송인의 존재를 명확히 하는 것과 ② 사고 발생 시 책임의 한계를 명확히 하는 것 등이다. 즉, 일관운송이나 복합운송의 일부 구간에 대하여 발행하는 선하증권을 말한다.

일관운송이나 복합운송에서 발행되는 구간 선하증권은 대부분이 비유통 선하증권(non-negotiable bill of lading)이다.

제4관 해상 선하증권

2개 이상의 국가 사이에서 항구와 항구 사이(port to port)에 운송물을 선박에 의한 해상운송만으로 운송할 때 발행하는 선하증권을 해상 선하증권(ocean bill of lading ; marine bill of lading)이라 한다.[48)]

그러므로 송하인의 창고에서 선적항까지 및 양륙 항으로부터 수하인의 창고 등 내륙의 최종 목적지까지의 운송은 하주의 위험과 비용 부담으로 이루어진다. 운송인은 단지 해상 구간의 운송에 관한 책임만 지게 된다.

47) 林錫珉, 船荷證券論, 두남, 2000, 131쪽.

48) Sea-Land Documentation Manual, Ocean Bill of Lading : A Bill of Lading covering the Movement of Cargo by Vessel only between two Ocean Ports.

제 7 절 혼재 여부에 의한 분류

제1관 통합 선하증권

1. 의의

통합 선하증권(groupage bill of lading) 또는 취합 선하증권(omnibus bill of lading)이라 함은, 운송할 운송물이 컨테이너 1대 분량이 되지 않는 LCL 화물[49]의 경우에, 운송주선인이 같은 목적지로 가는 운송물을 하나의 운송 단위로 구성하여 선적해 보낼 때 선박회사(실제운송인)가 운송주선인에게 교부하는 선하증권을 말한다.

통합 선하증권으로 운송물을 통합하면 운임이 저렴해지고, 서류가 간단해지는 이점이 있다고 한다.[50] 그러나 실제로는 이해당사자의 입장과 상황에 따라 더 복잡해지는 경우도 있기 때문에 통합 선하증권 자체가 이러한 이점을 가져온다고 보기는 어렵다고 생각한다.[51]

2. 법률관계

국제복합운송업계에서는 무선박운송인이 "운송인의 자격"으로 여러 명의 실제 송하

49) LCL Cargo(less than container load cargo)라 함은 컨테이너 1개를 채우기에 부족한 소량화물을 말하며, FCL 화물에 대비되는 용어이다. CFS 또는 Inland Depot에 集積되고 목적지에서는 마찬가지로 CFS 또는 Depot에서 컨테이너로부터 양륙되어 분리 · 양도된다. 이 경우 LCL Service Charge 또는 CFS Receiving Charge 등의 명목으로 과징금을 받는 해운동맹이 많다. Sea Land 사에서는 육상운송용어를 사용하여 이들 소량화물을 LTL Cargo(Less than Trailer Load Cargo)라 부르고 있다(코리아쉬핑가제트, 最新 海運 · 物流用語大辭典, 2002, 359 쪽).

50) 이종인, 국제해상운송론, 효성출판사, 2001, 118 쪽.

51) 예를 들어 서류의 간소화라는 관점에서 보면, 무선박운송인이 그들 각각의 송하인에게 무선박운송인이 발행한 선하증권을 교부하여야 한다. 이때 실제운송인인 해상운송인도 그가 발행하는 선하증권의 송하인 란과 수하인 란에 각각 무선박운송인의 이름을 기재하고, 운송물명세를 포함한 기타 사항이 통합적으로 기재되기는 하지만, 각각의 실제 송하인 및 실제 수하인별로 운송물명세를 별도의 첨부서류(rider)로 원 선하증권에 첨부하여야 하므로 서류의 간소화 또는 효율성 측면에서는 큰 도움이 된다고 보기 어렵다고 하는 비판도 있다(嚴潤大, 船荷證券論, 신대종, 2002, 98쪽 참조).

인과 운송계약을 체결하고 운송물을 수령한 다음 그들의 선하증권을 발행하여 실제 송하인에 대하여 자신과 체결한 운송계약에 대하여 모든 권리와 의무를 가지게 된다. 이때 무선박운송인은 자신이 집하한 운송물을 통합하여 실제 운송인인 선박회사(ocean carrier ; vessel operating common carrier : VOCC)에게 운송을 의뢰하게 된다. 이때 무선박운송인은 해상운송인과의 관계에서 보면 운송인이 아니라 송하인(U.S. Shipping Act, 1998, Section 3(17), b. 참조)의 자격으로 해상운송인과 운송계약을 체결하고 그가 집하한 운송물을 해상운송인에게 제공하고 그로부터 선하증권을 교부 받게 된다. 이 경우 해상운송인이 발행하는 선하증권상의 송하인으로는 무선박운송인(운송주선인)이 기재되며,[52] 운송물명세는 각각의 실제 하주의 운송물이 통합된 전체 운송물명세가 기재된다. 이러한 선하증권을 교부 받은 무선박운송인은 그것을 수하인에게 송부하여 그로 하여금 목적지에서 해상운송인으로부터 증권에 기재된 운송물을 인도받게 한다. 이와 같은 해상운송인의 선하증권은 내면적으로는 여러 명의 실제 송하인의 운송물이 존재하지만 이를 한 명의 무선박운송인이 통합하여 해상운송인과의 관계는 하나의 선하증권으로 선적된다.

이러한 경우 해상운송인과 실제 송하인과의 권리 · 의무 관계를 해상운송인의 선하증권의 관점에서 보면, 무선박운송인의 이름이 해상운송인의 선하증권에서 송하인 란에 기재되므로 무선박운송인과 실제 송하인과의 운송계약과는 관계가 없다. 그러므로 해상운송인과 운송계약의 당사자가 아닌 무선박운송인의 실제 송하인은 해상운송인에 대하여 송하인으로서의 권리가 없고, 선하증권에 기재된 무선박운송인에게 동 권리가 있다.

그러므로 통합 선하증권의 경우 각 송하인은 자기 운송물에 대한 운송 서류가 아니기 때문에 화환결제에 사용할 수 없다. 또 각 수하인에 대해서는 개별적으로 각자의 화물인도지시서(D/O)가 발행된다.

제2관 혼재 선하증권

1. 의의

운송할 운송물이 컨테이너 1대 분량이 되지 않는 LCL 화물의 경우에, 운송주선인이

52) 林錫珉, 船荷證券論, 두남, 2000, 131쪽.

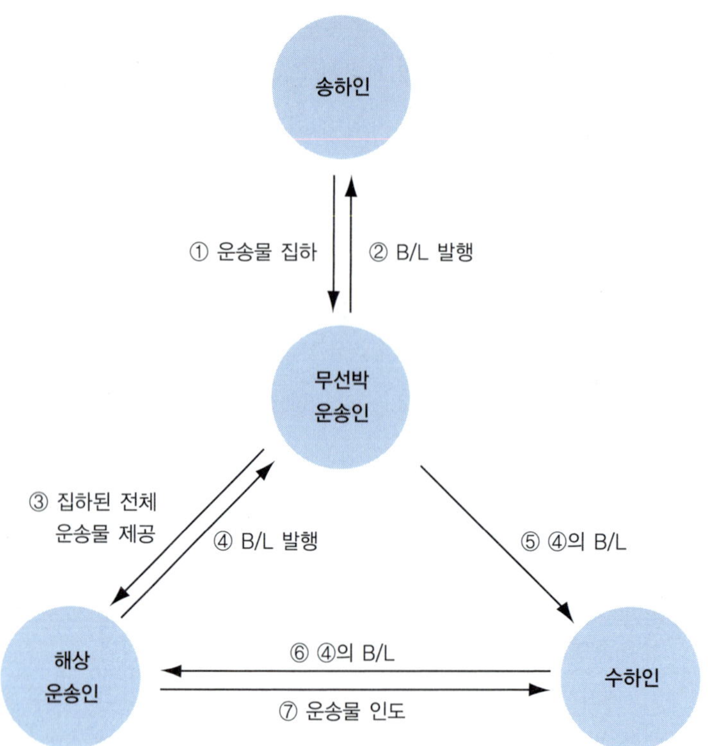

그림 7-5 ● 무선박운송인의 통합선하증권 발행의 실무절차

같은 목적지로 가는 운송물을 하나의 운송 단위로 구성하여 선적해 보낼 때 해상운송인으로부터 운송주선인은 통합선하증권(groupage bill of lading)을 교부받는다. 여러 송하인의 운송물을 하나의 컨테이너에 취합하는 행위를 혼재(consolidation)라고 하며, 운송주선인이 여러 명의 송하인으로부터 운송물을 집하하고 각각의 송하인에 대하여 운송주선인 자신의 명의로 발행하는 화물수령증을 혼재 선하증권(house bill of lading)이라고 한다.

즉, LCL 화물을 운송할 경우에, 각각의 송하인으로 운송물을 수령한 운송주선인(freight forwarder)은 일종의 화물수령증명서 또는 선적증명서(certificate of shipping)로 혼재 선하증권을 발행하고, 다시 운송주선인은 본선에 운송물을 선적한 후 통합 선하증권을 발행받는다.

2. 법률관계

1984년 10월 1일 제4차 개정 신용장통일규칙의 발효 이전에는 신용장에 혼재 선하증권 수리가능(house bill of lading acceptable)이라는 문구가 없으면 혼재 선하증권을 은행에서 수리하지 않았기 때문에, 혼재 선하증권에 대신하여 법적 효력이 이보다 더 강한 화물인도지시서(D/O)를 발행하기도 하였다.[53)]

이와 같이 통합 선하증권과 혼재 선하증권이 발행된 경우에는, 통합 선하증권에서는 운송주선인이 선하증권상의 송하인이기 때문에 각각의 송하인은 통합 선하증권을 근거로 한 화환결제는 할 수가 없다. 이때 수하인은 개별적으로 화물인도지시서를 발행받아 운송물을 인도받을 수 있다.[54)] 또 혼재 선하증권에는 운송주선인과 송하인 사이에서 체결된 운송계약의 내용이 기재되어 있다.[55)]

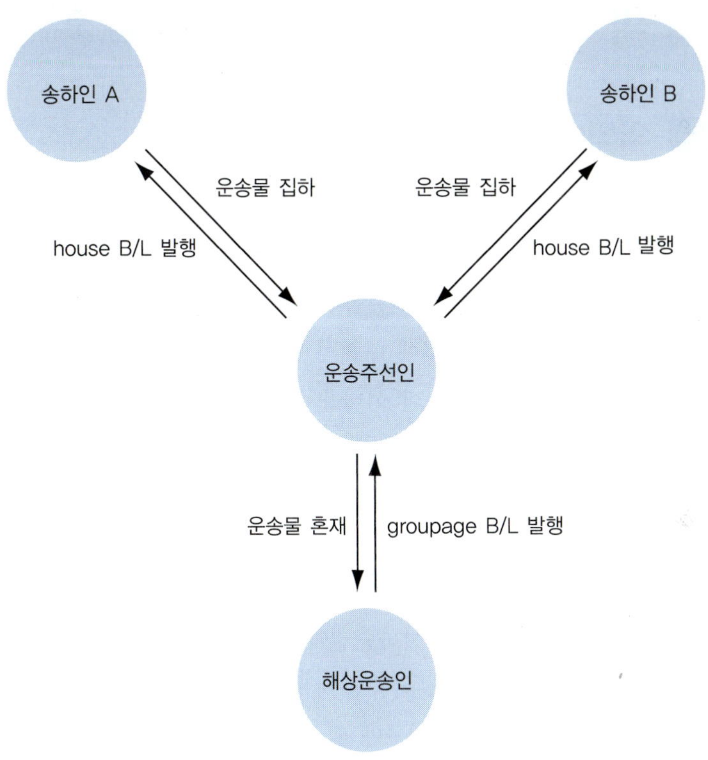

그림 7-6 ● 통합선하증권과 혼재선하증권의 발행 관계

53) Clive Schmitthoff, Schmitthoff's Export Trade, 7th ed., London, Stevens & Sons, 1980, pp. 357-358.

54) 林錫珉, 船荷證券論, 두남, 2000, 132쪽 참조.

55) 코리아쉬핑가제트, 最新 海運 · 物流用語大辭典, 제9 개정 증보판, 2002, 312쪽 참조.

제8절 용선계약 하에서 발행하는 선하증권

제1관 의의와 형식

1. 의의

용선계약 하에서 발행하는 선하증권(charter party bill of lading)이라 함은 하주가 대량의 운송물을 운송하기 위하여 1 항해 또는 일정 기간 선박의 운송 서비스를 이용하는 경우에 하주와 운송인이 용선계약을 체결하고, 그 계약에 의해 운송되는 운송물의 수령 또는 선적에 대해서 발행되는 선하증권을 말한다. 용선계약부 선하증권이라고도 하는데, 이러한 선하증권에는 용선계약 관계를 나타내는 문언을 표시하여 선하증권과 용선계약의 내용이 서로 충돌하지 않도록 하고 있다.

용선계약(charterparty)은 일종의 운송계약이고 선하증권 발행 행위는 운송계약에 기하여 운송물의 수령이나 선적을 증명하고 운송계약의 내용에 대한 증거로서의 추정적 증거를 가지는 증권을 발행하는 행위로서 계약의 종류와 내용이 서로 다르다고 보아야 한다. 통상 선하증권이 발행되는 것은 개품운송계약에서 그 증거로 발행되는 것이다. 그러나 선하증권은 용선계약 하에서도 운송물의 수령 또는 선적 시 발행될 수 있기 때문에 경우에 따라서는 성격이 다른 계약의 충돌로 인하여 법률관계가 복잡해 질 수 있다.

해운 실무에서는 개품운송계약에만 의하여 발행되는 경우 이상으로 용선계약 하에서 선하증권이 발행되는 경우도 많다. 예를 들면, ① 선박소유자가 항해용선계약을 체결하였는데, 이때 용선자가 선적한 운송물에 대하여 선박소유자가 선하증권을 발행하는 경우, ② 선박소유자가 정기용선계약을 체결한 후, 용선자가 그 선박을 자신의 정기항로 영업에 투입하고 운송을 의뢰한 제3자인 송하인에게 선하증권을 발행하는 경우, ③ 선박소유자가 항해용선계약을 체결하였는데, 항해용선자가 자신의 운송물을 싣고 남은 공간을 이용하여 다른 사람의 소량의 운송물을 운송하기로 하는 운송계약을 체결하고 그 제3자의 운송물을 선적하여 제3자인 송하인에게 선하증권을 발행하는 경우가 있다.

이 중 ②와 ③의 경우에는 특별한 이유가 있어서 선하증권이 발행되는 것이 아니라 용선계약의 당사자는 아니지만 제3자인 송하인의 운송물을 선적하기 때문에 운송인과 제3자인 송하인 사이에 선하증권이 발행되는 것이다. 그러므로 선하증권의 발행에 따른 효력을 별개로 다루면 된다. 그러나 ①의 경우처럼 용선자에게 선하증권이 발행되는 경우는 용선자와 운송인 사이에 이미 운송계약인 용선계약이 체결되어 있음에도 불구하고 따로 선하증권이 발행되므로 용선계약서와 선하증권의 기능과 효력이 서로 충돌할 수 있다. 그럼에도 불구하고 선하증권이 발행되는 것은 용선계약이 체결되어 있다 하더라도 용선자인 송하인으로서는 운송물의 수령·선적을 입증하고 목적지에서 운송물 인도 청구를 할 수 있는 화물수령증 또는 권원증권을 필요로 하기 때문이다.

예를 들어, 수출상이 운송물을 운송하기 위하여 항해용선계약을 체결하고 용선계약서를 소지하고 있다고 하더라도 다음과 같은 두 가지 이유 때문에 별도로 선하증권의 발행을 필요로 하게 된다. 첫째, 수출상은 운송물을 선적하고 나면 운송물의 선적에 대한 증거[56]를 확보하여 둘 필요가 있는데, 용선계약서는 이에 대한 증거로서의 기능을 가지고 있지 못하다. 둘째, 수출상은 양륙 항의 수하인에게 운송물을 처분할 수 있도록 할 필요가 있으며 이를 위해서는 운송물 인도청구권을 나타내는 권원증권이 발행될 필요가 있는데, 용선계약서는 권원증권이 아니기 때문에 선하증권이 필요하게 된다.

이와 같이 용선계약 하에서 선하증권이 발행되는 경우에는 법적으로 첫째, 선하증권 소지인이 누구인가에 따라 선하증권의 법적 지위와 효력이 달라지는가와 둘째, 선하증권과 용선계약서의 내용 중 어느 것이 우선적으로 적용되는가가 문제 된다.[57]

2. 용선계약 하에서 발행되는 선하증권의 형식

용선계약은 대체적으로 계약자유의 원칙에 따라 그 운송 조건이 계약 당사자 간의 합의에 의해 정해지고 그 합의 내용이 용선계약서로 작성된다. 용선계약 하에서 발행되는 선하증권의 운송 조건은 별도로 작성된 용선계약서에 구속되므로 그런 선하

56) 운송물의 수량, 외관 상태, 선적사실 자체에 대한 증거 등을 들 수 있다.

57) John F. Wilson, Carriage of Goods by Sea, 4th ed., London, Longman, p. 230.

증권은 대개 약식 선하증권의 형식(short form)을 사용하는 경우가 많다.

용선계약 하에서 발행되는 선하증권의 형식을 볼틱국제해운동맹(The Baltic and International Maritime Counsel)의 문서위원회(Documentary Committee)가 승인한 선하증권 양식에 따라 분류하면 다음과 같다.

표 7-3 ● 볼틱국제해운동맹의 승인 용선계약부 선하증권의 종류

종류(BIMCO code name)	용도
Bill of Lading(CONGENBILL, ed. 1978)	일반 용선계약 선하증권
Bill of Lading(CEMENTVOYBILL, ed. 1990)	항해용선계약 하에서 벌크 시멘트 운송을 위한 선하증권
Bill of Lading(FERTISOVBILL)	Fertisov 용선계약 하에서 운송되는 Soviet 비료 운송물을 위한 선하증권
Bill of Lading(POLCOALBILL, ed. 1980)	Polcoalvoy 용선계약 하에서 석탄 운송을 위한 선하증권
Bill of Lading(NUVOYBILL-84)	Nuvoy-84 용선계약에서 발행되는 선하증권
Bill of Lading(GRAINVOYBILL)	Grainvoy 용선계약에서 곡물 운송을 위하여 발행되는 선하증권
Bill of Lading(OREVOYBILL)	Orevoy 용선계약에서 광석 운송을 위하여 발행되는 선하증권
Bill of Lading(INTANKBILL, 78)	Tanker 용선계약에서 탱커로 운송되는 운송물을 위한 선하증권

※ 자료: 嚴潤大, 船荷證券論, 신대종, 2000, 106쪽.

제2관 선하증권 소지인에 대한 법률관계

1. 의의

선하증권 소지인에 대하여 용선계약과 선하증권 중 어느 것이 운송계약으로 인정될 것인가가 첫 번째 문제가 되는데, 이는 ① 용선자에게 발행된 선하증권을 용선자가 소지하고 있는 경우, ② 용선자가 아닌 제3의 송하인에게 선하증권이 발행되었다가 양도되어 용선자가 선하증권을 소지하고 있는 경우, ③ 용선자가 아닌 제3의 송하인에게 선하증권이 발행되어 제3자인 송하인이 소지하고 있는 경우, ④ 용선자에게 선하증권이 발행되었다가 양도되어 용선자 아닌 제3자가 선하증권을 소지하고 있는 경우로 나누어 볼 수 있다.

그리고 선하증권에는 용선계약의 내용을 삽입(incorporation)한다는 약관이 있는데, 선하증권이 운송계약으로 효력을 갖는 경우, 용선계약 삽입약관의 효력도 문제가 된다.

한편 신용장통일규칙에서 정하는 선하증권의 수리 요건과 관련하여서도 문제가 된다.

2. 선하증권 소지인이 용선자인 경우

1] 용선자에게 선하증권이 발행되어 용선자가 소지하고 있는 경우

이때 선하증권은 운송물의 수량, 외관 상태, 선적에 대한 증거인 화물수령증 및 운송물 인도청구권을 나타내는 권원증권에 불과하고, 용선계약만이 운송계약이다.

예를 들어, 운송 도중 선장의 과실로 운송물이 멸실되었는데, 용선계약서에는 선장의 과실이 면책사유가 아니었으나 선하증권에는 선장의 과실이 면책사유로 규정되어 있었던 경우에 운송인(선박소유자)과 선하증권 소지인인 용선자 사이에서는 용선계약이 운송계약이므로 운송인은 용선자에 대한 손해배상책임을 면할 수 없다고 판시한 사례가 있다.[58)]

2] 용선자가 아닌 제3자인 송하인에게 선하증권이 발행되었다가 양도되어 다시 용선자가 선하증권을 소지하고 있는 경우

이때에도 용선계약이 운송계약으로 인정된다. 영국에서는 선하증권이 운송계약으로 인정된다고 판시한 적도 있었으나,[59)] 판례가 변경되어 용선계약에는 중재조항이 있으나 선하증권에는 중재조항이 없었던 사안에서 운송물의 수량 부족을 이유로 한 손해배상 청구는 중재에 의하여 해결되어야 한다고 판시하였다.[60)]

58) Rodocanachi v. Milburm(1886) 18Q.B.D.67.

59) Calcutta Steanship v. Andrew Weir(1910) 1 K.B.759.

60) President of India v. Metcalfe Shipping(The Dunelmia)(1970)1 Q.B.289.

3. 선하증권 소지인이 용선자가 아닌 경우

1] 용선자가 아닌 제3자인 송하인에게 선하증권이 발행되어 소지하고 있는 경우

선하증권을 운송계약의 내용으로 인정한다. 용선자가 아닌 제3자인 송하인은 용선계약의 당사자가 아니므로 운송인과의 사이에는 선하증권만이 운송계약의 증거가 된다.

2] 용선자에게 선하증권이 발행되었다가 양도되어 용선자가 아닌 제3자가 선하증권을 소지하고 있는 경우

역시 선하증권이 운송계약의 증거로 인정된다.[61] 이와 같이 운송인(선박소유자)이 용선자에게 선하증권을 발행한 경우에 운송인과 용선자 사이에서는 용선계약이 운송계약이므로 선하증권은 화물수령증 및 권원증권으로서의 기능을 할 뿐이다.

1855년 영국 선하증권법 제1조는 선하증권의 양도 시 선하증권에 포함되어 있는 계약상의 권리 · 의무가 선하증권의 양수인에게 이전되는 것으로 규정하고 있지만 이것도 "선하증권에 포함되어 있는 계약(the contract contained in the bill of lading)" 상의 권리 · 의무가 이전되는 것이기 때문에 용선자에게 발행된 선하증권과 같이 선하증권을 운송계약과 별개로 보는 경우에는 선하증권의 양수인에게 이전될 만한 계약 자체가 없는 것으로 볼 수 있다. 이러한 이론적 어려움으로 인하여 영국 대법원의 Atkin 판사는 이러한 경우 선하증권의 양수인은 용선계약상의 권리 · 의무를 양수하는 것도 아니며 선하증권상의 용선자의 권리 · 의무를 양수하는 것도 아니고, 선하증권의 기재 내용에 따른 새로운 계약(new contract)이 생겨나는 것이라고 설명하였다.[62] 즉, 선하증권의 문언증권성이라는 성질에서 그 근거를 찾고 있다.

4. 선하증권에 용선계약의 내용을 삽입한 경우

1] 삽입약관(incorporation clause)의 의의

선하증권에는 용선계약의 내용을 선하증권에 삽입한다는 삽입약관을 자주 사용한

61) Leduc v. Ward(1888) 20 Q.B.D.475, Hain Steamship v. Tate & Lyle(1936)41 C.C.350.

62) "The consignee has not assigned to him the obligation of the charterer under the bill of lading, for ex hypothesi there are none. A new contract appears to spring up between the ship and the consignee on the terms of the bill of lading".(Hain steamship v. Tate & Lyle(1936) 41 C.C.350 at p.356).

다. 예를 들어, "운임과 기타 조건은 용선계약대로 함(freight and all other conditions as per charterparty)"과 같은 표현이다. 이는 흔히 선박소유자들이 선하증권 소지인에 대하여 용선계약 내용 이상의 책임을 부담하지 않기 위하여 삽입하는 문구이다. 이때 선하증권이 운송계약으로 인정되는 용선자 이외의 제3자가 선하증권 소지인인 경우에 삽입약관의 효력이 문제 된다.

2] 삽입약관의 효력발생 요건

영국 법원은 다음과 같은 세 가지의 요건이 충족되는 경우에 용선계약의 내용이 삽입약관의 기재대로 선하증권의 내용이 되어 그 효력이 인정된다고 하고 있다.

첫째, 삽입약관은 용선계약서가 아니라 선하증권에 기재되어 있어야만 한다. 대개 용선계약을 보면 선박소유자는 용선자가 요구하는 대로 선하증권을 발행하여야 할 의무를 부담한다고 규정하면서,[63] 그와 함께 그 발행되어야 할 선하증권의 양식을 규정하여 놓거나 그 선하증권에 포함되어야 할 용선계약의 일정한 조항들에 관하여 규정하고 있다. 그러나 이러한 용선계약서의 삽입문구만으로는 선하증권 소지인에 대하여 아무런 효력이 없고 오로지 선하증권에 기재되어 있는 용선계약 내용 삽입문구 만이 선하증권 소지인에 대하여 효력이 인정된다.[64]

둘째, 삽입약관은 삽입하려고 하는 용선계약의 내용을 구체적으로 표현하는 것이어야 한다(description issue). 삽입문구가 삽입될 용선계약의 내용을 제대로 적절하게 표현한 것인지의 여부와 관련하여서는, "용선계약의 어떤 내용이든지 간에(all terms whatsoever of the charterparty)"라는 포괄적인 내용의 문구는 용선계약의 모든 내용을 다 포함한 것이 아니고 운송물의 선적, 운송, 양륙 및 운임의 지급과 관련된 내용(terms of the charterparty which are relevant to the shipment, carriage and discharge of the cargo and the payment of freight) 만을 포함한 것일 뿐이고,[65] "모든 조건 및 면책사유는 용선계약서 대로 함(all conditions and exceptions as per charterparty)"이라는 문구에서의 "조건 및 면책사유(conditions and exceptions)"는 운송물의 운송, 양륙 및 인도에 관한 것을 의미하고 중재조항과 같은 부수적인 내용(collateral terms)까지 의미하는 것은 아니기 때문에 위 문구는 용선계약의 중재조항을 포함한 것이 아니라고 판시한 사례가 있다.[66]

63) Gencon 표준항해용선계약서 제9조, Baltime 표준정기용선계약서 제9조, NYPE 표준정기용선계약서 제8조.

64) The Varenna(1983) 2 Ll.R. 592.

65) The Garbis(1982)2 Ll.R.283.

66) The Varenna(1983)2 Ll.R.592.

또, 원래의 용선계약(head charterparty)과 재용선계약(sub-charterparty) 중 삽입문구에서 말하는 용선계약이 어느 것을 의미하는 것인지 명확하지 않을 때는 선하증권을 발행한 선박소유자가 체결한 원래의 용선계약(head charterparty)을 의미하는 것으로 보아야 함이 원칙이지만,[67] 이러한 경우에 원래의 용선계약이 정기용선계약이고 재용선계약이 항해용선계약이라면 정기용선계약보다는 항해용선계약의 내용이 선하증권에 삽입되기 적절한 것이기 때문에 위 삽입문구에서의 용선계약이 위와는 반대로 재용선계약(sub-charterparty)을 의미하는 것으로 보아야 한다고 판시한 사례도 있다.[68]

셋째, 삽입약관에 의하여 삽입되는 용선계약의 내용은 선하증권의 내용과 모순되지 않고 조화되어야 한다(consistency issue). 만약 그 내용이 모순될 경우에는 선하증권의 내용이 우선하게 된다. 이와 관련하여 "이 용선계약 하에서 발생하는 모든 분쟁은 중재에 의하여 해결하기로 한다(All disputes arising under this charterparty shall be referred to arbitration)"라고 하는 용선계약의 중재조항은 선하증권에서 발생하는 분쟁에 적용될 수 없다고 판시한 사례가 있다.[69]

또 "용선자는 체선료를 지급하여야 한다(Charterer shall pay demurrage)"라는 용선계약의 조항이 선하증권에 삽입된 사안에서 영국 대법원은 이 조항이 용선자의 책임을 규정한 것으로 선하증권 소지인에 대하여는 적용할 수 없다고 판시하였다.[70] 이 조항의 삽입 목적은 선하증권 소지인에게도 용선자와 동일한 책임을 지우도록 하는 것이므로 이 조항상의 "용선자(charterer)"라는 표현을 "선하증권 소지인(bill of lading holder)"으로 수정하여(verbal manipulation) 이 조항이 선하증권 소지인에게도 적용될 수 있도록 허용하여야 한다는 반대론도 있었지만[71] 채택되지 아니하였다. 결국 선하증권에 삽입되는 용선계약의 내용은 그 삽입의 목적에 비추어 선하증권의 내용과 조화되도록 수정하여(verbal manipulation) 적용하는 것을 허용하지 않는 것이고, 단지 계약의 당사자가 누구인가에 따라 진정한 계약이 무엇인지 또한 계약의 진정한 주체가 누구인지에 따라 그 효력이 달라진다고 보아야 한다.

---

67) The Sevonia Team(1983) 2 Ll.R.640, The San Nicholas(1976)1 Ll.R.8.

68) The S.L.S. Everest(1981)2 Ll.R. 389.

69) Hamilton v. Mackie(1889)5 T.L.R. 677.

70) The Miranar(1984)2 Ll.R.129.

71) 이보다 앞서 The Annefield(1971) 1 Ll.R. 1 사건에서는 이러한 내용의 수정(verbal manipulation)을 허용하여 용선계약의 중재조항이 선하증권 하에서 발생하는 분쟁에 적용될 수 있도록 하여야 한다는 의견이 설시된 적이 있었다.

5. 선하증권에서의 운송인

1] 의의

용선계약이 체결된 상태에서 선하증권이 발행되는 경우에 제기되는 또 하나의 문제는 선박소유자와 용선자 중 누가 선하증권에서 말하는 운송인인가 하는 문제이다.[72)] 선하증권이 용선자에게 발행되는 경우에는 선박소유자가 운송인임이 분명한데, 문제는 선하증권이 용선자가 아닌 제3자에게 발행되는 경우에 발생한다. 예를 들어 선하증권 소지인이 운송물의 멸실 · 훼손에 대하여 손해배상 청구를 함에 있어서 그 상대방인 운송인을 잘못 선택하게 되면 준거법에서 정하고 있는 제소기간(헤이그 규칙 또는 헤이그-비스비 규칙상의 제소기간인 1년의 기간)을 도과시켜서 손해배상 청구가 불가능하게 될 가능성이 높다. 그러나 이 문제는 개개의 사안별로 계약관계 또는 사실관계를 검토하여 당사자의 의사가 어떤 것이었는지에 따라 판단할 수밖에 없는 사실판단의 문제다. 또 이에 관하여서는 용선계약의 종류에 따라 그 법적 성질과 적용 법리가 다르기 때문에 이를 구분하여 판단하여야 한다.[73)]

2] 선체용선계약 하에서 발행된 선하증권

선박소유자와 용선자 사이의 관계가 선체용선계약(船體傭船契約 또는 船舶賃貸借 ; bareboat or demise charterparty)으로 인정되는 경우에는, 당해 선박을 점유, 관리, 운항하고 선장을 지휘 · 감독하는 사람은 선체용선자이지 선박소유자가 아니므로, 선하증권의 운송인은 선체용선자가 된다.[74)]

72) 이것을 운송인의 정체성 문제(identity of carrier)라고 한다.

73) Samuel v. West Hartlepool Steam Navigation 사건에서 Walton 판사는 다음과 같이 말하고 있다 : "이 점에 관하여 많은 판결들이 인용되었고, 어느 정도는 서로 모순되어 보인다. 그러나 이 문제는 개개 사안에 있어서의 서류와 정황에 따라 결정되는 사실관계의 문제이기 때문에, 외견상 모순되어 보이는 것은 주로 개개 사안에 있어서의 서류와 정황들이 서로 다르기 때문에 생겨난 것으로 보인다. 그러나 어느 정도 정형적인 사안들이 있다. 예를 들면, 선체용선(船體傭船 또는 船舶賃貸借 ; demise of the vessel)에 해당하는 용선계약의 경우에는 선하증권에서 송하인과의 계약은 용선자와 송하인 사이에 이루어진 것이지 선박소유자와 송하인 사이에 이루어진 것이 아님이 명백하다. 또 용선계약의 용선자가 오로지 만재운송물(full cargo)을 선적하기로 하고 운임지급을 보증하는 것 이외에 다른 의무를 부담하지 않는 사안도 있다. 이러한 경우에는 용선자가 만재운송물을 선적하고 선하증권상의 운임을 초과하는 용선운임을 합의된 방식으로 지급하거나 지급을 보증함으로써 그 책임이 종료한다는 내용이 흔히 규정되어 있다. 이러한 경우 선하증권 하의 운송계약은 통상적으로 선박소유자와 송하인 사이에 이루어진 것이다. 그러나 이러한 종류의 사안에 있어서 조차, 나의 의견으로는, 어떤 철칙을 세워둔다는 것은 별로 안전하지 못하다고 생각된다. 이러한 종류에 속한 사안들에 있어서조차도 그 정황과 서류의 내용은 개개 사안에 따라 얼마든지 다를 수 있다. 그리고 내가 설명한 이 두 가지 타입이나 종류의 중간에는 무수히 다양한 중간적인 사안들이 존재한다(Samuel v. West Hartlepool Steam Navigation(1906) 11 Com. Cas.115 at 125, 126).

74) Baumwoll Manufactur v. Furness(1893) A.C .8; Samuel v. Hartlepool Steam navigation(1906) 11 Com. Cas. 115.

3] 정기용선계약과 항해용선계약

1 운송인의 판단기준

정기용선계약(time charterparty) 또는 항해용선계약(voyage charterparty)으로 운송계약이 체결된 경우에는 당해 선박을 점유 · 관리 · 운항하며 선장을 지휘 · 감독하는 사람은 선박소유자이고, 선장은 그의 대리인이다. 그러므로 선장이 선하증권을 발행하는 경우에는 선하증권에서 말하는 운송인은 선박소유자로 추정됨이 원칙이다.[75] 또 용선자나 용선자의 대리인이 "선장을 대리하여(for the master)"라는 문구 하에 선하증권에 서명하고 이를 발행한 경우에도 선장은 선박소유자의 대리인이므로 역시 선하증권상의 운송인은 선박소유자로 인정된다고 한 사례들이 있다.[76]

반면, 다음과 같은 경우에는 선박소유자를 운송인으로 인정하기가 부적당하다고 판단하여 용선자가 선하증권상의 운송인으로 인정된다.

첫째, 선하증권의 모두(冒頭)에 용선자의 이름이 기재되고 또한 그 안에 운송계약이 송하인과 용선자 사이에 체결된 것이라고 명시된 경우.[77]

둘째, 용선자가 유명한 정기선 운송업자로서 자신의 선대(船隊 ; fleet)를 보충하기 위하여 정기용선한 선박으로 운송한 운송물에 관하여 용선자의 이름이 기재된 선하증권을 선장이 서명 · 발행한 경우.[78]

셋째, 선하증권에 운송인을 확인하는 조항인 "identity of carrier clause"가 있는데, 여기에 용선자를 운송인이라고 명시하고 있는 경우.[79]

넷째, 용선자가 정기선 운송업자로서 자신의 선대를 보충하기 위하여 정기용선한 선박으로 운송한 운송물에 관하여 자신의 이름으로 선하증권을 서명 · 발행한 경우.[80]

다섯째, 선하증권에 "사용약관"(demise clause)이 있어서 용선자가 운송인이 될 수 없음에도 불구하고 선하증권 소지인이 그 사실을 잘 모르고 용선자를 운송인이라고 오해하여 용선자에게 배상청구를 하자, 용선자의 대리인이 마치 용선자가 운송인인 것처럼 그 배상청구에 대하여 계속 협상을 진행시킴으로써 선하증권 소지인으로 하여금 위 오해를 진정한 것으로 믿게 만들고 또 한편 진정한 운송인인 선박소유자에 대한 배상청구의 제소기간을 지나게 만들어 선박소유자에 대한 배상청구권을 잃

---

75) Sandeman v. Scurr(1866) L.R. 2 Q.b. 86; Manchester Trust v. Furness, Withy(1895) 2 Q.B. 282 and 539.

76) Tillmanns v. Steanmship Knutsford(1908) A.C. 406; Wilston Steamship v. Andrew Weir (1925) 31 Com. Cas. 111.

77) Samuel v. West Hartlepool Steam Navigation(1906)11 Com.cas. 115.

78) Paterson, Zochonis v. Elder, Dempater(1922) 12 Ll.R. 69.

79) The Venezuela(1980)1 Ll.R.393.

80) The Okehampton (1913) P.173.

게 만들었다면, 용선자로서는 더 이상 자신이 운송인이 아니라고 주장할 수 없다는 내용의 금반언의 법리(doctrine of estoppel)가 적용되었던 경우.[81)]

위의 경우 중 첫째 내지 넷째의 경우에는 선하증권의 발행 주체가 용선자이고, 소위 선하증권으로 증명되는 운송계약의 주체가 용선자이기 때문에 당연히 용선자가 책임 주체가 된다. 이는 용선계약과는 별개의 문제로서 선하증권의 법률관계에 의한 당연한 효력이다.

그리고 다섯째의 경우는 영미법상의 금반언의 법리가 적용된 것인데, 민법상 표현대리의 법리가 적용되어도 동일한 법리 구성이 가능할 것으로 보인다.

2 사용약관(demise clause) 또는 운송인확인약관(identity of carrier clause)이 있는 경우

선하증권에 사용약관(demise clause) 또는 운송인확인약관(identity of carrier clause)이 규정되어 있는 경우 영국 법원은 그 조항의 기재 내용대로 선박소유자를 운송인으로 인정하고 있다. 여기서 사용약관(demise clause)[82)]이란 선하증권을 발행한 회사가 그 선박의 소유자이거나 선체용선자가 아닌 경우에는 선하증권은 그 회사가 선박소유자 또는 선체용선자의 대리인으로 발행한 것으로서 선박소유자 또는 선체용선자 사이의 계약으로서 회사는 이와 관련하여 아무런 책임도 부담하지 않는다는 내용의 조항이다. 또 운송인확인약관(identity of carrier clause)[83)]이란 그 선하증권은 선하증권 소지인과 선박소유자 사이의 계약이고 선하증권에 근거한 계약위반으로 인한 손해는 전적으로 선박소유자만이 부담한다는 내용의 조항이다.

이 사용약관(demise clause) 또는 운송인확인약관(identity of carrier clause)의 효

81) The Henrik Sif (1982) 1 Ll.R.456.

82) "demise clause"의 예문
"이 선박이 이 선하증권을 발행한 회사에 의하여 소유되거나 선체용선되지 아니한 경우(이와 반대되는 것으로 보이는 어떤 사항이 있다 하더라도), 이 선하증권은 이 회사가 선박소유자 또는 선체용선자(선박임차인)의 대리인으로 체결한 것으로서 본인인 선박소유자 또는 선체용선자(선박임차인)와의 사이의 계약으로서의 효력을 가지며, 이 회사는 오로지 대리인으로서 행위를 한 것이고 이와 관련하여 어떠한 책임도 부담하지 아니한다(If the ship is not owned or chartered by demise to the company or line by whom this Bill of Lading is issued(as may be the case notwithstanding anything which to the contrary) the Bill of Lading shall take effect as a contract with the Owner or demise charterparty as the case may be as principal made through the agency of the said company or line who act as agent only and shall be under no personal liability whatsoever in respect thereof.)"

83) "identity of carrier clause"의 예문
"이 선하증권에 의하여 증명되는 계약은 상인과 여기에 기재된 선박의 소유자 사이의 계약이고, 따라서, 운송계약으로부터 발생한 의무의 위반이나 불이행으로 인한 손해나 멸실에 대하여서는 오로지 그 선박소유자만이 책임을 부담하기로 합의되었다.(The contract evidenced by this bill of lading is between the Merchant and the Owner of the vessel named herein and it is, therefore, agreed that the said shipowner alone shall be liable for any damage or loss due to any breach or non-performance of any obligation arising out of the contract of carriage.)"

력에 대하여서는 그 유효성을 부정하는 입장과 인정하는 입장이 대립되어 있다. 그 유효성을 부정하는 입장은 주로 위의 약관은 헤이그 규칙 또는 헤이그-비스비 규칙 제3조 제8항을 위반하였기 때문에 무효라는 것이다. 즉, 용선자가 손해배상책임을 부담하여야 할 사안에서 단지 선박소유자를 운송인으로 본다는 조항 때문에 용선자가 그 손해배상책임을 면할 수 있다고 한다면 이는 헤이그 규칙 또는 헤이그-비스비 규칙 제3조 제8항 위반이므로 무효라고 한다.[84] 미국[85]과 캐나다 법원[86]이 이러한 입장이다. 이에 반하여 그 유효성을 인정하는 입장은 이들 약관은 운송인인가를 결정하고자 하는 것일 뿐이지 책임을 면하고자 하는 취지의 것이 아니기 때문에 헤이그 규칙 또는 헤이그-비스비 규칙 제3조 제8항 위반이라고 할 수 없다고 해석하는데,[87] 영국 법원의 확고한 입장이다.[88]

6. 신용장통일규칙상 용선계약부 선하증권의 수리요건

신용장통일규칙에서는 용선계약부 선하증권은 은행이 수리하지 않는다고 규정하고 있으나(UCP 600 제19조, 제20조, 제21조), 해당 신용장이 특별히 용선계약부 선하증권을 요구하거나 허용하는 경우에 한하여 수리된다. 그러나 이와 같이 수리를 허용하는 경우라 하더라도 반드시 선하증권에 선하증권 외에 "용선계약에 따른다(subject to charter party)"라는 표시가 있어야 수리될 수 있다고 규정하고 있다(UCP 600, 제22조).

84) William Tetley, Marine Cargo Claims, 3rd edition, Montreal, BLAIS, 1988, p. 249, 250, 251 ; F.M.B. Reynolds, "Demise Clause in Bill of Lading", Journal of Business Law, 1982, p. 1165, " The Demise Clause and the Hague Rules", Lloyds Maritime and Commercial Quarterly, 1987, p. 259, "The Demise clause-The Jalamohan", Lloyd' s Maritime and Commercial Quarterly, 1988, p. 285, "The Demise Clause Again", Lloyds Maritime and Commercial Quarterly, 1990, p. 494.

85) Epstein v. United States 86 F. Supp. 740(S.D.N.Y.1949), Blanchard Lumber v. Steamship Anthony II 259 F. Supp.857(S.D.N.Y.1966), Joseph L. Wilmotte v. Cobelfret Lines 289 F. Supp. 601(M.D.Fla. 1968).

86) The Mica(1973) 2 Ll.R.478, Carling Okeefe v. C N Marine (1987) A.M.C.954.

87) R. M. Goode, Commercial Law, Penguin Books, 1982, p. 606, 607 ; John F. Wilson, Carriage of Goods by Sea, Pitman, 1991, p.221.

88) The Berkshire(1974) 1 Ll.R. 185; The Vikfrost(1980) 1 Ll.R. 560; The Henrik Sif(1982) 1 Ll.R. 456, The Jalamohan(1988) 1 Ll.R. 443.

제9절 특수한 선하증권

제1관 히치먼트 선하증권

1. 의의

히치먼트 선하증권(hitchment bill of lading)이란 운송물이 다른 지역에 위치한 2개 이상의 선적항에서 선적되었지만 하나의 선하증권으로 이를 커버하여 발행된 선하증권을 말한다. 예를 들면, 수출업자가 수입업자로부터 1000톤의 原綿(raw cotton) 신용장을 받은 경우, 수출업자가 운송물 확보 등의 이유 때문에 갑 운송인의(A vessel, voyage no. 123)이 하와이항에 기항했을 때 300톤을 선적하고, 동일 항해선박(A vessel voyage no. 123)의 다음 기항지인 L.A.항에서 나머지 700톤을 선적한 뒤 갑 운송인으로부터 두 선적항에서 선적된 총 1000톤에 대한 하나의 선하증권을 발행 받는 경우를 말한다.

해운동맹 등의 운임요율표(tariff)에 규정된 히치먼트 선하증권의 발행 요건은 다음과 같다. ① 동일 선박(single vessel)에 선적될 것, ② 목적지가 동일할 것, ③ 송하인 및 수하인이 각각 동일인일 것, ④ 선적 일자는 운송물 전량이 선적된 日字일 것, ⑤ 운송물의 명세(운송물의 종류, 컨테이너 번호, 중량, 용적 등)는 선적항별로 구분하여 명시할 것, ⑥ 운임은 각 선적항에 적용되는 요율을 적용할 것, ⑦ 운임요율표(tariff)가 있는 경우 히치먼트 선하증권 비용(hitchment bill of lading charge)을 선하증권에 명시하고 청구할 것 등이다.[89)]

2. 법률관계

신용장에서 분할선적을 금지하는 조건이라고 하더라도 히치먼트 선하증권은 은행에

89) FEFE and Allied Conferences NT90, Rule no. 1.4.4 ; 한진해운 컨테이너 Tariff 030 Rule no. 2-U8; 嚴潤大, 船荷證券論, 신대종, 2002, 99쪽.

서 수리한다. 히치먼트 선하증권의 경우 선적항이 두 개 이상이고 선적 일자도 상이하지만 그것은 동일 선박 및 동일 항로로 이행되기 때문에 신용장통일규칙에서 이를 분할선적으로 간주하지는 않기 때문이다(UCP 600 제31조).

제2관 지체 선하증권

1. 의의

이는 선하증권의 종류를 설명하는 개념이 아니라 신용장통일규칙의 해석과 관련된 개념이다. 즉 선하증권은 운송물 선적 후 신용장에 명시된 일정한 기간 내에 은행에 선하증권을 제시하고 화환어음의 할인을 받아야 하는데, 신용장에 명시된 어음할인 기간이 이미 경과한 선하증권을 지체 선하증권(stale bill of lading)이라 한다.

지체 선하증권이 되는 원인은 크게 다음과 같은 두 가지의 경우를 생각할 수 있다. 첫째, 매도인이 매수인을 결정하지 않은 상태(즉 신용장이 개설되지 않은 상태)에서 일단 선적부터 한 다음 나중에 매수인을 물색하는 경우로서, 선하증권이 발행된 날로부터 21일이 경과한 시점에 신용장을 받은 경우를 들 수 있다.

둘째, 매수인이 결정되었어도 그가 고의적으로 선적 후 21일이 경과되도록 신용장을 개설하지 않은 경우가 있다. 이는 매매자의 특별한 사정에 의해서 매도인의 양해 하에, 또는 상당 기간 신용이 쌓여진 당사자들 간에 있어서 목적지에 운송물이 도착할 시점 또는 도착 이후에 매수인이 신용장을 개설해 주는 조건으로 선적하는 경우이다. 이렇게 되면 수출업자는 상품을 선적한 후 운송인으로부터 선하증권을 발행받고도 신용장이 없어 은행에 매입을 하지 못하고 있다가 21일이 경과한 이후에야 신용장을 받고 은행에 선하증권을 제시하게 되므로 자동으로 지체 선하증권이 되어 버린다.

2. 법률관계

첫째, 신용장의 수익자(수출업자)는 신용장에 명시된 기간 내에 선하증권 등이 첨부된 화환어음을 제시하여야 은행이 매입 · 인수 또는 지급을 할 수 있다. 신용장통일규칙에서는 선적일과 유효기간의 명시 외에 그 선적서류의 제시기한도 규정하고 있다. 또 제시기한이 신용장에 명시되지 않은 경우에는 선하증권 발행일로부터 21일

이내에 제시되어야 한다고 규정하고 있기 때문에(UCP 600, 제14조), 이 기간이 경과한 후에 은행에 제시하면 신용장에 지체 선하증권 수리가능(stale bill of lading Acceptable)이란 명시조항이 없는 한, 은행은 이를 수리하지 않는다.

둘째, 지체 선하증권으로 운송된 운송물의 인도와 관련된 문제가 있다. 즉, 우리나라로 수입되는 원자재 중 폐지(waste paper) · 原皮(raw hide) · 스크랩(scrap metal) 등은 신용장이 개설되지 않은 상태 또는 보세창고 인도 조건(bonded warehouse transaction export: BWT)[90)]으로 선적되는 경우가 많다. 이런 경우에는 운송물이 도착할 때까지도 수입업자가 신용장을 개설해 주지 않아 수출업자 측에서는 선하증권을 은행에 취결(negotiation)하지 못하게 되므로 목적지의 수입업자도 당연히 선하증권 원본을 소지할 수 없다. 그러므로 운송물이 목적지에 도착하여도 선하증권을 제시하는 자가 없으므로 운송물을 인도할 수 없게 된다. 이때 우리나라 관세법상으로는 양륙 항의 컨테이너 야드에 무한정 보관할 수도 없게 되어 있으므로 일정 기간이 경과하면 다른 보세구역으로 옮겨 놓아야 하므로 불필요한 경비가 발생하기도 한다. 또 수입 운송물에 대한 우리나라 관세규정상 보세운송신고인은 하주, 보세운송업자, 관세사 등이 보세운송의 승인 신청을 할 수 있는데, 세관의 승인 심사에서는 진정한 수하인인지의 여부를 묻지 않으므로 선하증권상의 통지처 등 적법한 수하인의 자격이 없는 자도 보세운송을 해갈 수 있는 허점이 있다(보세운송에 관한 고시(관세청고시 98-76 개정 98.12.11) 제3-2-3조). 이러한 허점을 이용하여 일부 악의를 가진 수입업자의 경우에는 운송물 도착 시까지 신용장을 개설해 주지 않거나, 비록 개설하였더라도 매매 대금을 지급하지 않은 상태에서 위조한 은행 보증장(L/G)을 이용하거나 운송인에 대하여 하주의 유리한 지위를 이용하여 하주의 보상장(company letter of indemnity or affidavit 등) 만을 제시하고 운송물을 자가장치장으로 보세운송 해 가서는 임의로 이를 사용한 후 도산 · 도피하여 운송인이 사후에 선하증권 소지인 또는 선하증권을 소지한 은행으로부터 손해배상 청구를 받는 사례가 발생되기도 한다. 특히 정기선 운송의 경우에는 운송물이 선적된 후 21일이나 늦게 제시되어 지체 선하증권이 된 경우에는 수하인이 운송물 도착 시 선하증권 원본을 입수하는 것이 불가능하므로 보증장(L/G)에 의한 운송물 인도가 불가피하다는 점에서 이러한 제도상의 취약점은 심각한 문제가 아닐 수 없다.[91)]

---

90) 보세창고 인도 조건에 의한 수출을 가리킨다. 수출업자가 자기 책임 하에 수입국의 보세창고까지 수출 운송물을 반입해 두고 현지에서 수입업자를 물색하여 계약이 체결되면 상품을 인도하는 방식이다(코리아쉬핑가제트, 最新 海運 · 物流用語大辭典, 제9개정증보판, 2002, 130쪽).

91) 嚴潤大, 船荷證券論, 신대종, 2002, 102-102 쪽.

현재의 우리나라 제도상으로는 운송인 스스로가 보증장의 진위 여부에 대한 확인, 보세운송 동의 및 운송물의 인도 등의 절차 이행 시 상당한 주의를 기울일 수밖에 없다.

제3관 제3자 선하증권

1. 의의

선하증권에 송하인(shipper)으로 표시되는 자는 신용장의 수익자(beneficiary)가 되는 것이 원칙이나, 수출입 당사자가 아닌 제3자를 송하인으로 기재하여 선하증권을 발행하는 경우가 있는데, 이러한 선하증권을 제3자 선하증권(third party bill of lading; neutral party bill of lading)이라고 한다. 주로 중계무역 등에서 사용한다.

2. 법률관계

신용장통일규칙에서는 신용장에 반대의 문언이 없으면 은행이 수리하도록 규정하고 있다.[92)]

제4관 환적 선하증권

1. 의의

환적 선하증권(transhipment bill of lading)이라 함은 운송물을 목적지까지 운송하는 도중 중계항에서 다른 선박에 환적하여 최종 목적지까지 운송할 때 발행되는 선하증권을 말한다.

이 선하증권의 앞면에는 with transshipment at Singapore 또는 on-carrier … 등의 문언이 기재된다. 보통은 with transshipment at …의 공란에 접속항을 기재하고,

92) 林錫珉, 船荷證券論, 두남, 2000, 134쪽.

on-carrier…의 공란은 그대로 두어 접속이 빨리 이루어지도록 한다.

한편, 선적항에서 최종 양륙 항까지 환적하지 않고 직항할 경우 이러한 해상운송에서 발행되는 선하증권을 직항 선하증권(direct bill of lading)이라고 부르기도 한다.

또 컨테이너 운송 시 피더 운송(feeder service)[93]은 여기서 말하는 환적의 개념이 아니므로 환적 선하증권을 발행할 필요가 없다.[94]

2. 법률관계

첫째, 각 구간 운송인은 선하증권에 연서(連署)하여 수하인 또는 선하증권 소지인에 대하여 연대책임을 진다.

둘째, 환적은 운송물의 손상 · 연착은 물론 환적비용이 발생할 가능성이 높기 때문에 신용장에 환적금지(transshipment prohibited)라는 문언을 기재하여 환적을 금지하고 있다. 그러나 금지문언이 없으면 환적은 허용된다.

제5관 부서 선하증권

도착된 운송물에 운임 또는 그 밖의 채무가 미해결 상태에 있을 경우에는 수하인이 채무를 해결하지 않으면 선장은 운송물에 대하여 유치권을 행사하기 때문에 운송물을 수령할 수 없다(상법 제807조 제1항, 제2항). 이때 운송인은 채무의 해결을 확보하기 위하여 선하증권에 please deliver upon endorsement라고 발행하고 배서가 있으면 운송물을 인도하는데 이와 같이 서명을 조건부로 발행하는 선하증권을 부서(副署) 선하증권(countersign bill of lading)이라 한다.

93) 정기선 운항은 운항 채산성을 고려하여 정해진 몇몇 항구에만 기항하게 된다. 이들은 주로 물동량이 일정 수준에 달해 있고 항만시설이 양호한 항구들이다. 반면 항만시설이 미비하여 대형선박이 입항할 수 없거나 혹은 물동량이 소량인 항구는 취항 선박이 직접 기항하는 대신 철도나 자동차 또는 소형 피더선 등을 이용하여 보조적인 운송을 하게 된다. 이 경우 주로 피더선(feeder)을 이용하게 되므로 이러한 운송을 피더서비스(feeder service)라 한다(코리아쉬핑가제트, 最新 海運 · 物流用語大辭典, 제7증보개정판, 1996, 213쪽).

94) 林錫珉, 船荷證券論, 두남, 2000, 135쪽.

제6관 목적지 선하증권

1. 의의

선하증권은 운송물의 선적지에서 발행하는 것이 원칙이나 송하인의 요구에 따라 운송물의 최종 목적지 또는 송하인이 원하는 장소에서 발행하여 운송물의 수령에 편의를 제공하기 위하여 발행하는 선하증권을 목적지 선하증권(目的地 船荷證券 : destination bill of lading)이라 한다(UCC §7-305).

2. 법률관계

목적지 선하증권을 발행하는 것은 소위 선하증권의 위기 또는 고속선 문제를 해결하기 위한 하나의 편법으로서, 목적지에서 선하증권을 발행하여 운송물의 도착과 동시에 선하증권을 제시할 수 있도록 하는 것을 목적으로 하는 것이다. 주로 母회사와 子회사간의 거래 등과 같이 대금결제에 있어서 문제가 발생하지 않는 경우에 사용된다.

제7관 포트 선하증권

1. 의의

포트 선하증권(port bill of lading)은 운송물이 운송인에게 인도되었고, 선박도 입항하였지만 본선에 아직 선적되지 않은 경우에 발행되는 일종의 수령 선하증권이다.

2. 법률관계

신용장통일규칙에서는 선적 선하증권의 요건을 지키기 위하여 컨테이너 운송물의 양륙지와 최종 목적지가 다른 경우를 제외하고는 본선, 선적항, 양륙 항이 확정되어야 한다고 규정하고 있다. 그러므로 예정된(intended) 또는 이와 유사한 용어가 사용된 서류는 수리가 거절된다(UCP 600, 제20조). 따라서 선적 전에 발행되는 포트 선하증권은 신용장에 별도의 명시 규정이 없는 한 사용이 금지되고 있다.[95)]

95) 林錫珉, 船荷證券論, 두남, 2000, 137쪽.

제8관 커스터디 선하증권

1. 의의

커스터디 선하증권(custody bill of lading)은 운송물은 운송인에게 인도되었지만, 본선이 아직 입항하지 않은 경우에 발행되는 수령 선하증권의 일종이다. 미국에서 원면 운송에 이용되었으나 지금은 거의 사용되지 않는다.

2. 법률관계

포트 선하증권과 마찬가지로 신용장에 별도의 명시규정이 없는 한 사용이 금지되고 있다.

제9관 소화물수령증

1. 의의

운송인(선박회사)이 소화물을 수령하고 송하인에게 발행하는 증권을 소화물수령증이라 한다. 소화물수령증의 법적 성질은 유가증권으로서, 선하증권과 그 성질이 같다.

소화물수령증의 발행 형식은 운송인(선박회사)에 따라 다른데, 보통 선박의 국적, 선장명, 선적항, 증권작성지 등이 생략되어 있고 면책조항은 그대로 기재되어 있다. 수하인의 표시는 선택지시식(optional order form)으로 하며, 발행부수는 통상 1통이다. 이를 교부한 운송물에 대하여는 선하증권을 발행하지 않는다.

2. 법률관계

화환어음의 저당, 매매, 양도 등의 기능을 가지고 있어 수령 선하증권과 유사하여 선적 전이라도 발행할 수 있다.

Chapter 08

해상화물운송장

제 1 절 개념과 연혁

제1관 해상화물운송장의 개념

해상화물운송장(sea waybill)이라 함은 해상물건운송계약에 기해서 운송인이 운송물을 수령 또는 선적하였음을 확인하고 그 증권에 기명된 수하인에게 그 운송물을 인도할 것을 약정하는 해상물건운송계약의 비유통 운송증권을 말한다.[1] 1977년 국제연합유럽경제위원회에서는 해상화물운송장을 비유통 증서로서 해상물건운송계약 및 운송인의 운송물 인수 또는 양륙을 증명하고, 운송인이 증권에 기재된 수하인에게 운송물을 인도할 것을 약속하는 비유통식 서류로 정의하였다. 또한 국제해운회의소(International Chamber of Shipping; ICS) 역시 위와 같은 내용의 정의를 채택하였다.[2]

즉, 해상화물운송장은 운송인이 운송물을 선박으로 운송할 때에 발행하는 화물수령증이고, 유가증권이 아닌 유통성 없는 기명식운송장으로써, 운송인수조건기재서를 겸하여 갖춘 것을 말한다.

원래 운송장(waybill)[3]은 운송물을 나타내는 서류가 아니었기 때문에, 해상운송기간 중에도 운송물의 매매는 할 수 없었다. 그러므로 역사적 관점에서 보면 선하증권과 운송장의 본질적인 차이점은 선하증권은 운송인이 그의 고객에게 한 약속인 반면, 운송장은 운송인이 개입되지 않은 상태로, 송하인이 수하인에게 하는 통지에 불과하다는 점이다. 이러한 본질적 차이점은 운송장이 운송물을 나타내지 않는 이유와

1) 嚴潤大, 'SEA WAYBILL의 활용을 위한 입법방향', 한국해법학회지 제23권 제2호, 2001.11, 161쪽 참조.

2) 서영화, "개정 상법상 해상화물운송장에 대한 법적 검토," 국제운송물류법의 법적 과제, 국제거래법학회/한국해법학회/동아대학교 법학연구소, 2007. 9, 29, 30-31쪽.

3) 운송장(waybill)은 좁은 의미로는 해상화물운송장(sea waybill)을 의미하는 것이지만, 연혁적으로 보면 도로운송에서 사용된 운송장(waybill)과 해상화물운송장(sea waybill)을 포함하는 넓은 의미로 사용된다. 이하에서는 도로운송장(waybill)과 해상화물운송장(sea waybill)을 포함하는 넓은 의미로 사용될 경우와 도로운송장(waybill)을 사용하는 경우에 모두 운송장(waybill)을 사용하기로 한다.

운송장의 소지가 운송물의 인도를 위한 요건이 아닌 이유를 설명하는 것이다. 이러한 연혁적 이유와 운송장의 성질에 의하여 수하인은 운송장에서 기명된 당사자이므로 만약 수하인이 자신을 확인할 수 있다면, 그리고 그가 운송인이나 그의 대리인에 의하여 최종 목적지에서 운송물의 인도를 요구하면, 그는 운송물이 도착하는 대로 바로 운송물을 인도받을 권리를 가지는 것이다.[4)]

실무상으로는 비유통 해상화물운송장(non negotiable sea waybill), 정기선 운송장(liner waybill), 해상화물운송장(ocean waybill), 운송물부두수령증(cargo quay receipt), 데이터화물수령증(data freight receipt), 화물운송장(freight waybill) 등으로 다양하게 불리고 있고, 그 번역도 해상운송장, 해상화물운송장, 해상운송증권 등으로 역시 다양하게 사용되고 있다.[5)]

해상화물운송장이 사용되기 시작한 것은 다음과 같은 이유에서 출발하였다. 즉 1970년대에 들어오면서 컨테이너화 등에 의한 운송 형태의 변화와 기술 혁신에 의한 선박의 고속화에 의해서 선하증권보다 운송물이 먼저 목적항에 도착하는 경우가 일어나게 되었다. 이러한 문제는 일반적으로 선하증권의 위기(the bill of lading crisis) 또는 고속선 문제(the fast ships problem)로 불리고 있다.[6)] 운송물을 운송하는 선박 편으로 선하증권을 송부하던 시대에는 당연히 운송물이 먼저 목적항에 도착되었지만, 항공편으로 서류를 송부하게 되면서 이러한 문제는 자연스럽게 해결되어 왔다. 그러나 최근 인접 각국과의 거래에서는 항공편에 의한 선적서류의 송부보다도 빠르게 운송물이 도착하는 경우가 생김으로써 이러한 문제가 심각하게 되었다.

선하증권보다도 운송물이 먼저 목적항에 도착하는 것은 수하인이 운송물의 도착과 동시에 운송물을 수령할 수 없을 뿐만 아니라, 그로 인한 선박 운항 지연으로 인한 항만의 혼잡은 물론이고 체선료의 증가, 창고료, 보관료의 발생에 의한 비용의 증가도 문제가 되고 있다. 이와 같은 문제의 해결책으로서는 선하증권 원본 1통의 선장탁송, 보증도, 수하인에게 선하증권 직송 등이 행하여져 왔지만, 나름대로 문제점과 한계를 지니고 있어 선하증권의 위기를 적절히 해결할 수 있는 적극적 방법은 되지 못한다. 오늘날은 선하증권의 위기 또는 고속선문제의 해결책의 한 방법으로 해

---

4) Paul Todd, Cases and Materials on Bills of Lading, BSP Professional Books, 1987, pp. 335-336.

5) Jan Ramberg, Guide to INCOTERMS 1990, International Chamber of Commerce(ICC), ICC Publication No.461/90, 1991; 서영화, "개정 상법상 해상화물운송장에 대한 법적 검토," 국제운송물류법의 법적 과제, 국제거래법학회/한국해법학회/동아대학교 법학연구소 공동학술대회, 2007. 9. 29, 31쪽 참조; 그러나 2007년 7월 3일 개정상법 제863조와 제864조에서 해상화물운송장에 대한 규정을 신설하였다. 이하에서는 우리 상법상의 법률용어인 해상화물운송장으로 통일하여 사용하고자 한다.

6) Paul Todd, Cases and Materials on Bills of Lading, BSP Professional Books, 1987, p. 334.

상화물운송장(sea waybill)[7]의 사용이 실용적 대안이라고 생각한다.

이와 관련하여 우리 상법 제5편에 대한 개정안이 2006년 1월 17일 정부로부터 국회에 제출되어 같은 달 18일 국회 법사위원회에 회부되었다. 이후 법사위원회의 전문위원회의 검토를 거쳐서 2006년 11월 24일 제262회 국회 정기회에 상정되어 법사위의 심사를 거친 후 2007년 7월 3일 본회의에 통과되어 2008년 8월부터 시행되게 되었다. 이번 상법의 특징 중 하나가 해상화물운송장에 관한 명문의 규정을 두고 있다는 점이다.[8]

제2관 연혁

역사적으로 선하증권은 운송에 많은 시간이 소요되고, 그 동안 운송물을 거래하기 위해서 운송물을 나타내는 서류가 필요하던 시절에 이러한 목적을 충족하기 위하여 발달된 선적서류이다. 이러한 의미에서 최초의 선하증권은 약 1500년경에 나타나게 되었고[9] 제정법에 최초로 나타난 것은 1667년 스웨덴 해상법(the Swedish Maritime Code)의 규정이다.[10]

반면 운송장(waybill)은 17~18세기에 육상운송에서 발달하기 시작하였다. 이후 「1890년 철도물건운송에 관한 국제협약」(International Convention concerning the Carriage of Goods by Rail, 1890)에 자세한 내용이 규정되었고, 「1929년 항공운송에 관한 바르샤바협약」(Convention for the Unification of Certain Rules relating to International Carriage by Air, Warsaw, 1929)과 "1956년 국제도로운송에 관한 협약"(Convention on the Contract for the International Carriage of Goods by Road, 1956)[11]에 주요 내용이 받아들여졌다.

7) sea waybill은 여객명부, 화물목록, 화물운송장 등의 여러 가지 명칭으로 번역이 되어 오고 있었고, Waybill과 구별되는 sea waybill은 해상운송증권, 해상운송장, 해상화물운송장 등으로 다양하게 명칭이 번역되어 사용되고 있다(서영화, "개정 상법상 해상화물운송장에 대한 법적 검토," 국제운송물류법의 법적 과제, 국제거래법학회/한국해법학회/동아대학교 법학연구소, 2007. 9. 29, 30쪽 주 3) 참조"). 그러나 2007년 7월 3일 개정상법 제863조와 제864조에서 해상화물운송장에 대한 규정을 신설하였다. 이하에서는 우리 상법상의 법률용어인 해상화물운송장으로 통일하여 사용하고자 한다.

8) 국회 심의과정에 대한 자세한 사항은 서영화, "개정 상법상 해상화물운송장에 대한 법적 검토," 국제운송물류법의 법적 과제, 국제거래법학회/한국해법학회/동아대학교 법학연구소, 2007. 9. 29, 43-45쪽.

9) 선하증권의 연혁에 대하여 자세한 내용은 鄭暎錫, 선하증권론, 개정판, 텍스트북스, 2007, 32쪽 내지 43쪽 참조.

10) Paul Todd, Cases and Materials on Bills of Lading, BSP Professional Books, 1987, p. 335.

11) 1965년 도로물건운송법(The Carriage of Goods by Road Act 1965) 부칙으로 영국에서는 국내법으로 계수 되었다.

선하증권이 해상운송에 배타적으로 사용되고, 운송장이 육상과 항공운송에 배타적으로 사용된다는 생각이 그들 각각의 기원으로부터 확고하게 정립되어 있었다. 그러나 운송 혁명은 이들 운송 서류의 분야에서도 확대되었다. 전통적 선하증권의 개념에서는 운송 중이나 운송 전인 운송물은 도로를 이용하여 운송되지만, 1960년대에 도입된 현대적 컨테이너 운송에서 선하증권은 해상운송 구간 이외에도 육상운송 구간을 포함한 상당한 구간에 확장하여 적용되게 되었다. 오늘날의 선하증권은 복합운송 구간인 육상과 해상 구간에 모두 적용되는 일종의 운송증권의 개념으로 확장되었지만 여전히 선하증권으로 불리고 있고 개념 역시 선하증권으로 인식되고 있다. 그러므로 운송주선인은 육상 및 해상운송 구간을 모두 포괄하는 선하증권을 발행하게 된다.

선하증권은 기본적으로 운송물을 나타내는 권원증권으로서 유통성을 가지므로 발행과 취급에 있어서 더 많은 작업과 주의를 요구하기 때문에, 복합운송에서는 해상을 포함하여 또는 해상구간 만에 해당하더라도 선하증권의 주된 기능인 유통성을 요구하지 않는 경우에는 더 간편한 운송장을 발행하는 경향이 있다. 이때 운송장이라 함은 선하증권의 양식으로 발행되더라도 비유통 증서(non negotiable bill of lading)로 발행하는 모든 운송증권을 포함한다고 보아야 한다. 이와 같이 육상운송에서 사용되던 운송장이 해상운송에 성공적으로 사용되고 있기 때문에 육상화물운송장(waybill)이 해상화물운송장(sea waybill)으로도 사용될 수 있는 가능성을 보여준 것이다.[12)]

해상화물운송장이 현재와 같은 형태로 보급된 것은 1974년 가을 스웨덴의 무역절차간소화위원회(Swedish Commission on the Simplication of Trade Procedures; Swepro)에 의한 비유통 정기선 운송장(Non-negotiable Liner Waybill) 도입의 제안[13)]이다. 이것을 받아서 영국의 국제무역간소화국(U.K. Simplication of International Trade Procedures Board; SITPRO)을 최초로 한 해운관계기관에 의한 검토가 이루어지고, 최종적으로는 영국해운총평의회(General Council of British Shipping; GCBS)의 권고에 의해서 영국표준정기선 운송장(U.K. Standard Liner Waybill)으로 이용되기 시작하여, 후일 명칭이 해상화물운송장(sea waybill)로 바뀌었다.

또 국제연합유럽경제위원회/무역확대위원회/무역절차간소화작업부회(UNECE/

12) Paul Todd, Cases and Materials on Bills of Lading, BSP Professional Books, 1987, pp. 335-336.

13) Trade Documentation Information, Simplified Transport Documentation, Trade/WP.4/ INF.31, Dated Nov. 8, 1974.

WP.4)는 1979년 3월에 해상운송증권의 절차간소화에 관한 권고[14)]를 행하였다. 이는 해상화물운송장에 의한 유통증권의 대체로 시작, 원본 1통 만에 의한 유통선하증권의 발행, 뒷면백지양식의 사용, 다목적이용 양식의 준비, 부본 부수의 제한을 내용으로 하고 있다.

국제해법회(Comit? Maritime Internationale; CMI)는 1983년부터 Kurt Gronfors 교수를 위원장으로 해상화물운송장의 문제를 연구하는 작업반을 만들어 연구를 진행해 왔다. 그리하여 1990년 6월 제34회 빠리 국제회의에서 「해상화물운송장에 관한 국제해법회통일규칙」(CMI Uniform Rules for Sea Waybills)을 제정하였다. 이것은 민간단체에 의한 통일규칙이고, 국제협약으로서 채택될 것을 목적으로 한 것이 아니라, 각국 해상운송인이 독립된 계약서식을 가진다는 전제로서, 특히 국제적 통일을 요하는 최소한의 부분에 한해서 규정된 모델법을 목적으로 한 것이다.

이보다 전에 국제상업회의소(International Chamber of Commerce : ICC)는 이미 1980년 개정 인코텀즈(International Rules for the Interpretation of Trade Terms : INCOTERMS)[15)] 중에 해상화물운송장을 채택하고 있다. 예를 들면, Freight/Carriage paid to…의 항에서는, 만약 매도인이 "Bill of Lading", "waybill", 또는 "carriers receipt"를 제공하여야 할 경우는, 매도인은 지정목적지까지의 운송계약을 체결한 운송인에 의해서 발행된 운송 서류를 제시함으로써 채무를 바로 이행한 것으로 된다"고 규정되어 있다. 또 1993년에 개정된 신용장통일규칙(Uniform Customs and Practice for Documentary Credits : 이하 UCP 500) 제24조에서 수리가능한 운송 서류로서 해상화물운송장에 대한 규정을 둔 이래 2007년 개정 신용장통일규칙(Uniform Customs and Practice for Documentary Credits : 이하 UCP 600) 제21조에서도 비유통 해상화물운송장(non-negotiable sea waybill)에 관한 자세한 규정을 두고 있다.

---

14) Document Trade/WP.4/INF.61(1979); Measures to Facilitate Maritime Transport Documents Procedures, Recommendations, No.12/Rev.1, adopted by the Working Party on Facilitation of International Trade Procedures, Geneva, June 1993. (Trade Data Elemental Directory Volume Ⅲ, Trade/WP.4/R.940 Dated Feb.2 1993: Proposed Revision of Recommendation No.12).

15) 무역거래의 기초조건에 대한 통일적 해석규칙으로서, 국제상업회의소에서 작성된 국제무역에서 사용되는 여러 가지 조건을 해석하여 놓은 규정을 말한다. FOB, CIF. 등 각각의 거래조건에 대하여 매도인과 매수인의 의무를 나열하고 있다. 이 규정은 양 당사자의 합의에 의하여 거래계약을 성립시킨다.

제3관 이용 현황

1. 추세

해상화물운송장의 보급은 유럽 지역이 가장 앞서 있지만, 현실적으로 매매 대금 회수에 불안이 없는 거래, 즉, 국내외의 본점과 지점 간의 거래, 모회사와 자회사 간의 거래, 신용이 있는 장기간의 거래 상대방과의 거래 등에 한하여 이용되고 있다.

국제해운회의소(International Chamber of Shipping : ICS)가 1995년 12월에 행한 조사에 의하면, 근년에 발행한 운송 서류에서 해상화물운송장의 점유 비율은 대서양항로의 유럽/북미에서의 거래의 75-90%, 유럽 대륙의 북해에서 거래 및 북유럽 근해에서의 거래의 90-100% 등이지만, 다른 지역의 경우에는 5%미만이 많아서 거의 보급되지 않고 있다.

표 8-1 • 각 항로별 해상화물운송장 이용비율

항로	비율	항로	비율
유럽-북미	75~90%	유럽-동아프리카	0~5%
북미-극동	25%	유럽-서아프리카	0~5%
중남미-극동	0~5%	유럽-남아프리카	45%
유럽-극동	10~25%	남아프리카-유럽	0~5%
유럽-중동	0~5%	극동-아프리카	0~5%
북미-중동	10~15%	인도-유럽	20%
유럽-호주 뉴질랜드	30~35%	유럽내 북해	90~100%
호주 뉴질랜드-유럽	5%	유럽내 연안	90~100%
극동-호주 뉴질랜드	5~10%	일본-아시아국	10~15%

1995년 United Nations Economic commission for Europe에 제출된 International Chamber of Shipping 조사자료(서영화, "개정 상법상 해상화물운송장에 대한 법적 검토," 국제운송물류법의 법적 과제, 국제거래법학회/한국해법학회/동아대학교 법학연구소 공동학술대회, 2007. 9. 29, 35-36쪽).

일본의 경우에도 (사)일본선주협회가 회원 선사를 대상으로 행한 조사의 결과,[16] 일본/북미간의 거래에서 25%, 일본/유럽 간의 거래에서 23%를 점하고 있었다. 또

16) (社)日本荷主協會 · (社)日本船主協會編, Sea Waybillご利用のすすめ, 1996, 5쪽; 藤田和孝, 海上運送狀の現狀と法的諸課題(上), 海事法硏究會誌, No. 155, 2000. 4, 脚註 21)에서 재인용.

컨테이너 화물에 한정하여 보면, 거래의 약 50%가 해상화물운송장을 이용하고 있다. 특히 일본과 한국, 홍콩, 싱가포르 등의 거래에서도 해상화물운송장이 활발하게 이용되고 있다고 한다. 일본의 경우에는 1990년경에 해상화물운송장이 이용되기 시작한 것으로 보인다. 그러나 해상화물운송장은 북미항로와 유럽항로에 있어서 널리 이용되고 있지만, 이는 선진국과의 거래에 한정된 것이고, 수출대금의 회수에 불안요인이 남아 있는 동남아시아, 남아시아 각국 및 북아프리카 각국 등과의 거래에서는 그 이용을 기대할 수 없는 실정이다.

2. 영국

영국의 선주협회(General Council of British Shipping; GCBS)는 공통약식 해상화물운송장(common short form sea waybill)을 개발하였다.

또 영국 국제무역간소화국(U.K Simplication of International Trade Procedures Board; SITPRO)은 영국 선주협회가 개발한 해상화물운송장을 바탕으로 표준정기선 해상화물운송장(U.K. standard liner sea waybill)을 제정하여 1977년 1월 1일부터 사용하기 시작하였다. 이 해상화물운송장은 그 밖에도 HMC&E(Her-Makesty Customs & Excise), 보험자, 수출신용보증부(Export Credit Guarantee Department) 및 농업생산국제위원회(International Board for Agricultural Produce) 등 주요 무역 · 운송 관련 기구에서 승인하고 있다.

그리고 영국은 해상화물운송장을 국내법에 수용하기 위하여 1855년 이래 150여년 동안 발효해 오던 선하증권법(The Bill of Lading Act, 1855)을 1992년 폐지하고 이에 대체하는 "1992년 해상물건운송법"(The Carriage of Goods by Sea Act, 1992)을 제정하였다. 이 법에서는 선하증권 외에 해상화물운송장 및 화물인도지시서(ships delivery order)를 운송증권에 포함하여(동법 제1조 (1)항) 이들 각각의 법적 기능 및 관련 당사자의 권리 · 의무를 규정하고 있다. 따라서 영국의 경우에는 해상화물운송장을 활용할 수 있는 법적 여건은 충분히 조성되어 있다.

3. 미국

미국의 경우에는 해상화물운송장이라는 용어로는 별도의 규정을 두고 있지는 않지만, 연방선하증권법 제80103조 (b)에서 비유통 증서(nonnegotiable bills)에 대한 자세한 규정을 두어서, 지정된 수하인에게 운송물을 인도하여야 할 증권은 비유통 증서라고 하여 소위 비유통기명식선하증권의 요건과 효력을 규정함으로써 사실상 해상화물운송장의 이용에 관한 법률을 두고 있다. 또 1995년 국제연합유럽경제위원회에 제출된 국제해운회의소의 조사 자료에 의하면, 유럽-북미항로에서 75-90%, 북미-극동항로에서 25%의 비율로 사용빈도수가 높게 나타나고 있는 것으로 보면, 실질적 의미에서의 해상화물운송장은 널리 사용되고 있다고 본다.

4. 스웨덴

유럽 역내 교역이 활발한 스웨덴에서는 근거리 해상운송에 있어서 선하증권의 권원증권성, 유통증권성으로 인한 문제점 위기에 대하여 일찍부터 연구하여 왔다. 그 결과 1974년 스웨덴 무역절차간소화위원회(Swedish Commission on the Simplication of Trade Procedures; SWEPRO)가 유럽경제위원회(Economic Commission for Europe; ECE)에 비유통 정기선 해상화물운송장(non-negotiable liner waybill)을 해상운송에 도입할 것을 공식적으로 권고하였다.[17)]

5. 일본

영국 등 유럽 각국에서 해상화물운송장 사용운동이 전개되자, 일본에서도 이에 공감하여 1978년 9월 일본 선주협회가 "협회 Sea Waybill" 양식을 제정하여, 이를 소속 선박 회사에서 사용할 것을 권고하였다.[18)] 이어 1981년 3월에는 일본무역관계수속간소화협회(Japan Commission on the Simplication of Trade Procedures : JASTPRO)는 이를 실무적으로 사용할 수 있도록 "Sea Waybill 사용지침"을 수립하였다.

한편 일본 복합운송인협회(Japan International Freight Forwarders Association, Inc : JIFFA)도 1993년 11월 "JIFFA Waybill 책정위원회"를 발족하여 약 4개월에 걸쳐 이에 관한 연구와 검토를 마치고 협회최종안을 회원사에 배포하여 사용할 수 있도록 하였다. 일본 복합운송인협회는 Sea Waybill이란 명칭 대신 복합운송을 감안하여 표제를 단순히 "Waybill"이라 하고 있는 점이 특징이다.

17) 日本貿易關係手續簡素化協會(JASTPRO), SEA WAYBILLのてびき, 1981-03, 1쪽.

18) 日本貿易關係手續簡素化協會(JASTPRO), SEA WAYBILLのてびき, 1981-03, 1쪽.

제2절 기능 및 법적 성질

제1관 기능

1. 선하증권과의 기능 비교

해상운송계약에서 선하증권의 기능은 운송인과 송하인 사이에 운송계약의 체결을 증명하는 증거증권 기능, 운송인이 송하인으로부터 운송물을 수령하였음을 증명하는 수령증권 기능 및 선하증권의 정당한 소지인은 증권상에 기재된 운송물을 인도청구할 수 있다는 권원증권 기능을 들 수 있다.[19] 이에 비하여 해상화물운송장은 증거증권 기능과 수령증권 기능만 있고 권원증권으로서의 기능은 가지고 있지 않다.[20] 이밖에도 선하증권과 해상화물운송장에 운송계약증권의 기능을 가지고 있다고 설명하는 견해도 있으나,[21] 선하증권이나 해상화물운송장은 그 본질이 운송계약서는 아니고 특별한 운송계약서가 작성되지 않았을 경우에 운송계약에 대한 증거로서의 기능을 할 뿐이다.[22] 해상화물운송장과는 달리 권원증권인 선하증권 조차도 운송계약서가 되지는 못한다는 것은 1884년 Sewell v. Burdick 사건과 1950년의 Ardennes 사건[23]에서 분명하게 확인되었다.

19) 다만, 이하의 비교에서는 선하증권의 고유한 기능이 유통증권이라는 사실에 비추어 유통성 선하증권을 해상화물운송장과 비교한다. 넓은 의미의 선하증권에는 비유통 선하증권인 기명식 선하증권(straight bill of lading)를 포함하기도 하지만 그 본질상 비유통 선하증권은 해상화물운송장(sea waybill)으로 보는 것이 타당하다고 생각한다.

20) William Tetley, “Waybills : The Modern Contract of Carriage of Goods by Sea”, Journal of Maritime Law and Commerce, vol.14, no.4, October, 1983, p. 491.

21) 엄윤대, 신체계 선하증권론, 개정판, 한국해사문제연구소, 2006, 494-495쪽 및 495쪽 〈표 10〉 bill of lading과 SWB의 주요사항 비교 참조.

22) 林錫珉, 船荷證券論, 두남, 2000, 21쪽.

23) Ardennes [1951] 1 KB 55 : 1947년 11월 22일, Ardennes호가 스페인에서 영국까지 직항하며(direct sailing) 12월 1일 이전에 영국에 도착할 수 있다는 선박 회사의 구두약속을 믿고 감귤(mandarin orange)을 선적하였다. 그러나 동 선박은 벨기에 안트워프에 들러서 12월 4일 런던에 도착하였다. 그런데 선하증권 뒷면 약관에는 본선이 언제든지 자유로이 중

1] 해상운송계약의 증거증권 기능

해상운송계약은 원칙적으로 그 내용과 형식을 자유로이 정하여 체결할 수 있는 낙성 · 불요식계약이다. 실무적으로 부정기선 운송에서는 표준용선계약서식을 이용한 용선계약이 체결되고, 이 계약의 이행을 위한 운송물 수령에 대한 증거증권으로 선하증권이 발행되는 것이 일반적이다. 그러나 정기선 운송에서는 대개 별도의 운송계약은 체결하지 않고 구두계약 또는 관행에 따르고 운송계약의 증거증권으로서 선하증권이 발행되고 있는 실정이다.[24] 특히 정기선 운송에서는 선하증권의 증거증권으로서의 기능이 더욱 중요하다.

이러한 선하증권의 증거증권 기능은 권원증권인 선하증권보다도 해상화물운송장에서 더욱 중요한 역할을 하는 것이다. 즉, 해상화물운송장은 운송을 의뢰한 자와 운송을 인수한 자 사이에 해상화물운송장에 기재된 대로 운송계약이 체결되었음을 증명하는 서류의 역할을 하는 것이다(상법 제852조 제1항, 제863조 참조, 영국의 1992년 해상물건운송법 제1조 (3)(a)).[25]

2] 운송물 수령의 증거증권 기능

해상화물운송장은 선하증권과 마찬가지로 운송인이 해상화물운송장에 기재된 운송물을 수령하였음을 인정하는 수령증(receipt for goods)으로서의 기능을 가진다(상법 제854조 제1항, 제864조 제1항, 영국의 1992년 해상물건운송법 제1조 (3)(a)). 즉, 운송인이 해상화물운송장을 발행하였다면 그가 약정한 목적지까지의 운송을 위하여 선적 또는 수령하여 운송인의 관리 하에 두었음을 증명하는 수령증권으로서의 기능을 가지고 있다.[26]

3] 권원증권 기능

해상화물운송장이 선하증권과 근본적으로 다른 점은 선하증권이 권원증권

간항에 기항할 수 있다는 조항이 있었다. 마침 12월 1일부터 감귤에 대한 수입관세가 오르고 또 다른 감귤 운송선의 도착으로 런던의 귤값이 폭락하였다. 하주는 선박소유자 측의 구두계약(oral contract)의 위반을 이유로 손해배상을 청구하였다. 이에 선박소유자 측은 운송계약은 선하증권이며 선하증권의 약관에 따라 본선의 중간 기항이 가능하다고 주장하였다. 재판부는 "선하증권은 그 자체가 계약이 아니다. 그러므로 선하증권의 내용과 상반되는 구두계약이 선하증권의 서명전에 있었다면 구두계약이 유효하다"라고 하면서 하주의 승소를 판시하였다. 본선의 직항은 하나의 보장조건(warranty)이었으며, 서면계약이란 양 당사자가 서명을 해야 하는데 선하증권은 선박소유자만이 서명하므로 계약이 아니라는 점도 부연되었다.

24) 鄭暎錫, 해운실무-법과 실무를 중심으로, 해인출판사, 2004, 16쪽 참조.

25) 같은 의견, 엄윤대, 신체계 선하증권론, 개정판, 한국해사문제연구소, 2006, 494-495쪽 참조.

26) 같은 의견, 엄윤대, 신체계 선하증권론, 개정판, 한국해사문제연구소, 2006, 494-495쪽 참조.

(document of title)인 반면 해상화물운송장은 이러한 기능이 없다는 점이다(상법 제861조, 제129조, 제130조, 제132조, 제133조 참조).[27] 즉, 운송물의 인수 시 수하인이 해상화물운송장을 제시하거나, 해상화물운송장을 유통하여 운송물에 대한 인도청구권을 이전시킬 수 없다.

표 8-2 ● 선하증권과 해상화물운송장의 기능 비교

항목	해상화물운송장	선하증권	비고
증거증권기능	있음	있음	운송인과 송하인 사이에 운송계약체결을 증명함
수령증권기능	있음	있음	운송인이 송하인으로부터 운송물을 수령하였음을 증명함
권원증권기능	없음	있음	정당한 소지인은 증권상에 기재된 운송물을 인도청구할 수 있음
면책증권기능	있음	있음	
수하인	기명수하인	정당한 선하증권 소지인	
운송물 인도 요건	원본상환불요	원본상환요건	
권리의 이전요건	증권양도에 의한 권리이전 불가. 다만, 수권수하인에 의한 지명채권양도방식에 의하여는 가능	증권양도에 의한 권리양도가능	

제2관 선하증권과의 법적 성질 비교

1. 의의

일반적으로 선하증권의 법적 성질로 요인증권성, 요식증권성, 문언증권성, 지시증권성, 인도증권성, 처분증권성, 제시증권성, 상환증권성, 면책증권성[28]을 들 수 있다. 이

27) 같은 의견, 엄윤대, 신체계 선하증권론, 개정판, 한국해사문제연구소, 2006, 494-495쪽 참조.

28) 면책증권(Legitimationspapier)은 자격증권이라고도 하는데, 채무자가 증권의 소지인에게 변제함으로써 설령 증권의 소

와 비교하여 해상화물운송장은 요인증권성, 요식증권성, 면책증권성은 인정되나 본질적으로 유가증권이 아니기 때문에 문언증권성, 인도증권성, 처분증권성, 제시증권성, 상환증권성은 인정할 수 없다. 또한 기명증권이라는 점에서도 선하증권의 지시증권성과는 성질을 달리한다.

상법에서 선하증권의 경우 상환증권성, 지시증권성, 문언증권성, 처분증권성, 인도증권성 등과 관련된 규정을 명시하고 있지만, 해상화물운송장에 대하여는 아무런 규정을 두고 있지 않다. 비유통 운송 서류인 씨 웨이 빌(sea waybill) 또는 기명식 선하증권(straight bill of lading)을 해상화물운송장이라고 전제하고 있는 상법에서는 비유통 증서인 해상화물운송장에 대하여 이러한 성질을 인정하지 못하는 것은 당연하다고 할 수 있다. 그러나 입법론상으로는 해상화물운송장에 대한 정의, 법적 성질, 효력 등의 본질에 대한 규정을 두고 있지 않는 현행 상법의 태도는 개념이나 본질을 해상화물운송장이 소위 씨 웨이 빌(sea waybill)이라는 가정에 바탕한 학설에만 의존하고 있다는 점에서 잘못되었다고 생각한다.

2. 요인증권성

선하증권은 운송계약에 기초한 운송물의 수령 또는 선적이라는 원인관계의 존부가 증권의 효력에 영향을 주는 요인증권이다. 즉, 운송인이 운송물을 수령 또는 선적한 후에 그 사실에 근거하여 발행되고(상법 제852조 제1항 및 제2항, 헤이그 규칙 및 헤이그-비스비 규칙 제3조 제3항, 함부르크 규칙 제15조 제1항), 그러한 원인 없이 발행되는 증권은 무효가 된다.[29)]

운송물의 수령이나 선적에 대한 수령증 또는 증거증권으로 발행하는 해상화물운송장에 있어서도 이러한 성질은 동일하게 인정된다. 따라서 운송물의 수령이나 선적 없이 해상화물운송장이 발행될 수는 없다.[30)]

지인이 정당한 권리자가 아닐 경우라 하더라도 악의 또는 중과실이 없는 한, 채무를 면할 수 있는 증권을 말한다. 면책증권은 권리의 유통성 확보나 그 행사를 위하여 작성한 것이 아니고 전혀 채무자의 변제정리의 목적을 가지는 것이다. 면책증권은 채무자를 위하여 면책력을 인정한 일정의 증거증권이지만 권리를 나타내는 것은 아니므로 유가증권은 아니다. 따라서 권리의 양도는 지명채권양도의 일반원칙에 따르며 분실 · 도난 등의 경우 공시최고에 의한 제권판결의 대상이 되지 아니한다. 그러나 증권에 면책성이 있다는 것은 변제를 용이하게 하므로 유가증권과 같이 유통성을 존중하는 증권은 동시에 면책증권성을 가지는 것이 보통이다(강병두 외, 最新콘사이스法學辭典, 法通社, 1966, 591쪽).

29) 대법원에서는 "운송물을 수령 또는 선적하지도 않고 발행한 선하증권은 그 원인과 요건을 구비하지 못하여 누구에 대해서도 무효로 본다"라고 판시 하였다(대판, 1982.9.14, 80다 1325). 또한 부산 민사지방법원에서도 "수출상의 요청에 따라 공권으로서 선적 선하증권을 발행한 주선인은 그 선하증권을 담보로 하고 환어음을 매입한 매수인에 대하여 모든 손해를 배상하여야 한다"고 판시 하였다.

30) 嚴潤大, "SEA WAYBILL의 활용을 위한 입법방향", 한국해법학회지 제23권 제2호, 2001.11, 161쪽.

3. 요식증권성

운송물의 인도청구권을 나타내는 선하증권은 유가증권으로서 법정기재사항을 증권면에 기재할 것을 요건으로 하는 요식증권성을 성질로 한다(상법 제853조 제1항 제1호 내지 제12호, 헤이그-비스비 규칙 제3조, 함부르크 규칙 제15조 참조). 상법 제863조 제2항은 동법 제853조 제1항 각호의 사항을 기재하고 운송인이 기명날인 또는 서명하여야 한다고 규정하여 선하증권과 마찬가지로 요식증권으로 보아야 한다. 현재 발효 중인 국제협약 등에서 이를 규율하는 규정이 없지만, 운송계약의 기본적인 요소인 계약 당사자, 운송물, 운송구간, 운임, 당사자 간의 권리 · 의무 · 책임 등을 반드시 기재해야 운송계약의 증거증권으로서의 기능을 다할 수 있다는 점에서 상법이 이러한 규정을 둔 것은 바람직하다고 볼 수 있다.

4. 기명증권성

상법상 선하증권은 그것이 기명식(수하인의 지정이 되어 있는 경우)으로 발행된 경우에도 특히 배서금지의 문구가 없는 한 배서에 의하여 양도할 수 있는 법률상 당연한 지시증권이다(상법 제861조, 제130조).[31] 즉, 선하증권에 수하인으로 기재된 특정인 또는 그가 지시하는 자(배서양도한 자)를 정당한 권리자로 인정하는 증권이다. 그러나 상법 제853조 제1항 제5호는 수하인의 명칭을 선하증권의 법정기재사항으로 규정하고 있고, 선하증권의 양식도 앞면에 수하인 란을 두고 있어서 백지식으로 발행하지 않는 한 수하인의 명칭을 기재하는 것이 원칙이라고 본다.

반면, 영국의 1992년 해상물건운송법 제1조 제2항은 "이 법에서 선하증권에 대한 언급 내용들은 (a) 증권 소지인으로서 배서에 의하거나 배서에 의하지 않고 인도로서 양도할 수 없는 서류에 대해서는 제외된다. 그러나, (b) 배서를 조건으로, 선적 선하증권에 대한 수령선하증권의 언급내용들은 포함된다"((2) References in this Act to a bill of lading－(a) do not include references to a document which is incapable of transfer either by indorsement or, as a bearer bill, by delivery without indorsement ; but (b) subject to that, do include references to a received for shipment bill of lading)라고 규정하고 있다. 또 동법 제1조 제3항에서는 "이 법에서

31) 미국 연방선하증권법에서는 운송물이 특정인에게 인도되도록 기명식으로 발행된 선하증권은 양도가 불가능하며, 그런 경우에는 증권에 "비유통"(non-negotiable or not negotiable on the bill)라는 문구를 표시하도록 명문화하고 있다(US Code sec.18103 (b)(2)).

해상화물운송장에 대한 내용은 선하증권이 아닌 아래와 같은 모든 서류에 관한 것이다. 즉－(a) 해상화물운송계약을 포함하거나 증명할 수 있는 화물에 대한 수령증과 같은 서류, 그리고 (b) 운송인이 그 계약과 일치해서 화물을 인도해야 할 특정인을 확인할 수 있는 그러한 서류"((3) References in this Act to a sea waybill are references to any document which is not a bill of lading but－(a) is such a receipt for goods as contains or evidences a contract for the carriage of goods by sea ; and (b) identifies the person to whom delivery of the goods is to be made by the carrier in accordance with that contract)라고 규정하고 있다. 이와 같이 영국의 1992년 해상물건운송법은 증권의 배서양도 또는 증권 자체의 점유이전에 의한 권리양도가 가능한 서류에 한하여 선하증권에 관한 규정을 적용하고, 운송계약의 증거증권, 운송물 수령의 증거증권이 되면서 동시에 운송인이 화물을 인도해주어야 할 정당한 권리자(수하인)을 확인할 수 있는 서류를 해상화물운송장(sea waybill)이라고 규정하고 있다. 이는 선하증권과 해상화물운송장을 그 본질에 의하여 구분하고 있다고 해석된다.

또 미국의 연방선하증권법 제3조에서는 "(a) 유통증권－(1) 다음의 선하증권은 유통증권이다. (A) 수하인의 지시로(to the order of consignee) 화물이 인도될 것이라고 기재된 선하증권, (B) 선하증권의 면에 송하인과의 사이에 선하증권이 유통될 수 없다는 합의를 기재하지 않은 선하증권, (2) 유통 선하증권에 화물의 도착을 통지받을 사람이 기명되어 있더라도 (A) 유통성은 제한되지 않고, (B) 화물의 매수인에게 증권에 기명된 자가 그 화물에 가지는 권리를 통지하는 것은 아니다. (b) 비유통 증서는 (1) 화물이 수하인에게 인도되어야 한다고 명시되면 비유통 증서이다. 비유통 증서는 배서를 하더라도 (A) 유통증권이 되지 아니하며, (B) 그 양수인에게 어떠한 권리도 추가하여 부여하지 않는다. (2) 비유통 증서를 발행하는 커먼캐리어(common carrier)는 그 선하증권에 비유통(nonnegotiable) 또는 유통할 수 없음(not negotiable)이라는 표시를 하여야 한다. 이 항은 비공식적인 비망록 또는 양해각서에는 적용하지 않는다"(Section 80103. Negotiable and nonnegotiable bills (a) Negotiable Bills.－(1) A bill of lading is negotiable if the bill－(A) states that the goods are to be delivered to the order of a consignee; and (B) does not contain on its face an agreement with the shipper that the bill is not negotiable. (2) Inserting in a negotiable bill of lading the name of a person to be notified of the arrival of the goods－(A) does not limit its negotiability; and (B) is not notice to the purchaser of the goods of a right the named person has to the goods. (b) Nonnegotiable Bills.－(1) A bill of lading is nonnegotiable, if the bill states that the goods are to be delivered to a consignee. The indorsement of a nonnegotiable bill does not－(A) make the bill negotiable; or (B) give the transferee any additional right. (2) A common carrier issuing a nonnegotiable bill of lading must put "nonnegotiable" or "not negotiable" on the bill. This paragraph does not apply to an informal memorandum or acknowledgment.)라고 규정하여 선하증권을 유통 선하증권과 비유통 선하증권으로 구분하고, 지시문구(order)로 유통이 되거나 비유통(nonnegotiable)이라는 문구가 선하증권에 명시되지 않은 이상, 선하증권에 수하인 또는 통지인의 기명 여부에 불구하고 유통선하증권으로 본다는 점과, 화물이 특정 수하인에게 인도될 것이라는 것을 선하증권에 명시하면 이는 유통증권이 되지 아니하며 배서양도가 불가능하다는 점을 분명히 하고 있다.

선하증권의 효력에 대하여 가장 큰 영향력을 가진 영국 법과 미국 법을 보면 기본적으로는 유통증권이냐 비유통 증서냐 하는 점을 본질로 하여 증권을 구별하고 있고, 여기서 영국 법은 비유통 증서를 해상화물운송장(sea waybill)으로 정의하고 있다. 외관상으로는 우리 상법 제820조에 의하여 준용되는 상법 제130조의 규정은 수하인을 기명한 선하증권이라도 배서양도가 가능하고 비유통이라는 문구가 증권에 명시되면 유통할 수 없다고 하여 미국 법과 실질적인 내용에 있어서는 차이가 없다고 할 수 있다. 문맥상 미국 연방선하증권법은 증권에 특정 수하인을 기재하고 비유통라는 문구를 기재한 경우에 한하여 비유통 선하증권으로 보기 때문에 결과적으로 우리 상법 제130조가 규정한 기명식으로 발행하면서 비유통이라는 문구가 기재된 경우와 동일한 요건으로 해석된다.

수하인은 선하증권의 법정기재사항에 속하고, 통상의 선하증권에 양식에는 수하인 란을 포함하고 있다는 점, 미국 연방선하증권법 제3조의 규정, 우리 상법 제130조의 규정을 볼 때, 단순히 수하인 란에 수하인이 기재된 것만으로는 법적으로 의미를 부여할 수 있는 기명식 선하증권이라고 할 수는 없고, 비유통 선하증권에 한하여 기명식 선하증권으로 법적 의미를 부여할 수 있을 것으로 보인다. 이러한 의미에서 보면, 영국의 1992년 해상물건운송법 제2조의 해상화물운송장은 소위 기명식 선하증권에 해당한다고 볼 수 있다. 단순히 선하증권에 수하인이 기재된 선하증권을 넓은 의미의 기명식 선하증권이라고 한다면, 이외에 비유통이라는 조건이 충족된 선하증권을 좁은 의미의 기명식 선하증권으로 볼 수 있다. 또 이러한 분류에 따르면 좁은 의미의 기명식 선하증권에 특별한 법적 의미를 부여할 수 있을 것이다. 이러한 정의에 따르면 해상화물운송장(sea waybill)은 소위 좁은 의미의 기명식 선하증권에 해당한다고 볼 수 있다.

이와 같이 영국, 미국, 독일, 프랑스는 기명식 선하증권의 배서양도가 인정되지 않는 유통성이 없는 증권이라고 되어 있기 때문에 기명식 선하증권은 권원증권이라고 말할 수 없다. 그러므로 기명식 선하증권이 발행된 때에는 지정된 수하인이라는 증거서류가 있으면, 선하증권과 상환하지 아니하여도 운송물을 수령할 수 있다. 즉, 상환증권성이 없는 증권이라고 생각된다. 그래서 국제무역서식국내위원회(National Committee on International Trade Documentation ; NCITD)는 이러한 기명식 선하증권은 해상화물운송장에 상당하는 것으로 보고, 선하증권의 위기에 대한 대책으로 해상화물운송장이 아니라 기명식 선하증권의 채용과 보급을 제안하고 있다.

운송 서류가 기명식으로, 또는 양도할 수 없는 형식으로 발행되는 것은, 매수인에게 불리하게 되지 않는 조건, 즉, ① 매매 대금이 선급되는 경우, ② 상계결제가 준비되어 있는 경우, ③ 위탁판매계약에 기한 경우, ④ 운송인에 의한 대금적립제도(cash on delivery; COD, 보통 "현금결제"로 부른다)를 이용하는 경우 등이 고려될 수 있다. 또 수입국 측의 정책에 의해서 지시식 운송 서류의 사용이 인정되지 아니하는 경우도 운송 서류가 기명식으로 발행된다.

5. 면책증권성

채무자가 증권의 정당한 소지인에게 변제하면 소지인이 정당한 권리자가 아닌 경우에도 악의 또는 중대한 과실이 없는 한, 채무를 면하는 효력을 가진 증권을 면책증권이라 한다. 그러나 채권자가 증권 없이 다른 방법으로 권리를 증명하면 그 권리를 행사할 수 있다.[32)]

선하증권의 정당한 소지인이 선하증권을 제시하여 운송물의 인도를 청구하면 운송인은 증권과 교환하여 증권으로 표시된 운송물을 인도하지 않으면 안 된다. 또 운송물의 인도 청구자가 진정한 권리자인가 아닌가를 조사할 의무도 권리도 없다. 그러므로 선하증권은 당연히 면책증권으로서의 성질을 가진다. 이를 자격증권성이라고도 한다.

상법 제864조에서는 운송인이 운송물을 인도함에 있어서 수령인이 해상화물운송장에 기재된 수하인 또는 그 대리인이라고 믿을 만한 정당한 사유가 있는 때에는 수령인이 권리자가 아니라고 하더라도 운송인은 그 책임을 면한다고 규정하여 기명수하인의 기재에 대하여 문언증권에 가까운 효력을 인정함으로써 해상화물운송장에 면책증권성을 인정하고 있다.[33)] 이는 국제해법회의 해상화물운송장에 관한 통일규

32) 林錫珉, 船荷證券論, 두남, 2000, 46쪽 주 4) 참조.

33) 차진찬, "개정상법상 해상화물운송장에 관한 연구", 한국해양대학교대학원 법학박사학위논문, 2007.2, 80쪽; 鄭燦亨, 商法講義(하), 제10판, 博英社, 2008, 920쪽.

칙 제7조 제2항의 규정과 그 궤를 같이하는 규정이다.[34)]

6. 문언증권성

선하증권에 대해서는 증권의 내용은 오로지 그 증권에 기재된 문언에 따라 정한다는 문언증권성이 인정된다(상법 제861조, 제131조). 이는 선하증권이 발행된 경우에 운송인은 선하증권을 선의로 취득한 제3자에 대하여는 그 증권에 기재된 대로 운송물을 인도하여야 할 책임과 의무를 부담하게 되는 것을 말하는데, 증권의 기재 내용만을 믿고 그것을 취득한 선의의 소지인을 보호하여 선하증권의 유통성을 보호하기 위한 것이다.

그러나 해상화물운송장은 그 자체가 운송물 인도청구권을 나타내는 권원증권이 아니기 때문에 수하인은 원칙적으로 해상화물운송장 자체를 제3자에게 양도하는 것만으로는 운송물에 대한 권리를 양도할 수 없으므로 유통성 보호라는 문제가 생기지 않는다. 해상화물운송장에 의한 운송의 경우 운송인과 수하인 간의 권리와 의무는 운송인과 송하인 간의 운송계약에 따라 정해진다.[35)] 즉, 해상화물운송장에 의한 운송에서는 운송인과 송하인 사이의 운송계약의 내용에 따라 법률관계가 형성되는 것이고 해상화물운송장의 기재가 운송계약 내용과 다른 경우에는 운송계약이 우선한다고 보아야 할 것이다. 「해상화물운송장에 관한 국제해법회통일규칙」 제5조[36)] (ⅱ)항 ⓑ의 규정은 선의의 수하인에 대하여는 문언증권성을 사실상 인정하는 결과를 가져오게 되어 해상화물운송장의 성질에 부합하지 않고 선의의 운송인에게 불합리한 규정이라고 생각된다.[37)]

34) 같은 의견, 서영화, "개정 상법상 해상화물운송장에 대한 법적 검토," 국제운송물류법의 법적 과제, 국제거래법학회/한국해법학회/동아대학교 법학연구소 공동학술대회, 2007. 9. 29, 49쪽 참조.

35) 서영화, "개정 상법상 해상화물운송장에 대한 법적 검토," 국제운송물류법의 법적 과제, 국제거래법학회/한국해법학회/동아대학교 법학연구소 공동학술대회, 2007. 9. 29, 39쪽 참조.

36) 「해상화물운송장에 관한 국제해법회통일규칙」 제5조(운송물의 명세):
(i) 송하인은 자기가 제공한 운송물명세의 정확성을 보장하며, 그 부정확으로 인하여 발생한 일체의 멸실, 손상 또는 비용을 운송인에게 보상하여야 한다.
(ii) 운송인의 유보문구가 없으면, 운송물의 수량 또는 상태에 대한 해상화물운송장 또는 유사한 증권상의 일체의 기재는,
ⓐ 운송인과 송하인 사이에는 기재된 내용의 운송물을 수령하였다는 추정적 증거가 된다.
ⓑ 운송인과 수하인 사이에는 수하인이 항상 선의로 행동할 경우에는, 기재된 내용의 운송물을 수령하였다는 결정적 증거가 되며, 이에 대한 반증은 허용되지 아니한다.

37) 嚴潤大, SEA WAYBILL의 활용을 위한 입법방향, 한국해법학회지 제23권 제2호, 2001.11, 162-163쪽 참조.

7. 인도증권성

선하증권의 인도는 운송물 자체의 인도와 동일한 효력을 가진다. 즉, 선하증권이 발행되고 이를 교부받은 자가 이를 다른 제3자에게 정당한 절차에 의하여 배서 · 양도한 경우 이 증권을 취득한 자는 증권에 기재된 운송물에 대한 인도청구권 등의 권리를 취득하게 되어, 마치 선하증권의 인도가 선하증권에 기재된 운송물을 인도한 것과 동일한 효력을 가지게 된다(상법 제861조 제129조). 그러나 해상화물운송장은 권원증권이 아니므로 선하증권과 같은 물권적 효력이 발생하지 않으므로 인도증권으로서의 성질은 인정할 수 없다.[38)]

8. 처분증권성

선하증권이 발행되어 있는 경우 이 증권상에 표시되어 있는 운송물의 처분, 즉, 양도 또는 입질은 반드시 선하증권으로 하여야 한다(상법 제861조, 제132조).

그러나 해상화물운송장은 운송물의 인도청구권을 나타내는 권원증권이 아니므로 선하증권과 같은 처분증권으로서의 성질은 인정할 수 없다.[39)]

9. 상환증권성

선하증권 소지인은 그 증권과 상환하여 그 증권에 기재된 운송물을 인도 받아야 하는데, 이를 상환증권성이라 한다(상법 제861조, 제129조).

그러나 해상화물운송장이 발행된 경우에는 해상화물운송장의 소지인이라 하더라도 그 증권의 문언에 의하여 운송인에 대하여 운송물 인도청구권을 당연히 가지는 것이 아니라, 운송계약에 의하여 수하인으로 지정된 자가 운송물을 인도 받게 된다. 따라서 운송인은 계약상 수하인으로 지정된 자임이 확인되면 그에게 운송물을 인도하면 되는 것으로 선하증권처럼 증권과 반드시 상환하여 인도할 필요는 없다. 운송물의 인도방법을 간소화하여 신속한 운송물 인도를 목적으로 한 해상화물운송장의 취지에 비추어 당연한 성질이다.

38) 같은 의견, 서영화, "개정 상법상 해상화물운송장에 대한 법적 검토," 국제운송물류법의 법적 과제, 국제거래법학회/한국해법학회/동아대학교 법학연구소 공동학술대회, 2007. 9. 29, 40쪽.

39) 같은 의견, 서영화, "개정 상법상 해상화물운송장에 대한 법적 검토," 국제운송물류법의 법적 과제, 국제거래법학회/한국해법학회/동아대학교 법학연구소 공동학술대회, 2007. 9. 29, 40쪽.

이에 대하여 2005년 영국의 Rafaela S. 사건[40]에서 영국의 항소법원과 대법원(House of Lord)은 기명식 선하증권(straight bill of lading)은 양도성은 없지만, 권원증권이므로 선하증권을 소지하게 되는 수하인을 보호하여야 하고 대금지급을 확보하기 위한 수단으로 사용되므로 매도인을 보호하기 위하여도 상환증권성이 필요하다고 하였다. 그러나 영국의 1992년 해상물건운송법 제2조와 제3조의 규정상으로는 배서양도나 운송 서류의 점유이전을 통한 권리의 양도가 인정되지 않는 운송 서류는 선하증권이라 할 수 없고, 해상화물운송장으로 규정하고 있다. 또한 Rafaela S. 판결 이전의 모든 영국의 학설에서 기명식 선하증권(straight bill of lading)은 권원증권성이 없다고 한 점,[41] 미국의 연방선하증권법 제80103조 (b) (2)에서도 기명식 선하증권은 상환증권성이 없다고 규정한 점, 우리 상법 제861조 및 제130조의 규정에 비추어 볼 때, 소위 좁은 의미의 기명식 선하증권(straight bill of lading)은 비유통 증서에 한정하고 있으므로 개념상으로는 해상화물운송장에 해당한다고 본다. 그러므로 상환증권성을 인정하는 것은 잘못된 견해라고 생각된다. 그리고 Rafaela S. 사건의 주된 판결 취지는 기명식 선하증권의 상환증권성에 대한 것이 아니라 1971년 해상물건운송법 제4조 제1항의 규정에 의하여 헤이그 비스비 규칙을 적용할 수 있는가의 여부를 결정하는 문제였다는 점에서 기명식 선하증권의 상환증권성을 정면으로 인정한 판례로 볼 수 있는지도 의문이다.

10. 제시증권성

선하증권 소지인은 그 증권을 제시하지 않으면 증권상으로 기재된 운송물의 인도를 청구할 수 없는데, 이를 선하증권의 제시증권성이라 한다.

그러나 해상화물운송장이 발행된 경우에는 해상화물운송장의 소지인이라 하더라도 그 증권의 문언에 의하여 운송인에 대하여 운송물 인도청구권을 당연히 가지는 것이 아니라, 운송계약에 의하여 수하인으로 지정된 자가 운송물을 인도 받게 되므로 증권을 제시할 필요가 없다.

40) The Rafaela S., [2005] 1 Lloyds Rep. 347.

41) Boyd, Scrutton on Charter Parties and Bill of Lading, 20th ed., Sweet & Maxwell, 1996, pp. 1-2; Rafaela S. 사건의 1심 법원도 학설과 동일한 입장을 취하였다.

11. 지시증권성

선하증권은 증권에 기재된 자 또는 그 자가 지정한 자를 선하증권상의 권리자로 인정하는 유가증권이라는 점에서 지시증권이다. 상법에서는 선하증권이 기명식으로 발행된 경우[42]라도 배서금지(non-negotiable)가 기재되어 있지 않는 한, 배서에 의하여 양도할 수 있음을 규정하고 있다(상법 제861조, 제130조). 원칙적으로 지시증권은 증권상 지시문구에 의하여 효력이 발생하는 것이지만, 증권에 기재된 자인 배서인이 피지정자를 지정하고 서명하는 방식으로도 할 수 있다.

반면 해상화물운송장에는 이미 비유통(non- negotiable)이라고 기재되어 해상화물운송장에 기재된 자가 본인 아닌 다른 자를 해상화물운송장의 권리자로 지시할 수 없게 되어 있다.

표 8-3 ● 선하증권과 해상화물운송장과의 법적 성질 비교

항목	해상화물운송장	선하증권
지시증권성	불인정	인정
요식증권성	인정	인정
면책증권성	인정	인정
요인증권성	인정	인정
문언증권성	불인정	인정
인도증권성	불인정	인정
처분증권성	불인정	인정
제시증권성	불인정	인정
상환증권성	불인정	인정
지시증권성	불인정	인정

42) 소위 비유통(non-negotiable)으로 발행되는 straight bill of lading을 의미하는 것은 아니다.

제3절 전통적 선하증권 이용의 한계와 해상화물운송장 이용의 효과

제1관 전통적 선하증권 이용의 한계

1. 고속선 문제

비교적 최근까지도 선박과 운송물이 목적지에 도착하기 전에 선하증권을 비롯한 선적서류가 먼저 수하인에게 도착할 것으로 생각하는 것이 일반적인 무역관행이다. 이는 국제무역에 있어서 선하증권이 가지고 있는 기능인 운송물의 수령증, 운송계약의 증거증권 및 권원증권으로서의 장점에 따른 것이다. 즉, 선하증권이 운송 중인 운송물을 대표하는 권원증권으로서의 기능을 가짐으로써 선하증권의 소지인은 운송인에게 운송물 인도청구권을 행사할 수 있다. 또한 선하증권은 화환신용장방식의 무역대금결제 시 선적서류의 일부를 구성하는 것으로 이 선하증권은 타인에게 양도가능한 유통증권이 된다. 실제로 은행이 매매 대금결제 시 선적서류를 획득하고 대금을 선지급하여 주는 것도 선하증권을 담보로 취득하기 때문이다.[43] 이러한 권원증권으로서의 선하증권의 기능이 유지되기 위해서는 본선이 양륙항에 도착하기 전에 선하증권이 수하인에게 먼저 도착될 것이 전제조건이 된다. 또 이러한 전제조건이 충족된다면 전통적 선하증권을 다른 어떤 형태의 선적서류와 대체할 필요성은 전혀 느끼지 못할 것이다.

그러나 약 40여 년 전부터 해상운송에 컨테이너화가 도입되면서 선박의 운항속

43) 송계의, "선하증권의 기능과 그 정보시스템화", 중재, 제269호, 대한상사중재원, 1994. 7, 27-28쪽.

도는 빨라졌으나,[44] 선적서류의 흐름은 여전히 전통적인 방식에서 크게 벗어나지 못하고 있다. 특히 정기선 운송에 있어서는 선박이 출항한 이후에 선적중개인에 의하여 선적서류의 처리가 이루어지고 있고, 매매 대금의 결제와 관련하여 화환어음과 선하증권 등의 서류에 대한 심사에 상당한 시간이 소요되고 있는 반면, 선박의 운항 속도는 매우 빨라지고 있기 때문에 운송물이 선적서류 보다 먼저 도착하는 일이 자주 발생하고 있다. 선적서류보다 운송물이 먼저 도착하게 되면, 선박소유자는 운송물을 신속하게 처리하고 더 많은 운임수입을 올릴 기회가 있음에도 불구하고 이를 포기하고 선적서류의 도착을 기다리거나, 아니면 자기의 위험으로 선하증권의 제시 없이 운송물을 수하인에게 인도할 것인 지의 곤혹스러운 선택을 하지 않을 수 없게 된다.

이때 선하증권의 제시 없이 운송물을 인도할 경우에는 제시증권성 또는 상환증권성과 같은 선하증권의 법적 성질에 의하여 운송인이 위험부담을 하여야 한다는 것이 Sze Hai Tong Bank Ltd. v. Rambler Cycle Co. Ltd. 사건[45] 판결 이후 각국 판례에 의하여 확인된 법리이다. 이러한 현실을 고려하지 않고 전통적 선하증권의 사용을 고집할 경우에는 첫째, 운송인의 입장에서는 운송물을 인도하고 신속한 회항을 하지 못하므로 인한 체선비용과 추가 운송계약의 이행 기회의 상실에 따른 상당한 손해를 감수하여야 할 뿐 아니라, 운송인이 항해일정 때문에 선하증권을 회수하지 않고 운송물을 인도한 경우에 만일 인도가 잘못되는 경우에는 이에 대한 책임을 부담하여야 한다. 둘째, 수하인은 선하증권을 기다리는 동안 창고보관료, 보관 중인 운송물에 대한 손상위험의 증가, 시장성 상실 등과 같은 손해뿐만 아니라 선하증권 없이 운송물

---

44) 요즈음 사용되는 벌크선의 경우에는 약 12내지 15 노트의 속력으로 운항하고, 컨테이너 선은 25노트 이상의 속력으로 운항한다. 이밖에도 각국 항만시설의 첨단화와 운영시스템의 개선으로 해상화물운송 기간이 대폭 단축되었다. 2007년 10월 현재 기준으로 우리나라 국적 선박 회사의 컨테이너 선 운항스케줄에 따르면 중국, 일본, 인도네시아, 말레이시아, 태국 베트남, 인도네시아 등의 동남아항로는 10이내의 기간에 컨테이너 운송이 가능하다. 북미 항로의 경우에도 10일 이내의 기간이 소요된다; http://www.hanjin.com/의 컨테이너 서비스 사이트 참조(2007년 10월 12일 검색).

45) [1959] AC 576; 운송인은 수하인(consignee)의 은행으로부터 보상장(indemnity)을 받고 선하증권의 제시 없이도 운송물을 인도하였다. 이것은 싱가포르 항에서의 오랜 관행이었다. 양수인은 매도인에게 물건 값을 지급하지 않았고, 송하인은 운송인을 상대로 소송을 제기하였다. 항소인의 은행은 운송인에게 보상장을 발행하였기 때문에 소송에 관여하게 되었다. 이 사건에서 영국 추밀원(Privy Council)은 다음과 같이 판시 하였다:
"운송인은 운송계약위반과 횡령에 대하여 매도인에게 책임을 져야 한다. 또 운송계약상의 면책조항은 운송계약의 본질적 위반(fundamental breach of contract)이기 때문에 운송인이 원용할 수 없다."
또 동 판결에서 데닝 경(Lord Denning)은 "선박소유자가 선하증권의 제시 없이 운송물을 인도한 것은 자기의 위험부담으로 한 것이라는 것이 너무나도 명백한 법리이다. 계약은 선하증권의 제시에 따라 선하증권 상의 권리자에게 운송물을 인도하여야 하는 것이다. …."
이 사건은 선하증권의 제시증권성에 대한 문제뿐만 아니라 선하증권의 위기(고속선 문제)와 관련된 해석의 기준을 제시한 중요한 판례를 남겼다(이상 자세한 것은 Paul Todd, Cases and Materials on Bills of Lading, BSP Professional Books, 1987, pp. 12-13).

을 인도 받는 데 따른 담보제공 및 금융비용을 부담하여야 한다.[46]

북대서양 항로나 한일, 한중 항로에서와 같이 근거리 항로에 있어서는 고속선 문제가 자주 발생하는데, 이에 대하여 오늘날은 선하증권 원본 1통의 선장탁송, 보증도, 수하인에 대한 선하증권의 직송 등을 실무적인 해결책으로 사용하고 있으나, 여전히 법적 또는 실무적 한계로 인하여 본질적인 해결책은 되지 못하고 있다.

2. 운송 서류의 심사기간

신용장 거래와 결부된 운송물의 경우 은행의 운송 서류의 심사에 일정 기간이 소요될 수밖에 없다. 2006년 신용장통일규칙(UCP 600) 제15조에서는 서류접수일 익영업일을 기산일로 하여 5 영업일을 초과하지 않는 범위 내에 서류심사를 마치도록 규정하고 있으나[47] 수익자의 기대나 은행간의 경쟁관계 등을 반영한 현지 시장상황에 따라 이를 달리 해석하는 경향이 있다. 또 은행간 신용장대금상환에 관한 통일규칙 제11조에 의하면 상환은행은 대금청구를 접수한 익일부터 3 영업일 이내에 결제하여야 하며 개설은행은 7 영업일 이내에 거절통보를 하든지 서류를 수리하여야 한다. 그러나 상환은행이나 개설은행의 이러한 업무처리기한이 매입은행의 매입업무처리 시 준용되지는 않는다. 최근의 실무에서는 서류접수일의 익영업일을 기산일로 하여 5영업일을 초과하지 아니하는 범위내로 서류심사기간을 제한하고 있다.[48] 그러나 이러한 기간조차도 근거리 항로에서의 화물운송 기간을 초과하게 하는 경우가 많다. 또 이러한 기간은 가능한 한 준수하도록 하고 있지만, 대금결제에 따른 은행의 책임이 수반되기 때문에 정확한 서류의 심사가 이루어져야 하고, 이러한 이유로 무조건 그 기간을 지키도록 강제할 수는 없다는 점에서 근본적인 한계가 있다. 그러므로 전자전송의 방법 등을 사용하여 서류의 전달 기간을 단축한다고 하여도 서류심사 기간을 선박의 항해 기간 이내로 무조건 단축할 수는 없다는 점에서 근본적인 한계가 있다.

46) 박석재, "전통적 선화증권의 위기와 그 해결방안에 관한 연구", 한국해법학회지, 제20권 제1호, 1998. 3, 242쪽, 245쪽.

47) 2006년 신용장통일규칙의 관련 조항의 내용

1) 서류의 인수의무(제15조)

서류심사기간 : 서류 접수일 익영업일을 기산일로 하여 5 영업일을 초과하지 않는 범위

2) 발행은행의 수리거절 통지 요령(제16조)

수리거절통지는 서류수령 익일로부터 제5영업일의 마감시간 이내에, ① 지체 없이 전신(Telecomunication)으로, 그것이 불가능한 경우 그 밖에 신속한 방법으로, ② 거절사유가 되는 모든 불일치 사항(all discrepancies)을 명시하여, ③ 매입은행으로부터 추가 지시가 있을 때 까지 서류를 보관 또는 개설 의뢰인으로부터 하자에 대한, 승인을 받을 때 까지 서류를 보관, 또는 개설은행에서 서류를 반송, 또는 매입은행으로부터 사전에 받은 지시에 따라서 서류를 처리한다고 통보, ④ 원금반환 및 이자청구하여야 한다.

48) 한국외환은행 홈페이지(http://www.keb.co.kr/) FX 가이드 참조(2007년 10월 13일 검색).

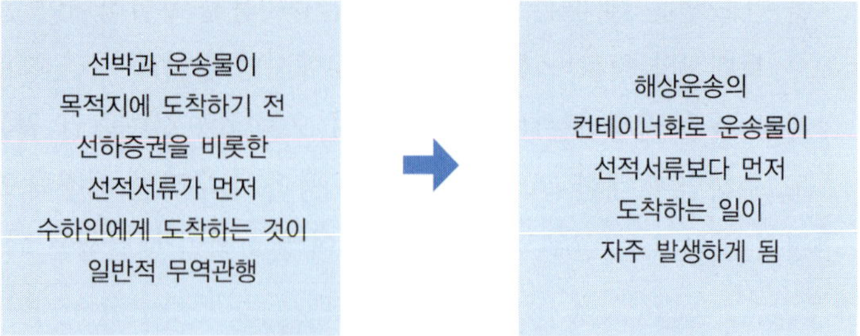

선박과 운송물이
목적지에 도착하기 전
선하증권을 비롯한
선적서류가 먼저
수하인에게 도착하는 것이
일반적 무역관행

해상운송의
컨테이너화로 운송물이
선적서류보다 먼저
도착하는 일이
자주 발생하게 됨

그림 8-1 ● 선하증권의 위기

3. 수출입대금 결제방식의 변화

수출업자와 수입업자 간 장기거래로 인한 신뢰 관계가 형성된 경우 또는 다국적기업이나 본 · 지점간의 거래에 있어서는 굳이 신용장 거래를 고집할 이유가 없다. 이러한 경우에는 곧바로 운송물의 인수도가 가능한 해상화물운송장을 이용하는 것이 합리적이라고 할 수 있다.

1990년대 중반까지만 해도 수입결제나 수출결제에 신용장 거래가 차지하는 결제방식 비중은 각 50% 이상이었으나,[49] 최근의 수출입대금 결제방법에 있어 신용장 거래가 차지하는 비중은 30% 이하(수입의 경우 29%, 수출의 경우 18%)로 급감하였다.[50]

이와 같이 수출입 거래에 있어 신용장 거래 방식이 감소한다는 것은 곧 수출입 거래에 있어 선하증권이 아닌 다른 운송 서류의 이용이 가능함을 의미하며 이는 곧 비유통 운송증권인 해상화물운송장의 활용이 유용함을 보여주는 것이다.[51]

제2관 선하증권의 위기에 대한 기존의 대책과 한계

1. 선하증권 원본 1통의 선장탁송

선하증권의 원본 중 1통을 선장에게 탁송하면, 운송물의 도착과 동시에 선하증권을 목적항에 제출할 수 있고 신속한 운송물의 인도가 가능하다. 그러나 선하증권 원본

49) 수입결제의 경우 1994년엔 80.8%, 1996년엔 79.2%이고 수출결제의 경우 1994년엔 68.4%, 1996년엔 55.3%이었다.

50) 엄윤대, "Sea Waybill의 활용을 위한 입법방향", 한국해법학회지, 제23권 제2호, 2001년 11월, 170-171쪽.

51) 같은 의견, 서영화, "개정 상법상 해상화물운송장에 대한 법적 검토," 국제운송물류법의 법적 과제, 국제거래법학회/한국해법학회/동아대학교 법학연구소 공동학술대회, 2007. 9. 29, 34-35쪽 참조.

표 8-4 ● 결제형태별 수출입통계

[단위: 1,000US$]

결제방식	수입		수출	
	2006	2007(1~07)	2006	2007(1~07)
사후 또는 동시 송금방식(COD, CAD)	38,382,962	23,490,916	51,139,785	29,696,557
D/A	8,736,475	5,195,646	26,968,993	16,043,05
2D/P	4,390,735	2,623,740	4,892,481	2,868,656
기타 무상	14,549,127	9,181,683	5,960,886	2,764,221
기타 유상	1,110,463	538,950	25,895,200	17,456,454
분할영수(지급)방식	127,855	83,130	1,001,791	879,870
일람출급 LC	39,218,580	25,488,593	47,377,512	28,920,943
기한부 LC	53,480,369	32,830,506	14,221,172	8,881,874
임가공료지급방식의 위탁(수탁)가공무역	5,891,039	4,098,734	16,684,624	12,149,566
단순송금방식(T/T, M/T)	143,195,660	95,459,259	131,200,974	88,265,293
계좌이체(상호계산방식)	299,367	158,145	121,429	154,219
총계	309,382,632	199,149,302	325,464,848	208,706
LC 비중	29.9%	29.2%1	8.9%1	8.1%

* 무역협회 한국무역통계.[52]

중 1통(통상 triplicate bill of lading)을 선장에게 탁송하면, 은행은 담보로서 선하증권을 수령할 수 없다. 이 때문에 송하인의 신용이 절대적인 경우가 아니면 선하증권 원본 중 1통을 선장에게 탁송하는 것을 조건으로 하는 신용장의 발행에 응해 주지 않는다. 그러므로 오늘날에는 거의 이용되지 않고 유럽을 중심으로 비교적 근거리의 운송에서만 가끔 이용되고 있다고 한다.[53]

그러나 이러한 방식의 거래는 운송인과 송하인, 수하인 사이의 절대적 신뢰 관계를 바탕으로 하여야 하는 매우 위험부담이 큰 거래에 속한다. 즉, 선장 등에 의한 선

52) http://stat.kita.net/top/state/n_submain_stat.jsp?menuId=01&subUrl=n_default-test.jsp?lang_gbn=kor^statid=kts&top_menu_id=db11&lang_gbn=kor/ 2007년10월13일 검색.

53) 선하증권을 신용장 발행은행의 기명식으로 하면, 선하증권의 소지문제는 일어나지 않기 때문에, 프랑스의 무역전문가도 근동, 북해, 북대서양연안지역과의 무역에는 이러한 방법을 권하고 있다고 한다(新堀 聰, 貿易取引の理論と實踐 -最近の貿易取人における舊來のメカニズムの破綻とその解決策に關する研究-, 三嶺書房, 1993, 167쪽).

하증권 원본의 유통은 운송인과 수하인의 권리를 해칠 가능성이 매우 높다. 또한 선하증권을 처음부터 유통시키지 않을 목적으로 발행한 것이라면 선하증권의 유통성과 담보적 효력이라는 선하증권의 본질적 효력을 포기한 것으로 굳이 선하증권을 발행할 이유가 없다고 본다.

2. 보증도

선적지 은행이 발행하여 발송한 선하증권 원본이 중도에 분실되거나 너무 늦게 도착하는 경우, 한일 · 한중 · 북대서양항로와 같은 근거리 항로의 경우, 운송물이 선하증권보다 먼저 도착하기 때문에 선하증권을 선박 회사에 제시할 수 없어 운송물을 인도 받을 수 없는 경우가 많다. 즉, 도착 운송물을 급히 매도 또는 사용하려 할 경우, 변질 · 손상 · 가격 변동의 우려가 있거나, 보관료가 늘어나는 경우에는 운송물을 즉시 인도 받지 않을 수 없다. 이 경우 가장 현실적인 해결책으로서 실무에서 널리 행하여지는 것이 보증도인데, 이는 신용장 개설은행이 선적서류의 도착 전에 수하인이 운송물을 인도받음에 따라 발생하는 모든 문제에 대해 연대보증책임을 지기로 하는 보증장(letter of guarantee ; L/G)[54]을 운송인에게 제출하고 추후 선적서류가 도착하면 이를 운송인에게 제출할 것을 약속하는 것이다. 이 경우 선적서류는 신용장 개설은행 앞으로 제출하므로 보증은행은 선하증권을 수하인에게 인도하지 않고 직접 운송인에게 송부하여 보증장을 회수한다. 이로서 은행의 운송인에 대한 보증채무는 소멸하게 된다.[55]

보증도를 이용할 경우 다음과 같은 장점이 있다.

첫째, 수하인은 운송물을 처분함으로써 자금회전을 빠르게 하고 운송물 보관료를 절감할 수 있다.

둘째, 신용장 개설은행은 신용장 대금을 조속히 결제 받을 수 있다.

54) 은행이 연대하여 보증하기 때문에 보증장(letter of guarantee)이라고 한다. 화주가 단독으로 발행할 경우에는 보상장(letter of indemnity)이 된다. 이때 보상(indemnity)은 ① 보충하여 배상하는 것, ② 재산상의 손실을 금전으로 보충하는 것을 말하고, 보증(guarantee)은 보증인이 채무자의 채무이행을 그 채권자에 대하여 부담하는 것이다. 즉, 보증계약(contract of guarantee)은 타인의 채무의 존재를 전제로 하고 이에 부수하여 제2차적인 책임을 지는 계약(contract of collateral or secondary undertaking)이다.
따라서 이것은 타인의 채무를 자기가 직접 1차적으로 부담하는 보상계약과는 다르다. 한국과 일본에서는 보증장(L/G)이라고 하지만, 영국과 미국에서는 주로 보상장(L/I)이라 한다.
영미의 경우에는 특별히 중요한 이해관계가 있지 않으면 보증장(L/G)을 발행하지 못하며, 은행이 보증장을 발행하는 것은 일종의 월권행위(ultra vires)로 금지되어 있어 보상장으로 대체하고 있다(임석민, 선하증권론, 두남, 2000, 342-343쪽 주 51 참조).
이에 따라 20세기 초까지는 영미법계 각국에서는 보상장이라는 용어가 사용되었고, 대륙법계 각국에서는 일반적으로 보증장이라는 용어가 사용되어 왔다.

55) 박훤일, "화물선취보증장을 둘러싼 법률문제", 금융, 제521호, 전국은행연합회, 1997. 8, 54쪽.

셋째, 운송인은 운송물을 신속히 처리할 수 있다.

그러나 이 관행은 선하증권 소지인이 모르는 상태에서 운송물을 제3자에게 인도하게 되므로 선하증권 소지인에 대한 배신행위가 된다. 다시 말해 상환증권성, 제시증권성 등의 선하증권의 법적 성질에 반하는 점이 문제된다. 따라서 선하증권과 상환하지 않고 운송물을 인도한 후 정당한 소지인이 선하증권을 제시하고 운송물의 인도를 요구할 경우에는 운송인은 운송물을 회수하여 인도하지 않으면 손해배상책임을 지게 된다.[56)] 보증도에 이러한 문제가 있기 때문에 바람직한 방법은 아니지만, 선박 회사에서는 실무상 널리 이용하고 있다.[57)]

그러나 운송인은 보증도에 의하여 다음과 같이 큰 위험을 부담하게 된다. 첫째, 수하인이 파산하여 화환어음의 지급 또는 인수에 응하지 않았기 때문에 보증도에 의하여 운송물이 인도된 후 송하인이 선하증권을 제출하여 운송물의 인도를 구하는 경우와 둘째, 송하인을 불신하는 수하인이 선하증권 미도착이라고 운송인을 속여서 보증도를 받은 후 어음의 지급 또는 인수를 거절한 경우에 송하인이 선하증권에 의하여 운송물의 인도를 청구하는 경우 등을 들 수 있다. 이러한 경우에 운송인이 만일 수하인으로부터 운송물을 회수하여 송하인에게 인도하는 것이 불가능하다면 손해배상책임을 져야 한다. 이와 같이 보증도는 운송인에게 큰 위험을 부담시키고 있기 때문에 선하증권의 위기의 해결책으로서 적극적으로 고려될 수 있는 바람직한 방법은 아니다.

3. 수하인에 대한 선하증권 직송

운송물이 목적항에 도착하면 즉시 수하인이 운송물을 수령할 수 있도록, 선하증권 원본 1통을 수하인에게 직송할 수 있다. 이것은 신용장 거래에서 선하증권은 수하인

56) 우리나라 판례에서도 이러한 입장은 확고하여, "보증도 등으로 운송물이 멸실된 경우에는 채무불이행으로 인한 책임은 물론이고 불법행위로 인한 손해배상 청구권이 성립한다(대판 1992.2.25, 91다30026; 1992.1.21, 91다14994)"고 하거나, "보증도의 상관습은 운송인 또는 운송취급인의 정당한 선하증권 소지인에 대한 책임을 면제함을 목적으로 하는 것이 아니고, 오히려 보증도로 인하여 정당한 선하증권 소지인이 손해를 입게 되는 경우에는 운송인 또는 운송취급인이 그 손해를 배상하여야 하는 것을 전제로 하고 있다. 따라서 운송인 또는 운송취급인이 보증도를 한다고 하여서 선하증권과 상환함이 없이 운송물을 인도함으로써 선하증권 소지인의 운송물에 대한 권리를 침해하는 행위가 정당한 행위로 된다거나 운송취급인의 주의의무가 경감 또는 면제된다고 할 수 없고, 보증도로 인하여 선하증권의 정당한 소지인의 운송물에 대한 권리를 침해하였을 때에는 고의 또는 중대한 과실에 의한 책임을 진다(대판 1989.3.14, 87다1791; 1991.12.10. 91다14123; 1992.2.25, 91다30026)"고 하여 일관된 견해를 취하고 있다.

57) 한국선박대리점협회가 24개의 선박대리점을 대상으로 조사한 결과를 보면, 1987년 5월 1일부터 1988년 4월 30일 사이에 선하증권에 의하여 이루어진 운송물 인도는 16,516건으로 총 인도건수 67,511건의 24.5%, 보증도(L/G)에 의한 운송물 인도는 75.5%를 차지하고 있다. 특히 한 · 일 항로에서는 99%, 한 · 홍콩항로에서는 90% 이상, 항해기간이 장기간인 한 · 유럽항로에서 조차 수입 운송물의 20-30%가 보증도를 하고 있다.

에게 직송하고 화환어음에 첨부하는 서류에는 선하증권의 사본을 사용하여도 지장이 없도록 처리한다고 당사자들 사이에 약속하는 방법이다.[58] 즉, 신용장에 선하증권의 원본 중 1통을 수출업자에게 직송하는 지시문을 조건으로 하는 것으로, 신용장 발행은행의 승인이 절대적인 요건이다.

이 방법을 사용하면 송하인은 선적 후 선하증권이 은행을 경유하지 않고 수하인에게 직접 송부되는 것이 가능하기 때문에 선하증권은 본선보다 먼저 목적지에 도착할 가능성이 크고 수하인은 운송인에게 보증장을 차입하지 않고 운송물을 수령할 수 있다. 또한 선하증권이 수하인의 지시식으로 되어 있다면 수하인은 선하증권에 의하여 운송물을 전매하는 것도 가능하므로 수하인에게는 매우 유리한 방식이다.

그러나 이 방법은 다음과 같은 한계가 있다.

첫째, 송하인이 선적 후 선하증권을 수하인에게 직송하기 때문에 운송물에 대한 담보권을 유보하는 것이 불가능하기 때문에 수하인의 대금지급에 관하여 불안이 없는 경우에만 이 방법에 동의하여야 한다는 한계가 있다.

둘째, 송하인의 어음을 매입하는 은행은 첨부되어 있는 선적서류에 담보력이 없으므로 송하인의 신용에 기초하여 어음을 매입하는 셈이 된다. 따라서 송하인을 신용할 수 없는 경우에는 어음을 매입하지 않고 단지 신용장 개설은행에 추심의뢰하는 것에 그칠 것이다.

셋째, 신용장 개설은행은 이와 같은 신용장을 개설하는 경우에는 담보력이 없는 서류부의 어음에 대하여 인수 · 지급을 행하는 셈이 되기 때문에 수하인에게 무담보로 융자하는 것과 마찬가지가 되어 수하인을 신용할 수 있는 경우에만 신용장의 개설에 응하는 것이 된다.

넷째, 지리적 조건에 따라서는 선적서류를 항공편으로 운송하더라도 이들 서류가 본선 보다 먼저 도착할 수 있는 경우에만 효용성이 있다는 시간적인 한계가 존재한다. 이러한 한계로 인하여 신용장에 의한 대금결제조건에는 이용이 곤란하다.

이와 같은 장단점을 고려하면 선하증권의 직송은 본점, 지점 또는 자회사 간의 거래 등의 본 · 지점간의 거래, 장기간 거래처로서 매도인이 지급에 불안이 없는 경우, 또는 신용장 개설은행이 매수인을 신용할 수 있고 동시에 매도인의 신용에 의존하여 담보력이 없는 서류가 첨부된 어음이더라도 수출지의 은행이 매입에 응하는 경우에 한정되어 사용된다.

이 방법은 매매 대금 선급과 상계가 행하여지는 경우에는 문제가 없지만, 신용장에

58) 박석재, "전통적 선화증권의 위기와 그 해결방안에 관한 연구", 한국해법학회지, 제20권 제1호, 1998. 3, 248쪽.

의한 대금결제조건인 경우에는 곤란하다.[59] 그러나 본질적으로 화환신용장에 의한 매매 대금의 결제방식에서는 선하증권의 직송은 분명한 사용의 한계를 지니고 있다.

4. 선하증권의 원지회수

선하증권을 발행 받은 송하인이 운송물 도착 전에 수하인에게 선하증권을 송부할 수 없는 때는 송하인이 입수한, 예를 들면 3통의 선하증권 중 1통에 배서를 해서 선박회사에 지참시키면 운송물 도착 후 즉시 인수할 수 있기 때문에 선하증권을 회수한 선박 회사는 선하증권에 기재되어 있는 수하인에게 운송물을 미리 인도하는 것처럼 양륙항에 있는 지점 또는 영업소에 텔렉스 등을 쳐서 운송물의 인도에 대한 연락을 하고 있다. 회수한 선하증권의 원본은 목적지로 송부하는 경우도 있고, 각각 보관되는 경우도 있다. 이러한 방법으로 이용되고 있는 선하증권은 원지회수 선하증권(Surrender bill of lading)으로 불린다. 근년 이러한 방법도 선하증권의 위기의 해결책으로서 자주 이용되고 있다.

그러나 이 방법은 기명식 선하증권의 양도를 인정하고 있는 국가에서만 인정되는 운송물 인도방법으로서 선하증권 전통의 제출을 요구하는 신용장을 이용하는 대금결제방식에는 적합하지 않을 뿐만 아니라, 세계적인 무역관계서류의 무서류화(EDI화)의 흐름에 적응하는 것이 곤란하다.[60]

5. 선하증권의 목적지 · 제3지 발행(on line bill of lading)

선하증권은 선적지에서 발행되는 것이 원칙이지만, 대형선박 회사는 각종의 선적정보의 네트워크를 가지고 있기 때문에, 선적항이 아닌 목적항 또는 제3지에서 선하증권을 발행할 수 있다.[61] 이러한 선하증권은 목적지선하증권(destination bill of lading)으로 불린다.

---

59) 근년에는 Standby L/C(신용장의 형식을 가진 보증장)가 화환신용장이 사용되어 온 물건의 매매대금에 대한 지급보증으로서도 주목을 모으고 있다. 이처럼 화환신용장을 대신하여 standby L/C의 이용을 생각할 수 있는데, standby L/C를 이용하면, 선하증권의 내용 혹은 선하증권 자체를 신속하게 수하인에게 제출함으로써 운송물의 수령에 지장이 없는 것처럼 될 수도 있다(新堀 聰, 實踐貿易取引-最新基礎理論と實務のポイント, 日本經濟新聞社, 1998, 187쪽).

60) 藤田和孝, 海上運送狀の現狀と法的諸課題(上), 海事法硏究會誌, No. 155, 2000.4, 2-3쪽.

61) 미국 통일상법전(UCC) §7-305에서는 (1) 선적항에서 송하인에 대하여 선하증권을 발행하는 대신, 운송인은 송하인의 요구로 목적지 또는 요구된 다른 별도의 장소에서 선하증권을 발행할 수 있다. (2) 운송중의 운송물을 처분할 권리를 운송인과 마찬가지로 부여받은 자에 의해서 요구가 있는 때, 또는 당해 선하증권 또는 다른 당해 운송물의 수령증권이 인도된 때는, 발행인은 요구된 장소에서 대체증권을 발행할 수 있다고 하는 규정이 있다.

기업의 국제분업의 진행 중에서 물류관리와 결제업무의 중추 기능을 동남아시아의 주요 도시로 옮기는 기업이 증가하고 있기 때문에, 선박 회사 중에는 선하증권의 온라인 발행서비스를 하고 있는 곳도 있다. 예를 들면 중국을 목적지로 한 운송물은 양륙항에 관계없이 무역회사가 집중해 있는 홍콩의 사무소에서 선하증권을 발행하는 것이다.

이 서비스는 운송물의 선적과 거의 동시에 선하증권의 발행과 인수 · 인도가 가능하기 때문에 본 · 지점간 거래 등의 대금결제를 수반하지 않는 거래, 혹은 목적국 내에 있어서 대금결제가 행하여지는 거래에 이용되고 있다.

선적지로부터 각지의 물류거점까지 선하증권을 송부하는 시간과 비용이 줄어드는 외에, 분실 등의 위험을 피할 수 있다. 그러나 이러한 방법도 수입업자 측의 의사로 운송물의 수령 및 양륙 후의 배송의 수배를 하는 통상의 운송물의 거래에 있어서는 선하증권의 위기의 해결책으로서는 효과가 없다.

제3관 해상화물운송장 이용의 효과

앞의 고찰한 바와 같이 선하증권의 위기에 대한 기존의 대책은 실무적 해결방안으로 나름대로 한계를 분명히 가지고 있는 일종의 편법이다. 이에 비하여 고속선의 위기로 불리어지는 현상에 대하여는 선하증권에 대체하여 해상화물운송장을 사용할 경우에는 다음과 같이 이미 제기된 문제점을 상당 부분 해결할 수 있는 장점이 있다. 즉, 해상화물운송장을 이용하는 것은 무역매매체계 전체로부터 보면 페이퍼리스화가 용이하기 때문에 선적서류의 전산화에 적응하기 쉬운 장점이 있고, 매매당사자에 대해서도 다음과 같은 장점이 있다.

첫째, 운송 서류의 발행 및 취급절차의 간소화와 이에 따른 운송물의 신속한 인도가 가능하게 된다. 선하증권에는 운송물이 먼저 목적지에 도착하는 경우의 소위 "선하증권의 위기"의 문제만이 아니라, 발행 및 이용에 드는 비용의 증가라는 문제가 있어서, 해상운송 서류의 절차간소화는 많은 관계자의 관심을 불러일으키고 있다. 국제연합의 조사 · 권고에 의하면, 특정의 대륙과 국가, 지역과의 무역에 있어서는, 선하증권의 부본(copy)의 부수가 증가하는 경향이 있어 10부로부터 40부 이상이 필요한 경우도 있다.[62] 해상화물운송장의 도입 전인 1970년에는 미국에서의 국제상거래에

62) Trade Documentation Information, Simplified Transport Documentation, Trade/ WP.4/INF.31, Dated Nov. 8, 1974.

있어서 사용된 서류는 평균 45매이고, 많은 때에는 100매에 가까운 경우도 있었다. 또 서류에 소요되는 비용도 송장가액의 8 내지 10%에 상당한다는 조사 결과가 있는데, 조사 당시 미국의 무역액과 비교해 보면 60억 내지 80억 달러에 달하게 된다.[63)]

해상화물운송장에 있어서도 양식의 통일은 일찍부터 제안되어 있지만, 현재까지도 실현되지 않고 선박 회사에 따라 각양각색이다. 특히 중요한 차이는 손해배상 청구권의 이전과 관련한 "대리"에 관한 규정 및 신용장부화환어음에 의한 대금결제와 관련한 운송물 처분권포기문언의 유무이다. 항공화물운송에 있어서는 국제항공운송협회(International Air Transport Association; IATA)[64)]가 장래의 취급 건수의 증가와 컴퓨터 처리에 대비해, 항공회사와 항공화물대리점 상호간의 업무처리 및 정보처리의 개선을 효율적으로 실시하기 위해서 뉴트럴 에어웨이빌(neutral airwaybill)이 1973년경부터 검토 · 개발되었다.

송하인에 의해서도 운송 서류의 발행을 기다리지 않고 보험증권, 송장 등의 선적서류를 즉시 수하인에게 송부할 수 있다. 그래서 이것을 분실해도 송하인은 리스크를 동반하지 않기 때문에 선적서류를 송부할 때 은행에 원본을 제출할 필요 없는 경우는 국제택배 등이 아닌 팩시밀리 등을 이용할 수도 있다. 따라서 운송물의 통관절차 및 거래의 신속화가 도모되고, 다시 대금회수를 조기에 할 수 있다는 점을 생각할 수 있다.

또 적하보험에 대해서도 항공화물은 다종 대량의 운송물을 신속하게 발송할 필요가 있고, 개개의 송하인이 각각 보험회사와 교섭하여 보험계약을 체결하는 것은 불편하기 때문에 항공회사를 통하여 보험의 신청이 행하여진다. 이 보험은 영국의 Shippers Interest Form을 이용한 것이고, Shippers Interest, 하주보험 또는 항공화물운송장보험(air waybill insurance) 등으로 불리고 있다. 마찬가지로 해상보험에 있어서도 해상화물운송장을 이용한 경우를 생각할 수 있다.

둘째, 해상화물운송장은 권원증권이 아니기 때문에, 서류의 위조 등에 의한 사기행위의 방지 효과도 있다. 반대로 해상화물운송장의 이용에는 인진성(도닌, 사기)에 있어서 문제가 있는 지역도 있어서, 운송물의 인도를 행함이 엄격하지 않다면 잘못 인도(misdelivery)될 위험성도 있다. 그러므로 사기나 도난이 횡행하는 지역에 해상

---

63) H.B. Thomsen & B. Wheble, Trade Facilitation and Legal Problems of Trade Data Interchange, International Business Law July/Aug. 1985, p. 313.

64) 국제민간항공기구(ICAO) 가입국의 항공회사들이 1945년에 제2차 세계대전이 끝남에 따라 예상되는 항공 산업의 발전에 따른 제반문제를 논의하기 위해 회의를 열고 설립에 합의한 민간항공회사간협력기구, 항공운송의 표준화, 안전의 확보, 과당경쟁의 배제, 운임의 합리화 등을 목표로 활동하고 있다. 창립당시 본부는 캐나다 몬트리얼에 있었으나 현재는 몬트리얼과 제네바 두 곳에 있다.

화물운송장이 도입된 경우에는 도착통지(Arrival Notice : A/N)를 도용한 서명으로 간단히 운송물이 인도될 위험성이 있다. 이를 방지하기 위해서 선박 회사 중에는 특약조항의 삽입을 요구하는 경우도 있다.[65)]

셋째, 선하증권에 비하여 전자문서화가 용이하다. 즉, 1970년대 후반 유럽에서 사용되기 시작한 해상화물운송장은 단지 선하증권의 위기의 대책으로서만이 아니라, 운송 서류 정보의 전자문서화의 방법으로서도 주목되고 있다. 최근 전자선하증권 도입에 관한 연구가 진행되고 있지만, 최대의 문제점은 선하증권의 선의의 소지인이 운송물의 인도청구권을 선박 회사에 주장할 수 있는가 하는 물권적 효력을 어느 정도 전자화할 수 있는가 하는 점이다. 이 문제에 대한 대책으로는 중앙등록기관(central registry; C/R)에 원 소지인(송하인)을 등록하고, 새로운 소지인(수하인)에게 비밀번호를 발급하는 것도 생각되고 있지만, 또 다른 방법은 선하증권을 유통성이 없는 해상화물운송장으로 대체하여 전자화하는 방법이다.[66)] 이 방법이 가장 실현가능성이 높고 현실적이라고 생각된다.

넷째, 해상화물운송장의 제출 없이 운송물의 인도가 가능하므로 보증도에 따르는 분쟁의 소지가 없다. 보증도는 국제거래에서 자주 이용되고 있지만 운송인이 부담하는 위험을 제거하였다는 점에서 해상화물운송장은 운송인에게는 가장 큰 장점으로 인식될 수 있다. 반면 하주의 입장에서는 보증장을 발행하는데 다소의 시간은 걸리지만 그다지 불편한 것은 아니고 해상화물운송장의 단점인 비유통 또는 신용장에 의한 대금결제의 어려움 등을 고려하면 선하증권을 취득하는 편이 더 편리한 방법으로 인식될 수도 있다.[67)]

다섯째, 선하증권을 분실한 경우에는 공시최고를 한 후에 제권판결을 받아야 한다.[68)] 최근에는 이러한 절차를 생략하고 은행의 연대보증부보증장을 제출하고 해결하는 경우가 많다. 반면 해상화물운송장은 권원증권이 아니기 때문에 증권을 분실하더라도 아무런 문제가 없다.[69)]

여섯째, 송하인이 수하인에게 선적서류를 직송할 수 있다. 해상화물운송장은 수하인에게 송부할 필요가 없기 때문에 해상화물운송장의 발행을 기다리지 않고 수하

65) 藤田和孝, 海上運送狀の現狀と法的諸課題(上), 海事法硏究會誌, No. 155, 2000. 4, 7-8쪽 참조.

66) Atlantic Container Line(ACL)은 대서양에 있어서 컨테이너 운송의 80-90%는 권원증권이 아닌 단순한 수령증으로서의 기능을 가진 운송 서류로써 이용자의 요구를 만족시킬 수 있다고 하는 조사결과를 기초로, 스웨덴의 은행(Svenska Handelsbanken)과 공동으로 Cargo Key Receipt(CKR) 시스템을 개발했다.

67) 박석재, "전통적 선화증권의 위기와 그 해결방안에 관한 연구", 한국해법학회지, 제20권 제1호, 1998. 3, 251쪽 참조.

68) 浜谷源藏, 貿易賣買硏究, 同文館, 1964, 225-232쪽.

69) 박석재, "전통적 선화증권의 위기와 그 해결방안에 관한 연구", 한국해법학회지, 제20권 제1호, 1998. 3, 252쪽.

인에게 보험증권, 상업송장 등의 선적서류를 즉시 송부할 수 있다. 수하인의 요청에 따라 해상화물운송장을 송부하는 경우에도 선하증권과 같은 엄격성은 없기 때문에 사무의 간소화 · 신속화가 가능하다.

일곱째, 수하인의 경비절약에 도움이 된다. 수하인은 운송물을 인수하기 위하여 해상화물운송장의 제시가 불필요하기 때문에 운송물의 도착 후 즉시 운송물의 수령이 가능하므로 보관료가 절약된다. 또 선하증권의 미도착과 분실시의 보증도를 위한 은행보증장의 문제도 발생하지 않기 때문에 보증료를 절약할 수 있고 위험을 부담하는 일도 없다.

해상화물운송장은 권원증권은 물론 상환증권도 아니기 때문에, 선적서류 도착 전에도 해상화물운송장에 기재된 수하인이라는 증명이 있으면 운송물의 도착과 동시에 거래를 행할 수 있다. 따라서 해상화물운송장을 사용하면 선하증권을 이용한 경우와 같이 보증도를 할 필요도 없고, 은행보증장 발행을 위한 보증료, 경우에 따라서는 창고료 또는 체선료를 절약할 수 있고, 운송물의 신속한 인도가 가능하게 된다.

제4절 해상화물운송장에 대한 국제규범과 각국의 법률비교

제1관 무역거래조건에 관한 국제규범과 해상화물운송장

1. 무역거래조건에 관한 국제규칙

무역거래조건에 관한 국제규칙 2000(ICC Official Rules for the Interpretation of Trade Terms : INCOTERMS, 2000)에서는 운송 중 물건을 전매하는 경우가 아니면, 해상화물운송장(sea waybill), 정기선 운송장(Liner Waybills), 화물수령증(freight receipt) 등과 같은 비유통 증서를 사용할 수 있도록 하고 있다.[70)]

인코텀즈 2000의 총 13개 조건 중 EXW(공장인도조건). DAF(국경인도조건)을 제외한 11개 무역조건(FCA(운송인인도조건), FAS(선측인도조건), FOB(본선인도조건), CIF.(운임 · 보험료포함인도조건), CFR(운임포함인도조건), CPT(운임지급인도조건), CIP(운임 · 보험료지급인도조건), DES(착선인도조건), DEQ(부두인도조건), DDU(관세미지급인도조건), DDP(관세지급인도조건))에 해상화물운송장도 포함하는 규정을 두고 있기 때문에 매매당사자 간의 약정으로 해상화물운송장을 매도인이 매수인에게 물건인도증거로 제공하는 서류로 정할 수 있다.

2. 신용장통일규칙

신용장통일규칙(Uniform Customs and Practice for Documentary credits)은 1993년 제5차 개정에서 "non-negotiable sea waybill"이라는 명칭으로 별도의 조문(제24조)을 신설하였다. 즉, 이 조항에서는 신용장에서 해상화물운송장을 요구하는 경우, ① 은행

70) INCOTERMS 2000, Introduction Article 20.

은 해상화물운송장에 운송인의 명칭이 표시되고, ② 운송물이 선적되었음이 명시되고, ③ 선적항과 수령지 또는 양륙항과 최종 목적지가 다르거나 또는 예정된(intended) 선적항이나 양륙항이 기재되었어도 신용장에서 요구한 선적항과 양륙항이 명시될 것, ④ 발행된 원본 전통이 첨부될 것, ⑤ 용선계약 또는 범선에 의한 운송이라는 표시가 없을 것을 요건으로 하여, 신용장에서 요구하는 위의 모든 조건이 충족된 경우 비유통 해상화물운송장도 수리하도록 규정하고 있다. 그러므로 매매당사자 간의 약정이 있다면 신용장 거래에서 해상화물운송장을 이용할 수 있다. 그러나 해상화물운송장은 권원증권이 아니므로 화환어음 매입시 담보력이 없으므로 실무적으로는 개설은행이 이의 수리를 기피하는 실정이다.[71)]

이 규정은 신용장통일규칙의 2006년 개정(UCP 600) 제21조에서도 비유통 해상화물운송장(non-negotiable sea waybill)이라는 제목 하에 자세한 규정을 두고 있다.

제2관 해상화물운송장에 관한 국제해법회통일규칙

1. 제정 배경과 경위

국제해법회(Committee Maritime International: C.M.I.)에서는 국제해상물건운송에 있어서 해상화물운송장의 사용 필요성과 유럽을 비롯한 여러 나라가 이미 부분적으로 이용하고 있음에도 불구하고 운송당사자의 권리 · 의무 · 책임을 규율하는 어떠한 국제규칙이나 협약이 존재하지 않는다는 점을 중시하여 1983년 6월부터 해상화물운송장에 관한 통일규칙을 마련하는 작업에 착수하여 1990년 8월 전문 8개조로 된 「해상화물운송장에 관한 국제해법회통일규칙」(Uniform Rules for Sea Waybill)을 채택하였다.

1983년 국제해법회 베니스회의에서 선하증권에 관한 공동토론회가 개최되어 해상화물운송장에 관련된 다음과 같은 결론을 내렸다.

① 유통증권이 요구되지 아니하는 때에는 선하증권의 발행은 억제하여야 한다.
② 해상화물운송장 내에 삽입되는 통일규칙을 준비하여 채택하여야 한다.

이 회의 후 Gronfos 교수 주관 하에 작업반을 구성하여 예비 초안을 준비하였으

71) 嚴潤大, 'SEA WAYBILL의 활용을 위한 입법방향', 한국해법학회지 제23권 제2호, 2001.11, 174쪽 참조.

나, 이 예비 초안은 1985년 리스본 국제회의에서 검토한 결과 더 광범위한 연구가 필요하다는 결론을 얻게 되어 1986년 봄 국제소위원회를 발족하고 영국의 Antony Lliyd 전 대법관을 소위원장에 위촉하여 초안을 준비하게 하였다. 이 소위원회에서는 각국 해법회에 11개 항목의 질의하여 회신을 받았다.[72] 국제소위원회에서는 각국의 회신을 바탕으로, ① 응답한 상당한 나라가 해상화물운송장을 선호한다는 사실과, ② 선하증권이 도착하기 전에 선박이 도착하는 경우 운송물의 처리가 지연된다는 점, ③ 사기사건을 예방할 수 있다는 결론에 도달하였다.

그러나 모든 면에서 해상화물운송장이 선하증권을 대체할 수 있다고 보지는 않기 때문에 국제소위원회는 1987년 1월 런던에서 개최된 제1차 회의에서 5가지의 기본 방향[73]을 정하고 이에 따라 초안이 작성되었다.

이 초안은 1987년 10월 9일의 제2차 회의, 1988년 10월의 제3차 회의를 거쳐 1989년 4월 최종안이 완성되었다. 그러나 이 최종안에 대하여 국제도로운송연맹(International Road Transportation Union, IRU)은 동 규칙과 국제도로운송협약(Convention of the Contract for the International Carriage of Goods by Road, 1956 Protocol, 1978: CMR) 및 국제철도운송협약(Convention concerning International Transport y Rail, COTIF)의 규정과 충돌될 수 있다는 의견이 제시되어 1990년 6월 빠리 총회에서 참작하여 조문을 다시 정리하고 확정하였다.

이 규칙은 전문 8개조로 구성되어 매우 간단한 규칙이다. 그 이유는 영미법계는 물론 대륙법계의 국가에서도 아무런 문제없이 수용할 수 있는 보편타당성을 지향하였기 때문이다.[74]

2. 적용 범위

이 규칙은 "해상화물운송장에 관한 국제해법회 통일규칙"이라 부른다(제1조 (i)).

이 규칙은 운송계약의 서면 여부에 관계없이 선하증권 또는 유사한 권원증권이 적용되지 않는 운송계약이 적용되는 경우에 적용된다(제1조 (ii)).

72) 자세한 질의 내용은 「배병태, 'Sea Waybill에 관한 CMI 통일규칙과 1990년대의 해상운송법 통일에 관한 문제논점', 한국해법학회지 제12권 제1호, 1991, 11-13쪽」 참조.

73) 배병태, 'Sea Waybill에 관한 CMI 통일규칙과 1990년대의 해상운송법 통일에 관한 문제논점', 한국해법학회지 제12권 제1호, 1991, 12쪽 참조.

74) 배병태, 'Sea Waybill에 관한 CMI 통일규칙과 1990년대의 해상운송법 통일에 관한 문제논점', 한국해법학회지 제12권 제1호, 1991, 13쪽.

이 조항은 권원증권인 선하증권과의 본질적인 차이를 규정하여 해상화물운송장의 법적 성질을 밝힌 것이다.

3. 정의

이 규칙에서, 운송계약은 이 규칙에 의하여 해상으로 전부 또는 일부가 이행되는 일체의 운송계약을 의미한다. 물건은 운송계약에 의거 운송된 또는 운송을 위해 수령한 일체의 물건을 의미한다. 운송인 및 송하인은 운송계약에 지정되어 있거나 그 계약에서 확인할 수 있는 당사자를 의미한다. 수하인은 운송계약에 지정되어 있거나 그 계약에서 확인할 수 있는 당사자, 또는 제6조 (i)항에 의거 수하인으로 대체되는 사람을 의미한다. 운송물 처분권은 규칙 제6조에 규정된 권리 및 의무를 의미한다(제2조).

이 조항은 규칙의 시행에 필요한 용어를 정의한 것으로 운송계약의 종류에 복합운송을 포함하고 있다는 것이다. 원안에는 복합운송(combined transport)이라는 용어를 사용하였으나 영국 대표의 모호하다는 지적을 받아들여 현재의 문언으로 고쳤다.[75]

해상화물운송장의 개념과 법적 성질을 분명히 할 필요가 있으나 이에 대한 규정이 미비하다. 따라서 해상화물운송장의 개념과 법적 성질을 다시 해석에 의존하게 하는 모순을 초래하여 협약 채택의 효용성에 대한 의문을 가지게 한다.

4. 대리권

송하인은 자기를 위해서 뿐만 아니라 수하인의 대리인으로서 또는 그를 대신하여 운송계약을 체결하는 것이며, 또 송하인은 그렇게 체결할 권한이 있음을 운송인에게 보장하는 것이다(제3조 (i)).

이 규칙은 수하인이 운송계약의 준거법에 의하여 제소할 수 있거나 제소 당할 수 있게 할 필요가 있는 경우 및 경우에만 적용된다. 수하인은 선하증권 또는 유사한 권원증권에 증권에 삽입된 운송계약에서 부담하는 책임 이상은 부담하지 아니한다(제3조 (ii)).

75) 배병태, 'Sea Waybill에 관한 CMI 통일규칙과 1990년대의 해상운송법 통일에 관한 문제논점', 한국해법학회지 제12권 제1호, 1991, 14쪽 참조.

이 조항은 제3자를 위한 계약의 법리를 인정하지 아니하는 영국 법계에 필요하다는 영국 대표의 주장에 의하여 만들어 진 것이다. 영국법상으로 송하인이 운송인과 체결한 운송계약에 관하여 수하인은 소송당사자적격이 인정되지 아니하므로 수하인이 운송계약상의 소송당사자가 되기 위해서는 이 조문이 꼭 필요하다는 것이다. 그러나 프랑스를 비롯한 대륙법계 국가에서는 제3자를 위한 계약(민법 제539조)을 인정하므로 불필요한 조문으로 오히려 송하인의 과실에 대하여 수하인이 책임을 지게 될 수도 있다는 문제점이 제기 되어 제(ii)항을 두게 되었다.

즉, 제(ii)항에서는 준거법에 따라 수하인이 소송당사자가 될 수 있게 하는 목적과 또한 운송인을 불법행위를 원인으로 한 청구로부터 보호할 목적으로 필요한 경우에 한하여 적용된다.[76)]

5. 권리 및 책임

운송계약은 선하증권 또는 유사한 권원증권에 운송계약이 삽입되었을 경우에 강행적용 되었어야 할 일체의 국제협약 또는 국내법의 적용을 받는다. 그리고 운송계약에 그 협약 또는 법에 반하는 조항이 있더라도 그 협약 또는 법은 적용된다(제4조 (i)).

항상 위 (i)항의 규정을 전제로 운송계약은 다음에 의해 규율된다(제4조 (ii)).

(a) 이 규칙,

(b) 당사자 간에 별도의 합의가 없으면, 해상구간 이외의 구간에 대한 운송 조건 및 조항이 있는 경우에는 그것이 포함된 운송인의 표준조건,

(c) 당사자 간에 합의된 그 밖에 일체의 조건.

위 (ii)항 (b) 또는 (c)의 조건과 이 규칙이 상충하면 이 규칙이 우선한다(제4조 (iii)항).

이 조항은 운송인의 권리와 의무에 대한 원칙을 정한 것으로, 우리나라의 경우에는 헤이그-비스비 규칙이나 상법의 내용을 채택하는 것으로 된다.

다만 동 규칙 제(ii)항 (b)에서 강행법이 적용되지 아니하는 부분에 대하여는 운송인의 표준계약서식을 따르도록 하여 운송거래의 촉진을 도모하고 있다. 또한 이 표준계약서식에는 복합운송에 의한 육상구간 및 항공운송구간에 대한 약관도 포함하는 것으로 하였다.

76) 배병태, 'Sea Waybill에 관한 CMI 통일규칙과 1990년대의 해상운송법 통일에 관한 문제논점', 한국해법학회지 제12권 제1호, 1991, 15쪽 참조.

국제도로운송연맹(International Road Transport Union : IRU)[77]이 제기한 국제도로운송협약(Convention on the Contract for the International Carriage of Goods by Road : CMR) 및 국제철도운송협약(COTIF)과의 충돌문제는 실제로 별문제가 없는 것으로 보아 수용되지 않았다.

6. 물건의 명세

송하인은 자기가 제공한 운송물명세의 정확성을 보장하며, 그 부정확으로 인해 발생한 일체의 멸실 · 훼손 또는 비용을 운송인에게 배상하여야 한다(제5조 (i)).

운송인의 유보문구가 없으면, 물건의 수량 또는 상태에 대한 해상화물운송장 또는 유사한 증권상의 일체의 기재는, (a) 운송인과 송하인 사이에는 기재된 내용의 물건을 수령했다는 추정적 증거가 된다. (b) 운송인과 수하인 사이에는, 수하인이 항상 선의로 행동할 경우에는, 기재된 내용의 물건을 수령했다는 결정적 증거가 되며, 이에 대한 반증은 허용되지 아니한다(제5조 (ii)).

이 조항은 송하인의 물건명세의 정확성보장의무와 운송관계인 사이의 명세기재의 증거력에 관한 규정으로 헤이그-비스비 규칙 제3조 제4항과 제5항에 따른 것이다.

7. 운송물 처분권

송하인이 아래 (ii)항의 선택권을 행사하지 아니한다면, 송하인은 운송계약과 관련하여 운송인에게 지시할 권한이 있는 유일한 당사자이다. 준거법이 금지하지 않는다면, 송하인은 그로 인해 발생한 일체의 추가 비용을 배상한다는 약속 하에 서면 또는 기타 운송인이 인정하는 방법으로 운송인에게 적절히 통지하고, 목적지에 물건이 도착한 후 수하인이 물건인도를 청구하기 전까지는, 언제라도 송하인은 수하인의 명칭을 변경할 권한이 있다(제6조 (i)).

송하인에게는 운송인이 물건을 수령하기 전에 물건의 처분권을 수하인에게 이전할 수 있는 선택권이 있다. 선택권을 행사한 때에는 해상화물운송장 또는 유사한 증

77) 유럽 여러 나라의 도로운송업자단체의 주도하에 설립된 도로운송업자를 대표하는 유일한 국제기구로서, 국제연합경제사회이사회의 자문기관이기도 하다. 가입국의 도로운송업자의 이익과 경제 전체의 이익을 조정하면서 국제도로운송의 발전을 촉진하기 위하여 운송 서류, 통관절차, 운임제도의 통일을 도모하는 것이 설립 목적이다. 현재 60개가 넘는 각국 단체가 가입하고 있다(코리아쉬핑가제트, 最新 海運 · 物流用語大辭典, 제9개정증보판, 2002, 340-341쪽 참조).

권에 그 사실이 명기되어야 한다. 선택권이 행사되면 수하인은 위 (i)항에 규정된 권리를 유보하며, 송하인의 권리는 중단된다(제6조 (ii)).

이 조항은 송하인에게 운송물이 목적항에서 수하인에게 인도될 때까지 운송물을 제3자에게 양도할 수 있게 하거나 또는 수하인이 제3자에게 양도할 수 있게 한 규정으로 선하증권의 발행 없이 해상화물운송장에 의해서도 운송물이 유통될 수 있도록 하고자 하는 것이다. 그러나 제(ii)항의 규정은 비유통 증서인 해상화물운송장의 법적 성질에 반하는 것으로 기명수하인의 확인에 대한 운송인의 법적 책임을 부당하게 증가시킬 우려가 있다. 증권에 의한 운송물의 유통을 완전히 금지시키더라도 지명채권양도방식에 의한 운송물의 이전은 가능하기 때문에 불필요한 조항이라고 생각된다.

8. 인도

운송인은 수하인이 적절한 방법으로 신원을 증명하면 물건을 인도해야 한다(제7조 (i)).

운송인은 수하인임을 주장하는 당사자가 진정한 수하인인지를 확인하기 위해 상당한 주의를 기울였음을 입증한 경우에는, 인도착오에 대하여 일체 책임지지 않는다(제7조 (ii)).

9. 효력

이 규칙 또는 제4조에 의거 운송계약에 삽입된 어느 규정이 운송계약에 강행 적용될 국제협약 또는 국내법의 규정과 상충하는 경우, 그 규정은 서로 상충하는 범위까지 무효로 한다(제8조).

이 조항은 운송에 적용되는 국내법이나 국제협약의 강행규정이 우선적 효력을 가짐을 명시하여 이 규칙과의 충돌을 해결한 것이다. 이 조항으로 인하여 국제도로운송연맹이 제기한 관련 협약과의 규정의 충돌문제를 해결하였다.[78]

78) 배병태, 'Sea Waybill에 관한 CMI 통일규칙과 1990년대의 해상운송법 통일에 관한 문제논점', 한국해법학회지 제12권 제1호, 1991, 19쪽.

제3관 영국의 1992년 해상물건운송법

1. 해상화물운송장의 정의와 요건

1992년 해상물건운송법은 해상화물운송장의 개념과 요건에 관하여 제1조에서 다음과 같이 규정하고 있다.

"제1조

(1) 이 법은 다음 서류들에 적용된다. 즉 –

(a) 모든 선하증권 ;

(b) 모든 해상화물운송장 ;

(c) 모든 화물인도지시서

(2) 이 법에서 선하증권에 대한 언급 내용들은 –

(a) 증권 소지인으로서 배서에 의하거나 배서에 의하지 않고 인도로서 양도할 수 없는 서류에 대해서는 제외된다. 그러나

(b) 배서를 조건으로, 선적 선하증권에 대한 수령 선하증권의 언급 내용들은 포함된다.

(3) 이 법에서 해상화물운송장에 대한 내용은 선하증권 아닌 아래와 같은 모든 서류에 관한 것들이다. 즉

(a) 해상물건운송계약을 포함하거나 증명할 수 있는 운송물에 대한 수령증과 같은 서류, 그리고

(b) 운송인이 그 계약과 일치해서 운송물을 인도해야 할 특정인을 확인할 수 있는 그러한 서류

(4) 이 법에서 화물인도지시서에 대해 언급한 내용들은 선하증권이나 해상화물운송장이 아닌 아래와 같이 인수를 포함하는 모든 서류에 관한 것이다. 즉 –

(a) 그 서류가 포함하는 운송물의 해상운송계약 또는 그러한 운송물을 포함하는 운송물의 해상운송계약 목적으로 또는 그러한 목적 하에서 주어진 모든 서류. 그리고 –

(b) 그 서류가 포함하고 있는 운송물을 특정인에게 인도하기 위해 서류에서 증명된 어떤 사람에 대해서 운송인이 인수한 모든 서류.

(5) 국무총리는 명령으로 원격통신체제 또는 어떤 다른 정보기술이 아래와 유사한 유효한 거래에 사용되는 경우에 이 법의 적용을 위해서 세부 조항을 만들 수 있다. 즉 –

(a) 이 법이 적용되는 어떤 서류의 발행과 유사한 것

(b) 그러한 어떤 서류의 배서, 인도 또는 다른 형태의 양도. 또는

(c) 그러한 어떤 서류에 관해서 그 밖의 모든 것의 이행

(6) 위의 (5)에서의 명령은

(a) 국무총리가 그 (5)에서 언급된 사례에 대한 이 법의 적용과 관련해서 적절한 고려를 하는 것과 마찬가지로 이 법의 다음 조항들에 대해서 수정할 수 있다.

(b) 제(5)항의 명령은 보충적이며 부수(일시)적인 궁극적이면서 과도기적인 중간 형태의 조항을 포함할 수 있다. 그리고 그 항에서 명령을 발하는 권한은 의회 양원의 결의에 따라 취소를 조건으로 합법적인 증권(서류)에 의해 행사될 수 있다."

이 법 제1조의 규정은 해상화물운송장과 관련하여 그 본질과 요건을 규정한 것으로 다음과 같은 법률적 의미를 가진다.

첫째, 이 법은 선하증권(any bill of lading), 해상화물운송장(any sea waybill), 화물인도지시서(any ships delivery order)에 적용한다고 규정하여, 해상화물운송장에도 적용된다는 점을 명시하고 있다는 점에서 1855년 선하증권법과는 다른 의미를 가지고 있다. 즉, 해상화물운송장을 선하증권 이외의 해상운송증권의 한 종류로 인정하고 있다는 점에서 진일보한 입법이라고 볼 수 있다.

둘째, 제1조 (2)항 (a)에서는 증권의 배서양도나 점유이전에 의한 양도가 되지 않는 소위 비유통운송증권에 대하여는 이 법의 선하증권에 대한 규정을 적용할 수 없다고 하여, 소유 기명식선하증권(straight bill of lading)은 선하증권이 아니라는 점을 분명히 하고 있다. 즉, 유통할 수 없는 기명식선하증권을 해상화물운송장이라고 해석하여야 한다는 점을 간접적으로 표현하고 있는 것으로 보인다.

셋째, 제1조 (3)항에서는 (a) 해상물건운송계약을 포함하거나 증명할 수 있는 화물에 대한 수령증과 같은 서류, 그리고 (b) 운송인이 그 계약과 일치해서 화물을 인도해야 할 특정인을 확인할 수 있는 서류를 해상화물운송장이라 한다고 규정하여 해상화물운송장의 요건을 규정하고 있다. 즉, 이 규정에 따르면 해상화물운송장은 해상물건운송계약을 증명하고 운송물에 대한 수령증의 역할을 하는 증권으로서 수하인을 특정하는 운송 서류를 해상화물운송장으로 정의한 규정이다.

넷째, 제1조 (5)항에서 선하증권은 물론, 해상화물운송장이나 화물인도지시서를 전자식으로 발행, 유통할 수 있는 법적 근거를 두고 있다.

2. 기명수하인의 권리

이 법은 제2조와 제3조에서 운송계약의 당사자가 아닌 선하증권의 정당한 소지인, 해상화물운송장의 기명수하인 등의 권리에 대하여 다음과 같이 규정하고 있다.

제2조

(1) 이 조의 다음의 조항에 따르면, 즉

(a) 선하증권의 적법한 소지인이 되는 사람

(b) (운송계약의 원 당사자가 아니면서) 그 계약과 일치하여 운송인에 의하여 해상화물운송장과 관련된 운송물의 인도를 받게 되는 사람

(c) 화물인도지시서가 포함하는 운송물의 인도가 지시서에 기재된 인수사항과 일치해서 이루어지게 될 사람

(2) 어떤 사람이 선하증권의 적법한 소지인이 되는 경우, (운송인에 대해서) 그 증권의 소지(소유권)는 그 증권이 포함하는 운송물의 소유에 대한 권리를 주지 않는다는 점에서, 그러한 사람은 그가 그 증권의 소지인이 되지 않으면 위 (1)항에 따라 그에게 어떠한 권리도 양도되지 않을 것이다. 즉 –

(a) 그러한 소유권이 그 증권의 소유에 미치지 못했을 때 그리고 그전에 체결된 모든 계약상 또는 약정에 따라 이루어진 거래에 의해서 또는, (증권 소지인이 된 사람)

(b) 그러한 모든 약정에 좇아 다른 사람에게 양도된 운송물이나 서류를 특정인에 대한 양도를 거절한 결과로서 (증권 소지인이 된 사람)

(3) 화물인도지시서와 관련해서 위 제(1)항의 적용으로 모든 사람에게 양도된 권리는

(a) 지시서의 용어에 따라 당연히 양도될 것이다. 그리고,

(b) 지시서가 포함하는 운송물은 운송계약이 포함하는 단지 일부 운송물을 구성한다는 점에서 그 지시서가 포함하는 운송물과 관련해서 그 권리가 제한될 것이다.

(4) 이 법이 적용되는 모든 서류의 경우에,

(a) 그 서류가 포함하는 운송물과 관련해서 모든 이익 또는 권리를 가진 사람이 운송계약 위반의 결과 손실이나 손상을 입는다는 점에서, 그러나

(b) 위 제(1)항은 그 위반과 관련해서 소송상 권리가 제3자에게 양도되도록 그 서류와 관련해서 적용된다는 점에서 양도받은 제3자는 그들이 그들의 이익을 위해 권리를 행사할 수 있는 사람에게 권리가 양도되었더라면 충분히 행사할 수 있었던 것과 같은 한도에서 손실 또는 손상을 입었던 사람

의 이익을 위해 그 권리를 행사할 권한을 부여받을 수 있다.

(5) 모든 서류와 관련해서 권리가 위 제(1)항의 적용에 의해 양도된다는 점에서 그 항이 규정하는 양도는 그러한 권리를 발생시키는 모든 권한을 소멸 시킬 것이다.

(a) 「그 유래되는 권한은」 그 서류가 선하증권이라는 점에서 운송계약에 대한 원 당사자의 자격으로부터 나오는 권한 또는

(b) 이 법이 적용되는 모든 서류의 경우에, 그 서류와 관련해서 (1)항의 이전의 작용으로부터 나오는 권한이다. 그러나 (1)항의 적용이 그 계약에 대해 원 당사자 자격을 가진 사람에게서 유래되는 모든 권리를 침해하지 않고 이루어지거나, 화물인도지시서와 관련해서 해상화물운송장에 의해 확인될 수 있다. 그리고 그 지시서와 관련해서 그 항의 이전 시행에서와는 다르게 유래되는 모든 권리에 대한 침해 없이 적용이 이루어지거나 화물인도지시서와 관련한 해상화물운송장에 의해 적용이 확인될 수 있다.

제3조

(1) 이 법 제2조 제(1)항은 이 법이 적용되는 모든 서류와 관련해서 적용되고 그 항에 따라 권리를 양도받은 사람이-

(a) 서류가 관계하는 모든 운송물의 운송인으로부터 운송물을 받거나 요구할 수 있다는 점에서,

(b) 모든 종류의 운송물과 관련해서 운송인에 대해 운송계약 하의 손해배상을 청구한다는 점에서, 또는

(c) 그 권리가 그에게 양도되기 전에 일시에 모든 운송물을 운송인으로부터 인도 받았거나, 요구했다는 점에서 그 사람은 (위 (c)호에 해당하는 경우에 권리가 그에게 양도되는 것으로서 운송물을 인도 받거나 요구하거나 손해배상 청구를 함으로써) 마치 그 계약에 당사자였던 것처럼 그 계약 하에서 동일한 책임을 져야 할 것이다.

(2) 화물인도지시서가 포함하는 운송물은 운송계약이 포함하는 운송물의 단지 일부를 구성한다는 점에서, 그 지시서와 관련해서 이 조의 적용에 따라 모든 사람이 져야 하는 책임은 그 지시서가 관계하지 않는 모든 운송물에 대해서는 책임이 제외될 것이다.

(3) 이 조는 모든 사람에 대해서 계약상 책임을 부과하는 한, 계약상 원 당사자인 모든 사람의 계약상 책임에 대해서 영향을 미치지 않을 것이다.

이 법 제2조의 규정은 해상물건운송계약의 당사자가 아닌 해상화물운송장의 기명수하인에 대한 권리에 대하여 다음과 같이 해석할 수 있다.

첫째, 해상화물운송장의 기명수하인은 운송계약의 당사자가 아니지만 운송계약의 위반과 관련하여 운송계약 당사자가 행사할 수 있는 모든 소송상의 권리를 행사할 수 있다는 점을 명시하고 있다(제2조 (1)항, (4)항 (a), (b)).

둘째, 기명수하인의 권리는 해상물건운송계약에서 계약의 원 당사자의 권리를 침해하지 않는 범위내에서 확인되거나 또는 해상화물운송장에 의하여 확인될 수 있다(제2조 (5)항).

셋째, 기명수하인은 해상물건운송계약의 원 당사자의 권리를 행사할 수 있을 뿐만 아니라 권리의 행사에 따른 책임도 진다(제3조).

결국 이 규정은 해상화물운송장의 기명수하인은 해상물건운송계약의 당사자는 아니지만, 계약 당사자의 법률상의 권리를 목적지에서 행사할 수 있다고 하는 것을 규정함으로써, 목적지에서 운송물의 멸실 · 훼손 등의 운송계약 위반사항이 발생한 경우 운송계약의 당사자가 아닌 기명수하인이 운송인과 동일한 법적 권리를 행사하도록 한 것이다.

3. 증거증권의 기능

해상화물운송장의 증거증권의 기능에 대하여 제4조와 제5조에서 다음과 같이 규정하고 있다.

제4조 아래의 선하증권 즉,

(a) 선박에 선적되었던 운송물을 표시하는 선하증권이나, 선박에 선적을 위해 인도 받았던 운송물을 나타내는 선하증권 그리고

(b) 선박소유자(선주) 또는 소유자는 아니지만 그런 외형(표상) 또는 선하증권에 서명하는 운송인의 명백한 권한을 가졌거나, (암묵적으로) 나타나는 사람이 서명한 선하증권은 그 증권의 적법한 소지인이 된 사람을 위해 선적 운송물의 운송인에 대해서 또는 경우에 따라서 선적의 화물수령증에 대해 결정적인 증거가 될 것이다.

제5조

(1) 이 법에서 "선하증권", "해상화물운송장", 그리고 "화물인도지시서"는 앞 조(제4조)와 일치해서 해석될 것이다.

"운송계약"은

(a) 선하증권, 해상화물운송장과 관련해서, 그 증권이나 운송장이 포함하고 증명(확인)하는 계약을 의미한다. 그리고,

(b) 화물인도지시서와 관련해서 지시서에 포함된 인수를 받을 목적으로 또는 그 목적 하에서 계약을 의미한다. 선하증권과 관련해서, "소지인(소유자)"란 의미는 아래 제(2)항에 따라서 해석될 것이다. "정보기술"이란 의미는 서류의 형태로 한정되지 않고 정보나 다른 내용을 기록하거나 전달할 수 있는 수단을 가진 모든 컴퓨터나 다른 기술을 포함한다. 그리고 "원격(원거리)통신 체계"는 1984년 원격통신법에서와 같은 의미를 가진다.

(2) 선하증권의 소지인에 대해 이 법에서 언급된 내용들은 다음의 모든 사람들에 대한 것들이다.

(a) 증권에서 확인된 사람이 됨으로써 그 증권이 관계하는 운송물의 인수인인 그 증권의 소유권을 가진 사람

(b) (운송)완성, 증권의 인도, 증권의 모든 배서, 무기명 증권의 경우에 증권의 제3자에 대한 양도의 결과로 그 증권의 소유권을 가진 사람

(c) (운송인에 대해서) 그 증권의 소유권이 그 증권이 관계하는 운송물의 소유에 대한 권리를 더 이상 부여하지 않았을 때 그 거래가 성립되지 않았더라도 위 (a)호 또는 (b)호에 해당되고 소지인이 될 수 있었을 어떤 거래의 결과로 증권의 소유권을 가진 사람 그리고 이 법의 목적을 위해 어떤 사람은 그가 어디에서 증권 소지인이 되었더라도 증권의 적법한 소지인이 되는 것으로 간주될 것이다.

(3) 이 법에서 서류상 확인되는 어떤 사람의 권한에 대한 언급은 서류 발행 후, 그 서류의 용어와 일치해서, 그 사람이 변경되는 경우에 그 사람의 신원 확인을 고려하는 기술에 의해 확인되는 사람에 대한 내용을 포함한다. 그리고 어떤 사람을 증명하는 서류에 대한 이 법 제1조 제(3)항 (b)호에서의 언급은 적절히 해석된다.

(4) 서류 내용이 위 제2조 (2)항과 제4조에 위반하지 않는다면 이 법에서 어느 조항도 어떤 서류가 관계하는 운송물이

(a) 그 서류의 발행 후에 소멸한 사례와 관련해서 혹은

(b) (특정 운송물이 다른 운송물과 섞였거나 어떠한 다른 이유 때문에) 운송물을 확인할 수 없는 사례에 관해서 그(조문)의 적용을 배제하지 않는다. 그리고 이 법에서 어떤 서류가 관계하는 운송물에 대한 언급은 적절히 해석될 것이다.

(5) 이 법의 전술 조항들은 모든 사례와 관련해서 1971년 COGSA의 제1조에 의해 당분간 시행되는(헤이그/비스비 규칙) 규칙의 적용에 대한 침해 없이 효력을 가지게 될 것이다.

해상화물운송장의 증거증권으로서의 기능에 대하여 이 법은 다음과 같이 규정하고 있다.

첫째, 이 법 제4조와 제5조 (1)항은 해상화물운송장이 운송인이 운송장에 기재된 운송물을 수령하였음을 나타내는 증권으로서의 기능을 가지고 있음을 규정하고 있다.

둘째, 제5조 (1)항 (a)는 해상화물운송장의 운송계약의 증거증권의 기능을 규정하고 있다.

제4관 미국의 연방선하증권법

미국의 연방선하증권법 제80103조에서는 유통증권과 비유통 증서를 구분하고, (b)항에서 비유통 증서를 규정하고 있는데, 소위 비유통 증서인 기명선하증권(straight bill of lading)이 해상화물운송장에 해당한다고 볼 수 있다.

(b) 비유통 증서

(1) 운송물이 수하인에게 인도될 것이라고 명시되면 비유통 증서이다. 비유통 증서는 배서를 하더라도

(A) 유통증권이 되지 않으며;

(B) 그 양수인에게 어떠한 권리도 추가되지 않는다.

(2) 비유통 증서를 발행하는 운송인은 그 선하증권에 비유통(nonnegotiable 또는 not negotiable)이라는 표시를 해야 한다. 이 항은 비공식적인 비망록 또는 양해각서에는 적용되지 않는다.

이 규정은 비유통 선하증권은 기명수하인에게 운송물을 인도하여야 하고, 이 증권은 배서양도가 금지된다는 점을 분명히 하고 있다. 그 밖의 점에서는 선하증권의 화물수령증권의 기능 등이 인정되기 때문에 결과적으로 해상화물운송장과 동일한 개념으로 볼 수 있다.

이러한 입법방식은 명칭과 관계없이 선하증권이 유통성을 본질로 하는 이상 비유통 증서를 별도로 취급함으로써 선하증권과 해상화물운송장의 개념과 효력의 차이점을 분명히 구분한 것이다.

제5절 해상화물운송장의 법률관계

제1관 개념

해상운송증권의 가장 보편적 증권인 선하증권과 비교하였을 경우 해상화물운송장의 가장 본질적인 차이는 비유통 운송증권라는 점이다.

「해상화물운송장에 관한 국제해법회통일규칙」은 적용 범위를 규정한 제1조에서 "이 규칙은 유통선하증권 혹은 유사한 권원증권이 아닌 운송계약에 적용된다" (These Rules shall apply to contracts of carriage not covered by a negotiable bill of lading or similar document of title)라고 규정함으로서 해상화물운송장이 비유통운송증권임을 분명히 하고 있다. 이러한 입법 태도는 영국의 1992년 해상물건운송법 제1조 (2)항과 (3)항의 규정과 같은 취지의 규정이다. 「해상화물운송장에 관한 국제해법회통일규칙」을 제정하기 위한 국제회의에서도 영국 대표는 "해상화물운송장(sea waybill)은 권원증권이 아니다"는 문언을 명시하자고 하였으나 미국 대표는 그것은 법규정의 결론이지 조문화할 필요는 없다고 하여 현재의 「해상화물운송장에 관한 국제해법회통일규칙」이 제정되었다.[79)]

그러나 상법은 영국의 해상물건운송법 제1조 (3항이나 「해상화물운송장에 관한 국제해법회통일규칙」과는 달리 해상화물운송장에 관한 개념을 정의하는 규정을 두고 있지 않다. 이는 우리 상법이 유가증권 법정주의를 채택하고 있지는 않기 때문에 해상화물운송장이 비유가증권이라고 적극적으로 규정하지 않더라도 비유가증권성을 인정하는 데 문제가 없는 것으로 보아 이러한 개념정의 규정을 생략한 것으로 보인다고 하는 주장이 있다.[80)] 또 해상화물운송장이 운송계약의 증거라는 점, 해상화

79) 배병태, 'Sea Waybill에 관한 CMI 통일규칙과 1990년대의 해상운송법 통일에 관한 문제논점', 한국해법학회지 제12권 제1호, 1991, 13쪽 참조.

80) 정완용, '해상화물운송장의 입법방안에 관한 고찰', 한국해법학회지, 제26권 제2호, 2004. 11, 78-79쪽.

물운송장이 발행되는 경우에 운송인은 기명수하인에게 운송물을 인도하여야 할 의무가 있다는 점, 해상화물운송장은 비유통 증서라는 점에는 모든 학자들이 견해를 같이하고 있으므로 상법과 같이 해상화물운송장에 관한 적극적인 개념을 정의하는 규정이 없더라도 이를 둘러싼 불필요한 분쟁이 발생할 것으로 보이지는 않는다고 하는 견해가 있다.[81] 한편 「해상화물운송장에 관한 국제해법회통일규칙」의 입장을 참조하여 상법은 선하증권과 해상화물운송장의 법적 성질 및 효력이 서로 다르므로 이를 구분하기 위하여 해상화물운송장의 정의규정을 두어 해상화물운송장이 비유통 운송 서류임을 직접적으로 명시하자는 의견도 있었으나 상법은 해상화물운송장에 대한 정의 규정을 두지 않고 있다.[82]

해상물건운송계약에서 선하증권은 그동안 거의 유일한 운송증권으로서의 역할을 해왔고, 선하증권을 중심으로 법률관계가 형성되어왔다는 점에서 오히려 선하증권이 권원증권이라는 점에는 다른 의견이 있을 수 없다는 점에서 별도로 개념을 정의하지 않더라도 큰 문제는 발생하지 않는다. 반면, 해상화물운송장(sea waybill)은 법적으로는 해상운송계약에 있어서 선하증권을 대체하는 새로운 개념의 운송증권으로서 받아들여지고 있는 것이다. 또한 해상화물운송장(sea waybill)이외에도 비유통 해상화물운송장(non negotiable sea waybill), 정기선 운송장(liner waybill), 해상화물운송장(ocean waybill), 운송물부두수령증(cargo quay receipt), 데이터화물수령증(data freight receipt), 화물운송장(freight waybill) 등으로 다양하게 불리고 있고, 그 번역도 해상운송장, 해상화물운송장, 해상운송증권 등으로 다양한 용어로 사용되고 있기 때문에 용어의 문제가 아니라 법률 요건이나 효과에 있어서 소위 비유통운송증권으로서 운송계약과 운송물 수령의 증거증권의 기능을 갖추고 있는 증권을 말한다는 본질이 중요한 것이다. 그리고 우리 상법이 유가증권법정주의를 채택하고 있지 않다고 주장하는 견해에 대하여는 상법의 어느 규정을 근거로 그러한 주장이 성립되는 지에 대하여 근거를 찾기 어렵다. 그러므로 영국의 1992년 해상물건운송법 제1조(3)항과 같이 정의 규정 또는 법률 요건을 규정하거나, 적어도 미국의 연방선하증권법 제80103조 (b)와 같이 비유통성증권에 대한 규정을 두는 방식으로 실질적인 개념이나 법률요건을 규정함으로써 해상화물운송장의 용어보다는 개념과 요건과 같은 해상화물운송장의 본질을 명확히 하는 것이 중요하다고 하겠다.

81) 서영화, "개정 상법상 해상화물운송장에 대한 법적 검토", 국제운송물류법의 법적 과제, 국제거래법학회/한국해법학회/동아대학교 법학연구소 공동학술대회, 2007. 9. 29, 46-47쪽.

82) 엄윤대, 'SEA WAYBILL의 활용을 위한 입법방향', 한국해법학회지 제23권 제2호, 2001, 180-181쪽 참조; 정영석, 선하증권론, 개정판, 텍스트북스, 2007, 315쪽.

제2관 발행

1. 해상화물운송장의 발행의 당사자

상법 제863조 제1항 전단은 "운송인은 송하인의 청구가 있으면 … 선하증권을 발행하는 대신 해상화물운송장을 발행할 수 있다"라고 규정하고 있다. 이 규정은 다음과 같은 의미로 해석된다.

첫째, 운송인은 원칙적으로 선하증권을 발행할 의무가 있다.

둘째, 운송인은 송하인 등의 청구가 있는 경우에만 해상화물운송장을 발행할 수 있고, 운송인이 송하인 등의 의사를 무시하고 일방적으로 해상화물운송장을 발행할 권한은 존재하지 않는다.

선하증권을 발행할 것인가 해상화물운송장을 발행할 것인가의 선택권은 송하인 측에 있다. 해상화물운송장의 필요 이유에서 알 수 있듯이 해상화물운송장이 운송인의 이익을 위하여 만들어진 것이 아니라 송하인 및/또는 수하인 등의 하주의 필요에 부합하기 위하여 이용되는 것임을 감안한다면 타당한 결론이라 할 것이다.[83] 다만, 신용장을 사용하는 경우에는 신용장조건으로 해상화물운송장의 제출을 요구할 필요가 있기 때문에 해상화물운송장을 사용함에는 매매당사자 사이의 합의가 필요하다.

셋째, 명문의 규정은 없지만, 선하증권의 발행으로부터 해상화물운송장의 발행으로의 변경은 본선 출항 전에는 인정된다고 보아야 한다.[84]

2. 전자식 해상화물운송장의 발행

상법 제863조 제1항 제2문은 당사자 사이의 합의에 따라 해상화물운송장을 전자식으로도 발행할 수 있도록 규정함으로써 전자식 발행의 법적 근거를 마련하였다.

최근 전자선하증권의 도입에 관한 연구가 진행되고 있지만, 최대의 문제점은 선하증권의 선의의 소지인이 운송물의 인도청구권을 선박 회사에 주장할 수 있는가 하

83) 같은 의견, 서영화, "개정 상법상 해상화물운송장에 대한 법적 검토", 국제운송물류법의 법적 과제, 국제거래법학회/한국해법학회/동아대학교 법학연구소 공동학술대회, 2007. 9. 29, 47쪽.

84) 정영석, 선하증권론, 개정판, 텍스트북스, 2007, 300-301쪽 참조.

는 물권적 효력을 어느 정도 전자화할 수 있는가 하는 점이다. 이 문제에 대한 대책으로는 중앙등록기관(central registry; C/R)에 원 소지인(송하인)을 등록하고, 새로운 소지인(수하인)에게 비밀번호를 발급하는 것도 생각되고 있지만, 또 다른 방법은 선하증권을 유통성이 없는 해상화물운송장으로 대체하여 전자화하는 방법이다.[85] 이 방법이 가장 실현가능성이 높고 현실적이라고 생각된다. 이러한 관점에서는 해상화물운송장의 전자식 발행은 방법상 특별한 제한이 필요 없어 매우 손쉽고, 추가되는 비용도 거의 없이 이용될 수 있는 가장 효율적인 방법이라고 생각한다.[86]

3. 약식 해상화물운송장

선하증권과 마찬가지로 해상화물운송장도 약식(short form)으로 발행되는 경우가 있는데, 이는 무역절차의 간이화 · 표준화를 위한 것으로 추정된다. 약식 해상화물운송장에서는 앞면에 기재되어 있는 선적지, 목적지, 수량, 운송물의 상태 등에 대한 기재사항은 선하증권과 비슷하게 기재되어 있지만, 증권의 뒷면에 기재되어 있는 운송계약의 조항은 생략되어 있다. 하주가 요구할 경우에는 운송인 또는 그 대리점으로부터 뒷면의 기재 내용을 확인할 수 있게 되어 있다.[87]

이러한 약식 해상화물운송장은 1971년 5월에 ACL 사가 처음으로 사용한 것으로 알려져 있다.[88] 또 1975년에는 Swedish Brostrom Group이 뒷면이 완전히 백지로 된 Blank Back Documents 형태의 해상화물운송장과 선하증권을 발행하였다. 그러나 이탈리아와 프랑스와 같이 법률로서 Black Back Form이 인정되지 않는 나라도 있다.[89]

약식을 이용하면 운송증권에 기재되어 있는 무역거래 정보가 축소됨으로써, 해상화물운송장의 발행절차의 간소화와 신속화가 이루어진다.[90] 그러므로 해상화물운송장은 물론 운송 서류의 전자문서화의 준비단계로서 필요한 것이다. 2006년 신용장통일규칙(UCP 600) 제21조 a항 (v)에서는 "운송의 모든 조건을 포함하고 있거나, 또는

---

85) Atlantic Container Line(ACL)은 대서양에 있어서 컨테이너 운송의 80-90%는 권원증권이 아닌 단순한 수령증으로서의 기능을 가진 운송 서류로써 이용자의 요구를 만족시킬 수 있다고 하는 조사결과를 기초로, 스웨덴의 은행(Svenska Handelsbanken)과 공동으로 Cargo Key Receipt(CKR) 시스템을 개발했다.

86) 정영석, 선하증권론, 개정판, 텍스트북스, 2007, 296쪽 참조.

87) Alasdair Finnie, Short Form Shipping Documents, Journal of Maritime Law & Commerce, Vol. 7, 1976, p. 697.

88) Alasdair Finnie, Short Form Shipping Documents, Journal of Maritime Law & Commerce, Vol. 7, 1976, p. 697.

89) Modern Liner Contracts-A Special Report, Published by Lloyds of London Press Ltd., 1984, p. 83.

90) John Wilson, Carriage of Goods by Sea, 2nd ed., Pitman Publishing, 1993, p. 162.

운송의 모든 조건을 포함하는 다른 자료를 참조하고 있는 것(약식/뒷면백지식 비유통 해상화물운송장). 운송의 제조건의 내용은 심사되지 아니한다"라고 규정하고 있다.

약식 선하증권이 발행된 경우에는 준거법 등의 중요한 약관에 관해서 송하인은 선박 회사로부터 그 내용을 알게 될 기회가 있지만 수하인은 이를 알 수가 없어서 불안하게 될 수 있는데[91] 이러한 불안은 해상화물운송장의 경우에도 마찬가지라고 보아야 한다.

4. 발행부수

실무에서는 해상화물운송장은 원칙적으로 원본 1통만 발행하고 있다. 이것은 스웨덴 무역절차간소화위원회(SWEPRO)가 처음부터 1통만 발행하여 왔기 때문이다. 1통만 발행할 경우 서류의 인쇄, 작성 및 처리에 소요되는 시간과 비용을 절약할 수 있다는 점이 장점이다.[92] 또 복사본은 수통이 은행 및 통관절차를 위해서 사용되어 왔고, 많은 경우에는 8통을 넘어서는 경우도 있다. 그러나 상법과 「해상화물운송장에 관한 국제해법회통일규칙」(CMI Uniform Rules for Sea Waybill; 이하 "해상화물운송장통일규칙"이라 부른다)에는 해상화물운송장 원본의 발행부수에 대한 규정이 없다. 해상화물운송장이 비유통운송증권이기 때문에 복수발행으로 인한 문제점은 발생할 여지가 없기 때문이다.

제3관 표시와 기재사항

1. 해상화물운송장의 표시

상법 제863조 제2항은 "해상화물운송장에는 해상화물운송장임을 표시하는 외에…" 라고 규정하여 해상화물운송장임을 표시하는 문구를 기재할 것을 요구하고 있다.

이 규정은 운송물에 대한 이해관계인이 당해 운송증권이 선하증권과 구별되는 해상화물운송장임을 명확히 인식할 수 있도록 하기 위한 것으로 보인다.[93]

91) John Wilson, Carriage of Goods by Sea, 2nd ed., Pitman Publishing, 1993, p. 162.

92) Trade Documentation Information, Simplified Transport Documentation, Trade /WP. 4/INF.31, Dated Nov.8, 1974.

93) 같은 의견, 서영화, "개정 상법상 해상화물운송장에 대한 법적 검토", 국제운송물류법의 법적 과제, 국제거래법학회/한국해법학회/동아대학교 법학연구소 공동학술대회, 2007. 9. 29, 47-48쪽.

이와 관련하여 현재 실무에서 발행되고 있는 해상화물운송장은 단순히 sea waybill이라고만 기재하지 않고 Not Negotiable sea waybill이라고 문서의 명칭을 기재하고 있는 것이 보통이다. 이는 배서양도를 금지한다는 의미로서 영국의 1992년 해상물건운송법 제1조 (2)항이 배서양도 또는 점유이전으로 인한 양도가 불가능한 서류에는 선하증권의 규정이 적용되지 않는다고 하는 규정 및 미국의 연방선하증권법 제80103조 (b)항 (2)의 규정과 같은 취지로 보아야 한다. 즉, 해상화물운송장이 비유통 운송증권라는 점을 분명히 한 것으로 보아야 할 것이다.

이 문제와 관련해서는 첫째, 해상화물운송장임을 표시하여야 한다는 상법의 규정을 해석할 때 무엇을 해상화물운송장이라는 표현으로 보아야 하느냐의 문제가 있다. 즉, 운송증권의 내용이 비유통기명식운송증권인가 아닌가가 본질이지, 그 명칭이 본질은 아니라고 생각된다. 우선 상법이 말하는 해상화물운송장은 sea waybill을 번역한 것으로 추정되지만, 이와 동일한 기능을 가진 증권은 기명식 선하증권(straight bill of lading)을 비롯하여, 비유통 해상화물운송장(non negotiable sea waybill), 정기선 운송장(liner waybill), 해상화물운송장(ocean waybill), 운송물부두수령증(cargo quay receipt), 데이터화물수령증(data freight receipt), 화물운송장(freight waybill) 등으로 다양하게 불리고 있고, 그 번역도 해상운송장, 해상화물운송장, 해상운송증권 등으로 매우 다양하게 사용되고 있다. 더구나 이러한 운송증권은 국제운송에 사용될 경우에 증권의 기재가 대개 영문으로 표기가 된다는 점을 고려하면 과연 무엇이 상법상의 해상화물운송장과 동일시 되는 가와 관련하여 혼란이 불가피하다.

둘째, 운송증권의 특정표기가 상법상의 해상화물운송장으로 인정이 된다고 하더라도 증권의 내용이 배서양도를 허용한다든가, 점유이전을 허용하는 경우 등에도 해상화물운송장으로 인정이 되어야 하는가하는 문제가 발생한다.

이러한 문제와 관련하여 해상화물운송장에 대하여 실무에서 비유통 해상화물운송장(nonnegotiable sea waybill, not negotiable sea waybill) 등으로 표기하는 것은 선하증권에 기재되는 Not Negotiable이라는 문구와 연상되어 마치 그 증권의 원래 성격상 배서양도가 가능하나 발행인이 특히 당해 건에 한하여 배서양도를 금지시키는 의미로서 보이기도 하나, sea waybill은 그 법적 성격상 배서양도가 불가한 것이므로 단순히 sea waybill의 Not Negotiable한 성격을 표명한 것일 뿐이라고 보아야 할 것이다 라고 해석하거나,[94] 해상화물운송장에 대한 적극적인 개념정의 규정이 없이도 해상화물운송장이 비유통 증서라는 점에는 모든 학자들이 견해를 같이 하므로 이를

94) 서영화, "개정 상법상 해상화물운송장에 대한 법적 검토," 국제운송물류법의 법적 과제, 국제거래법학회/한국해법학회/동아대학교 법학연구소 공동학술대회, 2007. 9. 29, 48쪽.

둘러싼 불필요한 분쟁이 발생할 여지는 없다고 하는 주장도 있다.[95] 그러나 법률의 해석은 기본적으로 입법자의 의도와는 무관하게 표현된 법률의 문언에 의하여 객관적으로 이루어지는 것으로 어느 시기의 누가 해석을 하더라도 동일한 개념으로 이해가 될 수 있어야 할 것이다. 이러한 점에서 입법 당시에 학자들이 견해를 같이 하기 때문에 개념정립이 필요 없다는 것은 매우 무책임한 입법태도이며 안이한 해석이라고 생각한다. 성문법주의를 취하는 우리나라의 법률은 개념의 정확한 정립에서부터 시작된다는 점에서 상법이 해상화물운송장에 대한 개념정립도 없고, 증권에 해상화물운송장을 표기하라는 것은 무엇을 해상화물운송장으로 보아야 할 것인지에 대한 혼란을 유발하는 규정이다.

2. 해상화물운송장의 기재사항

상법 제863조 제2항은 후단에서 "제853조 제1항 각호 사항을 기재하고 운송인이 기명날인 또는 서명하여야 한다"라고 규정하여 선하증권의 기재사항을 그대로 기재할 것을 규정하고 있다. 해상화물운송장은 권원증권성을 제외하면 운송계약의 증거, 화물 수령 혹은 선적의 증명, 수하인 혹은 선하증권 소지인에 대한 운송물 인도 약속이라는 측면에서는 동질성을 가지고 있으므로 선하증권의 기재사항과 동일한 기재사항을 요구하는 것은 자연스러운 일일 것이다.

해상화물운송장의 기재사항을 구체적으로 열거하면 다음과 같다(상법 제863조 제2항, 상법 제853조 제1항 제1호 내지 제12호).

1. 선박의 명칭 · 국적 및 톤수
2. 송하인이 서면으로 통지한 운송물의 종류 · 중량 또는 용적, 포장의 종별 · 개수와 기호
3. 운송물의 외관 상태
4. 송하인의 성명 · 상호
5. 수하인 또는 통지수령인의 성명 · 상호
6. 선적항
7. 양륙항
8. 운임
9. 발행지와 그 발행연월일

95) 서영화, "개정 상법상 해상화물운송장에 대한 법적 검토," 국제운송물류법의 법적 과제, 국제거래법학회/한국해법학회/동아대학교 법학연구소 공동학술대회, 2007. 9. 29, 46-47쪽 참조.

10. 수통의 선하증권을 발행한 때에는 그 수
11. 운송인의 성명 · 상호
12. 운송인의 주된 영업소 소재지

상법 제853조의 선하증권의 기재사항과 관련하여 이전 상법에 규정된 선하증권 기재 사항 외에 운송인의 성명 · 상호(제11호), 운송인의 주된 영업소 소재지(제12호)를 추가하여 기재하도록 하고 있는 바, 이는 송하인을 비롯한 화물이해관계인이 누가 운송인으로 운송계약을 체결하는 것인지를 명확하게 인식하게 하고, 운송인에 대한 책임추궁을 함에 있어 운송인의 특정 및 파악을 용이하게 하고자 하는 것으로 판단된다. 해상운송거래에 있어 복잡한 용선 또는 선박관리계약 등을 고려한다면 운송인의 특정 등을 둘러싸고 발생할 수 있는 불필요한 분쟁을 예방할 수 있다는 측면에서 바람직한 규정이라고 생각된다.[96]

제4관 운송물의 인도절차

1. 운송인의 운송물 인도의무

선하증권이 발행된 경우에 운송인은 정당한 선하증권 소지인에게 선하증권과 상환하여 운송물을 인도할 의무가 있지만, 해상화물운송장은 비유통운송증권으로서 증거증권에 불과할 뿐이므로 운송인은 해상화물운송장에 수하인으로 지정된 자에게 운송물을 인도할 의무를 부담한다. 즉, 수하인은 자신의 신분을 증명함으로써 운송물을 인도받을 수 있으며, 반드시 해상화물운송장 원본을 운송인에게 제시할 필요는 없다. 반면, 선하증권이 발행된 경우라면 운송인은 선하증권 소지인이 배서의 연속 등에 의하여 그 권리를 증명하면 선하증권 원본을 상환함과 동시에 운송물을 인도함으로써 무권리자에 대한 운송물의 인도 위험으로부터 벗어날 수 있으나 해상화물운송장의 경우 운송인은 수하인의 신원 혹은 동일성을 확인하여야 할 의무를 가진다는 점에서 신원확인에 대한 실질적 심사의무를 부담하게 된다.[97]

96) 서영화, "개정 상법상 해상화물운송장에 대한 법적 검토," 국제운송물류법의 법적 과제, 국제거래법학회/한국해법학회/동아대학교 법학연구소 공동학술대회, 2007. 9. 29, 47쪽 참조.

97) 서영화, "개정 상법상 해상화물운송장에 대한 법적 검토," 국제운송물류법의 법적 과제, 국제거래법학회/한국해법학회/동아대학교 법학연구소 공동학술대회, 2007. 9. 29, 49쪽 참조.

이에 상법은 "운송인이 운송물을 인도함에 있어서 수령인이 해상화물운송장에 기재된 수하인 또는 그 대리인이라고 믿을만한 정당한 사유가 있는 때에는 수령인이 권리자가 아니라고 하더라도 운송인은 그 책임을 면한다"라고 규정하여(상법 제864조), 운송인이 운송물 수령인의 신원확인에 적절한 주의의무를 행사하는 것을 전제로 운송인을 잘못된 운송물 인도에 대한 책임으로부터 면책시키고 있다. 이 규정은 「해상화물운송장에 관한 국제해법회통일규칙」 제7조에서 ① 운송인은 적절한 방법으로 신원을 증명하면 운송물을 인도하여야 한다. ② 운송인은 수하인임을 주장하는 당사자가 진정한 수하인인지를 확인하기 위하여 상당한 주의를 기울였음을 입증한 경우에는 잘못된 인도에 대하여 일체 책임을 지지 않는다"고 규정하고 있다. 해상화물운송장의 효력에서는 기명수하인의 신원확인에 대한 책임을 운송인에게 묻고 있다는 점에서 면책증권으로서의 성질을 가진다고 보기 어렵지만, 상법과 해상화물운송장에 관한 국제해법회통일규칙은 운송인의 책임을 매우 가볍게 하여 그 이용을 활성화 하려고 한다.

2. 운송물 인도절차

해상화물운송장을 발행한 경우 수하인에 대한 운송물의 인도방법은 지역에 따라 다르다.

첫째, 아시아 지역에서는 운송물의 인도는 도착지의 통지처마다 수하인의 서명을 등록해 두고, 운송인은 운송물의 신속한 인도를 위해 본선입항 전에 운송물도착통지처에 도착을 통지한다. 수하인이 운송물도착통지(arrival notice; A/N)에 서명하여 운송인 또는 그의 대리점에 제출하면, 운송인은 우선 수하인에게 서명등록을 요구하고 그것을 조회해서 문제가 없으면 office copy에 서명을 받고 화물인도지시서(delivery order)를 발행한다.

둘째, 미국에서는 화물인도지시서(delivery order)의 발행을 생략하고 도착통지서(A/N)에서 수하인의 서명을 확인한 후, 컨테이너 야드 등으로 연락하여 운송물을 인도하는 경우도 있다. 또 절차 간소화를 위해 수하인이 트럭업자의 운전자코드(drivers code)를 컨테이너 야드에 등록해 두고, 운송인으로부터 컨테이너 야드에 전화와 팩시밀리에 의한 운송물 인도의 허가가 있으면 트럭업자에 대한 운송물 인도지시가 별도로 없어도 컨테이너 야드에서 운전자의 신분카드(ID card)와 운전면허증으로 운전자코드(drivers code)를 조회 · 확인한 후 운송물의 인도를 행하는 운송인도 있다. 또 운송인에 따라서는 해상화물운송장합의서(waybill agreement)의 제출을 요구하는 경우도 있다.

제5관 송하인의 운송계약변경권

해상화물운송장이 발행될 때 가장 보편적으로 예상되는 상황은 운송인이 운송을 완료한 후 운송물을 해상화물운송장에 기재된 수하인에게 인도하는 것이다. 그러나 통상적인 상황은 아니겠지만, 해상화물운송장이 발행된 후 수하인이 매매 대금의 지급 의무를 이행하지 않던 중 지급불능사태가 발생함으로써 수하인에게 운송물을 인도하지 않아야 할 필요성이 발생하거나, 혹은 수하인이 이런 저런 이유로 운송물의 인수를 거절할 의사를 명확히 함으로써 운송을 완료하여 수하인에게 운송물을 인도할 필요성이 없어지는 경우가 있을 수 있다. 또한 운송 도중에 수하인이 운송물에 대한 권리를 처분하여 수하인이 아닌 제3자에게 운송물을 인도할 필요가 발생하는 경우도 있을 수 있다.[98)]

상법 제139조 및 제140조(제815조에 의하여 준용)의 규정[99)]에 의하여 송하인의 운송물에 대한 권리는 당해 운송물이 도착지에 도착한 후, 수하인이 그 인도를 청구할 때까지 존속한다. 즉, 해상화물운송장이 발행된 경우는 송하인이 운송인에 대한 통지비용을 부담함으로써 자유로이 수하인을 변경할 수 있다. 은행이 어음을 매입한 후에도 당해 운송물의 인도를 청구할 때까지 송하인에 의해서 자유로이 수하인이 변경될 수 있다. 이것이 해상화물운송장에 의한 담보권 성립의 약점이다.[100)] 운송인의 권리를 일방적으로 변경하지 않는 한도에서 운송계약의 내용을 변경하는 송하인의 권리를 일반적으로 운송물 처분권으로 불리고 있고 이로 인하여 수하인이나 환어음 매입은행의 지위를 불안정하게 한다.

실무에서는 신용장발행은행이 신용장에 의한 수입대금의 지급보증의 담보로서 해상화물운송장을 수령할 수 있도록, 송하인의 요구에 의해서 처분권포기약관(no disposal clause), 즉 송하인이 운송물 처분권을 포기한다는 취지의 "No Right of

98) 서영화, "개정 상법상 해상화물운송장에 대한 법적 검토", 국제운송물류법의 법적 과제, 국제거래법학회/한국해법학회/동아대학교 법학연구소 공동학술대회, 2007. 9. 29, 49-50쪽.

99) 상법 제139조 (운송물의 처분 청구권)
① 송하인 또는 화물상환증이 발행된 때에는 그 소지인이 운송인에 대하여 운송의 중지, 운송물의 반환 그 밖의 처분을 청구할 수 있다. 이 경우에 운송인은 이미 운송한 비율에 따른 운임, 체당금과 처분으로 인한 비용의 지급을 청구할 수 있다.
② 삭제
제140조 (수하인의 지위)
① 운송물이 도착지에 도착한 때에는 수하인은 송하인과 동일한 권리를 취득한다.
② 운송물이 도착지에 도착한 후 수하인이 그 인도를 청구한 때에는 수하인의 권리가 송하인의 권리에 우선한다.

100) 江頭憲治郎, "海上運送狀と電子式船荷證券", 海法會誌 復刊, 第32號, 1988, 3쪽.

Control"을 해상화물운송장에 기재하여 이러한 문제를 해결하고 있다. 법률적으로는 이러한 경우 누가 언제까지 운송물에 대한 통제권을 가질 것인가가 문제되는데, 국가에 따라 운송물 처분권의 개념, 성립요건이 불명확한 경우도 있다. 그래서 「해상화물운송장에 관한 국제해법회통일규칙」은 한정적이지만 송하인의 운송물 처분권에 제한을 가하고 있다. 즉 동 규칙 제6조는 송하인의 운송물 처분권을 당해 운송물이 목적지에 도착한 후 수하인이 인도를 청구할 때까지의 수하인의 명칭 변경에 한정하고 있다. 이 권리를 송하인으로부터 수하인에게 이전하는 경우는 그 뜻을 증권에 기재할 것을 요구, 송하인의 상기 처분은 운송인의 운송물 수령 이전이 아니면 안된다고 규정하고 있다.

상법에서 이에 상응하는 직접적인 규정이 없어서 문제가 되고 있지만, 상법 제815조에 의하여 준용되는 제139조 및 제140조의 규정의 처분에 수하인의 변경이 포함된다고 해석하여야 한다고 생각한다.[101)]

또한 상법 제140조에 의하면 운송물이 도착지에 도착하게 되면 송하인과 수하인의 권리는 동일하며, 수하인이 운송물의 인도를 청구한 때부터 송하인의 권리에 우선하므로 송하인의 위 운송물에 대한 통제권은 수하인이 운송물의 인도 청구를 하는 시점까지 존속한다고 해석된다. 결국 「해상화물운송장에 관한 국제해법회통일규칙」 제6조 (a)항과 같은 규정이 없더라도 우리 상법상 같은 해석이 가능하므로 이와 같은 규정을 별도로 상법에 두지 않은 것이 아닌가 생각된다.

「해상화물운송장에 관한 국제해법회통일규칙」 제6조 (b)항은 "송하인이 운송인의 운송물 수령 이전 시점에 송하인의 운송물통제권을 수하인에게 이전할 수 있는 권한을 부여할 수 있으며, 이때 송하인의 운송물통제권은 존속하지 않는 것으로 규정하고 있으나 상법은 이에 관하여 아무런 규정도 두고 있지 않다. 동 규칙이 이러한 규정을 둔 이유는 해상화물운송장하에서도 운송물의 운송 도중 송하인의 운송물통제권을 박탈함으로써 수하인이 운송물을 제3자에게 안전하게 전매할 수 있게 하는 기능을 가지게 하여 해상화물운송장을 발행하면서도 필요하다면 선하증권과 같은 유통성을 확보하게 하기 위함이다.[102)]

이와 관련하여 어음매입은행이 신용장조건과 일치한 거래가 행하여지고 있는가, 어떤가를 확인하기 위하여서만 해상화물운송장의 제출을 요구하는 것이면, 팩스로도 가능하다. 그러나 담보권을 확보할 필요가 있는 경우는 그러한 운송물 처분권포

---

101) 같은 의견, 엄윤대, SEA WAYBILL의 활용을 위한 입법방향, 한국해법학회지 제23권 제2호, 2001, 187쪽 참조.

102) 배병태, 'Sea Waybill에 관한 CMI 통일규칙과 1990년대의 해상운송법 통일에 관한 문제논점', 한국해법학회지 제12권 제1호, 1991, 17-18쪽 참조.

기조항의 기재가 있는 해상화물운송장 원본의 제출이 필요할 것이다. 이 경우에는 원본의 발행부수(통상 1부)의 기재와 그 전통의 제출이 필요할 것이다. 이것은 바르샤바협약 제12조 제3항에 있는 수하인의 변경과 운송물의 처분을 요구하는 경우에는 항공화물운송장 전통의 제출을 필요로 한다는 취지의 규정과 같이 해석될 수 있다. 따라서 신용장부화환어음에 의한 대금결제에 해상화물운송장을 이용한 경우는 「해상화물운송장에 관한 국제해법회통일규칙」을 준거법으로 한다는 조항과 동 규칙에 기한 운송물 처분권이전권의 행사에 의해서 운송물 처분권포기문언을 기재하고, 다시 수하인을 신용장발행은행으로 하여야 한다. 매도인이 어음의 매입을 희망하는 경우이면, 원본이 2통 이상 발행되어 있는 때는 그 발행매수를 기재, 그 전통을 어음매입은행에 제출할 것으로 된다. 그러나 수하인을 신용장발행은행으로 하고 있는 경우이면 은행의 방면지시서(release order, R/O)가 필요하기 때문에 운송물 도착에 우선하여 은행 영업시간 내에 방면지시서의 발행을 받아 둘 필요가 있다. 이 경우에도 해상화물운송장의 원본의 발행부수의 기재와 그 전통의 제출이 필요한 것으로 된다.

상법은 선하증권의 유통이 운송물의 운송보다 늦어 운송물의 인도가 지연되는 것을 방지하기 위함을 해상화물운송장 도입의 주된 이유로 제시하고 있으므로,[103)] 운송 도중 발생할 수 있는 운송물의 제3자에의 전매 가능성에 별로 관심을 두지 않은 결과 「해상화물운송장에 관한 국제해법회통일규칙」의 위 조항을 받아들이지 않은 듯하다. 이론적으로는 이러한 규정을 둠으로써 해상화물운송장의 이용을 활성화할 수 있을 것처럼 보일 수 있으나, 실제로는 유통가능성이 없는 경우, 현금결제 또는 모자회사간의 거래 등 대금결제에 있어서 문제가 없는 경우에 한하여 이용되기 때문에 실무적으로는 큰 영향이 없을 것으로 생각된다.

제6관 해상화물운송장의 효력

1. 추정적 효력

상법 제864조는 해상화물운송장이 발행된 경우 운송인이 그 운송장에 기재된 대로 운송물을 수령 또는 선적한 것으로 추정한다 라고 규정하여 해상화물운송장의 기재에 대하여 추정적 효력을 부여하고 있다. 해상화물운송장의 기재에 대하여는 일단

103) 2006년 11월 법제사법위원회 전문위원 임중호 작성의 상법 일부 개정 법률안 검토보고 4-5쪽 참조.

사실인 것으로 추정력(prima facie evidence)이 인정되고 있으므로 이를 부정하려는 당사자에게 입증책임을 지우는 것이다. 해상화물운송장은 선하증권과 달리 그 증권에 권리가 일체(identified)되었다거나 그 증권의 처분에 따라 권리가 전전유통되는 것이 아니고, 운송계약 내용이 기재된 증거증권이라는 점을 감안한다면 문언증권성을 인정하기는 어렵지만, 일단은 발행자인 운송인의 해상화물운송장의 기재에 대한 책임을 추정하고 있다.

한편, 「해상화물운송장에 관한 국제해법회통일규칙」의 입장과는 증거력의 인정 정도에 있어서 다소 차이가 있다고 생각된다. 이 규칙은 운송인과 송하인 사이에서는 화물의 양과 상태에 관한 운송계약의 기재는 추정적 증거력을 가지는 것으로 규정하여 상법의 입장과 동일하다. 그러나, 운송인과 수하인 사이에는 운송인의 유보표시가 없는 한 그러한 기재는 확정적(conclusive)이며, 수하인이 선의로 행동하였다면 반대의 증거를 내세우는 것을 허용하지 않고 있다는 점(해상화물운송장에 관한 국제해법회통일규칙 제5조 (b))[104]에서 운송계약의 직접적인 당사자가 아닌 운송인과 수하인 사이에는 운송인에게 해상화물운송장의 기재가 사실과 다르다는 점에 대한 반증의 기회를 사실상 허용하지 않음으로써 선의의 제3자에 대하여는 해상화물운송장의 기재에 대하여 확정적 증거력을 부여하고 있다는 점에서 우리 상법과 다르다.

해상화물운송장은 운송도중 운송물에 대한 권리를 이전하거나 유통시킬 필요가 없는 경우에 사용될 것을 전제로 하므로 상법의 입장이 타당성이 있는 것으로 보이는 점도 있으나 무역의 한 당사자로서 수하인 등은 해상화물운송장의 기재를 신뢰하고 이를 토대로 행동하는 경우(예컨대 무역대금의 결제 혹은 화물의 담보취득 등)가 많다는 점을 감안한다면, 운송인에게 해상화물운송장의 기재가 사실과 다르다는 점에 대하여 반증을 허용하는 것은 해상화물운송장의 신뢰성을 떨어뜨릴 수 있다. 해상화물운송장을 발행하는 운송인은 만일 해상화물운송장의 기재사항 중 운송물의 중량, 용적, 개수 또는 기호가 운송인이 실제로 수령한 운송물을 정확하게 표시하고 있지 아니 하다고 의심할만한 상당한 이유가 있는 때 또는 이를 확인할 적당한 방법이 없는 때에는 그 기재를 생략하는 것이 허용되고 있으므로(상법 제863조 제3항, 제853조의 제2항), 운송인을 보호할 방법은 이미 마련되어 있다고 하겠다. 그러므로 해상화물운송장의 기재에 대하여 반증을 허용하는 상법 제864조의 규정은 잘못되었다고 생각한다.

104) 해상화물운송장에 관한 국제해법회통일규칙 제5조 (b) 운송인과 수하인 사이에는, 수하인이 항상 선의로 행동할 경우에는, 기재된 내용의 운송물을 수령하였다는 결정적 증거가 되며, 이에 대한 반증은 허용되지 아니한다(as between the carrier and the consignee be conclusive evidence of receipt of the goods as so stated, and proof to the contrary shall not be permitted, provided always that the consignee has acted in good faith).

2. 면책적 효력

운송인이 운송물을 해상화물운송장에 기재된 수하인 또는 그 대리인에게 인도한 때에는 그가 정당한 권리자가 아니라고 하더라도 운송인에게 그를 정당한 권리자라고 믿을 만한 정당한 사유가 있는 때에는 운송인은 그 책임을 면한다(상법 제864조 제2항).

해상화물운송장의 면책적 효력에 의하여 해상화물운송장에 인도장소를 기재하지 아니한 때에는 운송인은 그의 현주소에서 운송물을 인도하여야 한다(민법 제526조, 제517조), 또 운송인은 해상화물운송장의 소지인이 해상화물운송장을 제시하여 인도를 청구한 때부터 지체책임을 지며(민법 제526조, 제517조), 운송인은 해상화물운송장의 소지인에 대하여 운송물을 인도한 때에는 해상화물운송장에 수령을 증명하는 기재를 할 것을 청구할 수 있고 운송물의 일부를 인도한 경우에는 운송인의 청구가 있으면 해상화물운송장의 소지인은 해상화물운송장에 그 뜻을 기재하여야 한다(민법 제526조, 제520조).[105)]

3. 신용장 거래에서의 해상화물운송장

신용장 거래에서 화환어음에 첨부되는 운송 서류는 원칙적으로 선하증권이었으며, 이를 반영하여 종전의 신용장통일규칙(Uniform Customs and Practice for Documentary Credits)은 해상운송 서류에 관하여 선하증권만을 대상으로 하였으나, 최근 해상화물운송장의 사용이 점차 확대되고 있는 점을 감안하여 신용장통일규칙 5차 개정(UCP 500) 이후에는 해상화물운송장에 관한 독립된 규정을 신설하여 수리가능한 해상화물신용장에 관한 요건을 규정하고 있다.[106)]

해상화물운송장이 주로 운송시간이 짧아 운송 서류의 미도착으로 인한 운송물 인도지연을 방지하기 위하여 생겨난 것이라는 점을 고려한다면 수하인이 운송 서류의 취득까지 상당한 시간이 소요되는 신용장 결제방식과는 부합하지 않는 것이며, 오히려 매수인의 직접 송금, 추심방식(D/A, D/P), Open Account방식 등 단순송금방식과 결부되어 사용이 용이한 것이기 때문이다. 그러나 신용장에 의한 대금결제 방법을 택하더라도 해상화물운송장을 사용할 수가 있으며, 이러한 경우에 대비하여 UCP 600은 제21조에서 수리가능한 해상화물운송장의 요건을 규정하고 있는 것이다.

105) 민법 제526조(면책증서) 제516조, 제517조 및 제520조의 규정은 채무자가 증서소지인에게 변제하여 그 책임을 면할 목적으로 발행한 증서에 준용한다.

106) 자세한 내용은 UCP 500 제24조, UCP 600 제21조 참조.

신용장발행은행의 입장에서 보았을 때 해상화물운송장은 운송물의 소유권을 나타내는 권원증권이 아니기 때문에 두 가지의 점에서 일반 선하증권과는 다른 측면에서 접근하여야 할 필요성이 있다.

첫째, 선하증권이 발행된 경우에는 신용장 개설 의뢰인(수입업자, 수하인)이 신용장대금을 은행에 지급하지 않으면 은행으로서는 운송물의 소유권을 나타내는 선하증권을 운송인에게 제시하여 운송물을 인도받아 이를 처분함으로서 신용장대금을 일부 혹은 전부 회수할 수 있는 최후의 수단이 마련되어 있다. 그러나 해상화물운송장은 단지 운송계약의 증거에 불과하고 은행이 수하인으로 기재되지 않는 한 은행이 대상 운송물에 대한 권리를 행사할 수 있는 여지가 없기 때문에 신용장발행은행은 신용장을 발행함에 있어 향후 개설 의뢰인이 신용장대금의 지급을 하지 않는 경우에 대비하여 대상 운송물 이외의 다른 담보수단을 확보하여야 할 필요성이 있다.[107)]

둘째, 신용장 개설은행이 신용장을 개설함에 있어 선하증권의 경우와 같이 대상 운송물을 신용장대금확보를 위한 담보로 활용하고자 한다면 해상화물운송장에 당해 은행을 수하인으로 기재하도록 하여 운송인으로부터 운송물을 인도받을 권리를 확보하여야 할 것이다. 그러나 이 경우에도 상법 혹은 「해상화물운송장에 관한 국제해법회통일규칙」에 의하면 송하인은 수하인으로 기재된 신용장 개설은행이 운송물의 인도를 청구하기 전까지 수하인의 변경을 포함한 운송물 처분권을 여전히 보유하고 있으므로 수하인으로 기재된 신용장 개설은행의 권리는 확정적인 것이라고 볼 수 없다. 신용장 개설은행 입장에서 운송물에 대한 권리를 명확히 하려면 「해상화물운송장에 관한 국제해법회통일규칙」에 따라 송하인이 운송인에게 운송물을 인도하기 이전에 운송물통제권(Right of Control)을 수하인에게 양도하도록 하고 이를 명시한 해상화물운송장을 수리 조건으로 신용장에 규정하여야 할 것이다.[108)]

---

107) 유중원, "해상화물운송장에 관한 고찰", 대한변호사협회지 인권과 정의 1993년 11월호, 48쪽 참조.

108) 서영화, "개정 상법상 해상화물운송장에 대한 법적 검토," 국제운송물류법의 법적 과제, 국제거래법학회/한국해법학회/동아대학교 법학연구소 공동학술대회, 2007. 9. 29, 51-52쪽.

제6절 해상화물운송장의 한계

해상화물운송장은 선하증권의 위기를 극복할 수 있는 많은 장점을 가지고 있다. 또 상법은 2007년 8월 개정으로 해상화물운송장에 대한 규정을 신설하여 법정운송증권으로 도입하였지만, 해상화물운송장이 국제운송에서 주로 이용된다는 점에서 국제적으로 널리 인정되는 통일법규의 미비 또는 통일된 법리의 미비로 인하여 기존의 문제점이 여전히 존재한다고 보아야 한다.

특히 다음과 같은 문제들은 해상화물운송장의 이용 자체에서 발생하는 한계점이라고 볼 수 있다. 이러한 문제점은 ① 해상화물운송장에 적용될 국제적 통일 법규가 존재하지 않는다는 점, ② 화물 전매의 문제, ③ 신용장 및 환어음에 의한 은행거래에서 해상화물운송장의 담보력 부재의 문제, ④ 송하인의 화물처분권문제, ⑤ 운송인 특정과 보험자대위권행사의 문제 등으로 나타난다.

이 밖에도 ① 기업의 사규로 신용장 거래가 원칙으로 되어 있거나, ② 후급운임(freight collect)의 증거로 선하증권을 복사하는 경우, ③ 미국 등의 과세가격의 산정기준으로 해상운임을 확인하기 위해 선하증권의 제출을 요구하는 관행, ④ 남미 일부국가와 필리핀 등의 수입 통관절차상 SGS(Societe Gegerale de Surveillance)라고 하는 검정회사의 검사증명서를 요구할 경우 선하증권 원본의 제출이 요구되는 경우, ⑤ 해운동맹에서 해상화물운송장의 사용을 금지하는 경우, ⑥ 브라질 · 아르헨티나 등의 수입 화물의 세관통제 시 법률에 의해서 선하증권 원본의 제출이 요구되는 경우 등의 사유가 해상화물운송장의 활성화에 장애요인이 되고 있다.

제1관 국제적 통일 법규의 부재 현상

영국과 미국, 한국 등의 극소수의 국가를 제외하면, 대부분의 국가에서는 국제협약은 물론 국내법상으로도 구체적으로 적용할 법률이 없기 때문에, 선하증권을 사용할 때와 같이 면책약관금지규정과 같은 운송인의 책임에 관한 법적 규제가 해상화물운송장에는 적용되지 않는다. 그러므로 하주의 법적 지위는 매우 미약하게 되므로 이러한 불안이 해상화물운송장의 보급에 장해가 된다.

헤이그 규칙은 그 적용 범위를 선하증권 또는 이것에 유사한 권원증권에 한정하고 있기 때문에 해상화물운송장에는 적용되지 않는다고 보아야 할 것이다. 현재 사용되고 있는 해상화물운송장은 헤이그 규칙이 제정된 1924년 당시의 해상운송에는 사용되고 있지 않던 것이다.[109] 그러나 해상화물운송장 중에는 계약자유의 원칙에 근거하여 최고약관(paramount clause)을 두어 헤이그 규칙 등을 적용한다고 규정하고 있는 것도 있다. 이는 「해상화물운송장에 관한 국제해법회통일규칙」 제4조의 규정에 의하여, 뒷면 약관에 의한 운송계약의 내용에 대하여는 최고약관에 의하여 동 규칙을 준거법으로 채용할 경우에는 운송계약은 선하증권 또는 이와 유사한 권원증권에 운송계약이 삽입되었을 경우에 강행법적으로 적용되어야 할 일체의 국제협약(헤이그 규칙, 헤이그-비스비 규칙) 또는 국내법(상법)의 적용을 받게 된다.

또 좀 더 적극적인 방법으로는 선하증권뿐만 아니라 해상화물운송장에도 적용될 수 있는 국제연합해상물건운송협약(함부르크 규칙)[110]을 준거법으로 한다는 조항을 해상화물운송장에 두는 것도 생각할 수 있다(함부르크 규칙 제2조 제1항 (e) 참조).

그러나 궁극적으로는 해상화물운송장에 대하여 적용될 국제협약의 채택과 해상화물운송이 활성화된 해운 각국의 국내법에서 통일된 법리로 구성된 입법이 이루어져야 할 것이다.

제2관 화물 전매의 문제

1. CIF 조건에서 화물 전매

일반적으로 사용하고 있는 해상화물운송장에는 "비유통(non-negotiable)"으로 기재되어 있다. 영국에서의 전통적인 CIF 조건은 매도인은 유통성있는 선하증권이 포함된 선적서류를 제공하여야 하기 때문에, 유통성이 없는 해상화물운송장은 CIF 조건

109) William Tetley, "Waybills: The Modern Contract of Carriage of Goods by Sea, Part 1", Journal of Maritime Law & Commerce, Vol. 14, 1983, p. 471 참조.

110) United Nations Convention on the Carriage of Goods by Sea, adopted at Hamburg on March 31, 1978.

에서는 선적서류의 자격이 없다.[111] 1980년 인코텀즈도 CIF 조건의 매도인의 의무로서 제7조에서 "매도인은 자기의 비용으로 약정된 목적항으로 향하는 무고장의 유통 선하증권을 선적 화물의 송장 및 보험증권과 함께 지체 없이 매수인에게 제공하여야 한다…"고 규정되어 있기 때문에, 유통성 없는 해상화물운송장은 제공서류로서 인정되지 않았다. 그 서문에는 "선하증권을 사용하지 않는 거래에서 당사자는 "Free carrier or freight/carriage paid to" 조건을 사용하든가, 그와 함께 FOB, C&F 또는 CIF의 조건 중에 매도인은 통상의 서류 또는 운송인에 대한 화물 인도에 관한 그 밖의 증거를 매도인에게 제공하여야 한다는 취지를 명시하여야 한다"고 기재되어있다.

그러나 1990년 인코텀즈는 문제가 되어 있는 선하증권의 위기에 대응하기 위해서 유통성이 없는 운송 서류인 해상화물운송장을 제공서류로 인정하여, CIF 조건의 매도인의 의무 A8에는 비유통 해상화물운송장(non-negotiable sea waybill)도 그것에 포함된다는 취지의 새로운 규정이 신설되었다. 그렇지만 유통성 없는 운송 서류인 해상화물운송장의 유효성을 인정하면, CIF 조건의 특성인 서류매매의 성질이 발휘될 수 없을 것으로 보인다.

그러나 1990년 인코텀즈에 규정되어 있는 CIF 조건은 영국에서 인코텀즈 생성 이전부터 이용되어 오고 있는 전통적인 CIF 조건과는 본질을 달리 하는 것이고, CIF 조건의 서류매매의 성질에 대하여 논하는 경우에는 이것을 명확하게 구별하여 둘 필요가 있을 것이다. 즉, 해상화물운송장이 제공서류로 인정되고 있는 1990년과 2000년 인코텀즈는 해상화물운송장을 제공서류로 인정하고 있지만, 그 CIF 조건의 매도인의 A8의무에서는 "매도인은 매수인이 운송 중의 물건을 전매할 수 있도록 하여야 한다"고 규정되어 있다. 즉, 1990년 인코텀즈의 CIF 조건에서 요구되고 있는 제출서류로서 선하증권 대신 해상화물운송장을 이용한 경우는, 화물처분권포기문언이 명기되어 있어야 하는 것으로 되어 있다. 예를 들면 1990년 인코텀즈의 CIF 조건에서 매매계약을 체결하고 있음에도 불구하고, 화물처분권포기문언이 없는 해상화물운송장에 의해서 화물이 송부되어 온 경우에는 매매조선위반이 된다.[112]

1990년 인코텀즈 서문에서도, "해상화물운송장의 이용을 가능하게 하기 위해서는 CFR 조건과 CIF 조건에서 선하증권 제공의무를 필연적으로 유지하여야 한다. 그러므로 매수인이 운송중의 물건의 전매를 생각하고 있지 않다는 것을 계약 당사자가 알

111) David M. Sasson, CIF. and FOB Contracts, 4th ed., London, Sweet & Maxwell, 1995, p. 137.

112) Jean Guedon, Bart Van De Veire, "INCOTERMS and Documents", edited by Charles Debattista, INCOTERMS in Practice, ICC Publication No. 505, 1995, p.31.

고 있는 때는, 매도인의 선하증권제공의무를 면제한다는 취지를 특약하든가, 전매가 능한 선하증권을 제공할 필요가 없는 CPT 조건과 CIP 조건을 이용할 수 있다"고 규정하고 있다. 이것은 운송 중의 물건을 전매할 수 없는 해상화물운송장이 CFR 조건과 CIF 조건에서 요구되고 있는 제공의무의 조건을 충족하고 있지 않다는 것이다. 그러나 일반적인 견해로는 "항해 중에 전매가 행하여지든 아니든 CIF 조건임에 변함이 없다. 인코텀즈는 매도인과 매수인이 상대방과의 관계에 있어서 어떠한 의무를 부담하는가를 규정한 것이기 때문에 매수인이 물건을 전매하지 않는 경우에도 CIF 계약에 대한 규정은 양당사자에게 적용가능하고, 제공서류가 비유통인 것에 의해서 규정 자체가 전혀 영향을 받지 않는다"[113]고 생각된다. 왜냐하면, 인코텀즈의 CIF 조건의 매도인의 의무 A8을 엄밀하게 해석하면, "…목적지에서 매수인이 운송인에게 물건의 인도를 요구하려는 것이고, 또한 다른 별도의 합의가 있는 경우가 아니면, 당해 증권을 그 후의 후순위 매수인에게 양도함으로써 유통선하증권의 경우 또는 운송인에게 통지할 것에 의하여 매수인이 운송중의 물건을 전매하여야 한다"고 규정되어 있다. 따라서 유통선하증권을 이용하는 경우는 당해 증권을 그 후의 매수인에게 양도함으로써 매수인이 운송중의 물건을 전매하지 않으면 안 되지만, 유통성이 없는 해상화물운송장을 이용하는 경우에는 지명채권양도방식에 의하여 운송인에게 통지함으로써 매수인이 운송중의 물건을 전매하면 된다는 것이다. 해상화물운송장을 이용한 경우에도, 기명수하인은 운송인에게 통지함으로써 전매할 수 있기 때문에, 화물처분권포기문언의 유무에 관계없이 CIF 계약으로서는 유효하다고 생각된다. 단, 송하인은 화물처분권을 당연한 것으로 원 수하인에 대해서 행사할 수 있기 때문에 실제로 화물처분권포기문언이 없는 해상화물운송장으로서 전매되는 것은 가능하지 않을 것이다.

2. 항해 중의 화물 전매

해상화물운송장이 널리 사용되지 않는 이유로는 항해 중 화물의 전매불가능 또는 신용장에 의한 대금결제 불가 등을 들고 있다. 그러나 항해 중에 화물을 전매할 필요가 없는 경우는 해상화물운송장으로 충분히 대응할 수 있다. 실제 컨테이너화물의 운송에 있어서는 유통성이 있는 운송 서류를 필요로 하는 거래의 비율이 낮다. 바꾸어 말하면, 항해중의 전매가 요구되지 않는 경우는 해상화물운송장을 사용하는 것이 장점을 가지고 있다.

113) 新堀 聰, 實踐貿易取引-最新基礎理論と實務のポイント, 日本經濟新聞社, 1998, 136쪽.

실제 운송에 있어서 수출입 화물 중 원자재의 경우에는 일부가 항해 도중 선하증권에 의하여 매매가 이루어지는 경우가 많지만, 정기선 운송의 경우에는 극히 그 비율이 낮다. 예컨대 항해의 일수가 1개월 정도로써 그 상품의 새로운 고객을 발견하기가 어렵고, 매수인의 입장에서도 상품의 내용을 상세하게 확인하지 않고, 혹은 현물을 볼 수 없이 구입하는 것에 대해서는 아무래도 위험이 크다고 생각하게 된다.[114)]

실무상 대금결제를 고려해서 매수인에 의한 권리포기문언을 삽입하지 않는 경우는 해상화물운송장을 이용하고 있어도 선박 회사는 관계동맹규칙에 따라, 본선의 스케줄, 화물의 적부 등 사정이 허락하는 범위에서 가능한 한 응하게 된다. 즉, 인도지, 양륙항, 수하인 등의 변경에 응하게 되어 실무상으로는 전매가 가능하다.

제3관 담보력 부재의 문제

해상화물운송장은 권원증권이 아니므로 항해 중에 증권을 이전하거나 화물을 전매하는 것이 불가능하고 담보력이 없다. 선하증권이 발행된 경우에 그 선하증권은 매도인이 발행하는 환어음에 대한 물적 담보가 된다. 그러므로 매입은행은 매도인이 발행한 환어음의 매입 시에 신용장 개설은행의 지급확약이라는 인적 담보와 선하증권이라는 물적 담보를 동시에 확보하고 어음을 매입하게 된다.

그러나 해상화물운송장을 이용하는 경우에는 어음매입은행의 입장에서는 매도인이 발행한 환어음에 대하여 물적 담보를 확보하지 못한다. 이 경우 은행은 신용장 개설은행의 지급확약만 믿고 어음결제를 하는 무담보어음(clean bill)의 매입을 행하는 것이 된다.[115)]

이 문제는 해상화물운송장을 발행한 경우에 신용장 개설은행을 수하인으로 함으로써 신용장 개설은행의 이익을 지킬 수 있다. 즉, 해상화물운송장은 선하증권처럼 통상 신용장 거래에서 필수서류로 요구되는 것은 아니지만, 수하인을 신용장 개설은행으로 하고 본래의 수하인을 통지처(nortify party)로 하는 해상화물운송장을 필수서류로 신용장에 규정하고 대금결제가 행하여진 후 신용장 개설은행으로부터 운송인에 대하여 화물을 본래의 수하인에게 인도하도록 서면에 의한 지시를 하는 체계를

114) 三倉八市, 貿易取引とSWB利用の現況, (財)日本貿易關係手續簡素化協會, 平成9年度EDI制度手續簡素化特別委員會報告書-流通性書類に關する調査・研究[Ⅱ], 1998年 3月刊, 146쪽.

115) 오원석, "해상운송장(Sea Waybill)의 문제점에 관한 소고", 중재 제265호, 대한상사중재원, 1994.3, 21쪽.

채택한다면 위와 같은 문제는 해결될 수 있다.[116)]

또한 매수인을 해상화물운송장의 수하인으로 하고 은행에 대하여 우선특권조항[117)]을 해상화물운송장에 부여하는 방법도 있다. 이 조항으로 인하여 신용장 개설은행은 수하인으로부터 수입대금을 결제 받고난 후 운송인에게 수하인에게 운송물 인도지시를 할 수 있으므로 보호받을 수 있을 것이다.[118)]

선하증권의 경우에는 매수인의 신용에 문제가 있다면 통상 매도인은 운송인으로부터 자기의 지시식 선하증권을 취득하여 환어음과 함께 매수인에게 송부한다. 매수인은 환어음의 지급 또는 인수를 행하지 않으면 선하증권을 입수할 수 없으므로 운송물의 수령도 불가능하게 된다. 이때 매도인은 선하증권에 의하여 담보권을 유보하는 것이 가능하다. 반면 해상화물운송장은 운송장의 제출 없이 운송물을 수령할 수 있기 때문에 선하증권과 같은 담보력은 없다.[119)]

제4관 운송인의 특정과 보험자대위권행사의 문제

선하증권을 발행한 운송인은 운송물의 수령에서 인도까지의 전 기간에 걸쳐서 생기는 위험을 부담하여야 한다. 이것은 운송계약상의 책임이기 때문에 해상화물운송장이 발행된 경우에도 마찬가지이다. 한편 송하인은 운송물에 적하보험을 들고 보험사고가 발생하면 보험자가 송하인 또는 수하인의 권리를 양도받아 손해배상 청구권을 대위 행사하게 된다(상법 제682조 참조).[120)]

우리나라에서는 운송물이 목적지에 도착한 후에 수하인은 운송계약에 의해서 생긴 송하인의 권리를 취득한다(상법 제140조 제1항). 즉, 운송물이 목적지에 도착하는 한 수하인은 운송계약상의 권리인 손해배상 청구권을 주장할 수 있다. 그러나 운송물이 항해 중에 멸실된 경우에는 원칙적으로 수하인은 손해배상 청구권을 주장할 수 없다. 이러한 문제를 해결하기 위해서 거의 모든 해상화물운송장에 "운송계약 당사

116) 박석재, "전통적 선화증권의 위기와 그 해결방안에 관한 연구", 한국해법학회지, 제20권 제1호, 1998. 3, 254쪽 참조.

117) 우선특권조항으로는 다음과 같은 문언을 제안할 수 있다 : "해상화물운송장에 표시되는 물건의 인도는 물건에 대하여 우선특권을 보유하고 있는 은행으로부터의 서면에 의한 지시를 따라야 한다."

118) 오원석, "해상운송장(Sea Waybill)의 문제점에 관한 소고", 중재 제265호, 대한상사중재원, 1994.3, 24-25쪽.

119) 박석재, "전통적 선화증권의 위기와 그 해결방안에 관한 연구", 한국해법학회지, 제20권 제1호, 1998. 3, 253쪽.

120) 영국에서는 이에 관해서 영국 법 특유의 문제가 존재하지만, 1992년 해상물건운송법(선하증권법)에 의해서 해석되고 있다.

자의 지위는 선적과 함께 수하인에게 이전 한다"는 뜻의 권리 · 의무이전약관이 들어가 있다.

또 보험자는 운송계약상의 책임을 지고 있는 자를 운송계약의 증거증권에 의해서 특정할 필요가 있다. 선하증권이 발행되어 있는 경우에도 운송인의 이름이 기재되어 있지 않거나, 기재된 이름이 반드시 운송인이라고 할 수 없는 경우가 있기 때문에 손해배상 청구를 할 때에는 운송인의 특정이 문제가 되는 경우가 많다. 특히 당해 선박이 용선계약에 기한 경우는 운송인의 특정에 대해서는 당해 선박의 이용 형태에 좌우되어 복잡한 문제로 발전할 경우가 있다. 이때 운송인책임제한을 받을 수 없는 선하증권발행인은 가능한 한 디마이스조항(Demise clause)과 운송인확정조항(Identity of Carrier Clause)을 삽입하여, 운송 중인 운송물의 손해에 대한 책임으로부터 면하게 하고 있다. 이들 조항에서는 선하증권에 의해서 증명된 운송계약은, 선박소유자와 송하인과의 사이에서 성립하는 것이고, 선하증권에 용선자의 명칭이 기재되어 있어도, 그것은 선장을 위해서(for the Master), 또는 선박소유자의 대리인으로서(as the agent of the master) 발행한 것이라고 기재되어 있다.

또 현재 발행되고 있는 많은 해상화물운송장에 "As Carrier" 또는 "As Agent for the Carrier"로 서명되어 있다. 이것은 1993년 개정 신용장통일규칙 제24조 a항의 영향이라고 생각된다. 이러한 해상화물운송장은 운송인 또는 그의 대리인으로서 책임을 져야 할 자에 의해서 서명이 이루어져 있지만, 해상화물운송장의 발행자 중에는 운송주선인도 포함한다.

Chapter 09

전자선하증권

제 1 절 총설

제1관 전자선하증권의 의의

선하증권에 의한 운송의 주된 목적은 선하증권 소지인이 동 증권을 이용하여 운송 중에 있는 물건이라도 이를 양도하는 등 자유로이 처분할 수 있고, 또한 선하증권의 최종소지인은 선하증권을 운송인에게 제시하고 운송물과 상환함으로써 증권에 기재된 운송물을 인도받는 것이다. 그러나 이 경우에 문제가 되는 점은 제8장의 해상화물운송장에서 언급한 바와 같이 고속선의 문제, 즉 운송물이 목적지에 도착하여 수하인이 당해 운송물을 인도받고자 하여도 선하증권이 도착하지 않아서 운송인에게 선하증권을 제시할 수 없는 문제가 발생할 수 있다는 점이다. 이러한 문제를 해결하고자 하는 방법으로 제시된 것이 해상화물운송장의 활용과 전자적 방법에 의한 선하증권의 활용이다.[1)]

한편 IT 기술의 발달에 힘입어 전자금융거래가 전통적인 창구거래를 급격하게 대체하면서 유가증권의 전자화에 대하여도 활발한 연구와 실용화를 위한 논의가 이루어지고 있다. 유가증권의 전자화는 기존의 서면에 의한 증권을 전자문서로 대체하는 방식인 전자서면방식과 문서 없이 일정한 등록기관에 등록함으로써 무권화(無券化)를 지향하는 방식인 전자등록방식으로 나누어 볼 수 있다. 전자문서로 대체하는 방식에는 전자어음 · 수표를 들 수 있고, 문서 없이 등록에 의하여 유가증권상의 권리의 발생 · 이전 · 행사 등을 하는 경우로는 전자투자증권을 들 수 있다.

선하증권(Bill of lading)의 전자화에 관한 논의는 선적서류(Shipping Document)의 전자화 노력에 있어 가장 두드러지는 분야라고 할 수 있다. 그러나 지금까지 논의되고 있는 전자선하증권은 새로운 유형의 선하증권의 출현이라기보다는 종이 선하증권(paper Bill of lading)을 발행하는 대신, 그 내용을 컴퓨터에 보존하고 , 운송관련

1) 嚴潤大, 신체계 선하증권론, 신대종, 2000, 435쪽 참조.

이해관계자들이 어떤 특정 키(key)를 정하고, 그것으로 선하증권상의 권리를 이전하는 등의 처분을 하거나, 운송물 인도청구권의 행사시 종이 선하증권의 제시를 대신하여 전자문서교환방식(electronic data interchange) 등 종이 없는 (paperless) 전자적 방식으로 해결하려고 하는 것에 논의의 초점이 맞추어져 있다.

현행 상법은 실무계의 요청에 의하여 2007년 7월 개정에서 제862조에 전자선하증권에 관한 최소한의 규정을 두게 되었으나 여전히 많은 과제를 남겨 놓고 있다.

제2관 전자선하증권의 다양한 시도

전자선하증권의 기능을 실현하려는 시도는 지금까지 수없이 이루어져 왔으나, 그 중 대표적인 것은 ① 스웨덴의 Kurt Gr?nfors 교수의 Cargo Key Receipt system, ② 노르웨이의 Reinskou의 통지 · 확인시스템(Concept of a Notification-ConfirMation System), ③ 국제유조선선주협회(Intertanco)의 Seadoc System이 있고, ④ 미국의 무역절차 간소화위원회도 UN/EDIFECT의 기본구조를 활용하여 종이 선하증권의 문제점을 해결하려고 시도하였으며, ⑤ 1990년에는 국제 해법회가 전자선하증권에 관한 국제해법회 규칙(CMI Rules for Electronic Bills of lading)을 제정한 바 있다. ⑥ 1996년에는 국제연합국제무역법위원회(United Nations Commission on International Trade Law : UNCITRAL)가 전자선하증권에만 국한되는 것은 아니지만, data메시지의 증거기능과 전자적 서명에 대해 효력을 인정하는 전자상거래에 관한 국제연합국제무역법위원회 모델법(UNCITRAL Model Law on Electronic Commerce)을 제정하여 전자선하증권이 안고 있는 문제점을 해결하려고 노력하고 있다. 특히 최근에는 ⑦ 볼레로 인터내셔널사(BOLERO International Ltd : 1998년에 SWIFT[2])와 TT Club[3])이 합작하여 설립한 회사)가 선하증권을 포함한 무역서류에

2) SWIFT(Society for Worldwide Interbank Financial Telecommunication)는 국제은행간 서류의 교환절차 및 양식의 비표준화 문제로 야기되는 문제점을 제거하기 위해 1973년 설립된 은행 간의 비영리조합이다. 동 기구는 국제은행업무의 자동화, 계정조회의 용이화, 국제통신의 효율화, 표준전자 메시지의 개발 등의 업무를 수행한다. 1999년 말 현재 175개국 6000여개 이상의 금융기관에 서비스를 제공하고 있으며, 처리건수는 연간 8억 건, 지금 결재규모는 하루평균 2조 5000억 달러에 달한다고 한다(이원정 · 서인태, "전자식 선하증권에 관한 고찰", 해양한국, 1999년 12월호, 100쪽).

3) T.T. Club은 국제복합운송과 관련된 위험을 보상하기 위해 1970년 설립된 상호보험조합으로 80여 개국의 컨테이너 선사, 복합운송업자, 터미널운영회사, 항만 등이 회원으로 참여하고 있다. 전 세계컨테이너 선단의 2/3, 1,725개의 항만시설, 5,890개의 운송업자에 대한 보험 업무를 취급하고 있다.

대해 인터넷을 통한 문서교환을 구현하기 위해 소위 볼레로 프로젝트(BOLERO Project)를 추진 중에 있다.

그러나 이와 같은 시도들은 아직까지 관련 당사자들(매도인, 매수인, 은행, 운송인, 보험자, 세관 등)의 종이 선하증권에 대한 습관과 전자거래에 따른 위험요소의 내재에 대한 염려, 컴퓨터 환경의 상이, 그리고 전자선하증권의 문서성 및 전자언어의 증거력, 책임주체성 등과 같은 법적인 문제에 대해 관련 국가의 법률 및 제도의 미비 등 복합적인 이유로 인하여 송하인의 운송계약 및 선적서류제공, 운송인의 선하증권 작성 및 발행, 증권의 유통-배서양도/권리의 이전, 선하증권의 상환과 운송물 인도 등 현행의 종이 선하증권의 전 과정을 완벽히 커버하지 못하고 있어서 아직까지는 전자적 방식의 실제 적용이 보편화되기에는 어려움이 많다.

제2절 1990년 전자선하증권에 관한 국제해법회 규칙

제1관 의의

1980년대 초반 해상화물운송장(sea waybill)에 관한 문제를 검토하기 시작한 국제해법회는 1988년에 운송 중인 운송물에 대한 권리를 전자식으로 이전하는 문제를 검토하는 국제소위원회(International Subcommittee on the Electronic Transfer of Rights to Goods in Transit)를 구성하였다. 이 국제소위원회가 작성한 초안은 1990년 6월 29일 국제해법회에서 전자선하증권에 관한 1990년 전자선하증권에 관한 국제해법회 규칙(CMI Rules for Electronic Bills of lading, 1990; 이하 「국제해법회 규칙」이라 부른다)으로 압도적으로 채택되었다.[4)]

국제해법회 규칙에 의한 업무처리는 대부분 현재의 절차를 유지하는 서류에 의한 업무처리방식과 동일한 단계를 거치게 된다. 이렇게 함으로써 실무상 급작스러운 변화를 피할 수 있으며, 관리의 우수성을 기할 수 있는 동시에 과오를 줄일 수 있는 것으로 보고 있다.[5)]

국제해법회 규칙은 법률로서의 효력은 없고, 당사자의 임의적 의사에 의하여 채택할 수 있도록 하고 있다.[6)] 그러므로 규칙의 제정방식에 관하여도 국제협약의 형식을 취하지 않고, 당사자가 임의로 채택할 수 있는 사적 자치의 원리에 따르는 일종의

4) 기초위원회의 초안은 32표 중 프랑스와 나이지리아의 2개국의 해법회만 유보하고, 나머지 해법회는 전원 반대 없이 통과되었다; George F. Chandler, Ⅲ, "Maritime Electronic Commerce for the Twenty-First Century", in CMI Yearbook, 1997, p. 224; 초안작성위원회(Drafting Committee)의 구성에 관하여는 동 논문, p. 224, Foot-note 23 참조; 1990년 6월 23일부터 열린 제34차 국제해법회 국제회의에 제출된 규칙안에 관하여는 송상현, "전자식 선하증권에 관한 국제적 동향", 서울대학교 법학, 제32권, 제1호, 제2호, 1991, 1쪽 이하 참조; 1990년 6월 29일에 통과된 국제해법회 규칙은 이 안을 일부 수정한 것이다.

5) George F. Chandler, Ⅲ, "Maritime Electronic Commerce for the Twenty-First century" in CMI Yearbook, 1977, p. 226.

6) George F. Chandler, Ⅲ, "Maritime Electronic Commerce for the Twenty-First century" in CMI Yearbook, 1977, p. 224.

통일규칙형식으로 하였다는 점이 1986년 국제소위원회의 보고서에서도 잘 나타나 있다.[7)]

당사자는 국제해법회 규칙을 적용할 것을 전자식 절차의 시작 전이나 또는 최초의 계약부속서로 동의하여야 한다.

제2관 핵심적 요소

1. 개인키(암호)(Private Key)

국제해법회 규칙에서 매우 중요한 요소의 하나는 개인키(암호)(Private Key)이며, 이것은 양도될 종이 선하증권(paper bill of lading)에 대치되는 것이다.

개인키(Private Key)는 소지인으로부터의 메시지를 확인하는데 사용되며, 새로운 소지인에게 이전된 경우에는 전혀 새로운 개인키(Private Key)가 새 소지인에게 제공되고, 이 새로운 개인키(Private Key)는 단지 메시지를 확인하는 수단에 불과하다는 것을 분명히 하여야 한다. 안전에 관한 다른 방법, 이를테면 암호(passwords), 연락부호(access code), 전자서명(digital signature) 또는 확인부호 따위는 여전히 필요한 것이다.[8)]

2. 개인등록과 운송물의 인도에 관한 위험

또 하나의 기본 요소는 개인등록(private registry)이다. 이것은 운송인과 인도의 위험에 관한 문제를 안고 있다. 그러나 인도에 관한 정보에 접하기 위한 보다 더 명확하고 직접적인 통신에 의하여 운송인은 불인도의 위험을 줄일 수 있다고 보고 있다.[9)]

7) 해상화물운송장에 관한 국제소위원회가 보고서를 작성하여 1986년 11월 6일 각 국 해법회에 배부한 내용은 다음과 같다. ① 해상화물운송장은 선하증권과 완전히 대치하는 것은 아니지만 이용이 바람직한 경우가 있다는 점, ② 해상화물운송장은 선하증권에 대치할 종이 없는(paperless) 체계로 가는 중요한 첫 단계로 불 수 있다는 점, ③ 해상화물운송장에 관한 법제도의 국제적 통일은 국제협약체결의 방식이 아니고 계약의 조건으로서 운송계약에 수용되는 조항으로 국제해법회의 통일규칙의 형식으로 결정하여 각 해상운송인이 그것을 자주적으로 채용하는 방법으로 한다는 것이다: 江頭憲治郎, 海上運送狀と電子式船荷證券, 海法會誌 復刊, 第32號, 1988, 6쪽.

8) George F. Chandler, Ⅲ, "Maritime Electronic Commerce for the Twenty-First century" in CMI Yearbook, 1977, p. 224~p. 225.

9) George F. Chandler, Ⅲ, "Maritime Electronic Commerce for the Twenty-First century" in CMI Yearbook, 1977, p. 226.

제3관 적용 범위

국제해법회 규칙은 앞서 언급한 바와 같이 통일협약이 아니고 당사자 간의 합의에 의하여 규칙의 적용의 여부를 정하게 되어 있다(동 규칙 제1조).

운송계약의 조건이 이 규칙과 일치하지 아니하는 경우에는 이 규칙이 우선한다(동 규칙 제5조 (c)).

제4관 선하증권의 발행과 전자문서교환방식의 병용

국제해법회 규칙은 전자문서교환방식(EDI)을 통한 종이 없는(paperless) 거래를 규정하면서 동시에 종이 선하증권(paper bill of lading)의 발행을 인정하고 있다.

1. 종이 선하증권 교부청구권 · 교부권 및 교부시기 등

규칙에 의하면 ① 소지인은 운송물의 인도전에는 언제든지 운송인에 대하여 종이 선하증권의 교부를 청구할 선택권을 가지며(동 규칙 제10조 (a)), ② 운송인은 운송물의 인도전에는 언제든지 소지인에 대하여 종이 선하증권을 교부할 선택권을 가진다(동 규칙 제10조 (b)). ③ 다만 운송물의 인도가 부당하게 지연되는 경우에는 종이 선하증권의 발행은 할 수 없으며, ④ 종이 선하증권의 기재사항은 전자식 수령 메시지의 내용(동 규칙 제4조)이 그대로 재생되고, ⑤ 방식은 지시식 또는 무기명식으로 한다(동 규칙 제10조 (c)).

2. 종이 선하증권이 발행된 경우의 준거법

종이 선하증권이 교부된 경우에는 운송계약에는 국제협약 또는 국내법이 적용된다(동 규칙 제6조).

3. 종이 선하증권이 발행된 경우의 조치

종이 선하증권이 교부된 때에는 개인키는 취소되고, EDI 절차를 종결한다(동 규칙 제10조 (d)).

제5관 전자문서교환방식에 의하는 경우에 있어서 운송계약의 법률관계

1. 운송인의 운송물 수령 · 선적에 관한 EDI 절차 및 그 효과

1] 운송물 수령의 전자식 통지의무

운송인이 송하인으로부터 운송물을 수령한 때에는 송하인에 대하여 송하인이 지정한 전자식 주소로 메시지에 의한 운송물을 수령하였음을 통지하여야 하며, 전자메시지에는 일정한 사항이 기재되어야 한다(동 규칙 제4조 (a), (b)). 기재 내용은 종이 선하증권의 기재사항과 공통된다(동 규칙 제10조 (c)).

2] 전자식 메시지의 운송물 선적의 기재

수령한 메시지에는 소지인의 청구에 따라서 운송물을 선적한 즉시 선적한 일자와 장소를 기록하여야 한다(동 규칙 제4조 (c)).

3] 전자식 통지 등의 효력

위의 1, 2의 사항을 기록하나 메시지는 종이 선하증권에 기재된 것과 동일한 효력을 가진다(동 규칙 제4조 (d), 제11조).

2. 소지인의 권리

소지인은 운송인에 대하여 ① 운송물의 인도를 청구할 수 있으며. ② 수하인을 지정할 수 있고 또는 수하인을 변경할 수 있다. ③ 운송물에 대한 권리를 다른 당사자에세 전환할 수 있으나, ④ 종이 선하증권의 소지인과 동일하게 운송계약의 조건에 따라서 운송물에 관한 사항을 운송인에게 지시할 수 있다(동 규칙 제7조 (a)).

3. 권리의 이전

소지인에 의한 운송물에 관한 권리의 이전은 전자문서교환방식 특유의 절차에 따른다. 즉 ① 소지인이 양수인에 대한 양도의 의사를 운송인에게 통지하고, ② 운송인이 이러한 통지의 메시지를 확인하면, ③ 운송인이 양수인에게 제4조에 게기된 사항(정보)을 운송한다. ④ 양수인 즉 새로운 소지인(new Holder)은 권리의 수령을 운송인에게 통지하고, ⑤ 이에 따라 운송인은 종전의 개인키를 취소하고 새로운 소지인에게 새 개인키를 발급한다. ⑥ 이상의 절차에 의한 권리의 이전은 종이 선하증권에 의한 권리의 양도와 동일한 효력을 가진다. ⑦ 양수인이 운송인에 대하여 권리의 양수를 하지 아니할 것을 통지하거나 상당한 기간 내에 운송인에 대한 수령의 통지를 하지 않은 때에는 권리는 이전되지 않는다(동 규칙 제7조 (b)).

4. 운송물의 인도 및 운송인의 책임

① 운송인이 소지인에 대하여 운송물을 인도할 장소와 일자를 통지한다. ② 이 통지를 받은 소지인은 수하인을 지정할 의무가 있으며, 운송인에 대하여 개인키에 의한 확인을 한 후 인도할 것을 지시하여야 한다. ③ 소지인에 의한 수하인의 지시가 없으면 소지인을 수하인으로 본다(동 규칙 제9조 (a)). ④ 운송인은 위의 인도지시(delivery instructions)에 따라서 적절하나 확인이 있으면 수하인이 대하여 운송물을 인도하여야 한다. ⑤ 인도가 있으면 개인키는 자동적으로 폐기된다(동 규칙 제9조 (b)). ⑥ 운송인은 수하인으로서 인도 청구를 한 자가 사실상 당자사인가의 여부를 확인하는데 상당한 주의(reasonable care)를 하였음이 증명된 때에는 운송물의 인도가 잘못되어도 책임이 없다(동 규칙 제9조 (c)).

제6관 국제해법회 규칙의 한계점

국제해법회 규칙이 가정한 전자선하증권의 모델은 다음과 같은 이유로 인하여 실제로 사용되지 못하고 결국 실패한 모델로 귀착하게 되었다.

1990년 이 규칙의 공표 당시에는 근본적으로 다음과 같은 문제점이 예상되었다.

첫째, 선하증권은 금융의 자료전송과 동렬로는 논할 수 없다.

둘째, 참가자가 다종 · 다양하므로 통신 프로토콜과 비즈니스 프로토콜의 표준화가 곤란하다.

셋째, 선하증권이 전자적 방식으로 전환된 때 운송물의 물권이전 측면의 법적 해명이 불가능하다.

넷째, 운송물의 물권이전에는 대가와 동시 이행의 요청이 있고, 그때문에 전자적 자금이동 시스템과의 결합이 불가결하다.

다섯째, 상정되는 거래는 산적운송물(bulk cargo)의 거래가 주된 대상이고, 개품거래에는 불필요한 것이다.

여섯째, 자료의 등록기관이 당사자인 운송인으로 되어 있는 것은 신뢰성이 부족하다.

일곱째, 시스템화의 비용이 막대하기 때문에 소규모의 운송회사 · 무역회사 등이 감당하기 어려울 것으로 예상되었다.10)

국제해법회 모델은 이론상 누구에게나 사용이 허용되는 개방형 시스템이다. 사용 당사자들은 특정 단체의 회원일 필요가 없고, 요구되는 기술수준을 갖춘 어떤 운송인이라도 시스템을 운용할 수 있다.11)

그러나 이 모델의 필연적인 문제점은 해상에 있는 선박과 육상 사이에 개인키(key)의 전송을 전제하고 있다는 점에 있다. 이러한 전송이 무선교신 이외의 방법으로 행하여지기는 어렵고, 원칙상 무선교신은 무권한자인 제3자의 수신으로 인한 사기의 개입을 배제할 수 없다. 더욱이 개인키를 취득한 자는 직접 물건에 대한 권리를 취득할 수 있고, 그 후 진정한 소지인으로서 행사할 수 있으며, 제3자에 대하여 물건을 전매하거나 질권을 설정할 수 있다. 그러한 사기는 운송물의 양륙 시에 발견되겠

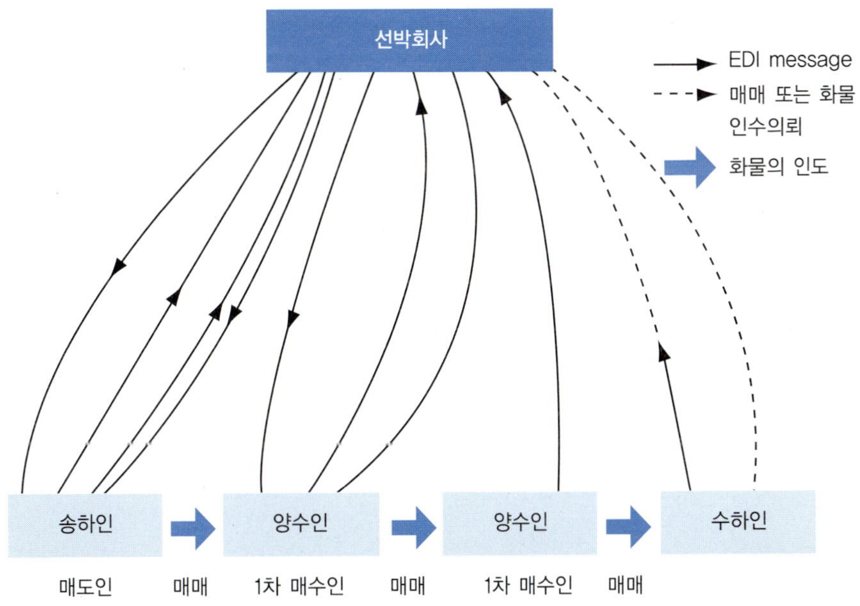

그림 9-1 ● 국제해법회 규칙에 의한 EDI 메시지를 이용한 메카니즘

10) 八尾 晃, "EDIと運送證券電子化の意味するもの(上)", 銀行法務21, 第506號, 1999. 5,18쪽.

11 P. Todd, "Dematerialization of Shipping Documents", Cross-Border Electronic Banking, ed. by Criss Reed, Ian Walden & Laura Edgar, 2nd ed., LLP, 2000., p. 80.

지만, 그 시점에 사기를 행한 자는 은행으로부터 대금을 인출하여 사라진 후일 가능성이 높다.[12)]

결국 국제해법회 모델이 안고 있는 최대의 문제점은 상대적으로 사기에 대하여 취약하다는 점이다. 한편 시스템을 원하는 정도로 안전하게 개선하는 것은 가능하지만, 이는 개방시스템에 악영향을 미치는 관료주의의 추가 개입 없이는 불가능하다. 완벽하게 개방적이고 안전한 시스템을 창출하는 것은 불가능하기 때문에 두 가지 상충되는 목표 사이에 어느 정도의 절충은 불가피하다.

12) P. Todd, "Dematerialization of Shipping Documents", Cross-Border Electronic Banking, ed. by Criss Reed, Ian Walden & Laura Edgar, 2nd ed., LLP, 2000, pp. 81-82.

제3절 볼레로 시스템의 전자선하증권

제1관 의의

전통적으로 선하증권은 종이 형식을 취해 왔지만, 인터넷의 급속한 사용 증대, 선박의 고속화, 종이 서류에 기초한 무역거래비용의 절감 요구 등으로 인하여 종래의 종이 선하증권을 근간으로 하는 전통적 무역환경 하에서는 이러한 시대적 변화에 부응하는 것이 어렵게 되어 전자선하증권의 사용을 검토하게 되었다.

특히 이러한 문제를 해결하기 위하여 유럽이 주축이 되어 선하증권의 전자화를 시도한 것이 볼레로[13] 프로젝트이다. 볼레로 프로젝트는 1994년부터 1995년에 걸쳐서 유럽연합이 중심이 되고 유럽과 아메리카 대륙 및 아시아 대륙의 기업이 컨소시엄을 조직하고, 유통 선하증권 등 선적서류와 관련한 전자 데이터의 등록 · 보관 · 인증을 UN/EDIFACT 표준에 따라서 행하는 것을 목적으로 한 실험 프로젝트이다.

볼레로(BOLERO : Bill of Lading Electronic Registry Oranisation)시스템은 공통 프렛폼을 구축하고, 인터넷(Internet)을 통하여 선하증권을 포함한 무역관계 서류의 교환을 종이서류 대신 전자식으로 해결하려는 개념이다. 이 시스템의 핵심적 특징은 아래에 언급할 절차에서 보는 바와 같이 선하증권의 발행과 유통을 통제하는 중립적 기구로서 권리등록시스템(Title Registry)을 설치하여 모든 선하증권상의 권리의 변동을 여기에 등록 · 관리되도록 하였으며, 권리의 처분 · 행사 등에 관한 전자메시지의 진정성과 무결성의 보장을 위한 장치로서는 두 개의 암호(encryption), 즉 개인암호 및 공동암호를 사용하도록 하였다.

그리고 현재까지는 전자상거래에 관한 개별 국가의 법제가 미비한 상태이고, 법령이 존재한다고 하더라도 이들은 각기 상이할 수 있기 때문에 볼레로 시스템 하에

13) 볼레로(BOLERO)란 Bills of Lading for Europe 또는 Bill of Lading Electronic Registry Organization의 약어로서 이해되고 있으나, 최근에는 지역적으로 유럽에 한정되는 국제전자상거래 시스템이 아니라 범세계적으로 적용되는 시스템임을 강조하기 위하여 후자의 의미를 선호하고 있다.

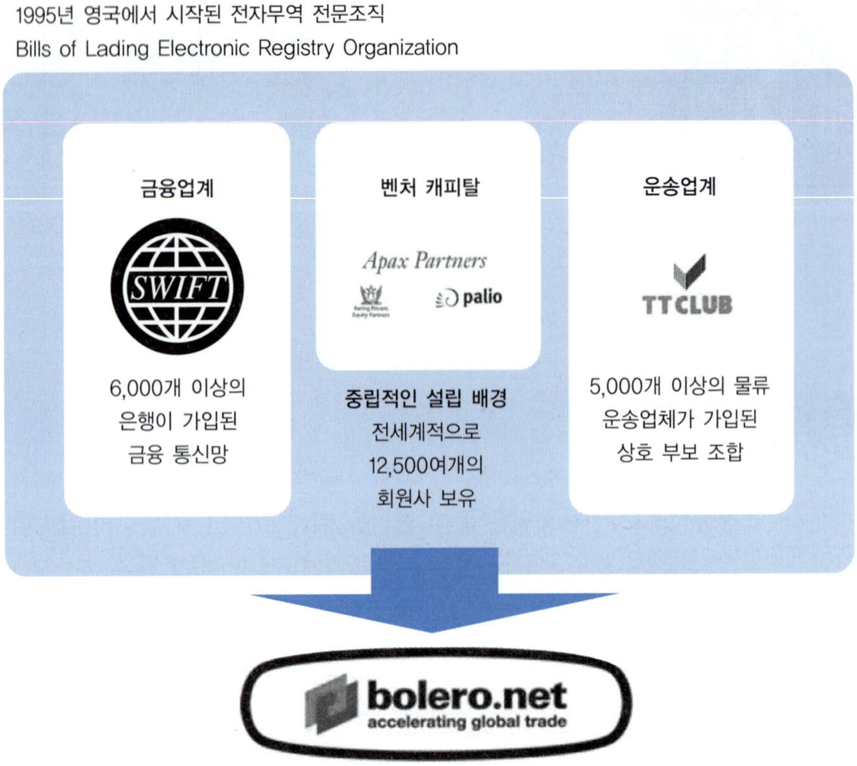

1995년 영국에서 시작된 전자무역 전문조직
Bills of Lading Electronic Registry Organization

금융업계	벤처 캐피탈	운송업계
SWIFT	Apax Partners, palio	TT CLUB
6,000개 이상의 은행이 가입된 금융 통신망	중립적인 설립 배경 전세계적으로 12,500여개의 회원사 보유	5,000개 이상의 물류 운송업체가 가입된 상호 부보 조합

bolero.net
accelerating global trade

그림 9-2 ● 볼레로의 구성

서의 거래당사자들은 전자선하증권의 증거성 · 담보성 또는 준거법 등에 관하여 볼레로 규정집(Bolero Rule Book)에 따르기로 한다는 내용으로 상호협정(trading parter agreement)을 체결하여 법적인 장애의 극복을 시도하고 있다.

제2관 볼레로 시스템의 전자선하증권의 절차

1. 볼레로 선하증권의 권리이전절차[14)]

사례를 들어서 선하증권의 권리이전 절차를 설명하면 다음과 같다.

14) "Lifecycle of a sample Bolero Bill Lading", Bolero International Ltd. 9-Nov-99.

사 례

매도인 A가 신용장에 의거(네고/확인은행 : 은행 X, 개설은행 Y), 외국의 매수인 B에게 TV 200대를 매도하는 경우

① 매도인 : 운송인에게 운송물(TV 200대)을 제공한다.

② 운송인 : 볼레로 전자선하증권(이하 볼레로 선하증권이라 함) 작성, 이때 송하인은 매도인이 되며 그가 볼레로 선하증권의 소지인으로 된다. 그리고 "to order party"로는 매수인이 된다.

③ 매도인 : 권리소지인(pledge holder)으로서 은행 X를 지정하고, 볼레로 선하증권과 그 밖에 신용장이 요구하는 서류(data)에 디지털로 서명하여 볼레로 메시지를 전송한다.

④ 은행 X : 볼레로 선하증권을 심사, 이상이 없으면, 매도인의 계좌에 신용(credit)을 주고(즉 화환어음을 할인하여 계좌에 입금), 새로운 권리소지인으로서 은행 Y는 그의 권리를 매수인 B에게 이전(relinquish)하고, 그 매수인 B를 볼레로 선하증권의 소지인으로 지정한다.

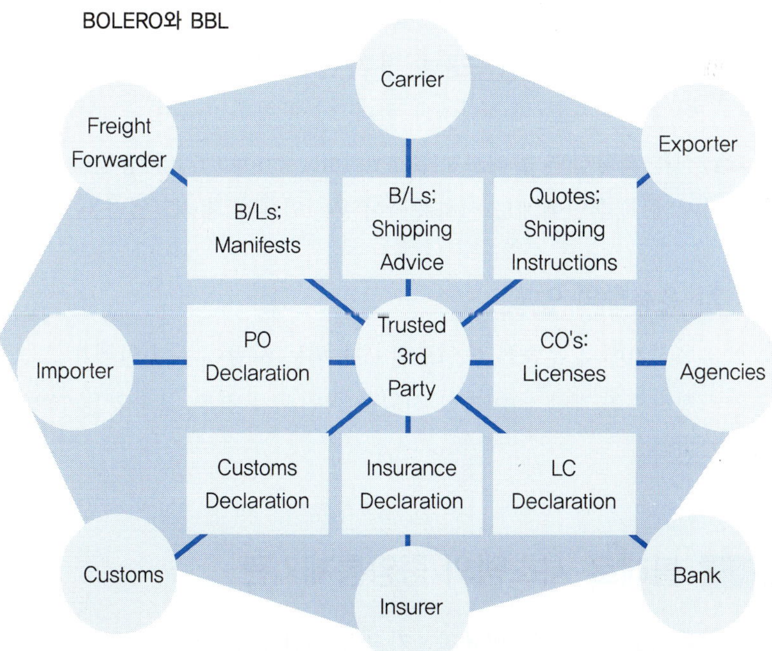

그림 9-3 ● 볼레로 선하증권의 메카니즘

⑤ 은행 Y : 전송되어온 서류의 내용을 추가 심사하고, 이상이 없으면 동 서류를 수리한다. 그리고 매수인 B로부터 물건 대금을 징수한 후 은행 Y는 그의 권리를 매수인 B에게 이전(relinquish)하고, 그 매수인 B를 볼레로 선하증권의 소지인으로 지정한다.

⑥ 볼레로사 : 운송인을 대신하여, 매수인 B에게 그가 운송물의 권리를 취득했음을 통지한다.

⑦ 매수인 B : 운송물의 권리를 취득한(pledge holder) B는 운송중의 운송물(TV 200대)을 다른 사람에게 매도할 수 있다. 그러므로 수입업자가 전매를 원할 경우에는 볼레로 선하증권의 소지인 또는 그의 지시인으로서 새로운 매수인 C를 지정하면 된다.

⑧ 볼레로사 : 위 ⑦과 같이 전매된 경우, 운송인을 대신하여, 매수인 C에게 그가 운송물의 권리를 취득했음을 통지한다.

⑨ 볼레로 선하증권의 권리를 취득한 C는 위와 같은 방법으로 그의 권리를 다른 사람에게 양도하거나 운송인으로부터 운송물을 인도받을 수 있다.

2. 볼레로 선하증권의 제출과 운송인의 운송물 인도

1] 볼레로 선하증권의 제출(surrender)과 확인메시지

운송물이 목적지에 도착한 경우, 매수인이 운송물을 인도받으려면 볼레로 선하증권이 전자식으로 제출되어야 한다. 이 방법은 매수인이 볼레로 시스템을 통해 선하증권을 제출하면 볼레로사(Bolero International)가 운송인에게 동 사실을 통지함과 동시에, 매수인에게도 선하증권이 운송인에게 제출되었다는 확인메시지를 전송한다.

2] 운송물의 인도

목적지에서 운송물을 인도받고자 하는 사람이 운송인에게 그가 바로 매수인(볼레로 선하증권 제출자)이라고 신원을 확인시킨 경우, 운송인은 그에게 운송물을 인도하게 된다.

3. 볼레로 시스템의 중앙통제기관

볼레로 시스템은 법률적 · 기술적 측면에서 그 접근 방법상 여러 가지가 국제해법회 규칙과 다른 점이 있지만 그 중에서도 특히 언급할 수 있는 것으로는 첫째, 국제해법회 규칙의 전자선하증권의 개념이 통지 · 확인방법으로서 하나의 개인키를 도입한데 비해, 볼레로 시스템은 한 쌍의 암호(개인 암호와 공동암호)를 사용하여 그 보안성 내지는 진정성을 재고하였으며, 둘째, 국제해법회 규칙에서는 운송인을 일종의 중앙 통제기관으로 하고 그로 하여금 전자선하증권의 유통관리를 하게 한 점에 비해, 볼레로 시스템은 볼레로사가 그 역할을 담당하게 한 점이다. 그리고 셋째, 볼레로 시스템은 현행의 강행법 체계를 그대로 인정하면서 별도의 BOLERO Rule Book에 의거 거래당사자 간의 법률적 문제를 해결하려고 한 점이 국제해법회 규칙과 크게 다른 점이라 할 수 있다.

제3관 볼레로 시스템의 유용성

1. 인증문제의 해결

볼레로 시스템은 전자상거래의 최대과제인 인증(authentication), 부인봉쇄(non-repudiation) 및 메시지의 무결성(메시지의 전송 중 변조여부의 확인)에 대한 솔루션을 제시한다. 볼레로 시스템 하에서 이들 문제는 CMP(Core Messaging Platform) 방식에 의하여 해결되고, 이 방식에서 메시지의 전송은 공개 키 암호화방식에 기초한다. 이 시스템의 모든 사용자에게 한 쌍의 키가 발행되고, 그 중 공개 키는 사용자가 은밀하게 보관하고, 공개 키는 시스템의 기타 사용자에게 공개된다. 일체의 메시지는 발송자의 개인 키에 의하여 디지털 방식으로 서명되고, 볼레로에 전송되며, 여기서 그에 상응하는 공개 키에 의하여 인증된다. 수학적으로 사용자의 개인 키에 유일하게 상응하는 공개키는 기술적으로 서명된 메시지를 인증할 수 있다. 이 방법에 의하여 메시지 수령자는 발송자의 정체를 확인할 수 있다.

이 단계에서 의문점은 수신자가 어떤 방식으로 당해 공개 키의 진정한 발송자를 확인할 수 있는가 하는 점이다. 이는 디지털 서명 인증에 의하여 해결된다. 볼레로는 인증기관 또는 공증기관의 역할을 수행한다. 즉 Bolero.net은 각 사용자에게 디지털 증명을 발행하고, 이는 메시지 수령자에 대하여 메시지의 서명에 사용된 공개 키가 실제로 메시지상의 발신자에게 발행된 키임을 확인시켜 준다. 디지털 서명이 전자 메시지에 적용되는 경우, 디지털 서명은 당해 메시지에 대하여 해쉬결과로 알려진 고유의 수학적 축약문(digest)을 창출한다. 전송 중 당해 메시지의 변조는 상이한 해쉬결과를 산출한다. 공개 키 방식에 의한 수신자의 확인 결과 해쉬결과가 변하지 않는다면 수신자는 메시지가 전송 중 변경되지 않았음을 알게 된다. 물론 사용자는 개인 키의 안전을 보장하고, 운영 서비스 계약상 사용자는 개인 키와 관련한 잘못된 사용에 대하여 전적으로 책임을 부담해야 한다는 사실을 명확히 하는 것이 중요하다.[15)]

2. 규정집의 제공

CMP 및 권리등록구조에 기초를 제공하는 것은 규정집이다. 규정집은 일체의 시스템 사용자 사이의 다자간 계약으로서, 사용자들이 동일한 조건으로 기타 사용자와 전자적인 방식으로 거래하고 있다는 사실의 확실성을 제공한다. 규정집 이면의 철학은 최소한의 범위 내에서 기존의 계약관계를 변경하고, 전자 환경 하에서 당사자들의 권리가 전통적 환경과 동일한 상태로 남아 있다는 사실을 보장하는 것이다. 따라서 규정집은 국제무역거래를 형성하는 기본 계약을 지배하는 것이 아니고, 시스템을 통한 기본 계약의 체결 여부는 전적으로 당사자의 의도에 의존한다. 전자거래에 대한 법적 장애에 직면하는 경우에 대비한 접근법은 볼레로 환경 내에서 종이문서 상

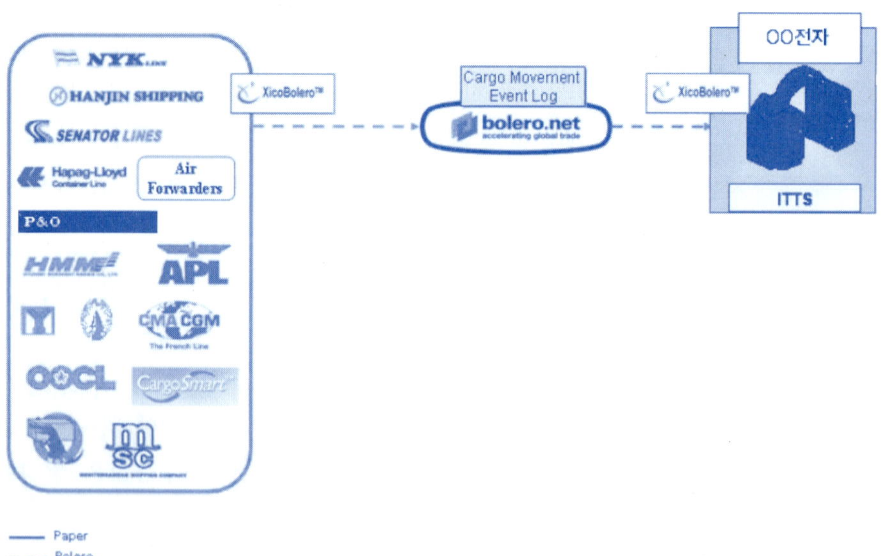

그림 9-4 ● 볼레로 선하증권의 이용 사례

15) R. Caplehorn, "Bolero.net-The Global Electronic Commercial Solution for International Trade", Butterworths Journal of International Banking and Financial Law, 1999. 11., p. 422.

의 권리 및 의무를 기능적으로 반복하는 것이다. 전자상거래 환경은 상당히 역동적이므로 규정집은 사용자간 합의된 절차에 의하여 미래의 전자상거래 발전, 새로운 입법, 기술의 진보, Bolero.net의 운영경험 및 추가 서비스에 적합하게 변경될 것으로 예상된다.[16)]

SWIFT와 Rule Book의 존재는 중대하다. "만일 여러분이 국제적으로 인정되는 표준을 가지지 않는다면 문제가 있을 것이다."라고 무역업자들은 주장한다.[17)] 볼레로가 화환거래를 위한 UCP 500에 상당하는 것으로서 기술하고 있는 규정집은 13개 국가에 의하여 기초되었고 18개의 상이한 재판권에서의 전자상거래법 및 법제도의 연구 후에 세계적으로 특허를 받았다.

제4관 볼레로 선하증권의 법적 문제

1. 운송계약의 서면요구와 관련한 문제

제정법상 계약이 일정한 사항을 기재한 서면으로 체결되어야 한다는 규정이 있는 경우, 서면의 부재 또는 미비에 대한 법적 효과는 당해 계약을 무효로 만든다.[18)] 볼레로는 전통적인 종이 문서를 전자 메시지로 대체할 목적으로 창안되었기 때문에 그러한 대체의 법적 유효성 여부는 볼레로의 성패와 관련하여 중요한 의미를 갖는다.

국제무역에 부수하는 다양한 계약에 관한 준거법상 서면요구가 전자문서로 유효하게 대체될 수 있는지 여부와 대체 불가능한 경우 법이 서면계약의 요구를 강제하고 있는지 아니면 전자적 방식에 의한 계약체결이 유효하게 성립하는 것인지가 문제된다.[19)]

운송계약서는 물건의 수령증으로서 역할을 하고, 운송계약조건 및 운송인의 인도의무를 명시하며, 송하인의 변경에 관한 송하인의 권한 등을 규정하고 있다. 일부 운송계약서는 물건의 물리적 인도 또는 배서에 의하여 물건에 대한 권리를 이전하는 권원증권으로서의 역할을 하고, 권원증권의 소지인은 권원증권을 담보로 하여 물건

16) R. Caplehorn, "Bolero.net-The Global Electronic Commercial Solution for International Trade", Butterworths Journal of International Banking and Financial Law, 1999. 11, p. 422.

17) K. Godier, "Electronic Trading : New Systems Emerge", Documentary credits Insight, Vol. 6, No. 2, Spring 2000, p. 23.

18) M. Clarke, "A Black Letter Lawyer Looks at Bolero", International Trade Law Quarterly, 1999. 5, pp. 69-70.

19) 박석재 · 신건훈, "볼레로시스템의 운용상 법적 쟁점에 관한 연구", 한국해운학회지, 제33호, 2001. 12, 56쪽.

에 대한 질권을 형성할 수 있다.

일체의 해상운송계약은 종이 선하증권에 의하여 입증되도록 요구하고 있는 UAE와 필리핀의 경우를 제외하고는 운송계약과 관련하여 서면을 강제하고 있는 국가는 극히 드물다. 대부분의 국가에서는 운송계약의 성립과 관련하여 일정한 형식을 요하지는 않는다.

한편 국제물건운송의 경우에는 국제협약의 지배를 받기 때문에 여기에서는 국제운송에 관련되는 국제협약상 서면요구에 관한 규정을 검토하는 것이 필요하다. 함부르크 규칙에서는 선하증권 발행국의 법률에 저촉되지 않는 한 선하증권상의 서명은 전자적인 수단에 의해 가능하다고 규정함으로써(함부르크 규칙 제14조 (3)항), 종이 선하증권을 전자선하증권으로 대체하는 것을 명시적으로 인정하고 있으나, 동 규칙은 거의 사장된 상태이기 때문에 법적으로 큰 의미는 없다.

헤이그 규칙 및 헤이그-비스비 규칙에서는 선하증권이 서면으로 발행되어야 한다고 규정하고 있으나, 해상운송계약의 성립요건으로서 전통적인 선하증권의 발행을 강제하고 있는 것은 아니다(헤이그 규칙 및 헤이그-비스비 규칙 제1조 (b)항 참조). 즉 운송인은 송하인이 요구하는 경우에만 전통적인 선하증권을 발행해야 할 의무가 있으며(헤이그 규칙 및 헤이그-비스비 규칙 제3조 제3항), 그러한 요구가 없는 경우에는 선하증권을 발행할 필요가 없기 때문에 이 경우 헤이그 규칙 및 헤이그-비스비 규칙은 필연적으로 당해 운송계약에 적용되지 않는다.[20)]

한편 국제항공운송에 적용되는 바르샤바 협약[21)] 제5조 제1항에서는 「항공화물운송장」(Air Waybill)의 발행을 명시하고 있으나, 동조 제2항에서는 당해 서류의 부재가 운송계약의 효력에 영향을 미치는 것은 아니라고 규정하고 있다.

요컨대 국제운송계약을 지배하는 국제협약에서 운송계약서는 서면으로 작성되어야 한다는 사실을 전제하고 있으나,[22)] 운송계약의 효력과 관련하여 서면계약을 요건으로 하고 있지는 않다. 달리 말하자면 국제협약이 전자적인 방법에 의한 계약의 체결을 방해하고 있지는 않지만, 전자적인 방법에 의하여 체결된 운송계약이 국제협약상 요구되는 서면요건을 충족하는 것은 아니기 때문에 볼레로 하에서 전자문서에 의한 운송계약은 헤이그 규칙 등 운송관련 국제협약의 적용범주에서 배제된다.

---

20) 동 규칙은 전통적인 종이 선하증권 또는 이와 유사한 권원증권에 의하여 증명되는 운송계약에만 적용된다(제1조 (b)항 참조).

21) 국제항공운송에 관한 일부 규칙의 통일을 위한 규칙(Convention for the Unification of Certain Rules Relation to International Transportation by Air 1929).

22) M. Clarke, "A Black Letter Lawyer Looks at Bolero", International Trade Law Quarterly, 1999. 5, p.70.

이에 대한 해결방안으로서 볼레로는 계약적인 접근법을 채택하고 운송당사자 간 합의에 의한 국제협약의 채용을 의도하고 있다.[23] 한편 그러한 합의가 법적효력을 갖기 위해서는 상관습으로서 법원에 의하여 인정되어야 하나, 법원이 상관습으로서 이를 인정할지 여부는 의문이다.[24]

2. 선하증권의 유통성 문제

볼레로 시스템의 주목적이 전통적인 무역서류의 전자화 및 전자적인 방법에 의한 권리이전을 구현하는 것이기 때문에 볼레로 시스템에서 전자적인 방법에 의한 권리이전의 가능성을 검토하기 위해서는 볼레로 선하증권이 전통적인 선하증권과 동일한 기능을 수행할 수 있는지 여부를 검토해야 한다.

전통적인 선하증권은 운송인의 물건수령일, 물건의 수령증, 운송계약의 내용 등 다양한 정보의 전달기능을 담당한다. 전술한 바와 같이 볼레로 시스템 하에서 일체의 정보는 CMP를 통하여 전달되기 때문에 볼레로 시스템 하에서 정보는 종이 선하증권보다 더 안전하고, 신속하며, 효율적인 방법으로 전달, 검토 및 확인이 가능하다. 결국 볼레로선하증권의 기능과 관련하여 실질적인 문제점은 전통적인 선하증권의 권원증권적 기능이다.

전통적인 선하증권은 선하증권의 배서 및 양도에 의하여 운송계약상 의무와 함께 운송인에 대한 물건인도청구권을 양수인에게 이전할 수 있는 기능, 물건에 대한 소유권의 이전기능, 그리고 화환신용장 거래 하에서 은행에 대하여 담보권을 제공하는 기능을 가지고 있다. 국제운송협약에서 전자문서가 전통적인 선하증권의 서면요구를 충족할 수 없기 때문에 선하증권의 양도에 관련되는 법이 볼레로선하증권에 적용될 여지는 없고, 볼레로선하증권에 관한 상관습이 단기간 내에 형성될 수 없기 때문에 볼레로선하증권의 양도에 따른 효력이 법원에서 전통적인 선하증권과 같은 것으로 인정될 여지도 없다. 따라서 볼레로선하증권의 사용으로 인한 법적 효과를 정

23) 규정집 3.2(4)에서는 운송인이 당해 운송계약은 특정의 국제협약에 의거한다고 천명하는 한, 그 국제협약이 당해 운송계약에 강제적으로 적용되고 또한 볼레로 선하증권의 계약내용에 우선한다고 규정하고 있다.

24) Malcolm Clarke은 Street v. Mountford([1985] AC 809) 사건에 대한 Lord Templeman의 진술을 인용하여 그러한 가능성에 대하여 의문점을 제시하였다. 즉 이 사건에서 Lord Templeman은 내용상 임대차계약을 제목상 라이센스 계약이라고 명명하고 당해 계약은 라이센스 계약이라고 주장한 당사자의 주장에 대하여, "당사자 간에 포크를 삽이라고 통칭한다고 합의한 경우, 그러한 합의는 그 당사자에 한하여 유효할 수도 있으나, 이 문제가 법원에 제기된 경우는 별개의 문제가 된다. 영어에 능통하지 못한 제조업자가 삽의 제조를 의도하고 또한 실제로 삽을 생산하였다고 하더라도, 결과적으로 다섯 갈래진 연장의 제조는 포크를 제조한 것으로 보아야 한다"라는 비유를 통하여 내용상 임대차계약을 당사자가 라이센스 계약이라고 명명하는 것만으로는 당해 계약을 라이센스 계약으로 보기 어렵다고 판결하였다.

확히 예측할 수 없는 상황에서 볼레로선하증권의 사용자는 새로운 위험에 노출될 수밖에 없을 것이다.

이 문제와 관련하여 볼레로는 볼레로선하증권에 전통적인 선하증권의 양도와 동일한 효력을 부여하기 위하여 제정법상의 양도규정을 배제한 채 규정집의 규정에 의한 별도의 계약적 접근법을 채택하고 있다.[25] 이 접근법에서는 다음과 같은 이론으로 권리의 양도성을 설명하고 있다. 즉, 계약구조는 두 가지 원칙에 기초하고 있다. 그 중 첫 번째 원칙은 영국계약법상 양도승인(attornment)이라고 불리는 것이다. 양도승인이란 채권자가 채무자에 대하여 제3자에게 채무를 이행하도록 요청한 경우, 채무자가 그 요청에 동의하고 또한 제3자에게 그러한 동의사실을 통지하였다면, 제3자는 약인의 제공 없이도 채무자에 대한 청구권을 취득한다는 것이다.[26] 볼레로선하증권과 관련하여 양도승인이란, 운송인이 볼레로선하증권의 새로운 소지인의 이익을 위하여 물건을 점유하고 있다는 사실 또는 물건의 점유권 이전을 확인하는 절차이고, 새로운 소지인에게 물건의 추정적 점유(constructive possession)를 제공하는 절차이다.[27] 또한 이 절차가 완료된 후에 운송인은 금반언의 원칙에 의하여 그 승인을 부인할 수 없게 된다.

운송인은 선박을 통제한다는 사실에 기초하여 물건에 대한 실질적인 통제권을 행사한다. 즉 운송인은 물건의 독립 수탁자로서의 역할을 한다. 운송인은 송하인의 지시(to order)를 준수한다는 계약을 체결함과 동시에 송하인이 다른 당사자에게 지시권을 이전(to order의 이전)할 수 있다는 데 합의함으로써, 운송인은 양도성 선하증권을 발행한 경우에 이행하여야 할 의무의 준수에 합의한다. 종이 선하증권이 발행된 경우와 마찬가지로 운송인은 키를 보유한 자의 지시를 준수한다는 데 합의한다. 종이 선하증권 하에서 키는 운송인이 발행한 양도가능 선하증권이 되지만, 볼레로선하증권 하에서 키는 운송인이 창출한 고유의 전자 메시지에 대한 지배권을 의미한다. 당해 전자 메시지에 대한 지배권을 가진 당사자는 전자 메시지를 통하여 운송인이 자신의 지시에 따라 물건을 점유하고 있다는 사실을 확인할 수 있다. 볼레로는 새로운 소지인에게 양도승인을 통지하는 과정에서 운송인의 대리인 역할을 한다.[28]

한편 양도승인에 의한 해결방안은 문제의 절반만을 취급하는 것이다. 양도승인에 의하여 운송인이 볼레로선하증권의 새로운 소지인으로부터 지시를 받는다는 합의

25) R. Caplehorn, "The Bolero System", Cross-Border Electronic Banking, ed. by Chris Reed, Ian Walden & Laura Edgar, 2nd ed., LLP, 2000, p.107.

26) G.H. Treitel, The Law of Contract, 10th ed., Sweet & Maxwell, 1999, p.620.

27) R. Caplehorn, "The Bolero System", Cross-Border Electronic Banking, ed. by Chris Reed, Ian Walden & Laura Edgar, 2nd ed., LLP, 2000, p.107.

28) 규정집 3.4.2.

외에 운송인과 새로운 지시인 사이에 계약관계가 설정되어야 한다. 대륙법계 국가의 재판관할 하에서는 문제가 되지 않지만, 영미법계 국가의 재판관할 하에서는 당사자 간 계약관계의 설정문제가 발생한다. 이 문제에 대한 해결책으로서 볼레로는 운송계약의 경개(novation)를 제시한다. 즉 운송계약의 경개에 의하여 운송인과 송하인 사이에 체결된 기존의 운송계약은 소멸하고, 운송인과 볼레로선하증권의 새로운 소지인 사이에 새로운 계약이 성립한다. 계약의 경개는 로마법 법리의 산물로서, 이를 위하여 당사자 전원의 동의(특히 운송인의 협력)가 필요하고 엄격히 말해서 기존의 계약관계가 이전되지 않는다는 점에서 양도(assignment)로 간주되어서는 안 된다.[29)] 한편 규정집에서는 운송인과 송하인의 원 운송계약에 한하여 경개에 대한 예외규정을 두고 있는 바, 즉 송하인은 운송계약상 송하인으로서 부담해야 하는 계약상 책임을 계속 부담한다는 것이다. 이 예외규정은 운송인이 물건인도를 이행할 수 없는 경우에 송하인에 대한 소구권을 행사하기 위하여 필요한 규정이다.[30)]

그러나 이러한 복잡한 법리의 설명을 한마디로 요약하면 우리 민법상의 지명채권양도방식에 의한 채권양도와 동일한 방법으로 선하증권상의 권리를 이전시키는 절차로 볼 수 있다. 볼레로 선하증권의 권리양도방식을 이런 식으로 설명한다면, 볼레로 선하증권은 태생적으로 비유통 증서에 지나지 않고 지명채권양도방식이라는 채권양도에 관한 일반절차에 따라야 하기 때문에 유통성을 본질로 하는 선하증권의 개념으로 보기는 어렵게 된다.

한편 볼레로선하증권에 의한 운송계약상 권리의 이전 문제와는 별개로 볼레로선하증권의 양도는 볼레로 시스템의 사용자 간에만 유효하다는 볼레로 시스템의 본질적인 문제가 존재한다. 즉 볼레로 시스템은 폐쇄 시스템으로서 규정집의 효력은 시스템 사용자에 한하여 적용되기 때문에 운송물건에 대한 권리가 시스템 사용자가 아닌 제3자에게 이전되는 경우 볼레로선하증권의 이전은 유효한 권리이전의 수단을 제공하지 못한다. 이에 대한 해결책으로서 볼레로는 운송인에 의하여 물건이 인도되기 전 어느 시점이라도 현재 소유권자의 요청에 의하여 볼레로선하증권이 종이 선하증권으로 전환될 수 있다고 규정하고 있다.[31)] 볼레로가 볼레로선하증권과 종이 선하증권의 병행을 상정하고 있는 것은 종이서류 환경에서 전자서류 환경으로 이행되는 과도기적인 현상으로 이해하여야 할 것이다.

29) J. Beatson, Ansons Law of Contract, 27th ed., Oxford, 1998, p.462.

30) 규정집 3.5.1(3) ; R. Caplehorn, "The Bolero System", Cross-Border Electronic Banking, ed. by Chris Reed, Ian Walden & Laura Edgar, 2nd ed., LLP, 2000, p.107 참조.

31) 규정집 3.7(1).

제4절 전자선하증권의 법률관계

제1관 전자선하증권의 발행

운송인은 운송물을 수령 또는 선적한 후 종이 선하증권을 발행하는 대신 송하인 또는 용선자의 동의를 얻어 법무부장관이 지정하는 등록기관에 등록하는 방식으로 전자선하증권을 발행할 수 있다(상법 제862조 제1항 제1문). 전자선하증권의 등록기관의 지정요건, 발행 및 배서의 전자적인 방식, 운송물의 구체적인 수령절차 그 밖에 필요한 사항은 대통령령으로 정한다(상법 제862조 제5항).

전자선하증권에는 종이 선하증권의 기재사항(상법 제853조 제1항)인 정보가 포함되어야 하고, 운송인이 전자서명을 하여 송신하고 송하인 또는 용선자가 이를 수신하여야 그 효력이 생긴다(상법 제862조 제2항).

또 전자선하증권은 상법상 종이선하증권이 동일한 법적 효력을 갖는다(상법 제862조).

제2관 전자선하증권의 양도

전자선하증권의 권리자는 배서의 뜻을 기재한 전자문서를 작성한 다음 전자선하증권을 첨부하여 지정된 등록기관을 통하여 상대방에게 송신하는 방식으로 그 권리를 양도할 수 있다(상법 제862조 제3항). 이러한 방식에 따라서 배서의 뜻을 기재한 전자문서를 상대방이 수신하면 이는 종이 선하증권을 배서하여 교부한 것과 동일한 효력이 있고, 또 이러한 방식에 의한 전자문서를 수신한 자는 종이 선하증권을 배서에 의하여 교부받은 소지인과 동일한 권리를 취득한다(상법 제862조 제4항).

제5절 전자선하증권의 한계와 과제

제1관 전자선하증권의 한계

1. 일반론

전자선하증권은 학계, 업계 및 국제기구에서 심도 있게 진행되고 있음에도 불구하고 현재까지 이것이 완벽한 체계 하에서 실제로 이용되고 있는 것은 아니며 가상적 · 이론적 논의에 그치고 있는 것이 현실이다.[32)]

이러한 문제의 핵심은 현행 법체계에서 물권적 효력이 인정된 유형의 선하증권을 실질적으로 직접 점유하는 대신, 무형의 자료를 컴퓨터라는 제3의 기구에 내장시켜 놓고 어떻게 종이 선하증권과 동일한 법적 효력을 인정할 것이냐 하는 문제이다.

2. 국제해법회 규칙의 한계

국제해법회 규칙에서는 개인키의 소지인의 지시에 의해 그 권리가 양도될 수 있도록 하고 있는데, 이는 현행법상 선하증권의 권리의 이전은 배서에 의하도록 한 강행법과의 저촉의 문제를 해결하지 못하고 있다. 또 개인키가 제3자에게 사기로 이전될 수 있는 소지가 있을 뿐 아니라 전송정보상의 보안문제를 해소할 수 있는 장치가 미흡한 듯하다.

3. 볼레로 시스템의 한계

증권의 양도성이라는 것은 증권이 양도되면 증권상의 권리가 변경됨이 없이 그대로

32) 沈載斗, 海上運送法, 吉安社, 1997, 324쪽.

제3자에게 이전되는 것을 본질로 한다. 그런데 볼레로 시스템에서는 지명채권 양도방식을 취함으로써 사실상 새로운 계약에 의하여 새로운 권리가 이전되는 체제로 권리가 양도됨으로써 증권의 양도가 당연히 권리의 양도로 인정되지는 않는다는 점에서 유통 선하증권으로서의 성질을 스스로 부인하는 결과를 가져오고 있다.

제2관 전자선하증권의 과제

선하증권을 포함, 전자문서교환방식(EDI)에 의한 무역운송 서류가 실제로 활용되기 위해서는 다음과 같은 사안들이 먼저 해결되어야 할 것이다.

첫째, 운송인 · 송하인 · 권리의 양수인 · 최종수하인 및 신용장의 개설 · 인수 · 지급 등 관련 은행이 동시에 전자문서교환방식 기능을 수행할 수 있는 능력 및 조건을 구비하고 있어야 한다.

둘째, 선하증권의 전자식 교부 · 배서 · 양도 · 상환 등 일체의 절차는 서류 없이 그 정보가 여러 당사자 간에 국제적인 교환이 이루어지므로, 이들 자료를 보관하고 전세계 가입자에게 중계기능을 수행할 수 있는 능력을 보유한 신뢰성 있는 어떤 국제적 중립기구의 설립이 필요하다.[33)]

셋째, 관련 당사자들(운송인 · 송하인 · 은행 · 피배서인 · 운송물 인도 청구인 등 등)이 동 방식을 채용하여 실제에 적용하기 위해서는, 사전에 이와 관련된 모든 단계에 대해 아주 구체적인 업무수행범위의 한계와 더불어 당사자의 권리 · 의무를 명확히 할 수 있는 약정(Agreement)이 수반되어야 한다.

넷째, 전자 자료에 대한 법적 증거력문제, 전자서명의 유효성 문제, 전자정보의 보안문제, 그리고 전자선하증권과 관련된 통신당사자의 책임문제 등에 관해 해당 국가들의 법규의 보완은 물론, 국제무역관련 협약 내지 규칙들도 이를 수용할 수 있도록 그 장비가 필요하다.

다섯째, 무엇보다 중요한 것은 선하증권의 유통과 관련된 법적 책임주체가 명확해야 하고 또한 책임부담 능력이 수반되어야 한다는 점이다. 예를 들어 현재의 종이 선하증권을 사용할 때에는 운송인이 선하증권을 발행하고, 운송물을 운송하기 때문

33) 신뢰성 있는 VAN(Value Added Network)회사는 세계 여러 나라에 존재하고 있으나 이들은 모두는 관련 당사자들 간에만 폐쇄적(closed) 전자문서교환방식 네트워크를 통해 운용하는데 비해, 1998년 SWIFT와 TT CLUB이 성립한 볼레로사는 Internet을 이용한 개방적(open) 네트워크로 운용하며, 동사가 중앙통제기관역할을 하는 것으로 되어 있으므로 본 항의 선결조건이 충족될 것으로 보여진다.

에 운송물의 멸실 · 훼손에 대한 배상책임은 물론, 선하증권의 유통과 관련된 법적 책임문제에 대하여도 당연히 운송인이 그 주체가 된다는 점에는 이의가 없다. 그러나 볼레로 시스템의 경우에는 운송의 주체는 운송인이지만, 선하증권의 발행과 유통의 주체는 전자적 장치인 서버의 관리주체인 볼레로가 된다. 그런데 선하증권의 유통과 관련된 법적 배상책임에 대하여도 현행법은 물론 규정집의 어느 것도 책임주체를 명확히 하지 않아 증권의 유통과 직접 관련이 없는 운송인이 여전히 책임주체가 될 수밖에 없다. 이러한 시스템 하에서는 어느 운송인도 자기가 관리하지 않은 문제에 대하여 법적 책임을 지면서 전자선하증권을 사용하려고 하지는 않을 것이다. 따라서 선하증권의 유통을 책임지는 기관이 이와 관련된 법적 책임주체가 되도록 하는 입법상의 체계가 먼저 구축되어야 할 것으로 생각한다.

여섯째, 특히 전자선하증권의 사용 필요성을 제기함에 있어서 가장 핵심이 되는 것은 고속선의 문제를 들 수 있다. 그러나 이 문제는 해상화물운송장의 사용으로 해결이 가능하다고 생각이 되고, 오히려 현재의 무역 결제시스템 하에서는 은행 간의 거래를 통한 취결에 소요되는 상당한 시간을 고려할 때 굳이 선하증권 등의 운송증권만을 전자식으로 유통하여 고속화한다는 점에 대하여는 현실성이 희박하다고 생각한다. 또한 무역 결제시스템 조차 변경이 된다면, 기존 우리가 알고 있는 선하증권에 의한 운송시스템 자체가 소멸하고 새로운 무역 결제시스템과 운송시스템으로 변경이 먼저 발생할 가능성이 더 높다고 생각한다.

일곱째, 법적 성질로 볼 때는 전자선하증권을 전자문서증권시스템으로 가져가는 것이 유용할지 아니면 전자등록시스템으로 가져가는 것이 유용할 것인지에 대하여 심각한 연구를 하지 않으면 안 된다. 만약 전자문서증권시스템으로 가져간다면 특별한 연구가 필요 없이 대금결제에 문제가 없는 근거리 단기운송에 대하여는 해상화물운송장을 선하증권에 대체하여 발행하고 이를 이메일 등의 전송방식을 사용하여 간단히 전자문서화 할 수 있을 것이다.

그러나 볼레로 선하증권의 시스템은 전자등록증권시스템을 취한 것으로 판단되는데, 이런 시스템에서는 문제가 매우 복잡하게 된다. 즉, 첫째, 우리나라의 증권전산원과 같은 하나의 등록기관이 필요한데, 전 세계를 대상으로 매우 다양한 성질을 가진 운송인과 하주간의 매우 복잡한 유통을 하나로 연결할 수 있는 등록기관의 설립이 과연 가능한가 하는 문제가 발생한다. 둘째, 설사 이러한 기관이 설립 된다고 하더라도 다양한 경우에 있어서 발생할 수 있는 손해배상책임을 모두 감당할만한 경제적 능력을 갖출 수 있는가 하는 점도 의문이다.

필자는 IT기술의 발달로 모든 경제활동분야에서 전자화가 매우 급속히 보급되고는 있지만, 적어도 현행의 무역 결제시스템 하에서 선하증권의 전자화는 그리 쉽게 이루어지기 어려울 수도 있다는 생각을 하고 있다. 기술적으로는 보완이 가능하겠지만, 적어도 선하증권의 유통성과 관련하여서는 법적 책임주체가 수긍할 수 있는 책임체계의 구축이 가능하고 이를 당사자가 모두 수용할 수 있어야 한다는 점을 먼저 생각하지 않을 수 없다.

APPENDIX

부록 I

1 국제협약

01. 해상화물운송장에 관한 국제해법회 통일규칙(CMI Uniform Rules for Sea Waybills)
02. 1990년 전자선하증권에 관한 국제해법회 규칙(CMI Rules for Electronic Bills of Lading, 1990)
03. 1924년 선하증권에 대한 법의 일부 규정의 통일에 관한 국제협약의 1968년 개정 의정서 (International Convention for the Unification of Certain Rules of Law relating to Bills of Lading and Protocol to amend : Hague Visby Rules)
04. 1978년 국제연합해상물건운송협약(United Nations Convention on the Carriage of Goods by Sea, 1978: Hamburg Rules)
05. 국제연합국제물건복합운송협약(United Nations Convention on International Multimodal transport of Goods, 1980)
06. 국제물건복합운송협약초안(TCM협약)

1. 해상화물운송장에 관한 국제해법회 통일규칙 (CMI Uniform Rules for Sea Waybills)

1. Scope of Application

(i) These Rules shall be called the "CMI Uniforms Rules for Sea Waybills".

(ii) They shall apply when adopted by a contract of carriage which is not covered by a bill of lading or similar document of title, whether the contract be in writing or not.

제1조 적용 범위

(i) 본 규칙은 해상화물운송장에 관한 국제해법회 통일규칙 이라고 부른다.

(ii) 본 규칙은 운송계약의 서면여부에 관계없이 선하증권(이하 선하증권으로 약칭) 또는 유사한 권원증권에 편입되지 않은 운송계약이 채용한 경우에 적용된다.

2. Definitions

In these Rules:

"Contract of carriage" shall mean any contract of carriage subject to these Rules which is to be performed wholly or partly by sea.

"Goods" shall mean any goods carried or received for carriage under a contract of carriage.

"Carrier" and "Shipper" shall mean the parties named in or identifiable as such from the contract of carriage.

"Consignee" shall mean the party named in or identifiable as such from the contract of carriage, or any person substituted as consignee in accordance with rule 6(i).

"Right of Control" shall mean the rights and obligations referred to in rule 6.

제2조 정의

본 규칙에서는,

운송계약(contract of carriage)은 본 규칙에 준거하여 운송물의 전부 또는 일부를 해상운송하기로 한 일체의 운송계약을 의미한다.

운송물(goods)은 운송계약에 의거 운송된 또는 운송을 위해 수령한 일체의 운송물을 의미한다.

운송인(carrier) 및 송하인(shipper)은 운송계약에 지정되어 있거나 그 계약에서 확인 할 수 있는 당사자를 의미한다.

수하인(consignee)은 운송계약에 지정되어 있거나 그 계약에서 확인할 수 있는 당사자, 또는 제6조 (i)항에 의거 수하인으로 대체되는 사람을 의미한다.

운송물 처분권(right of control)은 규칙 제6조에 규정된 권리 및 의무를 의미한다.

3. agency

(i) The shipper on entering into the contract of carriage does so not only on his own behalf but also as agent for and on behalf of the consignee, and warrants to the carrier that he has authority so to do.

(ii) This rule shall apply if, and only if, it be necessary by the law applicable to the contract of carriage so as to enable the consignee to sue and be sued thereon. The consignee shall be under no greater liability than he would have been had the contract of carriage been covered by a bill of lading or similar document of title.

제3조 대리권

(i) 송하인은 자기를 위해서 뿐만 아니라 수하인의 대리인으로서 또는 그를 대신하여 운송계약을 체결하는 것이며, 또 송하인은 그렇게 체결할 권한이 있음을 운송인에게 담보하는 것이다.

(ii) 본 규칙은 수하인이 운송계약에 의거 제소할 수 있고, 제소당할 수 있게 하기 위해 운송계약의 준거법이 요구한 경우 및 경우에만 적용된다. 수하인은 선하증권 또는 유사한 권원증권에 편입된 운송계약에서 부담하는 책임의 이상은 부담하지 아니한다.

4 Rights and Responsibilities

(i) The contract of carriage shall be subject to any International Convention or National Law which is, or if the contract of carriage had been covered by a bill of lading or similar document of title would have been, compulsorily applicable thereto. Such convention or law shall apply notwithstanding anything inconsistent therewith in the contract of carriage.

(ii) Subject always to subrule (i), the contract of carriage is governed by:

(a) these Rules;

(b) unless otherwise agreed by the parties, the carriers standard terms and conditions for the trade, if any, including any terms and conditionsregarding to the non-sea part of the carriage;

(c) any other terms and conditions agreed by the parties.

(iii) In the event of any inconsistency between the terms and conditions mentioned under subrule (ii)(b) or (c) and these Rules, these Rules shall prevail.

제4조 권리 및 책임

(i) 운송계약은 선하증권 또는 유사한 권원증권에 운송계약이 편입되었을 경우에 강행적용되었어야 할 일체의 국제협약 또는 국내법의 적용을 받는다. 그리고 운송계약에 그 협약 또는 법에 반하는 조항이 있더라도 그 협약 또는 법은 적용된다.

(ii) 항상 위 (i)항의 규정을 전제로 운송계약은 다음에 의해 규율된다.

(a) 본 규칙,

(b) 당사자 간에 별도의 합의가 없으면, 해상구간 이외의 구간에 대한 운송 조건 및 조항이 있는 경우에는 그것이 포함된 운송인의 표준조건 및 조항,

(c) 당사자 간에 합의된 그 밖에 일체의 조건 및 조항.

(iii) 위 (ii)항 (b) 또는 (c)의 조건 및 조항과 본 규칙이 모순되면 본 규칙이 우선한다.

5 Description of the Goods

(i) The shipper warrants the accuracy of the particulars furnished by him relating to the goods, and shall indemnify the carrier against any loss, damage or expense resulting from any inaccuracy.

(ii) In the absence of reservation by the carrier, any statement in a sea waybill or similar document as to the quantity or condition of the goods shall

(a) as between the carrier and the shipper be prima facie evidence of receipt of the goods as so stated;

(b) as between the carrier and the consignee be conclusive evidence of receipt of the goods as so stated, and proof to the contrary shall not be permitted, provided always that the consignee has acted in good faith.

제5조 운송물의 명세

(i) 송하인은 자기가 제공한 운송물명세의 정확성을 담보하며, 그 부정확으로 인해 발생한 일체의 멸실, 손상 또는 비용을 운송인에게 보상해야 한다.

(ii) 운송인의 유보문구가 없으면, 운송물의 수량 또는 상태에 대한 해상화물운송장 또는 유사한 증권상의 일체의 기재는,

(a) 운송인과 송하인 사이에는 기재된 내용의 운송물을 수령했다는 추정적 증거가 된다.

(b) 운송인과 수하인 사이에는, 수하인이 항상 선의로 행동할 경우에는, 기재된 내용의 운송물을 수령했다는 결정적(conclusive) 증거가 되며, 이에 대한 반증은 허용되지 아니한다.

6 Right of Control

(i) Unless the shipper has exercised his option under subrule (ii) below, he shall be the only party entitled to give the carrier instructions in relation to the contract of carriage. Unless prohibited by the applicable law, he shall be entitled to change the name of the consignee at any time up to the consignee claiming delivery of the goods after their arrival at destination, provided he gives the carrier reasonable notice in writing, or by some other means acceptable to the carrier, thereby undertaking to indemnify the carrier against any additional expense caused thereby.

(ii) The shipper shall have the option, to be exercised not later than the receipt of the goods by the carrier, to transfer the right of control to the consignee. The exercise of this option must be noted on the sea waybill or similar document, if any. Where the option has been exercised the consignee shall have such rights as are referred to in subrule (i) above and the shipper shall cease to have such rights.

제6조 운송물 처분권

(i) 송하인이 아래 (ii)항의 선택권을 행사하지 않았다면, 송하인은 운송계약과 관련하여 운송인에게 지시할 권한이 있는 유일한 당사자이다. 적용법이 금지하지 않으면, 송하인은 그

로 인해 발생한 일체의 추가 비용을 보상한다는 보증하에 서면 또는 기타 운송인이 수긍하는 방법으로 운송인에게 적절히 통지하고, 목적지에 운송물이 도착한 후 수하인이 운송물 인도를 청구하기 전까지는, 언제라도 송하인은 수하인의 명칭을 변경할 권한이 있다.

(ii) 송하인에게는 운송인이 운송물을 수령하기 전에 운송물의 처분권을 수하인에게 이전할 수 있는 선택권이 있다. 선택권을 행사한 때에는 해상화물운송장 또는 유사한 증권에 그 사실이 명기되어야 한다. 선택권이 행사되면 수하인은 위 (i)항에 규정된 권리를 보유하며, 송하인의 권리는 중지된다.[1]

7 Delivery

(i) The carrier shall deliver the goods to the consignee upon production of proper identification.

(ii) The carrier shall be under no liability for wrong delivery if he can prove that he has exercised reasonable care to ascertain that the party claiming to be the consignee is in fact that party.

제7조 인도

(i) 운송인은 수하인이 적절한 방법으로 신원을 증명하면 운송물을 인도해야 한다.

(ii) 운송인은 수하인임을 주장하는 당사자가 진정한 수하인인지를 확인하기 위해 상당한 주의를 기울였음을 입증한 경우에는, 인도착오에 대하여 일체 책임지지 않는다.

8 Validity

In the event of anything contained in these Rules or any such provisions as are incorporated into the contract of carriage by virtue of rule 4, being inconsistent with the provisions of any International Convention or National Law compulsorily applicable to the contract of carriage, such Rules and provisions shall to that extent but no further be null and void.

제8조 효력

본 규칙 또는 제4조에 의거 운송계약에 편입된 조항이 운송계약에 강행 적용되는 국제협약 또는 국내법 조항에 반하는 경우, 본 규칙 또는 편입된 조항은 반하는 범위 내에서만 효력을 상실한다.

---

1) 선적지에서 송하인이 선박 회사에 운송물을 인도하기 전에 운송물 처분권(소유권)을 수하인에게 이미 이전했다면 송하인의 처분권은 종료된다는 의미이다.

2. 1990년 전자선하증권에 관한 국제해법회 규칙 (CMI Rules for Electronic Bills of Lading, 1990)

1. Scope of Application

These Rules shall apply whenever the parties so agree.

제1조 적용 범위

본 규칙은 당사자들이 적용하기로 합의한 때에 적용한다.

2. Definitions

a. "Contract of Carriage" means any agreement to carry goods wholly or partly by sea.

b. "EDI" means Electronic Data Interchange, i.e. the interchange of trade data effected by teletransmission.

c. "UN/EDIFACT" means the United Nations Rules for Electronic Data Interchange for Administration, Commerce and Transport.

d. "Transmission" means one or more messages electronically sent together as one unit of dispatch which includes heading and terminating data.

e. "Confirmation" means a Transmission which advises that the content of a Transmission appears to be complete and correct, without prejudice to any subsequent consideration or action that the content may warrant.

f. "Private Key" means any technically appropriate form, such as a combination of numbers and/or letters, which the parties may agree for securing the authenticity and integrity of a Transmission.

g. "Holder" means the party who is entitled to the rights described in Article 7(a) by virtue of its possession of a valid Private Key.

h. "Electronic Monitoring System" means the device by which a computer system can be examined for the transactions that it recorded, such as a Trade Data Log or an Audit Trail.

I. "Electronic Storage" means any temporary, intermEDIate or permanent storage of electronic data including the primary and the back-up storage of such data.

제2조 정의

a. 운송계약(contract of carriage)은 운송물의 전부 또는 일부를 해상운송하기로 한 합의를 말한다.

b. EDI란 전자자료교환, 즉 전송으로 효력을 발휘하는 거래자료(trade data)의 교환을 의미한다.
c. UN/EDIFACT란 행정, 상업 및 운송을 위한 전자자료교환에 관한 국제연합규칙을 의미한다.
d. 전송(transmission)은 제목(heading) 및 종결어(terminating data)가 포함된 1단위 발언으로서 동시에 전송되는 단일 또는 복수의 통신문을 의미한다.
e. 확인(confirmation)은 전송의 내용이 담보할 지도 모를 일체의 후속적(subsequent) 약인(consideration) 또는 조치(actions)를 침해하지 않고, 그 내용이 외관상 완전하고 정확하다는 것을 고지하는 전송을 의미한다.
f. 비밀키(private key)는 전송의 진정성 및 완전성을 보장하기 위해 기술적으로 적절하게 수자 및/또는 문자를 조합하여 당사자가 합의한 일체의 방식(form)을 의미한다.
g. 소지인(holder)은 유효한 비밀키를 보유함으로써 제7조 (a)항에 명시된 권리를 보유할 수 있는 당사자를 의미한다.
h. 전자감사시스템(electronic monitoring system)은 거래장부(trade data log) 또는 감사기록(audit trail)과 같은 거래내역이 기록되는 컴퓨터 시스템을 점검할 수 있는 장치를 의미한다.
i. 전자보관(electronic storage)은 원기록 및 예비기록을 포함한 일체의 전자자료의 일시적, 중간적 또는 영구적 보관을 의미한다.

3. Rules of procedure

a. When not in conflict with these Rules, the Uniform Rules of Conduct for Interchange of Trade Data by Teletransmission, 1987 (UNCID) shall govern the conduct between the parties.
b. The EDI under these Rules should conform with the relevant UN/EDIFACT standards. However, the parties may use any other method of trade data interchange acceptable to all of the users.
c. Unless otherwise agreed, the document format for the Contract of Carriage shall conform to the UN Layout Key or compatible national standard for bills of lading.
d. Unless otherwise agreed, a recipient of a Transmission is not authorised to act on a Transmission unless he has sent a Confirmation.
e. In the event of a dispute arising between the parties as to the data actually transmitted, an Electronic Monitoring System may be used to verify the data received. Data concerning other transactions not related to the data in dispute are to be considered as trade secrets and thus not available for examination. If such data are unavoidably revealed as part of the examination of the Electronic Monitoring System,

they must be treated as confidential and not released to any outside party or used for any other purpose.

f. Any transfer of rights to the goods shall be considered to be private information, and shall not be released to any outside party not connected to the transport or clearance of the goods.

제3조 절차에 관한 규칙

a. 본 규칙에 저촉되지 아니하면, 1987년 거래자료 전송교환의 운영에 관한 통일규칙(UNCID)이 당사자들의 행위를 규율한다.

b. 본 규칙에 의거한 EDI는 UN/EDIFACT의 표준과 일치해야 한다. 그러나 당사자들은 이용자 모두가 수용할 수 있는 그 밖의 다른 거래자료 교환방법을 사용할 수 있다.

c. 별도의 합의가 없으면, 운송계약의 서식은 국제연합의 선하증권 서식(Layout Key) 또는 그에 부합하는 국내의 선하증권 표준서식과 일치해야 한다.

d. 별도의 합의가 없으면, 전송의 수령인은 그가 확인하지 않은 전송에 근거하여 행동해서는 안 된다.

e. 실제로 전송된 자료에 대해 당사자 간에 분쟁이 발생한 경우에는, 수령된 자료의 검증을 위해 전자감시시스템을 이용할 수 있다. 분쟁자료와 관련이 없는 타거래자료는 비밀로 취급하고 검증에 이용해서는 안 된다. 만약 이러한 자료가 전자감시시스템의 검증과정에 불가피하게 노출될 경우, 그 자료는 비밀로 취급하고 어떠한 외부자에게 유출 또는 일체 다른 목적으로 사용해서는 안 된다.

f. 운송물에 대한 일체의 권리이전은 비밀정보로 취급해야 하고, 또 운송물의 운송 또는 통관과 관련이 없는 어떠한 외부자에게도 유출해서는 안 된다.

4. Form and content of the receipt message

a. The carrier, upon receiving the goods from the shipper, shall give notice of the receipt of the goods to the shipper by a message at the electronic address specified by the shipper.

b. This receipt message shall include:

(i) the name of the shipper;

The shipper must confirm this receipt message to the carrier, upon which Confirmation the shipper shall be the Holder.

c. Upon demand of the Holder, the receipt message shall be updated with the date and place of shipment as soon as the goods have been loaded on board.

d. The information contained in (ii), (iii) and (iv) of paragraph (b) above including the date and place of shipment if updated in accordance with paragraph (c) of this Rule, shall have the same force and effect as if the receipt message were contained in a paper bill of lading.

제4조 수령통신문의 형식 및 내용

a. 송하인으로부터 운송물을 수령한 운송인은 송하인이 지정한 전자주소로 통신문을 전송하여 송하인에게 운송물의 수령을 통지해야 한다.

b. 이 수령통신문에는 다음의 사항을 포함해야 한다.

(i) 송하인의 명칭;

(ii) 서면 선하증권을 발행할 때에 요구되는 것과 같은 내용의 운송물의 명세, 일체의 표시 및 유보;

(iii) 운송물의 수령일 및 수령 장소;

(iv) 운송인의 운송 조건 및 조항에 대한 조회처(reference);

(v) 이후(subsequent)의 전송에 사용될 비밀키, 송하인은 운송인에게 이러한 통신문의 수령을 확인해야 하며, 확인을 해야 비로소 송하인은 전자선하증권의 소지인이 된다.

c. 소지인의 요구가 있으면 운송물이 선적되는 대로 수령통신문에 선적 일자 및 선적장소를 갱신해야 한다.

d. 이 조 (c)에 의거 갱신된 선적 일자 및 선적장소를 포함하여 이 조 (b)항 (ii), (iii), (iv)에 열거한 정보는 마치 그 수령통신문이 서면 선하증권에 편입된 것과 같이 동일한 효력 및 효과를 발휘한다.

5. Terms and conditions of the Contract of Carriage

a. It is agreed and understood that whenever the carrier makes a reference to its terms and conditions of carriage, these terms and conditions shall form part of the Contract of Carriage.

b. Such terms and conditions must be readily available to the parties to the Contract of Carriage.

c. In the event of any conflict or inconsistency between such terms and conditions and these Rules, these Rules shall prevail.

제5조 운송계약의 조건 및 조항

a. 운송인이 운송 조건 및 조항에 대해 조회처(reference)를 두었을 경우에는, 조회처의 조건 및 조항은 운송계약의 일부로 합의되고 이해된다.

b. 조회처의 조건 및 조항은 운송계약의 당사자가 언제든지 접근할 수 있어야 한다.

c. 운송 조건 및 조항과 본 규칙이 모순 또는 불일치한 경우 본 규칙이 우선한다.

6. Applicable law

The Contract of Carriage shall be subject to any international convention or national law which would have been compulsorily applicable if a paper bill of lading had been issued.

제6조 적용법률

운송계약은 만약 서면 선하증권이 발행되었다면 강행 적용되었을 일체의 국제협약 또는 국내법의 적용을 받는다.

7. Right of Control and Transfer

a. The Holder is the only party who may, as against the carrier:
   (1) claim delivery of the goods;
b. A transfer of the Right of Control and Transfer shall be effected: (i) by notification of the current Holder to the carrier of its intention to transfer its Right of Control and Transfer to a proposed new Holder, and (ii) confirmation by the carrier of such notification message, whereupon (iii) the carrier shall transmit the information as referred to in article 4 (except for the Private Key) to the proposed new Holder, whereafter (iv) the proposed new Holder shall advise the carrier of its acceptance of the Right of Control and Transfer, whereupon (v) the carrier shall cancel the current Private Key and issue a new Private Key to the new Holder.
c. If the proposed new Holder advises the carrier that it does not accept the Right of Control and Transfer or fails to advise the carrier of such acceptance within a reasonable time, the proposed transfer of the Right of Control and Transfer shall not take place. The carrier shall notify the current Holder accordingly and the current Private Key shall retain its validity.
d. The transfer of the Right of Control and Transfer in the manner described above shall have the same effects as the transfer of such rights under a paper bill of lading.

제7조 운송물의 처분권 및 양도권

a. 소지인은 운송인에게 다음의 사항을 행할 수 있는 유일한 당사자이다.
   (i) 운송물의 인도 청구;
   (ii) 수하인의 지정 또는 지정된 수하인을 자기가 포함된 다른 당사자로 변경;
   (iii) 다른 당사자에게 운송물의 처분권 및 양도권을 양도;
   (iv) 그가 마치 서면 선하증권의 소지인인 것처럼 운송계약의 조건 및 조항에 따라 운송인에게 운송물에 대한 그 밖에 일체의 지시.
b. 처분권 및 양도권의 양도는 다음과 같이 이행되어야 한다.
   (i) 현재의 소지인이 처분권 및 양도권을 예정된 새로운 소지인에게 양도할 의사를 운송인에게 통지하면,
   (ii) 운송인이 그 통지의 수령을 확인한 뒤에,
   (iii) 운송인은 제4조에 열거된 정보(비밀키는 제외)를 새로운 소지인에게 전송하고, 그 후에

(iv)새로운 소지인은 처분권 및 양도권의 인수(acceptance)를 운송인에게 통지하면, 그 후에

(v) 운송인은 현재의 비밀키를 폐기하고 새로운 비밀키를 새로운 소지인에게 부여한다.

c. 예정된 새로운 소지인이 처분권 및 양도권을 인수하지 않겠다는 뜻을 운송인에게 통지하거나, 또는 상당한 기간 내에 그 처분권 및 양도권의 인수를 통지하지 아니한 경우에는, 그 처분권 및 양도권은 양도되지 않는다. 운송인은 현재의 소지인에게 그 사실을 통지해야 하며, 이때 현재의 비밀키는 계속 유효하게 된다.

d. 위와 같은 처분권 및 양도권의 이전은 서면 선하증권에 의해 그 권리를 이전하는 것과 동일한 효력을 발휘한다.

8 The Private Key

a. The Private Key is unique to each successive Holder. It is not transferable by the Holder. The carrier and the Holder shall each maintain the security of the Private Key.

b. The carrier shall only be obliged to send a Confirmation of an electronic message to the last Holder to whom it issued a Private Key, when such Holder secures the Transmission containing such electronic message by the use of the Private Key.

c. The Private Key must be separate and distinct from any means used to identify the Contract of Carriage, and any security password or identification used to access the computer network.

제8조 비밀키

a. 승계되는 소지인의 비밀키는 각각 고유(unique)한 것이다. 소지인은 비밀키를 양도할 수 없다. 운송인과 소지인은 각각 비밀키의 보안을 유지해야 한다.

b. 운송인으로부터 비밀키를 부여받은 최종소지인이 비밀키를 사용하여 전자통신문이 포함된 전송을 수령한 경우에만, 운송인은 최종소지인에게 전자통신문의 확인을 발송할 의무가 있다.

c. 비밀키는 운송계약의 진정성을 입증하기 위해 사용되는 그 밖의 수단 및 컴퓨터망에 접근하기 위해 사용되는 일체의 암호 또는 신원확인과 다른 독립된 것이어야 한다.

9 Delivery

a. The carrier shall notify the Holder of the place and date of intended deliery of the goods. Upon such notification the Holder has a duty to nominate a consignee and to give adequate delivery instructions to the carrier with verification by the Private Key. In the absence of such nomination, the Holder will be deemed to be the consignee.

b. The carrier shall deliver the goods to the consignee upon production of proper identification in accordance with the delivery instructions specified in paragraph (a) above; such delivery shall automatically cancel the Private Key.

c. The carrier shall be under no liability for misdelivery if it can prove that it exercised reasonable care to ascertain that the party who claimed to be the consignee was in fact that party.

제9조 인도

a. 운송인은 소지인에게 예정된 운송물의 인도 장소 및 그 일자를 통지해야 한다. 그러한 통지를 받으면 비밀키로 입증된 소지인은 수하인을 지정하고 운송인에게 적절한 인도 지시를 할 의무가 있다. 그러한 지정이 없으면 소지인 자신이 수하인으로 간주된다.

b. 운송인은 (a)의 인도지시에 따라 신원이 적절히 확인되면 수하인에게 운송물을 인도해야 한다. 운송물이 인도되면 비밀키는 자동 폐기된다.

c. 운송인은 수하인임을 주장하는 당사자가 진정한 수하인인지를 확인하기 위해 상당한 주의를 기울였음을 입증한 경우에는, 인도착오에 대해 책임지지 아니한다.

10. Option to receive a paper document

a. The Holder has the option at any time prior to delivery of the goods to demand from the carrier a paper bill of lading. Such document shall be made available at a location to be determined by the Holder, provided that no carrier shall be obliged to make such document available at a place where it has no facilities and in such instance the carrier shall only be obliged to make the document available at the facility nearest to the location determined by the Holder. The carrier shall not be responsible for delays in delivering the goods resulting from the Holder exercising the above option.

b. The carrier has the option at any time prior to delivery of the goods to issue to the Holder a paper bill of lading unless the exercise of such option could result in undue delay or disrupts the delivery of the goods.

c. A bill of lading issued under Rules 10(a) or (b) shall include: the information set out in the receipt message referred to in Rule 4 (except for the Private Key); and (ii) a statement to the effect that the bill of lading has been issued upon termination of the procedures for EDI under the CMI Rules for Electronic Bills of Lading. The aforementioned bill of lading shall be issued at the option of the Holder either to the order of the Holder whose name for this purpose shall then be inserted in the bill of lading or "to bearer".

d. The issuance of a paper bill of lading under Rule 10(a) or (b) shall cancel the Private Key and terminate the procedures for EDI under these Rules. Termination of these procedures by the Holder or the carrier will not relieve any of the parties to the

Contract of Carriage of their rights, obligations or liabilities while performing under the present Rules nor of their rights, obligations or liabilities under the Contract of Carriage.

e. The Holder may demand at any time the issuance of a print-out of the receipt message referred to in Rule 4 (except for the Private Key) marked as "non-negotiable copy". The issuance of such a print-out shall not cancel the Private Key nor terminate the procedures for EDI.

제10조 서면운송 서류에 대한 선택권

a. 소지인은 운송물이 인도되기 전에는 언제라도 운송인에게 서면 선하증권을 요구할 수 있다. 그 서류는 소지인이 지정한 장소에서 교부되어야 한다. 다만 운송인은 운송인의 시설이 없는 곳에서 그러한 서류를 교부할 의무는 없고, 이때 운송인은 소지인이 지정한 장소에 가까운 시설에서 교부할 수 있다.

   소지인이 상기의 선택권을 행사하여 발생한 운송물의 인도지연에 대해 운송인은 책임지지 아니한다.

b. 그 선택권의 행사로 운송물의 인도를 부당하게 지연시키거나 불능이 되지 않는 경우에 한해, 운송인은 운송물이 인도되기 전에 언제라도 소지인에게 서면 선하증권을 발행할 수 있다.

c. 이 조 (a) 또는 (b)에 의거 발행된 선하증권은 다음의 사항을 포함해야 한다.

   (i) 제4조에 열거된 수령통신문에 포함되어 있는 정보(비밀키는 제외); 그리고

   (ii) 선하증권이 전자선하증권에 관한 국제해법회 규칙에 의거 EDI 절차의 종료과 동시에 발행되었다는 취지의 문구가 기재되어야 한다. 상기의 선하증권은 소지인의 선택에 따라, 소지인의 명칭이 선하증권에 기재되는 소지인 지시식(to order of the holder) 또는 지참인식(to bearer)으로 발행되어야 한다.

d. 이 조 (a) 또는 (b)에 의거 서면 선하증권이 발행되면, 비밀키는 폐기되며 본 규칙에 의거한 EDI 절차는 종료된다. 소지인 또는 운송인에 의해 EDI 절차가 종료되더라도, 운송계약의 어떠한 당사자도 본 규칙에 의거한 권리 · 의무 또는 책임, 또는 그 운송계약에 의거한 권리 · 의무 또는 책임을 면제받지 못한다.

e. 소지인은 언제라도 제4조에 언급된(비밀키는 제외) 수령통신문을 비유통 사본(non-negotiable copy)으로 표기하여 출력을 요구할 수 있다. 그러한 출력이 교부되더라도 비밀키는 폐기되지 아니하며, 또 EDI 절차도 종료되지 아니한다.

11. Electronic data is equivalent to writing

The carrier and the shipper and all subsequent parties utilizing these procedures agree that any national or local law, custom or practice requiring the Contract of Carriage to be evidenced in writing and signed, is satisfied by the transmitted and confirmed electronic data residing on computer data storage mEDIa displayable in human language on a video screen or as printed out by a computer. In agreeing to adopt these Rules, the parties shall be taken to have agreed not to raise the defence that this contract is not in writing.

제11조 전자자료와 서면자료의 동등성

운송인, 송하인 및 본 절차를 이용하는 일체의 후속당사자(subsequent parties)는, 운송계약이 서면으로 작성되고 서명되어질 것을 요구하는 일체의 국내 또는 현지법, 관습 또는 관행이 컴퓨터에 의해 인간의 언어로 서면에 표현되거나 출력됨으로써 컴퓨터의 기억장치에 내장되어 있는 자료가 전송 및 인증되는 전자정보에 의해 충족될 수 있다는 사실에 합의한다. 본 규칙을 채택하기로 합의한 때에는, 당사자는 운송계약이 서면에 의한 것이 아니라는 항변을 제기하지 않기로 합의한 것으로 간주한다.

3. 1924년 선하증권에 대한 법의 일부 규정의 통일에 관한 국제협약의 1968년 개정 의정서 (International Convention for the Unification of Certain Rules of Law relating to Bills of Lading and Protocol to amend : Hague Visby Rules)

Article 1

In this convention the following words are employed, with the meanings set out below:

(a) "Carrier" includes the owner or the charterer who enters into a contract of carriage with a shipper.

(b) "Contract of carriage" applies only to contracts of carriage covered by a bill of lading or any similar document of title, in so far as such document relates to the carriage of goods by sea, including any bill of lading or any similar document as aforesaid issued or pursuant to a charter party from the moment at which such bill of lading or similar document of title regulates the relations between a carrier and a holder of the same.

(c) "Goods" includes goods, wares, merchandise, and articles of every kind whatsoever except live animals and cargo which by the contract of carriage is stated as being carried on deck and is so carried.

(d) "Ship" means any vessel for the carriage of goods by sea.

(e) "Carriage of goods" covers the period from the time when the goods are loaded on to the time they are discharged from the ship.

제1조

이 협약에서 다음의 용어는 아래에 정한 뜻으로 사용된다:

(a) 운송인이라 함은 운송계약에서 송하인의 상대방인 선박소유자 또는 용선자를 포함한다.

(b) 운송계약은 선하증권 또는 해상물건운송에 관하여 사용되는 한 이와 유사한 권원증권에 의해서 증명되는 운송계약에만 적용한다. 용선 계약에 의하여 발행되는 선하증권 또는 유사한 증권에 관해서는 그 증권이 운송인과 선하증권 소지인과의 관계를 규율하는 때로부터 이를 적용한다.

(c) 물건이라 함은 산 동물 및 운송계약에 의하여 갑판적될 것이 표시되고 또 실제로 갑판적 운송되는 운송물을 제외한 재산, 운송물, 상품 그 밖의 각종의 물건을 말한다.

(d) 선박이라 함은 해상물건운송에 사용되는 모든 배를 말한다.

(e) 물건운송이라 함은 물건을 선박에 선적한 때로부터 그 선박에서 양륙한 때까지의 기간을 포함한다.

Article 2

Subject to the provisions of Article 6, under every contact of carriage of goods by sea the carrier, in relation to the loading, handling, stowage, carriage, custody, care and discharge of such goods, shall be subject to the responsibilities and liabilities, and entitled to the rights and immunities hereinafter set forth.

제2조

제6조의 규정에 달리 정하지 아니하는 한, 운송인은 모든 해상물건운송계약에 있어서 해당 물건의 선적, 취급, 적부, 운송, 보관, 관리 및 양륙에 관하여 책임과 의무를 진다. 또 다음의 규정에 따라 권리 및 면책을 누린다.

Article 3

1. The carrier shall be bound before and the beginning of the voyage to exercise due diligence to :
   (a) Make the ship seaworthy.
   (b) Properly man, equip and supply the ship.
   (c) Make the holds, refrigerating and cool chambers, and all other parts of the ship in which goods are carried, fit and safe for their reception, carriage and preservation.
2. Subject to the provisions of Article 4, the carrier shall properly and carefully load, handle, stow, carry, keep, care for, and discharge the goods carried.
3. After receiving the goods into his charge the carrier or the master or agent of the carrier shall, on demand of the shipper, issue to the a bill of lading showing among other things :
   (a) The leading marks necessary for identification of the goods as the same are furnished in writing by the shipper before the loading of the such goods starts, provided such

marks are stamped or otherwise shown clearly upon the goods if uncovered, or on the cases or covering in which such goods are contained, in such a manner as should ordinarily remain legible until the end of the voyage.

(b) Either the number of packages or pieces, or the quantity, or weight, as the case may be, as furnished in writing by the shipper.

(c) The apparent order and condition of the goods.

Provided that no carrier, master or agent of the carrier shall be bound to state or show in the bill of lading any marks, number, quantity, or weight which he has reasonable ground for suspecting not accurately to represent the goods actually received, or which he has had no reasonable means of checking.

4. Such a bill of lading shall be prima facie evidence of the receipt by the carrier of the goods as therein described in accordance with paragraph 3 (a), (b) and (c).

   However, proof to the contrary shall not be admissible when the Bill of Lading has been transferred to a third party acting in good faith.

5. The shipper shall be deemed to have guaranteed to the carrier the accuracy at the time of shipment of the marks, number, quantity and weight, as furnished by him, and the shipper shall indemnify the carrier against all loss, damages and expenses arising or resulting from inaccuracies in such particulars. The right of the carrier to such indemnity shall in no way limit his responsibility and liability under the contract of carriage to any person other than the shipper.

6. Unless notice of loss or damage and the general nature of such loss or damage be given in writing to the carrier or his agent at the port of discharge before or at the time of the removal of the goods into the custody of the person entitled to delivery thereof under the contract of carriage, or if the loss or damage be not apparent, within three days, such removal shall be prima facie evidence of the delivery by the carrier of the goods as described in the bill of lading.

   The notice in writing need not be given if the state of the goods has, at the time of their receipt, been the subject of joint survey or inspection.

   Subject to paragraph 6 bis the carrier and the ship shall in any event be discharged from all liability whatsoever in respect of the goods, unless suit is brought within one year of their delivery or of the date when they should have been delivered. This period may, however, be extended if the parties so agree after the cause of action has arisen.

   In the case of any actual or apprehended loss or damage the carrier and the receiver shall give all reasonable facilities to each other for inspecting and tallying the goods.

6. bis. An action for indemnity against a third person may be brought even after the expiration of the year provided for in the preceding paragraph if brought within the time

allowed by the law of the court seized of the case. However, the time allowed shall be not less than three months, commencing from the day when the person bringing such action for indemnity has settled the claim or has been served with process in the action against himself.

7. After the goods are loaded the bill of lading to be issued by the carrier, master, or agent of the carrier, to the shipper shall, if the shipper so demands, be a "shipped" bill of lading, provided that if the shipper shall have previously taken up any document of title to such goods, he shall surrender the same as against the issue of the "shipped" bill of lading but at the option of the carrier, document of title may be noted at the fault of shipment by the carrier, master, or agent with the name or names of the ship or ships upon which the goods have been shipped and the date or dates of shipment, and when so noted, if it shows the particulars mentioned in paragraph 3 of article 3, shall for the purpose of this article be deemed to constitute a "shipped"bill of lading.
8. sAny clause, covenant, or agreement in a contract of carriage relieving the carrier or the ship from liability for loss or damage to, or in connection with, goods arising from negligence, fault, or failure in the duties and obligations provided in this article or lessening such liability otherwise than as provided in this convention, shall be null and void and of no effect. A benefit of insurance in favour of the carrier or similar clause shall be deemed to be a clause relieving the carrier from liability.

제3조

1. 운송인은 발항 전과 발항 당시에, 다음의 사항에 관하여 상당한 주의를 다하여야 한다.
   (a) 선박이 감항능력이 있도록 하는 일
   (b) 선박에 대하여 선원의 승선, 선박의 의장 및 선용품의 보급을 적절하게 하는 일
   (c) 선창, 냉동실, 냉장실 기타 운송물을 적부하는 선박의 모든 장소를 물건의 수령, 운송 및 보존을 위하여 적당하고 안전하게 두는 일
2. 제4조의 규정에 달리 정하지 아니하는 한, 운송인은 운송되는 물건의 선적, 취급, 적부, 운송, 보관, 관리 및 양륙을 적절히고 주의 깊게 행히여야 한디.
3. 운송인, 선장 또는 운송인의 대리인은 물건을 수령한 후 송하인의 청구가 있으면 특히 다음의 사항을 기재한 선하증권을 송하인에게 교부하여야 한다.
   (a) 물건의 식별을 위하여 필요한 주요 기호로서 물건의 선적 개시 전에 송하인이 서면으로 통지한 것. 이 기호는 포장하지 않은 물건 위에, 또는 물건의 용기 또는 포장 위에 통상 항해의 종료 시까지 판독할 수 있도록 스탬프로 찍거나 또는 기타 방법으로 명료하게 표시하여야 한다.
   (b) 송하인이 서면으로 통지한 포장 또는 개품의 개수, 용적 또는 중량
   (c) 물건의 외관 상태
   다만, 운송인, 선장 또는 운송인의 대리인은 위의 기호, 개수, 용적 또는 중량이 실제로

자기가 수령한 물건을 정확하게 표시하고 있지 아니하였다는 사실을 의심할 상당한 이유가 있을 경우 또는 정확하다는 것을 확인할 적당한 방법이 없는 경우에는, 이를 선하증권에 기재 또는 표시할 필요가 없다.

4. 이와 같은 선하증권은 반증이 없는 한, 전항의 (a), (b) 및 (c)호의 규정에 따라 그 증권에 기재되어 있는 물건을 운송인이 수령한 것으로 추정하는 증거가 된다.

 단, 선하증권이 성실하게 행위하는 제3자에게 이전되어 있는 경우에는 반증은 허용되지 아니한다.

5. 송하인은 자신이 통지한 기호, 개수, 용적 및 중량이 정확하였다는 것을 운송인에게 보증한 것으로 보게 되며, 이들 사항에 관한 부정확에서 생긴 모든 멸실 · 훼손 및 비용에 대하여 운송인에게 배상하여야 한다. 이 배상에 대한 운송인의 권리는 어떠한 경우에도 운송인이 운송계약에 의하여 송하인 이외의 모든 사람에 대하여 지는 책임과 의무를 제한하지 아니한다.

6. 물건이 운송계약에 의하여 인도 받을 권리를 가지는 자에게 인도되기 전에 또는 그때에 그 자가 운송인 또는 양륙 항에서 그의 대리인에 대해서 서면으로 멸실 · 훼손 및 손해와 그 개황에 관한 통지를 하지 아니한 때에는 그 인도는 반증이 없는 한, 또는 멸실 · 훼손이 명백하지 않다면 운송인이 물건을 선하증권에 기재되어 있는 대로 인도하였음을 추정하는 증거가 된다.

 물건의 상태가 그 수령 시에 입회 검사를 받고 있는 때는 앞의 서면에 의한 통지를 요하지 아니한다.

 제6항의 2를 조건으로 하여, 운송인 또는 선박은 어떠한 경우에도 물건을 인도할 때 또는 인도되어야 할 때로부터 1년 이내에 소송이 제기되지 아니하는 한, 물건에 관한 일체의 책임을 면하게 된다. 단, 이 기간은 당사자가 소송원인 발생 후에 합의한 때는 연장될 수 있다.

 멸실 · 훼손이 현실적으로 생겼거나 생길 우려가 있는 때에는 운송인 및 수하인은 물건의 검사 및 포장의 개수를 검사하기 위한 모든 합리적인 편의를 상호에게 제공하여야 한다.

 제6항의 2. 제3자에 대한 배상청구소송은 계류된 법정지의 법에 의하여 허용된 기간 안에 제기되었을 때에는 전항에서 규정하는 기간이 만료된 후에도 제기될 수 있다. 단, 허용된 기간은 그러한 배상청구소송을 제기한 사람이 손해배상액을 지급한 날 또는 그 자에 대한 소송에 관해서 소장의 송달을 받은 날로부터 기산하여 3개월 이상이어야 한다.

7. 물건을 선적 후에 운송인, 선장 또는 운송인의 대리인이 교부하여야 할 선하증권은 송하인의 청구가 있을 때에는 선적이 있었다는 뜻을 기재한 선하증권이 된다. 단, 송하인이 이미 그 물건에 관한 권리를 표시하는 증권을 수령한 때는 선적 선하증권의 교부와 상환하여 그 증권을 반환하여야 한다. 운송인, 선장 또는 대리인은 선적항에서 물건을 선적한 선박의 명칭 및 그 선적일부(선적일부)를 먼저 교부한 증권에 기재할 수도 있다. 그 증권은 이러한 기재가 있고 또한 제3항에 든 사항을 기재하고 있는 때에는 그 조의 규정의 적용상 선적 선하증권으로 본다.

8. 운송계약의 모든 조항, 약관 또는 합의로서 운송인 또는 선박에 대해서 부주의, 과실 또는 이 조에서 규정한 책임과 의무의 불이행에 의해서 물건의 멸실 · 훼손에 대한 책임을 면제하거나 또는 그 책임을 이 조의 규정에 반하여 경감하는 것은 무효로 된다. 보험의 이익을 운송인에게 양도하는 조항 또는 이에 유사한 모든 조항은 운송인의 책임을 면하게 하는 것으로 본다.

Article 4.

1. Neither the carrier nor the ship shall be liable for loss or damage arising or resulting from unseaworthiness unless caused by want of due diligence on the part of the carrier to make the ship seaworthy, and to secure that the ship is properly manned, equipped, and supplied, and to make the holds, refrigerating and cool chambers and all other parts of the ship in which goods are carried fit and safe for their reception, carriage and preservation in accordance with the provisions of paragraph 1 of Article 3. Whenever loss or damage has resulted from unseaworthiness the burden of proving the exercise of due diligence shall be on the carrier or other person claiming exemption under this article.
2. Neither the carrier nor the ship shall be responsible for loss or damage arising or resulting from :
   (a) Act, neglect, or default of the master, mariner, pilot, or the servants of the carrier in the navigation or the management of the ship.
   (b) Fire, unless caused by the actual fault or privity of the carrier.
   (c) Perils, dangers and accidents of the sea or other navigable waters.
   (d) Act of God.
   (e) Act of war.
   (f) Act of public enemies.
   (g) Arrest or restraint or princes, rulers or people, or seizure under legal process.
   (h) Quarantine restrictions.
   (i) Act or omission of the shipper or owner of the goods, his agent or representative.
   (j) Strikes or lockouts or stoppage or restraint of labour from whatever cause, whether partial or general.
   (k) Riots and civil commotions.
   (l) Saving or attempting to save life or property at sea.
   (m) Wastage in bulk or weight or any other loss or damage arising from inherent defect, quality or vice of the goods.
   (n) insufficiency of packing.
   (o) insufficiency or inadequacy of marks.
   (p) Latent defects not discoverable by due diligence.

(q) Any other cause arising without the actual fault or privity of the carrier, or without the fault or neglect of the agents or servants of the carrier, but the burden of proof shall be on the person claiming the benefit of this exception to show that neither the actual fault or privity of the carrier nor the fault or neglect of the agents or servants of the carrier contributed to the loss or damage.

3. The shipper shall not be responsible for loss or damage sustained by the carrier or the ship arising or resulting from any cause without the act, fault or neglect of the shipper, his agents or his servants.

4. Any deviation in saving or attempting to save life or property at sea or any reasonable deviation shall not be deemed to be an infringement or breach of this convention or of the contract of carriage, and the carrier shall not be liable for any loss or damage resulting therefrom.

5. (a) Unless the nature and value of such goods have been declared by the shipper before shipment and inserted in the Bill of Lading, neither the carrier nor the ship shall in any event be or become liable for any loss or damage to or in connection with the goods in an amount exceeding 666.67 units of account per package or unit or 2 units of account per kilogramme of gross weight of the goods lost or damaged, whichever is the higher.

(b) The total amount recoverable shall be calculated by reference to the value of such goods at the place and time at which the goods are discharged from the ship in accordance with the contract or should have been so discharged.

The value of the goods shall be fixed according to the commodity exchange price, or, if there be no such price, according to the current market price, or, if there be no commodity exchange price or current market price, by reference to the normal value of goods of the same kind and quality.

(c) Where a container, pallet or similar article of transport is used to consolidate goods, the number of packages or units enumerated in the Bill of Lading as packed in such article of transport shall be deemed the number of packages or units for the purpose of this paragraph as far as these packages or units are concerned. Except as aforesaid such article of transport shall be considered the package or unit.

(d) The unit of account mentioned in this Article ids the special drawing right as defined by the International Monetary Fund. The amounts mentioned in sub-paragraph (a) of this paragraph shall be converted into national currency on the basis of the value of that currency on a date to be determined by the law of the Court seized of the case.

(e) Neither the carrier nor the ship shall be entitled to the benefit of the limitation of liability provided for in this paragraph if it is proved that the damage resulted from an act or omission of the carrier done with intent to cause damage, or recklessly and with knowledge that damage would probably result.

(f) The declaration mentioned in sub-paragraph (a) of this paragraph, if embodied in the bill of lading, shall be prima facie evidence, but shall not be binding or conclusive on the carrier.

(g) By agreement between the carrier, master or agent of the carrier and the shipper other maximum amounts than those mentioned in sub-paragraph (a) of this paragraph may be fixed, provided that no maximum amount so fixed shall be less than the appropriate maximum mentioned in that sub-paragraph.

(h) Neither the carrier nor the ship shall be responsible in any event for loss or damage to, or in connection with, goods if the nature or value thereof has been knowingly mis-stated by the shipper in the bill of lading.

6. Goods of an inflammable, explosive or dangerous nature to the shipment whereof the carrier, master or agent of the carrier has not consented with knowledge of their nature and character, may at any time before discharge be landed at any place, or destroyed or rendered innocuous by the carrier without compensation and the shipper of such goods shall be liable for all damages and expenses directly or indirectly arising out of or resulting from such shipment. If any such goods shipped with such knowledge and consent shall become a danger to the ship or cargo, they may in like manner be landed at any place, or destroyed or rendered innocuous by the carrier without liability on the part of the carrier except to general average, if any.

제4조

1. 운송인 또는 선박은 선박이 감항능력이 없는 상태에서 일어난 멸실 · 훼손에 대해서는 책임을 지지 아니한다. 단, 운송인이 전조 제1항의 규정에 따라서 선박을 감항능력이 있는 상태에 있고, 선원의 승무, 선박의 의장 및 선용품의 보급을 적절히 하고 동시에 선창, 냉동실과 냉장실 기타 물건을 선적하는 선박의 모든 장소를 물건의 수령, 운송 및 보존에 적합한 양호한 상태로 두는 것에 대하여 상당한 주의를 게을리 함으로서 선박이 감항능력이 없는 상태가 된 경우에는 이에 따르지 아니한다. 감항능력이 없는 상태로부터 멸실 · 훼손이 생긴 때에는 이 조에서 정한 면책을 주장하는 운송인 그 밖의 자는 상당한 주의를 다하였음을 증명하여야 한다.
2. 운송인 또는 선박은 다음의 사유에서 생긴 멸실 · 훼손에 대하여는 책임을 지지 아니한다(운송인의 면책 사유).
   (c) 항해 또는 선박의 관리에 관한 선장, 해원, 도선사 또는 운송인의 사용인의 작위, 부작위 또는 과실
   (b) 화재(운송인의 실제의 과실 또는 고의로 인한 것을 제외)
   (c) 해상 그 밖에 항행할 수 있는 수면에서의 재해, 위험 또는 사고
   (d) 천재지변

(e) 전쟁 행위

(f) 공적 행위

(g) 군주, 관헌 또는 인민에 의한 억류 · 강제 또는 법률 절차에 의한 압류

(h) 검역 상의 제한

(i) 송하인 또는 운송물의 소유자, 그의 대리인 또는 그 대표자의 작위 또는 부작위

(j) 동맹파업, 선박 폐쇄, 노무 정지 또는 노무 방해. 단, 원인의 여하를 묻지 않고 또한 부분적인가 또는 전체적인가를 묻지 아니한다.

(k) 폭동과 내란

(l) 해상에서의 인명 또는 재산의 구조, 또는 구조의 기도

(m) 물건의 숨은 흠, 특수한 성질 또는 고유한 흠으로부터 생기는 용적이나 중량의 감소 또는 그 밖의 멸실 · 훼손

(n) 포장의 불충분

(o) 기호의 불충분 또는 불완전

(p) 상당한 주의로써도 발견할 수 없는 숨은 흠

(q) 운송인의 실제의 과실 또는 고의가 없이, 또는 운송인의 대리인 또는 사용인의 과실이나 게으름이 없이 일어나는 그 밖의 원인. 단, 면책을 주장하는 자가 운송인의 실제의 과실이나 고의 또는 운송인의 대리인 또는 사용인의 과실 또는 게으름이 멸실 · 훼손에 기여하지 아니하였음을 증명하여야 한다.

3. 송하인, 그의 대리인 또는 사용인의 작위, 부작위 또는 과실이 없는 어떠한 원인으로부터 생긴 운송인 또는 선박이 입은 멸실 · 훼손에 대하여 송하인은 책임을 지지 아니한다.

4. 해상에서의 인명 혹은 재산의 구조 또는 구조의 기도를 위한 항로이탈 또는 상당한 이유가 있는 항로이탈은 이 협약 또는 운송계약에 대한 위반으로 보지 않으며, 운송인은 그 결과로 생기는 멸실 · 훼손에 대하여 책임을 지지 아니한다.

5. (a) 물건의 성질 및 가액이 선적 전에 송하인에 의하여 신고되었고 또한 선하증권에 기재되어 있는 것이 아닌 한, 운송인 또는 선박은 어떠한 경우에도, 멸실 · 훼손된 운송물의 1 포장 당 또는 1 단위 당 666.67 계산단위 또는 총 중량 1 킬로그램 당 2 계산단위 가운데 높은 액수를 초과하여 물건의 멸실 · 훼손에 대하여 책임을 지지 아니한다.

(b) 배상하여야 할 총액은 물건이 계약에 따라서 선박에서 양하되거나 혹은 양하되었어야 하는 장소 및 그때에 있어서의 물건의 가액을 참조하여 산정하여야 한다.

물건의 가액은 물건의 거래 가격에 의해서 혹은 거래 가격이 없는 경우에는 그때의 시장 가격에 따라서 결정되어야 한다. 만일 물건의 거래 가격이나 그때의 시장 가격이 없는 경우에는 동종 또한 동질의 물건의 통상 가액을 참조하여 결정하여야 한다.

(c) 컨테이너, 팰리트 또는 이와 유사한 ~~운송용구~~가 여러 개의 물건을 통합하기 위하여 사용된 경우에는 선하증권 상 그러한 ~~운송용구~~에 포장된 짐으로서 수량 표시되어 있는 포장 또는 단위의 수가 이러한 포장 또는 단위에 관련되어 있는 한도에서, 이 항의 적용 상 포장 또는 단위의 수량으로 본다. 위에서 언급한 경우를 제외하면 그러한 ~~운송용구~~는 포장 또는 단위로 본다.

(d) 이 조에 규정된 계산단위는 국제 통화 기금에서 정한 특별인출권을 말한다. 이 항의 (a)호에서 규정한 총액은 소송이 계류된 법정지의 법에서 결정한 날짜에 있어서 국내 통화의 가치를 근거로 하여 국내 통화로 환산하여야 한다.

(e) 손해를 발생시킬 의도로써 행하였거나, 무모하게 또한 그러한 손해가 일어날 수 있음을 알고 행한 운송인의 작위 또는 부작위에 의해서 일어난 손해임을 증명한 경우에, 운송인 또는 선박은 이 항에서 정하고 있는 책임제한의 이익을 주장하지 못한다.

(f) 이 항의 (a)호에서 정한 신고가 선하증권 중에 기재되어 있을 때는 일단 추정적 증거가 되지만, 운송인에 의해서 구속력을 가지거나 또는 확정적인 것은 아니다.

(g) 운송인, 선장 또는 운송인의 대리인과 송하인과의 합의에 의해서 이 항 (a)호에서 정한 금액 이외의 최고 한도액을 정할 수 있다. 다만, 그와 같이 정하는 최고 한도액은 이 호에 규정되어 있는 상응한 최고 한도액보다 적어서는 안 된다.

(h) 물건의 성질 또는 가액이 송하인에 의해서 고의로 선하증권 중에 잘못 기재된 경우에는, 운송인 또는 선박은 어떠한 경우에도 물건의 또는 물건에 관한 멸실 · 훼손에 대하여 책임을 지지 아니한다.

6. 연소성, 폭발성 또는 위험성이 있는 물건으로서 운송인, 선장 또는 운송인의 대리인이 그 성질 또는 특징을 알고 있었으면, 그 선적을 승낙하지 아니하였다는 사실에 대하여는 운송인은 송하인에게 배상하지 아니한다. 양륙하기 전에도 임의의 장소에 양하, 파괴 또는 무해하게 할 수 있고, 이들 물건의 송하인은 그 선적으로부터 직접 또는 간접으로 생기는 모든 손해와 비용에 대하여 책임을 진다. 이들 물건에서 운송인이 알고 또한 승낙하여 선적한 물건이 선박 또는 운송물에 대하여 위험하게 된 경우에는, 운송인은 공동해손의 경우를 제외하고, 그 물건을 마찬가지로 양하, 파괴 또는 무해하게 할 수 있다.

Article 4. bis

1. The defences and limits of liability provided for in this Convention shall apply in any action against the carrier in respect of loss or damage to goods covered by a contract of carriage whether the action be founded in contract or in tort.
2. If such an action is brought against a servant or agent of the carrier (such servant or agent not being an independent contractor), such servant or agent shall be entitled to avail himself of the defences and limits of liability which the carrier is entitled to invoke under this convention.
3. The aggregate of the amounts recoverable from the carrier, and such servants and agents, shall in no case exceed the limit provided for in this Convention.
4. Nevertheless, a servant or agent of the carrier shall not be entitled to avail himself of the provisions of this Article, if it is proved that the damage resulted from an act or omission of the servant or agent done with intent to cause damage or recklessly and with knowledge that damage would probably result.

제4조의 2

1. 이 협약에 규정되어 있는 항변 사유 및 책임한도는 이 소송이 계약에 기한 것이든지 또는 불법행위에 기한 것인가를 묻지 않고 운송계약에 포함된 물건의 멸실 · 훼손에 관한 운송인에 대한 일체의 소송에 적용한다.
2. 그러한 소송이 운송인의 사용인 또는 대리인(그러한 사용인 또는 대리인은 도급 계약자가 아닐 것)에 대하여 제기된 경우에는 그러한 사용인 또는 대리인은 운송인이 이 협약에 기하여 원용하려는 항변 사유 및 책임한도를 주장할 권리를 가진다.
3. 운송인 및 그러한 사용인 및 대리인으로부터 지급 받을 금액의 총액은, 어떠한 경우에도 이 협약에서 정하고 있는 한도를 넘을 수 없다.
4. 단, 손해를 발생시킬 의도로써 행하거나, 또는 무모하게 또한 그러한 손해가 일어날 수 있음을 알고서 행한 사용인 또는 대리인의 작위 또는 부작위에 의해서 일어난 손해가 증명된 경우에는, 운송인의 사용인 또는 대리인은 이 조의 규정을 이용할 권리를 가지지 못한다.

Article 5

A carrier shall be ay liberty to surrender in whole or in part all or any of his rights and immunities or to increase any of his responsibilities and obligations under this convention, provided such surrender or increase shall be embodied in the bill of lading issued to the shipper.

The provisions of this convention shall not be applicable to charter parties, but if bills of lading are issued in the case of a ship under a charter party they shall comply with the terms of this convention. Nothing in these rules shall be held to prevent the insertion in a bill of lading of any lawful provision regarding general average.

제5조

운송인은 이 협약에서 정한 권리 및 면책의 전부 혹은 일부를 포기하거나, 또는 그 책임 및 의무를 증가시킬 수 있다. 단, 그 포기 또는 증가는 송하인에게 교부하는 선하증권에 기재하여야 한다.

이 협약의 규정은 용선 계약에는 적용하지 아니한다. 단, 용선 계약의 경우에 선하증권이 발행되는 경우에는, 그 선하증권은 이 협약의 규정에 따른다. 이 협약의 어떠한 규정도 공동해손에 관한 적법한 규정을 선하증권에 기재하는 것을 방해하지 아니한다.

Article 6

Notwithstanding the provisions of the preceding articles, a carrier, master or agent of the carrier and a shipper shall in regard to any particular goods be at liberty to enter into any agreement in any terms as to the responsibility and liability of the carrier for such goods, and as to the rights and immunities of the carrier in respect of such good, or his obligation as to seaworthiness, so far as this stipulation is not contrary to public policy, or the care or diligence of his servants or agents in regard to the loading, handling, stowage, carriage, custody, care and discharge of the goods carried by sea, provided that in this case no bill of lading has been or shall be issued and that the terms agreed shall be embodied in a receipt which shall be a non-negotiable document and shall be marked as such.

Any agreement so entered into shall have full legal effect.

Provided that this article shall not apply to ordinary commercial shipments made in the ordinary course of trade, but only to other shipments where the character or condition of the property to be carried or the circumstances, terms and conditions under which the carriage is to be performed are such as reasonably to justify a special agreement.

제6조

앞의 여러 규정에도 불구하고, 공공질서에 반하지 않는 범위 안에서 운송인, 선장 또는 운송인의 대리인 및 송하인은 어떤 특정 물건에 대해서는, 물건에 대한 운송인의 책임과 의무 및 권리와 면책에 관해서 선박의 감항능력 혹은 해상에서 운송되는 물건의 선적, 취급, 적부, 운송, 보관, 관리 및 양륙에 대한 사용인 또는 대리인의 주의 의무에 관해서, 어떠한 조건으로든 계약을 체결할 수 있다. 단, 선하증권을 발행하지 아니하였거나 또는 이후 발행하지 아니는 경우, 또한 합의된 조건이 비유통 증서인 수령증으로 그 취지를 명시한 것에 기재된 경우에 한한다.

이와 같이 체결된 모든 계약은 법률상 완전한 효력이 있다.

이 조의 규정은 통상의 상거래에서 통상적인 상업적 선적에는 이를 적용하지 않고, 그 밖의 선적으로서 운송되는 물건의 특징, 상태 및 운송이 행하여지는 사정 및 조건이 특약을 정당하게 하는 것에만 적용한다.

Article 7

Nothing herein contained shall prevent a carrier or a shipper form entering into any agreement, stipulation, condition, reservation or exemption as to the responsibility and liability of the carrier of the ship for the loss or damage to, or in connection with, the custody and care and handling of goods prior to the loading on, and subsequent to the discharge form, the ship on which the goods are carried by sea.

제7조

이 협약의 어떠한 규정도 운송인 또는 송하인이 계약 중에 해상운송되는 물건의 선적 전과 양륙 후에 있어서, 그 물건에 생기는 멸실 · 훼손 또는 그 물건의 보관, 관리 및 취급에 관해서 운송인 또는 선박이 지는 의무 및 책임에 대한 특약, 조건, 유보 또는 면책을 계약 속에 포함시키는 것을 방해하지 아니한다.

Article 8

The provisions of this convention shall not affect the rights and obligations of the carrier under any statute for the time being in force relating to the limitation of the liability of the owners of sea-going vessels.

제8조

이 협약의 규정은 해상 항해선 소유자의 책임제한에 관한 모든 현행 법령에 의한 운송인의 권리 및 의무를 변경하지 아니한다.

Article 9

This Convention shall not affect the provisions of any international Convention or national law governing or national law governing liability for nuclear damage.

제9조

이 협약은 원자력손해에 대한 책임을 규제하는 일체의 국제협약 또는 국내법의 규정에 영향을 주지 아니한다.

Article 10

The provisions of the Convention shall apply to every Bill of Lading relating to the carriage of goods between ports in two different States if :

(a) The Bill of Lading is issued in a contracting State, or

(b) The carriage is from a port in a contracting State, or

(c) The contract contained in or evidenced by the Bill of Lading provides that the rules of this Convention or legislation of any State giving effect to them are to govern the contract.

Whatever may be the nationality of the ship, the carrier, the shipper, the consignee, or any other interested person.

Each contracting State shall apply the provisions of this Convention to the Bills of Lading mentioned above.

This Article shall not prevent a contracting State from applying the Rules of this Convention to Bills of Lading not included in the preceding paragraphs.

제10조

이 협약의 규정은 선박, 운송인, 송하인, 수하인, 그 밖에 이해관계인의 국적을 묻지 않고, 다음과 같은 경우에는 2개의 다른 국가에 있는 항 사이의 물건운송에 관한 모든 선하증권에 적용한다.

(a) 선하증권이 체약국에서 발행되었을 때

(b) 운송이 체약국의 항으로부터의 것인 때

(c) 선하증권 중의 계약 또는 선하증권에 의하여 증명된 계약이 이 협약의 규칙 또는 협약의 규칙에 효력을 부여하고 있는 국내 입법에 적용되어야 할 것을 정하고 있는 때 각 체약국은 위에서 말한 선하증권에 이 협약의 규정을 적용하여야 한다.

이 조는 체약국이 앞의 2항에 포함되어 있지 않는 선하증권에 대하여 이 협약의 원칙을 적용하는 것을 방해하는 것은 아니다.

Article 11

After an interval of not more than two years from the day on which the convention is signed the Belgian Government shall place itself in communication with the Governments of the High Contracting Parties which have declared themselves prepared to ratify the convention, with a view to deciding whether it shall be put into force. The ratifications shall be deposited at Brussels at a date to be fixed by agreement among the said Governments. The first deposit of ratifications shall be recorded in a proc?s-verbal signed by the representatives of the Powers which take part therein and by the Belgian Minister for Foreign Affairs.

The subsequent deposit of ratifications shall be made by means of a written notification, addressed to the Belgian Government and accompanied by the instrument of ratification.

A duly certified copy of the proc?s-verbal relating to the first deposit of ratifications, of the notifications referred to in the previous paragraph, and also of the instruments of ratification accompanying them, shall be immediately sent by the Belgian Government through the diplomatic channel to the Powers who have signed this convention or who have acceded to it. In the cases contemplated in the preceding paragraph, the said Government shall inform them at the same time of the date on which it received the notification.

제11조

벨기에 정부는, 이 협약의 서명일로부터 가산하여 늦어도 2년의 기간을 경과한 후에 이 협약의 실시 여부를 결정하기 위해서, 이 협약을 비준할 준비가 있다는 취지를 선언한 체약국의 정부와 협의를 개시하여야 한다. 비준서는 이들 정부간의 합의에 의해서 정해지는 날에 "브뤼셀"에 이를 기탁하여야 한다. 비준서의 제1회 기탁은 이에 참가하는 국가의 대표자와 벨기에 외무부 장관이 서명한 조서에 의해서 확인되어야 한다.

그 다음의 기탁은 벨기에 정부 앞으로 또한 비준서를 첨부한 서면에 의하여 통지를 가지고 행하여야 한다.

비준서의 제1회 기탁 조서, 앞에 게시한 통지서 및 통지서에 첨부한 비준서의 인증등본은 벨기에 정부에 의해서, 외교상의 경로를 통해서 곧바로 협약의 서명국 및 가입국에 송부하여야 한다. 앞에서 말한 그 후에 비준서를 기탁하는 경우에는 벨기에 정부는 통지서를 수령한 날을 동시에 통지하여야 한다.

Article 12

Non-signatory States may accede to the present convention whether or not they have been represented at the International Conference at Brussels.

A State which desires to accede shall notify its intention in writing to the Belgian Government, forwarding to it the document of accession, which shall be deposited in achieves of the said Government.

The Belgian Government shall immediately forward to all the States which have signed or acceded to the convention a duly certified copy of the notification and of the act of accession, mentioning the date on which it received the notification.

제12조

비서명국은 "브뤼셀"의 국제 회의에 대표자를 출석시켰는가의 여부에 관계없이 이 협약에 가입할 수 있다.

가입을 희망하는 국가는 가입서를 벨기에 정부에 대해서 서면으로 그 의사를 통지, 또한 가입서를 송부하는 것으로 한다. 가입서는 벨기에 정부의 기록국에 기탁되어야 한다.

벨기에 정부는 모든 서명국 및 가입국에 대해서 곧바로 통지서 및 가입서의 인증등본을 송부하고 또한 그 통지서를 수령한 날을 통지하여야 한다.

Article 13

The High Contracting Parties may at the time of signature, ratification or accession declare that their acceptance of the present convention does not include any or all of the self-governing Dominions, or of the colonies, overseas possessions, protectorates or territories under their sovereignty or authority, and they may subsequently accede separately on behalf of any self-governing Dominion, colony, overseas possession, protectorate or territory excluded in their declaration. They may also denounce the convention separately in accordance with its provisions in respect of any self-governing Dominion, or any colony, overseas possession, protectorate or territory under their sovereignty or authority.

제13조

체약국은 서명, 비준서의 기탁 또는 가입 시에, 이 협약에 대해서 행하는 수락이 자기 나라의 주권 또는 권력 하에 있는 자치령, 식민지, 속지, 보호령 또는 해외 영토의 일부 또는 전부에 적용하지 않음을 선언할 수 있다. 체약국은, 그후 당초의 선언에서 제외된 자치령, 식민지, 속지, 보호령, 또는 해외 영토의 어느 것을 위하여 별개로 협약에 가입할 수 있다. 체약국은 또 그 주권 또는 권력 하에 있는 자치령, 식민지, 속지, 보호령 또는 해외 영토를 위해서 마찬가지로 별개로 이 협약을 폐기할 수 있다.

Article 14

The present convention shall take effect, in the case of the States which have taken part in the first deposit of ratifications, one year after the date of the protocol recording such deposit. As respects the States which ratify subsequently or which accede, and also in cases in which the convention is subsequently put into effect in accordance with Article 13, it shall take effect six months after the notifications specified in paragraph 2 of Article 11 and paragraph 2 of Article 12 have been received by the Belgian Government.

제14조

이 협약은 비준서의 제1회 기탁에 참가한 국가에 관해서는, 그 기탁에 관한 조서 일부(조서일부)의 날로부터 1년 후에 효력이 생긴다. 이 협약은 이 그 후 이것을 비준, 또는 이에 가입하는 국가 및 그 후 제13조의 규정에 따라서 효력이 생기는 지역에 대해서는 이 협약은 제11조 제2항 및 제12조 제2항에서 정하는 통지서를 벨기에 정부가 수령한 후 6개월 후에 그 효력이 생긴다.

Article 15

In the event of one of the contracting States wishing to denounce the present convention, the denunciation shall be notified in writing to the Belgian Government, which shall immediately communicate duly certified copy of the notification to all the other States, informing them of the date on which it was received.

The denunciation shall only operate in respect of the State which made the notification, and on the expiry of one year after the notification has reached the Belgian Government.

제15조

체약국 중의 한 나라가 이 협약을 폐기하고자 할 때에는 서면으로 벨기에 정부에 대하여 폐기를 통지하여야 한다. 벨기에 정부는 다른 모든 체약국에 대하여 곧바로 이 통지서의 인증등본을 송부하고 또한 그 통지서를 수령한 일자를 통지하여야 한다.

폐기는 벨기에 정부가 이 통지서를 수령한 후 1년이 되면 통지를 행한 국가에 대해서 효력이 생긴다.

Article 16

Any one of the contracting States shall have the right to call for a fresh conference with a view to considering possible amendments.

A State which would exercise this right should notify its intention to the other States through the Belgian Government, which would make arrangements for convening the Conference.

제16조

각 체약국은 이 협약을 개선하기 위해서 새로운 회의의 개최를 제의할 수 있다.

이 권한을 행사하고자 하는 국가는 벨기에 정부를 통하여 다른 체약국에 대해서 그 의사를 1년 전에 통지하여야 한다. 벨기에 정부는 회의의 소집 책임을 진다.

4. 1978년 국제연합해상물건운송협약 (United Nations Convention on the Carriage of Goods by Sea, 1978: Hamburg Rules)

Preamble

The states parties to this convention, having recognized the desirability of determining by agreement certain rules relating to the carriage of goods by sea, have decided to conclude a Convention for this purpose and have thereto agreed as follows :

전 문

이 협약의 체약국은 해상물건운송에 관한 약간의 규칙을 합의에 의하여 정하는 것이 바람직하다고 인정하여, 이 목적을 위해서 협약을 체결하고 다음과 같이 합의하였다:

Part I General Provisions

제1편 일관규정

Article 1. DEFINITION

In this Convention:

1. Carrier means any person by whom or in whose name a contract of carriage of goods by sea has been concluded with a shipper.
2. Actual carrier means any pearson to whom the performance of the carriage of the goods, or of part of the carriage, has been entrusted by the carrier, and includes any other pearson to whom such performance has been entrusted.
3. Shipper means any pearson by whom or in whose name or on whose behalf a contract of carriage of goods by sea has been concluded with a carrier, or any pearson by whom or in whose name or on whose behalf the goods are actually delivered to the carrier in relation to contract of carriage by sea.
4. Consignee means the pearson entitled to take delivery of the goods.

5. Goods includes live animals ; where the goods are consolidated in a container, pallet or similar article of transport or where they are packed, goods includes such article of transport or packaging if supplied by the shipper.
6. Contract of carriage by sea means any contract whereby the carrier undertakes against payment of freight to carry goods by sea from one port to another ; however, a contract which involves carriage by sea and also carriage by some other means is deemed to be a contract of carriage by sea for the purposes of this Convention only in so far as it relates to the carriage by sea.
7. Bill of lading means a document which evidences a contract of carriage by sea and the taking over or loading of the goods by the carrier, and by which the carrier undertakes to deliver the goods against surrender of the document. A provision in the document that the goods are to be delivered to the order of a named person, or to order, or to bearer, constitutes such an undertaking.
8. Writing includers, inter alia, telegram and telex.

제1조 정의

이 협약에서,

1. 운송인이라 함은 스스로 또는 자기의 명의로 송하인과 해상물건운송계약을 체결한 자를 말한다.
2. 실제 운송인이라 함은 물건운송의 전부 또는 일부의 이행을 운송인으로부터 위탁받은 자를 말하고, 그러한 이행의 위탁을 받은 그 밖의 자를 포함한다.
3. 송하인이라 함은 스스로 또는 자기의 명의로 혹은 대리인을 통하여 운송인과 해상물건운송계약을 체결한 자 또는 해상물건운송계약에 관해서 스스로, 자기의 명의 또는 대리인을 통해서 운송인에 대해서 실제로 물건을 인도하는 자를 말한다.
4. 수하인이라 함은 물건의 인도를 받을 권리를 가지는 자를 말한다.
5. 물건이라 함은 산 동물을 포함한다. 물건이 컨테이너, 팰리트 혹은 유사한 용구에 통합되어 있을 때, 또는 물건이 포장되어 있는 경우는 그러한 운송용구 또는 포장이 송하인에 의하여 공급된 것에 한하여 물건은 그 운송용구 또는 포장을 포함한다.
6. 해상운송계약이라 함은 운송인이 운임의 지급을 대가로 어느 항구에서 다른 항구로 물건을 해상으로 운송할 것을 인수하는 계약을 말한다. 그러나 해상운송 및 다른 수단에 의한 운송을 포함하는 계약은 그것이 해상운송과 관련되는 범위 내에서만 이 협약을 위한 해상운송계약으로 본다.
7. 선하증권이라 함은 해상운송계약 및 운송인에 의한 물건의 수령 또는 선적을 증명하는 증권으로서, 운송인이 그 증권과 상환으로 물건을 인도할 것을 약정한 증권을 말한다. 물건이 지정된 사람의 지시인, 지시인 또는 소지인에게 인도되어야 한다는 증권 상의 규정은 그러한 약속의 일부로 한다.
8. 문서에는 특히 전보 및 텔렉스를 포함한다.

Article 2. SCOPE OF APPLICATION

1. The provisions of this Convention are applicable to all contracts of carriage by sea between two different States, if :
   (a) the port of loading as provided for in the contract of carriage by sea is located in a Contracting State, or
   (b) the port of discharge as provided for in the contract of carriage by sea is located in a Contracting State, or
   (c) one of the optional ports of discharge provided for in the contract of carriage by sea is the actual port of discharge and such port is located in a Contracting State, or
   (d) the bill of lading or other document evidencing the contract of carriage by sea is issues in a Contracting State, or
   (e) the bill of lading or other document evidencing the contract of carriage by sea provides that the provisions of this Convention or the legislation of any State giving effect to them are to govern the contract.
2. The provisions of this Convention are applicable without regard to the nationality of the ship, the carrier, the actual carrier, the shipper, the consignee or any other interested pearson.
3. The provisions of this Convention are not applicable to charter-parties. However, where a bill of lading is issued pursuant to a charter-party, the provisions of the Convention apply to such a bill of lading if it governs the relation between the carrier and the holder of the bill of lading, not being the charterer.
4. If a contract provides for future carriage of goods in a series of shipments during an agreed period, the provisions of this Convention apply to each shipment. However, where a shipment is made under a charter-party, the provisions of paragraph 3 of this article apply.

제2조 적용 범위

1. 이 협약의 규정은 다음 경우의 다른 나라 사이의 모든 해상운송계약에 적용한다.
   (a) 해상운송계약 중에 정한 선적항이 체약국에 있을 때
   (b) 해상운송계약 중에 정한 양륙 항이 체약국에 있을 때
   (c) 해상운송계약 중에 정한 선택적 양륙 항의 하나가 실제의 양륙 항이고 또 그 항구가 체약국에 있을 때
   (d) 선하증권 또는 해상운송계약을 증명하는 기타 증권이 체약국에서 발행될 때
   (e) 선하증권 또는 해상운송계약을 증명하는 기타 증권이 이 협약의 규정 또는 이 협약의 규정에 효력을 부여하고 있는 국내 입법을 해당 운송계약에 적용한다는 뜻을 규정하고 있을 때

2. 이 협약의 규정은 선박, 운송인, 실제 운송인, 송하인, 수하인 그 밖의 모든 이해관계인의 국적에 관계하지 아니하고 적용한다.
3. 이 협약의 규정은 용선 계약에는 적용하지 아니한다. 그러나 선하증권이 용선 계약에 따라서 발행된 경우에 이 협약의 규정은 그 선하증권이 운송인과 용선자 이외의 선하증권 소지인과의 관계를 규율하는 경우에 적용한다.
4. 약정 기간 중에 일련의 장래의 물건운송에 관하여 정하는 계약이 있는 경우에는 이 협약의 규정은 각 선적마다 적용한다. 그러나 선적이 용선 계약 하에서 이루어지는 경우에는 이 조의 제3항의 규정을 적용한다.

Article 3. INTERPRETATION OF THE CONVENTION

In the interpretation and application of the provisions of this Convention regard shall be had to its intentional character and the need to promote uniformity.

제3조 협약의 해석

이 협약의 규정을 해석 및 적용함에 있어서는 이 협약의 국제적 성격 및 통일을 촉진할 필요성에 유의하여야 한다.

Part II Liability of the Carrier

제2편 운송인의 책임

Article 4. PERIOD OF RESPONSIBILITY

1. The responsibility of the carrier for the goods under this Convention covers the period during which the carrier is in charge of the goods at the port of loading, during the carriage and at the port of discharge.
2. For the purpose of paragraph 1 of this article, the carrier is deemed to be in charge of goods.
   (a) from the time he has taken over the goods from :
   (i) the shipper, or a person acting on his behalf ; or
   (i) an authority or other third party to whom, pursuant to law or regulations applicable at the port of loading, the goods must be handed over for shipment :
   (b) until the time he has delivered the goods :
   (i) by handing over the goods to the consignee ; or
   (i) in cases where the consignee dose not receive the goods from the carrier, by placing them at the disposal of the consignee in accordance with the contract or with the law or with the usage of the particular trade, applicable at the port of discharge ; or

(iii) by handing over the goods to an authority or other third party to whom, pursuant to law or regulations applicable at the port of discharge, the goods must be handed over.

3. In paragraphs 1 and 2 of this article, reference to the carrier or to the consignee means, in addition to the carrier or the consignee, the servants or agents, respectively of the carrier or the consignee.

제4조 책임기간

1. 이 협약 하에서는 물건에 관한 운송인의 책임은 물건이 선적항, 운송과정 및 양륙 항에서 운송인의 관리 하에 있는 모든 기간에 미친다.
2. 이 조의 제1항에 관해서는 다음 기간에 물건이 운송인의 관리하에 있는 것으로 본다.
   (a) 운송인이 (i) 송하인 혹은 송하인에 갈음하여 행위를 하는 사람, (ii) 선적항에서 적용되는 법령에 따라서 물건이 인도되어야 할 당국 혹은 그 밖에 제3자로부터 물건을 수령한 때로부터
   (b) 운송인이 (i) 수하인에게 물건을 인도함으로써, (ii) 수하인이 운송인으로부터 물건을 수령하지 아니한 경우에는 계약 또는 양륙 항에서 적용되는 법률이나 해당 거래의 관습에 따라서 물건을 수하인의 처분으로 넘김으로써, (iii) 양륙 항에 적용되는 법령에 따라서 물건을 인수하여야 할 당국 혹은 그 밖에 제3자에게 물건을 넘겨줌으로써 인도할 때까지
3. 이 조의 제1항 및 제2항에서 말하는 운송인 또는 수하인은 운송인 또는 수하인 외에 각각의 사용인 또는 대리인을 포함한다.

Article 5. BASIS OF LIABILITY

1. The carrier is liable for loss resulting from loss of or damage to the goods, as well as from delay in delivery, if the occurrence which caused the loss, damage or delay took place while the goods were in his charge as defined in article 4, unless the carrier proves that he, his servants or agents took all measures that could reasonably required to avoid occurrence and its consequences.
2. Delay in delivery occurs when the goods have not been delivered at the port of discharge provided for in the contract of carriage by sea within the time expressly agreed upon or, in the absence of such agreement, within the time which it would be reasonable to require of a diligent carrier, having regard to the circumstances of the case.
3. The person entitled to make a claim for the loss of goods may treat the goods as lost if they have not been delivered as required by article 4 within 60 consecutive days fellowing the expiry of the time for delivery according to paragraph 2 of this article.
4. (a) The carrier is liable

(i) for loss of or damage to the goods or delay in delivery caused by fire, if the claimant proves that the fire arose from fault or neglect on the part of the carrier, his servants or agents :

(ii) for such loss, damage or delay in delivery which is proved by the claimant to have resulted from the fault or neglect of the carrier, his servants or agents, in taking all measures that could reasonably be required to put out the fire and avoid or mitigate its consequences.

(b) In case of fire on board the ship affecting the goods, if the claimant or the carrier so desires, a survey in accordance with shipping practices must be held into the cause and circumstances of the fire, and a copy of the surveyors report shall be made available on demand to the carrier and the claimant.

5. With respect to live animals, the carrier is not liable for loss, damage or delay in delivery resulting from any special risks inherent in that kind of carriage. If the carrier proves that he has complied with any special instructions give to him by the shipper respecting the animals and that, in the circumstances of the case, the loss, damage or delay in delivery could be attributed to such risks, it is presumed that the loss, damage or delay in delivery was so caused, unless there is proof that all or a part of the loss, damage or delay in delivery resulted from fault or neglect on the part of the carrier, his servants or agents.
6. The carrier is not liable, except in general average, where loss, damage or delay in delivery resulted from measures to save life or from reasonable measures to save property at sea.
7. Where fault or neglect on the part of the carrier, his servants or agents combines with another cause to produce loss, damage or delay in delivery the carrier is liable only to the extent that the loss, damage or delay in delivery is attributable to such fault or neglect, provided that the carrier proves the amount of the loss, damage or delay in delivery not attributable thereto.

제5조 책임원칙

1. 운송인은 물건이 제4조에 규정된 운송인의 관리하에 있는 동안에 물건의 멸실 · 훼손 또는 인도지연의 원인으로 사고가 발생한 경우에는 그 멸실 · 훼손 또는 지연에 의하여 생긴 손해에 대하여 책임을 진다. 그러나 운송인이 자기 또는 그 사용인 및 대리인이 그와 같은 사고와 그 결과를 방지하기 위하여 합리적으로 요구되는 모든 조치를 취하였다는 것을 증명한 때에는 그러하지 아니 하다.
2. 인도지연은 물건이 해상운송계약에 규정된 양륙 항에서 명시적으로 합의된 기간 내에, 또는 그러한 합의가 없을 때에는 주위의 사정을 고려하여 성실한 운송인에게 요구되는 합리적인 기간 내에 인도되지 않았던 경우를 말한다.

3. 물건의 멸실에 대한 손해배상 청구권자는 물건이 이 조의 제2항에 의한 인도 기간이 지난 후 연속 60일 이내에 제4조에 의하여 요구되는 대로 인도되지 않았을 때에는 물건을 멸실한 것으로 처리할 수 있다.
4. (a)운송인은 다음 사항에 대하여 책임을 진다.
   (i) 화재가 운송인 또는 그 사용인이나 대리인 측의 과실 또는 부주의로 인하여 일어났다는 것을 손해배상 청구권자가 증명한 때에는 그 화재로 인하여 생긴 물건의 멸실 · 훼손 또는 인도지연에 대하여.
   (ii) 화재를 진화하고 그 결과를 방지하거나 경감시키기 위하여 합리적으로 요구되는 모든 조치를 취함에 있어서 운송인 또는 그 사용인이나 대리인의 과실 또는 부주의로 인하여 생긴 것이 손해배상 청구권자에 의하여 증명된 멸실 · 훼손 또는 인도지연에 대하여.
   (b) 선박에서의 화재가 물건에 영향을 미친 경우에 있어서 손해배상 청구권자 또는 운송인이 희망할 때에는 화재의 원인과 상황을 밝히기 위하여 해운 관습에 따라서 검사를 실시하여야 하며, 운송인과 손해배상 청구권자의 청구가 있을 때에는 검사인의 보고서 사본을 이용할 수 있어야 한다.
5. 운송인은 산 동물의 운송에 고유의 특별한 위험으로 인하여 생긴 멸실 · 훼손 또는 인도지연에 대하여 책임을 지지 아니한다. 운송인이 산 동물에 관하여 송하인의 특별한 지시에 따랐다는 것 및 그 상황하에서 멸실 · 훼손 또는 인도지연이 그러한 위험에 의한 것이라는 것을 증명한 때에는 멸실 · 훼손 또는 인도지연은 그러한 위험이 원인이었다고 추정한다. 그러나 멸실 · 훼손 또는 인도지연의 전부 또는 일부가 운송인 또는 그 사용인이나 대리인 측의 과실 또는 부주의로 인하여 생긴 것이라는 증명이 있었을 때에는 여기에 한하지 않는다.
6. 운송인은 공동해손의 경우를 제외하고, 인명 구조를 위한 조치 또는 해상에서의 재산의 구조를 위한 합리적인 조치로 인하여 생긴 멸실 · 훼손 또는 인도지연에 대하여 책임을 지지 아니한다.
7. 운송인 또는 그 사용인이나 대리인 측의 과실 또는 부주의가 다른 원인과 경합하여 멸실 · 훼손 또는 인도지연을 생기게 한 경우, 운송인은 그러한 과실 또는 부주의에 의하지 않은 멸실 · 훼손 또는 인도지연의 손해액을 증명한 때는 그러한 과실 또는 부주의에 의한 손해액에 대해서만 책임을 진다.

Article 6. LIMITS OF LIABILITY

1. (a) The liability of the carrier for loss resulting from loss of or damage to goods according to the provisions of article 5 is limited to an amount equivalent to 835 units of account per package or other shipping unit or 2.5 unit of account per kilogramme of gross weight of the goods lost or damaged, whichever is the higher.
   (b) The liability of the carrier for delay in delivery according to the provisions of article 5 is limited to an amount equivalent to two and a half times the freight

payable for the goods delayed, but not exceeding the total freight payable under the contract of carriage of goods by sea.

(c) In no case shall the aggregate liability of the carrier, under both subparagraphs (a) and (b) of this paragraph, exceed the limitation which would be established under subparagraph (a) of this paragraph for total loss of the goods with respect to which such liability was incurred.

2. For the purpose of calculating which amount is the higher in accordance with paragraph 1(a) of this article, the following rules apply :

(a) Where a container, pallet or similar article of transport is used to consolidate goods, the package or other shipping units enumerated in the bill of lading, if issued, or otherwise in any other document evidencing the contract of carriage by sea, as packed in such article of transport are deemed packages or shipping units. Except as aforesaid the goods in such article of transport are deemed packages deemed one shipping unit.

(b) In cases where the article of transport itself has been lost or damaged, that article of transport, if not owned or otherwise supplied by the carrier, is considered one separate shipping unit.

3. Unit of account means the unit of the account mentioned in article 26.

4. By agreement between the carrier and shipper, limits of liability exceeding those provided for in paragraph 1 may be fixed.

제6조 책임한도

1. (a) 제5조의 규정에 의한 물건의 멸실 · 훼손으로 인하여 생긴 손해에 대한 운송인의 책임은 1짐짝당 또는 1선적 단위에 대하여 835 계산단위에 상당하는 금액 또는 멸실 · 훼손된 물건의 총 중량 1킬로그램에 대한 2.5 계산단위에 상당하는 금액 중 높은 금액으로 제한된다.

(b) 제5조의 규정에 의한 인도지연에 대한 운송인의 책임은 지연된 물건에 관하여 지급되는 운임의 2.5배에 상당하는 금액으로 제한된다. 그러나 이는 해상물건운송계약에 의하여 지급되는 총운임을 초과하지 못한다.

(c) 어떠한 경우에도 이 항의 (a) 및 (b)에 의한 운송인의 책임의 총액은 물건의 전손에 대한 책임이 생긴 경우 그 전손에 대하여 이 항의 (a)에 의하여 확정되는 한도액을 초과하지 못한다.

2. 제6조 제1항 (a)에 의한 고액의 계산에 대해서는 다음 규정을 적용한다.

(a) 컨테이너, 팰리트 또는 유사한 운송용구가 물건을 통합할 목적으로 사용된 때는 선하증권 또는 해상운송계약을 증명하는 여하한 증권에 이들 운송용구에 포장된 것으로서 수량 표시된 짐짝 또는 그 밖의 선적 단위를 짐짝 또는 선적 단위로 본다. 위의 경우를 제외하고 이들 운송용구 중의 물건을 선적 단위로 본다.

(b) 운송용구 자체가 멸실 · 훼손된 경우 운송인이 그 운송용구를 소유하거나 공급한 것이 아닌 때에는 이를 별개의 선적 단위로 본다.

3. 계산단위는 제26조에서 말하는 계산단위를 의미한다.
4. 운송인과 송하인간의 합의에 의하여 제1항에 규정된 책임한도액을 초과하여 정할 수 있다.

Article 7. APPLICATION TO NON-CONTRACTUAL CLAIMS

1. The defences and limits of liability provided for in this Convention apply in any action against the carrier in respect of loss or damage to the goods covered by the contract of carriage by sea, as well as of delay in delivery whether the action is founded in contract, in tort or otherwise.
2. If such an action is brought against a servant or agent of the carrier, such servant or agent, if he proves that he acted within the scope of his employment, is entitled to avail himself of the defences and limits of liability which the carrier is entitled to invoke under this Convention.
3. Except as provided in article 8, the aggregate of the amounts recoverable from the carrier and from any persons referred to in paragraph 2 of this article shall not exceed the limits of liability provided for in this Convention.

제7조 비계약적 청구에 대한 적용

1. 이 협약에 규정된 항변 사유 및 책임한도액은 소송이 계약에 의거한 것이든 불법행위 기타에 의거한 것이든 묻지 아니하고, 해상운송계약이 적용되는 물건의 멸실 · 훼손 또는 인도지연에 관하여 운송인에 대한 모든 소송에 적용한다.
2. 이러한 소송이 운송인의 사용인 또는 대리인에 대하여 제기된 경우에 사용인 또는 대리인이 그 직무의 범위 내에서 행위를 하였다는 것을 증명한 때에는, 그 사용인 또는 대리인은 이 협약에서 운송인이 원용할 수 있는 책임에 관한 항변 및 제한을 이용할 권리가 있다.
3. 제8조에 규정된 경우를 제외하고 운송인 및 이 조의 제2항에서 정하는 모든 사람으로부터 배상을 받아야 할 총액은 이 협약에 규정된 책임한도액을 초과하지 못한다.

Article 8. LOSS OF RIGHT TO LIMIT RESPONSIBILITY

1. The carrier is not entitled to the benefit of limitation of the liability provided for in article 6 if it is proved that the loss, damage or delay in delivery resulted from an act or omission of the carrier done with the intent to cause such loss, damage or delay, or recklessly and with knowledge that such loss, damage or delay would probably result.
2. Notwithstanding the provisions of paragraph 2 of article 7, a servant or agent of the carrier is not entitled to the benefit of the limitation of liability provided for in article 6 if it is proved that the loss, damage or delay in delivery resulted from an act or omission of such servant or agent, done with the intent to cause such loss, damage or

delay, or recklessly and with knowledge that such loss, damage or delay would probably result.

제8조 책임제한권의 상실

1. 운송인은 멸실 · 훼손 또는 인도지연을 일으킬 의도로써, 또는 무모하게, 또는 멸실 · 훼손 또는 지연이 생길 수 있음을 알고서 행한 운송인의 작위 또는 부작위의 결과로써 멸실 · 훼손 또는 인도지연이 생긴 것이 증명된 때에는 제6조에 규정된 책임제한권을 주장하지 못한다.
2. 제7조 제2항의 규정에도 불구하고, 운송인의 사용인 또는 대리인은 멸실 · 훼손 또는 인도지연을 일으킬 의도로써, 또는 무모하게, 또는 멸실 · 훼손 또는 지연이 생길 수 있음을 알고서 행한 운송인의 사용인 또는 대리인의 작위 또는 부작위의 결과로써 멸실 · 훼손 또는 지연이 생긴 것이 증명된 때에는 제6조에 규정된 책임제한권을 주장하지 못한다.

Article 9. DECK CARGO

1. The carrier is entitled to carry the goods on deck only if such carriage is in accordance with an agreement with the shipper or with usage of the particular trade or is required by statutory rules or regulations.
2. If the carrier and the shipper have agreed that the goods shall or may be carried on deck, the carrier must insert in the bill of lading or other document evidencing the contract of carriage by sea a statement to that effect. In the absence of such a statement the carrier has the burden of proving that an agreement for carriage on deck has been entered into ; however, the carrier is not entitled to invoke such an agreement against a third party, including a consignee, who has acquired the bill of lading in good faith.
3. Where the goods have been carried on deck contrary to the provisions of paragraph 1 of this article or where the carrier may not under paragraph 2 of this article invoke an agreement for carriage on deck, the carrier, notwithstanding the provisions of paragraph 1 of article 5, is liable for loss of or damage to the goods, as well as for delay in delivery, resulting solely from the carriage on deck, and the extent of his liability is to be determined in accordance with the provisions of article 6 or article 8 of this Convention, as the case may be.
4. Carriage of goods on deck contrary to express agreement for carriage under deck is deemed to be an act or omission of the carrier within the meaning of article 8.

제9조 갑판적 운송물

1. 운송인은 갑판적 운송이 송하인과의 합의, 특정 상거래의 관습 또는 법령에 의하여 이루어지는 경우에 한하여 갑판적으로 물건을 운송할 권리를 가진다.

2. 운송인과 송하인이 물건을 갑판적으로 운송하여야 한다는 것 또는 갑판적으로 운송할 수 있다는 것을 합의한 경우에는 운송인은 선하증권 또는 해상운송계약을 증명하는 기타 증권에 그 뜻을 기재하여야 한다. 그러한 기재가 없을 때에는 운송인은 갑판적 운송에 관한 합의가 되어 있다는 것을 증명할 책임이 있다. 단 운송인은 수하인을 포함하여 선의로 선하증권을 취득한 제3자에 대하여는 그러한 합의를 원용할 권리가 없다.
3. 이 조의 제1항의 규정을 위반하여 물건을 갑판적으로 운송한 경우 또는 운송인이 이 조의 제2항에 의하여 갑판적 운송에 관한 합의를 원용할 수 없는 경우에는, 운송인은 제5조 제1항의 규정에도 불구하고 갑판적 운송으로부터 생긴 물건의 멸실 · 훼손 또는 인도지연에 대하여 책임을 진다. 이 경우 운송인의 책임 범위는 이 조의 제6조 또는 제8조의 규정에 의하여 결정한다.
4. 갑판 하의 운송에 관한 명시적 합의에 반한 물건의 갑판적 운송은 제8조의 의미에 해당되는 운송인의 작위 또는 부작위로 본다.

Article 10. LIABILITY OF THE CARRIER AND ACTUAL CARRIER

1. Where the performance of the carriage or part there of has been entrusted to an actual carrier, where or not in pursuance of a liberty under the contract of carriage by sea to do so, the carrier nevertheless remains responsible for the entire carriage according to the provisions of this Convention. The carrier is responsible, in relation to the carriage performed by the actual carrier, for the acts and omission of the actual carrier and of his servants and agents acting within the scope of their employment.
2. All the provisions of this Convention governing the responsibility of the carrier also apply to the responsibility of the actual carrier for the carriage performed by him. The provisions of paragraphs 2 and 3 of article 7 and of paragraph 2 of article 8 apply if an action is brought against a servant or agent of the actual carrier.
3. Any special agreement under which the carrier assumes obligations not imposed by this Convention or waives rights conferred by this Convention affects the actual carrier only if agreed to by him expressly and in writing. Whether or not the actual carrier has so agreed, the carrier nevertheless remains bound by the obligations or waivers resulting from such special agreement.
4. Where and to the extent that both the carrier and the actual carrier are liable, their liability is joint and several.
5. The aggregate of the amounts of the amounts recoverable from the carrier, the actual carrier and their servants and agents shall not exceed the limits of liability provided for in this Convention.
6. Nothing in this article shall prejudice any right of recourse as between the carrier and the actual carrier.

제10조 운송인과 실제운송인의 책임

1. 운송인이 운송의 전부 또는 일부의 이행을 실제운송인에게 위탁한 경우에는 그 위탁이 해상운송계약에 따라서 운송인의 권리 행사에 의한 것인가 아닌가를 불문하고, 운송인은 이 협약의 규정에 따라서 전 운송에 대하여 역시 책임을 진다. 운송인은 실제운송인에 의하여 이행된 운송에 관하여 직무의 범위 내에서 행위를 한 실제운송인과 그 사용인 및 대리인의 작위 또는 부작위에 대하여 책임을 진다.
2 운송인의 책임을 규율하는 이 협약의 모든 규정은 실제운송인이 이행한 운송에 관한 실제운송인의 책임에 대하여도 적용한다. 제7조 제2항과 제3항 및 제8조 제2항의 규정은 실제운송인의 사용인 또는 대리인에 대하여 소송이 제기된 경우에 적용한다.
3. 운송인이 이 협약에 의하여 의무를 부담하지 아니하거나 또는 이 협약에 의하여 부여된 권리를 포기한다는 특약도 실제운송인이 명시적으로 또는 서면으로 합의된 경우에만 실제운송인에게 그 효력이 있다. 실제운송인이 그러한 합의를 하였는가 하지 아니하였는가를 불문하고 운송인은 그러한 특약으로부터 생긴 의무 또는 권리의 포기에 의하여 구속을 받는다.
4. 운송인과 실제운송인이 함께 책임을 지는 경우에는 그 한도 내에서 양자는 연대 책임을 진다.
5. 운송인과 실제운송인 및 그 사용인과 대리인으로부터 손해배상을 받을 수 있는 총액은 이 협약에 규정된 책임한도액을 초과하지 못한다.
6. 이 조의 어떠한 규정도 운송인과 실제운송인 사이의 구상권을 침해하지 아니한다.

Article 11. THROUGH CARRIAGE

1. Notwithstanding the provisions of paragraph 1 of article 10, where a contract of carriage by sea provides explicitly that a specified part of the carriage covered by the said contract is to be performed by a named person other than the carrier, the contract may also provide that the carrier is not liable for loss, damage or delay in delivery caused by an occurrence which takes place while the goods are in the charge of the actual carrier during such part of the carriage. Nevertheless, any stipulation limiting or excluding such liability is without effect if no judicial proceedings can be instituted against the actual carrier in a court competent under paragraphs 1 or 2 of article 21. The burden of proving that any loss, damage or delay in delivery has been cause by such an occurrence rests upon the carrier.
2. The actual carrier is responsible in accordance with the provisions of paragraphs 2 of article 10 for loss, damage or delay in delivery caused by an occurrence which takes place while the goods are in his charge.

제11조 일관운송

1. 제10조 제1항의 규정에도 불구하고 해상운송계약에서 그 계약이 적용되는 운송의 특정

부분이 운송인 이외의 지명된 사람에 의하여 이행된다는 것이 명시적으로 규정되어 있는 경우에는, 물건이 그러한 운송 부분에서 실제운송인의 관리 아래에 있는 동안에 일어난 사고로 인하여 생긴 멸실 · 훼손 또는 인도지연에 대하여 운송인이 책임을 지지 않는다는 것을 계약에 규정할 수 있다. 단, 그 책임을 제한하거나 면제하는 규정은 제21조 제1항 또는 제2항에 의하여 정당한 관할권을 가진 법원에 실제운송인에 대하여 소송을 제기할 수 없는 경우에는 효력이 없다. 운송인은 멸실 · 훼손 또는 인도지연이 그러한 사고로 인하여 일어난다는 것을 증명할 책임이 있다.

2. 실제운송인은 제10조 제2항의 규정에 따라서 물건이 자기의 관리 아래 있는 동안에 일어난 사고로 인하여 생긴 멸실 · 훼손 또는 인도지연에 대하여 책임을 진다.

Part III Liability of the Shipper

제3편 송하인의 책임

Article12. GENERAL RULE

The shipper is not liable for loss sustained by the carrier or the actual carrier, or for damage sustained by the ship, unless such loss or damage was caused by the fault or neglect of the shipper, his servants or agents. Nor is any servant or agent of the shipper liable for such loss or damage unless the loss or damage was caused by fault or neglect on his part.

제12조 일관원칙

송하인은 운송인 또는 실제운송인이 입은 손해 또는 선박이 입은 훼손이 송하인 또는 사용인이나 대리인의 과실 또는 부주의로 인하여 생긴 것이 아닌 한 그러한 손해 또는 훼손에 대하여 책임을 지지 아니한다. 송하인의 사용인 또는 대리인도 그러한 손해 또는 훼손이 자기 측의 과실 또는 부주의로 인하여 생긴 것이 아닌 한 그 손해 또는 훼손에 대하여 책임을 지지 아니한다.

Article 13. SPECIAL RULES ON DANGEROUS GOODS

1. The shipper must mark or label in a suitable manner dangerous goods as dangerous.
2. Where the shipper hands over dangerous goods to the carrier or an actual carrier, as the case may be, the shipper must inform him of the dangerous character of the goods and, if necessary, of the precautions to be taken. If the shipper fails to do so and such carrier or actual carrier does not otherwise have knowledge of their dangerous character:
   (a) the shipper is liable to the carrier and any actual carrier for the loss resulting from the shipment of such goods, and
   (b) the goods may at any time be unloaded, destroyed or rendered innocuous, as the circumstances may require, without payment of compensation.

3. The provisions of paragraph 2 of this article may not be invoked by any person if during the carriage he has taken the goods in his charge with knowledge of their dangerous character.
4. If, in cases where the provisions of paragraph 2, subparagraph (b), of this article do not apply or may not be invoked, dangerous goods become an actual danger to life or property, they may be unloaded, destroyed or rendered innocuous, as the circumstances may require, without payment of compensation except where there is an obligation to contribute in general average or where the carrier is liable in accordance with the provision of article 5.

제13조 위험물에 관한 특칙

1. 송하인은 위험물에 관하여는 적절한 방법으로 위험성이 있다는 뜻의 마크 또는 표지를 붙여야 한다.
2. 송하인이 운송인 또는 실제운송인에게 위험물을 교부할 때에는 송하인은 각 경우에 따라서 물건의 위험성 및 필요하면 취하여야 할 예방 조치에 관하여 운송인 또는 실제운송인에게 신고하여야 한다. 송하인이 그 신고를 게을리하고 운송인 또는 실제운송인이 물건의 위험성에 관하여 달리 인식하지 아니한 때에는,
   (a) 송하인은 그러한 물건의 선적으로부터 생긴 모든 손해에 대하여 운송인 및 실제운송인에 대해서도 책임을 진다.
   (b) 그 물건은 필요한 상황에서 배상금을 지급하지 아니하고 언제든지 사정에 의하여 이를 양하하여 파괴하거나 무해하게 할 수 있다.
3. 운송 중에 물건의 위험성을 인식하고 그 물건을 자기의 관리 아래에 수령한 사람은 이 조의 제2항의 규정을 원용할 수 없다.
4. 이 조의 제2항 (b)의 규정이 적용되지 아니하거나 또는 이를 원용할 수 없는 경우에 위험물이 인명 또는 재화에 실제의 위험을 미치게 한 때에는, 그 위험물은 공동해손 분담금의 부담 의무를 지는 경우이거나 또는 운송인이 제5조의 규정에 따라서 책임을 지는 경우를 제외하고, 배상금을 지급하지 아니하고 사정에 의하여 이를 양하하고 파괴하거나 무해로 할 수 있다.

Part IV Transport Documents

제4편 운송증권

Article 14. ISSUE OF BILL OF LADING

1. When the carrier or the actual carrier takes the goods in his charge, the carrier must, on demand of the shipper, issue to the shipper a bill of lading.

2. The bill of lading may be signed by a person having authority from the carrier. A bill of lading signed by the master of the ship carrying the goods is deemed to have been signed on behalf of the carrier.
3. The signature on the bill of lading may be in handwriting, printed in facsimile, perforated, stamped, in symbols, or made by any other mechanical or electronic means, if not inconsistent with the law of the country where the bill of lading is issued.

제14조 선하증권의 발행

1. 운송인 또는 실제운송인이 물건을 자기의 관리 아래에 수령한 때에는 운송인은 송하인의 청구에 따라서 선하증권을 발행하여야 한다.
2. 운송인으로부터 권한을 받은 사람은 선하증권에 서명할 수 있다. 물건을 운송하는 선박의 선장이 서명한 선하증권은 운송인에 갈음하여 서명된 것으로 본다.
3. 선하증권이 발행되는 국가의 법률에 저촉되지 않는 한, 선하증권의 서명은 자필, 팩시밀리 인쇄, 바늘 구멍 글자, 압인, 부호 그 밖의 기계적 또는 전자적 방법으로 할 수 있다.

Article 15. CONTENTS OF BILL OF LADING

1. The bill of lading must include, inter alia, the following particulars:
   (a) the general nature of the goods, the leading marks necessary for identification of the goods, an express statement, if applicable, as to the dangerous character of the goods, the number of packages or pieces, and the weight of the goods or their quantity otherwise expressed, all such particulars as furnished by the shipper:
   (b) the apparent condition of the goods;
   (c) the name and principal place of business of the carrier;
   (d) the name of the shipper;
   (e) the consignee if named by the shipper;
   (f) the port of loading under the contract of carriage by sea and the date on which the goods were taken over by the carrier at the port of loading;
   (g) the port of discharge under the contract of carriage by sea;
   (h) the number of originals of the bill lading, if more than one;
   (i) the place of issuance of the bill of lading;
   (j) the signature of the carrier or a person acting on his behalf;
   (k) the freight to the extent payable by the consignee or other indication that freight is payable by him;
   (l) the statement referred to in paragraph 3 of article 23;
   (m) the statement, if applicable, that the goods shall or may be carried on deck;
   (n) the date or the period of delivery of the goods at the port of discharge if expressly

agreed upon between the parties; and

(o) any increased limit or limits of liability where agreed in accordance with paragraph 4 of article 6.

2. After the goods have been loaded on board, if the shipper so demands, the carrier must issue to the shipper a shipped bill of lading which, in addition to the particulars required under paragraph 1 of this article, must state that the goods are on board a named ship or ships, and the date or dates of loading. If the carrier has previously issued to the shipper a bill of lading or other document of title with respect to any of such goods, on request of the carrier, the shipper must surrender such document in exchange for a shipped bill of lading. The carrier may amend any previously issued document in order to meet the shippers demand for a shipped bill of lading if, as amended, such document includes all the information required to be contained in a shipped bill of lading.

3. The absence in the bill of lading of one or more particulars referred to in this article does not affect the legal character of the document as a bill of lading provided that it nevertheless meets the requirement set out in paragraph 7 of article 1.

제15조 선하증권의 내용

1. 선하증권에는 무엇보다도 다음 사항을 기재하여야 한다.
   (a) 송하인이 제출한 물건의 일반적인 성질, 물건의 식별에 필요한 주요 기호, 위험물의 경우에는 그 위험성에 관한 명시적 기재, 짐짝 또는 개품의 수 및 물건의 중량 또는 수량
   (b) 물건의 외관 상태
   (c) 운송인의 명칭과 주된 영업소의 소재지
   (d) 송하인의 명칭
   (e) 송하인이 수하인을 지정한 때에는 수하인의 명칭
   (f) 해상운송계약상의 선적항 및 선적항에서 물건이 운송인에게 인도된 날
   (g) 해상운송계약상의 양륙 항
   (h) 1통 이상의 선하증권이 발행된 때에는 그 원본의 수
   (i) 선하증권의 발행지
   (j) 운송인 또는 그 대리인의 서명
   (k) 수하인이 지급할 범위의 운임 또는 수하인이 운임을 지급한다는 뜻의 표시
   (l) 제23조 제3항과 관련된 문언
   (m) 갑판적 운송이 가능할 경우에는 그 뜻의 문언
   (n) 양륙 항에서 물건의 인도일 또는 인도 기간이 당사자 간에 합의된 때에는 그 인도일 또는 기간
   (o) 제6조 제4항에 따라서 고액 책임한도액이 합의된 경우에는 그 책임한도액
2. 물건이 선적된 후에 송하인의 청구가 있는 경우에는, 운송인은 이 조의 제1항에 의하여 필요로 하는 사항에 추가하여 물건이 지정된 선박에 적재되었다는 것과 선적의 일자를

기재한 선적 선하증권을 발행하여야 한다. 운송인이 송하인에 대하여 그 물건에 관한 선하증권 또는 기타 증권을 발행한 때에는, 송하인은 운송인의 요구에 의하여 선적 선하증권과 상환하여서 그 증권을 반환하여야 한다. 운송인은 선적 선하증권에 필요한 모든 기재사항을 충족할 경우에 송하인의 선적 선하증권 청구에 응하기 위하여 이미 발행된 증권을 수정할 수 있다.

3. 선하증권은 이 조에서 규정한 사항에 하나 이상의 흠이 있더라도 제 1조 제7항에 규정된 요건을 충족하는 한, 선하증권으로서의 증권의 법률적 성질에 영향을 미치지 아니한다.

Article 16. BILLS OF LADING : RESERVATIONS AND EVIDENTIARY EFFECT

1. If the bill of lading contains particulars concerning the general nature, leading marks, number of packages or pieces, weight or quantity of the goods which the carrier or other person issuing the bill of lading on his behalf knows or has reasonable grounds to suspect do not accurately represent the goods actually taken over or, where a shipped bill of lading is issued, loaded, or if he had no reasonable means of checking such particulars, the carrier or such other person must insert in the bill of lading a reservation specifying these inaccuracies, grounds of suspicion or the absence of reasonable means of checking.
2. If the carrier or other person issuing the bill of lading on his behalf fails to note on the bill of lading the apparent condition of the goods, he is deemed to have noted on the bill of lading that the goods were in apparent good condition.
3. Except for particulars in respect of which and to the extent to which a reservation permitted under paragraph 1 of this article has been entered:
   (a) the bill of lading is prima facie evidence of the taking over or, where a shipped bill of lading is issued, loading, by the carrier of the goods as described in the bill of lading ; and
   (b) proof to the contrary by the carrier is not admissible if the bill of lading has been transferred to a third party, including a consignee, who in good faith has acted in reliance on the description of the goods therein.
4. A bill of lading which does not, as provided in paragraph 1, subparagraph (k) of article 15, set forth the freight or otherwise indicate that freight is payable by the consignee or does not set forth demurrage incurred at the port of loading payable by the consignee, is prima facie evidence that no freight or such demurrage is payable by him. However, proof to the contrary by the carrier is not admissible when the bill of lading has been transferred to a third party, including a consignee, who in good faith has acted in reliance on the absence in the bill of lading of any such indication.

제16조 선하증권: 유보 및 증거력

1. 선적 선하증권이 발행된 경우에 있어서 선하증권에 기재된 물건의 일반적인 종류, 주요 기호, 짐짝 또는 개품의 수, 중량 또는 수량에 관한 사항이 실제로 선적된 물건을 정확하게 표시하고 있지 않다는 것을 운송인 또는 운송인을 대리하여 선하증권을 발행한 사람이 알고 있을 때, 그렇게 의심할 만한 정당한 이유가 있을 때에나 그러한 사항을 확인할 적당한 방법이 없을 때에는, 운송인 또는 선하증권을 발행하는 사람은 이러한 부정확한 것, 의심할 이유 또는 적당한 확인 방법의 결여에 관하여 특기한 유보를 선하증권에 삽입하여야 한다.
2. 운송인 또는 운송인을 대리하여 선하증권을 발행한 사람이 선하증권에 물건의 외관 상태를 기재하지 아니한 때에는, 물건이 외관상 양호한 상태에 있었다는 것을 선하증권에 기재한 것으로 본다.
3. 이 조의 제1항에 의하여 허용된 유보에 관한 특별 사항 및 그 유보의 범위를 제외하고,
   (a) 선하증권은 운송인이 선하증권에 기재된 대로 물건을 수령하였다는 것 또는 선적 선하증권이 발행된 때에는 선하증권에 기재된 대로 물건을 선적하였다는 것에 대하여 일단 추정적인 증거가 된다.
   (b) 선하증권이 수하인을 포함하여 그 물건의 기재를 신뢰하고 선의로 취득한 제3자에게 양도되어 있는 때에는 운송인에게 반증을 허용하지 아니한다.
4. 제15조 제1항 (k)의 규정에 따라 운임의 표시 또는 수하인이 운임을 지급할 것임을 표시하거나 또는 수하인이 선적항에서 발생한 체선료를 지급할 것임을 표시하지 아니한 선하증권은 수하인이 운임 또는 그러한 체선료를 지급하지 아니한다는 것을 추정하는 증거가 된다. 단, 선하증권에 그러한 표시가 없는 것을 신뢰하여 행위한 수하인을 포함하는 선의의 제3자에게 그 선하증권이 양도된 때는 운송인에 의한 반증은 허용되지 않는다.

Article 17. GUARANTEES BY THE SHIPPER

1. The shipper is deemed to have guaranteed to the carrier the accuracy of particulars relating to the general nature of the goods, their marks, number, weight and quantity as furnished by him for insertion in the bill of lading. The shipper must indemnify the carrier against the loss resulting from inaccuracies in such particulars. The shipper remains liable even if the bill of lading has been transferred by him. The right of the carrier to such indemnity in no way limits his liability under the contract of carriage by sea to any person other than the shipper.
2. Any letter of guarantee or agreement by which the shipper undertakes to indemnify the carrier against loss resulting from the issuance of the bill of lading by the carrier, or by a person acting on his behalf, without entering a reservation relating to particulars furnished by the shipper for insertion in the bill of lading, or to the apparent condition of the goods, is void and of no effect as against any third party, including a consignee, to whom the bill of lading has been transferred.

3. Such letter of guarantee or agreement is valid as against the shipper unless the carrier or the person acting on his behalf, by omitting the reservation referred to in paragraph 2 of this article, intends to defraud a third party, including a consignee, who acts in reliance on the description of the goods in the bill of lading. In the latter case, if the reservation omitted relates to particulars furnished by the shipper for insertion in the bill of lading, the carrier has no right of indemnity from the shipper pursuant to paragraph 1 of this article.
4. In the case of intended fraud referred to in paragraph 3 of this article the carrier is liable, without the benefit of the limitation of liability provided for in this Convention, for the loss incurred by a third party, including a consignee, because he has acted in reliance on the description of the goods in the bill of lading.

제17조 송하인에 의한 보증

1. 송하인은 선하증권의 기재를 위하여 자기가 신고한 물건의 일반적인 성질, 기호, 수, 중량 및 수량에 관한 사항이 정확하다는 것을 운송인에게 담보한 것으로 본다. 송하인은 그러한 사항의 부정확으로 인하여 생긴 모든 손해에 대하여 운송인에게 배상하여야 한다. 송하인은 선하증권을 다른 사람에게 양도한 경우에도 그 책임을 면하지 못한다. 그러한 배상에 관한 운송인의 권리는 해상운송계약에 의하여 송하인 이외의 제3자에 대한 운송인의 책임을 결코 제한하지 못한다.
2. 선하증권에 기재하기 위하여 수하인이 신고한 사항 또는 물건의 외관 상태에 관하여 운송인 또는 운송인에 갈음하여 행위를 한 사람이 유보를 삽입하지 아니하고 선하증권을 발행함으로써 생긴 손해에 대하여 송하인이 운송인에게 배상할 의무를 진다는 것을 약정한 보증장 또는 합의서는 그 어떠한 것도 수하인을 포함한 선하증권의 양도를 받은 제3자에 대하여서는 무효이다.
3. 운송인 또는 운송인에 갈음하여 행위를 하는 사람이 이 조의 제2항에 규정된 유보를 생략함으로써 수하인을 포함하여 선하증권 상의 물건의 기재를 신뢰하고 행위를 하는 제3자를 기만하는 것을 의도하지 않는 한, 그러한 보증장 또는 합의서는 송하인과의 관계에서는 효력이 있다. 제3자를 기만하는 것을 의도한 경우 그 생략된 유보가 송하인이 선하증권에 기재하기 위하여 신고한 사항에 관한 것인 때에는 운송인은 이 조의 제 1항에 의하여 송하인으로부터 배상을 받을 권리를 가지지 못한다.
4. 이 조의 제3항에 규정된 기만의 의도가 있는 때에는 운송인은 수하인을 포함하여 선하증권 상의 물건의 기재를 신뢰하고 행위를 한 제3자가 입은 손해에 대하여 책임을 지며 이 협약에 규정된 책임제한의 이익을 주장할 수 없다.

Article 18. DOCUMENTS OTHER THAN BILLS OF LADING

Where a carrier issues a document other than a bill of lading to evidence the receipt of the goods to be carried, such a document is prima facie evidence of the conclusion of the contract of carriage by sea and the taking over by the carrier the goods as therein described.

제18조 선하증권 이외의 증권

운송인이 운송될 물건의 수령을 증명하기 위한 선하증권 이외의 증권을 발행한 때에는, 그러한 증권은 해상운송계약의 성립과 운송인이 물건을 그 증권에 기재된 대로 수령하였다는 것을 일단 추정하는 증거가 된다.

Part V Claims and Actions

제5편 손해배상 청구 및 소송

Article 19. NOTICE OF LOSS, DAMAGE OR DELAY

1. Unless notice of loss or damage, specifying the general nature of such loss or damage, is given in writing by the consignee to the carrier not later than the working day after the day when the goods were handed over to the consignee, such handing over is prima facie evidence of the delivery by the carrier of the goods as described in the document of transport or, if no such document has been issued, in good condition.
2. Where the loss or damage is not apparent, the provisions of paragraph 1 of this article apply correspondingly if notice in writing is not given within 15 consecutive days after the day when the goods were handed over to the consignee.
3. If the state of the goods at the time they were handed over to the consignee has been the subject of a joint survey or inspection by the parties, notice in writing need not be given of loss of damage ascertained during such survey or inspection.
4. In the case of any actual or apprehended loss or damage the carrier and the consignee must give all reasonable facilities to each other for inspecting and tallying the goods.
5. No compensation shall be payable for loss resulting from delay in delivery unless a notice has been given in writing to the carrier within 60 consecutive days after the day when the goods were handed over to the consignee.
6. If the goods have been delivered by an actual carrier, any notice given under this article to him shall have the same effect as if it had been given to the carrier, and any notice given to the carrier shall have effect as if given to such actual carrier.
7. Unless notice of loss or damage, specifying the general nature of the loss or damage, is given in writing by the carrier or actual carrier to the shipper not later than 90 consecutive days after the occurrence of such loss or damage or after the delivery of the goods in accordance with paragraph 2 of article 4, whichever is later, the failure to

give such notice is prima facie evidence that the carrier or the actual carrier has sustained no loss or damage due to the fault or neglect of the shipper, his servants or agents.

8. For the purpose of this article, notice given to a person acting on the carriers or the actual carriers behalf, including the master or the officer in charge of the ship, or to a person acting on the shippers behalf is deemed to have been given to the carrier, to the actual carrier or to the shipper, respectively.

제19조 멸실 · 훼손 또는 지연의 통지

1. 물건이 수하인에게 인도된 날의 다음 거래일 중에 수하인이 운송인에 대하여 서면으로 멸실 · 훼손의 개략적 상황을 명기하여 통지를 하지 않는 한, 그러한 인도는 운송인이 물건을 운송증권에 기재된 대로, 또는 그러한 증권이 발행되지 아니한 때에는 양호한 상태로 인도하였음을 일단 추정하는 증거로 된다.
2. 멸실 · 훼손이 외부에서 확인되지 아니한 경우에는 물건이 수하인에게 인도된 날로부터 15일 이내에 서면으로 통지가 되지 않는 한, 이 조의 제1항의 규정이 그대로 적용된다.
3. 물건이 수하인에게 인도될 때에 그 상태가 양 당사자의 공동의 조사 또는 검사의 대상이 된 때에는 그 조사 또는 검사 중에 확인된 멸실 · 훼손에 관하여는 서면의 통지를 필요로 하지 아니한다.
4. 멸실 · 훼손이 실제로 일어났거나 또는 일어날 것이라는 의심이 있을 때에는 운송인 및 수하인은 물건의 검사 및 개수의 점검을 위하여 서로 상당한 편리를 제공하여야 한다.
5. 인도지연으로부터 생긴 손해에 대해서는 물건이 수하인에게 인도된 날로부터 연속 60일 이내에 운송인에 대하여 서면으로 통지를 하지 않는 한 손해배상금을 지급하지 아니한다.
6. 실제운송인이 물건을 인도한 때에 이 조에 따라서 실제운송인에게 송달된 통지는 운송인에 대하여 한 경우와 동일한 효력이 있다. 운송인에게 송달된 통지도 실제운송인에 대하여 한 경우와 동일한 효력이 있다.
7. 멸실 · 훼손이 생긴 날 또는 물건을 제4조 제2항에 따라서 인도한 날 가운데 늦은 날로부터 연속 90일 이내에 운송인 또는 실제운송인이 송하인에 대하여 서면으로 멸실 · 훼손의 개략적 상황을 명기하여 통지를 하지 않는 한, 그러한 통지를 하지 못하는 것은 운송인 또는 실제운송인이 송하인 또는 그 사용인이나 대리인의 과실 또는 부주의로 손해를 입은 것이 아니라는 것을 추정하는 증거가 된다.
8. 이 조에 관한 한 선박을 관리하는 선장 또는 직원을 포함한 운송인 또는 실제운송인에 갈음하여 행위를 하는 사람 또는 송하인에 갈음하여 행위를 하는 사람에 대한 통지는 각각 운송인이나 실제운송인 또는 송하인에 대하여 통지한 것으로 본다.

Article 20. LIMITATION OF ACTIONS

1. Any action relating to carriage of goods under this Convention time barred if judicial or arbitral proceedings have not been instituted within a period of two years.

2. The limitation period commences on the day on which the carrier has delivered the goods or part thereof or, in cases where no goods have been delivered, on the last day on which the goods should have been delivered.
3. The day on which the limitation period commences is not included in the period.
4. The person against whom a claim is made may at any time during the running of the limitation period extend that period by a declaration in writing to the claimant. This period may be further extended by another declaration or declarations.
5. An action for indemnity by a person held liable may be instituted even after the expiration of the limitation period provided for in the preceding paragraphs if instituted within the time allowed by the law of the State where proceedings are instituted. However, the time allowed shall not be less than 90 days commencing from the day when the person instituting such action for indemnity has settled the claim of has been served with process in the action against himself.

제20조 소송의 제한

1. 소송절차 또는 중재 절차가 2년의 기간 내에 개시되지 않는 한, 이 협약에 따라서 물건운송에 관한 소송은 효력이 없게 된다.
2. 제소기간은 운송인이 물건의 전부 또는 일부를 인도한 날 또는 물건의 인도가 없었던 경우에는 물건을 인도하여야 할 최종일에 개시한다.
3. 제소기간이 개시되는 날은 그 기간에 산입하지 아니한다.
4. 손해배상을 청구 받은 사람은 제소기간의 진행 중에 언제라도 청구자에 대하여 문서로써 통지하여 그 기간을 연장할 수 있다. 이 기간은 그 후의 다른 통지에 의하여 다시 연장할 수 있다.
5. 책임을 진다고 판결 받은 사람에 의한 구상청구소송은 앞의 여러 항에서 규정된 제소기간의 종료 후에도 소송절차를 개시하는 국가의 법률에 의하여 허용된 기간 내에 이를 제기할 수 있다. 그러나 그 허용 기간은 그러한 구상청구의 소송을 제시하는 사람이 손해배상액을 지급한 날 또는 자기에 대한 소송에서 소장의 송달을 받은 날로부터 기산하여 90일 미만이어서는 안 된다.

Article 21. JURISDICTION

1. In judicial proceedings relating to carriage of goods under this Convention the plaintiff, at his option, may institute an action in a court which, according to the law of the State where the court is situated, is competent and within the jurisdiction of which is situated one of the following places:
   (a) the principal place of business or, in the absence thereof, the habitual residence of the defendant ; or
   (b) the place where the contract was made provided that the defendant has there a

place of business, branch or agency through the which contract was made ; or

(c) the port of loading or the port of discharge ; or

(d) any additional place designated for that purpose in the contract of carriage by sea.

2. (a) Notwithstanding the preceding provisions of this article, an action may be instituted in the courts of any port or place in a Contracting State at which the carrying vessel or any other vessel of the same ownership may have been arrested in accordance with applicable rules of the law of that State and of international law. However, in such a case, at the petition of the defendant, the claimant must remove the action, at his choice, to one of the jurisdictions referred to in paragraph 1 of this article for the determination of the claim, but before such removal the defendant must furnish security sufficient to ensure payment of any judgement that may subsequently be awarded to the claimant in the action.

(b) All questions relating to the sufficiency or otherwise of the security shall be determined by the court of the port or place of the arrest.

3. No judicial proceedings relating to carriage of goods under this Convention may be instituted in a place not specified in paragraph 1 or 2 of this article. The provisions of this paragraph do not constitute an obstacle to the jurisdiction of the Contracting States for provisional or protective measures.

4. (a) Where an action has been instituted in a court competent under paragraph 1 or 2 of this article or where judgement has been delivered by such a court, no new action may be started between the same parties on the same grounds unless the judgement of the court before which the first action was instituted is not enforceable in the country in which the new proceedings are instituted;

(b) for the purpose of this article the institution of measures with a view to obtaining enforcement of a judgement is not to be considered as the starting of a new action;

(c) for the purpose of this article, the removal of an action to a different court within the same country, or to a court in another country, in accordance with paragraph 2(a) of this article, is not to be considered as the starting of a new action.

5. Notwithstanding the provisions of the preceding paragraphs, an agreement made by the partied, after a claim under the contract of carriage by sea has arisen, which designates the place where the claimant may institute an action, is effective.

제21조 재판관할권

1. 이 협약에 의한 물건운송에 관한 소송절차에 대해서는 원고는 그 선택에 의하여 다음에 언급하는 장소의 하나를 관할하는 재판소에서, 또 그것이 소재하는 국가의 법률에 의하여 재판관할권을 가지는 재판소에 소송을 제기할 수 있다.

(a) 피고의 주된 영업소의 소재지 또는 그것이 없는 경우에는 피고의 주소지
(b) 계약 체결지. 단 피고가 영업소, 지점 또는 계약을 체결한 대리점을 가지고 있는 곳일 것
(c) 선적항 또는 양륙 항
(d) 해상운송계약에서 그 목적을 위하여 지정하고 있는 추가 장소

2. (a) 이 조의 전 항의 규정에 불구하고 운송 선박 또는 이것과 동일한 소유권하에 있는 선박을 체약국의 법률 및 국제법의 적용 가능한 규칙에 따라서 압류할 수 있는 체약국의 어떠한 항구 또는 장소의 법원에 소송을 제기할 수 있다. 이 경우 피고의 신청이 있으면 원고는 자기의 선택에 의해서 손해배상 청구의 결정을 위하여 이 조의 제1항에 규정된 관할 법원의 하나에 소송을 이송하여야 한다. 단, 이송이 있기 전에 피고는 그 소송에서 나중에 원고에게 선고될 판결에 대한 지급을 담보하기 위하여 충분한 담보물을 제공하여야 한다.
(b) 담보의 수량 또는 그 밖에 담보에 관한 모든 문제는 압류가 집행된 항구 또는 장소의 법원이 결정한다.

3. 이 협약에 의한 물건운송계약에 관한 법적 절차는 이 조의 제1항 및 제2항에 지정되어 있지 않는 곳에서는 이를 제기할 수 없다. 이 항의 규정은 예비적 조치 또는 보전적 조치를 위한 체약국의 재판관할권에 대한 장애로 해석하여서는 아니된다.

4. (a) 소송이 이 조의 제1항 및 제2항에 의하여 정당한 재판관할권을 가지는 법원에 제기되어 있는 경우 또는 그러한 법원이 판결을 선고한 경우에는 처음 소송이 제기된 법원의 판결이 새로운 소송이 제기된 국가에서 집행할 수 없는 경우가 아닌 한, 동일한 당사자 사이에 동일한 사유로 새로운 소송을 제기할 수 없다.
(b) 이 조를 적용함에 있어서 판결을 집행하기 위한 목적에서 법적 절차를 개시하는 것은 새로운 소송의 개시로 보지 아니한다.
(c) 이 조를 적용함에 있어서 이 조의 제2항 (a)에 의하여 동일 국가 내의 다른 법원 또는 타국의 법원으로 이송하는 것은 새로운 소송의 개시로 인정하지 아니한다.

5. 앞의 여러 항의 규정에도 불구하고 해상운송계약에 의한 손해배상 청구권이 발생한 후에 청구권자가 소송을 제기할 수 있는 곳을 지정하는 당사자에 의하여 성립된 합의는 효력이 있다.

Article 22. ARBITRATION

1. Subject to the provisions of this article, parties may provide by agreement evidenced in writing that any dispute that may arise relating to carriage of goods under this Convention shall be referred to arbitration.
2. Where a charter-party contains a provision that disputes arising thereunder shall be referred to arbitration and a bill of lading issued pursuant to the charter-party does not contain a special annotation providing that such provision shall be binding upon the holder of the bill of lading, the carrier may not invoke such provision as against a

holder having acquired the bill of lading in good faith.

3. The arbitration proceedings shall, at the option of the claimant, be instituted at one of the following places:
   (a) a place in a State within whose territory is situated:
   (i) the principal place of business of the defendant or, in the absence thereof, the habitual residence of the defendant ; or
   (ii) the place where the contract was made, provided that the defendant has there a place of business, branch or agency through which the contract was made ; or
   (iii) the port of loading or the port of discharge ; or
   (b) any place designated for that purpose in the arbitration clause or agreement.
4. The arbitrator or arbitration tribunal shall apply the rules of this Convention.
5. The provisions of paragraphs 3 and 4 of this article are deemed to be part of every arbitration clause or agreement, and any term of such clause or agreement which is inconsistent therewith is null and void.
6. Nothing in this article affects the validity of an agreement relating to arbitration made by the parties after the claim under the contract of carriage by sea has arisen.

제22조 중재

1. 이 조의 규정에 따라서 당사자는 이 협약에 의한 물건운송에 관하여 생기는 모든 분쟁을 중재에 부탁할 것을 서면에 의하여 증명된 합의로 규정할 수 있다.
2. 용선계약서에 다음에 생기는 분쟁을 중재에 부탁하여야 한다는 규정이 포함되어 있고, 그 용선계약서에 따라 발행된 선하증권에 그러한 규정이 선하증권 소지인을 구속한다는 뜻의 특별한 규정을 포함하고 있지 아니한 경우에는 운송인은 선의로 취득한 선하증권의 소지인에 대하여 그러한 규정을 원용할 수 없다.
3. 중재 절차는 신청인의 선택에 의하여 다음 장소의 하나에서 이를 신청하여야 한다.
   (a) 일 국의 영토 내에 소재하는 다음 장소
   (i) 피신청인의 주된 영업소의 소재지 또는 그것이 없을 때에는 피신청인의 주소지
   (ii) 계약 체결지. 단, 피신청인이 영업소, 지점 또는 계약을 체결한 대리점을 가지는 곳일 것
   (iii) 선적항 또는 양륙 항
   (b) 중재 조항 또는 중재 계약에 의하여 그 목적을 위하여 지정한 곳
4. 중재인 또는 중재원은 이 협약의 규칙을 적용하여야 한다.
5. 이 조의 제3항 및 제4항의 규정은 모든 중재 조항 또는 중재 계약의 일부인 것으로 보며 그러한 규정에 저촉되는 중재 조항 또는 중재 계약의 규정은 무효로 한다.
6. 이 조의 어떠한 규정도 해상운송계약에 의하여 손해배상 청구권이 발생한 후에 당사자 사이에 성립된 중재에 관한 합의의 효력에 영향을 미치지 아니한다.

Part VI Supplementary Provisions

제6편 보칙

Article 23. CONTRACTUAL STIPULATIONS

1. Any stipulation in a contract of carriage by sea, in a bill of lading, or in any other document evidencing the contract of carriage by sea is null and void to the extent that it derogates, directly or indirectly, from the provisions of this Convention. The nullity of such a stipulation does not affect the validity of the other provisions of the contract or document of which it forms apart. A clause assigning benefit of insurance of the goods in favour of the carrier, or any similar clause, is null and void.
2. Notwithstanding the provisions of paragraph 1 of this article, a carrier may increase his responsibilities and obligations under this Convention.
3. Where a bill of lading or any other document evidencing the contract of carriage by sea is issued, it must contain a statement that the carriage is subject to the provisions of this Convention which nullify any stipulation derogating therefrom to the detriment of the shipper or the consignee.
4. Where the claimant in respect of the goods has incurred loss as a result of a stipulation which is null and void by virtue of the present article, or as a result of the omission of the statement referred to the in paragraph 3 of this article, the carrier must pay compensation to the extent required in order to give the claimant compensation in accordance with the provisions of this Convention for any loss of or damage to the goods as well as for delay in delivery. The carrier must, in addition, pay compensation for costs incurred by the claimant for the purpose of exercising his right, provided that costs incurred in the action where the foregoing provision is invoked are to be determined in accordance with the law of the State where proceedings are instituted.

제23조 계약 조항

1. 해상운송계약, 선하증권 또는 운송계약을 증명하는 그 밖의 증권에 어떠한 조항도 이 협약의 규정을 직접 또는 간접으로 저촉하는 한 이를 무효로 한다. 이러한 조항의 무효는 그것이 일부를 이루고 있는 계약 또는 증권의 다른 조항의 효력에 영향을 미치지 아니한다. 물건에 관한 보험의 이익을 운송인을 위하여 양도한다는 조항 또는 이와 유사한 모든 조항은 무효로 한다.
2. 이 조의 제1항의 규정에도 불구하고 운송인은 이 협약하에서 자기의 책임 및 의무를 가중할 수 있다.

3. 선하증권 또는 해상운송계약을 증명하는 기타 증권이 발행된 경우 그 증권에는 이 협약에 저촉되는 송하인 또는 수하인에게 불이익인 모든 조항을 무효로 한다는 협약의 규정에 따르고 있다는 뜻의 문언을 포함하여야 한다.
4. 물건에 관한 손해배상 청구권자가 이 조에 의하여 무효로 되는 조항의 결과 또는 이 조의 제3항에 규정된 사항의 누락의 결과 손해를 입은 경우, 운송인은 물건의 멸실 · 훼손 또는 인도지연에 관한 이 협약의 규정에 따라서 손해배상 청구권자에게 배상을 하기 위하여 요구되는 범위 내에서 배상금을 지급하여야 한다. 또한 운송인은 손해배상 청구권자가 그 권리의 실현을 위하여 부담한 비용에 대하여도 배상을 하여야 한다. 그러나 그 규정이 원용되는 소송에서 부담한 비용은 소송절차가 개시된 국가의 법률에 따라서 이를 결정한다.

Article 24. GENERAL AVERAGE

1. Nothing in this Convention shall prevent the application of provisions in the contract of carriage by sea or national law regarding the adjustment of general average.
2. With the exception of article 20, the provisions of this Convention relating to the liability of the carrier for loss of or damage to the goods also determine whether the consignee may refuse contribution in general average and the liability of the carrier to indemnify the consignee in respect of any such contribution made or any salvage paid.

제24조 공동해손

1. 이 협약의 어떠한 규정도 공동해손의 정산에 관한 해상운송계약 또는 국내법의 규정의 적용을 방해하지 아니한다.
2. 제20조의 경우를 제외하고 물건의 멸실 · 훼손에 대한 운송인의 책임에 관한 이 협약의 규정은 수하인이 공동해손 분담금을 거절할 수 있는가의 여부를 결정하고 부담한 분담금 또는 지급한 구조료에 관하여 수하인에게 배상할 운송인의 책임을 결정한다.

Article 25. OTHER CONVENTIONS

1. This Convention does not modify the rights or duties of the carrier, the actual carrier and their servants and agents, provided for in international convention or national law relating to the limitation of liability of owners of seagoing ships.
2. The provisions of article 21 and 22 of this Convention do not prevent the application of the mandatory previsions of any other multilateral convention already in force at the date of this Convention relating to matters dealt with in the said articles, provided that the dispute arises exclusively between parties having their principal place of business in States members of such other convention. However, this paragraph does not affect the application of paragraph 4 of article 22 of this Convention.
3. No liability shall arise under the provisions of this Convention for damage caused by

a unclear incident if the operator of a nuclear installation is liable for such damage:

(a) under either the Paris Convention of 29 July 1960 on Third Party Liability in the Field of Nuclear Energy as amended by the Additional Protocol of 28 January 1964 or the Vienna Convention of 21 May 1963 on Civil Liability for Nuclear Damage, or

(b) by virtue of national law governing the liability for such damage, provided that such law is in all respects as favourable to persons who may suffer damage as either the Paris or Vienna Conventions.

4. No liability shall arise under the provisions of this Convention for any loss of or damage to or delay in delivery of luggage for which the carrier is responsible under any international convention or national law relating to the carriage of passengers and their luggage by sea.

5. Nothing contained in this Convention presents a Contracting State from applying any other international convention which is already in force at the date of his Convention and which applies mandatorily to contracts of carriage of goods primarily by a mode of transport other than transport by sea. This provision also applies to any subsequent revision or amendment of such international convention.

제25조 기타 협약

1. 이 협약은 해상 항해선의 소유자의 책임제한에 관한 국제협약 또는 국내법에 규정된 운송인, 실제운송인 및 운송인과 실제운송인의 사용인과 대리인의 권리 또는 의무를 변경하지 아니한다.

2. 이 협약 제21조 및 제22조의 규정은 이 조항에서 취급되는 사항에 관하여 이 협약의 성립일에 이미 실시되고 있는 다국간의 다른 모든 협약의 강행 규정의 적용을 방해하지 아니한다. 단, 분쟁이 그러한 다른 협약의 회원국에 주된 영업소를 가진 당사자 사이에서만 생긴 것이어야 한다. 그러나 이 항은 이 협약의 제22조 제4항의 적용에 영향을 미치지 아니한다.

3. 원자력 시설의 운영자가 다음의 협약 또는 국내법에 의하여 원자력 사고로 기인하는 손해에 대하여 책임을 지는 경우에 이 협약의 규정하에서는 그러한 손해에 대하여 어떠한 책임도 생기지 아니한다.

(a) 1964년 1월 28일 추가 의정서에 의하여 개정된 원자력 분야에서 제3자 책임에 관한 1960년 7월 29일 파리 협약 또는 원자력손해에 대한 민사 책임에 관한 1963년 5월 21일 비엔나 협약

(b) 원자력손해에 대한 배상책임을 정하는 국내법. 단 그러한 국내법이 모든 점에서 파리 협약 또는 비엔나 협약처럼 손해를 입은 사람에게 유리한 것이어야 한다.

4. 운송인이 해상 여객 및 그 수하물의 운송에 관한 국제협약 또는 국내법에 의하여 책임을 지는 수하물의 멸실 · 훼손 또는 인도지연에 대해서는 이 협약의 규정하에서 어떠한 책임도 생기지 아니한다.

5. 이 협약에 포함된 어떠한 규정도 체약국이 이 협약의 성립일에 이미 발효되어 있고, 또 주로 해상운송 이외의 운송 수단에 의하여 이루어지는 물건운송계약에 대하여 강제적으로 적용되는 다른 모든 국제협약을 적용하는 것을 방해하지 아니한다. 이 규정은 그러한 국제협약의 앞으로의 모든 수정 또는 개정에 관하여도 이를 적용한다.

Article 26. UNIT OF ACCOUNT

1. The unit of account referred to in article 6 of this Convention is the Special Drawing Right as defined by the International Monetary Fund. The amounts mentioned in article 6 are to be converted into the national currency of a State according to the value of such currency at the date of judgement or the date agreed upon by the parties. The value of national currency, in terms of the Special Drawing Right, of a Contracting State which is member of the International Monetary Fund is to be calculated in accordance with the method of valuation applied by the International Monetary Fund is effect at the date in question for its operations and transactions. The value of a national currency in terms of the Special Drawing Right of a Contracting State which is not a member of the International Monetary Fund is to be calculated in a manner determined by that State.
2. Nevertheless, those States which are not members of the International Monetary Fund and whose law does not permit the application of the provisions of paragraph 1 of this article may, at the time of signature, or at the time of ratification, acceptance, approval or accession or at any time thereafter, declare that the limits of liability provided for in this Convention to be applied in their territories shall be fixed as : 12,500 monetary units per package or other shipping unit or 37.5 monetary units per kilogramme of gross weight of the goods.
3. The monetary unit referred to in paragraph 2 of this article corresponds to sixty-five and a half milligrammes of gold of millesimal fineness 900. The convention of the amounts referred to in paragraph 2 into the national currency is to be made according to the law of the State concerned.
4. The calculation mentioned in the last sentence of paragraph 1 and the convention mentioned in paragraph 3 of this article is to be made in such a manner as to express in national currency of the Contracting State as far as possible the same real value for the amounts in article 6 as is expressed there in units of account. Contracting State must communicate to the depositary the manner of calculation pursuant to paragraph 1 of this article, or the result of the conversion mentioned in paragraph 3 of this article, as the case may be, at the time of signature or when depositing their instruments of ratification, acceptance, approval or accession, or when availing themselves of the option provided for in paragraph 2 of this article and whenever

there is a change in the manner of such calculation or in the result of such conversion.

제26조 계산단위

1. 이 협약 제6조에 규정된 계산단위는 국제 통화 기금(IMF)에서 정의하는 특별 인출권(SDR)으로 한다. 제6조에 의한 금액은 판결의 선고일 또는 당사자가 합의한 날의 국내 통화의 가치에 따라서 그 국가의 국내 통화로 이를 환산한다. 국제 통화 기금의 회원인 체약국의 특별 인출권에 의한 국내 통화의 가치는 그 평가 및 거래일에 실시되고 있는 국제 통화 기금의 평가 방법에 따라서 이를 산출한다. 국제 통화 기금의 회원 아닌 체약국의 특별 인출권에 의한 국내 통화 가치는 그 국가에서 결정하는 방법에 따라서 이를 산출한다.
2. 국제 통화 기금의 회원이 아닌 국가로서 그 국내법에 의하여 이 조 제1항의 규정의 적용을 허용하지 아니하는 국가는 서명 시, 비준 · 수락 · 승인 또는 가입 시 또는 그 후 어느 때라도 자국의 영토 안에서 적용되는 이 협약에 규정된 책임한도액을 다음과 같이 결정할 것을 선언할 수 있다.

   1짐짝 또는 선적 단위에 대해 12,500 계산단위 또는 물건의 총 중량 1킬로그램에 대해 37.5 계산단위
3. 이 조의 제2항에 규정된 계산단위는 순도 1,000분의 900의 금 65.5밀리그램에 상당한다. 제2항에 의한 금액의 국내 통화의 환산은 그 나라의 법률에 따라서 이를 행한다.
4. 이 조의 제1항 말미에 규정된 산출 및 제3항에 규정된 환산은 가능한 한 제6조에 계산단위로 표시되어 있는 금액과 동일한 실질 가치를 체약국의 국내 통화로 표시할 수 있는 방법으로 이를 행하여야 한다. 체약국은 서명 시, 또는 비준 · 수락 · 승인 또는 가입의 문서를 기탁할 때 또는 이 조의 제2항에 규정된 선택권을 이용할 때 그리고 그러한 산출 방법 또한 그러한 환산의 결과에 변경이 있을 때에는 언제든지 이 조의 제1항에 의한 산출 방법 또는 이 조의 제3항에 규정된 환산의 결과를 수탁자에게 통지하여야 한다.

Part VII Final Clauses

제7편 최종 조항

Article 27. DEPOSITARY

The Secretary-General of the United Nations is hereby designated as the depositary of this Convention.

제27조 수탁자

국제연합의 사무총장은 이 협약의 수탁자로 임명된다.

Article 28. SIGNATURE, RATIFICATION, APPROVAL, ACCESSION

1. This Convention is open for signature by all States until 30 April 1979 at the Headquarters of the United Nations, New York.
2. This Convention is subject to ratification, acceptance or approval by the signatory States.
3. After 30 April 1979, this Convention will be open for accession by all States which are not signatory States.
4. Instruments of ratification, acceptance, approval and accession are to be deposited with the Secretary-General of the United Nations.

제28조 서명 · 비준 · 수락 · 승인 · 가입

1. 이 협약은 1979년 4월 30일까지 모든 국가에 의한 서명을 위하여 뉴욕 국제연합 본부에 이를 개방한다.
2. 이 협약은 서명국에 의한 비준 · 수락 또는 승인이 있어야 한다.
3. 979년 4월 30일 후에는 이 협약은 서명국이 아닌 모든 국가에 의한 가입을 위하여 이를 개방한다.
4. 비준 · 수락 · 승인 및 가입의 문서는 국제연합의 사무총장에게 이를 기탁하여야 한다.

Article 29. RESERVATIONS

No reservation may be made to this Convention.

제29조 유 보

이 협약에는 어떠한 유보도 붙일 수 없다.

Article 30. ENTRY INTO FORCE

1. This Convention enters into force on the first day of the month following the expiration of one year from the date of deposit of the 20th instrument of ratification, acceptance, approval or accession.
2. For each State which become a Contracting State to this Convention after the date of the deposit of the 20th instrument of ratification, acceptance, approval or accession, this Convention enters into force on the first day of the month following the expiration of one year after the deposit of the appropriate instrument on behalf of that State.
3. Each Contracting State shall apply the provisions of this Convention to contracts of carriage by sea concluded on or after the date of the entry into force of this Convention in respect of that State.

제30조 발 효

1. 이 협약은 제20번째의 비준 · 수락 · 승인 또는 가입 문서의 기탁일로부터 1년이 경과된 다음 달의 1일에 효력이 생긴다.
2. 제20번째의 비준 · 수락 · 승인 또는 가입 문서의 기탁일 후에 이 협약의 체약국이 된 국가에 대하여 이 협약은 그 국가를 위하여 적절한 문서가 기탁된 후 1년이 경과된 다음 달의 1일에 효력이 생긴다.
3. 각 체약국은 자국에 관하여 이 협약의 발효일 이후에 체결되는 해상운송계약에 대하여 이 협약의 규정을 적용하여야 한다.

Article 31. DENUNCIATION OF OTHER CONVENTIONS

1. Upon becoming a Contracting State to this Convention, any State party to the International Convention for the Unification of Certain Rules relating to Bills of Lading signed at Brussels on 25 August 1924(1924 Convention) must notify the Government of Belgium as the depositary of the 1924 Convention of its denunciation of the said Convention with a declaration that the denunciation is to take effect as from the date when this Convention enters into force in respect of that State.
2. Upon the entry into force of this Convention under paragraph 1 of article 30, the depositary of this Convention must notify the Government of Belgium as depositary of the 1924 Convention of the date of such entry into force, and of the names of the Contracting States in respect of which the Convention has entered into force.
3. The provisions of paragraphs 1 and 2 of this article apply correspondingly in respect of States parties to the Protocol signed on 23 February 1968 to amend the International Convention for the Unification of Certain Rules relating to Bills of Lading signed at Brussels on 25 August 1924.
4. Notwithstanding article 2 of this Convention, for the purposes of paragraph 1 of this article, a Contracting State may, if it deems it desirable, defer the denunciation of the 1924 Convention and of the 1924 Convention as modified by the 1968 Protocol for a maximum period of five years from the entry into force of this Convention. It will then the notify the Government of Belgium of its intention. During this transitory this transitory period, it must apply to the Contracting States this Convention to the exclusion of any other one.

제31조 다른 협약의 폐기

1. 1924년 8월 25일 브뤼셀에서 서명된 선하증권에 관한 규칙의 통일을 위한 국제협약(1924년 협약)의 당사국은 이 협약의 체약국이 되었을 때, 이 협약이 자국에 대하여 효력이 생기는 날로부터 1924년 협약의 폐기 효력이 생긴다는 것을 선언함으로써 1924년 협약의 수탁국인 벨기에 정부에 대하여 협약의 폐기를 통고하여야 한다.

2. 제30조 제1항에 의하여 이 협약이 발효된 때에 이 협약의 수탁자는 1924년 협약의 수탁국인 벨기에 정부에 대하여 그 발효일 및 협약이 발효하게 된 체약국명을 통고하여야 한다.
3. 이 조의 제1항 및 제2항의 규정은 1924년 8월 25일 브뤼셀에서 서명된 선하증권에 관한 규칙의 통일을 위한 국제협약을 개정하기 위하여 1968년 2월 23일에 서명된 의정서의 당사국에 대하여도 마찬가지로 적용한다.
4. 이 협약 제2조의 규정에도 불구하고 이 조 제1항의 적용에 관한 한, 체약국이 희망할 때에는 1924년 협약 및 1968년 의정서에 의하여 개정된 1924년 협약의 폐기를 이 협약의 발효일로부터 5년을 최장기간으로 하여 연기할 수 있다. 이 경우 그 체약국은 벨기에 정부에 그 뜻을 통고하여야 한다. 이 기간중에는 체약국에 대해서는 다른 협약을 제외하고 이 협약을 적용하여야 한다.

Article 32. REVISION AND AMENDMENT

1. At the request of not less than one-third of the Contracting States to this Convention, the depositary shall convene a conference of the Contracting States for revising or amending it.
2. Any instrument of ratification, acceptance, approval or accession deposited after the entry into force of an amendment to this Convention, is deemed to apply to the Convention as amended.

제32조 개정 및 수정

1. 이 협약의 체약국의 3분의 1이상의 요청이 있으면 수탁자는 협약을 개정하거나 수정하기 위하여 체약국의 회의를 소집하여야 한다.
2. 이 협약의 개정의 효력이 생긴 후에 기탁된 비준 · 수락 · 승인 또는 가입의 문서는 개정된 협약에 적용되는 것으로 본다.

Article 33. REVISION OF THE LIMITATION AMOUNTS AND UNIT OF ACCOUNT OR MONETARY UNIT

1. Notwithstanding the provisions of article 32, a conference only for the purpose of altering the amount specified in article 6 and paragraph 2 of article 26, or of substituting either or both of the units defined in paragraphs 1 and 3 of article 26 by other units is to be convened by the depositary in accordance with paragraph 2 of this article. An alteration of the amounts shall be made only because of a significant change in their real value.
2. A revision conference is to convened by the depositary when not less than one-fourth of the Contracting States so request.
3. Any decision by the conference must be taken by a two-thirds majority of the participating States. The amendment is communicated by the depositary to all the

Contracting States for acceptance and to all the state signatories of the Convention for information.

4. Any amendment adopted enters into force on the first day of the month following one year after its acceptance by two-thirds of the Contracting States. Acceptance is to be effected by the deposit of a formal instrument to that effect, with the depositary.
5. After entry into force of an amendment a Contracting State which has accepted the amendment is entitled to apply the Convention as amended in its relations with Contracting States which have not within six months after the adoption of the amendment notified the depositary that they are not bound by the amendment.
6 Any instrument of ratification, acceptance, approval or accession deposited after the entry into force of an amendment to this Convention, is deemed to apply to the Convention as amended.

제33조 책임한도액 및 계산단위 또는 화폐단위의 개정

1. 제32조의 규정에도 불구하고 수탁자는 이 조 제2항에 따라서 제6조 및 제26조 제2항에 규정된 금액을 변경하거나 제26조 제1항과 제3항에 정의된 단위의 일방 또는 쌍방을 다른 단위로 대체할 것만을 목적으로 하는 회의를 소집할 수 있다. 금액의 변경은 그 실질가치의 중요한 변경을 이유로 하는 경우에만 할 수 있다.
2. 개정을 위한 회의는 체약국의 4분의 1이상이 요청한 경우에는 수탁자에 의하여 소집된다.
3. 회의의 결정은 참가한 국가의 3분의 2의 다수결에 의하여 이루어진다. 수탁자는 개정 사항을 모든 체약국에는 수락을 위하여 또한 협약의 서명국에는 정보를 위하여 통지하여야 한다.
4. 채택된 모든 개정 사항은 체약국의 3분의 2에 의한 수락 시로부터 1년 후의 다음 달의 1일에 효력이 생긴다. 수락은 그 취지의 공식 문서를 수탁자에게 기탁함으로써 이루어진다.
5. 개정의 효력이 생긴 후에는 개정을 수락한 체약국은 개정의 채택 후 6개월 이내에 수탁자에 대하여 개정에 의하여 구속되지 않는다는 것을 통지하지 아니한 체약국과의 관계에서 개정된 협약을 적용할 권리가 있다.
6. 이 협약의 개정이 효력이 생긴 후에 기탁된 비준 · 수락 · 승인 또는 가입의 문서는 개정된 협약에 대하여 적용되는 것으로 본다.

Article 34. DENUNCIATION

1. A Contracting State may denounce this Convention at any time by means of a notification in writing addressed to the depositary.
2. The denunciation takes effect on the first day of the month following the expiration of one year the notification is received by the depositary. Where a longer period is specified in the notification, the denunciation takes effect upon the expiration of such longer period after the notification is received by the depositary.

DONE at Hamburg, this thirty-first day of March one thousand nine hundred and seventy-eight, in a single original, of which the Arabic, Chinese, English, French, Russian and Spanish texts are equally authentic.

IN WITNESS WHEREOF the undersigned plenipotentiaries, being duly authorized by their respective Governments, have signed the present Convention.

제34조 폐 기

1. 체약국은 언제든지 수탁자에게 문서에 의한 통고를 통하여 이 협약을 폐기할 수 있다.
2. 폐기는 수탁자가 통고를 받은 후 1년이 경과된 다음 달의 1일에 효력이 생긴다. 통고에서 이 기간보다 장기간을 정하고 있는 경우에 폐기는 수탁자가 통고를 받은 후 그 기간의 만료시에 효력이 생긴다.

1978년 3월 31일 함부르크에서 동등한 정본으로 아랍어, 중국어, 영어, 프랑스어, 러시아어 및 스페인어로 조문 1통씩을 작성한다.

이의 증거로서 각 국의 정부로부터 정당하게 권한을 부여받은 아래의 전권 위원이 이 협약에 서명하였다.

Annex II

Common understanding adopted by the United Nations Conference on the Carriage of Goods by Sea.

It is common understanding that the liability of the carrier under this Convention is based on the principle of presumed fault or neglect. This means that, as a rule, the burden of proof rests on the carrier but, with respect to certain cases, the provisions of Convention modify this rule.

부속서 II

공통 양해

이 협약의 운송인 책임은 과실 추정 원칙에 근거함이 공통 양해 사항이다. 이것은 입증책임이 운송인에게 있는 것이 원칙이지만, 특별한 경우에는 협약의 규정으로서 이 원칙을 수정한다는 것을 의미한다.

5. 국제연합국제물건복합운송협약 (United Nations Convention on International Multimodal Transport of Goods, 1980)

본 협약의 당사국들은 다음을 인지하고,

(a) 국제복합운송은 세계 무역의 질서 있는 확장을 촉진하기 위한 수단임.

(b) 관련무역의 요건에 적합한 효율적이고 경제적이며 순조로운 복합운송서비스의 발전을 고취하여야 할 필요성.

(c) 모든 국가들의 이익을 위한 국제복합운송의 질서 있는 개발을 보장한다는 것은 바람직한 것이며, 통과국들의 특수문제점들에 대한 검토의 필요성.

(d) 국제복합운송협약에 의한 무역운송과 관련 복합운송운영자의 책임에 관한 규정을 포함한 약간의 규칙을 제정하여야 할 필요성.

(e) 본 협약이 운송운영의 관리 및 규제와 관련한 국내법 또는 국제정부협약의 적용에 영향을 미쳐서는 안 된다는 필요성.

(f) 복합운송운영자와 그 운영을 국가적 차원에서 관리 규제하여야 할 각국의 권리.

(g) 신기술의 도입, 국내운송인과 운영인의 복합서비스에의 참여, 국내운동력과 보험이용의 극대화 및 그로 인한 원가 영향과 같은 개발도상국들의 특수한 이해와 문제점들에 대한 고려의 필요성

(h) 복합운송서비스의 이용자들과 제공자들 간의 이해의 균형을 확보하여야 할 필요성

(i) 통과국들의 문제점을 적의고려하여 통관절차를 촉진하여야 할 필요성.

아래의 기본원칙에 합의하며,

(a) 선진국과 개발도상국간의 공정한 이해의 균형이 이룩되어야 하며, 이들 그룹국가들간의 국제복합운송에 있어서의 평등한 사업의 안분이 성취되어야 한다.

(b) 화물의 복합운송에 있어서 새로운 기술이 도입되기 이전 및 이후에 복합운송업자, 하주, 하주기구 및 해당국가당사국들사이에 서비스의 조건에 관한 협의가 이루어져야 한다.

(c) 하주는 복합운송과 구간별 운송중 선택할 사유가 있다.

(d) 본 협약하에서의 복합운송인의 책임은 추정과실 혹은 태만의 원칙에 의거한다.

이를 위하여 본 협약을 체결하기로 하며, 다음과 같이 합의한다.

제1장 총칙

제1조 [정의]

이 협약을 위해

1. 「국제복합운송」이라 함은, 복합운송인이 물건을 자기의 보관아래 인수한 한 국가의 지점에서 다른 국가에 위치하고 있는 인도가 예정된 지점까지, 복합운송협약에 의거한 적어도 2

종류 이상의 운송수단에 의한 물건운송을 의미한다. 어느 한 운송수단에 의한 운송계약의 이행으로 그러한 계약에 정의된 바대로 행한 집하와 인도는 국제복합운송으로 간주되지 않는다.

2. 「복합운송인」이라 함은 스스로 혹은 자신을 대리한 타인을 통하여 복합운송계약을 체결하고, 송하인이나 복합운송작업에 관여하는 운송인의 대리인으로서 또는 그러한 사람에 갈음하여서가 아니라, 주체로서 행위를 하고, 또한 계약의 이행에 관한 채무를 부담하는 자를 말한다.
3. 「복합운송계약」이라 함은, 운송인이 운임의 지급을 대가로 국제복합운송을 실행하거나 또는 그 실행을 확보할 것을 인수하는 계약을 말한다.
4. 「복합운송증권」이라 함은, 복합운송계약과 복합운송인이 자기의 보관아래 물건을 인수하였다는 것 및 그 계약의 내용에 따라서 운송인이 물건을 인수할 의무를 부담하는 것을 증명하는 증권을 말한다.
5. 「송하인」이라 함은, 스스로 또는 자기명의로 또는 대리인에 의하여 복합운송인에 의하여 복합운송인과 복합운송계약을 체결한 자, 또는 스스로 또는 자기명의로 또는 대리인에 의하여 복합운송계약과 관련하여 물건을 운송인에게 실제로 인도하는 자를 말한다.
6. 「수하인」이라 함은 물건을 인도받을 권리를 가진 자를 말한다.
7. 「물건」은 컨테이너, 팰리트 또는 유사한 운송이나 포장용구가 송하인이 제공한 것인 경우에는 이를 포함한다.
8. 「국제협약」이라 함은, 국가들간에 문서형식으로 체결된 국제협약으로서 국제법에 의해 지배되는 국제협약을 말한다.
9. 「강행국내법」이라 함은, 물건운송에 관한 법으로서 계약조항으로 그 규정을 송하인에게 불이익되게 변경할 수 없는 제정법을 의미한다.
10. 「문서」라 함은 특히 전보 및 텔렉스를 포함한다.

제2조[적용범위]

이 협약의 규정은 다음 경우의 두 국가간의 모든 복합운송계약에 적용한다.

(a) 복합운송인이 물건을 복합운송계약에 규정된 대로 자기의 보관아래 인수한 곳이 체약국에 있을 때 또는,

(b) 복합운송인이 물건을 복합운송계약에 규정된 대로 인도할 곳이 체약국에 있을 때.

제3조[강행적 적용]

1. 제2조에 의거 본협약에 의해 지배되는 복합운송계약이 체결된 때에는 본협약의 규정은 그러한 계약에 강행적으로 적용된다.
2. 본협약의 여하한 규정도 하주가 복합운송과 구간별 운송 중 선택할 수 있는 권리를 해하지 않는다.

제4조[복합운송의 규율과 규제]

1. 이 협약은 운송운영의 규율과 규제에 관한 국내법이나 국제협약의 적용에 영향을 미치거나, 그것과 저촉되지 아니한다.
2. 본 협약은 특히 새로운 기술과 서비스를 도입하기 이전의 복합운송인, 하주, 하주기구 및 유관국가기구간의 서비스의 내용과 조건에 관한 협의, 복합운송인의 면허, 운송에의 참여 및 국가 경제적 상업적 이해에 대한 그 밖의 모든 조치에 관한 권리를 포함하여 각국이 국가적인 차원에서 복합운송업과 복합운송영업자에 대하여 규율하고 규제할 수 있는 권리를 해하지 않는다.
3. 복합운송인은 자기가 영업을 하고 있는 나라에서 적용되는 법 및 본 협약의 규정을 준수하여야 한다.

제2장 증서

제5조[복합운송증권의 발행]

1. 복합운송인은 물건을 자기의 보관으로 인도한 때에는 송하인의 선택에 따라서 유통성증권 형태 혹은 비유통성증권 형태의 복합운송증권을 발행하여야 한다.
2. 복합운송증권은 복합운송인 또는 그로부터 권리를 부여받은 자에 의해 서명되어야 한다.
3. 복합운송증권의 발행지법에 저촉되지 않는 한, 복합운송증권의 서명은 자필, 복사, 인쇄, 천공, 압인, 부호 기타의 기계적 또는 전자적 방법으로 할 수 있다.
4. 송하인이 합의할 경우에는 제8조에 규정된 복합운송증권에 포함되어야 할 명세들의 기록을 보존하고 기계적 방법 혹은 타방법을 사용해서 비유통성 복합운송증권을 발행할 수 있다. 그러한 경우 복합운송인은 물건을 자신의 보관으로 인수한 후 기록되어 있는 명세를 포함하고 있는 판독이 가능한 증권을 송하인에게 인도하여야 하며, 그러한 증권은 본 협약규정을 위해 복합운송증권으로 간주되어야 한다.

제6조[유통성 복합운송증권]

1. 복합운송증권이 유통성증권 형태로 발행되었을 경우
   (a) 지시식 또는 소지인식으로 작성되어야 하며,
   (b) 지시식으로 작성된 경우에는, 배서에 의하여 증권을 양도할 수 있어야 하며,
   (c) 소지인식으로 작성된 경우에는 배서에 의하지 않고 증권을 양도할 수 있어야 하며,
   (d) 1통 이상의 원본이 1세트로 발행될 때에는 세트를 이루고 있는 원본의 통수를 기재하여야 하고,
   (e) 사본을 발행할 시는 매사본마다 "비유통성 사본"이라는 표시를 하여야 한다.
2. 물건의 인도는 필요한 경우 정당하게 배서된 유통성 복합운송증권과의 상환으로만 복합운송인 또는 그에 갈음하여 행위를 하는 자에게 이를 청구할 수 있다.
3. 유통성 복합운송증권이 2통 이상의 원본을 1세트로 발행된 경우, 복합운송인 또는 그에 갈음하여 행위를 하는 자가 선의로 그러한 원본 중 1통과 상환으로 물건을 인도할 그의

의무를 면한다.

제7조 비유통성 복합운송증권

1. 복합운송증권이 비유통성 증권형태로 발행된 경우에는 지명된 수하인을 증권에 기재하여야 한다.
2. 복합운송인은 그러한 비유통성 복합운송증권에 지명되어 있는 수하인 또는 수하인으로부터 정당하게 지시를 받을 수 있는 그 밖의 자에게 물건을 인도한 경우에는 인도할 의무를 면한다.

제8조 복합운송증권의 내용

1. 복합운송증권에는 다음 사항을 포함시켜야 한다.
   (a) 물건의 일반적인 종류, 물건의 식별에 필요한 주요마크, 적용이 있는 경우 화물의 위험성에 관한 명시적 기재, 포 및 개품의 수, 물건의 중량 또는 그 밖의 표시에 의한 수량, 기타 송하인이 제출한 모든 사항들.
   (b) 물건의 외관상황.
   (c) 복합운송인의 명칭 및 주된 영업소의 주소지
   (d) 송하인의 명칭.
   (e) 송하인이 지명한 경우는 수하인.
   (f) 복합운송인이 물건을 자기의 보관아래 인수한 주소 및 일자.
   (g) 물건의 인도지.
   (h) 당사자간에 명시적으로 합의된 경우에는 인도지에서 물건을 인도할 날 또는 기간.
   (i) 복합운송증권이 유통성인지 비유통성인지를 나타내는 표시
   (j) 복합운송증권의 발행지 및 발행일.
   (k) 복합운송인 또는 그로부터 수권한 자의 서명.
   (l) 당사자간의 명시적으로 합의된 경우 각 운송수단별 운임, 혹은 수하인이 지급할 범위의 운임과 운임으로 지급할 통화와 운임을 수하인이 지급할 것임을 나타내는 기타 표시.
   (m) 예정된 운송경로, 운송수단 및 복합운송증권 발행시 알려진 경우에는 환적지.
   (n) 제28조 3항에 언급된 기재.
   (o) 그 밖에, 당사자간에 복합운송증권에 기재하기로 합의된 사항으로 복합운송증권이 발행된 나라의 법에 저촉되지 아니하는 것.
2. 복합운송증권에 본조 제1항에서 언급된 사항 중 하나 이상의 결여가 있더라도 제1조4항에 규정된 요건을 충족하는 한, 복합운송증권으로서의 증권의 법률적 성질에 영향을 미치지 아니한다.

제9조 복합운송증권상의 유보

1. 복합운송증권에 기재된 물건의 일반적 종류, 주요기호, 포 또는 개품의 수, 중량 또 수량에

관한 사항이 실제로 자기의 보관아래 인수한 물건을 정확하게 표시하고 있지 아니하는 것을 복합운송인 또는 복합운송인에 갈음하여 행위를 하는 자가 알고 있거나, 그렇게 의심할 만한 정당한 이유가 있는 때, 또는 그러한 사항을 확인할 적당한 방법이 없는 때에는, 복합운송인 또는 복합운송인에 갈음하여 행위를 하는 자는 그러한 부정확성, 의심할 이유 또는 적당한 확인방법의 결여에 관하여 유보를 복합운송증권에 삽입하여야 한다.

2. 운송인 또는 운송인에 갈음하여 행위를 하는 자가 복합운송증권에 물건 외관상태를 기재하지 아니한 때에는 물건이 외관상 양호한 상태에 있었다는 것을 복합운송증권에 기재한 것으로 본다.

제10조 복합운송증권의 증거력

제9조에 의하여 허용되는 유보에 관한 사항 및 그 유보의 범위를 제외하고

(a) 복합운송증권은 복합운송인이 동증권에 기재된 대로 물건을 자기의 보관아래 인수하였다는 것에 대한 추정증거로 된다.

(b) 복합운송증권이 유통증권서식으로 발행되어, 수하인을 포함하여, 그 물건의 기재를 신뢰하고 선의로 행위를 한 제3자에게 양도되어 있는 때에는, 복합운송인에 의한 반증은 허용되지 아니한다.

제11조 의도적인 부실기재나 기재의 누락에 대한 책임

복합운송인이 사기를 목적으로 물건에 관한 기재를 허위로 표시하거나, 제8조 제1항 (a) 또는 (b) 또는 제9조에 의하여 포함시켜야 할 정보를 기재하지 아니한 경우에는, 복합운송인은 수하인을 포함하여 발행된 복합운송증권상의 물건명세를 신뢰하고 행위를 한 제3자가 입은 멸실, 훼손 또는 비용에 대하여, 이 협약에 규정된 책임제한의 이익없이 배상할 책임이 있다.

제12조 송하인에 의한 보험

1. 송하인은 복합운송인이 물건을 자기의 보관아래 인수한 때에, 복합운송증권의 기재를 위하여 자기가 제출한 물건의 일반적 종류, 그 기호, 개수, 중량 및 수량 그리고, 적용이 있는 경우, 물건의 위험성에 관한 사항이 정확하다는 것을 복합운송인에게 담보한 것으로 본다.
2. 송하인은 본조 제1조에 관한 사항의 부정확 또는 부적당으로 인하여 생긴 손실에 대하여 복합운송인에게 보상하여야 한다. 송하인은 복합운송증권을 양도한 경우에도 그 책임을 면하지 못한다. 그러한 보상에 관한 복합운송인의 권리는 복합운송계약에 의한 송하인 이외의 모든 자에 대한 복합운송인의 책임을 결코 제한하지 못한다.

제13조 추가적 서류

복합운송증권의 발행으로 인하여, 필요한 경우 적용되는 국제협약 또는 국내법에 따라서, 운송 또는 국제복합운송에 포함된 그 밖의 업무에 관한 다른 증권을 발행하는 것이 방해를 받지 아니한다. 그러나 다른 증권의 발행은 복합운송증권의 법률적 성질에 영향을 미치지 아니한다.

제3장 복합운송인의 책임

제14조 책임의 기간

1. 이 협약에 의한 물건에 관한 복합운송인의 책임은 물건을 복합운송인의 보관아래 인수한 때로부터 물건을 인도할 때까지의 기간에 미친다.
2. 본조의 적용에 관하여 다음 기간에 물건이 복합운송인의 보관아래 있는 것으로 본다.
   (a) 복합운송인이 물건을
      (i) 수하인에게 물건을 교부함으로써,
      (ii) 수하인이 복합운송인으로부터 물건을 수령하지 아니하는 경우에는, 복합운송계약 또는 법률이나 인도지에서 적용되는 당해 거래의 관습에 따라서 물건을 수하인의 처분으로 넘김으로써, 또는
      (iii) 인도지에서 적용되는 법령에 따라서 물건을 교부하여야 할 당국 기타의 제3자에게 물건을 교부함으로써 인도할 때까지.
3. 본조 제1항 및 제2항에서 말하는 복합운송인에는 복합운송인이 복합운송계약의 이행을 위하여 그 업무를 사용하는 복합운송인의 대리인 또는 사용인 기타의 자를 포함하며, 송하인 또는 수하인에는 송하인 또는 수하인의 사용인 또는 대리인을 포함한다.

제15조 복합운송인의 그 사용인, 대리인 그 밖의 자에 관한 책임

제21조에 의거하여, 복합운송인은 그 직무의 범위내에서 행위를 하고 있을 때의 복합운송인의 사용인이나 대리인 또는 그 밖에 복합운송계약의 이행을 위하여 행위를 하는 자의 작위 또는 부작위에 대하여 그러한 작위 또는 부작위가 복합운송인 자신의 행위 또는 부작위인 것처럼 책임을 진다.

제16조 책임의 원칙

1. 복합운송인은 물건의 멸실, 훼손 또는 인도지연의 원인으로 된 사고가 제14조에 정의된 운송인의 보관 아래 있는 동안에 일어난 때에는 그 멸실 또는 훼손 또는 지연으로 인하여 생긴 손실에 대하여 책임을 진다. 그러나 복합운송인이 자기 또는 제15조에서 말하는 그 사용인이나 대리인 또는 그 밖의 자가 사고 및 그 결과를 배제하기 위하여 합리적으로 요구되는 모든 조치를 취하였다는 것을 증명한 때에는 그러하지 아니한다.
2. 인도지연은 물건이 명시적으로 합의된 기한내에 그러한 합의가 없는 경우에는 당해 사안의 정황을 고려하여 성실한 복합운송인에게 합리적으로 요구되는 기한내에 인도되지 아니한 때에 생긴다.
3. 물건이 본조 제2항에 의한 인도기한을 경과한 후 90일내에 인도되지 아니한 때에는, 배상청구인은 물건이 멸실된 것으로 취급할 수 있다.

제17조 원인의 경합

복합운송인 또는 제15조에서 말하는 그 사용인이나 대리인 또는 그 밖의 자 측의 과실 또는 부주의가 다른 원인과 경합하여 멸실, 훼손 또는 인도지연을 일으킨 경우에는, 복합운송인은 그러한 과실 또는 부주의의 탓으로 돌릴 수 있는 멸실, 훼손 또는 인도지연의 범위내에서만 책임을 진다. 이 경우 복합운송인은 그러한 과실 또 부주의의 탓으로 돌릴 수 없는 멸실, 훼손 또는 인도지연의 부분을 증명하여야 한다.

제18조 책임의 한도

1. 복합운송인이 제16조에 의하여 물건의 멸실 또는 훼손으로 인한 손해에 대하여 책임을 지는 경우, 그 책임은 1포장물 또는 기타의 적재단위에 대한 920 계산단위를 초과하지 아니하는 금액과 멸실된 또는 훼손된 물건의 총중량 1킬로그램에 대한 2.75 계산단위 중 많은 금액으로 제한된다.
2. 본조 제1항에 의한 고액의 산정을 위하여 다음 원칙을 적용한다.
   (a) 컨테이너, 펠리트 기타 이와 유사한 운송용구가 물건을 통합하기 위하여 사용되는 경우, 이러한 운송용구에 포장된 것으로 복합운송증권에 표시되어 있는 포장물 또는 적재단위를 포장물 또는 적재단위로 본다.
   (b) 운송용구 자체가 멸실 또는 훼손된 경우, 그 운송용구를 복합운송인이 소유하거나 공급한 것이 아닌 때에는 이를 하나의 별개의 적재단위로 본다.
3. 본조1, 2항의 규정에 불구하고, 만일 국제복합운송이, 계약에 의거, 내수 혹은 해상운송을 포함하지 않을 경우, 복합운송인의 책임은 멸실 혹은 훼손된 화물의 총중량 킬로그램당 8.33 계산단위를 초과하지 않은 금액으로 제한된다.
4. 제16조규정에 의한 인도지연으로 인한 손해에 대한 복합운송인의 책임은, 지연된 화물에 대하여 지급되는 운임의 2.5배에 상당하는 금액으로 제한하되 복합운송계약하에서 지급되는 운임총액을 초과할 수 없다.
5. 본조 제1항과 4항 혹은 3항과 4항에 의한 복합운송인의 책임의 총액은, 본조 제1항 혹은 3항에 의해 결정되는 화물의 전손에 대한 책임의 한도를 초과하지 못한다.
6. 복합운송인과 송하인간의 합의에 의해 본조 제1항, 3항 및 4항에 설정된 한도를 초과하는 책임한도를 복합운송증권에 규성할 수 있다.
7. 계산단위는 제31조에서 말하는 계산단위를 의미한다.

제19조 국지적 손해

물건의 멸실 또는 훼손이 복합운송의 어느 한 특정구간에서 발생하고, 그 구간에 관하여 적용되는 국제협약 또는 강행적 국내법에서 제18조 제1항부터 제3항까지의 적용으로 산출되는 한도보다 높은 한도를 규정하고 있는 경우에는 그러한 멸실 또는 훼손에 대한 복합운송인의 책임의 한도는 그러한 협약 또는 국내법의 규정에 따라서 결정된다.

제20조 비계약적 책임

1. 이 협약에 정하는 책임에 관한 항변 및 한도는 소송이 계약에 의거한 것이든 불법행위 기타에 의거한 것이든 묻지 아니하고, 물건의 멸실 또는 훼손 또한 인도지연에 관한 복합운송인에 대한 모든 소송에 적용한다.
2. 물건의 멸실 또는 훼손 또한 인도지연에 관한 소송이 복합운송인의 사용인 또는 대리인에 대하여 제기된 경우, 그러한 사용인 또는 대리인이 그 직무의 범위 내에서 행위를 하였다는 것을 증명한 때에는 또는 그러한 소송이 복합운송계약의 이행을 위하여 그 업무를 이용하는 그 밖의 자에 대하여 제기된 경우에, 만일 그러한 자가 그가 계약이행의 범위 내에서 행위를 하였음을 입증한 때에는 그 사용인이나 대리인 또는 그 밖의 자는 본 협약 아래서 복합운송인이 원용할 수 있는 책임에 관한 항변 및 한도를 이용할 권리가 있다.
3. 제21조에 규정된 경우를 제외하고, 복합운송인 및 사용인이나 대리인 또는 복합운송계약의 이행을 위하여 그 업무를 이용하는 그 밖의 자로부터 배상을 받아야 할 총액은 이 협약에 규정된 책임의 한도를 초과하지 못한다.

제21조 책임제한의 권리의 멸실

1. 멸실, 훼손 또는 인도지연이 그러한 멸실, 훼손 또는 지연을 일으킬 의도로써, 또는 무모하게 또한 그러한 멸실, 훼손 또는 지연이 일어나리라는 것을 알면서 한 복합운송인 또는 그 사용인이나 대리인 또는 복합운송계약의 이행을 위하여 그 업무를 이용하는 그 밖의 자의 작위 또는 부작위로 인하여 생긴 것이 증명된 때에는 복합운송인은 본 협약에 규정된 책임제한의 이익에 대한 권리를 가지지 못한다.
2. 제20조 제2항의 규정에도 불구하고 멸실, 훼손 또는 지연이 그러한 멸실, 훼손 또는 지연을 일으킬 의도로써 도는 무모하게 또한 그러한 멸실, 훼손 또는 지연이 일어나리라는 것을 알면서 한 사용인이나 대리인 또는 복합운송계약의 이행을 위하여 그 업무를 이용하는 그 밖의 자의 작위 또 부작위로 인하여 생긴 것이 증명된 때에는 그러한 사용인이나 대리인 또는 그 밖의 자는 본 협약에 규정된 책임제한의 이익에 대한 권리를 가지지 못한다.

제4장 송하인의 책임

제22조 일반원칙

송하인은 복합운송인이 입은 손실이 송하인 또는 그 사용인이나 대리인의 그 직무의 범위내에서 행위를 하고 있을 때의 과실이나 부작위로 인하였을 경우, 그러한 과실에 대하여 책임을 져야한다. 송하인의 사용인 또는 대리인도 그러한 손실이 그 사용인 또는 대리인 측의 과실 또는 부주의로 인하였을 경우 그러한 손실에 대하여 책임을 져야 한다.

제23조 위험물에 관한 특칙

1. 송하인은 위험물에 관하여 적절한 방법으로 위험성이 있다는 마크를 하거나 또는 라벨을

붙여야 한다.

2. 송하인이 복합운송인 또는 복합운송인에 갈음하여 행위를 하는 자에게 위험물을 인도한 때에는 송하인은 물건의 위험성 및 필요한 경우 취하여야 할 예방조치에 관하여 복합운송인에게 통지하여야 한다. 송하인이 그 통지를 게을리하고 복합운송인이 물건의 위험성에 관하여 달리 알지 못한 경우에는
   (a) 송하인은 그러한 물건의 적재로부터 생기는 모든 손실에 대하여 복합운송인에게 책임을 지고 또,
   (b) 그 물건은 필요한 상황에서는 배상금을 지급하지 아니하고 언제든지 이를 양하하거나 무해로 처분할 수 있다.
3. 복합운송중 물건의 위험성을 알고 그 물건을 자기의 보관아래 수령한 자는 본조 제2항의 규정을 원용할 수 없다.
4. 본조 제2항(b)의 규정이 적용되지 아니하고 또는 이를 원용할 수 없는 경우, 위험물이 생명 또는 재산에 실제의 위험을 미치게 된 때에는 그 위험물은 필요한 상황에서는 공동해손분담금을 부담할 의무를 지는 경우 또는 복합운송인이 제16조의 규정에 따라서 책임을 지는 경우를 제외하고, 배상금을 지급하지 아니하고, 이를 양하하거나 무해처분할 수 있다.

제5장 청구 및 소송

제24조 멸실, 훼손 또는 지연의 통지

1. 물건이 수하인에게 교부된 날의 거래일인 익일 중에 수하인이 복합운송인에 대하여 문서로 멸실 또는 훼손의 개황을 명기하여 통지를 하지 아니한 때에는, 그러한 교부는 복합운송인이 물건을 복합운송증권에 기재된 대로 또는 그러한 증권이 발행되지 아니한 때에는, 양호한 상태로 인도하였다는 추정증거로 된다.
2. 멸실 또는 훼손이 외부에서 확인되지 아니한 경우, 물건이 수하인에게 교부된 날로부터 연속된 6일 이내에 문서에 의한 통지가 되지 아니한 때에는, 본조 제1항의 규정이 그대로 적용된다.
3. 물건이 수하인에게 교부될 때에 그 상태가 양당사자 또는 인도지의 권한이 부여된 대표자에 의한 공동의 조사 또는 검사 중에 확인된 멸실 또는 훼손에 관하여는 문서에 의한 통지를 요하지 아니한다.
4. 멸실 또는 훼손이 실제로 일어났거나 또는 일어났을 것이라는 의심이 있는 때에는 복합운송인 및 수하인은 물건의 검사 및 개수의 점검을 위하여 서로 모든 상당한 편의를 제공하여야 한다.
5. 물건이 수하인에게 교부됨으로써 인도된 날 혹은 제15조 제2항(b)(ii) 혹은 (iii)에 따라 인도되었음이 수하인에게 통지된 날로부터 연속된 60일 이내에 복합운송인에 대하여 문서로 통지를 하지 아니한 때에는 인도지연으로부터 생긴 손실에 대한 배상금은 지급되지 아니한다.

6. 멸실 또는 훼손이 생긴 날 또는 물건을 제14조 제2항(b)호에 따라서 인도한 날 중 늦은 날로부터 연속된 90일 이내에 복합운송인이 송하인에 대하여 문서로 멸실 또는 훼손의 개황을 명기하여 통지하지 아니한 때에는, 그러한 통지를 게을리한 것은 복합운송인이 송하인 또는 그 사용인이나 대리인의 멸실 또는 부주의로 인하여 멸실 또는 훼손을 입지 아니하였다는 추정증거로 된다.
7. 본조 제2항과 제5항 및 제6항에 규정된 통지기간이 인도지의 거래일이 아닌 날에 만료되는 때에는, 그러한 기간은 다음 거래일까지 연장된다.
8. 본조의 적용목적을 위하여, 인도지에서 그 업무를 이용하는 자를 포함하여, 복합운송인에 갈음하여 행위를 하는 자 또는 송하인에 갈음하여 행위를 하는 자에게 한 통지는, 복합운송인 또는 송하인에게 한 통지로 본다.

제25조 제소의 제한

1. 법적 절차 또는 중재절차가 2년의 기간 이내에 제기되지 않으면 본 협약에 의한 실제복합운송에 관한 어떠한 소송도 시효소멸한다. 그러나 배상청구의 종류와 주요사항을 명기한 서면에 의한 통지가 물건이 인도된 날로부터 물건이 인도되지 않았을 때는 인도되어야 했을 날로부터 6개월 내에 행하여지지 아니한 때에는 소송은 그 기간만료시에 시효소멸된다.
2. 제한기간은 운송인이 물건의 전부 또는 일부를 인도한 날의 익일 또는 물건이 인도되지 않았을 때는 물건이 인도되었어야 했을 날의 익일에 개시한다.
3. 배상청구를 받은 자는 제한기간의 진행 중에 언제라도 배상청구자에 대한 서면에 의한 통고로 그 기간을 연장할 수 있다. 이 기간은 그 후의 다른 통고나 통고들에 의하여 다시 연장될 수 있다.
4. 다른 적용되는 국제법인 협약의 규정에 저촉되지 아니하는 한, 책임을 질 자에 대한 구상청구소송은 전제항에 규정된 제한기간의 만료 후에도 소송절차를 개시하는 국가의 법률에 의하여 허용된 기간 내에는 이를 제기할 수 있다. 그러나 그 허용기간은 그러한 구상청구소송을 제기하는 사람이 자기에 대한 청구를 해결한 날, 또는 자기에 대한 소송에서 소장의 송달을 받은 날로부터 기산하여 90일 미만이 아니어야 한다.

제26조 재판관할권

1. 본 협약에 의한 국제복합운송에 관한 법적 절차에서는 원고는 자기의 선택에 의하여 그 소재국의 법률에 의하여 정당한 재판관할권을 가지고 또 다음 장소 중의 하나가 소재하는 그 관할권내 법원에 소송을 제기할 수 있다.
   (a) 피고의 주된 영업소의 소재지 또는 그것이 없는 때에는 피고의 평소의 거소:
   (b) 복합운송계약의 체결지, 이 경우에는 피고가 그곳에 사무소, 지점 또는 계약을 체결한 대리점을 가진 곳이어야 한다.
   (c) 국제복합운송을 위하여 물건을 인도한 곳 또는 인도지:
   (d) 복합운송계약에서 그 목적을 위하여 지정하고 있거나 복합운송증권으로 증명되는 그 밖의 곳

2. 이 협약에 의한 복합운송에 관한 법적 절차는 본조 제1항에 특정되어 있지 아니한 곳에서는 이를 제기할 수 없다. 본조의 규정은 예비적 조치 또는 보전적 조치를 위한 체약국의 재판관할권에 대한 장애로 해석되지 아니한다.
3. 본조의 전 각 항의 규정에도 불구하고 청구가 발생한 후에 원고가 소송을 제기할 수 있는 곳을 지정하는 당사자에 의하여 성립된 합의는 효력이 있다.
4. (a) 소송이 본조의 제조항에 의하여 제기되어 있는 경우 또는 그러한 소송에서 판결이 선고된 경우에는, 처음의 소송에서의 판결이 새로운 절차가 제기된 국가에서 집행할 수 없는 것이 아닌 한, 동일당사자간에 동일사유로 새로운 소송을 제기할 수 없다.
   (b) 본조의 적용목적에 관하여 판결의 집행을 얻기 위한 수단의 제기 또는 동일국가내의 다른 법정으로의 소송의 이송은 새로운 소송의 개시로 인정하지 아니한다.

제27조 중재

1. 본조의 규정에 따라서 당사자는 이 협약에 의한 복합운송에 관하여 생기는 어떠한 분쟁도 중재에 위임하여야 한다는 것을 문서로 증명되는 합의로 규정할 수 있다.
2. 중재절차는 신청인의 선택에 의하여 다음 장소중의 하나에서 이를 제기하여야 한다.
   (a) 일국의 영토 내에 소재하는 다음 장소:
      (i) 피신청인의 주된 영업소의 소재지 또는 그것이 없는 때에는 피신청인의 평소의 거소
      (ii) 복합운송계약체결지. 이 경우에는 피신청인이 그 곳에 사무소, 지점 또는 계약을 체결한 대리점을 가진 곳이어야 한다.
      (iii) 국제복합운송을 위하여 물건을 인도한 곳 또는 인도지.
   (b) 중재조항 또는 중재계약에 의하여 그 목적을 위하여 지정된 그 밖의 곳.
3. 중재인 또는 중재법정은 본 협약의 규정을 적용하여야 한다.
4. 본조 제2항 및 제3항의 규정은 모든 중재조항 또는 합의의 일부인 것으로 보며, 그러한 규정에 저촉되는 중재조항 또는 합의규정은 무효로 한다.
5. 본조의 어떠한 규정도 복합운송에 의한 청구가 생긴 후에 당사자에 의하여 성립된 중재에 관한 합의의 효력에 영향을 미치지 아니한다.

제6장 보칙

제28조 계약조항

1. 복합운송계약 또는 복합운송증권에 있는 조항 중 이 협약의 규정을 직접 또는 간접으로 해하는 범위에서 이를 무효로 한다. 이러한 조항의 무효는 그것이 일부를 이루고 있는 계약 또는 증권의 다른 규정의 효력에 영향을 미치지 아니한다. 물건에 관한 보험의 이익을 운송인을 위하여 양도한다는 조항 기타 이와 유사한 조항은 무효로 한다.
2. 본조 제1항의 규정에도 불구하고 복합운송인은 송하인의 동의를 얻어 본 협약상의 자기의 책임 및 의무를 가중할 수 있다.

3. 복합운송증권에는 당해 복합운송이 송하인 또는 수하인이 불이익으로 이 협약을 해하는 조항은 무효로 한다는 협약의 규정의 규율을 받는다는 뜻의 기재를 포함하여야 한다.
4. 물건에 과한 배상청구자가 본조에 의한 무효조항으로 인하여 또는 본조 제3항에서 정하는 기재의 결여로 인하여 손실을 입은 경우에는 복합운송인은 배상청구자에게 물건이 멸실 또는 훼손 또한 인도지연에 대하여 본 협약의 규정에 따라서 배상을 하기 위하여 요구되는 범위 내에서 손해배상을 하여야 한다. 또한 복합운송인은 청구권자가 그 권리의 행사를 위하여 지출한 비용에 대하여도 배상을 하여야 한다. 그러나 그 규정이 원용되는 소송에서 부담한 비용은 사안이 계속된 법정지의 법에 따라서 이를 결정한다.

제29조 공동해손

1. 본 협약의 어떠한 규정도 공동해손의 정산에 관한 복합운송계약 또는 국내법의 규정이 있는 경우 또한 적용 가능한 범위 내에서 그 적용을 방해하지 아니한다.
2. 제25조의 적용이 없이 물건의 멸실 또는 훼손에 관한 복합운송인의 책임에 관한 이 협약의 제규정은, 수하인이 공동해손분담금을 거절할 수 있는가의 여부를 결정하고, 부담한 그러한 분담금 또는 지급한 구조료에 관하여 수하인에게 보상할 복합운송인의 책임을 결정한다.

제30조 타협약

1. 본 협약은 1924년 8월 25일자 해상항행선박소유자의 책임제한에 관한 약간의 규칙통일을 위한 브뤼셀 국제협약, 1957년 10월 10일자 해상항행선박 소유자의 책임제한에 관한 브뤼셀 국제협약, 1976년 11월 19일자 해사채권의 책임제한에 관한 런던협약 및 1973년 3월 1일자 내항선박 소유자의 책임제한에 관한 제네바협약 이들 제협약의 개정 혹은 내항선박과 해상항행선박 소유자의 책임제한에 관한 국내법에 규정되어 있는 제권리와 의무를 변경하지 않는다.
2. 본조 약의 제26조 제27조의 규정은 동조에 취급된 사항들과 관련한 타국제협약의 강행적 규정들의 적용을 방해하지 않으나, 분쟁이 전적으로 그러한 타협약 당사국내에 주된 영업소를 가지고 있는 사업자들 간에 발생된 것을 전제로 한다. 그러나 본 항은 본 협약 제27조 제3항의 적용에 대해서는 영향을 미치지 아니한다.
3. 원자력시설의 운영자가 원자력사고로 인한 손해에 대하여 다음 법규에 의하여 책임을 지는 경우에는 이 협약에 의거한 책임은 생기지 아니한다.
   (a) 1964년 1월 28일의 추가의정서에 의하여 개정된 「원자력에너지 분야의 제3자에 대한 책임에 관한 1960년 7월 29일의 파리협약」또는 「원자력 손해에 대한 민사책임에 관한 1963년 5월 21일의 비엔나 협약」 혹은 그 개정.
   (b) 그러한 손해에 대한 책임을 규율하는 국내법. 그러나 그러한 국내법이 모든 점에서 파리협약 또는 비엔나협약에서처럼 손해를 입은 자에게 유리한 경우에 한한다.
4. 국제도로물건운송계약에 대한 1956년 5월 19일자의 제네바협약의 제2조 혹은 국제철도물건운송에 관한 1970년 2월 7일 베른협약 제2조에 의거한 물건운송과 같은 물건운송은

그러한 운송을 지배하는 협약당사국들에 대해, 그러한 당사국들이 동물건운송에 대한 해당 협약규정이 적용을 받아야 하는 한 본 협약 제1조 제1항 의미의 국제복합운송으로 간주하지 않는다.

제31조 계산단위 또는 통화단위 및 환산

1. 본 협약 제18조에 규정된 계산단위는 국제통화기금(IMF)에서 정의하는 특별인출권(S.D.R)으로 한다. 제18조에 의한 금액은 판결이나 중재판정의 날 또는 당사자가 합의한 날의 국제통화가치에 따라서 그 국가의 국내통화로 이를 환산한다. 국제통화기금의 회원인 체약국의 특별인출권에 의한 국내통화가치는 그 취급과 거래에 관하여 당해 일자에 실시되고 있는 국제통화기금이 적용하는 평가방법에 따라서 이를 산출한다. 국제통화기금의 회원이 아닌 체약국의 특별인출권에 의한 국내통화가치는 그 국가에서 결정하는 방법에 따라서 이를 산출한다.
2. 그러나 국제통화기금의 회원국이 아닌 국가로서, 그 법률상 본조 제1항의 규정의 적용이 허용되지 아니하는 국가는 서명시나 비준, 수락, 승인 또는 가입시 또는 그 후 어느 때라도 자국의 영토내에서 본 협약에 규정된 책임한도를 제18조 제1항에 규정되어 있는 책임한도에 대해서는 포 혹은 선적단위당 13,750 화폐단위 또는 화물총중량 킬로당 41.25 화폐단위, 제18조 제3항에 규정된 한도에 대해서는 124 화폐단위로 한다는 것을 선언할 수 있다.
3. 본조 제2항에 규정된 통화단위는 순도 1,000분의 900의 금 65.5mg에 상당한다. 제2항에 의한 금액의 국내통화의 환산은 체약국의 법률에 따라서 이를 시행한다.
4. 본조 제1항 본문에 규정된 산출 및 본조 제3항에 규정된 산출 및 본조 제3항에 규정된 환산은 가능한 한 제18조에 계산단위로서 표시되어있는 금액과 동일한 실질가치를 체약국의 국내통화로 표시할 수 있는 방법으로 이를 행하여야 한다.
5. 체약국은 본조 제1항에 의한 산출방법 또는 본조 제3항에 규정된 환산의 효과에 관하여, 각 경우에 따라서, 서명시, 비준시, 수락시, 승인시 또는 본조 제2항에 규정된 선택권을 이용할 때 및 그러한 산출방법 또는 그러한 환산의 효과에 변경이 있는 때에는, 수탁자에게 이를 통지하여야 한다.

제7장 통관문제

제31조 보세운송

1. 체약국은 국제복합운송을 위한 보세운송절차의 이용을 승인하여야 한다.
2. 국내법이나 규칙에 따라서 국제복합운송에 있어서의 물건의 보세운송은 본 협약 제부속서 제1조부터 제4조에 포함되어 있는 규칙과 원칙에 준하여야 한다.
3. 물건이 복합운송과 관련된 보세운송절차에 관한 법이나 규칙을 도입할 시 체약국은 본 협약 부속서 제1조부터 제4조를 고려하여야 한다.

제8장 최종조항

제33조 수탁자

UN사무국장을 본 협약의 수탁자로 임명한다.

제34조 서명, 비준, 수락, 승인 및 가입

1. 모든 국가는 다음의 방법에 의해 본협약의 당사국이 될 수 있다.

(a) 비준, 수락, 승인을 조건으로 하지 않은 서명 : 또는,

(b) 비준, 수락 또는 승인을 조건으로 승인한 후 비준하고 수락하고 승인함

(c) 가입

2. 본 협약은 서명을 위해 1980년 9월 1일부터 1981년 8월 31일까지 뉴욕 UN본부에 개방된다.
3. 1981년 8월 31일 이후, 본 협약은 諸非署名國들의 가입을 위해 개방된다.
4. 비준, 수락, 승인 및 가입문서는 UN 사무국장에게 기탁되어야 한다.
5. UNCTAD 회원인 주권국가로 구성된 지역적 경제통합기구로써, 협약에 의해 커버되는 특정분야의 국제협약들에 대해, 협상 체결하고 적용할 권한이 있는 기구는 본조 제1항부터 제4항까지의 규정에 따라 동일하게 본 협약의 당사자가 될 수 있으며 그에 의해서 본 협약 당사국과의 관계하에서는 전기(前記)한 특정분야내에서 본 협약의 제권리와 의무를 갖는다.

제35조 유보

본 협약에 대한 유보는 불허함.

제36조 발효

1. 본 협약은 30개국의 정부가 비준, 수락 혹은 승인을 조건으로 하지 않고 서명을 했거나 비준, 수락 혹은 승인 혹은 가입문서를 수탁자에게 기탁한 12개월 후에 발효한다.
2. 본조 제1항의 발효요건이 충족되고 난 후 본 협약에 비준, 수락, 승인 혹은 가입한 각국에 대해서는 그러한 국가에 의해 적절한 문서가 기탁된 12개월 후에 본협약이 발효한다.

제37조 적용일자

각체약국은 본 협약이 발효한 이후에 체결된 복합운송계약에 대해 동당사자에 관해 본 협약의 규정을 적용해야 한다.

제38조 기존 협약하에서의 제 권리와 의무

본 협약에 따른 국제복합운송으로 양 국가중 한 국가만이 체약국인 경우에 제26조 및 제27조에 의거한 법적절차나 중재절차가 한 체약국내에서 제기되었을 시, 그리고 양 국가가 본협약 발효당시 똑같이 타 국제협약에 구속 받을 경우 법원이나 중재재판소는 그러한 협약하의 의무에 따라 그 협약의 규정을 적용할 수 있다.

제39조 개정

1. 본 협약 발효 후 수탁자는 본 협약 체약국 3분의 1 이상의 요청에 의해 협약개정을 위한 협약국 회의를 소집하여야 한다. 사무국장은 적어도 회의개시 3개월 이전에 개정제안의 내용을 모든 체약국에 회람하여야 한다.
2. 개정회의의 결정은 참가투표국 3분의 2의 다수결에 의한다. 수탁자는 전체약국에 대해서는 수락을 위해, 협약의 전서명국에 대해서는 정보목적으로 회의에서 채택된 개정내용들을 통보하여야 한다.
3. 다음 제4항에 의해 회의에서 채택된 개정사항은 체약국 3분의 2에 의한 수락후 1년이 경과한 익월의 제1일에 그 개정을 수락한 체약국에 대해서만 발효한다. 체약국 3분의 2가 개정을 수락한 후에 동개정을 수락한 국가에 대해서는 그 국가가 개정안을 수락한 후 1년이 경과한 익월의 제1일에 발효한다.
4. 제18조와 제31조 제2항에 정해진 액의 변경 또는 제31조 제1항과 제3항에 정의된 단위들의 일방 혹은 쌍방을 타단위들로 대체하는 의결개정은 그 개정을 체약국 3분의 2가 수락한 후 1년이 경과한 익월의 제1일에 발효한다. 변경된 액이나 대체된 단위들을 수락한 체약국은 전체약국들과의 관계에 그들을 적용하여야 한다.
5. 개정의 수락은 그 취지에 대한 공식문서를 수탁자에게 기탁함으로써 이루어진다.
6. 회의에 의해 채택된 개정이 효력을 발생한 후에 기탁된 비준서, 수락서, 승인서 또는 가입서는 개정된 협약에 적용되는 것으로 본다.

제40조 폐기

1. 각체약국은 본 협약이 효력을 발생한 날로부터 2년의 기간이 경과한 후에는 수탁자를 수신인으로 한 서면통지에 의해서 하시(何時)라도 본 협약을 폐기할 수 있다.
2. 그러한 폐기는 수탁자가 그 통지를 접수한 일로부터 1년이 경과한 후의 익월의 제1일에 효력을 발생한다. 통지상에 그보다 장기간이 표기되어 있을 시는 수탁자가 통지를 접수한 일로부터 그 기간이 경과함으로써 폐기는 효력을 발생한다.

이상의 증거로써 서명자는 정당하게 위임을 받고 기재일자에 서명하였다.
1980년 5월 24일 제네바에서 동일한 전문으로 아랍어, 중국어, 영어, 불어, 러시아어 및 스페인어로 정본일통 작성하다.

附屬書
국제물건복합운송에 관한 통관규정

제1조

본 협약을 위해:
「보세운송절차」란 물건이 한 세관으로부터 타 세관으로 보세관리하에 운송되는 보세절차를 의미한다.

「착지세관」이란 보세운송 운영이 종료되는 지점의 세관을 의미한다.

「수입/수출 관세와 세금」이란 물건의 수입/수출 또는 그와 관련하여 징수한 모든 비용 혹은 수수료 관세 기타 제세금을 의미하나 제공한 서비스의 개략적인 실비로 금액이 제한되어 있는 비용과 수수료는 제외한다.

「보세운송서류」란 보세운송 운영을 위해 요하는 정보나 자료를 수록한 양식을 의미한다.

제II조

1. 체약국들은 그들의 영토 내에서 효력을 발생하고 있는 법, 규칙 및 정부간협약의 규정에 따라, 국제복합운송에 있어서의 물건의 자유로운 통과를 허용해야 한다.
2. 통과 · 운송을 위해 보세운송 절차에 요하는 조건들이 세관당국이 만족할 만큼 충족되었다는 전제하에 국제복합운송하의 물건은,
   (a) 세관에게 시행하여야 할 책임이 있는 규칙이나 법규의 이행을 확인하기 위해 필요하다고 간주되는 정도를 제외하고, 일반적으로 운송과정 중 세관검사 대상이 되어서는 안 된다. 이와 연관하여 세관당국은 통상적으로 물건의 입출시점에서의 보안조치 세관봉인의 관리에만 자신들을 한정하여야 한다.

(b) 공공 혹은 국가안전, 공중도덕 혹은 위생에 관한 법이나 규정의 적용을 해함이 없이, 통과운송에 사용되는 보세운송제도의 절차 또는 요건 이상의 세관절차요건의 대상이 되어서는 안 된다.

제III조

물건의 통과를 용역하게 하기 위하여 각체약국은:

(a) 선적국일 경우, 차통과운송을 위해 요하는 정보의 정확성 및 완전성을 보증하기 위해 실행 가능한 범위 내에서 모든 조치를 다해야 한다.

(b) 착지국일 경우,

(i) 보세운송중인 물건이 착지세관에서 통관절차가 끝날 수 있도록 보증하기 위해 필요한 모든 조치를 다하여야 한다.

(ii) 국내법이나 규정이 달리 요청하고 있지 않는 한, 물건의 최후목적지에 가장 인접한 지점에서 통관절차가 완료되도록 최대 노력한다.

제IV조

1. 보세운송절차에 열거되어 잇는 조건들이 세관당국이 만족할 만큼 이행되었음을 전제로, 국제복합운송하에 있는 물건은 통과국에서 수입/수출 관세와 세금이나 그에 갈음하는 공탁금 지급의 대상이 되어서는 안 된다.
2. 전항의 규정은 다음을 방해치 않는다.
   (a) 공공안전이나 위생에 근거, 국내규정에 의거한 수수료나 비용의 징수.

(b) 평등한 조건하에 부과된다는 전제하에 제공된 서비스의 개략적인 실비로 금액이 제한되어 있는 수수료나 비용의 징수.

제V조

1. 보세운송절차를 위해 재정보증이 요구될 경우, 통과국의 국내법, 규정 및 국제협약에 따라서 통과국 세관당국이 만족할 수 있도록 제공되어져야 한다.
2. 보세운송을 용역하도록 하기 위하여, 세관보증제도는 단순하고, 효율적이며 적정선에서 평가되어야 하고, 수입/수출관세와 될 수 있는 제세금을 포함하여야 하며, 보증에 의해 커버되는 국가에서는 여타 벌과금을 포함하여야 한다.

제VI조

1. 제 국제협약이나 국내법 및 규정들에 의해 요구되는 타서류의 효력을 해함이 없이 통과국의 세관당국은 복합운송증권을 해당부분의 보세운송서류로 받아들여야 한다.
2. 보세운송을 용역하도록 하기 위하여, 보세운송서류는 가능한 한 아래의 서식에 따라 정리되어야 한다.

6. 국제물건복합운송협약초안(TCM 협약)(제4회 합동위원회에 의해 채택된 안)

제1조

1. 본협약의 규정은 본조 제2항에서 정의하는 복합운송증권에 의하여 증명되는 복합운송의 이행을 위하여 체결된 모든 계약에 대하여 적용한다. 이러한 증권이 발행되지 않은 경우에는 본협약은 적용되지 아니한다.
2. 본협약에서 복합운송증권이라 함은 'TCM협약의 적용을 받는 유통성 복합운송증권' 또는 'TCM협약의 적용을 받는 비유통성 복합운송증권' 이란 머리말을 기재하고 또 해상운송, 내수운송, 항공운송, 철도운송 또는 도로운송과 같이 다른 두 가지 이상의 운송형태에 의한 물건운송계약으로서 물건이 수령된 장소와 인도를 위해 지정된 장소가 다른 국가인 것을 증명하는 증권을 이른다.

   컴퓨터 기타 전자식 또는 자동식 자료처리시스템에 의하여 기록된 자료도 상기의 제항에서 말하는 증권에 상당한다.

   항공운송계약의 이행에 있어서 그리고 당해운송에 부수하여 행하여진 집화, 인도 및 積替作業은 본항의 적용상 다른 운송형태를 구성하는 것은 아니다.
3. 본협약의 규정은 발행장소, 물건이 수령된 장소, 인도를 위해 지정된 장소 또는 복합운송인, 송하인, 수하인 기타 관계인의 국적 또는 등록장소를 묻지 않고 모든 복합운송증권 및 이것에 의해 증명된 계약에 대하여 적용된다.
4. 본협약에 있어서

a) TCM협약이라 함은 본협약을 이른다.
b) 복합운송인이라 함은 복합운송증권을 발행하는 자를 이른다.
c) 人은 사단, 회사 또는 법인을 포함한다.
d) 프랑이라 함은 순도 900/1000의 금 1그램의 10/31을 구성하는 단위를 이른다.

제2조

1. 복합운송증권의 발행에 의하여 복합운송인은
   a) 물건의 수령부터 인도까지의 전기간을 통하여 당해운송에 필요한 모든 서비스를 포함하는, 물건을 수령한 장소부터 복합운송증권에 의하여 인도를 지정한 장소까지의 전운송을 이행할 것, 또는 자기의 이름으로 이행을 확보할 것을 인수하고
   b) 당해운송 및 그에 필요한 서비스에 대하여 본협약이 정한 책임을 지고
   c) 복합운송증권에 의해 지정된 자 또는 정당하게 배서된 증권의 소지인에 대한 인도를 확실히 하기 위하여 필요한 모든 행위의 이행을 인수한다.
2. 본협약의 적용상 및 그 규정의 적용에 따라, 복합운송인은 복합운송증권에 의하여 증명된 계약의 이행을 위하여 이용하는 서비스를 제공하는 모든 자의 작위 및 부작위에 대하여 책임을 진다.

제3조

1. 복합운송증권에 당사자가 합의한 사항을 기재할 수 있다.
2. 복합운송증권에 물건의 종류, 기호, 개수, 양 또는 중량이 기재된 경우에 복합운송인이 당해 기재사항이 실제로 수령한 물건을 정확히 표시하고 있지 않다고 의심할만한 합리적인 이유가 있거나, 그 정확성을 확인할 적당한 방법이 없는 경우에는 복합운송인은 복합운송증권에 유보를 붙일 권리를 가진다.
3. 복합운송증권의 이행은 적용할 수 있는 국내법에 따라 복합운송에 포함된 운송 또는 기타 서비스에 관한 다른 증권을, 필요한 경우에, 발행하는 것을 방해하지 않는다.

제4조

송하인은 물건이 복합운송인에 의하여 수령된 때에 자기가 통지한 당해물건의 종류, 기호, 개수, 용적 및 중량의 정확성을 복합운송인에게 보증한 것으로 간주되고, 송하인은 이러한 사항의 부정확 또는 부적당함으로 인하여 생기는 모든 멸실, 훼손 및 비용을 복합운송인에게 배상해야 한다.

제5조

1. 복합운송증권은 복합운송인이 제3조의 규정에 따라서 당해증권에 기재되어 있는 대로 特件을 수령했다는 일응의 증거가 된다.
2. 그러나 복합운송증권이 양도가능하고 동시에 선의의 제3자에게 양도된 때에는 반대의 증거는 허용되지 않는다.

제6조

1. 복합운송증권이 유통형식으로 발행된 경우에는
   a) 증권은 지시식 또는 무기명식이어야 한다.
   b) 지시식인 경우에는 배서에 의해서 양도되어야 한다.
   c) 발행된 원본의 수를 기재해야 한다.
   d) 각 사본에는 '유통불능의 사본' 임을 기재해야 한다.
   e) 물건의 인도는 복합운송인 또는 그 대리인에 대하여 복합운송증권과 상환하여서만 청구할 수 있다.
2. 2통 이상의 유통성복합증권이 발행된 경우에 복합운송인 또는 그 대리인이 그 원본 1통과 상환하여 성실히 물건을 인도한 때에는, 복합운송인은 당해물건을 인도할 의무를 면한다.

제7조

1. 위험성있는 물건이 복합운송인에 의하여 수령되기 전에, 송하인은 복합운송인에 대하여 그 위험의 정확한 성질을 통지하고, 필요한 경우에는 채택해야 하는 예방조치를 지시해야 한다.

   이 통지가 복합운송증권에 기재되어 있지 않은 경우에는 복합운송인은 그 물건운송에 있는 위험의 정확한 성실을 요지하고 있었다는 것을, 다른 방법에 의하여, 입증할 책임은 그 물건에 대하여 권리를 가지는 자가 진다.
2. 송하인 본조 제1항의 규정에 위반하고 복합운송인이 그 물건의 정확한 성질 및 채택되어야 할 필요한 예방조치를 알지 않았던 경우에, 만일, 何時라도 그러한 물건이 생명 또는 재산에 대하여 위험하다고 인정되는 때에는, 상황에 따라서는, 배상하지 않고, 어느 장소에서라도, 양하하고, 파괴하고, 무해하게 할 수 있고 송하인은 당해물건의 수령 또는 운송 또는 그에 수반하는 서비스로부터 발생하는 모든 멸실, 훼손, 지연 또는 비용에 대하여 책임을 진다.

제8조

물건이 복합운송증권에 의하여 인도를 받을 권리를 가진 자에게 인도되기 전에 또는 인도시 인도장소에서, 또는 물건의 멸실 또는 훼손이 명백하지 않은 경우에는 그 인도는 복합운송인이 복합운송증권에 기재된 대로 特件을 인도했다는 일응의 증거로 된다.

제9조[2)]

1. 복합운송인은 물건의 수령시부터 인도시까지 사이에 생인 물건의 멸실 또는 훼손에 대하여 책임을 진다.

2) 회의는 제9조 내지 제12조에 대하여 대체조문을 두기로 합의하였다. 이 대체조문은 제4회기말에 제안되어, 회의에서는 토의되지 않았다. 대체조문은 제9조A, 제9조A의 2, 제10조A 및 제12조A로 표시된다.

2. 그러나 멸실 또는 훼손이 다음 사유로 인하여 발생한 한도에서 복합운송인은 책임을 면한다.
   a) 송하인 또는 수하인의 불법행위 또는 멸실
   b) 제시할 권한을 가진 자가 복합운송인에게 한 지시의 준수
   c) 포장되지 않거나 적절히 포장되지 아니한 때에는, 그 성질상, 멸실 또는 훼손되기 쉬운 물건을 포장하지 아니한 때 또는 포장이 불완전한 때. 단, 당해포장이 복합운송인에 의하여 행해진 경우는 제외한다.
   d) 송하인 또는 수하인, 또는 송하인 또는 수하인을 위하여 행위하고 있는 자에 의한 물건의 취급, 선적, 적부 또는 양하
   e) 물건의 고유의 하자
   f) 물건, 포장 또는 개수의 불충분 또는 불완전. 단, 기호 도는 번호가 당해 복합운송인에 의하여 기재될 것이 요구된 때는 제외한다.
   g) 동맹파업, 작업장폐쇄, 휴업, 노동의 제한, 복합운송인이 상당한 주의를 기울여도 피할 수 없었던 결과
   h) 원자력사고. 단, 원자력에 관한 책임을 규제하는 국제협약 또는 국내법의 적용에 의하여 원자력시설의 운영자 또는 그 자를 위하여 행위하는 자가 그 손해에 대하여 책임을 지는 경우에 한한다.
   i) 복합운송인이 피할 수 없었던 원인 또는 사고 및 복합운송인이 상당한 주의를 기울여도 방지할 수 없었던 결과
3. 멸실 또는 훼손이 본조 제22항에 규정한 원인 또는 사고의 하나 이상에 의하여 발생했다는 입증책임은, 복합운송인이 진다.
4. 복합운송인이, 당해사건의 상황에 있어서, 멸실 또는 훼손이 본조항 제22항 c)부터 g) 까지 규정하는 1개 이상의 원인 또는 사고에 기인한 것임을 입증한 때에는, 그와 같이 발생한 것이라고 추정된다. 그러나, 배상청구자는 당해 멸실 또는 훼손이, 실제로는 전체적으로 또는 부분적으로 1개 이상의 그러한 원인 또는 사고로 인하여 발생한 것이 아님을 증명할 권리가 있다.

제10조

1. 복합운송인이 물건의 멸실 또는 훼손에 관하여 손해배상책임을 지는 경우에는, 그 배상액은, 그 물건을 수하인에게 인도하는 장소 및 때에 있어서의 당해물건의 가액을 참작하여 산정한다.
2. 물건의 가액은 상품거래가격에 의하고, 그 가격이 없는 경우에는 그때의 시장가격에 의하고, 상품거래가격 또는 시장가격도 없는 경우에는, 동종류 또는 동품질의 물건의 통상의 가액을 참작하여 정한다.
3. 그러나, 배상액은, 멸실 또는 훼손한 물건의 총중량의 1키로에 대하여, ○○○프랑을 초과할 수 없다. 물건의 총중량의 최소한은 ○○○키로로 간주된다.
4. 복합운송인의 동의를 얻어, 송하인이 신고한 본조에 정한 한도를 넘는 물건의 가액이 복

합운송증권에 기재된 경우에 한하여, 이것을 초과하는 배상액을 청구할 수 있다. 이경우에는 신고된 가액이 그 제한액을 대신한다.

제11조

1. 물건의 인도의 지연은, 복합운송인이 물건을 합의된 기간내에 수하인에게 인도하는 것이 가능했던 때에, 또는 합의된 기간이 없는 경우에는, 그 경우의 사정을 고려하여, 실제의 전복합운송기간이 그 성실한 이행을 위하여 허용되는 상당한 기간을 초과한 때 발생한 것으로 본다.
2. 지연의 경우에, 배상청구자가 물건의 멸실 또는 훼손 이후의 손해가 발생하였음을 증명하는 때에는 복합운송인은 그 손해에 대하여 ○○○을 초과하지 않는 배상액을 지급해야 한다.
3. 기간이 합의되고, 물건이 그 기간내에 인도되지 않은 경우에는, 복합운송인은 지연이 제9조 제2항에 규정한 원인 또는 사고로부터 발생하였음을 입증한 한도에 있어서, 본조 제2항의 규정에 의한 배상책임을 면한다.
4. 물건이 제1항에 규정하는 기간후 60일 이내에 수하인에게 인도되지 않은 경우에는, 배상청구자는 당해물건이 멸실한 것으로 취급할 권리를 가진다.

제12조

1. 멸실 훼손 또는 지연이 어느 특정의 운송구간에서 발생한 것을 입증할 수 있는 경우에는, 복합운송인의 책임은 다음 규정에 의하여 결정된다.
   a) 어떠한 국제협약 또는 국내법에 포함된 규정
      i) 사적 계약에 의해서는, 배상청구자에게 불리하게 변경할 수 없고, 동시에
      ii) 배상청구자가 멸실, 훼손 또는 지연이 발생한 특정의 운송구간에 관하여 복합운송인과 개별적이고 직접적인 계약을 체결하고, 동시에 그 증명으로서, 당해 국제협약 또는 국내법을 적용하기 위하여 발행해야 하는 특정의 증서를 수령하고 있는 경우에 적용되어야 하는 규정 또는
   b) 멸실, 훼손 또는 지연이 발생한 당시, 그 물건의 운송을 위하여 사용된 운송형태에 의한 물건운송에 관한 국제협약이 규정. 단
      i) 다른 국제협약 또는 국내법이 본조 a)호의 규정에 의하여 적용되지 않고, 동시에
      ii) 당해 협약에 포함된 모든 규정이 당해 운송형태에 의한 물건의 운송을 규제하여야 한다는 뜻이 기재되어 있고, 동시에 당해운송형태가 해상운송인 때에는, 그러한 규정은 갑판적으로 운송되는 물건인가 艙內積으로 운송되는 물건인가를 묻지 않고, 모든 운송물건에 대하여 적용한다. 또는,
   c) 복합운송인과 하수급운송인 사이에 체결된 내수복합운송에 포함된 규정. 단,
   i) 국제협약 또는 국내법이 본조 a)호의 규정에 의해서 적용되지 않을 것, 또는 본조b)호의 규정에 의해서 적용되지 않을 것, 또는 적용의 가능성이 없었을 것, 및 ii) 복합운송증권상에, 그 계약이 적용된다는 뜻이 명기될 것을 요한다. 또는 d) 상기 a)

호, b)호, c)호가 적용되지 않는 경우에는 제9조, 제10조 및 제11조의 규정.

2. 제2조 제2항의 적용을 방해하는 것이 아니고, 전항의 규정에 따라서 복합운송인의 책임이 국제협약 또는 국내법의 규정에 의하여 결정되어야 하는 경우에는, 그 책임은 당해복합운송인을 당해 국제협약 또는 국내법상의 운송인으로 보아 결정한다.
3. 그러나, 멸실, 훼손 또는 지연이 복합운송인의 자격으로서의 작위 또는 부작위 또는 그러한 자격의 사용인 또는 대리인의 작위 또는 부작위로 인하여 발생한 경우에는, 복합운송인은 책임을 면하지 못한다.

(제9조 내지 제12조의 대체규정)

제9조A

1. 복합운송인은 물품의 수령시부터 인도시까지 사이에 생기는 물건의 멸실 또는 훼손에 대하여 책임을 진다.
2. 복합운송인은 물건의 인도의 지연에 의하여 발생한 손해에 대하여 책임을 진다. 물건의 인도의 지연은, 복합운송인이 물건을 합의된 기간내에 수하인에게 인도하는 것이 가능했던 때에, 또는 합의된 기간이 없는 경우에는, 그 사정을 고려하여, 실제의 전복합운송기간이 그 성실한 이행을 위하여 허용되는 상당한 기간을 초과한 때 발생한 것으로 본다.
3. 그러나, 복합운송인은 멸실, 훼손 또는 지연이 피할 수 없었던 사정 또는 방지할 수 없었던 결과로 인해 발생하였음을 증명한 경우에는, 책임을 면한다.

제9조A(2)

어떠한 경우에도, 복합운송인은 멸실, 훼손, 또는 지연이 다음 사유로 인하여 발생했음을 입증한 경우에는 책임을 면한다.

a) 송하인 또는 수하인의 작위 또는 부작위, 포장 또는 기호의 불충분 또는 물건의 고유의 결함, 성질 또는 하자

b)[3]수상 운송중에 생기는 선박항행에 있어서 작위, 부작위 또는 과실

c) 수상운송중에 생기는 화재. 단, 화재가 복합운송인 또는 수상운송인의 고의 또는 과실로 인하여 또는 선박을 항해에 감한 상태에 두고, 승무원의 승선, 선박의 의장 및 비품의 보급을 적절히 행하고, 또 선박을 물품의 수령, 운송 및 보관에 적합한 양호한 상태에 두는 것에 대하여 상당한 주의를 하지 않았음으로 인하여 발생한 경우에는 제외한다.

d) 원자력사고 단 체약국내의 원자력에 관한 책임을 제한하는 유효하고 특별한 규칙에 기하여, 원자력시설의 운영자 또는 그 자를 위하여 행위하는 자가 책임을 지는 경우에 한한다.

제10조A (원안 제10조와 같음)

제12조A

1. 운송의 경우에, 배상청구자가 물건의 멸실 또는 훼손 이후의 손해가 발생했음을 증명한 경우에는 복합운송인은 그 손해에 대하여 ○○○을 초과하지 않는 배상액을 지급해야 한다.

2. 물건이 제9조A에 규정한 기간후 60일이내에 수하인에게 인도되지 않은 경우에는, 배상청구자는 당해 물품이 멸실한 것으로 취급할 권리를 가진다.

제13조

1. 본 협약에 규정하는 항변 및 책임의 제한은, 불법행위책임에 기한 것인가 계약책임에 기한 것인가를 묻지 않고 물건의 멸실, 훼손 또는 지연으로 인하여 복합운송인에 대하여 제기된 모든 소송에 적용된다.
2. 멸실, 훼손 또는 지연이 손해를 발생시키려는 의도를 가지고 또는 무모하게, 그러한 손해가 발생할 우려가 있음을 인식하여 행위한 복합운송인의 작위 또는 부작위로 인하여 발생했음이 증명된 경우에는 복합운송인은 제10조 제3항, 및 제11조 제2항에 규정된 책임제한의 이익에 관한 권리를 가지지 않는다.

제14조

1. 본 협약에 달리 정한 경우를 제외하고, 본 협약은 송하인 기타 물건에 권리 또는 이해관계를 가진 자가 적용되어지는 국내법 또는 국제협약에 기하여 물품의 수령시부터 당해물건이 복합운송협약에 정한 대로 인도되어질 때까지 사이에 서비스를 제공하는 자에 대하여 가지는 소송에 영향을 미치는 것은 아니다.
2. 멸실, 훼손 또는 지연으로 인한 소송이 제2조 제2항에 기재된 자에 대하여 제기된 경우에는, 그자는 복합운송인이 본 협약에 기하여 주장할 수 있는 항변 및 책임의 제한을 자기를 위하여 원용할 수 있다.
3. 그러나, 멸실, 훼손 또는 지연이 손해를 일으키려는 의도를 가지거나, 또는 무모하게, 그러한 손해가 발생할 우려가 있음을 인식하여 행한 복합운송인의 작위 또는 부작위로 인하여 발생했음이 증명된 경우에는, 그 자는 제10조 제3항 및 제11조 제2항에 규정된 책임제한의 이익에 관한 권리가 없다.

제15조

1. 복합운송인은 물건의 인도후 9개월 이내에 소송이 제기되지 않는 한, 본 협약의 제규정에 의한 모든 책임을 면한다. 물건의 전부멸실의 경우에 이 기간은 제11조 제4항의 규정에 따르고, 배상청구자가 물건이 멸실한 것으로 취급할 권리를 취득하는 날부터 기산한다.
2. 본조 제1항에 정한 기간은 소송원인이 발생한 후에 당사자가 합의하는 경우에는 연장할 수 있다.
3. 국제협약의 규정이 반대의 정함을 하지 않는 경우에, 제3자에 대한 구상의 소가 당해구상자 자신에 대하여 소가 제기된 후 3개월 이내에 제기된 때에는, 제3자에 대한 구상의 소는 당해소송에 적용되는 규정에 정한 기간의 경과후에도 기산할 수 있다.

3) 최후조항에 헤이그규칙 개정의 경우 b)호 및 c)호의 개정규정을 두는 것으로 한다.

제16조

1. 본 협약의 규정에 직접 또는 간접으로 위반하는 특약은 효력이 없다. 본 협약의 무효는 당해협약의 다른 규정의 효력에 영향을 미치는 것은 아니다.
2. 특히, 물건의 보험의 이익을 복합운송인의 이익을 위하여 양도하는 것을 정한 규정은 효력이 없다.
3. 본조 제1항의 규정에도 불구하고, 복합운송인이 본 협약에 기한 책임 및 의무를 가중하는 것은 무효하다.

제17조 본협약은 체약국이 그 영토내에 있어서 복합운송인의 업무를 규제하는 규정을 정할 권리에 관한 문제에 영향을 미치는 것은 아니다.

2 각국 법령

07. 대한민국 상법 중 선하증권 관련 부분
08. 1855년 선하증권법(Bills of Lading Act 1855)
09. 영국의 1992년 해상물건운송법(Carriage of Goods by Sea Act 1992)
10. 미국 연방선하증권법(United States Code: Title 49-Transportation Chapter 801-Bills of Lading)
11. 1893년 하터법(The Harter Act)
12. 1936년 미국 해상물건운송법(The United States Carriage of Goods by Sea Act 1936)
13. 1999년 미국 해상물건운송법(안)
14. 일본의 국제해상물품운송법

7. 대한민국 상법 중 선하증권 관련 부분

제2편 상행위

제1장 통칙

▶ **제46조**(기본적 상행위) 영업으로 하는 다음의 행위를 상행위라 한다. 그러나 오로지 임금을 받을 목적으로 물건을 제조하거나 노무에 종사하는 자의 행위는 그러하지 아니하다.<개정 1995.12.29>

1. 동산, 부동산, 유가증권 기타의 재산의 매매

2. 동산, 부동산, 유가증권 기타의 재산의 임대차
3. 제조, 가공 또는 수선에 관한 행위
4. 전기, 전파, 까스 또는 물의 공급에 관한 행위
5. 작업 또는 노무의 도급의 인수
6. 출판, 인쇄 또는 촬영에 관한 행위
7. 광고, 통신 또는 정보에 관한 행위
8. 수신 · 여신 · 환 기타의 금융거래
9. 객의 집래를 위한 시설에 의한 거래
10. 상행위의 대리의 인수
11. 중개에 관한 행위
12. 위탁매매 기타의 주선에 관한 행위
13. 운송의 인수
14. 임치의 인수
15. 신탁의 인수
16. 상호부금 기타 이와 유사한 행위
17. 보험
18. 광물 또는 토석의 채취에 관한 행위
19. 기계 · 시설 기타 재산의 물융에 관한 행위
20. 상호 · 상표등의 사용허락에 의한 영업에 관한 행위
21. 영업상 채권의 매입 · 회수등에 관한 행위

▶ **제47조** (보조적 상행위)
① 상인이 영업을 위하여 하는 행위는 상행위로 본다.
② 상인의 행위는 영업을 위하여 하는것으로 추정한다.

▶ **제48조** (대리의 방식) 상행위의 대리인이 본인을 위한 것임을 표시하지 아니하여도 그 행위는 본인에 대하여 효력이 있다. 그러나 상대방이 본인을 위한 것임을 알지 못한 때에는 대리인에 대하여도 이 이행의 청구를 할 수 있다.

▶ **제49조** (위임) 상행위의 위임을 받은 자는 위임의 본지에 반하지 아니한 범위내에서 위임을 받지 아니한 행위를 할 수 있다.

▶ **제50조** (대리권의 존속) 상행위의 위임에 의한 대리권은 본인의 사망으로 인하여 소멸하지 아니한다.

▶ **제51조** (대화자간의 청약의 구속력) 대화자간의 계약의 청약은 상대방이 즉시 승낙하지 아니한 때에는 그 효력을 잃는다.

▶ **제52조** (격지자간의 청약의 구속력)

① 격지자간의 계약의 청약은 승낙기간이 없으면 상대방이 상당한 기간내에 승낙의 통지를 발송하지 아니한 때에는 그 효력을 잃는다.

② 민법 제530조의 규정은 전항의 경우에 준용한다.

▶ **제53조** (청약에 대한 낙부통지의무) 상인이 상시 거래관계에 있는 자로부터 그 영업부류에 속한 계약의 청약을 받은 때에는 지체없이 낙부의 통지를 발송하여야 한다. 이를 해태한 때에는 승낙한 것으로 본다.

▶ **제54조** (상사법정이율) 상행위로 인한 채무의 법정이율은 연6분으로 한다.<개정 1962.12.12>

▶ **제55조** (법정이자청구권)

① 상인간에서 금전의 소비대차를 한 때에는 대주는 법정이자를 청구할 수 있다.

② 상인이 그 영업범위내에서 타인을 위하여 금전을 체당한 때에는 체당한날 이후의 법정이자를 청구할 수 있다.

▶ **제56조** (지점거래의 채무이행장소) 지점에서의 거래로 인한 채무이행의 장소가 그 행위의 성질 또는 당사자의 의사표시에 의하여 특정되지 아니한 경우에는 특정물의 인도이외의 채무의 이행은 그 지점을 이행장소로 본다.

▶ **제57조** (다수채무자간 또는 채무자와 보증인의 연대)

① 수인이 그 1인 또는 전원에게 상행위가 되는 행위로 인하여 채무를 부담한 때에는 연대하여 변제할 책임이 있다.

② 보증인이 있는 경우에 그 보증이 상행위이거나 주채무가 상행위로 인한 것인 때에는 주채무자와 보증인은 연대하여 변제할 책임이 있다.

▶ **제58조** (상사유치권) 상인간의 상행위로 인한 채권이 변제기에 있는 때에는 채권자는 변제를 받을 때까지 그 채무자에 대한 상행위로 인하여 자기가 점유하고 있는 채무자소유의 물건 또는 유가증권을 유치할 수 있다. 그러나 당사자간에 다른 약정이 있으면 그러하지 아니하다.

▶ **제59조** (유질계약의 허용) 민법 제339조의 규정은 상행위로 인하여 생긴 채권을 담보하기 위하여 설정한 질권에는 적용하지 아니한다.

▶ **제60조** (물건보관의무) 상인이 그 영업부류에 속한 계약의 청약을 받은 경우에 견품 기타의 물건을 받은 때에는 그 청약을 거절한 때에도 청약자의 비용으로 그 물건을 보관하여야 한다. 그러나 그 물건의 가액이 보관의 비용을 상환하기에 부족하거나 보관으로 인하여 손해

를 받을 염려가 있는 때에는 그러하지 아니하다.

▶ **제61조** (상인의 보수청구권) 상인이 그 영업범위내에서 타인을 위하여 행위를 한 때에는 이에 대하여 상당한 보수를 청구할 수 있다.

▶ **제62조** (임치를 받은 상인의 책임) 상인이 그 영업범위내에서 물건의 임치를 받은 경우에는 보수를 받지 아니하는 때에도 선량한 관리자의 주의를 하여야 한다.

▶ **제63조** (거래시간과 이행 또는 그 청구) 법령 또는 관습에 의하여 영업시간이 정하여져 있는 때에는 채무의 이행 또는 이행의 청구는 그 시간내에 하여야 한다.

▶ **제64조** (상사시효) 상행위로 인한 채권은 본법에 다른 규정이 없는 때에는 5년간 행사하지 아니하면 소멸시효가 완성한다. 그러나 다른 법령에 이보다 단기의 시효의 규정이 있는 때에는 그 규정에 의한다.

▶ **제65조** (유가증권과 준용규정) 금전, 물건 또는 유가증권의 지급을 목적으로 하는 유가증권에는 민법 제508조 내지 제525조의 규정을 적용하는 외에 어음법 제12조제1항, 제2항의 규정을 준용한다.<개정 1962.12.12>

▶ **제66조** (준상행위) 본장의 규정은 제5조의 규정에 의한 상인의 행위에 준용한다.

제9장 운송업

▶ **제125조** (의의) 육상 또는 호천, 항만에서 물건 또는 여객의 운송을 영업으로 하는 자를 운송인이라 한다.

제1절 물건운송

▶ **제126조** (화물명세서 <개정 2007.8.3>)

① 송하인은 운송인의 청구에 의하여 화물명세서를 교부하여야 한다. <개정 2007.8.3>

② 화물명세서에는 다음의 사항을 기재하고 송하인이 기명날인 또는 서명하여야 한다.<개정 1995.12.29, 2007.8.3>

1. 운송물의 종류, 중량 또는 용적, 포장의 종별, 개수와 기호
2. 도착지
3. 수하인과 운송인의 성명 또는 상호, 영업소 또는 주소
4. 운임과 그 선급 또는 착급의 구별

5. 화물명세서의 작성지와 작성년월일

▶ **제127조** (화물명세서의 허위기재에 대한 책임 <개정 2007.8.3>)

① 송하인이 화물명세서에 허위 또는 부정확한 기재를 한 때에는 운송인에 대하여 이로 인한 손해를 배상할 책임이 있다. <개정 2007.8.3>

② 전항의 규정은 운송인이 악의인 경우에는 적용하지 아니한다

▶ **제128조**(화물상환증의 발행)

① 운송인은 송하인의 청구에 의하여 화물상환증을 교부하여야 한다.

② 화물상환증에는 다음의 사항을 기재하고 운송인이 기명날인 또는 서명하여야 한다.<개정 1995.12.29>

1. 제126조 제2항 제1호 내지 제3호의 사항
2. 송하인의 성명 또는 상호, 영업소 또는 주소
3. 운임 기타 운송물에 관한 비용과 그 선급 또는 착급의 구별
4. 화물상환증의 작성지와 작성년월일

▶ **제129조** (화물상환증의 상환증권성) 화물상환증을 작성한 경우에는 이와 상환하지 아니하면 운송물의 인도를 청구할 수 없다.

▶ **제130조**(화물상환증의 당연한 지시증권성) 화물상환증은 기명식인 경우에도 배서에 의하여 양도할 수 있다. 그러나 화물상환증에 배서를 금지하는 뜻을 기재한 때에는 그러하지 아니하다.

▶ **제131조**(화물상환증의 문언증권성) 화물상환증을 작성한 경우에는 운송에 관한 사항은 운송인과 소지인간에 있어서는 화물상환증에 기재된 바에 의한다.

▶ **제132조**(화물상환증의 처분증권성) 화물상환증을 작성한 경우에는 운송물에 관한 처분은 화물상환증으로써 하여야 한다.

▶ **제133조**(화물상환증교부의 물권적효력) 화물상환증에 의하여 운송물을 받을 수 있는 자에게 화물상환증을 교부한 때에는 운송물 위에 행사하는 권리의 취득에 관하여 운송물을 인도한 것과 동일한 효력이 있다.

▶ **제134조**(운송물멸실과 운임)

① 운송물의 전부 또는 일부가 송하인의 책임없는 사유로 인하여 멸실한 때에는 운송인은 그 운임을 청구하지 못한다. 운송인이 이미 그 운임의 전부 또는 일부를 받은 때에는 이를 반환하여야 한다.

② 운송물의 전부 또는 일부가 그 성질이나 하자 또는 송하인의 과실로 인하여 멸실한 때에는 운송인은 운임의 전액을 청구할 수 있다.

▶ **제135조**(손해배상책임) 운송인은 자기 또는 운송주선인이나 사용인 기타 운송을 위하여 사용한 자가 운송물의 수령, 인도, 보관과 운송에 관하여 주의를 해태하지 아니하였음을 증명하지 아니하면 운송물의 멸실, 훼손 또는 연착으로 인한 손해를 배상할 책임을 면하지 못한다.

▶ **제136조**(고가물에 대한 책임) 화폐, 유가증권 기타의 고가물에 대하여는 송하인이 운송을 위탁할 때에 그 종류와 가액을 명시한 경우에 한하여 운송인이 손해를 배상할 책임이 있다.

▶ **제137조**(손해배상의 액)

① 운송물이 전부멸실 또는 연착된 경우의 손해배상액은 인도한 날의 도착지의 가격에 의한다.

② 운송물이 일부멸실 또는 훼손된 경우의 손해배상액은 인도한 날의 도착지의 가격에 의한다.

③ 운송물의 멸실, 훼손 또는 연착이 운송인의 고의나 중대한 과실로 인한 때에는 운송인은 모든 손해를 배상하여야 한다.

④ 운송물의 멸실 또는 훼손으로 인하여 지급을 요하지 아니하는 운임 기타 비용은 전3항의 배상액에서 공제하여야 한다.

▶ **제138조**(순차운송인의 연대책임, 구상권)

① 수인이 순차로 운송할 경우에는 각운송인은 운송물의 멸실, 훼손 또는 연착으로 인한 손해를 연대하여 배상할 책임이 있다.

② 운송인중 1인이 전항의 규정에 의하여 손해를 배상한 때에는 그 손해의 원인이 된 행위를 한 운송인에 대하여 구상권이 있다.

③ 전항의 경우에 그 손해의 원인이 된 행위를 한 운송인을 알 수 없는 때에는 각운송인은 그 운임액의 비율로 손해를 분담한다. 그러나 그 손해가 자기의 운송구간내에서 발생하지 아니하였음을 증명한 때에는 손해분담의 책임이 없다.

▶ **제139조**(운송물의 처분청구권)

① 송하인 또는 화물상환증이 발행된 때에는 그 소지인이 운송인에 대하여 운송의 중지, 운송물의 반환 기타의 처분을 청구할 수 있다. 이 경우에 운송인은 이미 운송한 비율에 따른 운임, 체당금과 처분으로 인한 비용의 지급을 청구할 수 있다.

② 삭제 <1995.12.29>

▶ **제140조**(수하인의 지위)

① 운송물이 도착지에 도착한 때에는 수하인은 송하인과 동일한 권리를 취득한다.

② 운송물이 도착지에 도착한 후 수하인이 그 인도를 청구한 때에는 수하인의 권리가 송하인의 권리에 우선한다.<신설 1995.12.29>

▶ **제141조**(수하인의 의무) 수하인이 운송물을 수령한 때에는 운송인에 대하여 운임 기타 운송에 관한 비용과 체당금을 지급할 의무를 부담한다.

▶ **142조**(수하인불명의 경우의 공탁, 경매권)

① 수하인을 알 수 없는 때에는 운송인은 운송물을 공탁할 수 있다.

② 제1항의 경우에 운송인은 송하인에 대하여 상당한 기간을 정하여 운송물의 처분에 대한 지시를 최고하여도 그 기간내에 지시를 하지 아니한 때에는 운송물을 경매할 수 있다.<개정 1995.12.29>

③ 운송인이 제1항 및 제2항의 규정에 의하여 운송물의 공탁 또는 경매를 한 때에는 지체없이 송하인에게 그 통지를 발송하여야 한다.<개정 1995.12.29>

▶ **제143조**(운송물의 수령거부, 수령불능의 경우)

① 전조의 규정은 수하인이 운송물의 수령을 거부하거나 수령할 수 없는 경우에 준용한다.

② 운송인이 경매를 함에는 송하인에 대한 최고를 하기 전에 수하인에 대하여 상당한 기간을 정하여 운송물의 수령을 최고하여야 한다.<개정 1995.12.29>

▶ **제144조**(공시최고)

① 송하인, 화물상환증소지인과 수하인을 알 수 없는 때에는 운송인은 권리자에 대하여 6월 이상의 기간을 정하여 그 기간내에 권리를 주장할 것을 공고하여야 한다.

② 제1항의 공고는 관보나 일간신문에 2회이상 하여야 한다.<개정 1984.4.10>

③ 운송인이 제1항 및 제2항의 규정에 의한 공고를 하여도 그 기간내에 권리를 주장하는 자가 없는 때에는 운송물을 경매할 수 있다.<개정 1984.4.10>

▶ **제145조**(준용규정) 제67조제2항과 제3항의 규정은 전3조의 경매에 준용한다.

▶ **제146조**(운송인의 책임소멸)

①운송인의 책임은 수하인 또는 화물상환증소지인이 유보없이 운송물을 수령하고 운임 기타의 비용을 지급한 때에는 소멸한다. 그러나 운송물에 즉시 발견할 수 없는 훼손 또는 일부멸실이 있는 경우에 운송물을 수령한 날로부터 2주간내에 운송인에게 그 통지를 발송한 때에는 그러하지 아니하다.②전항의 규정은 운송인 또는 그 사용인이 악의인 경우에는 적용하지 아니한다.

▶ **제147조**(준용규정) 제117조, 제120조 내지 제122조의 규정은 운송인에 준용한다.

제6절 운송증서 <개정 2007.8.3>

▶ **제852조**(선하증권의 발행)

① 운송인은 운송물을 수령한 후 송하인의 청구에 의하여 1통 또는 수통의 선하증권을 교부하여야 한다.

② 운송인은 운송물을 선적한 후 송하인의 청구에 의하여 1통 또는 수통의 선적선하증권을 교부하거나 제1항의 선하증권에 선적의 뜻을 표시하여야 한다.

③ 운송인은 선장 또는 그 밖의 대리인에게 선하증권의 교부 또는 제2항의 표시를 위임할 수 있다.

▶ **제853조**(선하증권의 기재사항)

① 선하증권에는 다음 각 호의 사항을 기재하고 운송인이 기명날인 또는 서명하여야 한다. 1. 선박의 명칭 · 국적 및 톤수 2. 송하인이 서면으로 통지한 운송물의 종류, 중량 또는 용적, 포장의 종별, 개수와 기호 3. 운송물의 외관상태 4. 용선자 또는 송하인의 성명 · 상호 5. 수하인 또는 통지수령인의 성명 · 상호 6. 선적항 7. 양륙항 8. 운임 9. 발행지와 그 발행연월일 10. 수통의 선하증권을 발행한 때에는 그 수 11. 운송인의 성명 또는 상호 12. 운송인의 주된 영업소 소재지

② 제1항 제2호의 기재사항 중 운송물의 중량 · 용적 · 개수 또는 기호가 운송인이 실제로 수령한 운송물을 정확하게 표시하고 있지 아니하다고 의심할 만한 상당한 이유가 있는 때 또는 이를 확인할 적당한 방법이 없는 때에는 그 기재를 생략할 수 있다.

③ 송하인은 제1항 제2호의 기재사항이 정확함을 운송인에게 담보한 것으로 본다.

④ 운송인이 선하증권에 기재된 통지수령인에게 운송물에 관한 통지를 한 때에는 송하인 및 선하증권소지인과 그 밖의 수하인에게 통지한 것으로 본다.

▶ **제854조**(선하증권 기재의 효력)

① 제853조제1항에 따라 선하증권이 발행된 경우 운송인과 송하인 사이에 선하증권에 기재된 대로 개품운송계약이 체결되고 운송물을 수령 또는 선적한 것으로 추정한다. ② 제1항의 선하증권을 선의로 취득한 소지인에 대하여 운송인은 선하증권에 기재된 내로 운송물을 수령 혹은 선적한 것으로 보고 선하증권에 기재된 바에 따라 운송인으로서 책임을 진다.

▶ **제855조**(용선계약과 선하증권)

① 용선자의 청구가 있는 경우 선박소유자는 운송물을 수령한 후에 제852조 및 제853조에 따라 선하증권을 발행한다.

② 제1항에 따라 선하증권이 발행된 경우 선박소유자는 선하증권에 기재된 대로 운송물을 수령 또는 선적한 것으로 추정한다.

③ 제3자가 선의로 제1항의 선하증권을 취득한 경우 선박소유자는 제854조제2항에 따라 운송인으로서 권리와 의무가 있다. 용선자의 청구에 따라 선박소유자가 제3자에게 선하증권을 발행한 경우에도 또한 같다.
④ 제3항의 경우에 그 제3자는 제833조부터 제835조까지 및 제837조에 따른 송하인으로 본다.
⑤ 제3항의 경우 제799조를 위반하여 운송인으로서의 의무와 책임을 감경 또는 면제하는 특약을 하지 못한다.

▶ **제856조**(등본의 교부) 선하증권의 교부를 받은 용선자 또는 송하인은 발행자의 청구가 있는 때에는 선하증권의 등본에 기명날인 또는 서명하여 교부하여야 한다.

▶ **제857조** (수통의 선하증권과 양륙항에 있어서의 운송물의 인도)
① 양륙항에서 수통의 선하증권 중 1통을 소지한 자가 운송물의 인도를 청구하는 경우에도 선장은 그 인도를 거부하지 못한다.
② 제1항에 따라 수통의 선하증권 중 1통의 소지인이 운송물의 인도를 받은 때에는 다른 선하증권은 그 효력을 잃는다.

▶ **제858조**(수통의 선하증권과 양륙항 외에서의 운송물의 인도) 양륙항 외에서는 선장은 선하증권의 각 통의 반환을 받지 아니하면 운송물을 인도하지 못한다.

▶ **제859조**(2인 이상 소지인의 운송물인도청구와 공탁)
① 2인 이상의 선하증권소지인이 운송물의 인도를 청구한 때에는 선장은 지체 없이 운송물을 공탁하고 각 청구자에게 그 통지를 발송하여야 한다.
② 선장이 제857조제1항에 따라 운송물의 일부를 인도한 후 다른 소지인이 운송물의 인도를 청구한 경우에도 그 인도하지 아니한 운송물에 대하여는 제1항과 같다.

▶ **제860조**(수인의 선하증권소지인의 순위)
① 제859조에 따라 공탁한 운송물에 대하여는 수인의 선하증권소지인에게 공통되는 전 소지인으로부터 먼저 교부를 받은 증권소지인의 권리가 다른 소지인의 권리에 우선한다.
② 격지자에 대하여 발송한 선하증권은 그 발송한 때를 교부받은 때로 본다.

▶ **제861조**(준용규정) 제129조 · 제130조 · 제132조 및 제133조는 제852조 및 제855조의 선하증권에 준용한다.

▶ **제862조** (전자선하증권)
① 운송인은 제852조 또는 제855조의 선하증권을 발행하는 대신에 송하인 또는 용선자의 동의를 받아 법무부장관이 지정하는 등록기관에 등록을 하는 방식으로 전자선하증권을 발행할 수 있다. 이 경우 전자선하증권은 제852조 및 제855조의 선하증권과 동일한 법적 효력을 갖는다.

② 전자선하증권에는 제853조제1항 각 호의 정보가 포함되어야 하며, 운송인이 전자서명을 하여 송신하고 용선자 또는 송하인이 이를 수신하여야 그 효력이 생긴다.

③ 전자선하증권의 권리자는 배서의 뜻을 기재한 전자문서를 작성한 다음 전자선하증권을 첨부하여 지정된 등록기관을 통하여 상대방에게 송신하는 방식으로 그 권리를 양도할 수 있다.

④ 제3항에서 정한 방식에 따라 배서의 뜻을 기재한 전자문서를 상대방이 수신하면 제852조 및 제855조의 선하증권을 배서하여 교부한 것과 동일한 효력이 있고, 제2항 및 제3항의 전자문서를 수신한 권리자는 제852조 및 제855조의 선하증권을 교부받은 소지인과 동일한 권리를 취득한다.

⑤ 전자선하증권의 등록기관의 지정요건, 발행 및 배서의 전자적인 방식, 운송물의 구체적인 수령절차와 그 밖에 필요한 사항은 대통령령으로 정한다.

▶ **제863조**(해상화물운송장의 발행)

① 운송인은 용선자 또는 송하인의 청구가 있으면 제852조 또는 제855조의 선하증권을 발행하는 대신 해상화물운송장을 발행할 수 있다. 해상화물운송장은 당사자 사이의 합의에 따라 전자식으로도 발행할 수 있다.

② 해상화물운송장에는 해상화물운송장임을 표시하는 외에 제853조제1항 각 호 사항을 기재하고 운송인이 기명날인 또는 서명하여야 한다.

③ 제853조제2항 및 제4항은 해상화물운송장에 준용한다.

▶ **제864조**(해상화물운송장의 효력)

① 제863조제1항의 규정에 따라 해상화물운송장이 발행된 경우 운송인이 그 운송장에 기재된 대로 운송물을 수령 또는 선적한 것으로 추정한다.

② 운송인이 운송물을 인도함에 있어서 수령인이 해상화물운송장에 기재된 수하인 또는 그 대리인이라고 믿을만한 정당한 사유가 있는 때에는 수령인이 권리자가 아니라고 하더라도 운송인은 그 책임을 면한다.

8. 1855년 선하증권법(Bills of Lading Act 1855)

Whereas, by the custom of merchant, a bill of lading of goods being transferable by indorsement, the property in the goods may thereby pass to the indorsee, but nevertheless all rights in the respect of the contract contained in the bill of lading continue in the original shipper or owner; and it is expEDIent that such rights should pass with the property; And whereas it frequently happens that the goods in respect of which bills of lading purport to be signed have not been laden on board, and it is proper that such bills of lading in the hand of a bona fide holder for value should not be questioned by the master or other person signing the same on the ground of the goods not having been laden as aforesaid.

상관습에 의하면, 운송물의 선하증권은 배서에 의하여 양도할 수 있다는 사실에서 보면, 선하증권의 배서에 의하여 운송물의 소유권은 피배서인에게 양도될 수 있는 것이다. 그럼에도 불구하고 선하증권에 포함된 계약에 관한 모든 권리는 원래의 하주 또는 소유자에게 계속해서 남아 있다; 그리고 그런 권리는 소유권과 함께 이전되어야 하는 것이 편리하다. ; 그리고 서명되어야 할 것을 뜻하는 선하증권에 관해서 운송물이 선적되지 않는 경우가 빈번히 일어난다. 그리고 선의의 소지인의 수중에 있는 선하증권의 유용성을 위해서 선하증권에 서명하는 선장 또는 그 밖의 사람은, 이미 언급한 바 있는 것과 같이, 운송물이 선적되지 않았다는 사실을 근거로 문제삼지 않아야 한다.

(1) Every consignee of goods named in a bill of lading, and every indorsee of a bill of lading to whom property in the goods therein mentioned shall pass, upon or by reason of such consignment or indorsement shall have transferred to and vested in him all rights of suit and be subject to the same liabilities in respect of such good as if the contract contained in the bill of lading had been made with himself.

(1) 선하증권에 기명된 운송물의 모든 양수인, 그리고 선하증권에 기재된 운송물의 소유권이 이전하여야 할 선하증권의 모든 피배서인은, 그러한 양도 또는 배서의 방법에 근거하여 또는 그에 의하여 그에게 모든 소권을 이전하거나 귀속시켜야만 한다. 그리고 마치 그러한 사람 자신과 선하증권 상의 계약이 체결되었던 것과 같이 그러한 운송물에 관하여 똑같은 책임을 져야 한다.

(2) Nothing herein contained shall prejudice or affect any right of stoppage in transitu, or any right to claim freight against the original shipper or owner, or any liability of the consignee or endorsee by reason or in consequence of his being such consignee or endorsee, or of his receipt of the goods by reason or in consequence of such consignment or endorsement.

(2) 선하증권 상의 어떠한 것도 운송 중지에 관한 어떠한 권리, 또는 원래의 하주 또는 소유자에 대하여 운임을 청구할 수 있는 어떠한 권리를 해치거나 영향을 줄 수 없다. 또한 그가 양수인 또는 피배서인이라는 사실을 이유로 또는 그러한 사실의 결과로 인한 양수인 혹은 피배서인의 책임, 또는 그러한 양도 또는 배서로 인한 혹은 그러한 양도나 배서의 결과로 그의 운송물의 수령에 관한 책임을 해치거나 그에 영향을 줄 수 없다.

(3) Every bill of lading in the hands of the consignee or indorsee for valuable consideration, representing goods to have been shipped, shall be conclusive evidence of such shipment as against the master or other person singing the same, notwithstanding that such goods or some partthereof may not have been so shipped unless such holder of the bill of

lading shall have had actual notice at the time of receiving the same that the goods had not in fact been laden on board; Provided that the master or other person so signing may exonerate himself in respect of such misrepresentation by showing that it was caused without any default on his part, and wholly by the fraud of the shipper, or of the holder, or some person under whom the holder claims.

(3) 상당한 대가를 지급한 선하증권의 양수인 또는 피배서인의 수중에 있는 , 운송물이 선적되었음을 나타내는 모든 선하증권은 , 그러한 운송물 또는 그러한 운송물의 일부가 그렇게 선적되지 않았음에도 불구하고, 선하증권에 서명한 선장 또는 그 밖의 사람에 대하여는 그러한 선적의 확정적 증거이다. 다만 그러한 선하증권의 소지인은 선하증권을 인수할 때, 실제로 운송물이 선적되지 아니하였다는 사실을 실제로 통지를 받았어야만 한다. 단, 선하증권에 서명한 선장 혹은 그 밖의 사람은, 그러한 부실 표시가 자기의 과실이 없이, 또는 전적으로 송하인 혹은 선하증권의 소지인 또는 선하증권의 소지인이 청구권을 행사하는 사람의 과실로 인하여 발생하였음을 입증하면 책임을 면한다.

9. 영국의 1992년 해상물건운송법 (Carriage of Goods by Sea Act 1992)

1992 CHAPTER 50

1992년 제50장

An Act to replace the Bills of Lading Act 1855 with new provision with respect to bills of lading and certain other shipping documents. [16th July 1992]

선하증권과 어떤 다른 해운 서류들과 관련해서 신설된 새 조항과 함께 1855년 선하증권법(Bills of Lading Act 1855)을 대체하기 위한 법. [1992년 7월 16일]

BE IT ENACTED by the Queens most Excellent Majesty, by and with the advice and consent of the Lords Spiritual and Temporal, and Commons, in this present Parliament assembled, and by the authority of the same, as follow : -

이 법은 영국 여왕의 최고의 권위, 그리고 동일한 권위를 가진 현재 소집된 의회에서 성직 관계의 상원 의원과 성직자 아닌 상원 의원 그리고 하원의 충고와 동의로 다음과 같이 제정되었다.

1. —

(1) This Act applies to the following documents. that is to say -

(a) any bill of lading ;

(b) any sea waybill ; and

(c) any ships delivery order.

(2) References in this Act to a bill of lading -

(a) do not include references to a document which is incapable of transfer either by indorsement or, as a bearer bill, by delivery without indorsement ; but

(b) subject to that, do include references to a received for shipment bill of lading.

(3) References in this Act to a sea waybill are references to any document which is not a bill of lading but -

(a) is such a receipt for goods as contains or evidences a contract for the carriage of goods by sea ; and

(b) identifies the person to whom delivery of the goods is to be made by the carrier in accordance with that contract.

(4) References in this Act to a ships delivery order are references to any document which is neither a bill of lading nor a sea waybill but contains an undertaking which -

(a) is given under or for the purposes of a contract for the carriage by sea of the goods to which the document relates, or of goods which include those goods ; and

(b) is an undertaking by the carrier to a person identified in the document to deliver the goods to which the document relates to that person.

(5) The Secretary of State may be regulations make provision for the application of this Act to cases where a telecommunication system or any other information technology is used for effecting transactions corresponding to -

(a) the issue of a document to which this Act applies ;

(b) the indorsement, delivery or other transfer of such a document ; or

(c) the doing of anything else in relation to such a document.

(6) Regulations under subsection (5) above may -

(a) make such modifications of the following provisions of this Act as the Secretary of State considers appropriate in connection with the application of the Act to any case mentioned in that subsection ; and

(b) contain supplemental, incidental, consequential and transitional provision ; and the power to make regulations under that subsection shall be exercisable by statutory instrument subject to annulment in pursuance of a resolution of either House of Parliament.

제1조

(1) 이 법은 다음 서류들에 적용된다. 즉 -

(a) 모든 선하증권 ;

(b) 모든 해상화물운송장 ;

(c) 모든 화물인도지시서

(2) 이 법에서 선하증권에 대한 언급 내용들은 -

(a) 증권 소지인으로서 배서에 의하거나 배서에 의하지 않고 인도로서 양도할 수 없는 서류에 대해서는 제외된다. 그러나

(b) 배서를 조건으로, 선적 선하증권에 대한 수령 선하증권의 언급 내용들은 포함된다.

(3) 이 법에서 해상화물운송장에 대한 내용은 선하증권 아닌 아래와 같은 모든 서류에 관한 것들이다. 즉 -

(a) 해상물건운송계약을 포함하거나 증명할 수 있는 운송물에 대한 수령증과 같은 서류, 그리고

(b) 운송인이 그 계약과 일치해서 운송물을 인도해야 할 특정인을 확인할 수 있는 그러한 서류

(4) 이 법에서 화물인도지시서에 대해 언급한 내용들은 선하증권이나 해상화물운송장이 아닌 아래와 같이 인수를 포함하는 모든 서류에 관한 것이다. 즉 -

(a) 그 서류가 포함하는 운송물의 해상운송계약 또는 그러한 운송물을 포함하는 운송물의 해상운송계약 목적으로 또는 그러한 목적 하에서 주어진 모든 서류. 그리고 -

(b) 그 서류가 포함하고 있는 운송물을 특정인에게 인도하기 위해 서류에서 증명된 어떤 사람에 대해서 운송인이 인수한 모든 서류.

(5) 국무총리는 명령으로 원격통신체제 또는 어떤 다른 정보기술이 아래와 유사한 유효한 거래에 사용되는 경우에 이 법의 적용을 위해서 세부 조항을 만들 수 있다. 즉 -

(a) 이 법이 적용되는 어떤 서류의 발행과 유사한 것

(b) 그러한 어떤 서류의 배서, 인도 또는 다른 형태의 양도. 또는

(c) 그러한 어떤 서류에 관해서 그 밖의 모든 것의 이행

(6) 위의 (5)에서의 명령은

(a) 국무총리가 그 (5)에서 언급된 사례에 대한 이 법의 적용과 관련해서 적절한 고려를 하는 것과 마찬가지로 이 법의 다음 조항들에 대해서 수정할 수 있다.

(b) 제(5)항의 명령은 보충적이며 부수(일시)적인 궁극적이면서 과도기적인 중간 형태의 조항을 포함할 수 있다. 그리고 그 항에서 명령을 발하는 권한은 의회 양원의 결의에 따라 취소를 조건으로 합법적인 증권(서류)에 의해 행사될 수 있다.

2.

(1) Subject to the following provisions of this section, a person who becomes-

(a) the lawful holder of a bill of lading ;

(b) the person who(without being an original party to the contract of carriage is the person to whom delivery of the goods to which a sea waybill relates is to be made by the carrier in accordance with that contract ; or

(c) the person to whom delivery of the goods to which a ships delivery order relates is to be made in accordance with the undertaking contained in the order. shall(by virtue of becoming the holder of the bill or as the case may be the person to whom delivery is to be made)have transferred to and vested in him all rights of suit under the contract of carriage as if he had been a party to that contract.

(2) Where when a person becomes the lawful holder of bill of lading, possession of the bill no longer gives a right(as against the carries)to possession of the goods to which the bill relates, that person shall not have any right transferred to him by virtue of subsection(1) above unless he becomes the holder of the bill-

(a) by virtue of a transaction effected in pursuance of any contractual or other arrangements made before the time when such a right to possession ceased to attach to possession of the bill ; or

(b) as a result of the rejection to that person by another person of goods or documents delivered to the other person in pursuance of any such arrangements. (3) The rights vested in any person by virtue of the operation of subsection (1) above in relation to a ships delivery order-

(a) shall be so vested subject to the terms of the order ; and

(b) where the goods to which the order relates form a part only of the goods to which the contract of carriage relates, shall be confined to rights in respect of the goods to which the order relates.

(4) Where, in the case of any document to which this Act applies-

(a) a person with any interest or right in or in relation to goods to which the document relates sustains loss or damage in consequence of a breach of the contract of carriage ; but

(b) subsection (1) above operates in relation to that document so that rights of suit in respect of that breach are vested in another person. The other person shall be entitled to exercise those rights for the benefit of the person who sustained the loss or damage to the same extent as they could have been exercised if they had been vested in the person for whose benefit they are exercised

(5) Where rights are transferred by virtue of the operation of subsection (1) above in relation to any document, the transfer for which the subsection provides shall extinguish any entitlement to those rights which derives-

(a) where that document is a bill of lading, from a persons having been an original party to the contract of carriage ; or

(b) in the case of any document to which this Act applies, from the previous operation of that subsection in relation to that document ; but the operation of that subsection shall be without prejudice to any rights which derive from a persons having been an original party to the contract contained in. or evidenced by, a sea waybill and, in relation to a ships delivery order. shall be without prejudice to any rights deriving otherwise than from the previous operation of that subsection in relation to that order.

제2조

(1) 이 조의 다음의 조항에 따르면, 즉

(a) 선하증권의 적법한 소지인이 되는 사람

(b) (운송계약의 원 당사자가 아니면서) 그 계약과 일치하여 운송인에 의하여 해상화물운송장과 관련된 운송물의 인도를 받게 되는 사람

(c) 화물인도지시서가 포함하는 운송물의 인도가 지시서에 기재된 인수사항과 일치해서 이루어지게 될 사람

(2) 어떤 사람이 선하증권의 적법한 소지인이 되는 경우, (운송인에 대해서) 그 증권의 소지(소유권)는 그 증권이 포함하는 운송물의 소유에 대한 권리를 주지 않는다는 점에서, 그러한 사람은 그가 그 증권의 소지인이 되지 않으면 위 (1)항에 따라 그에게 어떠한 권리도 양도되지 않을 것이다. 즉-

(a) 그러한 소유권이 그 증권의 소유에 미치지 못했을 때 그리고 그전에 체결된 모든 계약상 또는 약정에 따라 이루어진 거래에 의해서 또는, (증권 소지인이 된 사람)

(b) 그러한 모든 약정에 좇아 다른 사람에게 양도된 운송물이나 서류를 특정인에 대한 양도를 거절한 결과로서 (증권 소지인이 된 사람)

(3) 화물인도지시서와 관련해서 위 제(1)항의 적용으로 모든 사람에게 양도된 권리는

(a) 지시서의 용어에 따라 당연히 양도될 것이다. 그리고,

(b) 지시서가 포함하는 운송물은 운송계약이 포함하는 단지 일부 운송물을 구성한다는 점에서 그 지시서가 포함하는 운송물과 관련해서 그 권리가 제한될 것이다.

(4) 이 법이 적용되는 모든 서류의 경우에,

(a) 그 서류가 포함하는 운송물과 관련해서 모든 이익 또는 권리를 가진 사람이 운송계약 위반의 결과 손실이나 손상을 입는다는 점에서, 그러나

(b) 위 제(1)항은 그 위반과 관련해서 소송 상 권리가 제3자에게 양도되도록 그 서류와 관련해서 적용된다는 점에서 양도받은 제3자는 그들이 그들의 이익을 위해 권리를 행사할 수 있는 사람에게 권리가 양도되었더라면 충분히 행사할 수 있었던 것과 같은 한도에서 손실 또는 손상을 입었던 사람의 이익을 위해 그 권리를 행사할 권한을 부여받을 수 있다.

(5) 모든 서류와 관련해서 권리가 위 제(1)항의 적용에 의해 양도된다는 점에서 그 항이 규정하는 양도는 그러한 권리를 발생시키는 모든 권한을 소멸 시킬 것이다.

(a) 「그 유래되는 권한은」 그 서류가 선하증권이라는 점에서 운송계약에 대한 원 당사자의 자격으로부터 나오는 권한 또는

(b) 이 법이 적용되는 모든 서류의 경우에, 그 서류와 관련해서 그 항의 이전의 작용으로부터 나오는 권한이다. 그러나 그 항의 적용이 그 계약에 대해 원 당사자 자격을 가진 사람에게서 유래되는 모든 권리를 침해하지 않고 이루어지거나, 선박의 인도지시서와 관련해서 해상화물운송장에 의해 확인될 수 있다. 그리고 그 지시서와 관련해서 그 항의 이전 시행에서와는 다르게 유래되는 모든 권리에 대한 침해 없이 적용이 이루어지거나 선박의 인도지시서와 관련한 해상화물운송장에 의해 적용이 확인될 수 있다.

3. —

(1) Where subsection (1) of section 2 of this Act operates in relation to any document to which this Act applies and the person in whom rights are vested by virtue of that subsection-

(a) takes or demands delivery from the carrier of any of the goods to which the document relates.

(b) makes a claim under the contract of carriage against the carrier in respect of any of those goods ; or

(c) is a person who, at a time before those rights were vested in him, took or demanded delivery from the carrier of any of those goods, that person shall(by virtue of taking or demanding delivery or making the claim or, in a case falling within paragraph(c)above, of having the rights vested in him)become subject to the same liabilities under that contract as if he had been a party to that contract.

(2) Where the goods to which a ships delivery order relates form a part only of the goods to which the contract of carriage relates, the liabilities to which any person is subject by virtue of the operation of this section in relation to that order shall exclude liabilities in respect of any goods to which the order does not relate.

(3) This section, so far as it imposes liabilities under any contract on any person, shall be without prejudice to the liabilities under the contract of any person as an original party to the contract.

제3조

(1) 이 법 제2조 제(1)항은 이 법이 적용되는 모든 서류와 관련해서 적용되고 그 항에 따라 권리를 양도받은 사람이-

(a) 서류가 관계하는 모든 운송물의 운송인으로부터 운송물을 받거나 요구할 수 있다는 점에서,

(b) 모든 종류의 운송물과 관련해서 운송인에 대해 운송계약 하의 손해배상을 청구한다는 점에서, 또는

(c) 그 권리가 그에게 양도되기 전에 일시에 모든 운송물을 운송인으로부터 인도 받았거나, 요구했다는 점에서 그 사람은 (위 (c)호에 해당하는 경우에 권리가 그에게 양도되는 것으로서 운송물을 인도 받거나 요구하거나 손해배상 청구를 함으로써) 마치 그 계약의 당사자였던 것처럼 그 계약 하에서 동일한 책임을 져야 할 것이다.

(2) 화물인도지시서가 포함하는 운송물은 운송계약이 포함하는 운송물의 단지 일부를 구성한다는 점에서, 그 지시서와 관련해서 이 조의 적용에 따라 모든 사람이 져야 하는 책임은 그 지시서가 관계하지 않는 모든 운송물에 대해서는 책임이 제외될 것이다.

(3) 이 조는 모든 사람에 대해서 계약상 책임을 부과하는 한, 계약상 원 당사자인 모든 사람의 계약상 책임에 대해서 영향을 미치지 않을 것이다.

4. A bill of lading which -

(a) represents goods to have been shipped on board a vessel or to have been received for shipment on board a vessel ; and

(b) has been signed by the master of the vessel or by a person who was not the master but had the express, implied or apparent authority of the carrier to sign bills of lading, shall, in favour of a person who has become the lawful holder of the bill, be conclusive evidence against the carrier of the shipment of the goods or, as the case may be, of their receipt for shipment.

제4조 아래의 선하증권 즉,

(a) 선박에 선적되었던 운송물을 표시하는 선하증권이나, 선박에 선적을 위해 인도 받았던 운송물을 나타내는 선하증권 그리고

(b) 선박소유자(선주) 또는 소유자는 아니지만 그런 외형(표상) 또는 선하증권에 서명하는 운송인의 명백한 권한을 가졌거나, (암묵적으로) 나타나는 사람이 서명한 선하증권은 그 증권의 적법한 소지인이 된 사람을 위해 선적 운송물의 운송인에 대해서 또는 경우에 따라서 선적의 화물수령증에 대해 결정적인 증거가 될 것이다.

5. —

(1) In this Act- "bill of lading", "sea waybill" and "ships delivery order" shall be construed in accordance with section 1 above ; "the contract of carriage" -

(a) in relation to a bill of lading or sea waybill, means the contract contained in or evidenced by that bill or waybill ; and

(b) in relation to a ships delivery order, means the contract under or for the purposes of which the undertaking contained in the order is given ; "holder", in relation to a bill of lading, shall be construed in accordance with subsection(2) below ; "information technology" includes any computer or other technology by means of which information or other matter may be recorded or communicated without being reduced to documentary form ; and "telecommunication system" has the same meaning as in the Telecommunications Act 1984.

(1) References in this Act to the holder of a bill of lading are references to any of the following persons, that is to say-

(a) a person with possession of the bill who by virtue of being the person identified in the bill, is the consignee of the goods to which the bill relates ;

(b) a person with possession of the bill as a result of the completion, by delivery of the bill, of any indorsement of the bill or, in the case of a bearer bill, of any other transfer of the bill ;

(c) a person with possession of the bill as a result of any transaction by virtue of which he would have become a holder falling within paragraph(a) or (b) above had not the transaction been effected at a time when possession of the bill no longer gave a right(as against the carrier) to possession of the goods to which the bill relates ; and a person shall be regarded for the purposes of this Act as having become the lawful holder of a bill of lading wherever he has become the holder of the bill in good faith.

(3) References in this Act to a persons being identified in a document include references to his being identified by a description which allows for the identity of the person in question to be varied, in accordance with the terms of the document, after its issue ; and the reference in section 1 (3) (b) of this Act to a documents identifying a person shall be construed accordingly.

(4) Without prejudice to sections 2(2) and 4 above, nothing in this Act shall preclude its operation in relation to a case where the goods to which a document relates-

(a) cease to exist after the issue of the document ; or

(b) cannot be identified (whether because they are mixed with other goods or for any other reason); and references in this Act to the goods to which a document relates shall be construed accordingly.

(5) The preceding provisions of this Act shall have effect without prejudice to the application, in relation to any case, of the rules(the Hague-Visby Rules)which for the time being have the force of law by virtue of section 1 of the Carriage of Goods by Sea Act 1971.

제5조

(1) 이 법에서 "선하증권", "해상화물운송장", 그리고 "화물인도지시서"는 앞 조(제4조)와 일치해서 해석될 것이다.

"운송계약"은

(a) 선하증권, 해상화물운송장과 관련해서, 그 증권이나 운송장이 포함하고 증명(확인)하는 계약을 의미한다. 그리고,

(b) 화물인도지시서와 관련해서 지시서에 포함된 인수를 받을 목적으로 또는 그 목적 하에서 계약을 의미한다. 선하증권과 관련해서, "소지인(소유자)"이란 의미는 아래 제(2)항에 따라서 해석될 것이다. "정보기술"이란 의미는 서류의 형태로 한정되지 않고 정보나 다른 내용을 기록하거나 전달할 수 있는 수단을 가진 모든 컴퓨터나 다른 기술을 포함한다. 그리고 "원격(원거리)통신 체계"는 1984년 원격통신법에서와 같은 의미를 가진다.

(2) 선하증권의 소지인에 대해 이 법에서 언급된 내용들은 다음의 모든 사람들에 대한 것들이다.

(a) 증권에서 확인된 사람이 됨으로서 그 증권이 관계하는 운송물의 인수인인 그 증권의 소유권을 가진 사람

(b) (운송)완성, 증권의 인도, 증권의 모든 배서, 무기명 증권의 경우에 증권의 제3자에 대한 양도의 결과로 그 증권의 소유권을 가진 사람

(c) (운송인에 대해서) 그 증권의 소유권이 그 증권이 관계하는 운송물의 소유에 대한 권리를 더 이상 부여하지 않았을 때 그 거래가 성립되지 않았더라도 위 (a)호 또는 (b)호에 해당되고 소지인이 될 수 있었을 어떤 거래의 결과로 증권의 소유권을 가진 사람 그리고 이 법의 목적을 위해 어떤 사람은 그가 어디에서 증권 소지인이 되었더라도 증권의 적법한 소지인이 되는 것으로 간주될 것이다.

(3) 이 법에서 서류 상 확인되는 어떤 사람의 권한에 대한 언급은 서류 발행 후, 그 서류의 용어와 일치해서, 그 사람이 변경되는 경우에 그 사람의 신원 확인을 고려하는 기술에 의해 확인되는 사람에 대한 내용을 포함한다. 그리고, 어떤 사람을 증명하는 서류에 대한 이 법 제1조 제(3)항 (b)호에서의 언급은 적절히 해석된다.

(4) 서류 내용이 위 제2조 (2)항과 제4조에 위반하지 않는다면 이 법에서 어느 조항도 어떤 서류가 관계하는 운송물이

(c) 그 서류의 발행 후에 소멸한 사례와 관련해서 혹은

(d) (특정 운송물이 다른 운송물과 섞였거나 어떠한 다른 이유 때문에) 운송물을 확인할 수 없는 사례에 관해서 그(조문)의 적용을 배제하지 않는다. 그리고 이 법에서 어떤 서류가 관계하는 운송물에 대한 언급은 적절히 해석될 것이다.

(5) 이 법의 전술 조항들은 모든 사례와 관련해서 1971년 COGSA의 제1조에 의해 당분간 시행되는(헤이그/비스비 규칙) 규칙의 적용에 대한 침해 없이 효력을 가지게 될 것이다.

6. —

(1) This Act may be cited as the Carriage of Goods by Sea Act 1992.

(2) The Bills of Lading Act 1855 is hereby repealed.

(3) This Act shall come into force at the end of the period of two months beginning with the day on which it is passed ; but nothing in this Act shall have effect in relation to any document issued before the coming into force of this Act.

(4) This Act extends to Northern Ireland.

제6조

(1) (1) 법은 1992년 COGSA로 인용된다.

(2) 이 법에 의해 1855년 선하증권법은 폐지된다.

(3) 이 법은 통과되는 날로부터 2개월 후에 시행될 것이다. 그러나 이 법에서 어느 규정도 이 법이 시행되기 전에 발행된 모든 서류에 대해서는 효력이 미치지 않는다.

(4) 이 법의 효력은 북아일랜드까지 미친다.

10. 미국 연방선하증권법(United States Code: Title 49-Transportation Chapter 801- Bills of Lading)

아메리카 합중국법전 제49편: 운송 제801장-선하증권

Section 80101. Definitions In this chapter -

(1) "consignee" means the person named in a bill of lading as the person to whom the goods are to be delivered.

(2) "consignor" means the person named in a bill of lading as the person from whom the goods have been received for shipment.

(3) "goods" means merchandise or personal property that has been, is being, or will be transported.

(4) "holder" means a person having possession of, and a property right in, a bill of lading.

(5) "order" means an order by indorsement on a bill of lading.

(6) "purchase" includes taking by mortgage or pledge.

(7) "State" means a State of the United States, the District of Columbia, and a territory or possession of the United States.

Section 80102. Application

This chapter applies to a bill of lading when the bill is issued by a common carrier for the transportation of goods -

(1) between a place in the District of Columbia and another place in the District of Columbia;

(2) between a place in a territory or possession of the United States and another place in the same territory or possession;

(3) between a place in a State and a place in another State;

(4) between a place in a State and a place in the same State through another State or a foreign country; or

(5) from a place in a State to a place in a foreign country.

Section 80103. Negotiable and nonnegotiable bills

(a) Negotiable Bills. -

(1) A bill of lading is negotiable if the bill -

(A) states that the goods are to be delivered to the order of a consignee; and

(B) does not contain on its face an agreement with the shipper that the bill is not negotiable.

(2) Inserting in a negotiable bill of lading the name of a person to be notified of the arrival of the goods

(A) does not limit its negotiability; and

(B) is not notice to the purchaser of the goods of a right the named person has to the goods.

(b) Nonnegotiable Bills. -

(1) A bill of lading is nonnegotiable if the bill states that the goods are to be delivered to a consignee. The indorsement of a nonnegotiable bill does not -

(A) make the bill negotiable; or

(B) give the transferee any additional right.

(2) A common carrier issuing a nonnegotiable bill of lading must put "nonnegotiable" or "not negotiable" on the bill. This paragraph does not apply to an informal memorandum or acknowledgment.

Section 80104. Form and requirements for negotiation

(a) General Rules. -

(1) A negotiable bill of lading may be negotiated by indorsement. An indorsement may be made in blank or to a specified person. If the goods are deliverable to the order of a specified person, then the bill must be indorsed by that person.

(2) A negotiable bill of lading may be negotiated by delivery when the common carrier, under the terms of the bill, undertakes to deliver the goods to the order of a specified person and that person or a subsequent indorsee has indorsed the bill in blank.

(3) A negotiable bill of lading may be negotiated by a person possessing the bill, regardless of the way in which the person got possession, if -

(A) a common carrier, under the terms of the bill, undertakes to deliver the goods to that person; or

(B) when the bill is negotiated, it is in a form that allows it to be negotiated by delivery.

(b) Validity Not Affected. -

The validity of a negotiation of a bill of lading is not affected by the negotiation having been a

breach of duty by the person making the negotiation, or by the owner of the bill having been deprived of possession by fraud, accident, mistake, duress, loss, theft, or conversion, if the person to whom the bill is negotiated, or a person to whom the bill is subsequently negotiated, gives value for the bill in good faith and without notice of the breach of duty, fraud, accident, mistake, duress, loss, theft, or conversion.

(c) Negotiation by seller, Mortgagor, or Pledgor to Person

Without Notice. - When goods for which a negotiable bill of lading has been issued are in a common carriers possession, and the person to whom the bill has been issued retains possession of the bill after selling, mortgaging, or pledging the goods or bill, the subsequent negotiation of the bill by that person to another person receiving the bill for value, in good faith, and without notice of the prior sale, mortgage, or pledge has the same effect as if the first purchaser of the goods or bill had expressly authorized the subsequent negotiation.

Section 80105. Title and rights affected by negotiation

(a) Title. - When a negotiable bill of lading is negotiated -

(1) the person to whom it is negotiated acquires the title to the goods that -

(A) the person negotiating the bill had the ability to convey to a purchaser in good faith for value; and

(B) the consignor and consignee had the ability to convey to such a purchaser; and

(2) the common carrier issuing the bill becomes obligated directly to the person to whom the bill is negotiated to hold possession of the goods under the terms of the bill the same as if the carrier had issued the bill to that person.

(b) Superiority of Rights. -

When a negotiable bill of lading is negotiated to a person for value in good faith, that persons right to the goods for which the bill was issued is superior to a sellers lien or to a right to stop the transportation of the goods. This subsection applies whether the negotiation is made before or after the common carrier issuing the bill receives notice of the sellers claim. The carrier may deliver the goods to an unpaid seller only if the bill first is surrendered for cancellation.

(c) Mortgagee and Lien Holder Rights Not Affected. - Except as provided in subsection (b) of this section, this chapter does not limit a right of a mortgagee or lien holder having a mortgage or lien on goods against a person that purchased for value in good faith from the owner, and got possession of the goods immediately before delivery to the common carrier.

Section 80106. Transfer without negotiation

(a) Delivery and Agreement. - The holder of a bill of lading may transfer the bill without negotiating it by delivery and agreement to transfer title to the bill or to the goods represented by it.

Subject to the agreement, the person to whom the bill is transferred has title to the goods against the transferor.

(b) Compelling Indorsement. - When a negotiable bill of lading is transferred for value by delivery without being negotiated and indorsement of the transferor is essential for negotiation, the transferee may compel the transferor to indorse the bill unless a contrary intention appears. The negotiation is effective when the indorsement is made.

(c) **Effect of Notification.** - (1) When a transferee notifies the common carrier that a nonnegotiable bill of lading has been transferred under subsection (a) of this section, the carrier is obligated directly to the transferee for any obligations the carrier owed to the transferor immediately before the notification. However, before the carrier is notified, the transferees title to the goods and right to acquire the obligations of the carrier may be defeated by -

(A) garnishment, attachment, or execution on the goods by a creditor of the transferor; or

(B) notice to the carrier by the transferor or a purchaser from the transferor of a later purchase of the goods from the transferor.

(2) A common carrier has been notified under this subsection only if -

(A) an officer or agent of the carrier, whose actual or apparent authority includes acting on the notification, has been notified; and

(B) the officer or agent has had time, exercising reasonable diligence, to communicate with the agent having possession or control of the goods.

Section 80107. Warranties and liability

(a) **General Rule.** - Unless a contrary intention appears, a person negotiating or transferring a bill of lading for value warrants that -

(1) the bill is genuine;

(2) the person has the right to transfer the bill and the titleto the goods described in the bill;

(3) the person does not know of a fact that would affect the validity or worth of the bill; and

(4) the goods are merchantable or fit for a particular purpose when merchantability or fitness would have been implied if the agreement of the parties had been to transfer the goods without a bill of lading.

(b) **Security for Debt.** - A person holding a bill of lading as security for a debt and in good faith demanding or receiving payment of the debt from another person does not warrant by the demand or receipt -

(1) the genuineness of the bill; or

(2) the quantity or quality of the goods described in the bill.

(c) **Duplicates.** - A common carrier issuing a bill of lading, on the face of which is the word duplicate or another word indicating that the bill is not an original bill, is liable the same as a person that represents and warrants that the bill is an accurate copy of an original bill properly issued. The carrier is not otherwise liable under the bill.

(d) **Indorser Liability.** - Indorsement of a bill of lading does not make the indorser liable for failure of the common carrier or a previous indorser to fulfill its obligations.

Section 80108. Alterations and additions

An alteration or addition to a bill of lading after its issuance by a common carrier, without authorization from the carrier in writing or noted on the bill, is void. However, the original terms of the bill are enforceable.

Section 80109. Liens under negotiable bills

A common carrier issuing a negotiable bill of lading has a lien on the goods covered by the bill for -

(1) charges for storage, transportation, and delivery (including demurrage and terminal charges), and expenses necessary to preserve the goods or incidental to transporting the goods after the date of the bill; and

(2) other charges for which the bill expressly specifies a lien is claimed to the extent the charges are allowed by law and the agreement between the consignor and carrier.

Section 80110. Duty to deliver goods

(a) **General Rules.** - Except to the extent a common carrier establishes an excuse provided by law, the carrier must deliver goods covered by a bill of lading on demand of the consignee named in a nonnegotiable bill or the holder of a negotiable bill for the goods when the consignee or holder -

(1) offers in good faith to satisfy the lien of the carrier on the goods;

(2) has possession of the bill and, if a negotiable bill, offers to indorse and give the bill to the carrier; and

(3) agrees to sign, on delivery of the goods, a receipt for delivery if requested by the carrier.

(b) **Persons to Whom Goods May Be Delivered.** - Subject to section 80111 of this title, a common carrier may deliver the goods covered by a bill of lading to -

(1) a person entitled to their possession;

(2) the consignee named in a nonnegotiable bill; or

(3) a person in possession of a negotiable bill if -

(A) the goods are deliverable to the order of that person; or

(B) the bill has been indorsed to that person or in blank by the consignee or another indorsee.

(c) **Common Carrier Claims of Title and Possession.** - A claim by a common carrier that the carrier has title to goods or right to their possession is an excuse for nondelivery of the goods only if the title or right is derived from -

(1) a transfer made by the consignor or consignee after the shipment; or

(2) the carriers lien.

(d) Adverse Claims. - If a person other than the consignee or the person in possession of a bill of lading claims title to or possession of goods and the common carrier knows of the claim, the carrier is not required to deliver the goods to any claimant until the carrier has had a reasonable time to decide the validity of the adverse claim or to bring a civil action to require all claimants to interplead.

(e) Interpleader. - If at least 2 persons claim title to or possession of the goods, the common carrier may -

(1) bring a civil action to interplead all known claimants tothe goods; or

(2) require those claimants to interplead as a defense in an action brought against the carrier for nondelivery.

(f) Third Person Claims Not a Defense. - Except as provided in subsections (b), (d), and (e) of this section, title or a right of a third person is not a defense to an action brought by the consignee of a nonnegotiable bill of lading or by the holder of a negotiable bill against the common carrier for failure to deliver the goods on demand unless enforced by legal process.

Section 80111. Liability for delivery of goods

(a) General Rules. - A common carrier is liable for damages to a person having title to, or right to possession of, goods when -

(1) the carrier delivers the goods to a person not entitled to their possession unless the delivery is authorized under section 80110(b)(2) or (3) of this title;

(2) the carrier makes a delivery under section 80110(b)(2) or

(3) of this title after being requested by or for a person having title to, or right to possession of, the goods not to make the delivery; or

(3) at the time of delivery under section 80110(b)(2) or (3) of this title, the carrier has information it is delivering the goods to a person not entitled to their possession.

(b) Effectiveness of Request or Information. - A request or information is effective under subsection (a)(2) or (3) of this section only if -

(1) an officer or agent of the carrier, whose actual or apparent authority includes acting on the request or information, has been given the request or information; and

(2) the officer or agent has had time, exercising reasonable diligence, to stop delivery of the goods.

(c) Failure To Take and Cancel Bills. - Except as provided in subsection (d) of this section, if a common carrier delivers goods for which a negotiable bill of lading has been issued without taking and canceling the bill, the carrier is liable for damages for failure to deliver the goods to a person purchasing the bill for value in good faith whether the purchase was before or after delivery and even when delivery was made to the person entitled to the goods. The carrier also is liable under this paragraph if part of the goods are delivered without taking and canceling the bill or plainly noting on the bill that a partial delivery was made and generally describing the goods or the remaining goods kept by the carrier.

(d) **Exceptions to Liability.** - A common carrier is not liable for failure to deliver goods to the consignee or owner of the goods or a holder of the bill if -

(1) a delivery described in subsection (c) of this section was compelled by legal process;

(2) the goods have been sold lawfully to satisfy the carriers lien;

(3) the goods have not been claimed; or

(4) the goods are perishable or hazardous.

Section 80112. Liability under negotiable bills issued in parts, sets, or duplicates

(a) **Parts and Sets.** - A negotiable bill of lading issued in a State for the transportation of goods to a place in the 48 contiguous States or the District of Columbia may not be issued in parts or sets. A common carrier issuing a bill in violation of this subsection is liable for damages for failure to deliver the goods to a purchaser of one part for value in good faith even though the purchase occurred after the carrier delivered the goods to a holder of one of the other parts.

(b) **Duplicates.** - When at least 2 negotiable bills of lading are issued in a State for the same goods to be transported to a place in the 48 contiguous States or the District of Columbia, the word "duplicate" or another word indicating that the bill is not an original must be put plainly on the face of each bill except the original. A common carrier violating this subsection is liable for damages caused by the violation to a purchaser of the bill for value in good faith as an original bill even though the purchase occurred after the carrier delivered the goods to the holder of the original bill.

Section 80113. Liability for nonreceipt, misdescription, and improper loading

(a) **Liability for Nonreceipt and Misdescription.** - Except as provided in this section, a common carrier issuing a bill of lading is liable for damages caused by nonreceipt by the carrier of any part of the goods by the date shown in the bill or by failure of the goods to correspond with the description contained in the bill. The carrier is liable to the owner of goods transported under a nonnegotiable bill (subject to the right of stoppage in transit) or to the holder of a negotiable bill if the owner or holder gave value in good faith relying on the description of the goods in the bill or on the shipment being made on the date shown in the bill.

(b) Nonliability of Carriers. - A common carrier issuing a bill of lading is not liable under subsection (a) of this section -

(1) when the goods are loaded by the shipper;

(2) when the bill -

(A) describes the goods in terms of marks or labels, or in a statement about kind, quantity, or condition; or

(B) is qualified by contents or condition of contents of packages unknown, said to contain, shippers weight, load, and count, or words of the same meaning; and

(3) to the extent the carrier does not know whether any part of the goods were received or conform to the description.

(c) Liability for Improper Loading. - A common carrier issuing a bill of lading is not liable for damages caused by improper loading if -

(1) the shipper loads the goods; and

(2) the bill contains the words shippers weight, load, and count, or words of the same meaning indicating the shipper loaded the goods.

(d) Carriers Duty To Determine Kind, Quantity, and Number. - (1) When bulk freight is loaded by a shipper that makes available to the common carrier adequate facilities for weighing the freight, the carrier must determine the kind and quantity of the freight within a reasonable time after receiving the written request of the shipper to make the determination. In that situation, inserting the words shippers weight or words of the same meaning in the bill of lading has no effect.

(2) When goods are loaded by a common carrier, the carrier must count the packages of goods, if package freight, and determine the kind and quantity, if bulk freight. In that situation, inserting in the bill of lading or in a notice, receipt, contract, rule, or tariff, the words shippers weight, load, and count or words indicating that the shipper described and loaded the goods, has no effect except for freight concealed by packages.

Section 80114 Lost, stolen, and destroyed negotiable bills

(a) Delivery on Court Order and Surety Bond. - If a negotiable bill of lading is lost, stolen, or destroyed, a court of competent jurisdiction may order the common carrier to deliver the goods if the person claiming the goods gives a surety bond, in an amount approved by the court, to indemnify the carrier or a person injured by delivery against liability under the outstanding original bill.

The court also may order payment of reasonable costs and attorneys fees to the carrier. A voluntary surety bond, without court order, is binding on the parties to the bond.

(b) Liability to Holder. - Delivery of goods under a court order under subsection (a) of this section does not relieve a common carrier from liability to a person to whom the negotiable bill has been or is negotiated for value without notice of the court proceeding or of the delivery of the goods.

Section 80115. Limitation on use of judicial process to obtain possession of goods from common carriers

(a) **Attachment and Levy.** - Except when a negotiable bill of lading was issued originally on delivery of goods by a person that did not have the power to dispose of the goods, goods in the possession of a common carrier for which a negotiable bill has been issued may be attached through judicial process or levied on in execution of a judgment only if the bill is surrendered to the carrier or its negotiation is enjoined.

(b) **Delivery.** - A common carrier may be compelled by judicial process to deliver goods under subsection (a) of this section only when the bill is surrendered to the carrier or impounded by the court.

Section 80116. Criminal penalty

A person shall be fined under title 18, imprisoned for not morethan 5 years, or both, if the person -

(1) violates this chapter with intent to defraud; or

(2) knowingly or with intent to defraud -

(A) falsely makes, alters, or copies a bill of lading subject to this chapter;

(B) utters, publishes, or issues a falsely made, altered, or copied bill subject to this chapter; or

(C) negotiates or transfers for value a bill containing a false statement.

11. 1893년 하터법(The Harter Act)

27 U. S. Statutes at Large, 445. 46 U.S. Code, Sec. 190-196

Stipulations Relieving From Liability

제1조 면책규정(46 U.S. Code, Sec. 190)

미국의 항으로부터 또는 미국의 항과 이국의 항과의 사이에서 상품 또는 재산을 운송하는 선박의 관리인, 대리인, 선장 또는 소유자는 선하증권 또는 선적서류 중에 자기의 관리에 맡겨진 모든 적법한 상품 또는 재산의 선적, 적부, 보관 또는 인도를 적절하게 행함에 있어서 과실 또는 불이행으로부터 생기는 멸실 또는 손해에 대하여 면책된다는 취지의 약관 또는 합의를 기재하는 것을 위법으로 한다. 선하증권 또는 화물수령증에 기재된 그러한 취지의 모든 문언 또는 약관은 무효로 하고, 어떠한 효력도 가지지 아니한다.

제2조 상당한 주의의무를 면제하는 규정(46 U.S. Code, Sec. 191)

미국의 항으로부터 또는 미국의 항과 외국의 항과의 사이에서 상품 또는 재산을 운송하는 선박, 또는 그 선박의 소유자, 선장, 대리인 또는 관리인이, 선하증권 또는 선적서류 중에, 상당한 주의를 하여, 선박의 의장, 선원의 승무 및 선용품의 공급을 적절하게 행하고, 또한 선박을 항해에 감당할 수 있는 상태로 두고, 약정항해가 수행될 수 있도록 하여야 할 선박소유자의 의무, 또는 운송물의 취급 및 적부를 신중하게 행하고, 운송물을 관리하고, 또한 화물 인도를 적절하게 행하여야 할 선장, 고급선원, 대리인 또는 사용인의 의무가 경감 또는 면제될 것이라는 취지의 여하한 약관 또는 합의를 기재하는 것은 위법으로 한다.

제3조 상당한 주의를 조건으로 하는 일정한 면책, 일정한 그 밖의 면책(46 U.S. Code, Sec. 192)

미국의 항으로 향하거나 또는 미국의 항으로부터 상품 또는 재산을 운송하는 선박의 소유자가 선박을 모든 점에서 항해에 감당할 수 있는 상태에 두고, 및 선원의 승무, 선박의 의장 및 선용품의 공급을 적절하게 행하여야 함에 있어서 상당한 주의를 다한 때에는, 선박, 선박소유자, 대리인 또는 용선자는 항행 또는 선박의 취급에 관한 과실로부터 생기는 손해 또는 멸실에 관해서는, 책임을 지지 않고, 또한 선박, 선박소유자, 용선자, 대리인 또는 선장은 해상 그 밖의 가항수역의 위험, 천재지변, 공적행위, 운송물의 숨은 결함, 특수한 성질 또는 고유한 하자, 포장의 불충분, 재판상의 압류, 송하인 또는 물건의 소유자 또는 이들의 대리인 혹은 대표자의 작위 또는 부작위, 해상에 있어서의 인명 또는 재산의 구조 또는 구조의 기도, 또는 그러한 구조를 위한 항로이탈로부터 생기는 손해에 대해서도 책임을 지지 아니한다.

제4조 발행해야 할 선하증권- 내용(46 U.S. Code, Sec. 193)

미국의 항으로부터 또는 미국의 항과 외국의 항과의 사이에서 상품 또는 재산을 운송하는 선박의 소유자, 선장 또는 대리인은, 특히 다음의 사항을 기재한 선하증권 또는 선적서류를 적법한 상품의 송하인에게 교부할 의무를 진다. 그 기재사항은 상품 또는 재산의 식별을 위한 필요한 기호, 포장의 수 또는 운송인의 검량에 의한 중량인가, 송하인에 의한 중량인가를 명기한 수량, 및 운송을 위해서 선박의 소유자, 선장 또는 대리인에게 인도되고, 수령된 상품 또는 재산의, 그 외부로부터 인식된 상태로 한다. 이러한 서류는 반증이 없는 한, 그 서류에 기재된 상품을 수령한 것으로 추정하는 증거가 된다.

제5조 벌금-우선특권-회수(46 U.S. Code, Sec. 194)

선박의 대리인, 소유자 또는 선장은, 이 법의 여하한 규정에 위반한 때, 및 송하인의 청구가 있었던 때에 이 법에 정해진 선하증권의 발행을 거부한 때는, 그 위반에 대해서, 미화 2,000달러를 넘지 아니하는 벌금을 부과하는 것으로 한다. 그 위반에 대해서 벌금 및 소송비용의 총액에 대해서는 선박, 즉, 그러한 위반한 대리인, 소유자 또는 선장의 선박 상에 우선특권이 존재하는 것으로 한다. 그 우선특권에 기해서 당해 선박에 대한 신청은 동 선박에 판결을 내린 곳을 관할하는 미국의 지방법원에 있어서 이루어지는 것으로 한다. 그 벌금의 반액은 그 위반에 의해서 손해를 입은 당사자에게 주고, 잔액은 미국정부에 준다.

제6조 무수정의 화재법과 책임제한법(46 U.S. Code, Sec. 195)

이 법은 미국수정법 제4281조, 동 제4282조 및 동 제4283조, 또는 선박, 선박소유자 혹은 그 대표자의 책임을 정한 그 밖의 수정법을 수정 또는 폐지하는 것으로는 해석하지 아니한다.

제7조 산 동물(46 U.S. Code, Sec. 196)

이 법 제1조 내지 제4조는 산 동물의 운송에는 적용하지 아니한다.

제8조 시행일자

이 법은 1893년 7월 1일부터 시행한다.

12. 1936년 미국 해상물건운송법(The United States Carriage of Goods by Sea Act 1936)

1936년 4월 16일 제정

1936년 7월 15일 시행

이 법은 미국 의회의 상원 및 하원에 의해서 입법되었다.

적용 범위—선하증권—외국 무역—미국향 및 외국향(inbound 및 outbound)

외국 무역에 있어서, 선적항 또는 양륙 항을 미국의 항으로 하는 해상물건운송계약의 증거인 모든 선하증권 또는 이것에 유사한 증권은 이 법의 규정에 따라 효력을 가진다.

제1편 헤이그 규칙(Title | Hague Rules)

제1조 정의

이 협약에서,

(a) 운송인이라 함은 운송계약에서 송하인의 상대방인 선박소유자 또는 용선자를 말한다.

(b) 운송계약이라 함은 선하증권 또는 이와 유사한 해상물건운송에 관한 증권에 의해서 증명되는 운송계약만을 말한다. 이 용어는 용선 계약에 기하여 발행되는 선하증권 또는 유사한 증권에 있어서는, 그 증권이 운송인과 선하증권 소지인과의 관계를 규율하는 때 이후로부터 이를 사용한다.

(c) 물건이라 함은 산 동물 및 운송계약에 있어서 갑판적될 것이 표시되고, 또한 실제로 갑판

적 운송되는 운송물 이외의 재산, 운송물, 상품 그 밖의 각종의 물건을 말한다.

(d) 선박이라 함은 해상물건운송에 사용되는 모든 배를 말한다.

(e) 물건운송이라 함은 물건을 선박에 선적한 때로부터 그 선박에서 양륙한 때까지의 기간에 대해서 말한다.

제2조 위험

운송인은 모든 해상물건운송계약에 있어서 물건의 선적, 취급, 적부, 운송, 보관, 관리 및 양륙에 관하여 책임과 의무를 진다. 또 다음의 규정에 따라서 권리 및 면책을 누린다. 다만, 제6조의 규정의 적용을 방해하지 아니한다.

제3조 책임

1. 운송인은 발항 전과 발항 당시에 다음의 사항에 관하여 상당한 주의를 다하여야 한다.
   (a) 선박이 감항능력이 있도록 할 것
   (b) 선원의 승선, 선박의 의장 및 선용품의 보급을 적절하게 할 것
   (c) 선창, 냉동실, 냉장실 기타 물건을 적부 하는 선박의 모든 장소를 물건의 수령, 운송 및 보관을 위하여 적절하고 양호한 상태로 두는 것
2. 운송인은 운송되는 물건의 선적, 취급, 적부, 운송, 보관, 관리 및 양륙을 적절하고 주의 깊게 행하여야 한다.
3. 운송인, 선장 또는 운송인의 대리인은 물건을 수령한 후 송하인의 청구가 있으면 특히 다음의 사항을 기재한 선하증권을 송하인에게 교부하여야 한다.
   (a) 물건의 식별을 위하여 필요한 주요 기호로서 물건의 선적 개시 전에 송하인이 서면으로 통지한 것. 이 기호는 포장하지 않은 물건 위에, 또는 물건의 용기 또는 포장 위에 통상 항해의 종료 시까지 판독할 수 있도록 스탬프로 찍거나, 또는 기타 방법으로 명확하게 표시하여야 한다.
   (b) 송하인이 서면으로 통지한 포장 또는 개품의 개수, 용적 또는 중량
   (c) 물건의 외관 상태. 다만, 운송인, 선장 또는 운송인의 대리인은 이 기호, 수, 용적 또는 중량이 실제로 자기가 수령한 물건을 정확하게 표시하고 있지 아니하였다는 사실을 의심할 상당한 이유가 있을 경우, 또는 정확하다는 것을 확인할 적당한 방법이 없는 경우에는, 이를 선하증권에 기재 또는 표시할 필요가 없다.
4. 이와 같은 선하증권은 반증이 없는 한, 이 조 제3항의 (a), (b) 및 (c)호의 규정에 따라 그 증권에 기재되어 있는 대로의 물건을 운송인이 수령한 것으로 추정하는 증거가 된다. 다만, 이 법의 여하한 규정도 일반적으로 "포메린선하증권법"으로 알려진 1916년 8월 29일에 제정된 "주간 및 섭외 거래에 있어서 선하증권에 관한 법"(49 U. S. C., secs.81-124), 및 동 개정 법에 있는 어느 부분의 적용을 폐지하거나 제한하는 것으로 해석되지 아니한다.
5. 송하인은 자신이 통지한 기호, 수, 용적 및 중량이 선적 시에 정확하였다는 것을 운송인에게 보증한 것으로 보게 되며, 이들 사항에 관한 부정확에서 생긴 모든 멸실 · 훼손 및 비용에 대하여 운송인에게 배상하여야 한다. 이 배상에 대한 운송인의 권리는, 운송인이 운송계

약에 의하여 송하인 이외의 모든 사람에 대하여 지는 책임과 의무를 제한하지 아니한다.

6. 물건이 운송계약에 의하여 인도 받을 권리를 가지는 자에게 인도되기 전에 또는 그때에, 그 자가 운송인 또는 양륙 항에서 그의 대리인에 대해서 서면으로 멸실 · 훼손 및 손해와 그 개황에 관한 통지를 하지 아니한 때에는, 그 인도는 반증이 없는 한, 운송인이 물건을 선하증권에 기재되어 있는 대로 인도하였음을 추정하는 증거가 된다.

   멸실 · 훼손이 외부로부터 인식되는 때는, 위의 통지는 물건의 인도 후 3일 이내에 행하여져야 한다.

   멸실 또는 훼손에 대한 위의 통지는 물건의 인도를 받은 자가 교부하는 물건의 수령증에 배서로서 이를 행할 수 있다.

   물건의 상태가 그 수령 시에 입회에 의해서 확인되어 있는 때는, 위의 서면에 의한 통지를 요하지 아니한다.

   멸실 · 훼손에 대한 운송인 및 선박의 모든 책임은, 여하한 경우에도 물건의 인도 후 또는 물건이 인도되어야 할 날로부터 1년 이내에 소송이 제기되지 아니한 때는 소멸한다. 다만, 외부로부터 인식되거나, 또는 인식되지 아니한 멸실 또는 훼손에 관한 통지가 이 조에 정하여진 대로 이루어지지 않았음은 물론, 그 사실이, 물건의 인도 후 또는 물건이 인도되어야 할 날로부터 1년 이내에 소송을 제기하는 송하인의 권리에 영향, 또는 그 권리를 침해하는 것은 아니다.

   멸실 · 훼손이 현실적으로 생기고, 또는 생겨 있다는 의심이 있는 때는, 운송인 및 수하인의 물건의 검사 및 포장의 수의 점검을 위한 모든 상당한 편의를 서로 주어야 한다.

7. 물건이 선적된 경우에, 운송인, 선장 또는 운송인의 대리인이 교부하여야 할 선하증권은, 송하인의 청구가 있을 때에는 선적이 있었다는 뜻을 기재한 선하증권이 된다. 다만, 송하인이 이미 그 물건에 관한 권리를 표시하는 증권을 수령한 때에는, 선적 선하증권의 교부와 상환하여 그 증권을 반환하여야 한다. 운송인, 선장 또는 대리인은 선적항에서 물건을 선적한 선박의 명칭 및 그 선적일부를 먼저 교부한 증권에 기재할 수도 있고, 그 증권은 이러한 기재가 있는 경우에는, 이 조에서 말하는 선적 선하증권으로 본다.

8. 운송계약의 모든 조항, 약관 또는 합의로서 운송인 또는 선박에 대해서 부주의, 과실 또는 이 조에서 규정한 책임과 의무의 불이행에 의한 물건의 멸실 · 훼손에 대한 책임을 면제하거나 또는 그 책임을 이 법의 규정에 반하여 경감하는 것은 무효로 한다.

   보험의 이익을 운송인에게 양도하는 조항 또는 이와 유사한 모든 조항은 운송인의 책임을 면하게 하는 것으로 본다.

제4조 권리와 면책(Rights and Immunities)

1. 운송인 및 선박은 불감항 상태에서 일어난 멸실 · 훼손에 대하여는 책임을 지지 아니한다. 다만, 운송인이 전조 제1항의 규정에 따라서 선박을 감항능력이 있는 상태에 두고, 선원의 승무, 선박의 의장 및 선용품의 공급을 적절히 행하고, 동시에 선창, 냉동실과 냉장실 기타 물건을 선적하는 선박의 모든 장소를 물건의 수령, 운송 및 보관에 적합한 양호한 상태로 두는 것에 대하여 상당한 주의를 게을리 함으로써 선박이 감항능력이 없는 상태가 된 경우

에는 이에 따르지 아니한다. 불감항 상태로부터 멸실 · 훼손이 생긴 때에는, 이 조에서 정한 면책을 주장하는 운송인 그 밖의 자는 상당한 주의를 다하였음을 증명하여야 한다.

2. 운송인 및 선박은 다음의 사유에서 생긴 멸실 · 훼손에 대하여는 책임을 지지 아니한다.
   (a) 항해 또는 선박의 관리에 관한 선장, 해원, 도선사 또는 운송인의 사용인의 작위, 부작위 또는 과실
   (b) 화재(운송인의 실제의 과실 또는 고의로 인한 것을 제외)
   (c) 해상 기타 항행할 수 있는 수면에서의 재해, 위험 또는 사고
   (d) 천재지변
   (e) 전쟁 행위
   (f) 공적 행위
   (g) 군주, 관헌 또는 인민에 의한 억류 · 강제 또는 법률 절차에 의한 압류
   (h) 검역 상의 제한
   (i) 송하인 또는 운송물의 소유자, 그의 대리인 또는 그 대표자의 작위 또는 부작위
   (j) 동맹파업, 선박 폐쇄, 노무 정지 또는 노무 방해. 단, 원인 여하를 묻지 아니하고 또한 부분적인가 또는 전체적인가를 묻지 아니한다.
   (k) 폭동과 내란
   (l) 해상에서의 인명 또는 재산의 구조 또는 구조의 기도
   (m) 물건의 숨은 흠, 특수한 성질 또는 고유한 흠으로부터 생기는 용적이나 중량의 감소 또는 그 밖의 멸실 · 훼손
   (n) 포장의 불충분
   (o) 기호의 불충분, 또는 불완전
   (p) 상당한 주의로써도 발견할 수 없는 흠
   (q) 운송인의 실제의 과실 또는 고의가 없이, 또는 운송인의 대리인 또는 사용인의 과실이나 게으름이 없이 일어나는 그 밖의 원인. 단, 면책을 주장하는 자가 운송인의 실제의 과실이나 고의 또는 운송인의 대리인 또는 사용인의 과실 또는 게으름이 멸실 · 훼손에 기여하지 아니하였음을 증명하여야 한다.
3. 송하인은, 운송인 또는 선박이 입은 멸실 또는 훼손으로써, 송하인 또는 그의 대리인 또는 사용인의 작위, 부작위 또는 과실에 의하지 아니한 원인으로부터 생긴 것에 대하여는 책임을 지지 아니한다.
4. 해상에서의 인명 혹은 재산의 구조 또는 구조의 기도를 위한 항로이탈 또는 상당한 이유가 있는 항로이탈은, 이 법 또는 운송계약에 대한 위반으로 보지 않으며, 운송인은 그 결과로 생기는 멸실 · 훼손에 대하여 책임을 지지 아니한다. 다만, 운송물의 선적 혹은 양륙 또는 여객의 승선 혹은 하선을 위한 항로이탈은, 상당한 이유가 없는 항로이탈로 추정된다.
5. 운송인 및 선박은, 어떠한 경우에도, 물건운송에 관한 멸실 혹은 훼손에 대해서는, 1포장 당 또는 1 단위 당 선적되는 물건에 대해서는 관습적인 운송 단위에 대해서 미화 500달러 또는 다른 통화에 의한 이와 동등의 금액을 넘어서는 책임을 지지 아니한다. 다만, 당해 물건의 성질 및 가액이 송하인에 의해서 선적 전에 통지되고, 또한 그 통지가 선하증권에 기재

되어 있는 경우에는 이 규정에 의한 제한을 받지 아니한다.

선하증권에 기재된 위의 통지는 반증이 없는 한, 추정적 증거가 되지만, 운송인은 그 통지를 다툴 수 있다.

운송인, 선장 또는 운송인의 대리인과 송하인과의 합의에 의해서 제5항에서 정한 금액과 다른 최고 한도액을 정할 수 있다. 다만, 그와 같이 정하는 최고 한도액은 위에서 정한 최고 한도액 보다 적어서는 아니 된다. 여하한 경우에도 운송인은 실손해액을 넘어서 책임을 지지 아니한다.

운송인 및 선박은, 송하인이 선하증권 중의 물건의 성질 또는 가액에 관해서 고의로, 또한 사기적으로 허의의 통지를 한 때에는, 여하한 경우에도 물건에 관한 멸실 또는 훼손에 대해서는 책임을 지지 아니한다.

6. 인화성, 폭발성 또는 위험성이 있는 물건으로서, 운송인, 선장 또는 운송인의 대리인이 그 성질 또는 특징을 알고 있었으면, 그 선적을 승낙하지 아니하였다는 사실에 대하여는, 운송인은 송하인에게 배상하지 아니하고, 양륙하기 전에 언제라도, 임의의 장소에 양륙, 파괴 또는 무해하게 할 수 있고, 이들 물건의 송하인은 그 선적에 의해서 직접 또는 간접으로 생기는 모든 손해와 비용에 대하여 책임을 진다. 이들 물건에서 운송인이 알고, 또한 승낙하여 선적한 물건이지만, 선박 또는 적하에 의하여 위험하게 된 때는, 운송인은 공동해손의 경우를 제외하고, 그의 책임을 지지 않고, 그 물건을 마찬가지로 양륙, 파괴 또는 무해하게 할 수 있다.

제5조 권리와 면책의 포기 및 책임의 확대

(Surrender of Rights and Immunities and Increase of Responsibilities and Liabilities)

운송인은 이 법에서 정한 권리 및 면책의 전부 혹은 일부를 포기하거나, 또는 그 책임 및 의무를 가중할 수 있다. 다만, 그 포기 또는 가중은 송하인에게 교부하는 선하증권에 기재하여야 한다.

이 법의 규정은 용선 계약에는 적용하지 아니한다. 다만, 용선 계약의 경우에 선하증권이 발행되는 때는 그 선하증권은 이 법의 규정에 따른다.

이 법의 어떠한 규정도 공동해손에 관한 적법한 규정을 선하증권에 기재하는 것을 방해하지 아니한다.

제6조 특별 조건

앞의 각 규정에도 불구하고, 운송인, 선장 또는 운송인의 대리인 및 송하인은 어떤 특정 물건에 대해서는, 물건에 대한 운송인의 책임과 의무 및 권리와 면책에 관해서 선박의 감항능력에 대한 운송인의 의무에 관해서(이 선박의 감항성에 관해서는 공공질서에 반하지 아니하는 범위에 한한다), 또는 해상운송 물건의 선적, 취급, 적부, 운송, 보관, 관리 및 양륙에 대한 사용인 또는 대리인의 주의의무에 관해서, 어떠한 조건으로든 계약을 체결할 수 있다. 다만, 선하증권을 발행하지 아니하였거나 또는 이후 발행하지 아니한 경우, 또한 합의된 조건이 비유통 증서인 수령증으로 그 취지를 명시한 것이 기재된 경우에 한한다.

이와 같이 체결된 모든 계약은 법률상 완전한 효력이 있다.

이 조의 규정은 통상의 상거래에서 통상적인 상업적 선적에는 이를 적용하지 않고, 그 밖의 선적으로서 운송되는 물건의 특징, 상태 및 운송이 행하여지는 사정 및 조건이 특약을 정당하게 하는 것에만 적용한다.

제7조 선적전 및 양륙 후에는 본법의 적용 없음

이 법의 어떠한 규정도 운송인 또는 송하인이 계약에 해상운송 되는 물건의 선적 전과 양륙 후에 있어서, 그 물건에 생기는 멸실 · 훼손 또는 그 물건의 보관, 관리 및 취급에 관해서 운송인 또는 선박이 지는 의무 및 책임에 대한 특약, 조건, 유보 또는 면책을 계약 속에 포함시키는 것을 방해하지 아니한다.

제8조 책임의 제한

이 법의 규정은 1916년 해운법(Shipping Act), 미국수정법 제4281조 내지 제4289조 혹은 동 수정법에 대한 일체의 수정법, 또는 그 밖의 항해선 소유자의 책임의 제한에 관한 현행의 법령의 규정에 기해서 운송인의 권리 및 의무를 변경하지 아니한다.

제2편 추가 규정(Title II Additional Provisions)

제9조 송하인의 차별 금지

이 법의 어떠한 규정도 일반 수상운송인이, (a) 이 법의 규정에 따라서 선하증권을 요구 및 수령하는 송하인의 권리에 관해서, (b) 그 선하증권의 발행에 있어서는 이 법 제1장 제5조에 의한 운송인의 권리 및 면책의 전부 혹은 일부의 포기 또는 동조에 의한 운송인의 책임 및 의무의 전부 혹은 일부의 가중에 관해서, 또는 (c) 1916년 해운법 및 그 수정법에 의해서 금지되어 있는 다른 방법에 의해서, 같은 때에 같은 사정 하에서 경쟁하는 송하인을 차별 취급하는 것을 인정하는 것으로 해석하여서는 아니 된다.

제10조 주간통상법하에서의 선하증권

주간통상법 제25조를 수정, 동조 4문의 말미에 다음의 단서를 붙인다. "다만, 이 법에 의해서 인정된 어떠한 선하증권도, 그것이 해상물건운송에 관계하는 것인 한, 해상물건운송법의 규정에 따르는 것으로 한다."

제11조 벌크 운송물- 제3자에 의해서 확인되는 중량

거래의 관습에 의해서, 선하증권에 기재된 벌크의 중량이 운송인 또는 송하인 이외의 제3자에 의해서 확인되거나 또는 승인된 중량이고, 또한 그 중량이 그처럼 확인 또는 승인되어 있는 사실이 선하증권에 기재되어 있는 경우에는, 이 법의 어떠한 규정에도 관계없이, 선하증권은 운송인이 선하증권에 기재된 그 중량을 가지는 물건을 수령하였다는 것을 추정하는 증거로는 보여지지 않고, 또한 송하인이 선적 시에 그 중량이 정확하다는 것을 담보하였다는 것으로도 보여지지 아니한다.

제12조 운송물의 선적전 및 양륙 후에 있어서의 하터법의 적용

이 법의 어떠한 규정도, 그것이 물건의 선적 전 또는 물건의 선박으로부터의 양륙 후에 있어서의 선박 또는 운송인의 의무 및 책임에 관계하는 한, 1893년 2월 13일에 승인된 "선박의 항행, 선하증권 및 재산의 운송에 관한 특정의 의무 및 권리에 관한 법률"로 불리는 법률, 또는 이 법의 적용이 없는 때에 적용되어야 할 그 밖의 법률의 어떠한 규정도 폐지하는 것으로는 해석되어서는 아니 된다.

제13조 이 법의 적용 범위

이 법은 외국 무역에서, 선적항 또는 양륙 항을 미국의 항으로 하는 모든 해상물건운송계약에 적용한다.

이 법에서 "미국"이라 함은 미국 본토 및 그 속령을 포함한다. 다만, 필리핀의 입법부는 법률에 의해서 선적항 또는 양륙 항을 필리핀 섬의 항으로 하는 운송에 대한 이 법의 적용을 배제할 수 있다.

"외국 무역"이라 함은, 미국의 항과 외국의 항과의 사이의 물건운송을 의미한다.

(국내 거래에의 임의 적용)이 법의 어떠한 규정도, 선적항 및 양륙 항의 모두가 미국 또는 그 속령의 항으로 하는 해상물건운송계약에 적용되는 것으로 해석되어서는 아니 된다. 다만, 그러한 해상물건운송계약의 증거인 선하증권 또는 이것에 유사한 증권에 있어서도, 그들 증권에 그들 증권이 이 법의 규정에 따른다는 취지의 명백한 기재가 있는 때는 이 법의 명시 규정에 의해서 이 법의 규정에 따르는 경우와 완전하게 같이, 이 법의 규정에 따르는 것으로 한다.

모든 외항 선하증권에는 그들의 증권이 이 법에 따른 효력을 가지는 취지를 기재하지 않으면 안 된다.

외국 무역에 있어서 선적항을 미국의 항으로 하는 해상물건운송계약의 증거인 모든 선하증권 또는 이것에 유사한 증권에는 그들의 증권이 이 법의 규정에 따르는 효력을 가진다는 취지를 기재하지 아니하면 아니된다.

제14조 대통령에 의한 효력의 정지

이 법 제1장의 전부 혹은 일부의 규정 또는 해상물건운송에 관한 외국의 법률이 외국에 있어서 외국의 무역과 경쟁 관계에 있는 미국에 있어서 외국 무역의 장해가 되는 것을 통상부장관이 인증한 때에는, 미국 대통령은 언제라도, 포고에 의해서, 이 법 제1편의 전부 또는 일부 규정의 효력을 그 포고 중에서 지정할 수 있다. 일정 기간 또는 무기한으로 정지할 수 있다. 대통령은 언제라도 그러한 이 법 제1장의 규정의 효력의 정지를 철회할 수 있고, 그 철회에 의해서, 정지되어 있던 이 법 제1장의 규정의 효력을 회복하고 그 취소 후에 체결한 해상물건운송계약에는 이 법 제1장의 규정이 적용되는 것으로 한다. 효력의 정지 또는 효력 정지의 철회에 관한 포고는 그 포고 중에 지정된 날에 효력을 생기는 것으로 하고, 그 지정 일은 그 포고의 공포일로부터 10일 경과 후이어야 한다.

이 법의 규정에 따르는 해상물건운송계약으로서 이 법 제1장의 전부 또는 일부의 효력이 정지되어 있는 기간 중에 효력이 생기는 것은, 그 정지된 규정에 상당하는, 그때에 시행되고 있는 법률 또는 그 후에 시행되는 법률의 모든 규정에 따르는 것으로 한다.

제15조 시행 일자

이 법은 그 승인을 얻은 날로부터 90일 후에 시행한다. 다만, 이 법의 어떠한 규정도 그 승인을 얻은 날로부터 1년 이내는, 그 승인을 얻은 날 보다 전에 체결된 해상물건운송계약, 또는 그 승인일 전후를 불문하고, 그러한 계약의 이행에 있어서 발행된 선하증권 또는 이것이 유사한 증권에는 적용되지 아니하는 것으로 한다.

제16조 약칭

이 법은 「해상물건운송법」으로 부를 수 있다. 1936년 4월 16일 대통령에 의해서 승인되었다.

13. 1999년 미국 해상물건운송법(안)

[Staff Working Draft]

September 24, 1999

106th CONGRESS

1st Session

S.______________

To revise the Carriage of Goods by Sea Act, and for other purposes

____

IN THE SENATE OF THE UNITED STATES

September _____, 1999

Mr.___________(for himself, Mr.______________, and Mr.______________) introduced the following bill; which was read twice and referred to the Committee on ____________

____

A BILL

To revise the Carriage of Goods by Sea Act, and for other purposes.

Be it enacted by the Senate and House of Representatives of the United States of America in Congress assembled,

SECTION 1. SHORT TITLE; TABLE OF SECTIONS.

(a) SHORT TITLE.--This Act may be cited as the "Carriage of Goods by Sea Act of 1999".

(b) TABLE OF SECTIONS.--The table of sections for this Act is as follows:

제1조 명칭, 조문차례

(a) 명칭: 이 법은 1999년 해상물건운송법으로 부른다.

(b) 조문 차례 : 이 법의 조문 차례는 다음과 같다:

제1조 명칭, 조문 차례

제2조 정의

제3조 적용 범위

제4조 다른 법률하에서의 권리와 책임

제5조 운송인의 의무와 권리

제6조 운송인과 선박의 책임

제7조 운송계약

제8조 실적운송물의 중량

제9조 운송인과 선박의 권리와 면책

제10조 권리의 포기; 책임의 증가; 공동해손

제11조 특수 물건에 대한 특약

제12조 멸실 · 훼손의 통지

제13조 제소기한

제14조 경쟁관계에 있는 송하인간의 차별

제15조 1936년 법의 폐지

제16조 미국으로 들어오는 물건에 대한 선하증권법의 적용

제17조 시행일

SEC. 2. DEFINITIONS.

1. IN GENERAL.--When used in this Act:

(1) CARRIER.--The term “carrier” means a contracting carrier, a performing carrier, or an ocean carrier.

(2) CONTRACTING CARRIER.--The term “contracting carrier” means the party who enters into a contract of carriage with a shipper of goods.

(3) PERFORMING CARRIER.--The term “performing carrier” means --

(A) IN GENERAL.-- The term “performing carrier” means a person--

(i) that performs, undertakes to perform, or procures to be performed any of a contracting carriers responsibilities under a contract of carriage; but

(ii) only to the extent that the person described in clause (i) acts, either directly or indirectly, at the request of, or under the supervision or control of, a contracting carrier, regardless of whether that person is a party to, identified in, or has legal responsibility under the contract of carriage.

(B) EXCLUSION. -- Notwithstanding subparagraph (A), the term "performing carrier" does not include any person (other than the contracting carrier) that --

(i) is retained by the shipper or consigee; or

(ii) is an employee, servant, agent, contractor, or subcontractor of a person retained by the shipper or consignee.

(4) OCEAN CARRIER.--The term "ocean carrier" means a performing carrier that owns, operates, or charters a ship used in the carriage of goods by sea.

(5) CONTRACT OF CARRIAGE.--

(A) IN GENERAL.--The term "contract of carriage" means--

(i) a contract for the carriage of goods either by sea or partially by sea and partially by one or more other modes of transportation, including a bill of lading (or similar document), whether negotiable or non-negotiable and whether printed or electronic; and

(ii) a bill of lading (or similar document), whether negotiable or non-negotiable and whether printed or electronic, arising under or pursuant to a charter party from the moment at which it regulates the relations between a carrier and the holder of the bill of lading or other contract.

(B) CERTAIN CONTRACTS EXCLUDED.--The term "contract of carriage" does not include-

(i) contracts for transportation in domestic trade exclusively on the Great Lakes, rivers, or other inland waters, or the intracoastal waterways;

(ii) charter parties, contracts of affreightment, and similar agreements that are functionally equivalent; or

(iii) towage agreements.

(C) SPECIAL RULES FOR ELECTRONIC BILLS OF LADING.--An electronic bill of lading may be used in accordance with procedures agreed upon by the parties to the bill.

(6) GOODS.—The term "goods" includes goods, wares, merchandise, and articles of every kind whatsoever, except live animals.

(7) SHIP.—The term "ship" means any vessel used for the carriage of goods by sea.

(8) CARRIAGE OF GOODS.--The term "carriage of goods" covers the period from the time goods are received by a carrier to the time they are delivered by a carrier to a person

authorized to receive them.

(9) SHIPPER. — The term “shipper” means--

(A) the person by whom, in whose name, or on whose behalf a contract of carriage has been concluded with a contracting carrier; and

(B) any person by whom, in whose name, or on whose behalf the goods are delivered to a carrier under a contract of carriage.

(10) SERVICE CONTRACT. — The term “service contract” has the meaning given that term by section 3(21) of the Shipping Act of 1984 (46 U.S.C. App. 1702(21)).

(11) UNITED STATES. — The term “United States” has the meaning given that term by

section 2 101(44) of title 46, United States Code.

(b) SPECIAL RULE FOR ELECTRONIC COMMUNICATION.-- Whenever in this Act a notice, claim, or other communication is required to be made in writing, it may be transmitted in written form on paper or transmitted by an electronic mEDIum, including electronic data interchange and other computerized mEDIa of transmission.

제2조 정의

(a). 원칙- 이 법에서 사용될 때:

(1) 운송인(carrier): “운송인”이라 함은 계약운송인(contracting carrier), 이행운송인(performing carrier), 해상운송인(ocean carrier)을 말한다.

(2) 계약운송인(contracting carrier): “계약운송인”이라 함은 물건의 송하인과 운송계약을 체결한 당사자를 말한다.

(3) 이행운송인(performing carrier):

(A) 원칙 – “이행운송인”이라 함은 다음과 같은 자를 말한다.

(i) 운송계약 하에서 계약운송인의 책임의 전부 또는 일부를 이행하거나, 이행할 것을 인수하거나, 운송의 이행을 담당하는 자; 다만,

(ii) 위 (i)에 열거된 자가 직접적이든 간접적이든 , 계약운송인의 요구, 감독 또는 통제 하에서 행위한 범위에 한한다.

이 경우 그 자가 운송계약의 당사자인가, 운송계약에서 특정된 자인가, 또는 운송계약 하에서 법적 책임을 지는 자인가 아닌가를 묻지 아니한다.

(B) 제외 – (A)에 불구하고, “이행운송인”이란 용어는 다음과 같은 자(계약운송인 이외의)를 포함하지 아니한다.

(i) 송하인 또는 수하인에 의하여 고용된 자; 또는

(ii) 송하인 또는 수하인에 의하여 사용되고 있는 자의 사용인(employee), 종사자(servant), 대리인(agent), 계약자(contractor), 또는 하도급계약자(subcontractor).

(4) 해상운송인(ocean carrier)이라 함은 해상운송에 사용되는 선박을 소유하거나, 운항하거나, 또는 용선한 이행운송인을 의미한다.

(5) 운송계약:

(A) 원칙 – "운송계약"(contract of carriage)이라는 용어는 다음의 것을 말한다.

(i) 해상에서, 또는 일부는 해상에서 일부는 한가지 이상의 해상 이외의 다른 운송 수단에 의한 물건운송을 위한 계약으로서, 유통증권인가 비유통 증서인가를 묻지 않고, 인쇄된 증권인가 아닌가, 전자식 증권인가 아닌가를 묻지 않고, 선하증권 또는 이와 유사한 증권(bill of lading or similar document)을 포함하는 것을 말한다.

(ii) 운송인과 선하증권 또는 기타 계약서의 소지인과의 관계를 규율하는 때로부터 용선계약하 또는 용선계약에 부수하여 발생하는 선하증권(또는 이와 유사한 증권)으로서 유통증권이나 비유통 증서인가를 묻지 아니한다.

(B) 제외되는 약간의 계약 : "운송계약"이라는 용어는 다음에 열거하는 것은 포함하지 않는다.

(i) 5대호(the Great Lakes), 강, 또는 기타 내수(other inland waters), 또는 연안 내수로만을 운항하는 국내 항로에서의 운송계약.

(ii) 용선계약, 운송계약(contracts of affreightment) 및 이들과 기능적으로 동일한 계약; 또는

(iii) 예선계약(towage agreements).

(C) 전자선하증권에 대한 특칙- 전자선하증권은 선하증권의 당사자에 의하여 합의된 절차에 따라 사용될 수 있다.

(6) 물건 – "물건"(goods)이라는 용어는 물건(goods), 제품(wares), 상품(merchandise), 그리고 각종의 이와 유사한 상품을 말한다. 다만, 산동물(live animals)은 제외한다.

(7) 선박 – "선박"(ship)이라는 용어는 해상물건운송에 사용되는 배를 말한다.

(8) 물건운송 기간 – "물건운송"(carriage of goods)라는 용어는 물건을 운송인이 수령한 때로부터 운송인이 권한 있는 자에게 물건을 인도할 때까지를 말한다.

(9) 송하인 – "송하인"(shipper)이라는 용어는 다음에 열거한 자를 의미한다.

(A) 자기 스스로, 또는 자기의 이름으로 또는 자기를 대리하여 계약운송인과 운송계약을 체결한 자; 및

(B) 운송계약 하에서 자기 스스로, 또는 자기의 이름으로 또는 자기를 대리하여 물건을 운송인에게 인도한 자.

(10) 서비스 계약 : "서비스 계약"(service contract)이라는 용어는 1984년 해운법(the Shipping Act of 1984: 46 U.S.C. App. 1702(21)) 제3조(21)에 의하여 붙여진 의미를 가진다.

(11) 미합중국- "미합중국"(United States)이라는 용어는 아메리카 합중국법전(United States Code) 제46장 제2101조(44)에 의하여 그 말에 붙여진 의미를 가진다

(b) **전자식 통신에 대한 특칙** – 이 법에서 통지, 청구, 또는 기타 통신이 서면으로(in writing) 이루어질 것이 요구될 경우에는 언제나, 기재된 서면의 형식을 가지고, 또는 EDI와 기타 컴퓨터화된 전달수단을 포함한 전자 매개체에 의하여 전달될 수 있다.

SEC. 3. APPLICATION OF ACT.

(a) IN GENERAL. —This Act applies to any contract of carriage covering transportation to or from the United States.

(b) APPLICATION TO CERTAIN MOTOR CARRIER AND RAIL CARRIER SERVICES. —This Act does not apply to a claim against an interstate or foreign motor carrier, or a rail carrier, that is not a contracting carrier to the extent that the claim relates only to motor carrier services or rail carrier services, respectively. This subsection does not prohibit any extension of rights to a motor or rail carrier by a contract of carriage nor does it adversely affect, or void, any rights so extended.

(c) APPLICATION IN ACTIONS AGAINST CARRIER OR SHIP. —The defenses and limitations of liability provided for in this Act and the responsibilities imposed by this Act apply in any action against a carrier or a ship for loss of, for damage to, or in connection with goods covered by a contract of carriage without regard to --

(1) the form or theory of the action; or

(2) the court or other tribunal in which the action is brought.

(d) REMEDIES. —The remEDIes available under this Act constitute the complete and exclusive remedy against a carrier for loss of, for damage to, or in connection with goods covered by a contract of carriage.

(e) ADMIRALTY JURISDICTION. —This Act provides an independent basis for admiralty jurisdiction.

제3조 적용 범위

(a) 원칙—이 법은 미합중국으로 향한 또는 미합중국으로부터의 운송을 대상으로 하는 모든 운송계약에 적용한다.

(b) 일부 자동차 운송인과 철도운송인의 서비스에 대한 적용—이 법은 청구권이 자동차운송인 서비스 또는 철도운송인 서비스에만 각각 관련되는 범위에서는, 계약운송인이 아닌 주간 또는 외국의 자동차운송인, 또는 철도운송인에 대한 청구권에 대해서는 적용하지 아니한다. 이 항은 운송계약에 의하여 자동차 운송인이나 철도운송인의 권리확대를 방해하지 않는 것은 물론, 그렇게 하여 확대된 어떠한 권리에 대하여도 불이익한 영향을 미치거나 무효로 하는 것도 아니다.

(c) 운송인 또는 선박에 대한 소송에 있어서의 적용—이 법에서 규정된 항변과 책임제한과 이 법에 의하여 부여된 책임은 다음에 열거된 사항에 관련된 것이 아닌한, 운송계약의 대상이 되는 물건에 대한 멸실 혹은 훼손 또는 물건에 관한 손해에 기한 운송인 또는 선박에 대한 모든 소송에 적용한다.

(1) 소송의 형식 또는 이론; 또는

(2) 소송이 제기된 법원 또는 기타 사법기관.

(d) 구상－이 법에서 원용할 수 있는 구상은 운송계약의 대상인 물건에 대한 멸실 혹은 훼손 또는 물건에 관한 손해에 대한 완전하고 배타적인 구상을 구성한다.

(e) 해사재판관할권(admiralty jurisdiction)－이 법은 해사재판관할권을 위한 독립된 기초를 제공한다.

SEC. 4. RIGHTS AND LIABILITIES UNDER OTHER LAWS.

This Act does not affect the rights and obligations of a carrier under--

(1) sections 4281 through 4289 of the Revised Statutes of the United States (46 U.S.C. App. 181 et seq.);

(2) the Shipping Act, 1916 (46 U.S.C. App. 801 et seq.);

(3) the Shipping Act of 1984 (46 U.S.C. App. 1701 et seq.); or

(4) any other law of the United States relating to the limitation of liability of the owners of seagoing vessels.

제4조 다른 법률하에서의 권리와 책임

이 법은 다음의 법령에 따른 운송인의 권리와 의무에 영향을 미치지 아니한다-

(1) 미합중국 개정 법률 제4281조 내지 제4289조(46 U.S.C. App. 181 et seq.);

(2) 1916년 해운법(46 U.S.C. App. 801 et seq.);

(3) 1984년 해운법(46 U.S.C. App. 1701 et seq.);

(4) 항해선의 소유자의 책임제한에 관한 미합중국의 기타 법률.

SEC. 5. DUTIES AND RIGHTS OF CARRIER.

(a) IN GENERAL.－A carrier is subject to the responsibilities and liabilities under this Act, and entitled to the rights and immunities provided by this Act, for receiving, loading, handling, stowage, carriage, custody, care, discharge, and delivery of goods under a contract of carriage.

(b) CONTRACTING CARRIERS.－A contracting carrier is subject to those responsibilities and liabilities, and entitled to those rights and immunities, for the entire period covered by its contract of carriage.

(c) PERFORMING CARRIERS.－A performing carrier is subject to those responsibilities and liabilities, and entitled to those rights and immunities --

(1) during the period between the time it receives the goods, or takes them in charge, and the time it relinquishes control of the goods under the contract of carriage; and

(2) at any other time to the extent that it is participating in the performance of any of the activities contemplated by the contract of carriage.

제5조 운송인의 의무와 권리

(a) **원칙** – 운송인은 운송계약에 따른 물건의 수령, 선적, 취급, 적부, 운송, 보관, 관리, 양륙, 인도에 대하여 이 법에 따라 의무와 책임을 지고, 이 법에서 규정된 권리와 면책을 행사할 수 있다.

(b) **계약운송인** – 계약운송인은 운송계약에서 정한 전기간 동안 전항에서 정한 의무와 책임을 진다. 또한 권리와 면책을 행사 할 수 있다.

(c) **이행운송인** – 이행운송인은 다음에서 정한 기간에 관해서 전항에서 정한 의무와 책임을 진다. 또한 권리와 면책을 행사할 수 있다.

(1) 운송계약 하에서 물건을 수령 또는 보관한 때로부터 물건의 지배를 넘겨줄 때까지의 기간. 그리고

(2) 그밖에 운송계약에서 의도된 어떠한 활동의 이행에 참여하고 있는 기간.

SEC. 6. RESPONSIBILITIES OF CARRIER AND SHIP.

(a) IN GENERAL. – A contracting carrier and an ocean carrier shall each exercise due diligence before and at the beginning of a voyage

(1) to make the ship seaworthy;

(2) to man, equip, and supply the ship properly; and

(3) to make the holds, refrigerating and cooling chambers, and all other parts of the ship in which goods are carried fit and safe for the reception, carriage, and preservation of the goods.

(b) RECEIPT, HANDLING, AND DELIVERY OF GOODS. – A carrier (as defined in section 2(a)(1)) shall, properly and carefully, receive, load, handle, stow, carry, keep, care for, discharge, and deliver goods.

제6조 운송인과 선박의 책임

(a) **원칙** – 계약운송인과 해상운송인은 각각 항해의 개시전과 개시시에 다음의 사항에 대하여 상당한 주의(due diligence)를 다하여야 한다.

(1) 선박의 감항능력을 갖추게 할 것.

(2) 적절하게 선원을 배승하고, 의장하고, 선용품을 공급할 것.

(3) 선창, 냉장실과 냉기실, 그리고 물건이 운송되는 선박의 기타 부분을 물건의 수령, 운송, 보존에 적합하고 안전하게 할 것.

(4) 물건의 수령, 취급과 인도- 운송인(제2조 (a)(1)에 정의된)은 적절하고 주의 깊게 물건을 수령, 선적, 취급, 적부, 운송, 보관, 관리, 양륙, 인도하여야 한다.

SEC. 7. CONTRACTS OF CARRIAGE.

(a) ISSUANCE. – After a carrier receives goods into its charge, a contracting carrier shall, on demand of the shipper, issue to the shipper a contract of carriage in the form of --

(1) a negotiable bill of lading; or

(2) if the shipper agrees, a non-negotiable bill of lading.

(b) CONTRACT TO STATE APPLICATION OF ACT. – A contract of carriage issued under subsection (a) covering a shipment of goods from a port of the United States shall contain a statement that the contract is subject to the provisions of this Act.

(c) CONTENTS. –

(1) IN GENERAL. – A contract of carriage issued under subsection (a) shall --

(A) describe the apparent order and condition of the goods at the time a carrier receives them from the shipper (and an on-board contract of carriage shall also describe the condition of the goods at the time they are loaded on board the ship or other mode of transportation);

(B) show the leading marks necessary for identification of the goods, as furnished in writing by a shipper before a carrier receives the goods, stamped or otherwise shown clearly –

(i) upon uncovered goods; or

(ii) on the cases or coverings in which such goods are contained, in such a manner as should ordinarily remain legible until the end of the voyage; and

(C) show the number of packages or pieces, or the quantity or weight, as furnished in writing by the shipper.

(2) LIMITATION. – A contracting carrier is not required to state or show any marks, number, quantity, or weight information that a carrier has reasonable ground to suspect does not accurately represent the goods actually received, or which a carrier has no reasonable means of checking.

(d) STATEMENT AS PRIMA FACIE EVIDENCE. – Except as provided in subsections (e), (f), and (g), a contract of carriage issued by or on behalf of a carrier is prima facie evidence of the receipt by that carrier of the goods described in the contract.

(e) QUALIFIED STATEMENT FOR NON-CONTAINER GOODS. –

(1) IN GENERAL. – If –

(A) a contracting carrier issues a contract of carriage for non-containerized goods stating any marks, number, quantity, or weight information furnished by the shipper or its agents; and

(B) the carrier can demonstrate that no carrier had a reasonable means of checking this information before the contract of carriage was issued, then the carrier may qualify the statement of marks, number, quantity, or weight information in writing in a manner that indicates that no carrier has verified its accuracy. The qualification may be made in the form of an expression such as "said to contain" or "shippers weight, load, and count", or other expression of qualification that effectively indicates that no carrier has verified the accuracy of the statement of marks, number, quantity, or weight information.

(2) QUALIFIED STATEMENT NOT PRIMA FACIE EVIDENCE.-- A statement qualified under paragraph (1) –

(A) is not prima facie evidence that a carrier received the goods from the shipper as described in the contract of carriage; and

(B) does not preclude the carrier from proving that no carrier received the goods from the shipper as described in the contract of carriage.

(3) EXCEPTIONS. – Paragraph (2) does not apply if –

(A) the carrier was not entitled to qualify the statement under paragraph (1); or

(B) a person relying on the statement proves that the carrier did not act in good faith when issuing the contract of carriage.

(f) QUALIFIED STATEMENT OF MARKS, NUMBER, OR QUANTITY FOR CONTAINER GOODS. –

(1) IN GENERAL. – If –

(A) a contracting carrier issues a contract of carriage stating any marks, number, or quantity information furnished by the shipper or its agents for goods shipped in a container loaded and sealed by the shipper or its agents; and

(B) the carrier can demonstrate that no carrier verified the containers contents before the contract of carriage was issued, then the carrier may qualify the statement of marks, number, or quantity in writing in a manner that indicates that no carrier has verified its accuracy. The qualification may be made in the form of an expression such as "said to contain" or "shippers load, stow, and count", or other expression of qualification that effectively indicates that no carrier has verified the accuracy of the statement of marks, number, or quantity.

(2) QUALIFIED STATEMENT NOT PRIMA FACIE EVIDENCE. – If a carrier delivers the container intact and undamaged with the seal intact and undamaged, then a statement specifying any marks, number, or quantity in the contract of carriage that has been qualified under paragraph (1) –

(A) is not prima facie evidence that a carrier received the goods from the shipper as described in the contract of carriage; and

(B) does not preclude the carrier from proving that no carrier received the goods from the shipper as described in the contract of carriage.

(3) EXCEPTIONS.--Paragraph (2) does not apply if--

(A) the carrier was not entitled to qualify the statement under paragraph (1); or

(B) a person relying on the statement proves that the carrier did not act in good faith when issuing the contract of carriage.

(g) QUALIFIED STATEMENT OF WEIGHT FOR CONTAINER GOODS.—

(1) IN GENERAL.—If—

(A) a contracting carrier issues a contract of carriage stating the weight of goods shipped in a container loaded and sealed by the shipper or its agents, or the weight of the container including the goods; and

(B) the carrier can demonstrate that no carrier weighed the container before the contract of carriage was issued, then the carrier may qualify the statement of weight in writing with an express statement that the container has not been weighed.

(2) QUALIFIED STATEMENT NOT PRIMA FACIE EVIDENCE.—If a carrier delivers a container intact and undamaged with the seal intact and undamaged, then a statement of weight in the contract of carriage that has been qualified under paragraph (1)—

(A) is not prima facie evidence that a carrier received the goods from the shipper as described in the contract of carriage; and

(B) does not preclude the carrier from proving that no carrier received the goods from the shipper as described in the contract of carriage.

(3) EXCEPTIONS.—Paragraph (2) does not apply if—

(A) a contracting carrier and the shipper agreed in writing before a carrier received the goods for shipment that the carrier would weigh the container;

(B) the carrier was not entitled to qualify the statement under paragraph (1); or

(C) a person relying on the statement proves that the carrier did not act in good faith when issuing the contract of carriage.

(h) RELIEF-FROM-LIABILITY CLAUSES.—

(1) IN GENERAL.--Any provision in a contract of carriage relieving a carrier or ship from liability for loss of, for damage to, or in connection with goods from negligence, fault, or failure in the duties and obligations under this Act, or reducing such liability otherwise than as provided in this Act, is unenforceable as contrary to public policy.

(2) INSURANCE.—A benefit-of-insurance clause in favor of a carrier, or similar clause, shall be considered, for purposes of paragraph (1), to be a provision relieving a carrier from liability.

(i) FOREIGN FORUM PROVISION.—

(1) APPLICATION.—This subsection applies to—

(A) a contract of carriage or other agreement entered into after the date of enactment of this Act governing a claim under this Act; and

(B) a contract of carriage or other agreement entered into before the date of enactment of this Act governing a claim under this Act if the claim arose after that date.

(2) IN GENERAL.—Notwithstanding a provision in a contract of carriage or other agreement to which this subsection applies that specifies a foreign forum for litigation or arbitration of a dispute to which this Act applies, a party to the contract or agreement, at its option, may commence such litigation or arbitration in any appropriate forum in the United States if one or more of the following conditions exists:

(A) The port of loading or the port of discharge is, or was intended to be, in the United States.

(B) The place where the goods are received by a carrier or the place where the goods are delivered to a person authorized to receive them is, or was intended to be, in the United States.

(C) The principal place of business or, in the absence thereof, the habitual residence of the defendant is in the United States.

(D) The place where the contract was made is in the United States.

(E) A forum specified for litigation or arbitration under a provision in the contract of carriage or other agreement is in the United States.

(3) SUBSEQUENT AGREEMENT OF PARTIES.--Nothing in this subsection precludes the parties to a dispute involving a claim under a contract of carriage or other agreement to which this subsection applies from agreeing to resolve the dispute by litigation or arbitration in a foreign forum if that agreement is executed after the claim arises.

(j) NONAPPLICATION TO SERVICE CONTRACTS.--Neither subsection (h) nor (i) of this section applies to a provision of a service contract to the extent that the provision affects only the rights and liabilities of the parties who entered into the service contract.

(k) SHIPPED CONTRACTS OF CARRIAGE.—

(1) ISSUED ON REQUEST.—After goods are loaded onto a ship or other mode of transportation, the contracting carrier shall issue a shipped contract of carriage if such a contract is requested by the shipper.

(2) SURRENDER OR ANNOTATION OF PREVIOUS CONTRACT.—If the shipper has received a contract of carriage for the goods issued before they were loaded onto the

ship or other mode of transportation, then –

(A) the shipper shall surrender that contract to the contracting carrier in exchange for the shipped contract of carriage; or

(B) the contracting carrier, at its option, may annotate that contract by noting--

(i) the name of the ship or other mode of transportation upon which the goods have been shipped; and

(ii) the date on which the goods were shipped. A contract annotated under subparagraph (B) shall be deemed to be a shipped contract of carriage.

제7조 운송계약증권

(a) 발행: 운송인이 물건을 수령하여 자기의 관리하에 둔 후에, 계약운송인은 송하인의 요구가 있으면, 다음의 형식으로 송하인에게 운송계약증권을 발행하여야 한다.

(1) 유통 선하증권. 또는

(2) 송하인이 동의하면, 비유통가능 선하증권.

(b) 이 법의 적용을 표시하는 계약: 미국의 어느 한 항구로부터 물건을 선적하여 (a)에 따라 발행된 운송계약증권에는 당해 계약이 이 법의 규정의 적용을 받는다는 취지를 표시하여야 한다.

(c) 내용

(1) 원칙: (a)에 따라 발행된 운송계약증권에는

(A) 운송인이 송하인으로부터 물건을 수령할 때 물건의 외관 상태를 기재하여야 한다 (그리고 선적운송계약에는 물건이 선박 기타 운송 수단에 선적될 때의 물건의 상태를 기재하여야 한다).

(B) 운송인이 물건을 수령하기 전에 송하인에 의해서 서면으로 제공되고, 항해의 종료 시까지 통상판독방법으로 감당할 수 있는 방법으로써,

(i) 포장되지 않은 물건 위에, 또는

(ii) 그러한 물건이 들어 있는 용기 또는 포장 위에, 압날되어, 또는 그 밖의 방법으로써 명료하게 표시된 물건을 인식하기 위해서 필요한 주요기호를 기재하여야 한다.

(C) 송하인에 의하여 서면으로 제공된 포장 혹은 개품의 수, 또는 용적 혹은 중량을 기재하여야 한다.

(2) 제한: 계약운송인은 송하인에 의한 물건의 기호, 수, 용적 또는 중량 혹은 중량의 통지가 실제로 수령한 물건을 정확하게 표시하지 아니하였다고 의심할 만한 상당한 이유를 가지는 경우, 또는 이것을 검사할 상당한 방법을 가지고 있지 아니한 경우에는 물건에 관한 이들 통지를 표시할 의무를 지지 아니한다.

(d) 추정적 증거로서의 표시(statement): (e), (f) 및 (g)의 규정에서 정한 경우를 제외하면, 운송인에 의해서 또는 운송인을 위해서 발행된 운송계약증권은, 그 증권에 기재에 물건을 운송인이 수령하였다는 사실에 대한 추정적 증거가 된다.

(e) 비컨테이너물건에 대한 조건부 표시.

(1) 원칙 : 만약

(A) 계약운송인이, 송하인 또는 그 대리인이 제공한 기호, 수, 용적 또는 중량의 통지를 표시한 비컨테이너물건에 대한 운송계약증권을 발행하는 경우에 있어서; 또한

(B) 운송인이 운송계약증권을 발행하기 전에 이 통지를 검사할 상당한 수단을 운송인이 가지고 있지 아니하다는 사실을 운송인이 증명할 수 있는 경우에는, 운송인은 그 정확성을 확인하지 않았다는 것을 표시하는 서면으로, 물건의 기호, 수, 용적, 또는 중량에 관한 통지의 표시를 제한할 수 있다. 이 제한 문구는 "said to contain" 또는 "shippers weight, load, and count"와 같은 표시, 또는 운송인은 기호, 수, 용적, 또는 중량의 정확성을 확인하지 않았다는 뜻을 유효하게 나타내는 제한문구의 표시의 형식으로 할 수 있다.

(2) 추정적 증거로서의 효력을 가지지 아니하는 제한표시 : (1)하에서 제한된 표시는 :

(A) 운송인이 운송계약증권에 기재된 대로 물건을 송하인으로부터 수령하였다는 것을 증명하는 추정적 증거로서의 효력을 가지지 아니한다. 그리고

(B) 운송인은 운송계약증권에 기재된 대로 물건을 송하인으로부터 수령하지 아니하였다는 것을 증명하는 것을 방해하지 아니한다.

(3) 예외: (2)의 규정은 다음과 같은 경우에는 이를 적용하지 아니한다 :

(A) 운송인이 (1)의 규정하에서 그 표시를 제한할 권리를 가지지 아니하는 경우, 또는

(B) 그 표시를 신뢰한 자가, 운송인은 운송계약증권을 발행할 때에 성실하게 행위하지 아니하였다는 사실을 증명한 경우.

(f) 컨테이너로 포장한 운송물에 대한 기호, 수 또는 용적에 대한 제한 표시:

(1) 원칙 : 만약

(A) 계약운송인이 송하인 또는 그의 대리인에 의하여 적입되고, 또한 봉인된 컨테이너 속에 적입된 물건에 대한 송하인 또는 그의 대리인에 의해서 제공된 기호, 수 또는 용적을 표시한 운송계약증권을 발행한 경우에 있어서, 그리고

(B) 운송인이 운송계약증권이 발행되기 전에 컨테이너의 내용물을 검사하지 아니하였다는 사실을 증명할 것 같은 경우에는, 운송인은, 그 정확성을 검사하지 않았다는 사실을 표시하는 서면을 가지고, 물건의 기호, 수 또는 용적에 대한 표시를 제한할 수 있다. 그 제한 문구는 "said to contain" 또는 "shippers load, stow, and count"와 같은 표시, 또는, 운송인은 물건의 기호, 수 또는 용적에 대한 표시의 기재의 정확성을 검사하지 아니하였다는 사실을 유효하게 나타내는 그 밖의 제한문구의 형식을 가지고 표현할 수 있다.

(2) 추정적 증거로서의 효력을 가지고 있지 아니한 제한 표시 : 봉인이 이상없이 또한 손상되지 아니한 상태로, 이상없이 또한 손상되지 아니한 컨테이너를 운송인이 인도할 때는, (1)의 규정 하에서 제한된 운송계약증권 중의 기호, 수 또는 용적을 특정하는 표시는,

(A) 운송인이 운송계약증권에 기재된 대로 물건을 송하인으로부터 수령하였다는 사실에 대한 추정적 증거로서의 효력을 가지지 아니한다.

(B) 운송인은, 운송계약증권 중에 기재된 대로 물건을 송하인으로부터 수령하지 않았다는 사실을 증명하는 것을 방해하지 아니한다.

(3) 예외 : (2)는 다음의 경우에는 이것을 적용하지 아니한다.

(A) 운송인이 (1)의 규정에 따라서 그 표시를 제한할 권한을 가지고 있지 아니한 경우, 또는

(B) 그 표시를 신뢰한 자가, 운송인은 운송계약증권을 발행할 때에 성실하게 행위하지 아니하였다는 것을 증명하는 경우.

(g) 컨테이너물건에 대한 중량의 제한표시

(1) 원칙 : 만약

(A) 계약운송인이, 송하인 또는 그 대리인에 의하여 컨테이너에 넣어졌고, 또한 봉인된 물건의 중량 또는 물건을 포함한 컨테이너의 중량을 기재한 운송계약증권을 발행할 경우이고, 또한

(B) 운송인이 운송계약증권이 발행되기 전에 컨테이너의 중량을 측정하지 않았다는 것을 증명할 수 있는 경우, 운송인은 컨테이너의 중량이 측정되지 않았다는 사실을 명시의 표시를 한 서면으로 중량의 표시를 제한할 수 있다.

(2) 추정적 증거로서의 효력을 가지지 않는 제한표시 : 봉인이 이상없고 또한 손상되어 있지 않은 상태로, 이상없고 또한 손상되어 있지 않은 컨테이너를 운송인이 인도할 때는, (1)의 규정하에서 제한문구가 붙은 운송계약증권에 있어서의 중량표시는,

(A) 운송인이 운송계약증권에 기재된 대로의 물건을 송하인으로부터 수령하였다는 사실에 대한 추정적 증거로서의 효력을 가지지 않는다 ; 그리고

(B) 운송인은 운송계약증권에 기재된 대로 물건을 송하인으로부터 수령하지 않았다는 사실에 대한 증명을 방해하지 아니한다.

(3) 예외 (2)는 다음의 경우에는 이것을 적용하지 아니한다.

(A) 계약운송인과 송하인이 , 운송인이 선적하기 위하여 물건을 수령하기 전에, 운송인이 컨테이너의 중량을 측정한다는 취지를 서면으로 합의하고 있는 경우,

(B) 운송인이 (1)의 규정하에 표시를 제한할 권리를 가지지 않은 경우, 또는

(C) 그 표시를 신뢰한 자가, 운송인은 운송계약증권을 발행할 때에 성실하게 행위하지 않았다는 것을 증명하는 경우.

(h) 면책약관

(1) 원칙: 과실, 태만 또는 이 법에서의 의무의 불이행으로부터 생긴 물건에 대한 멸실 · 훼손 또는 물건에 관한 손해에 기한 책임으로부터 운송인 또는 선박을 면제하는 운송계약 중의 조항 또는 이 법에 규정된 방법 이외의 방법으로 그 책임을 경감하는 운송계약 중의 조항은, 공공질서에 반하는 것으로써 이것을 무효로 한다.

(2) 보험: 운송인을 위한 보험이익향유 조항 또는 이와 유사한 조항은, (1)의 적용에 관해서는, 이것을 운송인의 면책조항으로 본다.

(i) 외국 법원 관할 조항 :

(1) 적용 범위: 본 항은 다음의 경우에 이것을 적용한다.

(A) 이 법의 시행일 후에 이 법 하에 있어서 청구권에 관해서 운송계약 또는 그 밖의 합의가 이루어진 경우

(B) 이 법의 시행일 전에 이 법 하에 있어서 청구권에 관해서 운송계약 기타 합의가 이루어지고, 그 청구권이 이 법 시행 후에 생긴 경우

(2) 원칙: 이 법이 적용되는 운송계약 기타 합의에 있어서 이 법이 적용되는 소송 또는 중재에 대해서 외국의 법원을 정하고 있는 경우에 있어서도, 그 계약 또는 합의의 당사자는, 다음에 정하는 조건의 하나 이상이 존재하는 때는, 그 선택에 의해서, 미국에 있어서 적절한 법원에서의 소송 또는 중재를 개시할 수 있다.

(A) 선적항 또는 양륙 항이 미국에 있거나, 또는 그것이 예정되어 있는 때.

(B) 물건이 운송인에 의해 수령되는 장소 또는 그 예정지, 또는 물건이 이것을 수령할 권한이 있는 자에게 인도된 장소 또는 그 예정지가 미국에 있는 때.

(C) 피고의 주된 영업소, 또는 그것이 없는 때는 실제 거소가 미국에 있는 때.

(D) 계약 체결지가 미국에 있을 때.

(E) 운송계약 기타 합의 조항하에서 소송 또는 중재를 위한 특정된 법원이 미국에 있는 때.

(3) 당사자 간의 사후 합의 : 이 항의 규정은, 이 항이 적용되는 운송계약 그 밖의 합의하에 있어서 청구권에 관한 분쟁의 당사자가, 청구권의 발생 후에, 외국 법원에서의 소송 또는 중재에 의해서 그 분쟁의 해결을 합의하는 것을 방해하지 아니한다..

(j) 서비스계약에 대한 적용제외: 이 조 (h) 또는 (i)는, 그 규정이 서비스 계약을 체결한 당사자의 책임 및 권리에 관해서만 영향을 미치는 범위에 있어서, 서비스 계약의 조항에는 적용되지 아니한다.

(k) 선적운송계약증권:

(1) 청구에 기한 발행: 물건이 선박 그 밖의 운송 수단에 선적된 후, 송하인에 의해서 선적운송계약증권의 발행이 청구된 경우에는, 계약운송인은 그 증권을 발행하여야 한다.

(2) 수령계약증권의 제출 또는 주기 : 물건이 선박 그 밖의 운송 수단에 선적되기 전에 발행된 운송계약증권을 송하인이 수령해 있는 때는,

(A) 송하인은, 선적운송계약증권과 교환해서 그 계약증권을 계약운송인에게 인도해야 한다.

(B) 계약운송인은 선택에 의해서 그 계약증권에 다음의 사항을 주기할 수 있다.

(i) 물건이 선적된 선박 기타 이 운송 수단이 명칭.

(ii) 물건이 선적된 년월일.

위 규정 (B)하에서 주기된 계약증권은 선적운송계약증권으로 간주할 수 있다.

SEC. 8. WEIGHT OF BULK CARGO.

If, under the customs of any trade, the weight of any goods in bulk inserted in a contract of carriage is a weight ascertained or accepted by a third party other than a shipper or a carrier and the fact that the weight is so ascertained or accepted is stated in the contract of carriage, then--

(1) the contract of carriage is not prima facie evidence against a carrier of the receipt of goods of that weight; and

(2) the accuracy of that weight at the time of shipment shall not be deemed to have been guaranteed by a shipper.

제8조 살적운송물의 중량

거래관행하에서, 운송계약증권에 기재된 살적운송물의 중량이 송하인 또는 운송인 이외의 제3자에 의해 확인 또는 승낙된 중량이고, 또한 그 중량이 그와 같이 확인 또는 승낙되었다고 하는 사실이 운송계약증권 속에 표시되어 있을 때는,

(1) 그 운송계약증권은, 운송인이 그 중량의 물건을 수령하였다는 사실에 대한 추정적 증거로서의 효력을 가지지 아니한다.

(2) 선적 당시 그 중량의 정확성은 송하인에 의해 보증되었다고는 간주되지 않는다.

SEC. 9. RIGHTS AND IMMUNITIES OF CARRIER AND SHIP.

(a) LOSS OR DAMAGE FROM UNSEAWORTHINESS. — Neither a carrier nor a ship is liable for loss or damage from unseaworthiness unless the loss or damage is caused by a failure on the part of the carrier to exercise the due diligence required by section 6(a).

(b) BURDEN OF PROOF. — If it is proved in an action that loss or damage resulted from unseaworthiness, then the burden of proving due diligence is on the carrier or other person asserting no liability under subsection (a) of this section.

(c) SPECIFIC EXCEPTIONS FROM LIABILITY. —

(1) IN GENERAL. — Neither a carrier nor a ship is responsible for loss or damage from--

(A) perils, dangers, and accidents of the sea or other navigable waters;

(B) an act of God;

(C) an act of war;

(D) an act of public enemies;

(E) the arrest or restraint of princes, rulers, or people, or seizure under legal process;

(F) quarantine restrictions;

(G) act or omission of the shipper or owner of the goods, its agent, or representative;

(H) strikes, lockouts, stoppage, or restraint of labor from whatever cause, except that this paragraph does not relieve a carrier from responsibility for its own acts;

(I) riots or civil commotions;

(J) saving, or attempting to save, life or property at sea;

(K) wastage in bulk or weight or any other loss or damage arising from inherent defect, quality, or vice of the goods;

(L) insufficiency of packing;

(M) insufficiency or inadequacy of marks;

(N) latent defects not discoverable by due diligence; or

(O) any other cause arising without the fault or privity of the carrier claiming the benefit of the exception under this paragraph, and without the fault or neglect of its agents or servants.

(2) FIRE ON A SHIP. —Neither an ocean carrier nor a ship is responsible for loss or damage from fire on a ship unless the fire was caused by the ocean carriers fault or privity, with respect to a fire on a ship that it furnished. A contracting carrier is not responsible for loss or damage from fire on a ship unless the fire was caused by the contracting carriers actual fault or privity.

(d) BURDENS OF PROOF IN CERTAIN ACTIONS. —

(1) NONSPECIFIC EXCEPTION. —In an action for loss or damage in which a carrier seeks to establish no liability under subsection (c)(1)(O), the burden of proof is on the carrier to show that neither its fault or privity, nor the fault or neglect of its agents or servants, contributed to the loss or damage.

(2) NEGLIGENCE IN NAVIGATION OR MANAGEMENT. —In an action for loss or damage in which a party alleges that the master, mariner, pilot, or servants of an ocean carrier were negligent in the navigation or management of a ship, the burden of proof is on that party to prove negligence in the navigation or management of the ship.

(e) ALLOCATION OF DAMAGES. —

(1) IN GENERAL. —If loss or damage is caused in part by a breach of a carriers obligations, or the fault or neglect of a carrier, and in part by one or more of the exceptions described in subsection (c), then the carrier or ship is —

(A) liable for the loss or damage to the extent that the party seeking to recover for the loss or damage proves that it is attributable to that breach, fault, or neglect; and

(B) not liable for the loss or damage to the extent the carrier proves that it is attributable to one or more of those exceptions.

(2) INSUFFICIENT EVIDENCE. —If there is no evidence upon which the trier of fact in an action for loss or damage can base a determination of the extent to which the loss or damage is attributable under paragraph (1), and a carrier or ship is found liable for an undetermined portion of such loss or damage, then the aggregate liability of all the carriers and ships is one-half of the loss or damage.

(f) SHIPPERS LIABILITY. —

(1) IN GENERAL. —A shipper is not responsible for loss or damage sustained by a carrier

or a ship from any cause without the act, fault, or neglect of the shipper, its agents, or its servants.

(2) SHIPPERS GUARANTEE OF accuracy.—A shipper is deemed to have guaranteed to each carrier the accuracy at the time of shipment of the marks, number, quantity, and weight furnished by the shipper, and shall indemnify any carrier against loss, damage, and expense arising or resulting from inaccuracy. The right of a carrier to indemnity under this paragraph does not limit the responsibility or liability of a carrier to any person other than the shipper.

(g) DEVIATIONS.

(1) IN GENERAL.—Neither a carrier nor a ship is liable for damage or loss from--

(A) a deviation to save or attempt to save life or property at sea; or

(B) any reasonable deviation.

(2) UNREASONABLE DEVIATIONS.--For purposes of this Act--

(A) LOADING AND UNLOADING.--A deviation for the purpose of loading or unloading cargo or passengers is, prima facie, not a reasonable deviation.

(B) OF UNREASONABLE DEVIATION.--An unreasonable deviation constitutes a breach of a carriers obligations under this Act, and the remEDIes for such a breach shall be determined exclusively under this Act.

(h) LIMITATIONS ON LIABILITY.—

(1) IN GENERAL.—Except as provided in paragraph (3), the aggregate liability of all carriers and their ships for loss of, for damage to, or in connection with goods under a contract of carriage may not exceed the higher of--

(A) 666.67 Special Drawing Rights (as defined by the International Monetary Fund) per package; or

(B) 2 Special Drawing Rights (as so defined) per kilogram of gross weight of the goods lost or damaged.

(2) SPECIAL RULE FOR CONSOLIDATED GOODS.--If a container, pallet, or similar article of transport is used to consolidate goods, the number of packages enumerated in the contract of carriage as packed in the article of transport shall be deemed to be the number of packages for purposes of paragraph (1)(A). Except as provided in the preceding sentence, such an article of transport shall be considered to be the package for such purposes.

(3) EXCEPTIONS.--

(A) DECLARED VALUE.—Paragraph (1) does not apply if the nature and value of the goods have been declared by the shipper before shipment and the declaration is contained in the contract of carriage, but the declaration shall be only prima facie evidence of the nature and value of the goods.

(B) AGREEMENT ON GREATER LIMIT. – Paragraph (1) does not apply if the contracting carrier and the shipper agree on a greater amount as the maximum liability of the carrier and its ship for loss or damage. Any such agreement is binding only on the parties who entered into the agreement.

(C) SERVICE CONTRACTS.--Notwithstanding paragraph (1), the parties to a service contract may agree to a greater or lesser amount as the maximum liability of those parties for such loss or damage.

(D) CERTAIN CULPABLE ACTS OR OMISSIONS OF CARRIER.--Paragraph (1) does not apply if it is proved that the loss or damage resulted from--

(i) an act or omission of the carrier, within the privity or knowledge of the carrier, done with the intent to cause such loss or damage, or recklessly and with knowledge that such loss or damage would probably result; or

(ii) an unreasonable deviation if the carrier knew, or should have known, that the deviation would result in such loss or damage.

(4) LIABILITY CAP.--Neither a carrier nor a ship is liable for more than the amount of loss or damage sustained.

(5) MISSTATEMENT BY SHIPPER.--Neither a carrier nor a ship is liable for loss of, for damage to, or in connection with goods if the nature or value of the goods was knowingly and fraudulently misstated by the shipper in the contract of carriage.

(6) BENEFIT OF LIABILITY LIMITATION SEPARATELY DETERMINED.--The loss by a carrier of the benefit of a limitation on liability under paragraph (3)(D) does not affect the application of that limitation to any other carrier.

(i) INFLAMMABLE, EXPLOSIVE, OR DANGEROUS CARGO.--

(1) CARRIAGE WITH KNOWING CONSENT.--If--

(A) a carrier has consented to the carriage of goods of an inflammable, explosive, or dangerous nature with knowledge of their nature and character; and

(B) the goods become a danger to the ship or cargo, then the carrier may land the goods at any place, destroy them, or render them innocuous without liability except to general average, if any.

(2) CARRIAGE WITHOUT KNOWING CONSENT.--If--

(A) a carrier has consented to the carriage of goods of an inflammable, explosive, or dangerous nature without knowledge of their nature and character; and

(B) the goods become a danger to the ship or cargo, then the carrier may land the goods at any place, destroy them, or render them innocuous without compensation of the shipper for the damage or loss. The shipper is liable for all damages and expenses directly or indirectly arising out of or resulting from the shipment of those goods.

제9조 운송인과 선박의 권리와 면책

(a) 불감항에 의한 멸실 또는 손해: 운송인 및 선박은, 불감항에 의한 물건의 멸실 또는 손해에 대해서 책임을 지지 아니한다. 다만, 운송인이 제6조 (a)항에서 요구하는 상당한 주의를 이행하지 않았다는 사실에 의해서, 당해 멸실 또는 손해가 생긴 경우에는 이에 따르지 아니한다.

(b) 입증책임: 소송에 있어서 물건의 멸실 또는 손해가 불감항에 기인한 것이 증명되는 경우, 상당한 주의를 다하였다는 사실의 입증책임은, 이 조 (a)항에 기한 책임을 지지 아니한다고 주장하는 운송인 또는 그 밖의 자에게 있다.

(c) 특정의 면책사유

(1) 원칙: 운송인 및 선박은, 다음에서 열거하는 사유로부터 생긴 물건의 멸실 또는 손해에 기해서 책임을 지지 아니한다.

(A) 해상 또는 기타 가항수역의 재해, 위험 또는 사고.

(B) 천재지변.

(C) 전쟁행위.

(D) 공적행위.

(E) 군주, 관헌 또는 인민에 의한 억류, 강제 또는 법률절차에 의한 압류.

(F) 검역상의 제한,

(G) 송하인 또는 물건의 소유자, 또는 그의 대리인 또는 대표자의 작위 또는 부작위.

(H) 원인을 묻지 않고, 동맹파업, 직장폐쇄, 작업정지 또는 작업방해. 다만, 본 호는 운송인 자신의 행위로 인한 것에 대한 책임을 면제하는 것은 아니다.

(I) 폭동 또는 내란.

(J) 해상에서의 인명 또는 재산의 구조, 또는 구조의 기도.

(K) 물건의 숨은 결함, 특수한 성질 또는 고유의 결함으로부터 생긴 용적 또는 중량의 감소 기타 모든 멸실 또는 손해.

(L) 포장의 불충분.

(M) 기호의 불충분 또는 불완전.

(N) 상당한 주의로써도 발견할 수 없는 숨은 결함.

(O) 본항 각호에 기한 면책의 이익을 주장하는 운송인, 또는 그의 대리인 혹은 사용인의 고의 또는 과실에 의하지 아니한 원인.

(2) 선상의 화재: 해상운송인 및 선박은, 선상의 화재에 의해서 생긴 물건의 멸실 또는 손해에 기해서 책임을 지지 아니한다. 다만, 당해 화재가 자기가 제공한 선박의 화재에 관한 해상운송인의 고의 또는 과실에 의한 것인 경우는 이에 따르지 아니한다. 계약운송인은 선상의 화재에 의해서 생긴 멸실 또는 손해에 관해서 책임을 지지 아니한다. 다만, 당해 화재가 계약운송인 자신의 고의 또는 과실에 의한 것인 경우에는 이에 따르지 아니한다.

(d) 특정의 소송에 있어서의 입증책임

(1) 불특정의 면책사유: 이 조 (c)항 (1)(O)에 기해서 운송인이 책임을 지지 않는 것을 입

증하여야 할 소송에 있어서, 운송인의 고의 또는 과실, 및 그의 대리인이나 사용인의 고의 또는 과실이 당해 멸실 또는 손해에 기여하고 있지 않다는 것의 입증책임은 운송인에게 있다.

(2) 선박의 항해 또는 선박관리 과실: 물건의 멸실 또는 손해에 관해서, 선장, 해원, 도선사 또는 해상운송인의 사용인에게 선박의 항해 또는 관리에 과실이 있다고 당사자가 주장하는 소송에 있어서는, 입증책임은 선박의 항해 또는 관리에 과실이 있었음을 주장하는 당사자에게 있다.

(e) 손해배상액의 배분

(1) 원칙: 물건의 멸실 또는 손해가, 일부는 운송인의 의무 위반 또는 운송인의 과실에 의해서, 그리고 다른 일부분은 (c)항에 열거되어 있는 한 가지 이상의 면책사유에 의해서 발생한 경우, 운송인 및 선박은,

(A) 당해 멸실 또는 손해에 대해서 배상을 청구하는 당사자가, 운송인의 의무위반 또는 과실에 기인하는 것을 입증한 범위에서, 당해 멸실 또는 손해에 대해서 책임을 진다.

(B) 운송인이 한가지 이상의 면책사유에 기인한 것을 입증한 범위에서는, 당해 멸실 또는 손해에 대해서 책임을 지지 않는다.

(2) 증거불충분: 물건의 멸실 또는 손해에 관계한 소송에서, 사실심 판사가 (1)에 기해서 당해 멸실 또는 손해가 기인하는 범위를 판단하는 기초가 될 수 있는 증거가 없고, 운송인 또는 선박이 그러한 멸실 또는 손해의 불확정한 비율에 대하여 책임을 져야한다고 인정되는 경우, 모든 운송인 또는 선박의 책임총액은 멸실 또는 손해의 2분의 1로 한다.

(f) 송하인의 책임

(1) 원칙: 송하인은 자신 또는 그의 대리인 또는 그의 사용인의 행위, 과실 또는 태만이 없이, 어떤 원인에 의해서 운송인 또는 선박이 입은 멸실 또는 손해에 대해서 책임을 지지 아니한다.

(2) 정확성에 대한 송하인의 보증: 송하인은 선적 당시 자신이 통지한 물건의 기호, 수, 용적 및 중량에 대해 정확성을 각 운송인에게 보증한 것으로 간주한다. 그리고 송하인은 이들 통지사항의 부정확성에 의해 야기되어지는 멸실 훼손 또는 비용에 대해 운송인에게 배상하여야 한다. 이 규정에 기하여 배상받아야 할 운송인의 권리는, 운송인이 당해 송하인 이외의 모든 자에게 부담하는 운송인의 책임과 의무를 제한하는 것은 아니다.

(g) 항로이탈

(1) 원칙: 운송인 및 선박은, 다음의 항로이탈에 의하여 생긴 물건의 멸실 또는 손해에 대하여 책임을 지지 아니한다.

(A) 해상에서의 인명 또는 재산을 구조하기 위해서, 또는 구조를 기도하기 위한 항로이탈, 또는

(B) 어떠한 정당한 이유에 기한 항로이탈

(2) 부당한 항로이탈: 이 법에 있어서,

(A) 선적과 양륙: 운송물의 선적 또는 양륙, 또는 여객의 승선 또는 하선을 위한 항로이탈은 정당한 이유에 기인한 항로이탈이 아니라고 추정된다.

(B) 부당한 항로이탈의 효과 : 부당한 항로이탈은 이 법률에 의한 운송인의 의무위반을 구성한다. 그리고 이와 같은 의무위반에 대한 구제는 이법에 의해서만 판단된다.

(h) 책임제한

(1) 원칙: (3)에 규정된 경우를 제외하고, 운송계약 하에서 물건에 대한 멸실 또는 훼손, 또는 물건에 관한 손해에 대한 모든 운송인 및 선박의 책임총액은, 다음에서 정한 금액 중 높은 액수를 한도로 한다.

(A) 1포장 당 666.67 SDR(국제통화기금에서 정한) 또는,

(B) 멸실 또는 훼손된 물건의 총 중량 1킬로그램 당 2 SDR.

(2) 컨테이너 등에 통합된 물건에 관한 특칙 : 만약 컨테이너, 팰리트 또는 이와 유사한 운송용기가 물건을 통합하기 위해 사용되었다면, 그러한 운송용기에 들어감으로써 운송계약증권에 기재되어 있는 포장의 수는 (1)(A)의 규정에서 말하는 포장의 수로 간주한다. 이 경우를 제외하면, 당해 운송물건은 이 규정에서 말하는 각각의 포장단위로 간주된다.

(3) 예외

(A) 통지된 가액: (1)의 규정은, 선적전에 송하인이 물건의 성질 및 가격을 통지하고, 또한 당해 통지가 운송계약증권에 기재되어 있는 경우 이것을 적용하지 않는다. 다만, 그 통지는 물건의 성질과 가격에 대한 추정적 증거로서의 효력에 그치는 것으로 된다.

(B) 한도액 초과의 합의: (1)의 규정은, 계약운송인과 송하인이 물건의 멸실 또는 손해에 관한 운송인 및 선박의 책임한도액을 초과하는 금액에 합의하는 경우 이것을 적용하지 아니한다. 이러한 합의는 오직 그 합의를 체결한 당사자만을 구속한다.

(C) 서비스 계약: (1)의 규정에도 불구하고, 서비스 계약의 당사자는 물건의 멸실 또는 손해에 대한 책임한도액을 넘는, 또는 이것에 미달하는 금액을 약정할 수 있다.

(D) 운송인의 일정한 책임있는 작위 또는 부작위: (1)의 규정은, 물건의 멸실 또는 손해가 다음의 결과로부터 생긴 것임이 증명되는 경우에는 이것을 적용하지 아니한다.

(i) 운송인이 인식하고, 당해 멸실 또는 손해를 일으킬 의도를 가지고, 또는 무모하게, 또한 그러한 손해가 발생할 것을 인식하고 행한 운송인의 작위 또는 부작위, 또는,

(ii) 항로이탈에 의해서 당해 멸실 또는 손해가 생길 것을 알고, 또는 알 수 있었을 경우의 부당한 항로이탈.

(4) 책임한도: 운송인 및 선박은, 멸실 또는 손해의 총액을 넘어서 책임을 지지 아니한다.

(5) 송하인의 부실표시: 운송인 및 선박은, 운송계약증권 상에 송하인이 알고서 그리고 부정하게, 물건의 성질 또는 가액을 부실표시한 경우, 물건에 대한 멸실 · 훼손 또는 물건에 관한 손해에 대해서 책임을 지지 아니한다.

(6) 개별적으로 결정되는 책임제한의 이익 : (3) (D)에 기해서, 어떤 운송인의 책임제한 이익이 부정되는 경우, 이것은 그 밖의 운송인에 대한 책임제한의 적용에 영향을 미치지 아니한다.

(i) 인화성, 폭발성 또는 위험한 운송물
(1) 알고 동의를 한 운송
(A) 운송인이 물건의 성질 또는 특성을 알고, 인화성, 폭발성 또는 위험한 성질의 물건의 운송에 동의한 경우에 있어서, 또한
(B) 당해 물건이 선박 또는 운송물에 위험을 초래하게 되는 경우에는, 운송인은, 공동해손의 경우를 제외하는 외, 그가 책임을 지지 아니하고 당해 물건을 임의의 장소에 양륙, 파괴, 또는 무해화할 수 있다.
(2) 모르고 동의를 한 운송
(A) 운송인이 물건의 성질 또는 특성을 모르고, 인화성, 폭발성 또는 위험한 성질의 물건의 운송에 동의한 경우에 있어서, 또한
(B) 당해 물건이 선박 또는 운송물에 위험을 초래한 경우에는, 운송인은, 멸실 또는 훼손에 관해서 송하인에게 배상없이 그 물건을 임의의 장소에 양륙, 파괴 또는 무해화할 수 있다. 송하인은, 당해 물건의 선적에 의해서 직접 또는 간접으로 생긴 모든 손해와 비용에 대해서 책임을 진다.

SEC. 10. SURRENDER OF RIGHTS; INCREASE OF LIABILITY; GENERAL AVERAGE.

(a) IN GENERAL.—A carrier may surrender its rights and immunities, or increase its responsibilities and liabilities, under this Act, in whole or in part, under the terms of any contract. Any such contract shall be binding only on the parties who entered into it.
(b) GENERAL AVERAGE PROVISIONS.—A contract of carriage may contain any lawful provision regarding general average.

제10조 권리의 포기, 책임의 가중, 공동해손
(a) 원칙: 운송인은, 계약의 조항하에서, 이 계약에 기한 권리와 면책의 전부 또는 일부를 포기할 수 있고, 또는 의무 및 책임을 가중할 수 있다. 관계된 계약은 당해 계약을 체결한 당사자만을 구속하는 것으로 한다.
(b) 공동해손 규정: 운송계약증권은, 공동해손에 관한 적법한 규정을 포함할 수 있다.

SEC. 11. SPECIAL AGREEMENT AS TO PARTICULAR GOODS.

(a) IN GENERAL.—A contracting carrier and a shipper may enter into any agreement for the shipment of particular goods setting forth--
(1) the responsibilities and liabilities of the carrier for the goods;

(2) the rights and immunities of the carrier with respect to the goods;

(3) the obligations of the carrier as to seaworthiness (to the extent that the stipulation regarding seaworthiness is not contrary to public policy);

(4) the care or diligence of their servants or agents for receiving, loading, handling, stowage, carriage, custody, care, discharge, and delivery of the goods carried by sea.

(b) LIMITATION.--Subsection (a)--

(1) applies to shipments where the character or condition of the property to be carried, or the circumstances, terms, and conditions under which the carriage is to be performed, reasonably justify a special agreement under subsection (a); and if--

(A) no bill of lading is issued; and

(B) the terms agreed upon are contained in a receipt that is a nonnegotiable document, marked as such; but

(2) does not apply to ordinary commercial shipments made in the ordinary course of trade.

제11조 특수한 물건에 관한 특약

(a) 원칙: 계약운송인 및 송하인은, 특수한 물건의 운송에 관한 다음의 합의를 체결할 수 있다.

(1) 물건에 관한 운송인의 책임과 의무

(2) 물건에 대한 운송인의 권리와 면책.

(3) 감항능력에 관한 운송인의 의무(감항능력에 관한 당해 약정이 공공정책에 반하지 않는 범위 내에서).

(4) 해상운송되는 물건의 수령, 선적, 취급, 적부, 운송, 보관, 관리, 양륙, 인도에 관한 운송인의 사용인 또는 대리인의 주의의무.

(b) 제한: 위 (a)항은,

(1) 운송되는 재산의 성질 또는 상태, 또는 운송이 이행되는 혹은 조건이 위 (a)항에 기한 특별한 합의를 합리적으로 정당화하는 운송이고, 또한 다음의 경우에 한하여 적용된다.

(A) 선하증권이 발행되어 있지 아니한 경우, 및

(B) 합의된 조건이, 비유통 증서라는 뜻으로 표시된 수령증에 포함되어 있는 경우.

(2) 다만, 통상의 거래에 있어서 행하여지는 통상의 상업상의 운송에는 적용되지 아니한다.

SEC. 12. NOTICE OF LOSS OR DAMAGE.

(a) IN GENERAL.--Unless notice of loss or damage and the general nature of the loss or damage is given in writing to the contracting carrier or its agent or to the performing carrier making the delivery or its agent--

(1) before or at the time of the delivery of the goods to the person entitled to receive

them under the contract of carriage; or

(2) within 3 days after the delivery if the loss or damage is not apparent on delivery, then the delivery is prima facie evidence of the delivery by the carrier of the goods as described in the contract of carriage.

(b) NOTICE BY ENDORSEMENT.—Notice of loss or damage by endorsement on the receipt for goods by the person taking delivery constitutes notice in writing for purposes of subsection (a).

(c) WAIVER OF NOTICE-IN-WRITING REQUIREMENT.—Notice of damage or loss need not be given in writing if the state of the goods at the time of their receipt is the subject of joint survey or inspection.

(d) REASONABLE ACCESS.—The carriers and the person who receives goods shall give all reasonable facilities to each other for inspecting and tallying loss of, or damage to, delivered goods, including joint surveys where appropriate.

제12조 멸실 또는 훼손에 관한 통지

(a) **원칙**: 계약운송인 또는 그의 대리인, 또는 물건을 인도하는 이행운송인 또는 그의 대리인에 대해서, (다음의 시점에 있어서) 물건의 멸실 또는 손해 및 그의 전체적인 상태에 관한 통지가 서명으로 이루어지지 않은 경우,

(1) 운송계약증권에 기해서 물건을 수령할 권한을 가진 자에게 물건이 인도되기 전, 또는 인도된 시점, 또는,

(2) 물건의 멸실 또는 손해가 인도의 시점에서 외부에서 명확하지 아니한 경우는 인도 후 3일 이내 당해 인도는, 운송인에 의해 운송계약증권에 기재된 바의 물건의 인도가 이루어졌다고 하는 추정적 증거로서의 효력을 가진다.

(b) **배서에 의한 통지**: 인도를 받은 사람에 의해서 물건 수령증에 대한 배서에 의해서 이루어진 멸실 또는 손해의 통지는, (a)항에서 말하는 서면에 의한 통지가 된다.

(c) **서면에 의한 통지 요건의 권리포기**: 인도 시점에 있어서 물건의 상태가 공동조사(입회조사) 또는 검사에 의하여 확인되어 있는 경우, 물건의 멸실 또는 훼손의 통지는 서면으로 이루어질 것을 요하지 아니한다.

(d) **상당한 기회의 제공**: 운송인 및 물건을 수령한 자는, 인도된 물건의 멸실 또는 손해의 검사 및 검수를 위하여 필요한 경우 공동조사를 포함하여, 상호 상당한 모든 편의를 제공하여야 한다.

SEC. 13. STATUTE OF LIMITATIONS.

(a) SUITS.—A carrier or ship is discharged from liability for loss of, for damage to, or in connection with goods unless suit is brought within 1 year after the date on which the goods were delivered or should have been delivered. The failure to give notice of loss or damage, either apparent or concealed, does not affect or prejudice any partys right to bring suit within that 1-year period.

(b) ARBITRATION. — If a contract of carriage provides for arbitration, then a carrier or ship is discharged from liability for loss of, for damage to, or in connection with goods unless the arbitration proceeding is commenced, or suit is brought, within 1 year after the date on which the goods were delivered or should have been delivered.

(c) ACTIONS FOR CONTRIBUTION OR INDEMNITY. — Notwithstanding subsections (a) and (b), an action for contribution or indemnity may be brought by a carrier against any other party to a transaction within 3 months after a judgment is entered against that carrier or a settlement is concluded by that carrier.

제13조 제소기한

(a) **소송**: 운송인 또는 선박은, 물건이 인도된 날 또는 인도되어야 할 날로부터 1년 이내에 소송을 제기하지 아니하는 한, 물건에 대한 멸실 또는 손해 또는 물건에 관한 손해에 대한 책임을 면한다. 멸실 또는 손해가 외부에서에 분명하게 나타난 것인가 숨겨진 것인가를 묻지 않고, 당해 멸실 또는 훼손에 관한 통지를 하지 않는 것은, 1년 이내에 소송을 제기할 당사자의 권리에 영향을 미치거나 해를 끼치는 것은 아니다.

(b) **중재**: 운송계약증권에 중재조항이 있는 경우, 운송인 또는 선박은 물건이 인도되었던 날 또는 되었어야 할 날로부터 1년 이내에 중재절차가 개시되거나, 또는 소송이 제기되지 아니하는 한, 물건에 대한 멸실 또는 훼손 또는 물건에 관한 손해에 관한 책임을 면한다.

(c) **배상 또는 보상에 관한 소송**: 위 (a) 및 (b)의 규정에 불구하고, 운송인 패소의 판결이 이루어지거나, 또는 운송인에 의해서 화해가 성립한 후 3개월 이내에, 운송인은 거래의 다른 당사자에 대해서 배상 또는 보상을 구하는 소송을 제기할 수 있다.

SEC. 14. DISCRIMINATION BETWEEN COMPETING SHIPPERS.

It is expressly stated to be the intent of the Congress that nothing in this Act may be construed to permit a common carrier by water to discriminate between competing shippers similarly placed in time and circumstances--

(1) with respect to their right to demand and receive bills of lading subject to the provisions of this Act;

(2) when issuing contracts of carriage--

(A) in surrendering any of the carriers rights and immunities; or

(B) in increasing any of the carriers responsibilities and liabilities, under section 10 of this Act; or

(3) in any other way prohibited by the Shipping Act, 1916 (46 U.S.C. App. 801 et seq.) or the Shipping Act of 1984 (46 U.S.C. App. 1701 et seq.).

제14조 경쟁관계에 있는 송하인간의 차별적 취급

이 법에서의 어떠한 규정도, 시기 및 상황에 있어서 동종의 입장에 있는 경쟁관계에 서는 송하인간에 있어서, 수상 코먼 캐리어에 대해서 이하의 점에 관해서 차별적 취급을 허용하는 것으로 해석되어서는 아니된다고 하는 것이 미연방의회의 의도이라는 것을 명문으로 선언한다.

(1) 이 법의 규정에 따르는 선하증권의 발행을 청구하고, 또한 교부를 받은 송하인의 권리에 관해서,

(2) 운송계약증권을 발행할 때에, 이 법 제10조 하에서,

(A) 운송인의 권리 및 면책을 포기하는 것에 관하여, 또는,

(B) 운송인의 의무 및 책임을 가중하는 것에 대해서, 또는,

(3) 기타 1916년 해운법(46 U.S.C App. 801 et seq.) 또는 1984년 해운법(46 U.S.C App. 1701 et seq.)에 있어서 금지된 점에 관해서.

SEC. 15. REPEAL OF 1936 ACT.

The Carriage of Goods By Sea Act (46 U.S.C. App. 1300 et seq.) is repealed.

제15조 1936년 법의 폐지

해상물건운송법(46 U.S.C App. 801 et seq.)은 폐지한다.

SEC. 16. APPLICATION OF BILLS OF LADING RULES TO INBOUND GOODS.

(a) IN GENERAL.—Chapter 801 of title 49, United States Code, applies to any contract of carriage that is subject to this Act.

(b) APPLICATION TO INBOUND GOODS.—Notwithstanding section 80102 of title 49, United States Code, chapter 801 of that title (except for section 80116 of that title) shall be applied to any contract of carriage that covers a shipment of goods from a place in a foreign country to a place in the United States in the same manner as that chapter applies to a bill of lading for the transportation of goods from a place in a State to a place in a foreign country.

(c) APPLICATION WITH CHAPTER 801 OF TITLE 49.—If the application of any provision of this Act to any person or circumstance to which this Act applies conflicts with the application of any provision of chapter 801 of title 49, United States Code, to that person or circumstance, then the provision of this Act shall be applied instead of the provision of that chapter.

제16조 미합중국으로 들어오는 물건에의 선하증권법의 적용

(a) 원칙: 아메리카 합중국법률집(U.S.C) 제49편 제801장은, 이 법에서 규정하는 모든 운송계약에 적용된다.

(b) 미합중국으로 들어오는 물건에의 적용: 아메리카 합중국법률집(U.S.C) 제49편 제80102조에도 불구하고, 동편 제801장(동편 제80116조는 제외)는 국내의 어느 장소에서 미국의 어느 장소로의 물건운송을 위한 선하증권에 동편이 적용되는 것과 마찬가지로, 국외로부터 미합중국으로의 물건운송을 대상으로 하는 운송계약에도 적용된다.

(c) 제49편 제801장과의 적용의 충돌: 이 법이 적용되는 자 또는 상황에의 이법의 규정의 적용이, 이 자 또는 상황에의 미합중국 법률집(U.S.C.) 제49편 제801조의 제 규정의 적용과 충돌이 생기는 경우, 제801장의 규정에 대신하여 이 법의 규정을 적용한다.

SEC. 17. EFFECTIVE DATE.

This Act shall take effect 90 days after the date of enactment and shall apply to goods received for shipment after that effective date.

제17조 시행일

이 법은 제정한 날로부터 90일 후부터 시행되며, 그 시행일 이후 운송을 위해 수령한 물건에 관해서 적용되는 것으로 한다.

14. 일본 국제해상물품운송법

[1957년 6월 13일 법률 제172호]
시행 1958. 1. 1
개정 1971-법130, 1975-법94, 1992-법69

제1조 【적용 범위】 이 법(제20조의2를 제외한다.)의 규정은 선박에 의한 물건운송에서 선적항 또는 양륙 항이 우리나라 밖에 있는 것에, 동조의 규정은 운송인과 그 사용인의 불법행위로 인한 손해배상책임에 적용한다.

제2조 【정의】

① 이 법에서 「선박」이란, 상법(1899년 법률 제48호) 제684조 제1항에 규정하는 선박으로서 동조 제2항의 배 이외의 것을 이른다.

② 이 법에서 「운송인」이란, 전조의 운송을 하는 선박소유자, 선박임차인 및 용선자를 이른다.

③ 이 법에서 「송하인」이란, 전조의 운송을 위탁하는 용선자 및 송하인을 이른다.

④ 이 법에서 「1계산단위」란, 국제통화기금협정 제3조 제1항에 규정하는 특별인출권에 의한 특별인출권에 상당하는 금액을 이른다.

제3조 【운송품에 관한 주의의무】

① 운송인은 자기 또는 그 사용인이 운송물의 수령, 선적, 적부, 운송, 보관, 양륙 및 인도에 대하여 주의를 게을리 함으로 인하여 생긴 운송물의 멸실 · 훼손 또는 연착에 대하여 손해배상의 책임을 진다.

② 전항의 규정은 선장, 해원, 도선사 기타 운송인의 사용인의 항행 또는 선박의 취급에 관한 행위 또는 선박에서의 화재(운송인의 고의 또는 과실에 기한 것을 제외한다.)에 의하여 생긴 손해에는 적용하지 아니한다.

제4조 【동전】

① 운송인은 전조의 주의를 다하였다는 것을 증명하지 아니하면 동조의 책임을 면하지 못한다.

② 운송인은 다음의 사실이 있었다는 것과 운송물에 관한 손해가 그 사실에 의하여 보통 생길 수 있는 것임을 증명한 때에는 전항의 규정에 불구하고 전조의 책임을 면한다. 다만, 동조의 규정에 의한 주의를 다하였더라면 그 손해를 피할 수 있었음에도 불구하고 그 주의를 다하지 아니하였음을 증명한 때에는 그러하지 아니하다.

1. 해상 기타 항행할 수 있는 수역에 특유한 위험
2. 천재
3. 전쟁, 폭동 또는 내란
4. 해적행위 기타 이에 준한 행위
5. 재판상의 압류, 검역상의 제한 기타 공권력에 의한 처분
6. 송하인 또는 운송물의 소유자 또는 그 사용인의 행위
7. 동맹파업, 태업, 작업장폐쇄 기타 장의행위
8. 해상에서의 인명이나 재산의 구조행위 또는 이를 위한 항로이탈 그 밖의 정당한 이유로 인한 항로이탈
9. 운송물의 특수한 성질 또는 숨은 결함
10. 운송물의 포장 또는 기호의 표시의 불완전
11. 기중기 기타 이에 준하는 시설의 숨은 결함

③ 전항의 규정은 제9조의 규정의 적용을 방해하지 아니한다.

제5조 【감항능력주의의무】

① 운송인은 자기 또는 그 사용인이 발항당시 다음의 사항에 대하여 주의를 게을리 함으로 인하여 생긴 운송물의 멸실 · 훼손 또는 연착에 대하여 손해배상의 책임을 진다.

1. 선박을 항해할 수 있는 상태에 둘 것.
2. 선원을 승선시키고, 선박을 의장하고, 필요품을 보급할 것.
3. 선창, 냉장실 기타 운송물을 적재할 장소를 운송물의 수령, 운송과 보존에 적합한 상태에 둘 것.

② 운송인은 전항의 주의를 다하였음을 증명하지 아니하면 동항의 책임을 면하지 못한다.

제6조 【선하증권의 교부의무】

① 운송인, 선장 또는 운송인의 대리인은 송하인의 청구에 의하여 운송물의 선적 후 지체 없이 선적이 있었다는 뜻을 기재한 선하증권(이하 「선적 선하증권」이라 한다.)을 1통 또는 수통 교부하여야 한다. 운송물의 선적전에 있어서도 그 수령후는 송하인의 청구에 의하여 수령이 있었다는 뜻을 기재한 선하증권(이하「수령 선하증권」이라 한다.)을 1통 또는 수통 교부하여야 한다.

② 수령 선하증권이 교부된 경우에는, 수령 선하증권의 전부와 상환하지 아니하면, 선적 선하증권의 교부를 청구하지 못한다.

제7조 【선하증권의 작성】

① 선하증권에는 다음의 사항(수령 선하증권에 대하여는 제7호와 제8호의 사항을 제외한다.)을 기재하고, 운송인, 선장 또는 운송인의 대리인이 서명 또는 기명날인하여야 한다.

1. 운송물의 종류
2. 운송물의 용적, 중량 또는 포장, 개품의 수와 운송물의 기호
3. 외부로부터 판단되는 운송물의 상태
4. 송하인의 성명 · 상호
5. 수하인의 성명 · 상호
6. 운송인의 성명 · 상호
7. 선박의 명칭과 국적
8. 선적항과 선적의 연월일
9. 양륙 항
10. 운임
11. 수통의 선하증권을 작성한 때에는 그 수
12. 작성지와 그 작성 연월일

② 수령 선하증권과 상환으로 선적 선하증권의 교부의 청구가 있었던 때에는, 그 수령 선하증권에 선적이 있었다는 뜻을 기재하고, 또한 서명 또는 기명날인하여 선적 선하증권의 작성에 대신할 수 있다. 이 경우에는 전항 제7호와 제8호의 사항도 기재하여야 한다.

제8조 【송하인의 통고】

① 전조 제1항 제1호와 제2호의 사항은 그 사항에 대하여 송하인의 서면에 의한 통고가 있었던 때에는 그 통고에 따라 기재하여야 한다.

② 전항의 규정은 동항의 통고가 정확하지 않다고 믿을 만한 정당한 이유가 있는 경우 그리고 동항의 통고가 정확하다는 것을 확인할 적당한 방법이 없는 경우에는 적용하지 아니한

다. 운송물의 기호에 대하여 운송물 또는 그 용기나 포장에 항해의 종료시까지 판독할 수 있는 표시가 되어 있지 않은 경우에도 또한 같다.

③ 송하인은 운송인에 대하여 제1항의 통고가 정확하다는 것을 담보한다.

제9조【선하증권의 부실기재】 운송인은 선하증권의 기재가 사실과 다른 것을 이유로 선의의 선하증권 소지인에 대항하지 못한다.

제10조【준용규정】 상법 제573조 내지 제575조, 제584조 그리고 제770조 내지 제775조의 규정은 이 법에 의한 선하증권에 준용한다.

제11조【위험물의 처분】

① 인화성, 폭발성 그 밖의 위험성이 있는 운송물로서 선적 시 운송인, 선장과 운송인의 대리인이 그 성질을 알지 못한 때에는 언제라도 양륙, 파괴 또는 무해로 할 수 있다.

② 전항의 규정은 운송인의 송하인에 대한 손해배상의 청구를 방해하지 아니한다.

③ 인화성, 폭발성 그 밖의 위험성이 있는 운송물로서 선적 시 운송인, 선장 또는 운송인의 대리인이 그 성질을 알지 못한 것은, 선박 또는 적하에 위해를 미칠 우려가 생긴 때에는 양륙, 파괴 또는 무해로 할 수 있다.

④ 운송인은 제1항 또는 전항의 처분에 의하여 당해 운송물건에 대하여 생긴 손해에 대하여는 배상의 책임을 지지 아니한다.

제12조【수하인 등의 통지의무】

① 수하인 또는 선하증권 소지인은 운송물이 일부멸실 또는 훼손된 때에는 수령시 운송인에 대하여 그 멸실 또는 훼손의 대강의 상황에 대하여 서면에 의한 통지를 발송하여야 한다. 다만, 그 멸실 또는 훼손이 즉시 발견될 수 없는 것인 때에는 수령한 날로부터 3일 이내에 그 통지를 발송하면 충분하다.

② 전항의 통지가 없는 경우에는, 운송물은 멸실과 훼손 없이 인도된 것으로 추정한다.

③ 전2항의 규정은 운송물의 상태가 인도 시 당사자의 입회에 의하여 확인된 경우에는 적용하지 아니한다.

④ 운송물에 대하여 멸실 또는 훼손이 생기고 있는 의심이 있는 경우에는, 운송인과 수하인 또는 선하증권 소지인은 서로 운송물의 점검을 위하여 필요한 편의를 제공하여야 한다.

제12조의2【손해배상의 액】

① 운송물에 관한 손해배상의 액은 양하되어야 할 장소와 때에 있어서 운송물의 시장가격(상품거래소의 시세가 있는 물건에 대하여는 그 시세)에 의하여 정한다. 다만, 시장가격이 없는 때에는 그 장소와 때에 있어서 같은 종류로서 같은 품질의 물건의 정상적인 가격에 의하여 정한다.

② 상법 제580조 제3항의 규정은 전항의 경우에 준용한다.

제13조【책임한도】

① 운송물에 관한 운송인의 책임은 1포장 또는 1단위에 대하여 다음 금액중 많은 금액을 한도로 한다.

1. 1계산단위의 6백6십6.67배의 금액
2. 멸실 · 훼손 또는 연착에 관계되는 운송물의 총 중량에 대하여 1킬로그램에 대해 1계산단 위의 2배를 곱하여 얻은 금액

② 전항 각 호의 1계산단위는 운송인이 운송품에 관한 손해를 배상하는 날에 있어서 공표되고 있는 최종의 것으로 한다.

③ 운송물이 컨테이너, 팔레트 기타 이것과 유사한 운송용구(이하 이 항에서「컨테이너 등」이라 한다.)를 사용하여 운송되는 경우에 제1항의 규정의 적용에 대하여는, 그 운송품의 포장, 개품의 수 또는 용적, 중량이 선하증권에 기재되고 있는 경우를 제외하고 컨테이너 등의 수를 포장 또는 단위의 수로 본다.

④ 운송물에 관한 운송인이 사용하는 자의 책임이 제20조의2 제2항의 규정에 의하여 동조 제1항에서 준용하는 전3항의 규정에 의하여 운송인의 책임이 경감되는 한도로 경감되는 경우에 운송인이 사용하는 자가 손해를 배상한 때에는, 전3항의 규정에 의한 운송물에 관한 운송인의 책임은 운송인이 사용하는 자가 배상한 금액의 한도에서 다시 경감된다.

⑤ 전각항의 규정은 운송물의 종류와 가액이, 운송의 위탁시 송하인에 의해 통고되고 또한 선하증권이 교부되는 때에는, 선하증권에 기재되고 있는 경우에는 적용하지 아니한다.

⑥ 전항의 경우에 송하인이 실가를 현저히 초과하는 가액을 고의로 통고한 때에는, 운송인은 운송물에 관한 손해에 대하여는 배상의 책임을 지지 아니한다.

⑦ 제5항의 경우에 송하인이 실가보다 현저히 낮은 가액을 고의로 통고한 때에는, 그 가액은 운송물에 관한 손해에 대하여는 운송물의 가액으로 본다.

⑧ 전2항의 규정은 운송인에게 악의가 있는 경우에는 적용하지 아니한다.

제13조의2 【손해배상의 액과 책임한도의 특례】 운송인은 운송물에 관한 손해가 자기의 고의에 의하여 또는 손해의 발생의 우려가 있는 것을 인식하면서 행한 자기의 무모한 행위에 의하여 생긴 것인 때에는, 제12조의2와 전조 제1항 내지 제4항의 규정에 불구하고, 일체의 손해를 배상할 책임을 진다.

제14조 【책임의 소멸】

① 운송물에 관한 운송인의 책임은 운송물이 인도된 날(전부멸실의 경우에는 인도되어야 할 날)로부터 1년 이내에 재판상 청구되지 않을 때에는 소멸한다.

② 전항의 기간은 운송물에 관한 손해가 발생한 후에 한하여 합의에 의해 연장할 수 있다.

③ 운송인이 다시 제3자에게 운송을 위탁한 경우에 운송물에 관한 제3자의 책임은, 운송인이 제1항의 기간 내에 손해를 배상하거나 재판상의 청구를 한 경우에는 동항의 기간(전항의 규정에 의하여 제1항의 기간이 운송인과 당해 제3자와의 합의에 의하여 연장된 경우에는, 그 연장후의 기간)이 만료한 후에도, 운송인이 손해를 배상하거나 재판상의 청구를 한 날로부터 3월을 경과하는 날까지는 소멸하지 아니한다.

제15조 【특약금지】

① 제3조 내지 제5조, 제8조, 제9조 또는 제12조 내지 전조의 규정에 반하는 특약으로 송하인, 수하인 또는 선하증권 소지인에게 불리한 것은 무효로 한다. 운송물의 보험계약에 의하여

생기는 권리를 운송인에게 양도하는 계약 기타 이에 유사한 계약도 또한 같다.

② 전항의 규정은 운송인에게 불리한 특약을 하는 것을 방해하지 아니한다. 이 경우에 송하인은 선하증권에 그 특약을 기재할 것을 청구할 수 있다.

③ 제1항의 규정은 운송물의 선적 전 또는 양하 후의 사실에 의하여 생긴 손해에는 적용하지 아니한다.

④ 전항의 손해에 대하여 제1항의 특약이 된 경우에, 그 특약이 선하증권에 기재되지 아니한 때에는, 운송인은 그 특약으로써 선하증권 소지인에게 대항하지 못한다.

제16조 【특약금지의 특례】 전조 제1항의 규정은 선박의 전부 또는 일부를 운송계약의 목적으로 하는 경우에는 적용하지 아니한다. 다만, 운송인과 선하증권 소지인과의 관계에 대하여는 그러하지 아니 하다.

제17조 【동전】 전조의 규정은 운송물의 특수한 성질, 상대 또는 운송이 행해지는 특수한 사정에 의하여 운송물에 관한 운송인의 책임을 면제하거나, 또는 경감하는 것이 상당하다고 인정되는 운송에 준용한다.

제18조 【동전】

① 제15조 제1항의 규정은 생동물의 운송과 갑판적의 운송에는 적용하지 아니한다.

② 전항의 운송에 대하여 제15조 제1항의 특약이 된 경우에, 그 특약이 선하증권에 기재되지 아니한 때에는, 운송인은 그 특약으로써 선하증권 소지인에게 대항하지 못한다. 갑판적의 운송에 대하여 그 뜻이 선하증권에 기재되지 아니한 때에도 또한 같다.

제19조 【선박우선특권】

① 선박의 전부 또는 일부를 운송계약의 목적으로 한 경우에, 용선자가 다시 제3자와 운송계약을 체결한 때에는, 운송물에 관한 손해로서 선장의 직무에 속하는 범위내에서 생긴 것에 대하여, 배상을 청구할 수 있는 자는 그 채권에 대하여 선박과 그 속구 위에 우선특권을 가진다.

② 전항의 우선특권은 상법 제842조 제8호의 우선특권에 다음간다.

③ 상법 제844조 제2항과 제3항, 제845조, 제846조, 제847조 제1항 그리고 제849조의 규정은 제1항의 우선특권에 준용한다.

제20조 【상법의 적용 등】

① 제1조의 운송에는, 상법 제738조, 제739조, 제759조와 제766조 내지 제776조의 규정을 제외하고는, 동법을 적용한다.

② 상법 제576조, 제578조, 제579조, 제582조와 제583조의 규정은 제1조의 운송에 준용한다.

제20조의2 【운송인 등의 불법행위 책임】

① 제3조 제2항, 제11조 제4항과 제12조의2 내지 제14조 그리고 전조 제2항에서 준용하는 상법 제578조의 규정은, 운송물에 관한 운송인의 송하인, 수하인 또는 선하증권 소지인에 대한 불법행위로 인한 손해배상책임에 준용한다. 이 경우에 제12조 제2항중 「전항」이라고 하는 것은 「민법(1896년 법률 제89호) 제715조 제1항 본문과 상법 제690조(동법 제704조

제1항의 규정에 의하여 선박임차인이 선박소유자와 동일한 권리 · 의무를 가지는 것으로 되는 경우를 포함한다)」로 대체하여 적용한다.

② 전항의 규정에 의하여 운송물에 관한 운송인의 책임이 면제되거나, 또는 경감되는 경우에는, 그 책임이 면제되거나 경감되는 한도에서 당해 운송물에 관한 운송인이 사용하는 자의 송하인, 수하인 또는 선하증권 소지인에 대한 불법행위로 인한 손해배상책임도 면제되거나 경감된다.

③ 제4조 제2항과 제3항의 규정은 운송물에 관한 운송인이 사용하는 선장의 송하인, 수하인 또는 선하증권 소지인에 대한 불법행위로 인한 손해배상책임에 대하여 상법 제705조의 규정의 적용이 있는 경우에 준용한다. 이 경우에 제4조 제2항중 「운송인」이라고 하는 것은 「선장」으로, 「전항」이라고 하는 것은 「상법 제705조」로, 「전조」라고 하는 것은 「동조」로 대체하여 적용한다.

④ 제13조 제4항의 규정은 운송물에 관한 운송인의 책임이 동조 제1항 내지 제3항의 규정(제1항에서 준용하는 경우를 포함한다)에 의하여 경감되는 경우에, 운송인이 손해를 배상한 때의 운송물에 관한 운송인이 사용하는 자의 책임에 준용한다.

⑤ 전3항의 규정은 운송물에 관한 손해가 운송인이 사용하는 자의 고의에 의하여, 또는 손해의 발생의 우려가 있는 것을 인식하면서 행한 그 자의 무모한 행위에 의하여 생긴 것인 때에는 적용하지 아니한다.

제21조【우편물의 발송】이 법은 우편물의 운송에는 적용하지 아니한다.

부 칙

① 이 법은 1924년 8월 25일에 브뤼셀에서 서명된 선하증권에 관한 어떤 규칙의 통일을 위한 국제협약이 일본국에 대하여 효력을 발생하는 날로부터 시행한다.

② 이 법은 이 법의 시행 전에 체결된 운송계약에는 적용하지 아니한다.

3 각종 국제규칙

15. 제6차 개정 신용장통일규칙(Uniform Customs and Practice for Documentary credits, 2006: UCP 600)
16. 복합운송증권에 관한 통일규칙(1975 개정)

15. 제6차 개정 신용장통일규칙(Uniform Customs and Practice for Documentary credits, 2006: UCP 600)

Article 1 Application of UCP 600

제 1조 신용장통일규칙의 적용

The Uniform Customs and Practice for Documentary Credits, 2007 Revision, ICC Publication no. 600 ("UCP") are rules that apply to any documentary credit("credit") (including, to the extent to which they may be applicable, any standby letter of credit) when the text of the credit expressly indicates that it is subject to these rules. They are binding on all parties thereto unless expressly modified or excluded by the credit.

화환신용장에 관한 통일규칙 및 관례, 2007년 개정, ICC 출판물번호, 제600호("UCP")는 신용장의 본문이 이 규칙에 따른다고 명시적으로 표시하고 있는 경우 모든 화환신용장("신용장")(적용가능한 범위에서 모든 보증신용장을 포함한다)에 적용되는 규칙이다. 신용장에 명시적으로 수정되거나 또는 배제되지 아니하는 한, 이 규칙은 모든 관계당사자를 구속한다.

Article 2 Definitions

제 2조 정의

For the purpose of these rules:

Advising bank means the bank that advises the credit at the request of the issuing bank.
통지은행이라 함은 발행은행의 요청에 따라 신용장을 통지하는 은행을 말한다.

Applicant means the party on whose request the credit is issued.
발행의뢰인이라 함은 신용장이 발행되도록 요청하는 당사자를 말한다.

Banking day means a day on which a bank is regularly open at the place at which an act subject to these rules is to be performed.
은행영업일이라 함은 이 규칙에 따라 업무가 이행되는 장소에서 은행이 정상적으로 영업을 하는 일자를 말한다.

Beneficiary means the party in whose favour a credit is issued.
수익자라 함은 그 자신을 수익자로 하여 신용장을 발행받는 당사자를 말한다.

Complying presentation means a presentation that is in accordance with the terms and conditions of the credit, the applicable provisions of these rules and international standard banking practice.

일치하는 제시라 함은 신용장의 제조건, 이 규칙 및 국제표준은행관행의 적용가능한 규정에 따른 제시를 말한다.

Confirmation means a definite undertaking of the confirming bank, in addition to that of the issuing bank, to honour or negotiate a complying presentation.
확인이라 함은 발행은행의 확약에 추가하여 일치하는 제시를 지급이행 또는 매입할 확인은행의 확약을 말한다.

Confirming bank means the bank that adds its confirmation to a credit upon the issuing bank' s authorization or request.
확인은행이라 함은 발행은행의 수권 또는 요청에 따라 신용장에 확인을 추가하는 은행을 말한다.

Credit means any arrangement, however named or described, that is irrevocable and thereby constitutes a definite undertaking of the issuing bank to honour a complying presentation.
신용장이라 함은 그 명칭이나 기술에 관계없이 취소불능이며 일치하는 제시를 지급이행할 발행은행의 확약을 구성하는 모든 약정을 말한다.

Honour means:

a. to pay at sight if the credit is available by sight payment.
b. to incur a deferred payment undertaking and pay at maturity if the credit is available by deferred payment.
c. to accept a bill of exchange ("draft") drawn by the beneficiary and pay at maturity if the credit is available by acceptance.

지급이행이라 함은 다음을 말한다.

a. 신용장이 일람지급에 의하여 사용될 수 있는 경우 일람 후 지급하는 것.
b. 신용장이 연지급에 의하여 사용될 수 있는 경우 연지급확약의무를 부담하고 만기일에 지급하는 것.
c. 신용장이 인수에 의하여 사용될 수 있는 경우 수익자에 의하여 발행된 환어음("어음")을 인수하고 만기일에 지급하는 것.

Issuing bank means the bank the issues a credit at the request of an applicant of on its own behalf.
발행은행이라 함은 발행의뢰인의 요청에 따르거나 또는 그 자신을 위하여 신용장을 발행하는 은행을 말한다.

Negotiation means the purchase by the nominated bank of drafts (drawn on a bank other

than the nominated bank) and/or documents under a complying presentation,by advancing or agreeing to advance funds to the beneficiary on or before the banking day on which reimbursement is due to the nominated bank.
매입이라 함은 상환이 지정은행에 행해져야 할 은행영업일에 또는 그 이전에 수익자에게 대금을 선지급하거나 또는 선지급하기로 약정함으로써,일치하는 제시에 따른 환어음(지정 은행이 아닌 은행을 지급인으로 하여 발행된) 및/또는 서류의 지정은행에 의한 구매를 말한다.

Nominated bank means the bank with which the credit is available or any bank in the case of a credit available with any bank.
지정은행이라 함은 신용장이 사용될 수 있는 은행 또는 모든 은행에서 사용될 수 있는 신용장의 경우에는 모든 은행을 말한다.

Presentation means either the delivery of documents under a credit to the issuing bank or nominated bank or the documents so delivered.
제시라 함은 발행은행 또는 지정은행에게 신용장에 의한 서류를 인도하는 행위 또는 그렇게 인도된 서류를 말한다.

Presenter means a beneficiary, bank or other party that makes a presentation.
제시인이라 함은 제시를 행하는 수익자, 은행 또는 기타 당사자를 말한다.

Article 3 Interpretations

제3조 해석

For the purpose of these rules:
Where applicable, words in the singular include the plural and in the plural include the singular.
이 규칙에서:
적용할 수 있는 경우에는, 단수형의 단어는 복수형을 포함하고 복수형의 단어는 단수형을 포함한다.
A credit is irrevocable even if there is no indication to that effect.
신용장은 취소불능의 표시가 없는 경우에도 취소불능이다.
A document may be signed by handwriting, facsimile signature, perforated signature, stamp, symbol or any other mechanical or electronic method of authentication.
서류는 수기 , 모사서명, 천공서명, 스탬프, 상징 또는 기타 모든 기계적 또는 전자적 인증방법에 의하여 서명될 수 있다.

A requirement for a document to be legalized, visaed, certified or similar will be satisfied by

any signature, mark, stamp or label on the document which appears to satisfy that requirement.
공인, 사증, 증명된 또는 이와 유사한 서류의 요건은 그러한 요건을 충족하는 것으로 보이는 서류상의 모든 서명, 표시, 스탬프 또는 부전에 의하여 충족된다.

Branches of a bank in different countries are considered to be separate banks.
다른 국가에 있는 어떤 은행의 지점은 독립된 은행으로 본다.

Terms such as "first class", "well known", "qualified", "independent", "official", "competent" or "local" used to describe the issuer of a document allow any issuer except the beneficiary to issue that document.
서류의 발행인을 기술하기 위하여 사용되는 "일류의(first class)", "저명한(well known)", "자격 있는(qualified)", "독립적인(independent)", "공인된(official)", "유능한(competent)" 또는 "국내의(local)"와 같은 용어는 수익자 이외의 모든 서류발행인이 서류를 발행하는 것을 허용한다.

Unless required to be used in a document, words such as "prompt", "immediately" or "as soon as possible" will be disregarded.
서류에 사용될 것이 요구되지 아니하는 한, "신속한(prompt)", "즉시(immediately)" 또는 "가능한 한 빨리(as soon as possible)"와 같은 단어는 무시된다.

The expression "on or about" or similar will be interpreted as a stipulation that an event is to occur during a period of five calendar days before until five calendar days after the specified date, both start and end dates included.
"~경에(on or about)" 또는 이와 유사한 표현은 사건이 명시된 일자 이전의 5일부터 그 이후의 5일까지의 기간 동안에 발행하는 약정으로서 초일 및 종료일을 포함하는 것으로 해석된다.

The words "to", "until", "till", "from" and "between" when used to determine a period of shipment include the date or dates mentioned, and the words "before" and "after" exclude the date mentioned.
"까지(to)", "까지(until)", "까지(till)", "부터(from)" 및 "사이(between)"라는 단어는 선적 기간을 결정하기 위하여 사용되는 경우에는 언급된 당해 일자를 포함하며, "이전(before)" 및 "이후(after)"라는 단어는 언급된 당해 일자를 제외한다.

The words "from" and "after" when used to determine a maturity date exclude the date mentioned.
"부터(from)" 및 "이후(after)"라는 단어는 만기일을 결정하기 위하여 사용된 경우에는 언급된 당해 일자를 제외한다.

The terms "first half" and "second half" of a month shall be construed respectively as the 1st to the 15th and the 16th to the last day of the month, all dates inclusive.
어느 개월의 "전반(first half)", "후반(second half)"이라는 용어는 각각 해당 개월의 1일부터 15일까지, 그리고 16일부터 말일까지로 하고, 양끝의 일자를 포함하는 것으로 해석된다.

The terms "beginning", "middle" and "end" of a month shall be construed respectively as the 1st to the 10th, the 11th to the 20th and the 21st to the last day of the month, all dates inclusive.
어느 개월의 "상순(beginning)", "중순(middle)" 및 "하순(end)"이라는 용어는 각각 해당 개월의 1일부터 10일까지, 11일부터 20일까지, 그리고 21일부터 말일까지로 하고, 양끝의 일자를 포함하는 것으로 해석된다.

Article 4 Credits v. Contracts

제4조 신용장과 계약

a. A credit by its nature is a separate transaction from the sale or other contract on which it may be based. Banks are in no way concerned with or bound by such contract, even if any reference whatsoever to it is included in the credit. Consequently, the undertaking of a bank to honour, to negotiate or to fulfil any other obligation under the credit is not subject to claims or defences by the applicant resulting from its relationships with the issuing bank or the beneficiary.A beneficiary can in no case avail itself of the contractual relationships existing between banks or between the applicant and the issuing bank.

a. 신용장은 그 성질상 그것이 근거될 수 있는 매매계약 또는 기타 계약과는 독립된 거래이다. 은행은 그러한 계약에 관한 어떠한 참조사항이 신용장에 포함되어 있다 하더라도 그러한 계약과는 아무런 관계가 없으며 또한 이에 구속되지 아니한다. 결과적으로 신용장에 의하여 지급이행하거나, 매입하거나 또는 기타 모든 의무를 이행한다는 은행의 확약은 발행은행 또는 수익자와 발행의뢰인과의 관계로부터 생긴 발행의뢰인에 의한 클레임 또는 항변에 지배받지 아니한다. 수익자는 어떠한 경우에도 은행상호간 또는 발행의뢰인과 발행은행간에 존재하는 계약관계를 원용할 수 없다.

b. An issuing bank should discourage any attempt by the applicant to include, as an integral part of the credit, copies of the underlying contract, proforma invoice and the like.

b. 발행은행은 신용장의 필수적인 부분으로서, 근거계약의 사본, 견적송장 등을 포함시키고자 하는 어떠한 시도도 저지하여야 한다.

Article 5 Documents v. Goods, Services or Performance

제5조 서류와 물품/용역/이행

Banks deal with documents and not with goods, services or performance to which the documents may relate.

은행은 서류를 취급하는 것이며 그 서류와 관련될 수 있는 물품, 용역 또는 이행을 취급하는 것은 아니다.

Article 6 Availability, Expiry Date and Place for Presentation

제 6조 사용가능성, 유효기일 및 장소

a. A credit must state the bank with which it is available or whether it is available with any bank. A credit available with a nominated bank is also availble with the issuing bank.

a. 신용장에는 그 신용장이 사용될 수 있는 은행을 또는 그 신용장이 모든 은행에서 사용될 수 있는지를 명기하여야 한다. 지정은행에서 사용될 수 있는 신용장은 발행은행에서도 사용될 수 있다.

b. A credit must state whether it is available by sight payment, deferred payment, acceptance or negotiation.

b. 신용장은 그것이 일람지급, 연지급, 인수 또는 매입 중 어느 것에 의하여 사용될 수 있는지를 명기하여야 한다.

c. A credit must not be issued available by a draft drawn on the applicant.

c. 발행의뢰인을 지급인으로 하여 발행된 환어음에 의하여 사용될 수 있는 신용장은 발행되어서는 아니된다.

d. i. A credit must state an expiry date for presentation. An expiry date stated for honour or negotiation will be deemed to be an expiry date for presentation.

ii. The place of the bank with which the credit is available is the place for presentation. The place for presentation under a credit available with any bank is that of any bank. A place for presentation other than that of the issuing bank is in addition to the place of the issuing bank.

d. i. 신용장은 제시를 위한 유효기일을 명기하여야 한다. 지급이행 또는 매입을 위하여 명기 된 유효기일은 제시를 위한 유효기일로 본다.

ii. 신용장이 사용될 수 있는 은행의 장소는 제시장소이다. 모든 은행에서 사용될 수 있는 신용장에 의한 제시장소는 모든 은행의 장소이다. 발행은행의 장소가 아닌 제시장소는 발행은행의 장소에 추가된다.

e. Except as provided in sub-article 29 (a), a presentation by or on behalf of the beneficiary must be made on or before the expiry date.

e. 제29조 a항에서 규정된 경우를 제외하고는, 수익자에 의하거나 또는 대리하는 제시는 유효기일에 또는 그 이전에 행하여져야 한다.

Article 7 Issuing Bank Undertaking

제 7조 발행은행의 확약

a. Provided that the stipulated documents are presented to the nominated bank or to the issuing bank and that they constitute a complying presentation, the issuing bank must honour if the credit is avaiable by:

a. 명시된 서류가 지정은행 또는 발행은행에 제시되고, 그 서류가 일치하는 제시를 구성하는 한, 신용장이 다음 중의 어느 것에 의하여 사용될 수 있는 경우에는, 발행은행은 지급을 행하여야 한다:

i. sight payment, deferred payment or acceptance with the issuing bank;

i. 발행은행에서 일람지급, 연지급 또는 인수 중의 어느것에 의하여 사용될 수 있는 경우;

ii. sight payment with a nominate bank and that nominated bank does not pay;

ii. 지정은행에서 일람지급에 의하여 사용될 수 있고 그 지정은행이 지급하지 아니한 경우;

iii. deferred payment with a nominated bank and that nominated bank does not incur its deferred payment undertaking or, having incurred its deferred payment undertaking, does not pay at maturity;

iii. 지정은행에서 연지급에 의하여 사용될 수 있고 그 지정은행이 연지급확약을 부담하지 아니한 경우 또는, 그 지정은행이 연지급확약을 부담하였지만 만기일에 지급하지 아니한 경우;

iv. acceptance with a nominated bank and that nominated bank does not accept a draft drawn on it or, having accepted a draft drawn on it, does not pay at maturity;

iv. 지정은행에서 인수에 의하여 사용될 수 있고 그 지정은행이 자행을 지급인으로 하여 발행된 환어음을 인수하지 아니한 경우 또는, 그 지정은행이 자행을 지급인으로 하여 발행된 환어음을 인수하였지만 만기일에 지급하지 아니한 경우;

v. negotiation with a nominated bank and that nominated bank does no negotiate.

v. 지정은행에서 매입에 의하여 사용될 수 있고 그 지정은행이 매입하지 아니한 경우.

b. An issuing bank is irrevocably bound to honour as of the time it issues the credit.

b. 발행은행은 신용장을 발행하는 시점부터 지급이행할 취소불능의 의무를 부담한다.

c. An issuing bank undertaking to reimburse a nominated bank that has honoured or negotiated a complying presentation and forwarded the documents to the issuing bank.

Reimbursement for the amount of a complying presentation under a credit available by acceptance or deferred payment is due at maturity, whether or not the nominated bank prepaid or purchased before maturity. An issuing bank' s undertaking to reimburse a nominated bank is independent of the issuing bank' s undertaking to the beneficiary.

c. 발행은행은 일치하는 제시를 지급이행 또는 매입하고 그 서류를 발행은행에 발송하는 지정은행에게 상환할 것을 약정한다. 인수 또는 연지급에 의하여 사용될 수 있는 신용장에 따른 일치하는 제시금액에 대한 상환은 지정은행이 만기일 전에 선지급 또는 구매하였는지의 여부와 관계없이 만기일에 이행되어야 한다. 지정은행에 상환할 발행은행의 확약은 수익자에 대한 발행은행의 확약으로부터 독립한다.

Article 8 Confirming Bank Undertaking

제8조 확인은행의 확약

a. Provided that the stipulated documents are presented to the confirming bank or to any other nominated bank and that they constitute a complying presentation, the confirming bank must:

a. 명시된 서류가 확인은행 또는 기타 모든 지정은행에 제시되고, 그 서류가 일치하는 제시를 구성하는 한, 확인은행은:

i. honour, if the credit is available by

i. 신용장이 다음 중의 어느 것에 의하여 사용될 수 있는 경우에는, 지급이행하여야 한다:

a. sight payment, deferred payment or acceptance with the confirming bank;

a. 확인은행에서 일람지급, 연지급 또는 인수 중의 어느 것에 의하여 사용될 수 있는 경우;

b. sight payment, deferred payment or acceptance with the confirming bank;

b. 다른 지정은행에서 일람지급에 의하여 사용될 수 있고 그 지정은행이 지급하지 아니한 경우;

c. deferred payment with another nominated bank and that nominated bank does not incur its deferred payment undertaking or, having incurred its deferred payment undertaking, does not pay at maturity;

c. 다른 지정은행에서 연지급에 의하여 사용될 수 있고 그 지정은행이 연지급확약을 부담하지 아니한 경우 또는, 그 지정은행이 연지급확약을 부담하였지만 만기일에 지급하지 아니한 경우;

d. acceptance with another nominated bank and that nominated bank does not accept a draft drawn on it or, having accepted a draft drawn on it, does not pay at maturity;

d. 다른 지정은행에서 인수에 의하여 사용될 수 있고 그 지정은행이 자행을 지급인으로 하

여 발행된 환어음을 인수하지 아니한 경우 또는, 그 지정은행이 자행을 지급인으로 하여 발행된 환어음을 인수하였지만 만기일에 지급하지 아니한 경우;

e. negotiation with another nominated bank and that nominated bank does not negotiate.
e. 다른 지정은행에서 매입에 의하여 사용될 수 있고 그 지정은행이 매입하지 아니한 경우.

ii. negotiate, without recourse, if the credit is available by negotiation with the confirming bank.
ii. 신용장이 확인은행에서 매입에 의하여 사용될 수 있는 경우에는, 상환청구 없이, 매입하여야 한다.

b. A confirming bank is irrevocably bound to honour or negotiate as of the time it adds its confirmation to the credit.
b. 확인은행은 신용장에 자행의 확인을 추가하는 시점부터 지급이행 또는 매입할 취소불능의 의무를 부담한다.

c. A confirming bank undertakes to reimburse another nominated bank that has honoured or negotiated a complying presentation and forwarded the documents to the confirming bank. Reimbursement for the amount of a complying presentation under a credit available by acceptance or deferred payment is due at maturity, whether or not another nominated bank prepaid or purchased before maturity. A confirming bank' s undertaking to reimburse another nominated bank is independent of the confirming bank' s undertaking to the beneficiary.
c. 확인은행은 일치하는 제시를 지급이행 또는 매입하고 그 서류를 확인은행에 발송하는 다른 지정은행에게 상환할 것을 약정한다. 인수 또는 연지급에 의하여 사용될 수 있는 신용장에 따른 일치하는 제시금액에 대한 상환은 다른 지정은행이 만기일 전에 선지급 또는 구매하였는지의 여부와 관계없이 만기일에 이행되어야 한다. 다른 지정은행에 상환할 확인은행의 확약은 수익자에 대한 발행은행의 확약으로부터 독립한다.

d. If a bank is authorized or requested by the issuing bank to confirm a credit but is not prepared to do so, it must inform the issuing bank without delay and may advise the credit without confirmation.
d. 어떤 은행이 발행은행에 의하여 신용장을 확인하도록 수권 또는 요청받았으나 이를 행할 용의가 없는 경우, 그 은행은 지체없이 발행은행에게 통고하여야 하고 확인 없이 신용장을 통지할 수 있다.

Article 9 Advising of Credits and Amendments

제 9조 신용장 및 조건변경의 통지

a. A credit and any amendment may be advised to a beneficiary through an advising bank. An advising bank that is not a confirming bank advises the credit and any amendment without any undertaking to honour or negotiate.

a. 신용장 및 모든 조건변경은 통지은행을 통하여 수익자에게 통지될 수 있다. 확인은행이 아닌 통지은행은 지급이행 또는 매입할 어떠한 확약 없이 신용장 및 모든 조건변경을 통지 한다.

b. By advising the credit or amendment, the advising bank signifies that it has satisfied itself as to the apparent authenticity of the credit or amendment and that the advice accurately reflects the terms and conditions of the credit or amendment received.

b. 신용장 또는 조건변경을 통지함으로써, 통지은행은 그 자신이 신용장 또는 조건변경의 외관상의 진정성에 관하여 스스로 충족하였다는 것과 그 통지가 수령된 신용장 또는 조건변경의 제조건을 정확히 반영하고 있다는 것을 의미한다.

c. An advising bank may utilize the services of another bank ("second advising bank") to advise the credit and any amendment to the beneficiary. By advising the credit or amendment, the second advising bank signifies that it has satisfied itself as to the apparent authenticity of the advice it has received and that the advice accurately reflects the terms and conditions of the credit or amendment received.

c. 통지은행은 수익자에게 신용장 및 모든 조건변경을 통지하기 위하여 타은행("제2통지은행")의 서비스를 이용할 수 있다. 신용장 또는 조건변경을 통지함으로써 제2통지은행은 자신이 수령한 그 통지의 외관상의 진정성에 관하여 스스로 충족하였다는 것과 그 통지가 수령된 신용장 또는 조건변경의 제조건을 정확히 반영하고 있다는 것을 의미한다.

d. A bank utilizing the services of an advising bank or second advising bank to advise a credit must use the same bank to advise any amendment thereto.

d. 신용장을 통지하기 위하여 통지은행 또는 제2통지은행의 서비스를 이용하는 은행은 이에 대한 모든 조건변경을 통지하기 위하여 동일한 은행을 이용하여야 한다.

e. If a bank is requested to advise a credit or amendment but elects not to do so, it must so inform, without delay, the bank from which the credit, amendment or advice has been received.

e. 어떤 은행이 신용장 또는 조건변경을 통지하도록 요청되었지만 그렇게 하지 아니하기로 결정하는 경우에는,그 은행은 신용장, 조건변경 또는 통지를 송부해 온 은행에게 이를 지체없이 통고하여야 한다.

f. If a bank is requested to advise a credit or amendment but cannot satisfy itself as to the apparent authenticity of the credit, the amendment or the advice, it must so inform, without delay, the bank from which the instructions appear to have been received. If the advising bank or second advising bank elects nonetheless to advise the credit or amendment, it must inform the beneficiary or second advising bank that it has not been able to satisfy itself as to the apparent authenticity of the credit, the amendment or the advice.

f. 어떤 은행이 신용장 또는 조건변경을 통지하도록 요청되었지만 신용장, 조건변경 또는 통지의 외관상의 진정성에 관하여 스스로 충족할 수 없는 경우에는, 그 은행은 그 지시를 송부해온 것으로 보이는 은행에게 이를 지체없이 통고하여야 한다. 그럼에도 불구하고 통지은행 또는 제2통지은행이 그 신용장 또는 조건변경을 통지하기로 결정한 경우에는, 그 은행은 수익자 또는 제2통지은행에게 신용장, 조건변경 또는 통지의 외관상의 진정성에 관하여 스스로 충족할 수 없다는 것을 통고하여야 한다.

Article 10 Amendment

제10조 조건변경

a. Except as otherwise provided by article 38, a credit can neither be amended nor cancelled without the agreement of the issuing bank, the confirming bank, if any, and the beneficiary.

a. 제38조에 의하여 별도로 규정된 경우를 제외하고는, 신용장은 발행은행, 확인은행(있는 경우) 및 수익자의 합의 없이는 변경 또는 취소될 수 없다.

b. An issuing bank is irrevocably bound by an amendment as of the time it issuesthe amendment. A confirming bank may extend its confirmation to an amendment and will be irrevocably bound as of the time it advises the amendment. A confirming bank may, however, choose to advise an amendment without extending its confirmation and, if so, it must inform the issuing bank without delay and inform the beneficiary in its advice.

b. 발행은행은 그 자신이 조건변경서를 발행한 시점부터 그 조건변경서에 의하여 취소불능의 의무를 부담한다. 확인은행은 그 자신의 확인을 조건변경에까지 확장할 수 있으며 그 변경을 통지한 시점부터 취소불능의 의무를 부담한다. 그러나, 확인은행은 그 자신의 확인을 확장함이 없이 조건변경을 통지하기로 결정할 수 있으며 이러한 경우에는 발행은행에게 지체없이 통고하고 그 자신의 통지서로 수익자에게 통고하여야 한다.

c. The terms and conditions of the original credit (or a credit incorporating previously accepted amendments) will remain in force for the beneficiary until the beneficiary communicates its acceptance of the amendment to the bank that advised such amendment. The beneficiary should give notification of acceptance or rejection of an amendment. If the beneficiary fails to give such notification, a presentation that complies with the credit and to any not yet accepted amendment will be deemed to be notification of acceptance by the beneficiary of such amendment. As of that moment the credit will be amended.

c. 원신용장(또는 이전에 승낙된 조건변경을 포함하고 있는 신용장)의 제조건은 수익자가 조건변경에 대한 그 자신의 승낙을 그러한 조건변경을 통지해 온 은행에게 통보할 때까지는 수익자에게는 여전히 유효하다. 수익자는 조건변경에 대하여 승낙 또는 거절의 통고(notification)를 행하여야 한다. 수익자가 그러한 통고(notification)를 행하지 아니한 경우, 신용장 및 아직 승낙되지 않은 조건변경에 일치하는 제시는 수익자가 그러한 조건변경에 대하여 승낙의 통고(notification)를 행하는 것으로 본다. 그 순간부터 신용장은 조건변경된다.

d. A bank that advises an amendment should inform the bank from which it received the amendment of any notification of acceptance or rejection.

d. 조건변경을 통지하는 은행은 조건변경을 송부해 온 은행에게 승낙 또는 거절의 모든 통고를 통지하여야 한다.

e. Partial acceptance of an amendment is not allowed and will be deemed to be notification of rejection of the amendment.

e. 조건변경의 부분승낙은 허용되지 아니하며 그 조건변경의 거절의 통지로 본다.

f. A provision in an amendment to the effect that the amendment shall enter into force unless rejected by the beneficiary within a certain time shall be disregarded.

f. 조건변경이 특정기한 내에 수익자에 의하여 거절되지 아니하는 한 유효하게 된다는 취지의 조건변경서상의 규정은 무시된다.

Article 11 Teletransmitted and Pre-Advised Credits and Amendments

제11조 전송 및 사전통지신용장과 조건변경

a. An authenticated teletransmission of a credit or amendment will be deemed to be the operative credit or amendment, and any subsequent mail confirmation shall be disregarded. If a teletransmission states "full details to follow" (or words of similar effect), or states that the mail confirmation is to be the operative credit or amendment, then the teletransmission will not be deemed to be the operative credit or amendment. The issuing bank must then issue the operative credit or amendment without delay in terms not inconsistent with the teletransmission.

a. 신용장 또는 조건변경의 인증된 전송은 유효한 신용장 또는 조건변경으로 보며, 추후의 모든 우편확인서는 무시된다. 전송이 "완전한 명세는 추후 통지함(full details to follow)"(또는 이와 유사한 표현)이라고 명기하고 있거나 또는 우편확인서를 유효한 신용장 또는 조건변경으로 한다는 것을 명기하고 있는 경우에는, 그 전송을 유효한 신용장 또는 조건변경으로 보지 아니한다. 발행은행은 전송과 모순되지 아니한 조건으로 지체없이 유효한 신용장 또는 조건변경을 발행하여야 한다.

b. A preliminary advice of the issuance of a credit or amendment ("pre-advice") shall only be sent if the issuing bank is prepared to issue the operative credit or amendment. An issuing bank that sends a pre-advice is irrevocably committed to issue the operative credit or amendment, without delay, in terms not inconsistent with the pre-advice.

b. 신용장의 발행 또는 조건변경의 예비통지("사전통지")는 발행은행이 유효한 신용장 또는 조건변경을 발행할 용의가 있는 경우에만 송부된다. 사전통지를 송부하는 발행은행은 지체 없이 사전통지와 모순되지 아니한 조건으로 유효한 신용장 또는 조건변경을 발행할 것을 취소불능적으로 약속한다.

Article 12 Nomination

제 12조 지정

a. Unless a nominated bank is the confirming bank, an authorization to honour or negotiate does not impose any obligation on that nominated bank to honour or negotiate, except when expressly agreed to by that nominated bank and so communicated to the beneficiary.

a. 지정은행이 확인은행이 아닌 한, 지급이행 또는 매입할 수권은 그 지정은행이 명시적으로 합의하고 이를 수익자에게 통보하는 경우를 제외하고는, 그 지정은행에게 어떠한 의무도 부과되지 아니한다.

b. By nominating a bank to accept a draft or incur a deferred payment undertaking, an issuing bank authorizes that nominated bank to prepay or purchase a draft accepted or a deferred payment undertaking incurred by that nominated bank.

b. 환어음을 인수하거나 또는 연지급확약을 부담할 은행을 지정함으로써, 발행은행은 지정은행이 인수한 환어음 또는 부담한 연지급확약을 선지급 또는 구매하도록 그 지정은행에게 권한을 부여한다.

c. Receipt or examination and forwarding of documents by a nominated bank that is not a confirming bank does not make that nominated bank liable to honour or negotiate, nor does it constitute honour or negotiation.

c. 확인은행이 아닌 지정은행에 의한 서류의 수령 또는 심사 및 발송은 지급이행 또는 매입할 의무를 그 지정은행에게 부담시키는 것은 아니며, 그것은 지급이행 또는 매입을 구성하지 아니한다.

Article 13 Bank-to-Bank Reimbursement Arrangements

제 13조 은행간 상환약정

a. If a credit states that reimbursement is to be obtained by a nominated bank ("claiming bank") claiming on another party ("reimbursing bank"), the credit must state if the reimbursement is subject to the ICC rules for bank-to-bank reimbursements in effect on the date of issuance of the credit.

a. 신용장에서 지정은행("청구은행")이 상환을 다른 당사자("상환은행")에게 청구하여 받는 것으로 명기하고 있는 경우에는, 그 신용장은 상환이 신용장의 발행일에 유효한 은행간 대금상환에 관한 ICC 규칙에 따르는지를 명기하여야 한다.

b. If a credit does not state that reimbursement is subject to the ICC rules for bank-to-bank reimbursements, the following apply:

b. 신용장에서 상환이 은행간 대금상환에 관한 ICC 규칙에 따른다고 명기하고 있지 아니한 경우에는, 다음과 같이 적용된다:

i. An issuing bank must provide a reimbursing bank with a reimbursement authorization that conforms with the availability stated in the credit. The reimbursement authorization should not be subject to an expiry date.

i. 발행은행은 신용장에 명기된 유효성을 따르는 상환수권을 상환은행에 부여하여야 한다. 상환수권은 유효기일에 지배받지 아니하여야 한다.

ii. A claiming bank shall not be required to supply a reimbursing bank with a certificate of compliance with the terms and conditions of the credit.

ii. 청구은행은 상환은행에게 신용장의 제조건과의 일치증명서를 제공하도록 요구되지 아니한다.

iii. An issuing bank will be responsible for any loss of interest, together with any expenses incurred, if reimbursement is not provided on first demand by a reimbursing bank in accordance with the terms and conditions of the credit.

iii. 상환이 최초의 청구시에 신용장의 제조건에 따라 상환은행에 의하여 이행되지 아니한 경우, 발행은행은 부담된 모든 경비와 함께 이자손실의 책임을 부담하여야 한다.

iv. A reimbursing bank' s charges are for the account of the issuing bank. However, if the charges are for the account of the beneficiary, it is the responsibility of ann issuing bank to so indicate in the credit and in the reimbursement authorization. If a reimbursing bank' s charges are for the account of the beneficiary, they shall be deducted from the amount due to a claiming bank when reimbursement is made. If no reimbursement is made, the reimbursing bank' s charges remain the obligation of the issuing bank.

iv. 상환은행의 비용은 발행은행의 부담으로 하여야 한다. 그러나 그 비용이 수익자의 부담으로 되는 경우에는, 발행은행은 신용장 및 상환수권서에 이를 지시할 책임이 있다. 상환은행의 비용이 수익자의 부담으로 되는 경우에는, 그 비용은 상환이 행해질 때 청구은행에 기인하는 금액으로부터 공제되어야 한다. 상환이 행해지지 아니한 경우에는, 상환은행의 비용은 발행은행의 의무로 남는다.

c. An issuing bank is not relieved of any of its obligations to provide reimbursement if reimbursement is not made by a reimbursing bank on first demand.

c. 발행은행은 상환이 최초의 청구시에 상환은행에 의하여 행해지지 아니하는 경우에는 상환을 이행해야 할 자신의 의무로부터 면제되지 아니한다.

Article 14 Standard for Examination of Documents

제 14조 서류심사의 기준

a. A nominated bank acting on its nomination, a confirming bank, if any, and the issuing bank must examine a presentation to determine, on the basis of the documents alone, whether or not the documents appear on their face to constitute a complying presentation.

a. 지정에 따라 행동하는 지정은행, 확인은행(있는 경우) 및 발행은행은 서류가 문면상 일치하는 제시를 구성하는지 여부("일치성")를 결정하기 위하여 서류만을 기초로 하여 그 제시를 심사하여야 한다.

b. A nominated bank acting on its nomination, a confirming bank, if any, and the issuing bank shall each have a maximum of five banking days following the day of presentation to determine if a presentation is complying. This period is not curtailed or otherwise affected by the occurrence on or after the date of presentation of any expiry date of last day for presentation.

b. 지정에 따라 행동하는 지정은행, 확인은행(있는 경우) 및 발행은행은 제시가 일치하는지 여부를 결정하기 위하여 지시일의 다음날부터 최대 제5은행영업일을 각각 가진다. 이 기간은 제시를 위한 모든 유효기일 또는 최종일의 제시일에 또는 그 이후의 사건에 의하여 단축되거나 또는 별도로 영향을 받지 아니한다.

c. A presentation including one or more original transport documents subject to articles 19, 20, 21, 22, 23, 24 or 25 must be made by or on behalf of the beneficiary not later than 21 calendar days after the date of shipment as described in these rules, but in any event not later than the expiry date of the credit.

c. 제19조, 제20조, 제21조, 제22조, 제23조, 제24조 또는 제25조에 따른 하나 또는 그 이상의 운송서류의 원본을 포함하는 제시는 이 규칙에 기술된 대로 선적일 이후 21일 보다 늦지 않게 수익자에 의하여 또는 대리하여 이행되어야 한다.그러나 어떠한 경우에도,신용장의 유효기일보다 늦지 않아야 한다.

d. Date in a document, when read in context with the credit, the document itself and international standard banking practice, need not be identical to, but must not conflict with, date in that document, any other stipulated document or the credit.

d. 서류상의 자료는 신용장, 그 서류자체 및 국제표준은행관행의 관점에서 검토하는 경우, 그 서류, 기타 모든 명시된 서류 또는 신용장상의 자료와 동일할 필요는 없지만 이와 상충되어서는 아니된다:

e. In documents other than the commercial invoice, the description of the goods, services or performance, if stated, may be in general terms not conflicting with their description in the credit.

e. 상업송장 이외의 서류에 있어서, 물품, 용역 또는 이행의 명세는 명기된 경우 신용장상의 이들 명세와 상충되지 아니하는 일반용어로 기재될 수 있다.

f. If a credit requires presentation of a document other than a transport document, insurance document or commercial invoice, without stipulating by whom the document is to be issued or its date content, banks will accept the document as presented if its content appears to fulfil the function of the required document and otherwise complies with sub-article 14 (d).

f. 신용장에서 서류가 누구에 의하여 발행되는 것인가를 또는 서류의 자료내용을 명시하지 않고, 운송서류, 보험서류 또는 상업송장 이외의 서류의 제시를 요구하는 경우에는, 그 서류의 내용이 요구된 서류의 기능을 충족하는 것으로 보이고 기타의 방법으로 제14조 d항과 일치한다면, 은행은 그 서류를 제시된 대로 수리한다.

g. A document presented but not required by the credit will be disregarded and may be returned to the presenter.

g. 제시되었지만 신용장에 의하여 요구되지 않은 서류는 무시되고 제시인에게 반송될 수 있다.

h. If a credit contains a condition without stipulating the document to indicate compliance with the condition, banks bill deem such condition as not stated and will disregard it.

h. 신용장이 어떤 조건(condition)과 의 일치성을 표시하기 위하여 서류를 명시하지 않고 그 조건을 포함하고 있는 경우에는, 은행은 그러한 조건이 명기되지 아니한 것으로 보고 이를 무시하여야 한다.

I. A document may be dated prior to the issuance date of the credit, but must not be dated later than its date of presentation.

I. 서류는 신용장의 일자보다 이전의 일자가 기재될 수 있으나 그 서류의 제시일보다 늦은 일자가 기재되어서는 아니된다.

j. When the addresses of the beneficiary and the applicant appear in any stipulated document, they need not be the same as those stated in the credit or in any other stipulated, but must be within the same country as the respective addresses mentioned in the credit. Contact details (telefax, telephone, email and the like) stated as part of the beneficiary' s and the applicant' s address will be disregarded. However, when the address and contact details of the applicant appear as part of the consignee or notify party details on a transport document subject to articles 19, 20, 21, 22, 23, 24, or 25, they must be as stated in the credit.

j. 수익자 및 발행의뢰인의 주소가 모든 명시된 서류상에 보이는 경우에는, 이들 주소는 신용장 또는 기타 모든 명시된 서류에 명기된 것과 동일할 필요는 없으나, 신용장에 언급된 각각의 주소와 동일한 국가내에 있어야 한다. 수익자 및 발행의뢰인의 주소의 일부로서 명기된 연락처명세(모사전송, 전화, 전자우편 등)는 무시된다. 그러나, 발행의뢰인의 모든 주소 및 연락처 명세가 제19조, 제20조, 제21조, 제22조, 제23조, 제24조 또는 제25조에 따라 운송서류상의 수화인 또는 착화통지처 명세의 일부로서 보이는 경우에는, 이러한 주소 및 연락처명세는 신용장에 명기된 대로 이어야 한다.

k. The shipper or consignor of the goods indicated on any document need not be the beneficiary of the credit.

k. 모든 서류상에 표시된 물품의 송화인 또는 탁송인은 신용장의 수익자일 필요는 없다.

l. A transport document may be issued by any party other than a carrier, owner, master or charterer provided that the transport document meets the requirements of articles 19, 20, 21, 22, 23, or 24 of these rules.

l. 운송서류가 이 규칙의 제19조, 제20조, 제21조, 제22조, 제23조 또는 제24조의 요건을 충족하는 한, 그 운송서류는 운송인, 선주 또는 용선자 이외의 모든 당사자에 의하여 발행될 수 있다.

Article 15 Complying Presentation

제 15조 일치하는 제시

a. When an issuing bank determines that a presentation is complying, it must honour.

a. 발행은행이 제시가 일치한다고 결정하는 경우에는, 그 발행은행은 지급이행하여야 한다.

b. When a confirming bank determines that a presentation is complying, it must honour or negotiate and forward the documents to the issuing bank.

b. 확인은행이 제시가 일치한다고 결정하는 경우에는, 그 확인은행은 지급이행 또는 매입하고 발행은행에게 서류를 발송하여야 한다.

c. When a nominated bank determines that a presentation is complying and honours or negotiates, it must forward the documents to the confirming bank or issuing bank.

c. 지정은행이 제시가 일치한다고 결정하고 지급이행 또는 매입하는 경우에는, 그 지정은행은 확인은행 또는 발행은행에게 서류를 발송하여야 한다.

Article 16 Discrepant Documents, Waiver and Notice

제 16조 불일치서류, 권리포기 및 통지

a. When a nominated bank acting on its nomination, a confirming bank, if any, or the issuing bank determines that a presentation does not comply, it may refuse to honour or negotiate.

a. 지정에 따라 행동하는 지정은행, 확인은행(있는 경우) 또는 발행은행은 제시가 일치하지 아니한 것으로 결정하는 경우에는, 지급이행 또는 매입을 거절할 수 있다.

b. When an issuing bank determines that a presentation does not comply, it may in its sole judgement approach the applicant for a waiver of the discrepancies. This does not, however, extend the period mentioned in sub-article 14 (b).

b. 발행은행은 제시가 일치하지 아니하다고 결정하는 경우에는, 독자적인 판단으로 발행의뢰인과 불일치에 관한 권리포기의 여부를 교섭할 수 있다.그러나 이것은 제14조 b항에서 언급된 기간을 연장하지 아니한다.

c. When a nominated bank acting on its nomination, a confirming bank, if any, or the issuing bank decides to refuse to honour or negotiate, it must give a single notice to the effect to the presenter.

c. 지정에 따라 행동하는 지정은행, 확인은행(있는 경우)또는 발행은행은 지급이행 또는 매입을 거절하기로 결정한 경우에는, 제시인에게 그러한 취지를 1회만 통지하여야 한다.

The notice must state:
그 통지는 다음을 명기하여야 한다:

i. that the bank is refusing to honour or negotiate; and
i. 은행이 지급이행 또는 매입을 거절하고 있다는 것; 그리고
ii. each discrepancy in respect of which the bank refuses to honour or negotiate; and
ii. 은행이 지급이행 또는 매입을 거절하게 되는 각각의 불일치사항; 그리고
iii. a) that iii the bank is holding the documents pending further instructions from the presenter; or b) that the issuing bank is holding the documents until it receives a waiver from the applicant and agrees to accept it, or receives further instructions from the presenter prior to agreeing to accept a waiver; or c) that the bank is returning the documents; or d) that the bank is acting in accordance with instructions previously received from the presenter.
iii. a) 은행이 제시인으로부터 추가지시를 받을 때까지 서류를 보관하고 있다는 것; 또는 b) 발행은행이 발행의뢰인으로부터 권리포기를 수령하고 서류를 수리하기로 합의할때 까지, 또는 권리포기를 승낙하기로 합의하기 전에 제시인으로부터 추가지시를 수령할 때까지 발행은행이 서류를 보관하고 있다는 것; 또는 c) 은행이 서류를 반송하고 있다는 것; 또는 d) 은행이 제시인으로부터 이전에 수령한 지시에 따라 행동하고 있다는 것.

d. The notice required in sub-article 16 (c) must be given by telecommunication or, if that is not possible, by other expeditious means no later than the close of the fifth banking day following the day of presentation.
d. 제 16조 c항에서 요구된 통지는 전기통신(telecommunication)으로 또는 그 이용이 불가능한 때에는 기타 신속한 수단으로 제시일의 다음 제5은행영업일의 마감시간까지 행해져야한다.

e. A nominated bank acting on its nomination, a confirming bank, if any, or the issuing bank may, after providing notice required by sub-article 16 (c) (iii) (a) or (b), return the documents to the presenter at any time.
e. 지정에 따라 행동하는 지정은행, 확인은행(있는 경우) 또는 발행은행은, 제16조 c항 iii호 (a) 또는 (b)에 의하여 요구된 통지를 행한 후에, 언제든지 제시인에게 서류를 반송할 수 있다.

f. If an issuing bank or a confirming bank fails to act in accordance with the provisions of this article, it shall be precluded from claiming that the documents do not constitute a complying presentation.

f. 발행은행 또는 확인은행이 이 조의 규정에 따라 행동하지 아니한 경우에는, 그 은행은 서류가 일치하는 제시를 구성하지 아니한다고 주장할 수 있다.

g. When an issuing bank refuses to honour or a confirming bank refuses to honour or negotiate and has given notice to that effect in accordance with this article, it shall then be entitled to claim a refund, with interest, of any reimbursement made.

g. 발행은행이 지급이행을 거절하거나 또는 확인은행이 지급이행 또는 매입을 거절하고 이 조에 따라 그러한 취지를 통지한 경우에는, 그 은행은 이미 행해진 상환금에 이자를 추가하여 그 상환금의 반환을 청구할 권리가 있다.

Article 17 Original Documents and Copies

제 17조 원본서류 및 사본

a. At least on original of each document stipulated in the credit must be presented.

a. 적어도 신용장에 명시된 각 서류의 1통의 원본은 제시되어야 한다.

b. A bank shall treat as an original any document bearing an apparently original signature, mark, stamp, or label of the issuer of the document, unless the document itself indicates that it is not an original.

b. 서류 그 자체가 원본이 아니라고 표시하고 있지 아니하는 한, 명백히 서류발행인의 원본 서명, 표기, 스탬프, 또는 부전을 기재하고 있는 서류를 원본으로서 취급한다.

c. Unless a document indicates otherwise, a bank will also accept a document as original if it:

c. 서류가 별도로 표시하지 아니하는 한, 서류가 다음과 같은 경우에는, 은행은 서류를 원본으로서 수리한다:

i. appears to be written, typed, perforated or stamped by the document issuer' s hand; or

i. 서류발행인에 의하여 수기, 타자, 천공 또는 스탬프된 것으로 보이는 경우; 또는

ii. appears to be on the document issuer' s original stationery; or

ii. 서류발행인의 원본용지상에 기재된 것으로 보이는 경우; 또는

iii. states that it is original, unless the statement appears not to apply to the document presented.

iii. 제시된 서류에 적용되지 아니하는 것으로 보이지 아니하는 한, 원본이라는 명기가 있는 경우.

d. If a credit requires presentation of copies of documents, presentation of either originals or copies is permitted.

d. 신용장이 서류의 사본의 제시를 요구하는 경우에는, 원본 또는 사본의 제시는 허용된다.

e. If a credit requires presentation of multiple documents by using terms such as "in duplicate", "in two fold" or "in two copies", this will be satisfied by the presentation of at least one original and the remaining number in copies, except when the document itself indicates otherwise.

e. 신용장 "2통(in duplicate)", "2부(in two fold)", "2통(in two copies)"과 같은 용어를 사용함으로써 수통의 서류의 제시를 요구하는 경우에는, 이것은 서류자체에 별도의 표시가 있는 경우를 제외하고는 적어도 원본 1통과 사본으로 된 나머지 통수의 제시에 의하여 충족된다.

Article 18 Commercial Invoice

제 18조 상업송장

a. A commercial invoice:

a. 상업송장은:

i. must appear to have been issued by the beneficiary (except as provided in article 38);

i. 수익자에 의하여 발행된 것으로 보여야 하며(제38조에 규정된 경우를 제외한다);

ii. must be made out in the name of the applicant(except as provided in sub-article 38 (g));

ii. 발행의뢰인 앞으로 작성되어야 하며(제38조 g항에 규정된 경우를 제외한다);

iii. must be made out in the same currency as the credit; and

iii. 신용장과 동일한 통화로 작성되어야 하며; 그리고

iv. need not be signed.

iv. 서명될 필요가 없다.

b. A nominated bank acting on its nomination, a confirming bank, if any, or the issuing bank may accept a commercial invoice issued for an amount in excess or the amount permitted by the credit, and its decision will be binding upon all parties, provided the bank in question has not honoured or negotiated for an amount in excess of that permitted by the credit.

b. 지정에 따라 행동하는 지정은행, 확인은행(있는 경우) 또는 발행은행은 신용장에 의하여 허용된 금액을 초과한 금액으로 발행된 상업송장을 수리할 수 있으며, 그러한 결정은 모든 당사자를 구속한다. 다만 문제의 은행은 신용장에 의하여 허용된 금액을 초과한 금액으로 지급이행 또는 매입하지 아니하여야 한다.

c. The description of the goods, service or performance in a commercial invoice must correspond with that appearing in the credit.

c. 상업송장상의 물품, 용역 또는 이행의 명세는 신용장에 보이는 것과 일치하여야 한다.

Article 19 Transport Document Covering at Least Two Different Modes of Transport

제 19조 적어도 두 가지 다른 운송방식을 표시하는 운송서류

a. A transport document covering at least two different modes of transport (multimodal or combined transport document), however named, must appear to:

a. 적어도 두 가지의 다른 운송방식을 표시하는 운송서류(복합운송서류)는 그 명칭에 관계없이 다음과 같이 보여야 한다:

i. indicate the name of the carrier and be signed by:

i. 운송인의 명칭을 표시하고 다음의 자에 의하여 서명되어 있는 것:

- the carrier or a named agent for or on behalf of the carrier, or
- 운송인 또는 운송인을 대리하는 지정대리인, 또는
- the master or a named agent for or on behalf of the master.
- 선장 또는 선장을 대리하는 지정대리인.

Any signature by the carrier, master or agent must be identified as that of the carrier, master or agent.
운송인, 선장 또는 대리인에 의한 모든 서명은 운송인, 선장 또는 대리인의 것이라는 것을 확인하고 있어야 한다.

Any signature by an agent must indicate whether the agent has signed for or on behalf of the carrier or for or on behalf of the master.
대리인에 의한 모든 서명을 그 대리인이 운송인을 대리하여 서명하였는지 또는 선장을 대리하여 서명하였는지를 표시하여야 한다.

ii. indicate that the goods have been dispatched, taken in charge or shipped on board at the place stated in the credit, by:

ii. 다음에 의하여, 물품이 신용장에 명기된 장소에서 발송, 수탁 또는 본선선적되었음을 표시하고 있는 것:

- pre-printed wording, or
- 사전인쇄된 문언, 또는
- a stamp or notation indicating the date on which the goods have been dispatched, taken in charge or shipped on board. The date of issuance of the transport document will be deemed to be the date of dispatch, taking in charge or shipped on board, and the date of shipment. However, if the transport document indicates, by stamp or notation, a date of dispatch, taking in charge of shipped on board, this date will be deemed to be the date of shipment.

- 물품이 발송, 수탁 또는 본선선적된 일자를 표시하고 있는 스탬프 또는 표기 운송서류의 발행일은 발송, 수탁 또는 본선선적일 및 선적일로 본다. 그러나 운 송서류가 스탬프 또는 표기에 의하여 발송, 수탁 또는 본선선적일을 표시하고 있는 경우에 는 이러한 일자를 선적일로 본다.

iii. indicate the place of dispatch, taking in charge or shipment and the place of final destination stated in the credit, even if:

iii. 비록 다음과 같더라도, 신용장에 명기된 발송, 수탁 또는 선적지 및 최종목적지를 표시하고 있는 것:

a. the transport document states, in addition, a different place of dispatch, taking in charge or shipment or place of final destination, or

a. 운송서류가 추가적으로 다른 발송, 수탁 또는 선적지 또는 최종목적지를 명기하고 있더라도, 또는

b. the transport document contains the indication "intended" or similar qualification in relation to the vessel, port of loading or port of discharge.

b. 운송서류가 선박, 적재항 또는 양륙항에 관하여 "예정된" 또는 이와 유사한 제한의 표시를 포함하고 있더라도,

iv. be the sole original transport document or, if issued in more than one original, be the full set as indicated on the transport document.

iv. 단일의 운송서류 원본 또는 2통 이상의 원본으로 발행된 경우에는, 운송서류상에 표시된대로 전통인 것.

v. contain terms and conditions of carriage or make reference to another source containing the terms and conditions of carriage (short form or blank back transport document). Contents of terms and conditions of carriage will not be examined.

v. 운송의 제조건을 포함하고 있거나 또는 운송의 제조건을 포함하는 다른 자료를 참조하고 있는 것(약식/배면백지식 운송서류). 운송의 제조건의 내용은 심사되지 아니한다.

vi. contain no indication that it is subject to a charter party.

vi. 용선계약에 따른다는 어떠한 표시도 포함하고 있지 아니한 것

b. For the purpose of this article, transhipment means unloading from one means of conveyance and reloading to another means of conveyance (whether or not in different modes of transport) during the carriage from the place of dispatch, taking in charge or shipment to the place of final destination stated in the credit.

b. 이 조에서, 환적이란 신용장에 명기된 발송, 수탁 또는 선적지로부터 최종목적지까지의 운송과정 중에 한 운송수단으로부터의 양화 및 다른 운송수단으로의 재적재를 말한다.

c. i. A transport document may indicate that the goods will or may be transhipped provided that the entire carriage is covered by one and the same transport document.

c. i. 운송서류는 물품이 환적될 것이라거나 또는 될 수 있다고 표시할 수 있다. 다만, 전운송은 동일한 운송서류에 의하여 커버되어야 한다.

- A transport document ii indicating that transhipment will or may take place is acceptable, even if the credit prohibits transhipment.

ii. 신용장이 환적을 금지하고 있는 경우에도, 환적이 행해질 것이라거나 또는 행해질 수 있다고 표시하고 있는 운송서류는 수리될 수 있다.

Article 20 Bill of Lading

제 20조 선하증권

a. A bill of lading, however named, must appear to:

a. 선하증권은 그 명칭에 관계없이 다음과 같이 보여야 한다.

i. indicate the name of the carrier and be signed by:

i. 운송인의 명칭을 표시하고 다음의 자에 의하여 서명되어 있는 것:

- the carrier or a named agent for or on behalf of the carrier, or
- 운송인 또는 운송인을 대리하는 지정대리인, 또는
- the master or a named agent for or on behalf of the master.
- 선장 또는 선장을 대리하는 지정대리인.

Any signature by the carrier, master or agent must be identified as that of the carrier, master or agent.

운송인, 선장 또는 대리인에 의한 모든 서명은 운송인, 선장 또는 대리인의 것이라는 것을 확인하고 있어야 한다.

Any signature by the agent must indicate whether the agent has signed for or on behalf of the carrier or for or on behalf of the master.

대리인에 의한 모든 서명은 그 대리인이 운송인을 대리하여 서명하였는지, 또는 선장을 대리하여 서명하였는지를 표시하여야 한다.

ii. indicate that the goods have been shipped on board a named vessel at the port of loading sated in the credit by:

ii. 다음에 의하여 물품이 신용장에 명기된 적재항에서 지정선박에 본선선적되었음을 표시하고 있는 것:

- pre-printed wording, or
- 사전인쇄된 문언, 또는
- an on board notation indicating the date on which the goods have been shipped on

board. The date of issuance of the bill of lading will be deemed to be the date of shipment unless the bill of lading contains an on board notation indicating the date of shipment, in which case the date stated in the on board notation will be deemed to be the date of shipment.

- 물품이 본선선적된 일자를 표시하고 있는 본선적재표기 선하증권의 발행일은 선적일로 본다. 다만, 선하증권이 선적일을 표시하고 있는 본 선적재표기를 포함하고 있는 경우에는 그러하지 아니하며, 이 경우 본선적재표기상에 명기된 일자는 선적일로 본다.

If the bill of lading contains the indication "intended vessel" or similar qualification in relation to the name of the vessel, an on board notation indicating the date of shipment and the name of the actual vessel is required.
선하증권이 선박의 명칭에 관하여 "예정된 선박" 또는 이와 유사한 제한의 표시를 포함하고 있는 경우에는, 선적일 및 실제 선박의 명칭을 표시하고 있는 본선적재표기는 요구된다.

iii. indicate shipment from port of loading to the port of discharge stated in the credit.
If the bill of lading does not indicate the port of loading stated in the credit as the port of loading, or if it contains the indication "intended" or similar qualification in relation to the port of loading, an on board notation indicating the port of loading as stated in the credit, the date of shipment and the name of the vessel is required. This provision applies even when loading on board or shipment on a named vessel is indicated by pre-printed wording on the bill of lading.

iii. 신용장에 명기된 적재항으로부터 양륙항까지의 선적을 표시하고 있는 것.
선하증권이 적재항으로서 신용장에 명기된 적재항을 표시하고 있지 아니한 경우에는, 또는 적재항에 관하여"예정된" 또는 이와 유사한 제한의 표시를 포함하고 있는 경우에는, 신용장에 명기된 대로 적재항, 선적일 및 선박의 명칭을 표시하고 있는 본선적재표기가 요구된다. 이 규정은 비록 지정된 선박에의 본선적재 또는 선적이 선하증권상에 사전에 인쇄된 문언에 의하여 표시되어 있더라도 적용된다.

iv. be the sole original bill ⅳ of lading or, if issued in more than one original, be the full set as indicated on the bill of lading.

iv. 단일의 선하증권 원본 또는, 2통 이상의 원본으로 발행된 경우에는, 선하증권상에 표시된대로 전통인 것.

v. contain terms and conditions of carriage or make reference to another source containing the terms and conditions of carriage (short form or blank bill of lading). Contents of terms and conditions of carriage will not be examined.

v. 운송의 제조건을 포함하고 있거나, 또는 운송의 제조건을 포함하는 다른 자료를 참조하고 있는 것(약식/배면백지식 선하증권). 운송의 제조건의 내용은 심사되지 아니한다.

vi. contain no indication that it is subject to a charter party.

vi. 용선계약에 따른다는 어떠한 표시도 포함하고 있지 아니한 것

b. For the purpose of this article, transhipment means unloading from one vessel and reloading to another vessel during the carriage from the port of loading to the port of discharge stated in the credit.

b. 이 조에서, 환적이란 신용장에 명기된 적재항으로부터 양륙항까지의 운송과정 중에 한 선박으로부터의 양화 및 다른 선박으로의 재적재를 말한다.

c. i. A bill of lading may indicate that the goods will or may be transhipped provided that the entire carriage is covered by one and the same bill of lading.

c. i. 선하증권은 물품이 환적될 것이라거나 또는 될 수 있다고 표시할 수 있다. 다만 전 운송이 동일한 선하증권에 의하여 커버되어야 한다.

ii. A bill of lading indicating that transhipment will or may take place is acceptable, even if the credit prohibits transhipment, if the goods have been shipped in a container, trailer or LASH barge as evidenced by the bill of lading.

ii. 신용장이 환적을 금지하고 있는 경우에도,물품이 선하증권에 의하여 입증된 대로 컨테이너 트레일러 또는 래쉬선에 선적된 경우에는 환적이 행해질 것이라거나 또는 행해질 수 있다고 표시하고 있는 선하증권은 수리될 수 있다.

d. Clauses in a bill of lading stating that the carrier reserves the right to tranship will be disregarded.

d. 운송인이 환적할 권리를 유보한다고 명기하고 있는 선하증권상의 조항은 무시된다.

Article 21 Non-Negotiable Sea Waybill

제 21조 비유통성 해상화물운송장

a. A non-negotiable sea waybill, however named, must appear to:

a. 비유통성 해상화물운송장은 그 명칭에 관계없이 다음과 같이 보여야 한다.

i. indicate the name of the carrier and be signed by:

- the carrier or a named agent for or on behalf of the carrier, or
- the master or a named agent for or on behalf of the master.

i. 운송인의 명칭을 표시하고 다음의 자에 의하여 서명되어 있는 것:

- 운송인 또는 운송인을 대리하는 지정대리인, 또는
- 선장 또는 선장을 대리하는 지정대리인.

Any signature by the carrier, master or agent must be identified as that of the carrier, master of agent.

운송인, 선장 또는 대리인에 의한 모든 서명은 운송인, 선장 또는 대리인의 것이라는 것을 확인하고 있어야 한다.

Any signature by an agent must indicate whether the agent has signed for or on behalf of the carrier or for or on behalf of the master.
대리인에 의한 모든 서명은 그 대리인이 운송인을 대리하여 서명하였는지, 또는 선장을 대리하여 서명하였는지를 표시하여야 한다.

ii. indicate that the goods have been shipped on board a named vessel at the port of loading stated in the credit by:
   - pre-printed wording, or
   - an on board notation indicating the date on which the goods have been shipped on board.

   The date of issuance of the non-negotiable sea waybill will be deemed to be the date of shipment unless the non-negotiable sea waybill an on board notation indicating the date of shipment, in which case the date stated in the on board notation will be deemed to be the date of shipment. If the non-negotiable sea waybill contains the indication "intended vessel" or similar qualification in relation to the name of the vessel, an on board notation indicating the date of shipment and the name of the actual vessel is required.

ii. 다음에 의하여 물품이 신용장에 명기된 적재항에서 지정선박에 본선선적되었음을 표시하고 있는 것:
   - 사전인쇄된 문언, 또는
   - 물품이 본선선적된 일자를 표시하고 있는 본선적재표기

   비유통성 해상화물운송장의 발행일은 선적일로 본다. 다만, 비유통성 해상화물운송장이 선적일을 표시하고 있는 본선적재표기를 포함하고 있는 경우에는 그러하지 아니하며, 이 경우 본선적재표기상에 명기된 일자는 선적일로 본다. 비유통성 해상화물운송장이 선박의 명칭에 관하여 "예정된 선박" 또는 이와 유사한 제한의 표시를 포함하고 있는 경우에는, 선적일 및 실제 선박의 명칭을 표시하고 있는 본선적재표기는 요구된다.

iii. indicate shipment from the port of loading to the port of discharge stated in the credit.

   If the non-negotiable sea waybill does not indicate the port of loading stated in the credit as the port of loading, or if it contains the indication "intended" or similar qualification in relation to the port of loading, an on board notation indicating the port of loading as stated in the credit, the date of shipment and the name of the vessel is required. This provision applies even when loading on board or shipment on a named vessel is indicated by pre-printed wording on the non-negotiable sea waybill.

iii. 신용장에 명기된 적재항으로부터 양륙항까지의 선적을 표시하고 있는 것.

비유통성 해상화물운송장이 적재항으로서 신용장에 명기된 적재항을 표시하고 있지 아니한 경우에는, 또는 적재항에 관하여 "예정된" 또는 이와 유사한 제한의 표시를 포함하고 있는 경우에는, 신용장에 명기된 대로 적재항, 선적일 및 선박의 명칭을 표시하고 있는 본선적재 표기가 요구된다. 이 규정은 비록 지정된 선박에의 본선적재 또는 선적이 비유통성 해상화물운송장에 사전에 인쇄된 문언에 의하여 표시되어 있더라도 적용된다.

iv. be the sole original non-negotiable sea waybill or, if issued in more than one original, be the full set as indicated on the non-negotiable sea waybill.

iv. 단일의 비유통성 해상화물운송장 원본 또는, 2통 이상의 원본으로 발행된 경우에는, 비유통성 해상화물운송장상에 표시된 대로 전통인 것.

v. contain terms and conditions of carriage or make reference to another source containing the terms and conditions of carriage (short form or blank back non-negotiable sea waybill). Contents of terms and conditions of carriage will not be examined.

v. 운송의 제조건을 포함하고 있거나, 또는 운송의 제조건을 포함하는 다른 자료를 참조하고 있는 것(약식/배면백지식 비유통성 해상화물운송장). 운송의 제조건의 내용은 심사되지 아니한다.

vi. contain no indication that it is subject to a charter party.

vi. 용선계약에 따른다는 어떠한 표시도 포함하고 있지 아니한 것

b. For the purpose of this article, transhipment means unloading from one vessel and reloading to another vessel during the carriage from the port of loading to the port of discharge stated in the credit.

b. 이 조에서, 환적이란 신용장에 명기된 적재항으로부터 양륙항까지의 운송과정 중에 한 선박으로부터의 양화 및 다른 선박으로의 재적재를 말한다.

c. i. A non-negotiable sea waybill may indicate that the goods will or may be transhipped provided that the entire carriage is covered by one and the same non-negotiable sea waybill.

c. i. 비유통성 해상화물운송장은 물품이 환적될 것이라거나 또는 될 수 있다고 표시할 수 있다. 다만, 전운송이 동일한 비유통성 해상화물운송장에 의하여 커버되어야 한다.

ii. A non-negotiable sea waybill indicating that transhipment will or may take place is acceptable, even if the credit prohibits transhipment, if the goods have been shipped in a container, trailer or LASH barge as evidenced by the non-negotiable sea waybill.

ii. 신용장이 환적을 금지하고 있는 경우에도,물품이 비유통성 해상화물운송장에 의하여 입증된 대로 컨테이너,트레일러 또는 래쉬선에 선적된 경우에는,환적이 행해질 것이

라거나 또는 행해질 수 있다고 표시하고 있는 비유통성 해상화물운송장은 수리될 수 있다.

d. Clauses in a non-negotiable sea waybill stating that the carrier reserves the right to tranship will be disregarded.

d. 운송인이 환적할 권리를 유보한다고 명기하고 있는 비유통성 해상화물운송장상의 조항은 무시된다.

Article 22 Charter Party Bill of Lading

제 22조 용선계약선하증권

a. A bill of lading, however named, containing an indication that it is subject to a charter party (charter party bill of lading), must appear to:

a. 용선계약에 따른다는 표시를 포함하고 있는 선하증권(용선계약선하증권)은 그 명칭에 관계없이 다음과 같이 보여야 한다.

i. be signed by:
- the master or a named agent for or on behalf of the master, or
- the owner or a named agent for or on behalf of the owner, or
- the charterer or a named agent for or on behalf of the charterer.

i. 다음의 자에 의하여 서명되어 있는 것:
- 선장 또는 선장을 대리하는 지정대리인, 또는
- 선주 또는 선주를 대리하는 지정대리인, 또는
- 용선자 또는 용선자를 대리하는 지정대리인

Any signature by the master, owner, charter or agent must be identified as that of the master, owner, charterer or agent.

선장, 선주, 용선자 또는 대리인에 의한 모든 서명은 선장, 선주, 용선자 또는 대리인의 것이라는 것을 확인하고 있어야 한다.

Any signature by an agent must indicate whether the agent has signed for or on behalf of the master, owner or charterer.

대리인에 의한 모든 서명은 그 대리인이 선장, 선주 또는 용선자 중 누구를 대리하여 서명 하였는지를 표시하여야 한다.

An agent signing for or on behalf of the owner or charterer must indicate the name of the owner or charterer.

선주 또는 용선자를 대리하여 서명하는 대리인은 선주 또는 용선자의 명칭을 표시하여야 한다.

ii. indicate that the ii goods have been shipped on board a named vessel at the port of loading stated in the credit by:
- pre-printed wording, or
- an on board notation indicating the date on which the goods have been shipped on board.

The date of issuance of the charter party bill of lading will be deemed to be the date of shipment unless the charter party bill of lading contains an on board notation indicating the date of shipment, in which case the date stated in the on board notation will be deemed to be the date of shipment.

ii. 다음에 의하여 물품이 신용장에 명기된 적재항에서 지정선박에 본선선적되었음을 표시하고 있는 것:
- 사전인쇄된 문언, 또는
- 물품이 본선선적된 일자를 표시하고 있는 본선적재표기

용선계약선하증권의 발행일은 선적일로 본다. 다만, 용선계약선하증권이 선적일을 표시하고 있는 본선적재표기를 포함하고 있는 경우에는 그러하지 아니하며, 이 경우 본선적재표기상에 명기된 일자는 선적일로 본다.

iii. indicate shipment from the port of loading to the port of discharge stated in the credit. The port of discharge may also be shown as a range of ports or a geographical area, as stated in the credit.

iii. 신용장에 명기된 적재항으로부터 양륙항까지의 선적을 표시하고 있는 것. 또한 양륙항은 신용장에 명기된 대로 항구의 구역 또는 지리적 지역으로 표시될 수 있다.

iv. be the sole original charter party bill of lading or, if issued in more than one original, be the full set as indicated on the charter party bill of lading.

iv. 단일의 용선계약선하증권 원본 또는, 2통 이상의 원본으로 발행된 경우에는, 용선계약선하증권상에 표시된 대로 전통인 것.

b. A bank will not examine charter party contracts, even if they are required to be presented by the terms of the credit.

b. 용선계약서가 신용장의 조건(terms)에 따라 제시되도록 요구되더라도, 은행은 그 용선 계약서를 심사하지 아니한다.

Article 23 Air Transport Document

제 23조 항공운송서류

a. An air transport document, however named, must appear to:

a. 항공운송서류는 그 명칭에 관계없이 다음과 같이 보여야 한다.

i. indicate the name of the carrier and be signed by:

- the carrier, or
- a named agent for or on behalf of the carrier.

Any signature by the carrier or agent must be identified as that of the carrier or agent.

Any signature by an agent must indicate that the agent has signed for or on behalf of the carrier.

i. 운송인의 명칭을 표시하고 다음의 자에 의하여 서명되어 있는 것:

- 운송인, 또는
- 운송인을 대리하는 지정대리인.

운송인 또는 대리인에 의한 모든 서명은 운송인 또는 대리인의 것이라는 것이 확인되어야 한다.

대리인에 의한 모든 서명은 그 대리인이 운송인을 대리하여 서명하였음을 표시하여야 한다.

ii. indicate that the goods have been accepted for carriage.

ii. 물품이 운송을 위하여 수취되었음을 표시하고 있는 것.

iii. indicate the date of issuance. This date will be deemed to be the date of shipment unless the air transport document contains a specific notation of the actual date of shipment, in which case the date stated in the notation will be deemed to be the date of shipment.

Any other information appearing on the air transport document relative to the flight number and date will not be considered in determining the date of shipment.

iii. 발행일을 표시하고 있는 것. 이 일자는 선적일로 본다. 다만, 항공운송서류가 실제의 선적일에 관한 특정표기를 포함하고 있는 경우에는 그러하지 아니하며, 이 경우 그 표기에 명기된 일자는 선적일로 본다.

운항번호 및 일자에 관하여 항공운송서류상에 보이는 기타 모든 정보는 선석일을 결정하는데 고려되지 아니한다.

iv. indicate the airport of departure and the airport of destination stated in the credit.

iv. 신용장에 명기된 출발공항과 목적공항을 표시하고 있는 것.

v. be the original for consignor or shipper, even if the credit stipulates a full set of originals.

v. 신용장이 원본의 전통을 명시하고 있는 경우에도, 탁송인 또는 송화인용 원본인 것.

vi. contain terms and conditions of carriage or make reference to another source containing the terms and conditions of carriage. Contents of terms and conditions of carriage will not be examined.

vi. 운송의 제조건을 포함하고 있거나, 또는 운송의 제조건을 포함하는 다른 자료를 참조하고 있는 것. 운송의 제조건의 내용은 심사되지 아니한다.

b. For the purpose of this article, transhipment means unloading from one aircraft and reloading to another aircraft during the carriage from the airport of departure to the airport of destination stated in the credit.

b. 이 조에서, 환적이란 신용장에 명기된 출발공항으로부터 목적공항까지의 운송과정 중에 한 항공기로부터의 양화 및 다른 항공기로의 재적재를 말한다.

c. i. An air transport document may indicate that the goods will or may betranshipped, provided that the entire carriage is covered by one and the same air transport document.

i. 항공운송서류는 물품이 환적될 것이라거나 또는 될 수 있다고 표시할 수 있다. 다만, 운송은 동일한 항공운송서류에 의하여 커버되어야 한다.

ii. An air transport document ii indicating that transhipment will or may take place is acceptable, even if the credit prohibits transhipment.

ii. 신용장이 환적을 금지하고 있는 경우에도, 은행은 환적이 행해질 것이라거나 또는 행해질 수 있다고 표시하고 있는 항공운송서류는 수리될 수 있다.

Article 24 Road, Rail or Inland Waterway Transport Documents

제24조 도로, 철도 또는 내륙수로운송서류

a. A road, rail or inland waterway transport document, however named, must appear to:

a. 도로, 철도 또는 내륙수로운송서류는 그 명칭에 관계없이 다음과 같이 보여야 한다.

i. indicate the name of the carrier and:

- be signed by the carrier or a named agent for or on behalf of the carrier, or
- indicate receipt of the goods by signature, stamp or notation by the carrier or a named agent for or on behalf of the carrier.

Any signature, stamp or notation of receipt of the goods by the carrier or agent must be identified as that of the carrier or agent.

Any signature, stamp or notation of receipt of the goods by the agent must indicate that the agent has signed or acted for or on behalf of the carrier. If a rail transport document does not identify the carrier, any signature or stamp of the railway company will be accepted as evidence of the document being signed by the carrier.

ⅰ.운송인의 명칭을 표시하고 있는 것 그리고:

- 운송인 또는 운송인을 대리하는 지정대리인에 의하여 서명되어 있는 것, 또는
- 운송인 또는 운송인을 대리하는 지정대리인에 의하여 행해진 서명, 스탬프 또는 표

기에 의하여 물품의 수령을 표시하고 있는 것.

물품의 수령에 관한 운송인 또는 대리인에 의한 모든 서명, 스탬프 또는 표기는 운송인 또는 대리인의 것이라는 것을 확인하고 있어야 한다.

물품의 수령에 관한 대리인에 의한 모든 서명, 스탬프 또는 표기는 그 대리인이 운송인을 대리하여 서명 또는 행동하였음을 표시하여야 한다. 철도운송서류가 운송인을 확인하지 아니한 경우에는, 철도회사의 모든 서명 또는 스탬프는 운송인에 의하여 서명되어 있는 서류의 증거로서 수리되어야 한다.

ii. indicate the date of shipment or the date the goods have been received for shipment, dispatch or carriage at the place stated in the credit. Unless the transport document contains a dated reception stamp, an indication of the date of receipt or a date of shipment, the date of issuance of the transport document will be deemed to be the date of shipment.

ii. 선적일 또는 물품이 신용장에 명기된 장소에서 선적, 발송 또는 운송을 위하여 수령된 일자를 표시하고 있는 것. 운송서류가 일자기재의 수령스탬프, 수령일의 표시 또는 선적일을 포함하고 있지 아니하는 한, 운송서류의 발행일은 선적일로 본다.

iii. indicate the place of shipment and the place of destination stated in the credit.

iii. 신용장에 명기된 선적지 및 목적지를 표시하고 있는 것.

b. i. A road transport document must appear to be the original for consignor or shipper or bear no marking indicating for whom the document has been prepared.

i. 도로운송서류는 탁송인 또는 송화인용 원본인 것으로 보여야 하거나 또는 그 서류가 누구를 위하여 작성되었는지를 표시하는 어떠한 표시도 기재하지 아니한 것으로 보여야 한다.

ii. A rail transport document marked "duplicate" will be accepted as an original.

ii. "부본(duplicate)"이 표시된 철도운송서류는 원본으로서 수리된다.

iii. A rail or inland waterway transport document will be accepted as an original whether marked as an original or not.

iii. 철도 또는 내륙수로운송서류는 원본이라는 표시의 유무에 관계없이 원본으로서 수리된다.

c. In the absence of an indication on the transport document as to the number of originals issued, the number presented will be deemed to constitute a full set.

c. 발행된 원본의 통수에 관하여 운송서류상에 표시가 없는 경우에는, 제시된 통수는 전통을 구성하는 것으로 본다.

d. For the purpose of this article, transhipment means unloading from one means of conveyance and reloading to another means of conveyance, within the same mode of transport, during the carriage from the place of shipment, dispatch or carriage to the place of destination stated in the credit.

d. 이 조에서 환적이란 신용장에 명기된 선적, 발송 또는 운송지로부터 목적지까지의 운송과정 중에, 동일한 운송방식내에서, 한 운송수단으로부터의 양화 및 다른 운송수단으로의 재적재를 말한다.

e. i. A road, rail or inland waterway transport document may indicate that the goods will or may be transhipped provided that the entire carriage is covered by one and the same transport document.

i. 도로, 철도 또는 내륙수로운송서류는 물품이 환적될 것이라거나 또는 될 수 있다고 표시할 수 있다. 다만, 전운송은 동일한 운송서류에 의하여 커버되어야 한다.

ii. A road, rail or inland waterway transport document indicating that transhipment will or may take place is acceptable, even if the credit prohibits transhipment.

ii. 신용장이 환적을 금지하고 있는 경우에도, 환적이 행해질 것이라거나 또는 행해질 수 있다고 표시하고 있는 도로, 철도 또는 내륙수로운송서류는 수리될 수 있다.

Article 25 Courier Receipt, Post Receipt of Certificate of Posting

제 25조 특송화물수령증, 우편수령증 또는 우송증명서

a. A courier receipt, however named, evidencing receipt of goods for transport, must appear to:

a. 운송물품의 수령을 입증하는 특송화물수령증은 그 명칭에 관계없이 다음과 같이 보여야 한다:

i. indicate the name of the courier service and be stamped or signed by the named courier service at the place from which the credit states the goods are to be shipped; and

i. 특송업자의 명칭을 표시하고, 신용장에서 물품이 선적되어야 한다고 명기하고 있는 장소에서 지정된 특송업자에 의하여 스탬프 또는 서명된 것; 그리고

ii. indicate a date of pick-up or of receipt or wording to this effect. This date will be deemed to be the date of shipment.

ii. 접수일 또는 수령일 또는 이러한 취지의 문언을 표시하고 있는 것. 이 일자는 선적일로 본다.

b. A requirement that courier charges are to be paid or prepaid may be satisfied by a transport document issued by a courier service evidencing that courier charges are for the account of a party other than the consignee.

b. 특송요금이 지급 또는 선지급되어야 한다는 요건은 특송요금이 수화인 이외의 당사자의 부담이라는 것을 입증하는 특송업자에 의하여 발행된 운송서류에 의하여 충족될 수 있다.

c. A post receipt or certificate of posting, however named, evidencing receipt of goods for transport, must appear to be stamped or signed and dated at the place from which the credit states the goods are to be shipped. This date will be deemed to be the date of shipment.

c. 운송물품의 수령을 입증하는 우편수령증 또는 우송증명서는 그 명칭에 관계없이 신용장에서 물품이 선적되어야 한다고 명기하고 있는 장소에서 스탬프 또는 서명되고 일자가 기재된 것으로 보여야 한다. 이 일자는 선적일로 본다.

Article 26 "On Deck", "Shipper's Load and Count", "Said by Shipper to Contain" and Charges Additional to Freight

제 26조 "갑판적", "송화인의 적재 및 수량확인" 및 운임의 추가비용

a. A transport document must not indicate that the goods are or will be loaded on deck. A clause on a transport document stating that the goods may be loaded on deck is acceptable.

a. 운송서류는 물품이 갑판에 적재되었거나 또는 될 것이라고 표시해서는 아니된다. 물품이 갑판에 적재될 수 있다고 명기하고 있는 운송서류상의 조항은 수리될 수 있다.

b. A transport document bearing a clause such as "shipper's load and count" and "said by shipper to contain" is acceptable.

b. "송화인의 적재 및 수량확인(shipper's load and count)" 및 "송화인의 신고내용에 따름(said by shipper to contain)"과 같은 조항을 기재하고 있는 운송서류는 수리될 수 있다.

c. A transport document may bear a reference, by stamp or otherwise, to charges additional to the freight.

c. 운송서류는 스탬프 또는 기타의 방법으로 운임에 추가된 비용에 대한 참조를 기재할 수 있다.

Article 27 Clean Transport Document

제 27조 무고장 운송서류

A bank will only accept a clean transport document. A clean transport document is one bearing no clause or notation expressly declaring a defective condition of the goods or their packaging. The word "clean" need not appear on a transport document, even if a credit has a requirement for that transport document to be "clean on board".

은행은 무고장 운송서류만을 수리한다. 무고장 운송서류는 물품 또는 그 포장에 하자 있는 상태를 명시적으로 표시하는 조항 또는 단서를 기재하고 있지 아니한 것을 말한다. 신용장에서 그 운송서류가 "무고장본선적재(clean on board)"이어야 한다는 요건을 가지는 경우에도, "무고장(clean)"이라는 단어는 운송서류상에 보일 필요가 없다.

Article 28 Insurance Document and Coverage

제 28조 보험서류 및 담보

a. An insurance document, such as an insurance policy, an insurance certificate or a declaration under an open cover, must appear to be issued and signed by an insurance company, an underwriter or their agents or their proxies.

Any signature by an agent or proxy must indicate whether the agent or proxy has signed for or on behalf of the insurance company or underwriter.

a. 보험증권, 포괄예정보험에 의한 보험증명서 또는 통지서와 같은 보험서류는 보험회사, 보험업자 또는 이들 대리인 또는 이들 대리업자에 의하여 발행되고 서명된 것으로 보여야 한다.

대리인 또는 대리업자에 의한 모든 서명은 그 대리인 또는 대리업자가 보험회사를 대리하여 서명하였는지 또는 보험업자를 대리하여 서명하였는지를 표시하여야 한다.

b. When the insurance document indicates that it has been issued in more than one original, all originals must be presented.

b. 보험서류가 2통 이상의 원본으로 발행되었다고 표시하고 있는 경우에는, 모든 원본이 제시되어야 한다.

c. Cover notes will not be accepted.

c. 보험승인서는 수리되지 아니한다.

d. An insurance policy is acceptable in lieu of an insurance certificate or a declaration under an open cover.

d. 보험증권은 포괄예정보험에 의한 보험증명서 또는 통지서를 대신하여 수리될 수 있다.

e. The date of the insurance document must be no later than the date of shipment, unless it appears from the insurance document that the cover is effective from a date not later than the date of shipment.

e. 보험서류에서 담보가 선적일보다 늦지 않은 일자로부터 유효하다고 보이지 아니하는 한, 보험서류의 일자는 선적일보다 늦어서는 아니된다.

f. i. The insurance document must indicate the amount of insurance coverage and be in the same currency as the credit.

i. 보험서류는 보험담보의 금액을 표시하여야 하고 신용장과 동일한 통화이어야 한다.

ii. A requirement in the credit for insurance coverage to be for a percentage of the value of the goods, of the invoice value or similar is deemed to be the minimum amount of coverage required.

If there is no indication in the credit of the insurance coverage required, the amount of insurance coverage must be at least 110% of the CIF or CIP value of the goods.

When the CIF or CIP value cannot be determined from the documents, the amount of insurance coverage must be calculated on the basis of the amount for which honour or negotiation is requested or the gross value of the goods as shown on the invoice, whichever is greater.

ii. 보험담보가 물품가액 또는 송장가액 등의 비율이어야 한다는 신용장상의 요건은 최소 담보금액이 요구된 것으로 본다.

요구된 보험담보에 관하여 신용장에 아무런 표시가 없는 경우에는, 보험담보의 금액은 적어도 물품의 CIF 또는 CIP 가격의 110%이어야 한다.

CIF 또는 CIP 가격이 서류로부터 결정될 수 없는 경우에는, 보험담보금액은 지급이행 또는 매입이 요청되는 금액 또는 송장에 표시된 물품 총가액 중에서 보다 큰 금액을 기초로 하여 산정되어야 한다.

iii. The insurance document must indicate that risks are covered at least between the place of taking in charge or shipment and the place of discharge or final destination as stated in the credit.

iii. 보험서류는 위험이 적어도 신용장에 명기된 대로 수탁 또는 선적자와 양륙 또는 최종 목적지간에 담보되었음을 표시하여야 한다.

g. A credit should state the type of insurance required and, if any, the additional risks to be covered. An insurance document will be accepted without regard to any risks that are not covered if the credit uses imprecise terms such as "usual risks" or "customary risks".

g. 신용장은 요구된 보험의 종류를 명기하여야 하고 만일 부보되어야 하는 부가위험이 있다면 이것도 명기하여야 한다. 신용장이 "통상적 위험(usual risks)" 또는 "관습적 위험(customary risks)"과 같은 부정확한 용어를 사용하는 경우에는, 보험서류는 부보되지 아니한 어떠한 위험에 관계없이 수리되어야 한다.

h. When a credit requires insurance against "all risks" and an insurance document is presented containing any "all risks" notation or clause, whether or not bearing the heading "all risks", the insurance document will be accepted without regard to any risks stated to be excluded.

h. 신용장이 "전위험"에 대한 보험을 요구하고 있는 경우, "전위험"이라는 표제를 기재하고 있는지의 여부와 관계없이 "전위험"의 표기 또는 조항을 포함하고 있는 보험서류가 제시된 경우에는, 그 보험서류는 제외되어야 한다고 명기된 어떠한 위험에 관계없이 수리되어야 한다.

I. An insurance document may contain reference to any exclusion clause.
I. 보험서류는 모든 면책조항(exclusion clause)의 참조를 포함할 수 있다.

j. An insurance document may indicate that the cover is subject to a franchise or excess (deductible).
j. 보험서류는 담보가 소손해면책율 또는 초과(공제)면책율을 조건으로 한다는 것을 표시할 수 있다.

Article 29 Extension of Expiry Date or Last Day for Presentation

제 29조 유효기일의 연장 또는 제시를 위한 최종일

a. If the expiry date of a credit or the last day for presentation falls on a day when the bank to which presentation is to be made is closed for reasons other than those referred to in article 36, the expiry date or the last day for presentation, as the case may be, will be extended to the first following banking day.
a. 신용장의 유효기일 또는 제시를 위한 최종일이 제36조에 언급된 사유 이외의 사유로 제시를 받아야 하는 은행의 휴업일에 해당하는 경우에는, 그 유효기일 또는 제시를 위한 최종일은 경우에 따라 최초의 다음 은행영업일까지 연장된다.

b. If presentation is made on the first following banking day, a nominated bank must provide the issuing bank or confirming bank with a statement on its covering schedule that the presentation was made within the time limits extended in accordance with sub-article 29 (a).
b. 제시가 최초의 다음 은행영업일에 행해지는 경우에는, 지정은행은 발행은행 또는 확인은행에게 제시가 제29조 a항에 따라 연장된 기간내에 제시되었다는 설명을 서류송부장(covering schedule)으로 제공하여야 한다.

c. The latest date for shipment will not be extended as a result of sub-article 29(a).
c. 선적을 위한 최종일은 제29조 a항의 결과로서 연장되지 아니한다.

Article 30 Tolerance in Credit Amount, Quantity and Unit Prices

제 30조 신용장금액/수량/단가의 과부족

a. The words "about" or "approximately" used in connection with the amount of the credit or the quantity or the unit price stated in the credit are to be construed as allowing a tolerance not to exceed 10% more or 10% less than the amount, the quantity or the unit price to which they refer.

a. 신용장에 명기된 신용장의 금액 또는 수량 또는 단가와 관련하여 사용된 "약(about)" 또는 "대략(approximately)"이라는 단어는 이에 언급된 금액, 수량 또는 단가의 10%를 초과하지 아니하는 과부족을 허용하는 것으로 해석된다.

b. A tolerance not to exceed 5% more or 5% less than the quantity of the goods is allowed, provided the credit does not state the quantity in terms of a stipulated number of packing units or individual items and the total amount of the drawings does not exceed the amount of the credit.

b. 신용장이 명시된 포장단위 또는 개개의 품목의 개수로 수량을 명기하지 아니하고 어음발행의 총액이 신용장의 금액을 초과하지 아니하는 경우에는, 물품수량이 5%를 초과하지 아니하는 과부족은 허용된다.

c. Even when partial shipments are not allowed, a tolerance not to exceed 5% less than the amount of the credit is allowed, provided that the quantity of the goods, if stated in the credit, is shipped in full and a unit price, if stated in the credit, is not reduced or that sub-article 30 (b) is not applicable. This tolerance does not apply when the credit stipulates a specific tolerance or uses the expressions referred to in sub-article 30 (a).

c. 분할선적이 허용되지 아니하는 경우에도, 신용장금액의 5%를 초과하지 아니하는 부족은 허용된다. 다만, 물품의 수량은 신용장에 명기된 경우 전부 선적되고 단가는 신용장에 명기된 경우 감액되어서는 아니되거나 또는 제30조 b항이 적용될 수 없어야 한다. 이 부족은 신용장이 특정 과부족을 명시하거나 또는 제30조 a항에 언급된 표현을 사용하는 경우에는 적용되지 아니한다.

Article 31 Partial Drawings or Shipments

제 31조 분할어음발행 또는 선적

a. Partial drawings or shipments are allowed.

a. 부할어유발행 또는 분할선적은 허용된다.

b. A presentation consisting of more than one set of transport documents evidencing shipment commencing on the same means of conveyance and for the same journey, provided they indicate the same destination, will not be regarded as covering a partial shipment, even if they indicate different dates of shipment or different ports of loading, places of taking in charge or dispatch. If the presentation consists of more than one set of transport documents, the latest date of shipment as evidenced on any of the sets of transport documents will be regarded as the date of shipment.

A presentation consisting of one or more sets of transport documents evidencing shipment on more than one means of conveyance within the same mode of transport will be regarded as covering a partial shipment, even if the means of conveyance leave on the same day for the same destination

b. 동일한 운송수단에 그리고 동일한 운송을 위하여 출발하는 선적을 증명하는 2조 이상의 운송서류를 구성하는 제시는, 이들 서류가 동일한 목적지를 표시하고 있는 한, 이들 서류가 상이한 선적일 또는 상이한 적재항, 수탁지 또는 발송지를 표시하고 있더라도, 분할선적이 행해진 것으로 보지 아니한다. 그 제시가 2조 이상의 운송서류를 구성하는 경우에는, 운송 서류의 어느 한 조에 증명된 대로의 최종선적일을 선적일로 본다.

동일한 운송방식에서 2이상의 운송수단상의 선적을 증명하는 2조 이상의 운송서류를 구성하는 제시는 그 운송수단이 동일한 일자에 동일한 목적지를 향하여 출발하는 경우에도 분할 선적이 행해진 것으로 본다.

c. A presentation consisting of more than one courier receipt, post receipt or certificate of posting will not be regarded as a partial shipment if the courier receipts, post receipts or certificates of posting appear to have been stamped or signed by the same courier or postal service at the same place and date and for the same destination.

c. 2 이상의 특송화물수령증, 우편수령증 또는 우송증명서를 구성하는 제시는 그 특송화물수령증, 우편수령증 또는 우송증명서가 동일한 장소 및 일자 그리고 동일한 목적지를 위하여 동일한 특송업자 또는 우편서비스에 의하여 스탬프 또는 서명된 것으로 보이는 경우에는 분할선적으로 보지 아니한다.

Article 32 Instalment Drawings or Shipments

제 32조 할부어음발행 또는 선적

If a drawing or shipment by instalments within given periods is stipulated in the credit and any instalment is not drawn or shipped within the period allowed for that instalment, the credit ceases to be available for that and any subsequent instalment.
일정기간 내에 할부에 의한 어음발행 또는 선적이 신용장에 명시되어 있고 어떠한 할부분이 그 할부분을 위하여 허용된 기간 내에 어음발행 또는 선적되지 아니한 경우에는, 그 신용장은 그 할부분과 그 이후의 모든 할부분에 대하여 효력을 상실한다.

Article 33 Hours of Presentation

제 33조 제시시간

A bank has no obligation to accept a presentation outside of its banking hours.
은행은 그 은행영업시간 이외의 제시를 수리할 의무가 없다.

Article 34 Disclaimer on Effectiveness of Documents

제 34조 서류효력에 관한 면책

A bank assumes no liability or responsibility for the form, sufficiency, accuracy, genuineness, falsification or legal effect of any document, or for the general or particular conditions stipulated in a document or superimposed thereon; nor does it assume any liability or responsibility for the description, quantity, weight, quality, condition, packing, delivery, value or existence of the goods, services or other performance represented by any document, or for the goods faith or acts or omissions, solvency, performance or standing of the consignor, the carrier, the forwarder, the consignee or the insurer of the goods or any other person.

은행은 모든 서류의 형식, 충분성, 정확성, 진정성, 위조성 또는 법적 효력에 대하여 또는 서류에 명시되거나 또는 이에 부가된 일반조건(general conditions) 또는 특별조건 (particular conditions)에 대하여 어떠한 의무 또는 책임도 부담하지 아니하며, 또한 은행은 모든 서류에 표시되어 있는 물품, 용역 또는 기타 이행의 명세, 수량, 중량, 품질, 상태, 포장, 인도, 가치 또는 존재에 대하여 또는 물품의 송화인, 운송인, 운송주선인, 수화인 또는 보험자, 또는 기타 당사자의 성실성 또는 작위 또는 부작위, 지급능력, 이행능력 또는 신용 상태에 대하여 어떠한 의무 또는 책임도 부담하지 아니한다.

Article 35 Disclaimer on Transmission and Translation

제 35조 송달 및 번역에 관한 면책

A bank assumes no liability or responsibility for the consequences arising out of delay, loss in transit, mutilation or other errors arising in the transmission of any messages or delivery of letters or documents, when such messages, letters or documents are transmitted or sent according to the requirements stated in the credit, or when the bank may have taken the initiative in the choice of the delivery service in the absence of such instructions in the credit.

If a nominated bank determines that a presentation is complying and forwards the documents to the issuing bank or confirming bank, whether or not the nominated bank has honoured or negotiated, and issuing bank or confirming bank must honour or negotiate, or reimburse that nominated bank, even when the documents have been lost in transit between the nominated bank and the issuing bank or confirming bank, or between the confirming bank and the issuing bank.

A bank assumes no liability or responsibility for errors in translation or interpretation of technical terms and may transmit credit terms without translating them.

모든 통신문, 서신 또는 서류가 신용장에 명기된 요건에 따라 송달 또는 송부된 경우, 또는 은행이 신용장에 그러한 지시가 없으므로 인도서비스의 선정에 있어서 자발적으로 행하였을 경우에는, 은행은 그러한 통신문(message)의 송달 또는 서신이나 서류의 인도 중에 지연, 분실, 훼손 또는 기타 오류로 인하여 발생하는 결과에 대하여 어떠한 의무 또는 책임도 부담하지 아니한다.

지정은행이 제시가 일치하고 있다고 결정하고 그 서류를 발행은행 또는 확인은행에 발송하는 경우에는,서류가 지정은행과 발행은행 또는 확인은행간에, 또는 확인은행과 발행은행간에 송달중에 분실된 경우라 하더라도, 지정은행이 지급이행 또는 매입하였는지의 여부에 관계 없이, 발행은행 또는 확인은행은 지급이행 또는 매입하거나, 또는 그 지정은행에 상환하여야 한다.

은행은 전문용어의 번역 또는 해석상의 오류에 대하여 어떠한 의무 또는 책임도 부담하지 아니하며 신용장의 용어를 번역함이 없이 이를 송달할 수 있다.

Article 36 Force Majeure

제 36조 불가항력

A bank assumes no liability or responsibility for the consequences arising out of the interruption of its business by Acts of God, riots, civil commotions, insurrections, wars, acts of terrorism, or by any strikes or lockouts or any other causes beyond its control.

A bank will not, upon resumption of its business, honour or negotiate under a credit that expired during such interruption of its business.

은행은 천재, 폭동, 소요, 반란, 전쟁, 폭력주의의 행위에 의하거나 또는 동맹파업 또는 직장 폐쇄에 의하거나 또는 기타 은행이 통제할 수 없는 원인에 의한 은행업무의 중단으로 인하여 발생하는 결과에 대하여 어떠한 의무 또는 책임도 부담하지 아니한다.

은행은 그 업무를 재개하더라도 그러한 업무의 중단 동안에 유효기일이 경과한 신용장에 의한 지급이행 또는 매입을 행하지 아니한다.

Article 37 Disclaimer for Acts of an Instructed Party

제 37조 피지시인의 행위에 대한 면책

a. A bank utilizing the services of another bank for the purpose of giving effect to the instructions of the applicant does so for the account and at the risk of the applicant.

a. 발행의뢰인의 지시를 이행하기 위하여 타은행의 서비스를 이용하는 은행은 그 발행의뢰인의 비용과 위험으로 이를 행한다.

b. An issuing bank or advising bank assumes no liability or responsibility should the instructions it transmits to another bank not be carried out, even if it has taken the initiative in the choice of that other bank.

b. 발행은행 또는 통지은행이 타은행의 선정에 있어서 자발적으로 행한 경우라 하더라도, 그 은행이 타은행에게 전달한 지시가 수행되지 아니하는 경우에는, 발행은행 또는 통지은행은 어떠한 의무 또는 책임도 부담하지 아니한다.

c. A bank instructing another bank to perform services is liable for any commissions, fees, costs or expenses ("charges") incurred by that bank in connection with its instruction.

If a credit states that charges are for the account of the beneficiary and charges cannot be collected or deducted from proceed, the issuing bank remains liable for payment of charges.

A credit or amendment should not stipulate that the advising to a beneficiary is conditional upon the receipt by the advising bank or second advising bank of its charges.

c. 타은행에게 서비스를 이행하도록 지시하는 은행은 그 지시와 관련하여 그러한 타은행에 의하여 부담되는 모든 수수료, 요금, 비용 또는 경비("비용")에 대하여 책임을 부담한다.

신용장에 비용이 수익자의 부담이라고 명기하고 있고 비용이 대금으로부터 징수 또는 공제될 수 없는 경우에는, 발행은행은 비용의 지급에 대하여 책임을 부담한다.

신용장 또는 조건변경은 수익자에 대한 통지가 통지은행 또는 제2통지은행에 의한 통지비용의 수령을 조건으로 한다고 명시하여서는 아니된다.

d. The applicant shall be bound by and liable to indemnify a bank against all obligations and responsibilities imposed by foreign laws and usages.

d. 발행의뢰인은 외국의 법률과 관행에 의하여 부과되는 모든 의무와 책임에 구속되며 이에 대하여 은행에게 보상할 책임이 있다.

Article 38 Transferable Credits

제 38조 양도가능신용장

a. A bank is under no obligation to transfer a credit except to the extent and in the manner expressly consented to by that bank.

a. 은행은 그 은행에 의하여 명시적으로 동의된 범위 및 방법에 의한 경우를 제외하고 신용장을 양도할 의무를 부담하지 아니한다.

b. For the purpose of this article:

Transferable credit means a credit that specifically states it is "transferable". A transferable credit may be made available in whole or in part to another beneficiary ("second beneficiary") at the request of the beneficiary ("first beneficiary").

Transferring bank means a nominated bank that transfers the credit or, in a credit available with any bank, a bank that is specifically authorized by the issuing bank to transfer and that transfers the credit. An issuing bank may be a transferring bank.

Transferred credit means a credit that has been made available by the transferring bank to a second beneficiary.

b. 이 조에서:
양도가능신용장이란 "양도가능(transferable)"이라고 특별히 명기하고 있는 신용장을 말한다. 양도가능신용장은 수익자("제1수익자")의 요청에 의하여 전부 또는 일부가 다른 수익자("제2수익자")에게 사용될 수 있도록 할 수 있다.

양도은행은 신용장을 양도하는 지정은행 또는, 모든 은행에서 사용될 수 있는 신용장에 있어서, 발행은행에 의하여 양도하도록 특별히 수권되고 그 신용장을 양도하는 은행을 말한다. 발행은행은 양도은행일 수 있다.

양도된 신용장은 양도은행에 의하여 제2수익자에게 사용될 수 있도록 되는 신용장을 말한다.

c. Unless otherwise agreed at the time of transfer, all charges (such as commissions, fees, costs or expenses) incurred in respect of a transfer must be paid by the first beneficiary.

c. 양도를 이행할 때에 별도의 합의가 없는 한, 양도와 관련하여 부담된 모든 비용(이를 테면, 수수료, 요금, 비용, 경비)은 제1수익자에 의하여 지급되어야 한다.

d. A credit may be transferred in part to more than one second beneficiary provided partial drawings or shipments are allowed.

A transferred credit cannot be transferred at the request of a second beneficiary to any subsequent beneficiary. The first beneficiary is not considered to be a subsequent beneficiary.

d. 분할어음발행 또는 분할선적이 허용되는 한, 신용장은 2 이상의 제2수익자에게 분할양도될 수 있다.

양도된 신용장은 제2수익자의 요청에 의하여 그 이후의 어떠한 수익자에게도 양도될 수 없다. 제1수익자는 그 이후의 수익자로 보지 아니한다.

e. Any request for transfer must indicate if and under what conditions amendments may be advised to the second beneficiary. The transferred credit must clearly indicate those conditions.

e. 양도를 위한 모든 요청은 조건변경이 제2수익자에게 통지될 수 있는지 그리고 어떤 조건으로 제2수익자에게 통지될 수 있는지를 표시하여야 한다. 양도된 신용장은 이러한 조건을 명확히 표시하여야 한다.

f. If a credit is transferred to more than one second beneficiary, rejection of an amendment by one or more second beneficiary does not invalidate the acceptance by any other second beneficiary, with respect to which the transferred credit will be amended accordingly. For any second beneficiary that rejected the amendment, the transferred credit will remain unamended.

f. 신용장이 2 이상의 제2수익자에게 양도된 경우에는, 하나 또는 그 이상의 제2수익자에 의한 조건변경의 거절은 이로 인하여 양도된 신용장이 조건변경 되어지는 기타 모든 제2수익자에 의한 승낙을 무효로 하지 아니한다. 조건변경을 거절한 제2수익자에 대하여는, 양도된 신용장은 조건변경 없이 존속한다.

g. The transferred credit must accurately reflect the terms and conditions of the credit, including confirmation, if any, with the exception of:

- the amount of the credit,
- any unit price stated therein,
- the expiry date,
- the period for presentation, or
- the latest shipment date or given period for shipment,

any or all of which may be reduced or curtailed.

The percentage for which insurance cover must be effected may be increased to provide the amount of cover stipulated in the credit or these articles.

The name of the first beneficiary may be substituted for that of the applicant in the credit.

If the name of the applicant is specifically required by the credit to appear in any document other than the invoice, such requirement must be reflected in the transferred credit.

g. 양도된 신용장은 다음의 경우를 제외하고는 확인(있는 경우)을 포함하여 신용장의 제조건을 정확히 반영하여야 한다:

- 신용장의 금액,
- 신용장에 명기된 단가,
- 유효기일,
- 제시를 위한 기간, 또는
- 최종선적일 또는 정해진 선적기간,

이들 중의 일부 또는 전부는 감액 또는 단축될 수 있다.

보험부보가 이행되어야 하는 비율은 이 규칙 또는 신용장에 명기된 부보금액을 충족시킬 수 있도록 증가될 수 있다.

제1수익자의 명의는 신용장상의 신용장발행의뢰인의 명의로 대체될 수 있다.

발행의뢰인의 명의가 송장 이외의 모든 서류에 표시되도록 신용장에 의하여 특별히 요구되는 경우에는, 그러한 요구는 양도된 신용장에 반영되어야 한다.

h. The first beneficiary has the right to substitute its own invoice and draft, if any, for those of a second beneficiary for an amount not in excess of that stipulated in the credit, and upon such substitution the first beneficiary can draw under the credit for the difference, if any, between its invoice and the invoice of a second beneficiary

h. 제1수익자는 신용장에 명시된 금액을 초과하지 아니하는 금액에 대하여 제2수익자의 송장 및 환어음을 그 자신의 송장 및 환어음(있는 경우)으로 대체할 권리를 가지고 있으며, 그러한 대체시에, 제1수익자는 자신의 송장과 제2수익자의 송장 사이에 차액이 있다면, 그 차액에 대하여 신용장에 따라 어음을 발행할 수 있다.

I. If the first beneficiary is to present its own invoice and draft, if any, but fails to do so on first demand, or if the invoices presented by the first beneficiary create discrepancies that did not exist in the presentation made by the second beneficiary and the first beneficiary fails to correct them on first demand, the transferring bank has the right to present the documents as received from the second beneficiary to the issuing bank, without further responsibility to the first beneficiary.

I. 제1수익자가 그 자신의 송장 및 환어음(있는 경우)을 제공하여야 하지만 최초의 요구시에 이를 행하지 아니하는 경우, 또는 제1수익자에 의하여 제시된 송장이 제2수익자에 의하여 행해진 제시에 없었던 불일치를 발생시키고 제1수익자가 최초의 요구시에 이를 정정하지 아니한 경우에는, 양도은행은 제1수익자에 대한 더 이상의 책임 없이 제2수익자로부터 수령한 서류를 발행은행에 제시할 권리를 가진다.

j. The first beneficiary may, in its request for transfer, indicate that honour or negotiation is to be effected to a second beneficiary at the place to which the credit has been transferred, up to and including the expiry date of the credit. This is without prejudice to the right of the first beneficiary in accordance with sub-article 38 (h).

j. 제1수익자는 그 자신의 양도요청으로 지급이행 또는 매입이 신용장의 유효기일을 포함한 기일까지 신용장이 양도된 장소에서 제2수익자에게 이행되어야 한다는 것을 표시할 수 있다. 이것은 제38조 h항에 따른 제1수익자의 권리를 침해하지 아니한다.

k. Presentation of documents by or on behalf of a second beneficiary must be made to the transferring bank.

k. 제2수익자에 의하거나 또는 대리하는 서류의 제시는 양도은행에 행해져야 한다.

Article 39 Assignment of Proceeds

제 39조 대금의 양도

The fact that a credit is not stated to be transferable shall not effect the right of the beneficiary to assign any proceeds to which it may be or may become entitled under the credit, in accordance with the provisions of applicable law. This article relates only to the assignment of proceeds and not to the assignment of the right to perform under the credit.

신용장이 양도가능한 것으로 명기되어 있지 아니하다는 사실은 적용가능한 법률의 규정에 따라 그러한 신용장에 의하여 수권되거나, 또는 수전될 수 있는 대금을 양도할 수익자의 권리에 영향을 미치지 아니한다. 이 조는 대금의 양도에만 관련되어 있으며 신용장에 따라 이행할 권리의 양도에 관련되는 것은 아니다.

16. 복합운송증권에 관한 통일규칙(1975 개정)

총칙

제1총칙

a. 본규칙은 이하에서 정의될 복합운송증권에 의해서 증명되는 물건의 복합운송의 이행 그리고/또는 이행의 확보를 위하여 체결되는 모든 계약에 적용된다.

본 규칙은 물건이 이하에서 정의될 물건의 복합운송이어야 한다는 계약당사자의 본래의 의사에 반하여 단일의 운송형태에 의하여 운송되는 경우에도 적용된다.

b. 그러한 복합운송증권의 발행은 증권상 이익을 가지거나 장차 이익을 가질 모든 당사자에게 본규칙이 정한 권리, 의무 그리고 항변을 수여하고 부과한다.

c. 복합운송인의 책임 또는 의무를 가중하는 한도를 제외하고, 복합운송계약 중에 또는 그러한 계약을 증명하는 복합운송증권에 포함된 일체의 조항 또는 조항의 일부가 직접 또는 간접으로 본규칙과 저촉하는 한도에서 효력이 없다.

그러한 조항 또는 조항의 일부의 무효는 그것이 일부를 구성하는 복합운송계약 또는 복합운송증권의 다른 협약의 유효성을 방해하지 않는다.

정의

제2규칙

본 규칙의 적용상

a. 복합운송이라 함은 물건이 수령된 한 국가의 일정장소에서 물건을 인도하도록 지정된 다른 국가의 일정 장소로의 적어도 2이상의 다른 운송형태에 의한 물건의 운송을 이른다.

b. 복합운송인이라 함은 복합운송증권을 발행하는 자(사단, 회사 또는 법인을 포함함)를 이른다.

국내법이 복합운송증권을 발행하기 전에 그 자가 인가 또는 허가를 받을 것을 요구하는 때에는 복합운송인은 그러한 인가 또는 허가를 받은 자만을 이른다.

c. 복합운송증권이라 함은 복합물건운송의 이행 그리고/또는 이행의 확보를 위한 계약임을 증명하고 그 표면에 '복합운송증권통일규칙(ICC Publication No. 298)에 따라 발행된 유통성복합운송증권' 또는 '복합운송증권통일규칙(ICC Publication No. 298)에 따라 발행된 비유통성복합운송증권' 이란 머리말을 포함하고 있는 증권을 이른다.

d. 다른 운송형태라 함은 해상, 육상, 내수, 항공, 철도 또는 도로와 같은 2이상의 운송형태에 의한 물건의 운송을 이른다.

e. 함은 물건을 인도하거나 물건을 수령할 권한이 있는 당사자가 처분할 수 있게 두는 것을 이른다.
f. 프랑은 순도 900/1000의 금 65.5밀리그램으로 구성하는 단위를 이른다.

유통증권

제3규칙

복합운송증권이 유통형식으로 발행된 경우에는
a. 증권은 지시식 또는 무기명식이어야 한다.
b. 지시식인 경우에는 배서에 의해서 양도되어야 한다.
c. 무기명식인 경우에는 배서없이 양도되어야 한다.
d. 1통이상의 원본이 발행된 경우에는 원본의 수를 표시해야 한다.
e. 사본이 발생된 경우에는 각사본에는 유통성없는 사본임을 표시해야 한다.
f. 물건의 인도는 복합운송인 또는 그 대리인에 대하여 복합운송증권과 상환하여서만 청구할 수 있다.
g. 복합운송증권이 2통이상의 원본으로 발행된 경우에 복합운송인 또는 그 대리인이 그러한 원본 1통과 상환하여 물건을 인도한 경우에는 복합운송인은 물건인도의무를 면한다.

비유통성증권

제4규칙

복합운송증권이 비유통형식으로 발행된 경우에는
a. 지명된 수하인을 표시해야 한다.
b. 복합운송인이 그러한 비유통증권에 지명된 수하인 또는 수하인이 수령할 권한을 주었다고 복합운송인에게 통지한 당사자에게 인도한 경우에는 복합운송인은 물건인도의무를 면한다.

복합운송인의 의무와 책임

제5규칙

복합운송증권의 발행에 의하여 복합운송인은
a. 물건의 수령시부터 인도시까지 복합운송의 이행을-그러한 운송에 필요한 모든 서비스를 포함하여-자기 이름으로 확보할 것과 그리고/또는 이행할 것을 인수하고, 본규칙에 정한 한도에서 당해운송과 서비스에 대하여 책임을 진다.
b. 그의 대리인 또는 사용인이 고용의 범위내에서 행위하고 있는 때에는 그러한 작위 또는 부작위가 마치 자기의 것인 것처럼, 그러한 대리인 또는 사용인의 작위 또는 부작위로 인한 책임을 인수한다.
c. 그는 복합운송증권에 의하여 증명된 계약의 이행을 위하여 서비스를 사용한 자의 작위 또는 부작위로 인한 책임을 진다.

d. 인도를 확실히 하기 위하여 필요한 모든 행위의 이행을 확보하거나 이행하는 것을 인수한다.
e. 수령시와 인도시 사이에 발생하는 물건의 멸실 또는 훼손에 대하여 본규칙에서 규정한 한도로 책임을 지고, 그러한 멸실 또는 훼손에 대하여 본규칙에서 규정한 대로 배상할 것을 인수한다.
f. 물건의 인도의 지연에 대하여 제14규칙에 규정된 한도로 책임을 지고, 제14규칙의 규정대로 배상할 것을 인수한다.

당사자의 권리와 의무

제6규칙

본 규칙에 의하여 특별히 요구된 사항에 부가하여 당사자는 상업적으로 요청된다고 합의한 특별한 사항을 복합증권안에 삽입해야 한다.

제7규칙

송하인은 물건이 복합운송인에게 수령된 때에 제공된 물건의 종류, 기호, 개수, 양, 중량 그리고/또는 용적의 정확성을 복합운송인에게 보증한 것으로 간주되고, 송하인은 그러한 사항의 부정확 또는 부적당함으로 인하여 발생하는 모든 멸실, 훼손 그리고 비용을 배상해야 한다.
복합운송인이 그러한 보상을 받을 권리는 송하인 이외의 자에 대한 복합운송증권상의 그의 의무와 책임을 결코 제한하는 것은 아니다.

제8규칙

송하인은 위험성있는 물건의 운송에 관하여 국내법에 따라서 또는 국제협약을 이유로 강행적인 규정을 준수해야 하고, 어느 경우에도 복합운송인이 위험성있는 물건을 수령하기 전에 위험의 정확한 성질을 복합운송인에게 통지해야 하고, 필요한 경우에는 취해야 할 주의사항을 지시해야 한다.

송하인이 그러한 통지를 하지 아니하고 복합운송인이 물건의 위험성과 채택되어야 할 필요한 예방조치를 알지 못했던 경우에 만일, 何時라도 그러한 물건이 생명 또는 재산에 대하여 위험하다고 인정되는 때에는, 상황에 따라서는, 배상하지 않고 어느 장소에서라도 양하하고, 파괴하고, 무해하게 할 수 있고, 송하인은 당해물건의 수령 또는 운송 또는 그에 수반하는 서비스로부터 발생하는 모든 멸실, 훼손, 지연 도는 비용에 대하여 책임을 진다.
복합운송인이 상기의 물건운송이 구성하는 위험의 정확한 성질을 알았음을 입증할 책임은 물건에 대하여 권리를 가지는 자가 진다.

제9규칙

복합운송인은 적어도 양, 그리고/또는 중량 그리고/또는 용적 그리고/또는 기호에 의해서 복합증권안에 자기가 수령하고 책임을 지는 물건을 명확히 표시해야 한다.

복합운송인이 복합운송증권내에 기재된 물건의 종류, 기호, 개수, 양, 중량 그리고 또는 용적에 관한 사항이 실제로 수령한 물건을 표시하고 있지 않다고 의심할 만한 합리적인 이유가 있는 경우에는 본규칙 제1항에 따르고, 그러한 사항을 확인할 적당한 방법이 없는 경우에는 복합운송인은 유보가 적용되는 특정사항을 표시하는 조건으로 복합운송증권안에 유보를 붙일 권리를 가진다. 복합운송증권은 복합운송인이 당해증권에 기재된 물건을 수령했다는 일응의 증거가 된다.

복합운송증권이 유통형식으로 발행되고 선의의 제3자에게 양도된 때에는 반대의 증거는 허용되지 않는다.

제10규칙

제15규칙에 따라서 멸실한 것으로 취급되는 물건에 대하여는 제외하고, 물건이 복합운송증권에 의하여 인도를 받을 권리를 가진 자에게 인도되기 전에 또는 인도시 인도장소에서, 또는 물건의 멸실 또는 훼손이 명백하지 않은 경우에는 물건의 인도후 연속 7일 이내에, 그 자가 복합운송인 또는 그 대리인에게 서면으로 멸실, 훼손 및 그 개황에 관한 통고를 하지 않은 경우에는 복합운송인이 복합운송증권에 기재된 대로 일응 물건을 인도한 것으로 간주된다.

멸실 또는 훼손에 대한 책임

A. 멸실 또는 훼손이 발생한 운송구간이 확인되지 않은 때 적용할 수 있는 규정

제11규칙

제5규칙 e에 따라서 복합운송인의 물건의 멸실 또는 훼손에 관하여 손해배상책임을 지고 멸실 또는 훼손이 발생한 운송구간이 확인되지 않은 때에는

a. 그 배상액은 그 물건을 수하인에게 인도하는 장소 및 시에 있어서의 당해물건의 가액을 참조하여 산정한다.

b. 물건의 가액은 현재의 상품거래가액에 의하고, 그 가액이 없는 경우에는 현재의 시장가액에 의하고 상품거래가액 또는 현재의 시장가액도 없는 경우에는, 동종류 또는 동품질의 물건의 통상의 가액을 참조하여 정한다.

c. 배상액은 멸실 또는 훼손된 물건의 총중량의 1kg 당 30프랑을 초과할 수 없다. 단, 복합운송인의 동의를 얻어, 송하인이 신고한 더 높은 물건의 가액이 복합운송증권에 기재된 경우에는 그러한 높은 가액이 한계로 된다. 그러나 복합운송인은 어느 경우에도 배상청구할 권리가 있는 자에게 실제 손해액 이상을 배상할 책임은 없다.

제12규칙

멸실 또는 훼손이 발생한 운송구간이 확인되지 않은 경우에는 복합운송인은 멸실 또는 훼손이 다음과 같은 사유로 인하여 발생하였으면, 복합운송인은 제5조e)호에 따른 배상책임이 없다.

a. 송하인 또는 수하인, 또는 송하인 또는 수하인을 위하여 행위하는 복합운송인 이외의 자, 또는 복합운송인이 물건을 수령하는 자의 작위 또는 부작위

b. 포장 또는 기호의 불충분 또는 결함있는 상태

c. 송하인 또는 수하인, 또는 송하인 또는 수하인을 위하여 행위하고 있는 자에 의한 물건의

취급, 선적, 적부 또는 양하

d. 물건의 고유의 하자

e. 동맹파업, 작업장폐쇄, 휴업, 노동의 제한, 복합운송인이 상당한 주의를 기울여도 피할 수 없었던 결과

f. 복합운송인이 피할 수 없었던 원인 또는 사고 및 복합운송인이 상당한 주의를 기울여도 방지할 수 없었던 결과

g. 원자력사고. 단, 원자력에 관한 책임을 규제하는 국제협약 또는 국내법의 적용에 의하여 원자력시설의 운영자 또는 그 자를 위하여 행위하는 자가 그 손해에 대하여 책임을 지는 경우에 한한다.

멸실 또는 훼손이 하나 이상의 상기의 원인 또는 사고로 인하여 발생하였음을 입증할 책임을 복합운송인에게 있다.

복합운송인이, 당해사건의 상황에 있어서, 멸실 또는 훼손이 상기의 b)호에서 d)호 사이에 규정된 1개 이상의 원인 또는 사고에 기인했음을 복합운송인이 입증한 때에는, 그와 같이 발생한 것이라고 추정된다.

그러나 배상청구자는 당해 멸실 또는 훼손이 실제로는 전체적으로 또는 부분적으로 1개 이상의 그러한 원인 또는 사고로 인하여 발생한 것이 아님을 증명할 권리가 있다.

B. 멸실 또는 훼손이 발생한 운송구간이 확인된 때 적용할 수 있는 규정

제13규칙

제5규칙 e에 따라서 복합운송인이 물건의 멸실 또는 훼손에 대하여 배상책임이 있고 발생한 운송구간이 확인된 때에는 그러한 멸실 또는 훼손에 대한 복합운송인의 책임은 다음 규정에 의해서 결정된다.

a. 어떠한 국제협약 또는 국내법에 포함된 규정

i) 사적 계약에 의해서는 배상청구자에게 불리하게 변경할 수 없고, 동시에

ii) 배상청구자가 멸실, 훼손 또는 지연이 발생한 특정의 운송구간에 관하여 복합운송인과 개별적이고 직접적인 계약을 체결하고 동시에 그 증명으로서, 당해 국제협약 또는 국내법을 적용하기 위하여 발생해야 하는 특정의 증권을 수령하고 있는 때에 적용되어야 하는 규정. 또는

b. 멸실, 훼손 또는 지연이 발생한 당시, 그 물건의 운송을 위하여 사용된 운송형태에 의한 물건운송에 관한 국제협약의 규정. 단,

i) 다른 국제협약 또는 국내법이 본규칙 a)호의 규정에 의하여 적용되지 않고, 동시에

ii) 당해 국제협약에 포함된 모든 규정이 당해 운송형태에 의한 물건의 운송을 규제하여야 한다는 뜻이 기재되어 있고, 동시에 당해운송형태가 해상운송인 때에는 갑판적으로 운송되는 물건인가 선내적으로 운송되는 물건인가를 묻지 않고 모든 운송물건에 대하여 적용한다. 또는

c. 복합운송인과 下受給運送人 사이에 체결된 내수운송계약에 포함된 규정. 단,

i) 국제협약 또는 국내법이 본규칙 a)호의 규정에 의해서 적용되지 않을 것, 또는 본규칙

b)호의 규정에 의해 적용되지 않을 것, 또는 적용의 가능성이 없었을 것. 및

ii) 복합운송증권상에 그 계약이 적용된다는 뜻이 명기될 것을 요한다. 또는

d. 상기 a)호 b)호 c)호가 적용되지 않는 경우에는 제11규칙과 제12규칙의 규정

제5규칙 b)호 c)호의 적용을 방해하는 것이 아니고, 전항의 규정에 따라서 복합운송인의 책임이 국제협약 또는 국내법상의 운송인으로 보아 결정한다. 그러나 멸실 또는 지연이 복합운송인의 자격으로서의 작위 또는 부작위 또는 그러한 자격의 사용인 또는 대리인의 작위 또는 부작위로 인하여 발생한 경우에는 복합운송인은 책임을 면하지 못한다.

지연으로 인한 책임

제14규칙

복합운송인은 지연이 발생한 운송구간이 확인된 때에만, 국제협약 또는 국내법상 책임이 있는 한도에서 배상책임이 있다. 그 규정은

i) 사적 계약에 의해서는 배상청구자에게 불리하게 변경될 수 없고,

ii) 배상청구자가 그 구간의 운송인으로서의 복합운송인과 개별적이고, 직접적인 계약을 체결하고 동시에 그 증명으로서, 당해 국제협약 또는 국내법을 적용하기 위하여 발행해야 하는 특정의 증권을 수령하고 있는 경우에 적용되어야 한다. 그러나 그 배상액은 그 운송구간의 운임액을 초과할 수 없다. 단, 이 제한은 어떠한 적용할 수 있는 국제협약 또는 국내법에 위배되어서는 안된다.

보충규정

제15규칙

복합운송증권에 명시적으로 합의된 특정기간 만료후 90일이내에 인도를 하지 않거나, 제한기간이 합의되지 않은 경우에는 복합운송의 성실한 이행을 위하여 허용되는 상당한 기간 후 90일이내에 인도를 하지 않는 경우에는 반대의 증거가 없으면 수령권자는 물건이 멸실한 것으로 취급할 권리를 가진다.

제16규칙

본규칙에서 정한 책임의 제한과 항변은 그 소송이 계약 또는 불법행위에 기하든 물건의 멸실, 훼손 또는 지연으로 인한 복합운송인에 대한 모든 소송에 적용된다.

제17규칙

멸실 또는 훼손이 손해를 일으키려는 의도를 가지거나, 또는 무모하게 그러한 손해가 발생할 우려가 있음을 인식하여 행위한 복합운송인의 작위 또는 부작위로 인하여 발생했음이 입증된 경우에는 복합운송인은 제11규칙에 정한 책임제한의 이익에 관한 권리가 없다.

제18규칙

본규칙은 복합운송인이 복합운송증권에 의해서 증명된 계약의 이행을 위하여 사용하는 대리인 또는 사용인의 보호를 위한 규정을 복합운송증권에 포함하는 것을 금하지 않는다.

소멸시효

제19규칙

소송이 다음 날로부터 9개월 이내에 제기되지 않는 경우에는 복합운송인은 본규칙상의 책임을 면한다.

i) 물건의 인도, 또는

ii) 물건이 인도될 일자, 또는

iii) 제15규칙에 따라서 물건의 인도가 없는 경우 반대의 증거가 없는 한 수령권자가 물건이 멸실한 것으로 취급할 권리를 가지는 일자

APPENDIX

부록 II

1 선하증권 및 관련 서식

17. 선하증권 양식(bill of lading form)
18. 메이트 리시트 양식(mate's receipt form)
19. 선적준비완료통지서 양식(notice of readiness)
20. LOI 양식

17. 선하증권 양식(bill of lading form)

BILL OF LADING

① Shipper

② Consignee

③ Notify Party

④ Local Vessel | ⑦ From

⑩ B/L No.

SUNWOO MERCHANT MARINE CO., LTD.

IN ACCEPTING THIS BILL OF LADING, the shipper, owner and consignee of the goods, and holder of the bill of lading expressly accept and agree to all its stipulations, exceptions and conditions, whether written, stamped or printed as fully as if signed by such shipper, owner, consignee and/or holder. No agent is authorized to waive any of the provisions of the within clauses.

RECEIVED from the shipper herein named the goods or packages said to contain goods hereinafter mentioned, in apparent good order and condition unless otherwise indicated in this Bill of Lading, to be transported from the port of loading with liberty to proceed via any route or ports within the scope of the voyage, to the port of discharge or so near thereto as the ship can safely get and leave, always afloat at all stages and conditions of water, and there to be delivered or transhipped on payment of the charges thereon.

THE TERM APPARENT GOOD ORDER AND CONDITION' WHEN USED IN THIS BILL OF LADING WITH [illegible] PRODUCTS OR WOOD PRODUCTS DOES NOT MEAN [illegible] FREE OF VISIBLE RUST OR MOISTURE [illegible] SHIPPER SO REQUESTS, A SUBSTITUTE BILL OF LADING WILL BE ISSUED [illegible] DEFINITION AND SETTING FORTH ANY [illegible] NING, CHAFFING AND/OR BREAKAGE WHICH MAY APPEAR ON THE MATES, OR TALLY CLERKS' RECEIPTS.

ORIGINAL

IN WITNESS WHEREOF, the master or agent of the said ship has signed to THREE(3) bills of lading, all of this tenor and date, ONE of which being accomplished, the others to stand void.

Declared Cargo Value $ If Merchant enters a Value carrier's Limitation of Liability per Package or Unit shall not apply and the Ad Valorem rate will be charged. Excess Value Declaration as per Clause 14, 24, & 31.

"THE SHIPPER has agreed that the cargo carried under this Bills of Lading may be carried on deck or under deck at the carrier's option"

⑤ Ocean Vessel	⑧ Voyage No.	⑪ Flag	⑫ Final Destination
⑥ Port of Loading	⑨ Port of Discharge	⑬ For Transhipment to	

PARTICULARS FURNISHED BY SHIPPER

⑭ Marks and Numbers	⑮ No. & Kind of Pkgs	⑯ Description of Goods.	⑰ Gross Weight	⑱ Measurement

⑲ Total Number of Packages or Units (in words)

⑳ Freight & Charge	㉑ Revenue Tons	㉒ Rate	㉓ Per	㉔ Prepaid	㉕ Collect

㉖ Freight Prepaid at	㉘ Freight Payable at	㉚ Place of Issue
㉗ Total Prepaid in	㉙ No. of Original B/L	㉛ Date of Issue

Laden on Board the Vessel

㉜ Date

㉝ By

SUNWOO MERCHANT MARINE CO., LTD.

By

for Master AS CARRIER

RECEIVED from the shipper named of the reverse side hereof the goods or packages said to contain goods hereinafter mentioned, in apparent good order and condition unless otherwise indicated in this Bill of Lading, to be transported from the port of loading with liberty to proceed via any route or ports within the scope of the voyage, to the port of discharge, or so near thereto as the ship can safely get and leave, always afloat at all stages and conditions of water and weather, and there to be delivered or transhipped on payment of the charges thereon.

1. (Definition): In this Bill of Lading the "ship" and the "vessel" means the herein designated ocean vessels: the owner of the goods includes the shipper, the consignee, the owner of the goods, the receiver, and the endorsee and/or holder of the Bill of Lading whether by way of security and/or as agent or otherwise; and the "Carrier" means the owner or demise charterer of the vessel. Wherever the term "Merchant" is used in this Bill of Lading, it shall be deemed to included the shipper, the receiver, the consignee, the holder of the Bill of Lading and the owner of the goods.

2. (Paramount Clause): Without prejudice to Article 31. hereof, this Bill of Lading shall have effect to the provision of any maritime law, rules or regulations in force at the place of shipment, which have been enacted in order to incorporate the rules of the International Convention for the Unification of certain Rules relating to Bill of Lading at Brussels of August 25, 1924, or subject to the provisions of such law, rules or regulations at the palce of shipment. If any such law, rules or regulations at the place of destination apply to inward shipment, the provisions thereof shall be paramount. Nothing herein contained shall be deemed to be surrender of any of the Carrier's rights and immunities or an increase of its responsibilities or liabilities under such law, rules or regulations. The Carrier shall be entitled to the full benefit of all such privileges, rights and immunities as are contained in the said law, rules and regulations, and if anything herein contained be inconsistent therewith it shall in that case and only to that extent be deemed to be deleted.

3. (Period of Responsibility): The Carrier or his Agent shall not be liable for loss of or damage to the goods before the goods have passed the ship's rail in loading and after the goods leave the ship's dock in discharging port, howsoever such loss or damage arises. Goods in the custody of the carrier or his servants before loading and after discharge whether being forwarded to or from the ship or whether awaiting shipment landed or stored, or put into hulk or craft belonging to the carrier or not, or pending transhipment at any stage of the whole transport, are in such custody at the sole risk of the Merchant and the Carrier shall not be liable for loss or damage arising or resulting from any cause whatsoever.

4. (The Scope of Voyage): The contract is for liner service and the voyage herein undertaken shall include usual or customary or advertised ports of call whether named in this contract or not, also ports in or out of the advertised, geographical, usual or ordinary route or order, even though in proceeding thereto the vessel may sail beyond the port of discharge or in a direction contrary thereto, or depart from the direct or customary route. The vessel may call at any port for the purpose of the current voyage or of a prior or subsequent voyage. The vessel may land cargo on docks or place it in lighters at intermediate ports for the purpose of restowing the cargo or loading other cargo. The vessel may omit calling at any port or ports whether scheduled or not, and may call at the same port more than once, may, either with or without the goods onboard, and before or after proceeding towards the port of discharge, adjust compasses, dry-dock, go on ways or to repair yards, shift berths, undergo degaussing, wiping or similar measures, take fuel or stores, land stowaways, remain in port, sail without pilots, tow and be towed, and save or attempt to save life or property and all of the foregoing are included in the contract voyage.

5. (Substitution of Vessel, Transhipment and Forwarding): Whether expressly arranged beforehand or otherwise, the Carrier shall be at liberty to carry the goods to their port of destination by the said or other vessel or vessels either belonging to the Carrier or others, or by other means of transport preceeding either directly or indirectly to such port and to carry the goods or parts of them beyond their port of destination, and to tranship, land and store the goods either on shore or afloat and reship and forward the same at Carrier's expense but at the Merchant's risk. When the ultimate destination at which the Carrier may have engaged to deliver the goods is other than the vessel's port of discharge, the Carrier acts as Forwarding Agent only. The responsibility of the Carrier shall be limited to the part of transport performed by him on vessels under his management and no claim will be acknowleged by the Carrier for damage of loss arising during any other part of the transport even though the freight for the whole transport has been collected by him.

6. (Discharge and Delivery): The Carrier retain the option of delivery at all times from the ship's side or from craft, hulk, customhouse, warehouse, wharf or quay, in all cases at the risk of the Merchant and all expenses incurred by delivery otherwise than from ship's shall be borne by the Merchant. If the Merchant is not ready to take delivery of the goods as soon as the ship is ready to discharge them, or within such time as is provided by the regulations of the port, the Carrier shall be at liberty to land and warehouse, or discharge the said goods into hulk or craft, or at any other suitable place, at the risk and expense of the Merchant without notice, and if the goods so discharged or warehoused unclaimed 30 days or more after arrival of the ship, then any and all liability of the Carrier shall cease. Demurrage for detention of ship, if caused by the Merchant not taking delivery as fast as the ship can discharge, to be paid by the Merchant at the current rate of charterage. When the goods are received or taken by customs or other authorities or by the operator of any lighter, dock, warehouse, elevator or other facility, whether selected, by the Carrier the Merchant, and whether public or private, such authority or operator shall be considered as having received possession and delivery of the goods solely as agent of and on behalf of the Merchant, at the risk and expense of the goods and subject to any lien of the Carrier thereon. Unless Merchant's tally clerks check the goods in cooperation with the ship's checkers the ship's checker's checking shall be accepted by the Merchant as conclusive evidence.

7. (Government Directions, War, Epidemics, Ice, strikes, Etc.): (1) The Master and the carrier shall have liberty to comply with any order or directions or recommendations in connection with the transport under the contract given by any government or authority or anybody acting or purporting to act on behalf of such government or authority or having under the terms of the insurance on the vessel the right to give such orders or directions or recommendations. (2) Should it appear that the performance of the transport would expose the vessel or any goods onboard to risk of seizure or damage or delay resulting from war, warlike operations blockade, riots, civil commotions or piracy, or any person onboard to the risk of loss of life or freedom, or that any such risk has increased, the Master may discharge the cargo at port of loading or any other ports as considered safe and convenient by the Master or the Carrier. (3) Should it appear that epidemics, quarantine, customs, ice, shallow water, weather, labour troubles, labour obstructions, strikes, lockouts or congestion arising therefrom, any of which onboard or on shore-difficulties in loading or discharging or any other cause whatsoever beyond the Carrier's control would prevent the vessel from leaving the port of loading or reaching or entering the port of discharging or there discharging in the usual manner and leaving again all of which safely and without delay the Master may discharge the cargo at port of loading or any other port as considered safe and convenient by the Master or the Carrier. (4) The discharge under the provisions of this clause of any cargo for which Bill of Lading has been issued shall be deemed due fulfilment of the contract if in connection with the exercise of any liberty under this clause any extra expenses are incurred, they shall be paid by the Merchant in addition to the freight, together with return freight if any extra services rendered to the goods. (5) In the event of any delay or detention to the vessel under such circumstances as provided in this clause, demurrage is payable at the rate of US$1.00 per gross register ton of the vessel per day and/or portion of the day, the total demurrage being allocated pro rata to all goods involved according to each freight charged. (6) If any situation referred to in this clause may be anticipated or if for any such reason the vessel cannot safely and without delay reach or enter the loading port or must undergo repairs, the Carrier may cancel the contract before the Bill of Lading is issued. (7) The Merchant shall be informed if possible.

8. (General Immunities): Neither the vessel, her owner, nor agent shall be liable for loss or damage resulting from; Act of God, perils, dangers, and accidents of the sea or other navigable waters fire, from any cause or wheresoever occurring; act, neglect, or default of the master, mariner, pilot, or the servants of the Carrier in the navigation or in the management of the ship; act of war; act of public enemies; arrest or restraint of princes, rulers, or people, or seizure under legal process; quarantine restrictions; act or omission of the Merchant, his agent or representative; strikes or lockouts or stoppage or restraint of labor from whatever cause, whether partial or general, provided, that nothing herein contained shall be construed to relieve the Carrier from responsibility for the Carrier's own acts; riots and civil commotions; saving or attempting to save life or property at sea; wastage in bulk or weight or any other loss or damage arising from inherent defect, quality, or vice of the goods; insufficiency of packing, insufficiency or inadequacy of marks; latent defects not discoverable by due diligence; and any other cause arising without the actual fault and privity of the Carrier [illegible] of seaworthiness in the premises being hereby waived by the Merchant. The Carrier is not responsible for loss and/or breakage of contents of cargo shipped in bags or in use, old, or second hand containers. The Carrier will not be required to deliver goods at any particular time or to meet any particular market or for any particular use.

9. (Lighterage): Any lightening in or off ports of loading or ports of discharge to be for the risk and account of the Merchant.

10. (Stowage): The goods may be stowed on or under deck in poop, forecastle, deckhouse, shelter deck, passenger space or contained in the trade and suitable for carriage of goods, without notice to Merchant and when so stowed, shall be deemed for all purposes to be stowed under deck including general average.

11. (Goods on deck, perishable Goods, Livestock, etc.) Goods carried on deck, livestocks, fruits, vegetables, fish and all perishable goods, and glass, crokery or castings, of any articles of a fragile nature, or goods in bales or crates, or unprotected pieces are accepted solely at the risk of the Merchant, and the Carrier shall be under no liability for any loss or damage thereto, howsoever caused, including by reason of the negligence of the carrier, his servants, agent or independent contractors. All the conditions and exceptions contained in this Bill of Lading shall also apply to livestocks or the goods carried on deck and stated herein to be so carried.

12. (Unknown): Weights, measurements, marks, numbers, quality, contents and value if mentioned in the Bill of Lading are to be considered unknown unless the contrary has been expressly acknowledged and agreed to. The signing of this Bill of Lading is not to be considered as such an agreement.

13. (Heavy Lift): Single piece or package exceeding one ton gross in weight shall be liable to pay extra charges in accordance with tariff rates in effect at time of shipment for loading, handling, transshipping or discharging and the true weight of each such piece or package shall be declared in writing by the Merchant before shipment and clearly and durably marked on the outside of the piece or package. The Merchant shall also be liable for, and shall indemnify the Carrier in respect of any injury, loss, damage, cost or expense arising directly or indirectly from the Merchant's failure to declare and mark the true weight of any such piece or package having been declared or marked thereon.

14. (Valuable Goods): The Carrier shall not be accountable for gold, silver, currency, documents, negotiable writings, specie, jewelry, precious stones, precious metals, pictures, embroideries, and works of art, or any valuable of any amount whatsoever, unless ad valorem freight has been paid and the Bill of Lading signed with the value and contents declared therein.

15. (Dangerous Goods, Contraband Goods): If any goods of an inflammable, explosive, damaging or dangerous nature be shipped without previous declaration and arrangement, or if any goods be shipped which are contraband or prohibited by the laws or regulations of the port of shipment, discharge or call or any place during transit such goods, upon discovery may be rendered innocuous, thrown overboard, or be discharged at any port to place or be otherwise dealt with according to the master's discretion without any liability attaching to the ship and/or damage to the ship, carrier, crew and/or cargo, and all responsibility direct or indirect whatsoever shall fall upon the Merchant. The freight on said goods shall be calculated as per the basis set forth in article 20. It is further mutually agreed if any such good shipped with such previous declaration and arrangement shall become a danger to the ship or cargo, they may in like manner be landed at any place or destroyed or rendered innocuous or thrown overboard without any liability on the part of the Carrier.

16. (Iron Steel And Metal Products): (1) It is agreed that the iron, steel and metal goods which are at the time of shipment in the ordinary external condition as to superficial rust, corrosion, oxidation or any like condition resulting from moisture, sweat and/or their nature: scratch, dent or bent are not to be regarded as damage and are admitted as being in apparent good order and condition by the Carrier and the Merchant, and the Carrier shall not be liable for such ordinary rust, corrosion, oxidation, scratch, dent or any like condition thereto howsoever even if caused during the custody of the Carrier. (2) In case of iron and steel, angle, bars, channels, etc, shipped loose or in bundles, the Carrier shall not be responsible for correct delivery and all expenses incurred thereof at the port of discharge consequent upon insufficient securing or marking shall be paid by the Merchant unless (a) every piece is distinctly and permanently marked with oil-paint (b) every bundle is securely fastened distinctly and permanently marked with oil paint and metal-tagged, so that each piece or bundle can be distinguished at the port of discharge.

17. (Lumber And Timber): (1) It is agreed that lumber, timber and any unprotected piece (s) which are at the time of shipment in the ordinary external condition as to chafage, breakage, hook, holes, split, broken pieces, stain, warps, shakes, contamination and/or decoloration are admitted as being in apparent good order and condition by the Carrier and the Merchant and the Carrier shall not be liable for such chafage, breakage, hook, holes, split, broken pieces, stain warps shakes, contamination and/or decoloration or any like condition thereto howsoever caused even if caused during the custody of the Carrier. (2) In case of lumber timber etc shipped loose or in bundles the Carrier shall not be responsible for correct delivery, and all expences incurred thereof at the port of discharge shall be paid by the Merchant.

18. (Baled or Bagged Cargo.): If any bagged or baled goods are landed slack or torn, the Merchant shall accept its proportion of the sweepings. The Carrier is not responsible for loss of weight in bags or bales torn, mended or with sample holes.

19. (Shipper-packed Containers, etc.): (1) If a container has not been filed, packed or stowed by the Carrier, the Carrier shall not be liable for any loss of or damage to its contents and the Merchant shall cover any loss or expense incurred by the Carrier. (2) The provisions of paragraph (1) of this clause also apply with respect to trailers, transportable tanks, flats and pallets which have not been filled, packed or stowed by the Carrier.

20. (Freight and Charges): (1) Freight may be calculated on the basis of the particulars of the goods furnished by the Merchant who shall be deemed to have guaranteed the Carrier the accuracy of the contents, weight, measure or value as furnished by him, at the time of shipment but the Carrier may, for the purpose of ascertaining the actual particulars, at any time, open the package(s), container(s), pallet(s) and/or other similar article(s) of transport and examine contents, weight, measure and value of the goods at the risk and expense of the Merchant. In case of incorrect declaration of the contents, weight, measure or value of the goods, the Merchant shall be liable for and bound to pay to the Carrier, (a) the balance of freight between the fright charged and that which would have been due had the correct details been given, plus (b) as and by way of liquidated and ascertained damages, a sum equal to the correct freight. (2) Full freight to the port of discharge and/or destination named herein shall be considered as completely earned on shipment of the goods, whether the freight be stated or intended to be prepaid or to be collected at the port of discharge, destination or any other place. The Carrier shall be entitled to all freight and other charges due hereunder, whether acutally paid or not, and to receive and retain them irrevocably under any circumstances whatsoever, whether the vessel and/or the goods be lost or not, or the voyage be broken up or frustrated or abandoned at any stage of the entire carriage. Full freight shall be paid on damaged or unsound goods. (3) The payment of freight and/or charges shall be made in full and in cash without any offset, counterclaim or deduction, where freight is payable at the port of discharge, destination or any other place, such freight and all other charges shall be paid in the currency named in this Bill of Lading, or at the Carrier's option in other currency subject to the regulations of the freight conference concerned or custom at the place of payment. (4) The Merchant shall be liable for, and indemnify the Carrier against all dues, duties, taxes and charges including consular fees, and fumigation expenses levied on the goods, or all fines and/or loss sustained or incurred by the Carrier in connection with the goods howsoever caused, including the Merchant's failure to comply with laws and regulations of any government or public authorities. The Merchant shall be liable for return freight and charges on the goods refused exportation or importation by any goverment or public authorities. If the Carrier is of opinion that the goods stand in need of sorting, inspecting, mending or repairing or reconditioning or otherwise require protecting or caring for, the Carrier may carry out such work at the cost and expense of the Merchant. (5) The shipper, consignor, consignee, owner or receiver of the goods and holder of this bill of lading shall be jointly and serverally liable to the Carrier for the payment of all freight and charges and for the performance of the obligation of each of them hereunder.

21. (Lien): The Carrier shall have a lien upon the goods for freight, dead freight, demurrage or loss caused by detention, average contribution, salvage, and for all payments made and liabilities incurred in respect of any charges or expenditures stipulated herein to be borne by the Merchant: the Carrier may enforce such lien by public or private sale with or without notice or by legal proceedings, the cost or such enforcement being for the account of the Merchant.

22. (Canal Clause): The Carrier shall not be liable for loss, damage or delay caused by any obstruction of Suez or Panama Canal, or the non-operation or closing of the same; and in the event of such obstruction of closing, the Carrier shall have the option to stop or delay the ship, awaiting the removal of such obstruction, or to reship, tranship or forward all or any part of the goods by rail or any other conveyance, and all storage charges in connection therewith and extra freight shall be for the account of the Merchant and have a lien upon the goods, or to sail the ship via any other route whatsoever, additional freight therefor being paid by the Merchant.

23. (Indirect Damage Delay and Misdelivery : Time Bar): (1) The Carrier shall in no circumstances be responsible for indirect or consequential loss or damage caused through misdelivery, delay or physical loss or damage to the goods. (2) In the event of liability for delivery to the wrong person the same time limitation of one year as is provided for in Article III, 6 and 6 bis of the Hague Visby Rules shall apply.

24. (Limit of Liability): The Carrier shall in no event be or become liable for any loss of or damage to the goods in an amount exceeding one Hundred Pounds Sterling (£100 stg.) and/or U.S. dollars five hundreds (USDLR 500), or whichever is less, per package or unit, unless the value of the goods higher than this amount is declared in writing by the Merchant before shipment and the nature and the value thereof inserted in the Bill of Lading and extra freight is paid as agreed upon. In such case, even if the actual value of the goods per package or unit exceeds such declared value, the value shall nevertheless be deemed to be declared value. The Carrier's liability shall not exceed such agreed or declared value, as the case may be, and any partial loss or damage shall be adjusted pro rata on the basis of such value. The limitation of liability and other provisions contained in this paragraph shall insure not only to the benefit of the Carrier, but also to the benefit of any independent contractor performing services including stevedoring in connection with the goods covered by this Bill of Lading.

25. (Defences and Limit for the Carrier.): The defences and limit of liability provided for in this Bill of Lading shall apply in any action against the Carrier for loss or damage to the goods whether the action be founded in contract or in tort.

26. (Defences and Limits for Servants, etc.): If an action for loss or damage to the goods is brought against a servant, agent or independent contractor, such person shall be entitled to avail himself of the defences and limits of liability which the Carrier is entitled to invoke under this contract. The aggregate of the amounts recoverable from the Carrier and his servants, agents or independent contractor shall in no case exceed the limits provided for in this document.

27. (Surrender of Bill of Lading.): This Bill of Lading duly endorsed shall surrendered in exchange for release of delivery order if required by the Carrier, his servants or agents.

28. (General Average): (1) General average to be adjusted at any port or place at the Carrier's option and to be settled according to the York-Antwerp Rules 1974, this covering all goods, whether carried on or under deck. The Amended Jason Clause as approved by BIMCO to be considered as incorporated herein. (2) Such security including a cash deposit as the Carrier may deem sufficient to cover the estimated contribution of the goods and any salvage and special charges thereon shall, if required, be submitted to the Carrier prior to delivery of the goods.

29. (Both to blame collision clause): The both to blame collision clause as adopted by BIMCO to be considered incorporated herein.

30. (Identity of Carrier): The contract evidenced by this Bill of Lading is between the Merchant and the owner of the vessel named herein (or substitute) and it is therefore agreed that said shipowner only shall be liable for any damage or loss due to any breach or nonperformance of any obligation arising out of the contract of carriage whether or not relating to the vessel's seaworthiness. If, despite the foregoing, it is adjudged that any other is the carrier and/or bailee of the goods shipped hereunder, all limitations of and exonerations from, liability provided for by law or by this Bill of Lading shall be available to such other. It is further understood and agreed that as the Line, Company or Agent who has executed this Bill of Lading for and on behalf of the master is not a principal in the transaction, said Line, Company or Agents shall not be under any liability arising out of the contract of carriage, nor as carrier nor bailee of the goods.

31. (Local Clause) : (Cargo to or from U.S.A.): As regards goods moving to and from U.S.A. this Bill of Lading shall have effect subject to the provisions of the Carriage of Goods by Sea Act of the United States approved April 16, 1936. The Carrier shall be entitled to all of the rights and immunities set forth in the said Act, and to the extent that any terms of this Bill of Lading is repugnant to or inconsistent with anything in such Act, it shall be void.

32. (Jurisdiction): Any dispute arising under this Bill of Lading shall be decided in the country where the Carrier has his principal place of business, and the law of such country shall apply except as provided elsewhere herein.

BILL OF LADING

TO BE USED WITH CHARTER-PARTIES
CODE NAME: "CONGENBILL"
EDITION 1978
ADOPTED BY
THE BALTIC AND INTERNATIONAL
MARITIME CONFERENCE (BIMCO)

Conditions of Carriage.

(1) All terms and conditions, liberties and exceptions of the Charter Party, dated as overleaf, are herewith incorporated. The Carrier shall in no case be responsible for loss of or damage to cargo arisen prior to loading and after discharging.

(2) **General Paramount Clause.**
The Hague Rules contained in the International Convention for the Unification of certain rules relating to Bills of Lading, dated Brussels the 25th August 1924 as enacted in the country of shipment shall apply to this contract. When no such enactment is in force in the country of shipment, the corresponding legislation of the country of destination shall apply, but in respect of shipments to which no such enactments are compulsorily applicable, the terms of the said Convention shall apply.

Trades where Hague-Visby Rules apply.
In trades where the International Brussels Convention 1924 as amended by the Protocol signed at Brussels on February 23rd 1968 - the Hague-Visby Rules - apply compulsorily, the provisions of the respective legislation shall be considered incorporated in this Bill of Lading. The Carrier takes all reservations possible under such applicable legislation, relating to the period before loading and after discharging and while the goods are in the charge of another Carrier, and to deck cargo and live animals.

(3) **General Average.**
General Average shall be adjusted, stated and settled according to York-Antwerp Rules 1974, in London unless another place is agreed in the Charter.

Cargo's contribution to General Average shall be paid to the Carrier even when such average is the result of a fault, neglect or error of the Master, Pilot or Crew. The Charters, Shippers and Consignees expressly renounce the Netherlands Commercial Code, Art. 700, and the Belgian Commercial Code, Part II, Art. 148.

(4) **New Jason Clause.**
In the event of accident, danger, damage or disaster before or after the commencement of the voyage, resulting from any cause whatsoever, whether due to negligence or not, for which, or for the consequence of which, the Carrier is not responsible, by statute, contract or otherwise, the goods, Shippers, Consignees or owners of the goods shall contribute with the Carrier in general average to the payment of any sacrifices, losses or expenses of a general average nature that may be made or incurred and shall pay salvage and special charges incurred in respect of the goods.

If a salving ship is owned or opeated by the Carrier, salvage shall be paid for as fully as if the said salving ship or ships belonged to strangers. Such deposit as the Carrier or his agents may deem sufficient to cover the estimated contribution of the goods and any salvage and special charges thereon shall, if required, be made by the goods, Shippers, Consignees or owners of the goods to the Carrier before delivery.

(5) **Both-to-Blame Collision Clause.**
If the Vessel comes into collision with another ship as a result of the negligence of the other ship and any act, neglect or default or the Master, Mariner, Pilot or the servants of the Carrier in the navigation or in the management of the Vessel, the owners of the cargo carried hereunder will indemnify the Carrier against all loss or liability to the other or non-carrying ship or her Owners in so far as such loss or liability repressnts loss of, or damage to, or any claim whatsoever of the owners of said cargo, paid or payable by the other or non-carrying ship or her Owners to the owners of said cargo and set-off, recouped or recovered by the other or non-carrying ship or her Owners as part of their claim against the carrying Vessel or Carrier. The foregoing provisions shall also apply where the Owners, operators or those in charge of any ship or ships or objects other than, or in addition to, the colliding ships or objects are at fault in respect of a collision or contact.

For particulars of cargo, freight, destination, etc., see overleaf.

Page 2

CODE NAME: "CONGENBILL". EDITION 1978

BILL OF LADING

TO BE USED WITH CHARTER-PARTIES

B/L No.

Reference No.

Shipper

Consignee

Notify address

Vessel

Port of loading

Port of discharge

Shipper's description of goods

Gross weight

(of which on deck at Shipper's risk, the Carrier not being responsible for loss or damage howsoever arising)

Freight payable as per CHARTER-PARTY dated

FREIGHT ADVANCE.

Received on account of freight:

Time used for loading days hours.

SHIPPED at the Port of Loading in apparent good order and condition on board the Vessel for carriage to the Port of Discharge or so near thereto as she may safely get the goods specified above.

Weight, measure, quality, condition, contents and value unknown.

IN WITNESS whereof the Master or Agent of the said vessel has signed the number of Bills of Lading indicated below all of this tenor and date, any one of which being accomplished the others shall be void.

FOR CONDITIONS OF CARRIAGE SEE OVERLEAF

Freight payable at	Place and date of issue
Number of original Bs/L	Signature

Printing and sold by
Fr. G. Knudtzon Bogtrykkeri A/S, 55 Toldbodgade, DK-1253 Copenhagen K.
Telefax+45 33 93 11 84
by authority of The Baltic and International Maritime Conference
(BIMCO), Copenhagen

18. 메이트 리시트 양식(mate s receipt form)

SUNWOO

Mate's Receipt No.

Shipper

Consignee

Notify Address

Vessel

Port of Loading

Port of Discharge

Shipper's Description of Goods

No. of Pieces

Gross Wt / Net Wt in MT

COMMODITY :
QUALITY :
SIZE :
QUANTITY :

Freight and Charge :

Ship's Remarks :

Place and Date of issue

Signature

19. 선적준비완료통지서 양식(notice of readiness)

M.V.“ ______________ ”

Date :

Port :

Messrs. ______________

____

NOTICE OF READINESS

Dear Sirs,

I have the pleasure of advising you that M.V.“ ________ ” under my command arrived at Port of __________ at __________ Hours on ______________________, and cleared the necessary proceedings to the quarantine station and customs, and is ready in all respects to place under your charter, subject to the Charter Party dated on ______________ in __________.

Yours truly,

____

Master

M.V. “ ____________ ”

Port of ____________

N/R tendered at __________ Hours on ______________________________

N/R accepted at __________ Hours on ______________________________

Acknowledged by :

20. LOI 양식

STANDARD FORM LETTER OF INDEMNITY TO BE GIVEN IN RETURN FOR MARKING "CLEAN ON BOARD" IN THE ORIGINAL BILL OF LADING

To: 선사명 [*INSERT DATE*]
the Owners of the M/T " "
주소
Seoul, 121-763, Korea

Dear Sirs,

Ship : M/T " "
Voyage : [*LOAD PORT*] to [*DISCH PORT*]
Cargo : [*INSERT CARGO NAME & Q' TY*]
Bill(s) of Lading [*BL NO.*] issued on [*ISSUED PLACE*]

The above cargo was shipped on the above ship by [*INSERT SHIPPER*] and consigned to [*INSERT CONSIGNEE*] for delivery at the port of [*INSERT DISCH PORT*] and the said cargo shall be delivered to [*INSERT RECEIVER'S NAME*] but we, [*INSERT CHRTRS*], hereby request you to issue the bill of lading with remarks "CLEAN ON BOARD" and with regards to the original bill of ladiong marked "CLEAN ON BOARD", in this context refers to the condition of the documentation, that is a clean bill of lading without clauses of blemishes or exceptions upon it. "CLEAN" in this context does not refer to the quality/quantity or condition of the commodity. It confirms again that the quantity, measurement, weight, gauge, quality, value and condition of the cargo are unknown to the ship and master.

In consideration of your complying with our above request, we hereby agree as follows:

1. To indemnify you, your servants and agents and to hold all of you harmless in respect of any liability, loss, damage or expense of whatsoever nature which you may sustain by reason of delivering the cargo in accordance with our request.
2. In the event of any proceedings being commenced against you or any of your servants or agents in connection with the delivery of the cargo as aforesaid to provide you or them on demand with sufficient funds to defend the same.

3. If, in connection with the delivery of the cargo as aforesaid, the ship or any other ship or property belonging to you in the same or associated ownership, management or control, should be arrested or detained or should the arrest or detention thereof be threatened, or should there be any interference in the use or trading of the vessel (whether by virtue of a caveat being entered on the ship°Øs registry or otherwise howsoever), to provide on demand such bail or other security as may be required to prevent such arrest or detention or to secure the release of such ship or property or to remove such interference and to indemnify you in respect of any liability, loss, damage or expense caused by such arrest or detention or threatened arrest or detention or such interference, whether or not such arrest or detention or threatened arrest or detention or such interference may be justified.

4. If the place at which we have asked you to make delivery is a bulk liquid or gas terminal or facility, or another ship, lighter or barge, then delivery to such terminal, facility, ship. Lighter or barge shall be deemed to be delivery to the party to whom we have requested you to make such delivery.

5. As soon as all original Bills of Lading for the above cargo shall have come into our possession, to deliver the same to you, or otherwise to cause all original Bills of Lading to be delivered to you, whereupon our liability hereunder shall cease.

6. The liability of each and every person under this indemnity shall be joint and several and shall not be conditional upon your proceeding first against any person, whether or not such person is party to or liable under this indemnity.

7. This indemnity shall be governed by and construed in accordance with [*English*] law and each and every person liable under this indemnity shall at your request submit to the jurisdiction of the High Court of Justice of [*London*].

Yours faithfully,

For and on behalf of
[*INSERT CHRTRS FULL NAME*]

....
Signature